スピリチュアリズムの時代
The Age of Spiritualism
1847-1903

伊泉龍一
Izumi Ryuichi

紀伊國屋書店

◎——スピリチュアリズムの時代　1847 - 1903

・本文中の行間の数字は著者による註で、章ごとに番号を付し巻末に収録する。
・〔 〕は引用箇所への著者による補足を示す。

はじめに

次の一文を読んだ瞬間、本書を読む気がしなくなる方もいるにちがいないという意味では巻頭にふさわしくないかもしれないが、最初にはっきりと伝えておくべきだろう。

私自身は、諸宗教が語っている人間の死後の世界、あるいは超常的な力やそれにともなう現象を信じているわけではない。こう言うと、宗教やスピリチュアルなことと深く関わられている方々であれば、気分を害されて本書を放り投げたとしてもやむを得ない。ただ願わくは、寛大なお気持ちで、もう少しだけ私の話に付き合っていただければ幸いである。

先述の「信じているわけではない」という表現は、いま現在の私自身の正直な心情を告白しているだけであって、何らかの宗教的ないし形而上的な世界を信じている方々の信念を否定しようとしているわけではない。そもそも私が信じることができないのは、簡単に言ってしまえば、ただ単に、これまでの人生で作り上げた自身の常識とそれらが相容れないだけのことだ。仮にその常識が覆されるようなできごとを体験すれば、私の信念体系が揺るがされる可能性も十分にあり得る。

とはいえ、いま現在信じていない人間が書いたとなると、やはり宗教やスピリチュアリズムに対する批判本なのだろうと思われかねない。これも誤解のないように、はっきりと述べておきたい。本書は批判本ではない。

本書の主題であるスピリチュアリズムの歴史をたどっていくと、肯定派の見解だけでなく、懐疑派ないしは否定派の見解にも目を向けざるを得ない。しかも、スピリチュアリズムにまつわる過去のできごとのなかには、狭猾な詐欺や欺瞞が多々あったことも事実として否定できない。それを見抜いた懐疑派の鋭い指摘には、いま一度知っておくべき価値が十分にある。加えて包み隠さず言えば、私自身も懐疑派である。客観的で中立な立場だと偽るつもりはない。それでも、私はスピリチュアリズム批判を目的としてこの本を書こうと思ったわけではない。

では、私のような懐疑的な人間が批判を目的とせずに、あえてスピリチュアリズムの歴史を繙《ひもと》こうと思ったのはなぜなのか？ ここで本書を執筆するに至るまでの経緯について私事を交えて語りながら、第1章への導入となる話をしておきたい。

本書の着想の源は、かれこれ二〇年ほど前のことだが、私自身の最初の著作となった『タロット大全——歴史から図像まで』（紀伊國屋書店、二〇〇四年）を執筆していたころにさかのぼる。タロットとは、現代では占いの道具として使われている不思議な絵の描かれた七八枚のカードのセットのことである。ここで「現代では」という言いかたをしたのは、その歴史をさかのぼっていくと明らかになるが、もともとのタロットは占いではなく、ゲームに使用するためのカードだったからだ。それがある時期からヨーロッパで占いに使われるようになり、やがて日本にまで伝わり、そしていまもなお占い師の定番アイテムのひとつになっている。そんなタロットの歴史について書いていたなかで、私自身が最も興味を掻き立てられたのが、一九六〇年代から七〇年代にかけてアメリカでタロットが普及していく過程だった。

六〇年代アメリカでタロットが広まった要因を簡単に言ってしまうと、カウンターカルチャー隆盛期に、とりわけオルタナティヴな価値観や生きかた、もっと言えばオルタナティヴなスピリチュアリティ（精神性）を模索していた若者たちが、カードに描かれていた象徴的な（神秘的にも見える）絵の魅力に惹きつけられたことからはじまったと言っていい。

さらに七〇年代のアメリカでは、主流の宗教への信仰を明らかに侵食しかねないほど活況を呈した「ニューエイジ」と呼ばれたムーヴメントのなかでもタロットは歓迎され、スピリチュアルなメッセージを伝えてくれる人気商品として流通していった。その過程で、タロットは「占い」という言葉から連想されるものを超えて、当時のトランスパーソナル心理学からの影響も受け、ついには自己への気づき、ないしは自己変容をうながすためのツールとしてとらえられるようにもなっていった。

私自身は六〇年代カルチャーの当時をリアルタイムで体験していない。だが、十代後半にポピュラーミュージックを過去にさかのぼりながらあれこれ聴いているなかで、カウンターカルチャーのサウンドトラックとも言うべき曲を演奏していたロックミュージシャンたち――ドアーズ、グレイトフル・デッド、ジミ・ヘンドリックス、ジャニス・ジョプリン、バーズ、ジェファーソン・エアプレインなど――が好きになった。そのおかげで、『ウッドストック』（一九七〇年）や『イージー・ライダー』（一九六九年）、『砂丘』（一九七〇年）などの映画も観た。そんな私が三十代になってタロットの歴史を書きはじめるにあたって、あらためてカウンターカルチャーに目を向けさせられたわけである。

『タロット大全』執筆時、カウンターカルチャーについてあらためて調べはじめると、その政治的な面ではなくポピュラーミュージックを含む文化革命的な面には、ＬＳＤのような幻覚を誘発するドラッグ、東洋の伝統的な宗教のスピリチュアリティ、そればかりか近代西洋のオカルティズム（十九世紀ごろのタロットはそのなかで重要な役割を果たした）などの影響までもが紛れ込んでいることがわかった（「オカルティズム」については本書の第7章で解説する）。二〇〇〇年代前半、日本でも「スピリチュアル」という言葉をあちこちで耳にするようになった。もちろん、一九八〇年代から九〇年代にかけて、すでにニューエイジ関連の翻訳本は多数出版されていた。したがって、一部の人に浸透していたことはまちがいない。だが、二〇〇〇年代後半には、いわゆるゴールデンタイムに「スピリチュアル」を主題にしたテレビ番組が放映されるようになっていた。そのことで、ごくふつうの人々のあいだにも「スピリチュアル」という言葉が馴染んでいたのはまちがいない。

たとえば、「前世」や「守護霊」のような言葉が、特定の宗教的なものに深く関与していないふつうの人々のあいだにおいても、抵抗なく受け入れられる風潮がかなり広がったように感じられた。そうした当時の日本に広まった「スピリチュアル」な世界観は、日本的な死生観もかなり加味されていたように思われる。だが、とりわけ「前世」に関する理解については、ニューエイジ思想の影響下にあることも明らかだった。

こうしたなかで、本書につながる次のような最初の着想が、私のなかで生まれた。当時の日本で広まっている「スピリチュアル」なものに多大な影響を与えているニューエイジを概観する本を書いてみてはどうか？　さらに欲張って、その前段階としてカウンターカルチャーのスピリチュアリティも射程に入れよう。まだ漠然としてはいたが、そんな思いを抱きながら、目下の仕事だった『タロット大全』を書き続けていた。そして二〇〇四年、同書が無事に出版されるとすぐに新たな着想をかたちにするべくいろいろ調べはじめた。だが、調べれば調べるほど、学ばなければならないことが多いことに気づき、膨大な時間が必要だと思い知らされた。そこでしばらくのあいだ、この着想を実現するのは先送りしていた。

その後、私はしばらくタロット以外の占いの本を何冊か書いた。というのも、タロットについて調べたおかげで、それと関連するほかの西洋の占いについても多少の知識がついてきたからだ。加えて、どうも私は自分の性分として物事の由来をたどることが好きらしく、それらの歴史についても知りたくなってしまった。そこで、西洋の占いの歴史を調べ、ごく簡潔にまとめた本を書いてみることを思い立った。その結果として、共著で『数秘術の世界』（駒草出版、二〇〇六年）と『西洋手相術の世界』（同上、二〇〇七年）を出版した。

ここでついでながら、占い否定派の方々にひとこと言っておきたい。もともとは私も占いに関心があったわけではなかったので、その気持ちには同感できる。ただ、占いの世界観や理論を調べてみると、それを信じるか信じないかに関係なく、「なるほど、そういう筋道で答えを出すのか。昔の人たちは、こんな風に考えていたのか」と案外おもしろかったりする。そんなわけで私は、占いの本を書いたり、翻訳したりしながら、しばらくのあいだ占いの世界に入り浸っていた。またそのおかげで、各地のカルチャースクールなどでの講座の依頼をいただくようにもなった。とはいえ、やはり占いも信じていない私（『タロット大全』の「はじめに」と「おわりに」で、私自身の占いに対する考えかたを書いており、そのスタンスはいまも変わっていない）なので、つい講座中にも冷めたことを述べてしまい、占いファンの方々をしらけさせたことも多々あったことと思う。だが、そうした場での経験は、結果として本書の執筆に際して、非常に貴重なものとなったばかりか、勇気も与えてくれた。このあたりのことについても少し話しておきたい。

占いの講座に来てくださった方々と話をするとしばしば気づかされるのは、やはり「スピリチュアル」な世界観を信じている方がかなり多いということだ（もちろん、まったく信じていない方もいる）。講座のあとの懇親会などで「前世」の話題にでもなろうものなら、信じる、信じないというよりも、それはもはや死生観の前提として語り合っている場面に出くわすことも珍しくない。いや、それどころか、信じていないという意見の方が口に出しづらい雰囲気の場すらある。しかしそういう場にもかかわらず、私の口調や表情から懐疑主義がにじみ出てしまうせいで、受講生にこう突っ込まれることも多々あった。

「伊泉先生って、スピリチュアルなものを全然信じていないですよね？」

すると、私はためらいながらもつい正直に「まあ、そうかな」と答えてしまう。

ただ、ここで受講生の方々から反発されるかと思いきや、そうではなく、「やっぱり、そうだと思いました」と一同が笑ってくれる。

また、占いの講座で受講生の方から「タロットで未来のことって当てられますか？」と訊かれた際も、いつも私は「残念ながら当てられませんよ」と笑いながら答えている。「えっ？」という驚いた顔をされることももちろんあるが、気にせずにタロットの話を続けると、講座の終了後、「私が思っていたタロットとはちがっていましたが、おもしろかったです」と言ってもらえることもある。

このような経験をしながら、私は「占い」好きの方々や「スピリチュアル」なものを信じている多くの方々ともずいぶん仲良くなれた。

こうして数年間は占いの世界と楽しく付き合いながらも、そのかたわらでカウンターカルチャーやニューエイジを論じた研究書に目を通す日々を続けていた。そんななか、私は未来の本の構想について、どこを起点にして書くべきかを決めかねていた。ニューエイジよりも前のカウンターカルチャーからはじめるとしても、そのなかに含まれているスピリチュアルな世界観や実践の多くは、六〇年代よりも前から存在していた。たとえば、今日「チャネリング」と呼ばれる高次の存在者からのメッセージの受信、ヒーリングや代替医療、肉体や物質へと影響を与える精神の力、肉体の死後の霊界での生存ないしは生まれ変わりなどに関する文献は、十九世紀後半から二十世紀初頭までのあいだにすでに出そろっていた。であれば、これは当初予定していたよりもはるかに時代をさかのぼって十九世紀後半に出発点を置くべきなのではないか？　そう思って章立ての構想を練り直していたころ、それこそシンクロニシティとでも言いたくなるようなタイミングで紀伊國屋書店出版部の和泉仁士氏から連絡をいただいたため、長年温めてきた着想を形にする企画が動き出すことになった。

だが、いざ当時の書籍や新聞や雑誌などに目を通しながら過去の出来事を調べていた私は、スピリチュアリズムが全盛期だった十九世紀後半の出来事を知るにつれ、驚き、興奮した。当時の新聞や雑誌や書簡をもとに何が起こっていたのかを追いながら、当事者たちの見解や考えかた、そして信奉者と批判者の論争に目を通していくと、そこには形而上学、生理学、心理学、物理学などと関連する興味深い諸問題があることに気づかされた。とりわけ、一八八二年にイギリスで設立されたソサエティ・フォー・サイキカル・リサーチ（本書ではSPRと表記、「心霊現象研究協会」とも訳されている）による研究結果が記された当時の機関誌や紀要を年代順に精査していくと、懐疑派だったはずの私自身の常識を揺さぶるような論証に目を開かせられることもあった。結果、看過できない価値がある資料の厖大さを前にしたため、十九世紀後半の「スピリチュアリズムの時代」に焦点を絞って執筆を進める方向へと舵を切った。

こうして書きはじめた本書は、一級の知識人たちまでもが霊現象の真偽をめぐる論争に巻き込まれていった時代を振り返りながら、その当時のできごとの記録を通して見えてくる諸問題を提示し、それらを再考することを試みた。それらには現代の宗教的ないしスピリチュアルな分野に関わっている方々にとっても、いま一度目を向けるべき価値のある問題が多々含まれていると思う。また、懐疑派の方々にも、過去の時代の形而上的な世界をめぐる議論、とりわけ当時のサイキカル・リサーチの研究の過程は、いまなお興味深く読んでいただけるはずだ。何はともあれ、「スピリチュアリズムの時代」に相次ぐとほうもない数々のできごとを、まずは私と同様、驚きをもって読んでいただければ幸いである。

最後に、本書における記述で誤解を生じないよう、補足しておきたい。「〇〇が起こった」——たとえば、霊の力によってテーブルが動いた——と書いてある場合、当時の新聞や雑誌、書籍などに記されている報告を基に、当事者がそのように体験したということを書いているだけで、その現象がまぎれもない事実だということを意味してはいない。ましてや、その現象を私が信じている、ないしはその現象が本物であると言いたいわけではない。逆に「〇〇は詐欺だった」「〇〇は暴露された」と書いている場合も同様で、あくまでそれは記録された当事者の見解を述べているだけで、その現象を私が否定している、ないしはその現象が偽りであると断じているわけではない。

では、第一部に入っていく。「スピリチュアリズムの時代」は、どこから、どのようにはじまったのか？そしてそれが、なぜ、どのように人々のあいだに広まっていったのか？まずはその過程を、源流からたどり直してみたい。

THE RISE OF SPIRITUALISM

第1部

スピリチュアリズムの台頭

第1章

源流

メスメリズムからアンドルー・ジャクソン・デイヴィスまで

一八四七年夏、『自然の原理、その聖なる啓示、そして人類への声明（*The Principles of Nature, Her Divine Revelations, and a Voice to Mankind*）』と題される一冊の本が出版された（以下『自然の原理』）。まさしくそれは、本書の主題であるスピリチュアリズム・ムーヴメントの本格的な幕あけ直前のことだった。著者はアンドルー・ジャクソン・デイヴィス（図1・1）。のちに霊界の真実を告知した霊視者として、世に広く知られていく人物である。

仮に十九世紀後半のスピリチュアリズム・ムーヴメントを形作っていく人々の心の深層にひそむ時代精神というものがあったとすれば、彼こそがまさにその代弁者として語るべき言葉をみごとに語りきった人物と言うべきだろう。その内容自体に同意できるか否かは別にしても、その作品が明晰な知性の閃《ひらめ》きに照らし出されて書かれていることは否定しがたい。実際、のちに見るように、彼の本に含意されている革命的社会思想は、もはや伝統的な宗教の教義に魂の安住の地を見出せなくなっていた人々が待ち望んでいた真実の告知として受け入れられていく。

それにしても、デイヴィスはいかにしてこの本を生み出し得たのか。この七八二頁にもわたる大著を実際に少しでも繙いてみれば、誰もがそう問わざるを得ない。当時、デイヴィ

図1.1　アンドルー・ジャクソン・デイヴィス

スは二十一歳。彼の生い立ちをたどってみても、ほんの乏しい教育の形跡しか見つけられない。実際、正式な教育といえば、わずか五か月ほど、ニューヨーク州ポキプシーにあるランカスター式の学校（英国クエーカー派のジョセフ・ランカスターによる教育論にもとづく学校）で受けただけだ。そしてそのあとは、十七歳になる年からごくふつうの靴屋の店員だったが、ある日突如、霊的使命に打たれ、偉大なる出世作に結実する言葉を語りはじめた。この若者に、いったい何が起こったのか？

スピリチュアリズム・ムーヴメントの幕あけを見ていく本章では、まずこのデイヴィスの『自然の原理』が生み出されるまでの状況を見るために、いったん時代をさかのぼり、その源流から事の推移をたどり直しておきたい。

メスメルと動物磁気

デイヴィスが『自然の原理』を出版する七〇年ほど前のこと。ウィーンの一等地ラントシュトラッセ二六一番地の大邸宅で、あるひとりの医者が、当時の一般的な医療での効果がまったく見られなかった女性の患者に対して磁石を用いた次のような治療をおこなった。鉄を煎じたドリンクを飲ませる。さらに彼女の体に三つの磁石をあてがう。胃の上にひとつ、両足にそれぞれひとつずつ。その効き目は驚異的だった。まもなく彼女は、自分の体のなかを「痛みをともなう微細物質」が下方へ向かっていくのを感じはじめた。そして、その後の六時間ほどで、これまでまったく改善されることのなかったさまざまな病状――絶え間ない嘔吐、内臓の炎症、尿の閉塞、歯痛、耳痛、メランコリー、激しいひきつけ、強硬症《カタレプシー》、視覚障害、息切れ、歩行困難――が、すっかり消え去ったのである。一七七四年七月二十八日、その医師自身が書き記した言葉を使うなら「運命の日」。このとき起こった奇跡的な治療の成功が、のちに「メスメリズム」と呼ばれる新たな医療の理論と方法を生み出すきっかけとなる。

医師の名はフランツ・アントン・メスメル。今日、彼の名を知る人は、催眠術、ないしは力動精神医学の歴史のはじまりの地点に位置する人物として記憶されていることだろう。だがスピリチュアリズムの歴史においても、その発端へと遡行していけば必ずや到達するであろう重要人物のひとりであることはまちがいない（図1・2）。ただし誤解のないように述べておくと、メスメル自身はスピリチュアリズムとの直接的な関わりはない。また、彼の治療法自体も、なんらかの霊的な原理と関係しているわけではまったくない。それでもスピリチュアリズムの歴史を語るうえでメスメルを登場させなければならないのは、彼の治療法から生じる副次的効果こそが、前述のデイヴィスのような霊界との交流を語りはじめる人物たちを出現させる起因のひとつだからである。ここではまず、そのメスメルの新たな治療法がどのようなものであったかを、彼の経歴をたどりながら紹介しておきたい。[1]

一七三四年五月二十三日、現在のドイツとスイスにまたがるコンスタンツ湖（ボーデン湖とも）に面した小村イツナング（現在はモース）に生まれる。一七五〇年、ババリア（独南部、バイエルンの英語名）のディリンゲンにあるイエズス会神学校に入学し、哲学と神学を学ぶ。四年後、インゴルシュタット大学へ移り、神学に加えて数学と物理学を学んだ。さらに一七五九年にウィーン大学法学部に籍を置くが、翌年医学部へ転部する。一七六五年十一月二十日、「人間の体における天体の影響について」と題した学位論文を提出する。この論文は、月と太陽が地球上の潮の満ち引きに影響を与えるように、生物の体内、とくに人間の神経系に影響を与える可能性について論じたものだった。メスメルは同論文のなかで、天体から地上の生物に力を伝達する媒体として、宇宙空間を遍《あまね》く満たす普遍的流体が存在することを仮定していた。明らかにこれは、のちの彼の治療法における根幹となる概念でもある。一七七四年、すなわち、この学位論文の九年後、メスメルは前述の磁石を使った治療を試みる。その驚くべき効果を目の当たりにした彼は、一般的な医療に背を向け、のちに多くの信奉者を生み出す画期的な

図1.2　フランツ・アントン・メスメル

独自の治療法を創始する。[2]

メスメルがはじめたその新たな治療法の核心は、きわめてシンプルな考えにもとづくものだった。病気の原因は何か？ それは人体のなかをめぐる磁気的流体が滞《とどこお》ることによって引き起こされる。では、治療には何が必要か？ 人体のなかに磁気的流体の円滑な流れをふたたび作り出すことだ。メスメルは、この磁気的流体を「動物磁気（animal magnetism）」と呼んだ。彼の学位論文で述べられていた「宇宙全体を満たす普遍的流体」という中国思想における「気」を思わせなくもない概念が、磁石を用いた治療の成功に裏付けられることによって、その姿を現したのである。

ここで注意しておきたいのは、メスメルによって動物磁気と呼ばれた普遍的流体が、磁石の持つ力と似てはいるものの、本質的に別種のものだと考えられていたことだ。そのためメスメルは、磁石による最初の治療の成功があったにもかかわらず、磁石そのものを重要なものとはみなさなかった。彼にとって、磁石は単に動物磁気を伝達し、その流れを作り出すひとつの補助的な装置でしかなかった。それればかりか彼の考えによれば、磁石以外の物体、たとえば「紙、パン、ウール、シルク、皮、ガラス、水、さまざまな金属、木、人間、犬」など、ありとあらゆるものが磁化可能である。[3]

また、メスメルは自分の体がほかの人や物より強い動物磁気を帯びているとも考えていた。そしてその作用を直接的な接触なしに、生物、無生物を問わずに伝達できる。それによって彼は、まったく磁石を使わずとも、身振りや手振り、あるいは自分がただその場に居合わせるだけで、患者のなかに動物磁気の流れを作り出せるとすら考えていた。こうしたことから、彼は磁石を用いることをやめ、患者の体の上で、ただ自分の手を動かすという方法で治療するようになった。[4]

さらに、もうひとつ注目すべきは、メスメルの治療がつねに患者の劇的発作のような病状の転換点《クライシス》を迎えるという経過を示していたことだ。したがって、彼の一連の治療の流れは、次のような過程になる。患者の体の上に手を近づけ、みずからの体のなかを流れる動物磁気を患者へ伝達する。さらに手を動かすことで患者の体の内部にその流れを作り出す。そして、その流れの障害となっていたものが取りのぞかれる際に、なんらかの発作が誘発される。その後は回復を待つのみ。

メスメル本人がどれだけ臨床の場での効力を強く確信したとしても、こうした治療方法を当時の医学界は受け入れようとしなかった。メスメルはみずからの発見と治療効果をまとめた報告書を、ヨーロッパ各地の医学アカデミー、および数名の学者に送ったものの、ほぼ黙殺された。だが、その一方でメスメルの手法が、多くの患者に対して確実な治療効果を与えていたことは、彼が一七七八年二月にパリへ居を移してからの人気ぶりから判断するに否定できない。実際、パリにおけるメスメルの名声は驚くべき勢いで一気に高まり、驚異の治療の噂を耳にした人々が、彼のもとに続々と押し寄せた。

同年五月、メスメルはパリから離れ、その南東一〇キロメートルほどの小都市クレテイユに診療所を移動する。だが、そこに訪れる患者の数は日々増えていく一方で、ついには一度に二〇〇人ほどが詰めかけることもあった。こうした状況のなか、メスメルは新たに考案した治療装置を用いて、一度に大人数を相手にした集団療法を開始する。それはおよそ次のようなものだった。

大きな丸い木桶のまわりに集まった患者たちは、そのなかから突き出している鉄の棒を握り患部に当てる。この木桶こそが、治療に欠かすことのできない治療装置である。その内部は鉄屑とガラスの粉末の入った水で満たされ、さらに底には磁化された水の入った瓶が何列も同心円状に桶の中心から縁まで並ぶ。動物磁気は桶の内部の磁化された水から鉄の棒に伝わり、それを握っている患者の体に流れていく。メスメルはゆっくりと患者たち

図1.3　パリでのメスメルの治療の様子（1780年頃）

のまわりを歩き、絶妙なタイミングを選び、患者の背中に、先端に金属のついた棒を向ける。すると患者はひきつけを起こしはじめ、最後には転換点となる発作を起こす。アシスタントがその患者をマットレスの上で休ませる。その結果、患者は病から解放されていく。

この手法で、メスメルは一度に三〇人ほどの患者を治療するようになった。だが、同年八月にパリでの診療が再開されると、訪れる患者の数は、その許容範囲をすぐに凌駕しはじめた。そこでメスメルは、さらに奇抜な新しい集団治療の方法を用いるようになる。サン・マルタン門のそばの大きな木を磁化し、その枝にロープを巻きつける。そのまわりに集まった人々は、木につながっているロープの端をそれぞれ握る。この新たな方法によって、メスメルは一度に一〇〇人ほどの患者を同時に治療するようになった。[5]

この新たな治療法の効力を体験する人々が増えていくとともに、メスメルの教えを請いたいと願う声が、その熱心な信奉者のあいだで高まっていった。一七八二年の終わり、メスメルはパリに普遍調和協会を設立する。高額な入会金が必要とされたその協会に集まったのは、医師、法律家、行政官僚、名門貴族などからなる、おもに富裕層の人々だった。七年後のフランス革命で活躍するラファイエット侯爵も協会のオリジナルメンバーになった。メスメリズムの基本教義とその実践は、この普遍調和協会を通して、多くの後継者に伝授されていく。[6] そしてメスメルの治療法は、公式の医療として認められてはいないにせよ、多くの有力者の支持を獲得することで、正統的な医学に挑むに足る強い基盤を確立しようとしていた。[7]

普遍調和協会の設立の二年後、メスメルがパリに移ってまもないころから、彼の熱心な支持者になったフランス国王ルイ十六世の弟、アルトワ伯爵の侍医シャルル・ニコラ・デスロンが、動物磁気の公的な認可を求めるため、審査委員会の設立を王室に要請した。その結果、一七八四年三月、王立科学アカデミーの五人とパリ大学医学部の四人からなる審査委員会によって、動物磁気に関する公式な調査がおこなわれた。[8] 議長に選ばれたのは、当時、アメリカ合衆国駐仏大使だったベンジャミン・フランクリンである。ただし高齢と体調の問題もあってすべての会合に参加できなかったため、彼の代わりに事実上の中心人物となったのは、天文学者でのちにパリ市長になるジャン＝シルヴァン・バイイだった。そのほかのメンバーには、化学者アントワーヌ・ラヴォアジェ、「ギロチン」の発明者でもある医師ジョゼフ＝イニャス・ギヨタンなども含まれていた。

では、その調査結果はいかなるものだったか。ひとことで言えば、動物磁気なるものは存在しない。それが委員会の下した結論だった。すなわち、メスメリズムの公認を求めていたデスロンの期待を裏切る結果となった。

委員会の考えによれば、メスメリズムなるものの効果は、単に患者自身の「想像」で生み出されたものでしかなく、作用因としての動物磁気なる流体が実在するわけではない。したがって、磁気治療の核心において重要なのは、実際に磁化されているかどうかではなく、磁化されているという想像である。それこそが、患者を発作に導くものであり、逆に想像なしに、磁化は何も導かない。たとえば委員会の実験結果によると、メスメリストがいると知っているときに患者は転換点としての発作を起こすが、いないと思っているときはそれが起こらない。さらに言えば、目隠しをされた患者は、実際にはメスメリストがいないにもかかわらず、いると信じている場合は発作を起こす。あるいは、メスメリストが五本の木のうち一本だけを磁化する。そして、磁化された木を見つけるために歩かされた患者は、磁化されていない木の前で発作を起こす。また、委員会は「想像」とあわせて「模倣」が、患者を一様に激しい発作に導くと考えた。その状態になることで回復した人を見た、あるいはそうなることで回復すると知った患者が、自分の病状についても同様の回復を期待する。その結果、治療中の同様の反応を患者が模倣するのである。[9]

こうした動物磁気の実在を否定する委員会の調査結果の公表後、メスメリズム支持者たちからは、数多くの強い反論があがった。そのため、動物磁気をめぐる問題は最終的な決着に至らず、むしろ結果として、より活発な論争が巻き起こった。[10]

その一方、奇《く》しくも同年の春、パリの審査委員会の活動とはまったく別のところで、メスメリズムの歴史に大きな転換をもたらす重大なできごとが起こっていた。

ピュイゼギュールと磁気睡眠

それは、フランス北部、ソワッソン市近郊のビュザンシーで、パリの普遍調和協会創立メンバーのひとり、ピュイゼギュール侯爵アマン＝マリー＝ジャック・ド・シャストネが、肺炎を患った二十三歳の農民ヴィクトル・ラースを治療していたときのことだった。師のメスメルから学んだ手続きどおりにことが進んでいれば、本来、転換点としてなんらかの激しい発作が起きるはずだが、ヴィクトルの反応はまったくちがうものだった。磁化後、七、八分ほど経過したとき、まったく予期していなかった現象が起こった。突然、あたかも眠りに入ったかのように、ヴィクトルの頭がだらりと垂れさがった。だが、奇妙なことにもヴィクトルは、ふつうの意味での眠りに落ちたわけではなかった。というのも、その眠りに似た状態のまま、ヴィクトルは大きな声で自分の家庭内での心配事を語りはじめたのである。それは、眠りながら起きている奇妙な状態だった。[11]

このヴィクトルに起こったできごとは、単に眠った人がぶつぶつと呟《つぶや》く寝言として片づけられるものではなかった。まず不思議なことにもヴィクトルは、その眠りに似た状態のあいだ、ピュイゼギュールの問いかけに答えられた。それればかりか、ピュイゼギュールが命じると立ち上がり歩くことも可能だった。また、ヴィクトルはこの疑似睡眠のあいだ、普段とはまったく異なる人格に変貌していた。いつもは無口ではっきりものを言わない彼が、活発で流暢な語り口となり、明らかに通常以上の知性の冴えや鋭敏な精神状態を示したのである。

ヴィクトルに起こったこの現象はいったい何なのか？　すぐに思い浮かぶのは、彼の状態が、いわゆる「夢遊病」と呼ばれる症状にきわめて似ていることだ。実際、ピュイゼギュールは、ヴィクトルに起こった現象と夢遊病のあいだにあるいくつかの類似性に注目した。たとえば、どちらも通常の睡眠とは異なり、飲んだり、食べたり、動きまわることは可能だが、外的環境からの多くの刺激に対して無反応であること。また、どちらもその眠っているあいだの行動に関して記憶がないことなどである。だが、夢遊病とヴィクトルの疑似睡眠には相違もあった。それは、夢遊病の患者とコミュニケーションをとることはできないが、前述のようにヴィクトルの場合は、ピュイゼギュールの問いかけに対してだけは応答が返ってくる点である。以上のようなことからピュイゼギュールは、ヴィクトルのような人工的に引き起こされる夢遊病的状況を、自然に起こる夢遊病と区別する意味を含めて「磁気夢遊病」、もしくは「磁気睡眠」と呼んだ[12]（以下、本書では「磁気睡眠」とする）。

この磁気睡眠の正体がなんであれ、ピュイゼギュールにとって重要だったのは、それが実際に驚くべき治療効果を発揮していたことだった。ヴィクトルの肺炎は、磁気睡眠に陥ったあと、急速に改善して、四日後にはほぼ完治したのだ。また、ピュイゼギュールは、磁気睡眠のあいだ、治療者と患者のあいだに、動物磁気によって生じる独特の親密なつながりが生まれてくることにも気がついた。それを彼は「ラポール（rapport　フランス語で関係、つながり）」と呼び、それこそが磁気睡眠の本質であると考えた。

この治療者と患者を結びつけるラポールは、磁気睡眠のあいだに起こる次のような奇妙な現象を説明できるようにも思われた。磁気睡眠の状態に導かれた患者は、治療者の命令に従って歩いたり、話したり、歌ったりさえする。しかし、磁気睡眠に導いた治療者以外の人物が命じても、患者は反応しない。ピュイゼギュールは、それを治療者と患者のあいだに強いラポールが生まれたためだと考えた。また、彼によれば、患者の病状がひどいときほど、治療者とのあいだに強いラポールが生まれる。逆に、患者が病気から回復していくに従って、ラポールの強さは次第に弱まっていく。そのことから彼は、ラポールの強さの程度は、病気がどれだけ回復したかを示す指標でもあると信じるようになった。

さらにピュイゼギュールは、ラポールと関連して生じたいくつかの不思議な現象も報告している。たとえば、ピュイゼギュールがほかの人には聞こえないはずの小さな声で歌っているにもかかわらず、どういうわけか磁気睡眠中のヴィクトルが、それを声に出して歌いはじめる――すなわち、本来、聞こえないはずの声を、いかにしてヴィクトルは聞き取ることができたのか。そればかりか、ピュイゼギュールがヴィクトルに命じる際、しばしば言葉を発することすら必要ないこともあった。彼の思考は、あたかも口にせずともヴィクトルに伝達されたかのようだった。ピュイゼギュールはこうした特殊な能力を、通常の人間の五感を超えた「第六感」が磁気睡眠中に活性化されたためであるとも考えた。また、磁気睡眠中のヴィクトルは、しばしば自分自身の病気をみずから診断し、その後どう処置すべきで、どのような経過をたどっていくかを詳述した。だが、こうした病気の自己診断も含め、そのほかの磁気睡眠中に起こったできごとすべてを、目覚めてからのヴィクトルはまったく覚えていないし、思い出すこともできなかった。その一方で、ふたたび磁気睡眠に入ると、以前の磁気睡眠中のできごとについての記憶を持ち、さらに目覚めているときのことも覚えていた。また、磁気睡眠中のヴィクトルは、目覚めているときの自分自身を語る際に、あたかも別人のことを語るかのような無関心さで語った。しかも通常の目覚めと磁気睡眠中では、まったく別人と言っていいほど異なる性格を示した。こうした磁気睡眠と目覚めているときのあいだにある記憶の欠落と性格の隔たりの大きさは、ピュイゼギュールにとって、ひとりの人間のなかにふたつの異なる人格が存在しているかのように思われた。[13]

　こうした磁気睡眠という新たな現象を前に、ピュイゼギュールはメスメリズムの治療の本質に関して、師のメスメルとは異なる考えかたに向かわざるを得なかった。そのひとつとして、メスメルの治療において必要不可欠だった転換点となる激しい痙攣などの発作を、ピュイゼギュールは重要なものだとはみなさなくなった。ピュイゼギュールの考えでは、それは治療の本質とは関係がないばかりか、むしろ、しばしば患者にとって有害なものになるおそれすらある。仮に治療の際に激しい発作が起こったとしても、それは途中の過程にすぎない。ピュイゼギュールにとって、真の治癒に必要な求められるべきものは、あくまで穏やかな磁気睡眠だった。

　動物磁気自体に対する考えかたにも、ふたりのあいだにはちがいが生じた。メスメルは物理的な作用媒体として動物磁気が存在することを、あくまで固く信じ続けていた。前述の審査委員会の結論がどうあろうと、メスメルはけっしてその信念を手放す気にはならなかった。一方、ピュイゼギュールは、たしかに当初、動物磁気の存在を信じていたものの、次第にその実在を主張することを保留するようになっていった。そして、最終的にピュイゼギュールは、動物磁気の実在に対しては不可知論、治療の実践においてはプラグマティックな態度を採用するようになる。晩年に出版した本のなかで、彼は次のように述べている。「わたしには磁気的流体、電気的流体、輝く流体などがあるかどうかは、もはやわからない。だが唯一確かなのは、磁化するために単一の流体が存在するかどうかを調べるのはまったく無用だということだ」[14]

　このピュイゼギュールの磁気睡眠の公表は、もはやメスメリズムの分裂を避けられないものとした[15]。メスメルに忠実であらんとした正統派メスメリストたちは、ピュイゼギュールの磁気睡眠の重要性を無視し続けた。だが、その一方で、磁気睡眠の持つ可能性に惹きつけられたメスメリストたちからは、ピュイゼギュールと同様、磁気睡眠中の患者の意識の変容とそれにともない現れてくる不思議な数々の現象が、次々と報告されるようになっていった[16]（図1・4）。

メスメリズムの神秘主義化

　一七八四年の春、リヨンにメスメリストたちの調和協会が設立された。「和合《ラ・コンコルド》」と名付けられたこの協会に集まった人々の多くは、フランスで最も有力なマルティニストのジャン＝バティスト・ウィレルモーズに率いられた「慈悲の尊敬すべきロッジ」というフリーメーソンのロッジ（各地域ごとの支部の単位）に属していた人々だった。ちなみに、マルティニストとは、フランスの神秘思想家マルティネス・ド・パスカリの教義に端を発し、その弟子ルイ・クロード・ド・サン＝マルタンが広めた思想を受け継いだ一派のことである[17]。

　このリヨンのメスメリストの協会の内部では、磁気睡眠に潜在する神秘的な力そのものに関心が向けられていくことによって、もはや病気の治療という本来の目的から逸脱するかたちで、メスメリズムが受け入れられていった。メスメリズムの神秘主義化、あるいは神秘主義のメスメリズム化というべきか、いずれにしても、メスメリズムはマルティニストたちの神秘思想——神のもとから物質世界に「転落」し、そこに囚われている人間が、いかにしてふたたび神のもとへと回帰できるかを核とする——の実践的側面を補助するものとして用いられるよ

図1.4　メスメリズムによって磁気睡眠中の被験者が見えないはずのカードの柄を当てる

うになる。

その思想によれば、人間はふたつの自己を持っているとされる。ひとつは肉体と関連する低次の自己であり、もうひとつは聖性と関連する高次の本当の自己である。後者の自己は、本質的に聖性と結びついているため、人間はその自己を通して、この世界を超えた神の領域に近づいていくことができる。磁気睡眠は、この本当の自己を目覚めさせることを可能とする。それゆえ、人は磁気睡眠の状態のなかで肉体を離れ、神の領域に近づいていくこともできる。およそこれが、マルティニストたちによって見出された磁気睡眠の持つ高次の可能性だった。

実際、リヨンの調和協会のなかで磁気睡眠の神秘主義化の中心人物だったメスメリスト、シュヴァリエ・ド・バルブランは、みずから磁化した人々が、磁気睡眠下において高次の聖性に到達できたと主張している。そして彼らは、その途上で出会うさまざまな霊的存在や天使と会話さえした。さらに、その状態のなかで、彼らはさまざまな形而上的・宗教的な宇宙論に関する質問に答えることもできたという。また、なかにはみずから磁気睡眠に入るための能力を発達させた者もいた。そして、生前に親しかった死者からのメッセージを受け取る者さえ現れてきた。[18]

こうしたメスメリズムの神秘主義化は、フランス国内にとどまるものではなかった。十九世紀になると、ドイツのロマン主義者たちが、理性では到達できない形而上学的夢想を裏づけるものとして、磁気睡眠を積極的にみずからのものとしていった。宇宙は単なる死せる物質ではない。それは霊魂を持った生きる有機体である。そしてピュイゼギュールの発見した磁気睡眠によって発揮される「第六感」こそ、人間が宇宙の魂、すなわち「世界霊魂」と交感するための能力となる。ロマン主義者たちはそう考えた。

ドイツではこういったロマン主義的メスメリズムの流れのなかで、さまざまな超常的と考えられる能力を発揮する人物たちも現れてくる。なかでも当時、話題になった人物に、アンナ・カタリーナ・エメリックやフリーデリケ・ハウフェのような女性たちがいる。前者のエメリックは全身硬直状態となり、キリストの受難を幻視した。日々続いていく彼女の幻視内容の逐一は、詩人クレメンス・ブレンターノによって書き留められ、最終的に二冊の本にまとめられた。一方、後者のハウフェは、詩人で医師のユスティーヌス・ケルナーがメスメリズムによって治療をしていた患者だった。ケルナーによる磁化のもと、彼女は一日の大部分を磁気睡眠に入って過ごした。ケルナーによれば、ハウフェは磁気睡眠の状態のなか、遠隔透視したり、未来を予見したりなど、さまざまな超常的能力を発揮した。また、それだけではなく、この宇宙は「七つの太陽圏」と「ひとつの生命圏」からなる複数の「磁気圏」から構成されるといった、霊的宇宙論を語ったりもした。こういったハウフェの能力に関する噂はセンセーショナルなものとなり、当時の多くの知識人たちの関心を引きつけてもいる。ヨーゼフ・ゲレス、フランツ・フォン・バーダー、フリードリヒ・シェリング、ゴットヒルフ・フォン・シューベルト、カール・アウグスト・エッシェンマイヤー、ダーフィト・フリードリヒ・シュトラウス、フリードリヒ・シュライアマハーといったロマン派の自然哲学者や神学者たちも、ハウフェのもとを訪れ、彼女の口を通して語られる神秘的教説に耳を傾けている。[19]

いったいなぜ磁気睡眠が、このような超感覚的とも思われる能力を引き起こせるのか。というよりも、そもそもそれは本当に霊的な世界との接触だったのか。その真実はいかなるものであれ、磁気睡眠という通常とは異なる意識の状態が、なんらかの特異な内的視覚像を作り出していたことは疑い得ない。

メスメリズムの神秘主義化とは別に、治療としてのメスメリズムは、一七八九年七月十四日のバスティーユ襲撃とともにはじまるフランス革命の動乱によって、いったんは下火とならざるを得なかった。だが、世紀が替わり、政治的情勢が次第に安定していくとともに、メスメリズムも勢いを取り戻す。そしてピュイゼギュールの流れを継承する新世代のメスメリストたちによって、磁気睡眠という現象に関するより本格的な研究も進められていくことになる。[20]

以上、メスメルの手を離れたメスメリズムが、神秘主義化されていくまでの過程を追ってきた。次に、本書の主題「スピリチュアリズム」発祥の地となるアメリカに舞台を移す。まずはメスメリズムがどのようにアメリカに渡り、いかにして広がっていったか、その過程から見ていこう。

アメリカに進出するメスメリズム

一八三六年、この年からメスメリズムの本格的なアメリカへの進出がはじまる。「動物磁気のプロフェッサー」と称してアメリカにやって来たフランスのメスメリスト、シャルル・ポワイアンが、同年三月ごろから、マサチューセッツ州ボストンをはじめとして、ニューイングランド（アメリカ北東部六州の呼称）の各地を旅しながら講演を重ねていく。[21] 翌年には『ニューイングランドにおける動物磁気の進展（*Progress of Animal Magnetism in New England*）』を出版。そこでポワイアンは次のように書いている。「目立たず無視されていた状態からはじまった動物磁気は、それから一九か月が過ぎ、すでに世間一般に注目されるようになり、国中で熱心な関心の対象となった[22]」

ただし、ポワイアンはアメリカにメスメリズムを紹介した最初の人物ではない。大きなインパクトを残すことはなかったものの、すでにその試みは、パリでメスメリズムが全盛期だったころにあった。パリの普遍調和協会の初代メンバー、ラファイエット侯爵は、一七八四年五月十四日、のちにアメリカ合衆国初代大統領となるジョージ・ワシントンに手紙を書いている。そのなかでラファイエットは、メスメリズムを「偉大なる哲学的発見」であると述べ、その教義の「秘密」をワシントンに明かすことの承諾をメスメルから得ることを約束している。さらにラファイエットは、同年の夏にアメリカへ赴き、アメリカ哲学協会でメスメリズムについて講演している。しかしラファイエットによる伝道活動は、ほとんど実を結ぶことなく、のちのワシントンからの手紙の返事にも、メスメリズムへの興味を見つけることはできない。[23] また、一八二九年には、パリの調和協会でメスメリズムを学んだジョゼフ・デュ・コミュンがニューヨークを訪れ、メスメリズムについて講義し、同年それは『動物磁気についての三つの講義（*Three Lectures of Animal Magnetism*）』と題され出版された。これはアメリカで出版されたメスメリズムについての最初の本である。だが、デュ・コミュンの活動も、結局は大きな反響を得るまでには至らなかった。実質上、メスメリズム定着のための最初の足場が作られたのは、前述のポワイアンによるニューイングランドでのツアーが大きな注目を浴びて以降のこととなる。[24]

ポワイアンの成功の理由のひとつは、彼の講演にあったエンターテインメント的な要素であったことはまちがいない。ポワイアンは大勢の観衆を前に、単なる講義だけではなく、実際に磁気睡眠の実演をおこなった。その際、ツアーに付き添う専属の磁気睡眠をかけられる者以外に、観衆のなかからも数人のボランティア被験者を募った。ポワイアンが被験者たちの体の近くで手を動かし、磁気の活動を高めていくと、彼らの外界に対する知覚が弱まり、おおよそ半数ほどが磁気睡眠に入っていく。その結果、彼らの大多数は、外的刺激に対する感受性の欠如を示すようになる。たとえば、すぐ近くで大きな手を叩く音を出しても無反応。また、瓶に入ったアンモニアを鼻のすぐ下に置いても無反応。そして観衆たちは、ボランティアとして舞台に上がった友人や隣人たちが、実際に磁気睡眠に置かれ、普段とは異なる奇妙なようすに変容していくのを目の当たりにし、衝撃を受けるわけである。

さらにポワイアンによれば、磁気睡眠に入った被験者のうちの少数は、その「最も高度な段階」に到達し、その段階において、超感覚的な能力を発動させる。また、被験者がこの高度な「段階」となっていることを示す指標は、まずポワイアンと被験者のあいだのラポールが強まり、あたかも遠隔で思考が伝達されるかのように、非言語的コミュニケーションが成立することだった。

ポワイアンとともにツアーをまわるようになった、ロードアイランド州ポータケット出身の女性シンシア・アン・グリースンをはじめとして、「最も高度な段階」に至ったと見られる被験者は、なくしもののありかを指摘し、離れた場所で起こっているできごとを語り、その場にいる人々の心のなかを読むなど、驚くべき能力を発揮したことが報告されている。おそらくグリースンこそ、アメリカで最初に有名になった、眠れる超感覚的能力者（眠りながら通常の五感を超えた知覚能力を発揮する人物）だった。また、ポワイアンのメスメリズムの実演は、こうした大衆を楽しませる見世物的な要素もあったが、同時にそこでは動物磁気本来の効能を示す実際の治療もされていた。治療を求めてきた人々は、磁気睡眠に導かれ、その後目覚めると病気が軽くなっていることを実感したという。[25]

このようなポワイアンによる各地での実演は、単にメスメリズムへの大衆の関心を高めただけでなかった。その影響は社会のより上層部にもおよんでいった。たとえば、元オランダのアメリカ大使であり、日刊紙『ニューヨーク・コマーシャル・アドバタイザー』の編集長兼共同オーナーのひとりであり、ニューヨーク公立学校群の最高責任者でもあったウィリアム・リート・ストーンは、メスメリズムの持つ可能性に大きく目を見開かされたひとりだった。当初、ストーンはポワイアンの活躍を新聞で目にするものの懐疑的だった。だが、その先入観は、事故で頭部を打ちつけて目が見えなくなり、ロードアイランド州プロビデンスの医師ジョージ・キャプロンのメスメリズムによる治療を受けていた、ローレイナ・ブラケットという女性患者が、磁気睡眠下で発揮する驚くべき能力を前にして打ち砕かれた。一八三七年八月二十六日、ストーンはそこに集まった人々とともに、キャプロンによって磁化されたブラケットが、さまざまな超感覚的知覚——たとえば、封筒のなかにしまった紙に書かれた文字を読んだり、これまで訪れたことのないはずのストーンの家のなかにあるさまざまなものを描写したりする能力——を発揮するのを目の当たりにした。[26]

ところで、ポワイアンによって持ち込まれたメスメリズムのこうした広がりに対し、批判の声がまったく上がらなかったわけではない。デイヴィッド・メレディス・リースは、一八三八年に出版された『ニューヨークのばかげたこと（*Humbugs of New-York*）』で、大衆に広く信じられている科学、哲学、宗教などにひそむ欺瞞《ぎまん》のひとつにメスメリズムを加え、ポワイアンと彼の追随者《フォロワー》たちへの嘲《あざけ》りを次のように述べている。

一八三六年から三七年の冬のあいだ、彼〔ポワイアン〕は一般向けの講演を開始した。そして、彼の夢遊病者になることで、彼の意図を助けるに十分な愚かなひとりの少女を発見した。彼はボストンやほかの場所を訪れ、現在に至るまで、目的のために訓練された数名の「眠れる美女たち」とともに巡回している。そして、彼らによって、大勢の人々が騙され、「新たな科学」を信じるようになってしまっている。[27]

だが、リースのような批判には、メスメリズムの拡大していく影響力に歯止めをかける効力はなかった。すでにその萌芽は、確実にその地に根付きはじめていたのである。
一八三七年、ポワイアンの講演に参加したあと、その信奉者になったトーマス・C・ハーツホーンは、ピュイゼギュール以降のフランスを代表するメスメリスト、ジャン＝フィリップ・フランソワ・ドゥルーズの本を英訳し、『動物磁気の実践のためのインストラクション（*Practical Instruction in Animal Magnetism*）』という書名で出版した。[28]ハーツホーンのホームタウンであるロードアイランド州の州都プロビデンスは、ポワイアンの活動拠点でもあり、早くからブラウン大学（アイヴィーリーグのひとつ。名門私大）の学長フランシス・ウェーランドをはじめとする有力者たちの支持も得られたため、この時代、まさしく「アメリカの磁気主義《マグネティズム》の中心地」とも呼ばれるべき場所となりつつあった。[29]また、ポワイアン自身は一八三九年にアメリカを去るものの、一八四〇年代に入ると、彼の開拓した道をさらに進んでいくメスメリズムの新たな「伝道者」たちの活動が、さらに勢力を増していった。[30]
ポワイアンがアメリカを去った年、バトンタッチをしたかのようにイギリスからやって来た医師ロバート・H・コリヤーは、この新たな地に居を構え、マサチューセッツ医学協会に加わり、さらに『メスメリック・マガジン』の編集者となる。[31]また、彼のメスメリズムの実演も人気を博し、コリヤー本人によれば、一八四一年の夏には、ニューヨークとボストンで五〇〇人から一〇〇〇人の観衆を集めるまでに至っている。[32]町から町へと渡り歩いては講演と実演をくり返す飽くなき伝道者たちの努力によって、メスメリズムへの大衆の興味関心は確実に高まっていった。
一八四二年、ケンタッキー州のルイビル医学研究所の設立者のひとりであるチャールズ・コールドウェルが、メスメリズムの歴史、その主要な現象の概要やその説明などを簡潔に記した『メスメリズムの事実、そしてその起因と応用についての思索（*Facts in Mesmerism and Thoughts on its Causes and Uses*）』を出版。[33]そしてそれが引き金になったかのようにメスメリズム関連書の刊行ラッシュが続く。翌年の一八四三年には、前述のコリヤーをはじめ、サミュエル・グレゴリー、K・D・D・ディッカーソン、ジョン・ボヴィー・ドッズ、ラ・ロイ・サンダーランドが、それぞれメスメリズムに関する本を出版する。[34]この年だけでも、注目すべきメスメリズム関連書が五冊も刊行された。

また、コリヤーやコールドウェルの例からもわかるように、この時期、数多くの医者たちが、メスメリズムに強い関心を持つようになっていった。[35] 世界で最初の、女性のための医学校をボストンに設立したことでも知られる医師サミュエル・グレゴリーは、一八四三年の著書で、当時の状況を次のように述べている。


ケンタッキー州ルイビルのコールドウェル博士とブキャナン博士、フィラデルフィアのミッチェル教授、そしてニューヨークのシャーウッド博士は、その主題〔メスメリズム〕についての著作を出版している。メスメライザー〔メスメリズムの治療者〕やメスメリズムの支持者には、そのほかにもプロビデンスのキャプロン博士、ブラウネル博士、アトリ博士、ボストンのルイス博士、フリント博士、ダナ博士、インガルズ博士、ギルバート博士、グレガーソン博士、ベル博士、ステッドマン博士、ストーン博士などがいる。実際に、いまやこの国のあらゆる地域にいる数百人の医師が、その主張を研究することに熱心に従事し、実践におけるその有効性を証明している。[36]

ところで、こうしてメスメリズムが順調に受け入れられていった一八四〇年代、アメリカにはもうひとつ新たに医師たちの注目を集めていた別の科学があった。フランスからメスメリズムが到来するのとほぼ同時期に、ドイツから入ってきた「フレノロジー（Phrenology）」である。

その実践面をひとことで言ってしまえば、頭蓋の形状を調べればその人間の性質がわかるというもので、これこそがフレノロジーに注目が集まった理由だった。[37] 医師たちの多くが、メスメリズムとフレノロジーを治療の現場で結びつけていくまでに、さほど時間はかからなかった。そして次節で見るように、アメリカでのメスメリズムは、このフレノロジーとの融合の結果、さらなるその可能性を開花させていく。

フレノメスメリズム

ひとまずここで、フレノロジーとは何かを簡単に説明しておきたい。フレノロジーの前提には、まず人間の脳はいくつかの領域に分けられ、その脳の各部位が人間のさまざまな精神の諸機能に一対一対応しているという考えがある。たとえば、色を感知するのに関係しているのは脳のここの部位、音を感知するのに関係しているのは脳のあそこの部位という具合だ。そして次に、フレノロジーでは、その脳の各部位が示す精神機能の優劣が、脳に隣接する頭蓋の部位の大きさや形状と関係していると考える。そして、数多くの領域に分けられた頭蓋の各部位には、「言語」「色」「音」「数」から、「夢」「博愛心」「ユーモア」「闘争心」などのカテゴリーに至るまで、さまざまな人間の精神機能が対応させられている。

こうしたフレノロジーの理論が、今日からすると単なる疑似科学としか思えないものだとしても、十九世紀におけるその地位はけっしてそうではなかった。そもそも当時大きな影響力を持っていた思想家ハーバート・スペンサーや、哲学者であり教育学者のアレクサンダー・ベインのような人々にとっても、異なる精神の諸機能が、それぞれに応じた異なる生理学的構造にいかにして局在化可能なのかという問いのなかで、フレノロジーはまともに論じられるべき主題とみなされていた。[38]

このいわば大脳機能局在論の先駆ともいうべきアイデアの出所は、もともとウィーンで開業していたドイツの医師、フランツ・ヨーゼフ・ガルにさかのぼる。また、それを大きく広めるのに貢献したのは、ガルの弟子ヨハン・ガスパール・シュプルツハイムである。実際、アメリカをはじめ、イギリスやフランスなどの他国へ、フレノロジーという新しい「精神の科学」の普及をもたらしたのは、シュプルツハイムの熱意の賜物である。さらに一八三八年、エディンバラでシュプルツハイムの講義を聴いて以来フレノロジストになった、スコットランド人のジョージ・クームが、大西洋を渡ってアメリカにやって来る。シュプルツハイム亡きあと、クームはフレノロジーの第一人者として、一八四〇年まで東部の主要な町の大部分を巡回しながら講演し、大勢の支持者を獲得する[39]（図1・5）。

こうしてメスメリズムと同時期に広まっていったフレノロジーは、ヨーロッパから入ってきたもうひとつの新しい「科学」としてのメスメリズムと容易に結びつけられていくことになる。オハイオ州シンシナティでは、一八四二年六月十四日に「シンシナティ・フレノ＝マグネティック協会」が設立される。同年の八月からは、『シンシナティ・フレノ＝マグネティック協会ジャーナル』が刊行され、毎月第一月曜日の会合におけるフレノロジーとメスメリズムの実験報告が掲載された。この協会の名前に見られるように、ふたつの科学の同盟は、「フレノマグネティズム」、あるいは「フレノメスメリズム」と呼ばれた[40]（以下「フレノメスメリズム」とする）。

では、フレノメスメリズムとはいったいどのようなものだったのか。被験者を磁気睡眠の状態に誘導し、その人の頭蓋の特定の場所を活性化させる。その結果、その活性化された場所と関連するとみなされている精神的能力が引き出される。たとえば、フレノロジーで「闘争心」に関連するとされている領域を活性化させたなら、その人は好戦的な振る舞いを示すようになるだろう。逆に、「愛情」や「博愛心」に関連するとされている領域を活性化させたなら、その人は他者に対してやさしい態度に変わるだろう。こうして外部から脳の特定の部位を刺激し、人間の精神の機能をコントロールできると

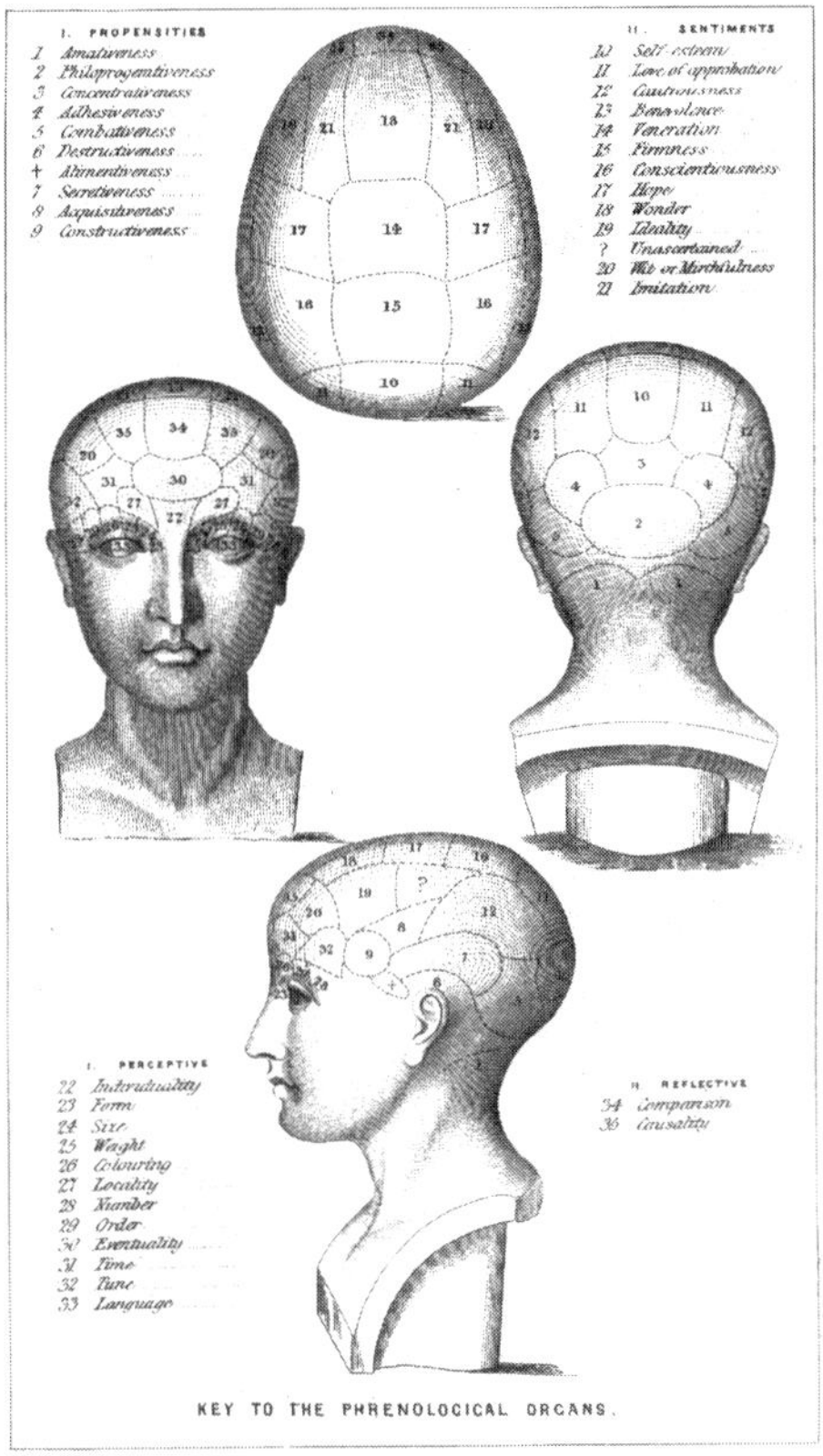

図1.5　クームによるフレノロジーの頭蓋領域図

いうフレノメスメリズムの主張が本当だとしたら、じつに驚くべきことではないか。

メスメリズムの伝道者になった医師たちのなかには、もともとフレノロジーの支持者だった人が多かった。たとえば前述のロバート・H・コリヤーやチャールズ・コールドウェルもそうだ。ふたりともパリに滞在中、シュプルツハイムからフレノロジーの講義を受けている。また、コリヤーは一八三四年に『フレノロジー・マニュアル（*Manual of Phrenology*）』（図1・6）を、コールドウェルは一八二四年に『フレノロジーの諸原理（*Elements of Phrenology*）』を出版している。後者はおそらく、フレノロジーに関するアメリカで最も早い出版物である。[41]

フレノメスメリズムの初期の推進者のひとりである、ケンタッキー州コビントンのエクレクティック医科大学の学部長で医師のジョセフ・ローズ・ブキャナンは、フレノロジーの知識なしに、効果的なメスメリズムの治療はできないだろうとさえ考えた。治療者は脳のさまざまな機能に関連する頭蓋のフレノロジー的な領域の場所を知り、そしてその位置へ磁気の流れを方向づけなければならない。たとえば、フレノメスメリストが患者の頭蓋の「病気」と関連する部位である頬骨から、頭頂のほうにある「健康」と関連する部位へと正確に手を動かしていくことで、その患者に対して「覚醒し、元気にし、爽快にする作用」を感じさせることができる。[42]また、ブキャナンは脳の活動をふたつに分けて考えた。ひとつは、脳が通常の感覚を通して物理的な方法で外界を知覚すること。もうひとつは、脳が非物理的な方法で外界を知覚すること。この後者のタイプの脳の活動を「精神感受能力（mental impressibility）」と呼び、これこそが患者に生じる超感覚的能力を説明するものだ

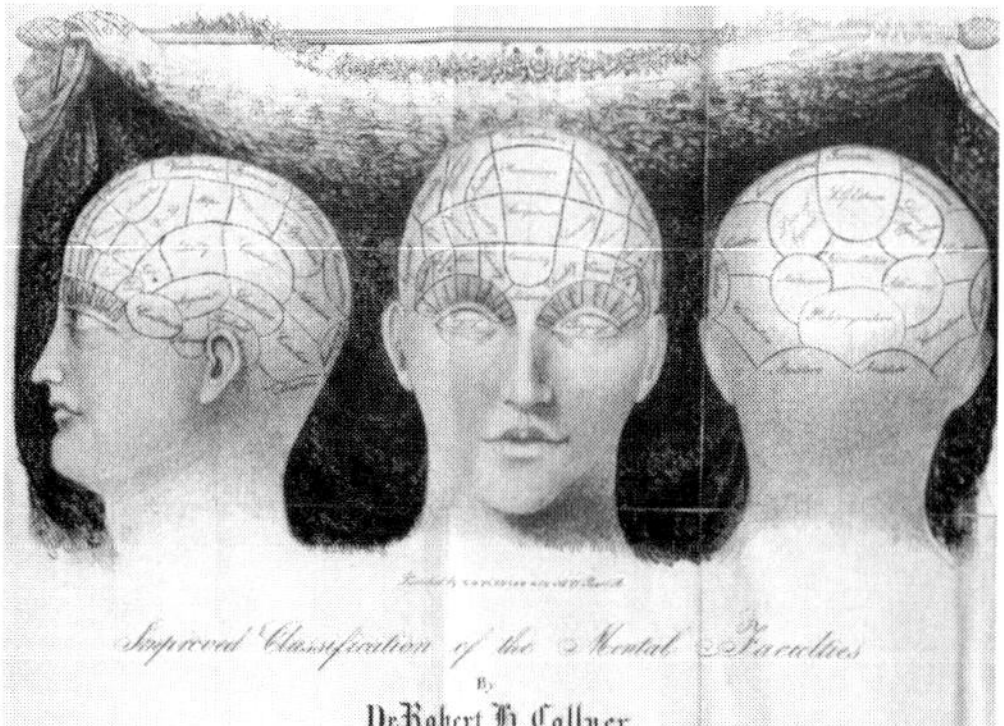

図1.6　コリヤーによるフレノロジーの頭蓋領域図

とブキャナンは考えた[43]（図1・7）。

さらに驚くべきことに、ブキャナンは一八四一年に、頭蓋の側頭部における特定の位置を刺激することで、被験者に霊のヴィジョンを引き起こしたり、霊の存在を感じる状態に誘導できたりすることを発見したと主張している。ブキャナンは彼の被験者に起こるその状態を、単なる幻覚や想像の産物ではなく、本物の霊的体験として考え、その頭蓋の位置と対応する脳の部位を「スピリチュアリティの器官」と呼んだ[44]。こうしたフレノロジーとメスメリズムを結びつけたみずからの理論を、彼は「神経学（neurology）」または「人類学（anthropology）」と呼び、さらに伝統的なメスメリズム用語の「動物磁気」を捨て、その代わりに「神経オーラ（nervaura）」という造語を用いた[45]。

フレノメスメリズムを実践していたのは、コールドウェル、コリヤー、ブキャナンらのような医者たちだけではなかった。成功したフレノメスメリストのなかには、医学教育とはまったく無縁な人々もいた。元メソジスト監督教会派の牧師で信仰復興運動のカリスマ的説教師であり熱烈な奴隷廃止論者でもあったラ・ロイ・サンダーランドもそのひとりだった。一八三六年、ポワイアンの講演に参加してメスメリズムに目覚めたあと、一八四二年にはニューヨークで「精神を支配する法則の知識へと導く、生理学、フレノロジー、生命磁気（living magnetism）と関連する事実に注目を呼びかけること」を目的とする定期刊行物『ザ・マグネット』の出版を開始する[46]。同誌のなかでサンダーランドは、フレノメスメリズムへの信頼を次のように語っている。

病気に侵された部位と関連する脳の器官を磁化す

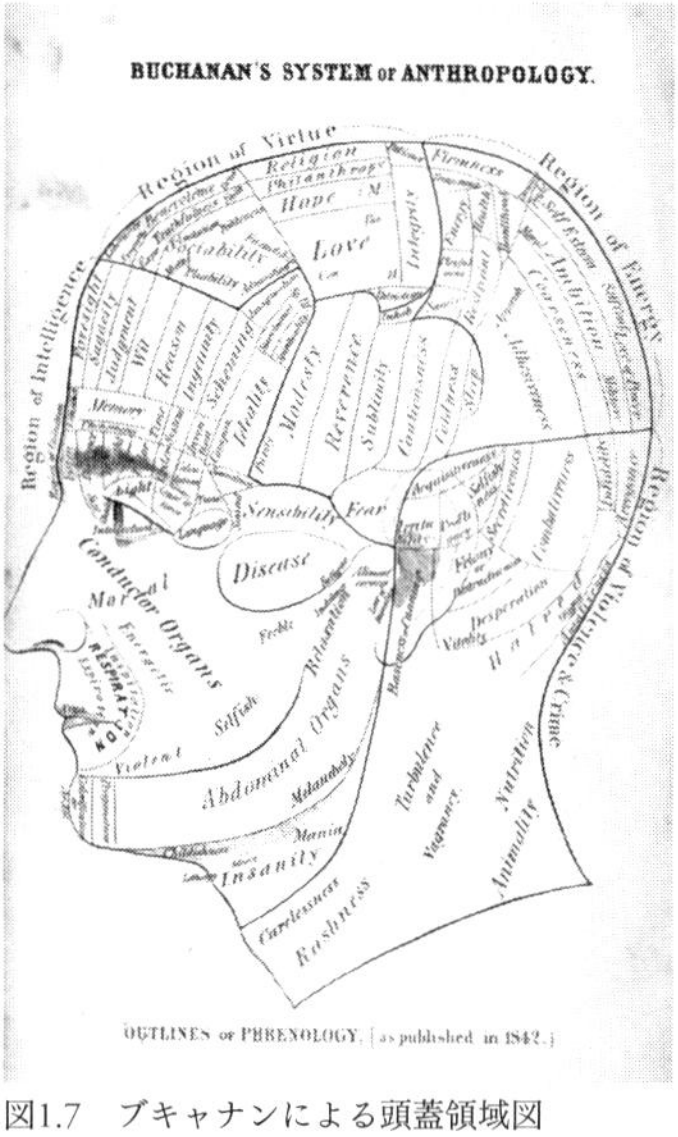

図1.7　ブキャナンによる頭蓋領域図

ることによって、多かれ少なかれ、すべての病気は制御可能である。それゆえ、わたしたちが生命維持の器官を支配しているさまざまな脳の器官の場所を特定するにつれて、磁気には近年のあらゆる種類の病気のための特異的効果があることが発見されてきている。[47]

サンダーランドもまた、ブキャナンと同様、伝統的なメスメリズムの動物磁気という語を捨て、その代わりに、一八四三年に出版した本の書名にもなっている「パセティズム（pathetism）」という造語を用いて独自の理論化を進めた。伝統的なメスメリズムでは、メスメリストと患者のあいだを動物磁気が伝わっていくと考えたのに対して、サンダーランドはそうは考えなかった。情念（pathos）ら由来するパセティズムという語によって、彼が示唆したのは、事物のあいだにある「共感」と「反感」の法則にもとづく「交感のシステム」だった。サンダーランドは次のように述べる。人間のあいだの特別なつながりは、「好意的な関係、あるいは共感の法則を作り出す」。その「好意的な関係を確立することによって、一方の精神は、他方の精神の感受性を支配する」。そして、この状態によって、パセティザー（パセティズムの実践者）の暗示や意志の効果を、そのあいだをつなぐ物理的媒体の介在なしに、その人に作用させることが可能となる。[48]

さらにサンダーランドも、パセティズムによって、人は霊的体験に至ることが可能となることを確信した。たとえば、一八四三年二月十五日に彼のオフィスで「二十六歳のキリスト教徒の知的な女性」が霊界にたどりついたことが、次のように報告されている。その女性の頭の両側に、それぞれサンダーランドの指が置かれる。するとほどなくして彼女の目は閉じられ、眠っているような状態になる。その結果、彼女の精神は「肉体、そしてこの世界の事物をはるかに超えて上昇」していく。そして彼女が主張するには、そこで「霊界とそこの住人の幸福」を見たが、それは「これまで自分の目で見てきたものとまったく同様に現実的だった」。[49]

フレノロジーとの融合から生まれたフレノメスメリズムの理論と実践のなかに、こうした霊的世界とのつながりを明示するものが含まれていたことからすれば、ブキャナンやサンダーランドのようなフレノメスメリストたちがこの先、やがてはじまるスピリチュアリズム・ムーヴメントの真只中へ身を投じていくことは何の不思議もない。

彼ら〔霊たち〕は近づいている！ 彼らはわたしたちとともにある‼ これまでニューヨークの人々を不安にさせ、驚かせ、混乱させてきたミステリアスな力は、いまやわたしたちのあいだで作用している。そして過去一週間のうちに、彼らの存在のはっきりとした顕現が起こってきている。[50]

これは一八五〇年、スピリチュアリズム・ムーヴメントの到来に合わせて、ブキャナンがみずからの主宰する定期刊行物のなかで、その興奮を抑えきれぬまま、読者に向かって語った言葉である。多くの霊たちからのメッセージが、ごくふつうのアメリカ人の家庭に届くようになるその時代、驚きと興奮の声を上げずにいられなかったのは、もちろんブキャナンひとりではなかった。

新たな啓示

ここでアメリカの十九世紀前半という時代背景を考えてみれば、そもそもそこには単なる肉体的治療以上のものとして、メスメリズムを受容していく土壌があったと言うべきだろう。なぜなら、植民地時代から続く伝統的なアメリカの宗教を特徴づけていたカルヴィニズム（カルヴァン主義）とは異なる、新たな啓示を求める数多くの人々からの声が、ニューイングランドを中心にして、すでにはっきりと聞こえはじめていたからだ。

そもそもメスメリズムがその地を歩きはじめた一八三〇年代は、トランセンデンタリストと称される一群の作家たちを含め、ヨーロッパの伝統とは異なるアメリカ独自の文学的表現をしはじめた「アメリカ・ルネサンス」とも呼ばれる時代だった。トランセンデンタリズムとは、「超越主義」などとも訳されるが、文学者や宗教家たちによる、ある種のロマン主義思想である。その思想のまさにスポークスマンとも言うべき人物、思想家・詩人のラルフ・ウォルド・エマソンは、一八三八年七月十五日、マサチューセッツ州ケンブリッジのハーバード大学神学校での講演で、次のように述べている。

新たな啓示の必要性が、いまほど大きなものとなったときはかつてなかった、と諸君に告げることがわたしの責務である。すでにわたしが表明した諸見解から、諸君は、わたしが信じ、多数の人々と共有している悲しむべき確信、すなわち社会において信仰の衰退が普遍的であり、いまやほとんど死に絶えてしまっていることを察せられるだろう。魂に説教が届くことはない。教会はその崩壊によろめき、命が消えかけているように見える。[51]

「新たな啓示の必要性」――それはたしかにそのとおりだった。自分の罪深さを認め、神の許しに身をゆだね、救いが自分に訪れることをひたすら信じ続けること。そんなカルヴィニズムの教えに対して、もはやその時代の若い世代の多くは、魂の救済の道を見出せなくなっていた。かくいうエマソン自身も、過去に聖職者を志したものの、その道を断念した人物だった。ハーバード大学神学校を卒業し、一八二九年にボストン第二教会の副牧師に任ぜられたが、その三年後には、「人間の魂の自由を制約するもの」と感じた教会の制度にきっぱり背を向け、その職を辞した。「なぜわたしたちは、しきたりからのものではなく洞察から生じる詩や哲学を、また過去の人々の歴史上の宗教ではなく啓示による宗教を持たないのか?」[52]そう問いかけるエマソンが向かったのは、自己の内面に沈潜し、そこで、真理の源泉である超越的でありながら内在的な神の声に耳を傾けることだった。権威や伝統といったものに頼らず自己を信頼し、真理は外的な世界にではなく、自己の最奥《さいおう》の場所に求めること。そうすることで、人は真の霊性、すなわちエマソンの言いかたでは、「オーバーソウル（Over Soul）」につながることができる。[53]

ただし、新プラトン主義や古代インドのウパニシャッドなどに影響を受けたエマソンの超越哲学が、広く万人向けだったとは言いがたい。ふつうの人々にとっては、別のもっとわかりやすく、即効性のある救済の手引きが必要だった。その点、メスメリズムは、それにしっかりと応じるものだった。しかもメスメリズムの理論とそれにもとづく実践は、人間の精神の超常的な力を引き起こし、それによって霊的な高次の世界を証明するものとさえ信じられていた。たとえば一八四三年のボストンで、「プラクティカル・マグネタイザー」と称する匿名の著者が『動物磁気の歴史と哲学（*The History and Philosophy of Animal Magnetism*）』と題して出版した本では、メスメリズムによる「磁気的状態」が、いかに霊性とのつながりを人々に体験させるものであるかが、次のように自信たっぷりに明言されている。

> 〔磁気的状態のなかで〕冒瀆《ぼうとく》者や不信心者は敬虔になり、また道徳性や知的特性の全体は、地上の退化した状態から、霊的状態の高められた知性に変化する。外的感覚は完全に停止し、内的感覚または霊性が、死後に肉体から解き放たれるのと同じように、その本来の力とともに作用するようになる。
> 　思うに、人間の本性の神秘と関連する、磁気的状態に置かれている人の啓示に耳を傾けたなら、不死の魂、また、来世あるいは天上での生活の存続への疑いを持ち続けられる人などいるわけがない[54]。

　一方、エマソン自身はメスメリズムに対して批判的だった。彼にしてみれば、たとえメスメリズムが「興味を掻き立て、熟考に値すべきもの」だったとしても、真の霊性とはまったく無縁なものでしかなかった。たとえメスメリズムの真相が熱心に研究されたとしても、「それらは単に人間の機械的構造に関連する生理学的で疑似医学的なもの」を示すのみで、結局、「なぜわたしたちは生きているのか、またわたしたちは何をなすべきかという、より高次の問題に関しては、なんら助けになるものではない[55]」。

　しかしながら、エマソンと同じく聖職者の道に背を向けながらも、カルヴィニズムとは相容れない自分の宗教的信念の活路を、メスメリズムに見出した人々もいた。マサチューセッツ州プロビンスタウンのユニヴァーサリスト教会の元牧師ジョン・ボヴィー・ドッズはそのひとりである。ドッズにしてみれば、メスメリズムこそが自身の宗教的信念、とくにユニヴァーサリストの教義に、最も確かな合理的支持を与えるものだった。彼はメスメリズムを会得したのちにみずからの理論を「電気心理学（Electrical Psychology）」と呼んだ。

ドッズにとっての神は、「宇宙の秩序と調和を作り出し制定するなかで、無限の叡智を行使する」創造者だった。[56] 彼によれば、神は「意志のエネルギーによって、電気から宇宙を形作り、凝縮させた」。また、「神は彼自身の宇宙と電気的あるいは磁気的につながっている」[57]。したがって、そんな神との結びつきを人間が回復するためには、彼自身が言うところの「精神電気（Mental Electricity）」に満たされ、「電気心理学的状態（Electrical-Psychological State）」にさえなればいい（この時代のほかの伝道者と同様、ドッズの「精神電気」も動物磁気の代わりに使われた造語である）。

では、どうすれば電気心理学的状態になれるのか。ドッズによるそのやりかたは、おおよそ次のようなものだ。被験者に銅と銀でできた小さな円盤を手に持たせ、それをじっと見つめさせる。やがて被験者は精神的にも肉体的にも、環境に対して受動的な状態となる。これは円盤によって発せられる正の電気に対して、被験者が負の状態になったことを意味する。その結果、被験者の脳のなかに新たな電気が蓄積され、電気心理学的状態となる。[58] このタイプの、科学の装いを凝らした神学的で形而上学的なメスメリズムが、カルヴィニズムと縁を切り、神あるいは霊性との直接的つながりを求めようとするリベラルで進歩的な人々にとって、どれだけ魅力的に思えたかは想像に難《かた》くない。

メスメリズムがやって来た時代。それはまた、今日の宗教史学者たちが「第二次大覚醒期」と呼んでいる信仰復興運動の熱狂が大きな広がりを見せていたときでもあった。この時代の信仰復興の説教師たちは、厳格なカルヴィニズムから離れ、その結果、アメリカの宗教思想のなかに、いわば「緩和されたカルヴィニズム」が最初に広まっていったときだった。ロバート・C・フラーは著書『メスメリズムとアメリカの魂の救済（*Mesmerism and the American Cure of Souls*）』で、そのことを次のように解説している。「その傾向は、悪をもはや人間本来の堕落性の外的表れとみなすことはなく、むしろ無知が引き起こすもの、自己修養の欠如によるもの、あるいは欠陥のある社会制度の結果としてみなした」。したがって、「人間の『より低次の性質』であっても、人為的改革を通して完全な存在となり得る可能性がある」。しかも、信仰復興の説教師たちは、「人間の性質が即時に刷新し得る可能性」を信じ、そうすることをみずからの義務でさえあると考えた[59]。たとえば一八二〇年代以降、とくにオハイオ州を中心とした信仰復興で大きな成功をおさめた説教者チャールズ・グランディソン・フィニーも、回心に向けての人間の自発的意志を重んじる「緩和されたカルヴィニズム」の立場を取っていた。フィニーは信仰復興における人々の回心の体験を「奇跡ではない」と断言し、それを「定められた方法の適切な使用の哲学的結果である」と述べている[60]。フラーはこうしたフィニーの考えかたに「宗教体験を人間的に設計できるもの」とする観念が含まれていると指摘し、それを「科学的聖霊論（Scientific Pneumatology）」とも呼ぶ[61]。このように見てくると、ともに人間の魂の救済を指し示したこの時代の信仰復興の説教師とメスメリストたちのあいだを隔てていたのは、伝統的な神学的用語を使うか、もしくは「動物磁気」「神経オーラ」「パセティズム」「電気心理学」といったような新たに鋳造された非神学的用語を使うかという点にあったのではないかと問いたくなる。ただし、フィニー自身は、けっしてメスメリズムを認めなかった。一八四五年七月十五日の説教で、伝統的なキリスト教の守護者としての立場から、次のように強い口調でメスメリズムやフレノロジーへの批判を述べている。

ああ、嘆かわしいことにも、イエス・キリストの栄光の福音ではなく、メスメリズムやフレノロジーについて、説教して歩いている若い学徒、そう、おそらく神学の学徒がいる！　なんという恐ろしいことだ‼　教会の説教の代わりに〔中略〕彼は両手を巧みに使い、青ざめた病人の神経に働きかけているではないか――なんという嘆かわしいことか！　こうした神学の学徒がいたことを考えて、わたしの魂がこれまでどれほどの苦悶を味わったかは筆舌に尽くしがたい。おお、彼の考えも語ることもキリストだけに満たされれば、彼はメスメリズムとフレノロジーから解放されて、異なる内容を説教するだろうに[62]。

こうしたフィニーの批判の背景には、ある種の宗教体験と磁化された患者の状態のあいだにある共通性が、すでに多くの人々によって気づかれていたという状況もあった。すでに一八二八年に出版されたニューハンプシャー州の会衆派教会の牧師グラント・パワーズによる著書『神経系に対する想像力の影響についての論考――宗教におけるみせかけの希望に帰されるもの(*Essay upon the Influence of the Imagination on the Nervous System: Contributing to a Fake Hope in Religion*)』では、メスメリズムが偽りの宗教体験と結びつけて論じられているが、この本が出たころは、ちょうどニューイングランドのメソジスト派の信仰復興の運動において、信徒たちが集団トランス状態となる熱狂的な野外集会が大きな流行となっていた。信徒のなかには霊的ヴィジョンを見たり、奇跡的ヒーリングを体験したりする者たちも大勢いた。その一方で、パワーズの属する会衆派や長老派の教会は、メソジスト派の拡大していく信仰復興運動の熱狂的な大騒ぎを封じてしまいたかった。それがパワーズの本が出版された背景だった。

ではパワーズは、当時の高まる信仰復興の熱狂に楔《くさび》を打ち込むべく、それをどのように断罪したのか。パワーズによれば、野外集会での信徒たちの集団トランス状態で起こる現象は、メスメリズムによって説明できるものであり、それ以上の特別な何かを意味しない。すなわち、それは超自然的な力の表れでもないし、聖霊のなせる業《わざ》でもない。激しい筋肉の痙攣、ヴィジョン、神が告げたと思われる言葉を語ること、それらはいずれも本物の宗教体験ではない。それらのすべては、単に「想像力」が神経系におよぼす影響によって生み出された現象にすぎない。そうした熱狂のなかでのトランス状態は、本物ではないものを本物と思い込ませる偽りの体験を作り出す。したがって、それは結果的に背教を助長することになり、誤った希望を作り出すがゆえに、なんとしてでも遠ざけるべきだ[63]。

さらに第二次大覚醒期に誕生したキリスト教の新宗派セヴンスデー・アドヴェンティストの預言者エレン・G・ホワイトも、神から与えられた霊的ヴィジョンとメスメリズムが混同されることを警戒し、後者を悪魔の業だと述べ、頑《かたく》なに退けている。そもそもホワイトが霊的体験をしはじめたちょうどそのころ、まさにメスメリズムが世間の大きな話題となっていた。そのため、彼女の霊的体験も神からのものではなく、メスメリズムに由来するものだとの疑いの声が上がったとしても不思議ではなかった。一八四七年三月六日の最初の霊的体験を、ホワイトが周囲に公表したときのことを、彼女自身、次のように述べている。

> すぐに〔わたしの〕ヴィジョンが、メスメリズムの結果であると、至るところで報じられました。そして、多くのアドヴェンティストたちは、その〔誤った〕報告を信じ、広めようとしました。世に知られたメスメライザーのある医師は、わたしの見たものがメスメリズムで、わたしがその影響を受けやすいのだと言いました。そして、わたしをメスメライズし、わたしにヴィジョンを与えることもできると。わたしは彼に、メスメリズムは悪魔によるものであり、底なしの地獄からのものであり、また、それを用い続ける人々は、ほどなくそこに向かっていくであろうというヴィジョンを、主がわたしにお見せになったとお話ししました。そしてわたしは、もしできるものなら、わたしをメスメライズしてみるよう彼に権利を与えました。彼はさまざまな操作を頼りに、三〇分以上にわたって試みましたが、ついにあきらめました。わたしは神への信仰によって、彼の影響に抵抗できたのです。そのため、わたしはメスメライズの影響を受けずに済んだのです。[64]

伝統的宗派にしろ新宗派にしろ、その多くはメスメリズムがもたらす神秘的な体験に対して、それをまがいものだとみなす点では一致していた。だがその一方で、メスメリズムとの同盟に向かって積極的に歩み寄ろうとした人々もいた。

一八四三年、傑出した東洋学者でニューヨーク大学のヘブライ語教授ジョージ・ブッシュ（図1・8）は、『メスメルとスウェーデンボルグ（*Mesmer and Swedenborg*）』を出版した。書名からおよそ想像されるように、この本はメスメルと十八世紀のスウェーデンの霊視者エマヌエル・スウェーデンボルグ（スウェーデン語では「スヴェーデンボリ」のような発音となる）を結びつけて論じたものだった。そのなかでブッシュは、次のように述べている。

総じて、スウェーデンボルグが発見した新事実と結合したメスメリズム現象は、精神の哲学において、また高次の領域に対する人間の関係において、新しい一章を開いたことを認めなければならない、とわたしたちは考えている。[65]

じつのところ、メスメリズムと並んで、スウェーデンボルグの思想は、スピリチュアリズム・ムーヴメントが成長していくための不可欠な背景だった。ここで、十九世紀前半にアメリカに波及していたスウェーデンボルグの思想による影響についても少し触れておきたい。

図1.8　ジョージ・ブッシュ

アメリカのスウェーデンボルグ主義

まずはスウェーデンボルグ本人（図1・9）について、簡単に紹介しておく。[66] 一六八八年一月二十九日、ストックホルムに生まれる。十一歳から二十一歳のあいだ、ウプサラ大学で、おもに数学や自然科学などを学ぶ。そののち、一七一〇年から五年間ほどはヨーロッパ各地を遊学し、スウェーデンに戻ってからは、科学雑誌『ダエダルス・ヒュペルボレウス』（「北のダイダロス」の意。ダイダロスはギリシア神話の工匠）の執筆と編集に携わった。さらに王立鉱山局の監督官を経て、貴族院に議席を得て国会議員となる。一七三四年、四十六歳のとき、ライプツィヒで全三巻からなる『哲学と鉱物学の著作集（*Opera Philosophica et Mineralia*）』を出版する。このデビュー作となる本は、鉱物学者としてのスウェーデンボルグの名をヨーロッパに広めるものとなった。だが、五十代半ばを迎えたころから、スウェーデンボルグの関心は霊的な事柄に向かっていく。

一七四三年、奇妙な夢、あるいは白昼夢のようなものを体験するようになったスウェーデンボルグは、それらを日記のような備忘録として記録しはじめる。そして一七四五年四月、ついにスウェーデンボルグにとって決定的な体験が訪れる。彼の幻視のなかに、「主なる神」「世界の創造主」「救い主」を名乗る人物が現れたのだ。その人物はスウェーデンボルグを「聖書の霊的意味を人々に説明するため」に選んだのだと告げ、さらに「この主題に関して何を書くべきか」を示した。そしてその夜、彼に「霊たちの世界、天国と地獄」が開陳された。そこで彼は、「人生のあらゆる場面で出会った多くの知人たち」がいるのを発見した。[67] このときのできごとについて、スウェーデンボルグは次のように述べている。

> その日から、わたしはすべての世俗的な科学の研究を放棄し、主がわたしに書くようにと命じたことに従って、霊的な事柄に仕えるようになった。主がわたしの目を開いてくださってから、日々絶えず、昼日中でもわたしは他界が見えるようになり、覚醒した状態でも天使や霊たちと会話できるようになったのである。[68]

スウェーデンボルグは一七四九年から一七五六年にかけて、代表作であると同時に、のちに彼が書くすべての神学的著作の基礎となる全八巻の『天界の秘密（*Arcana Cœlestia*）』をロンドンで出版する（邦題の多くは『天界の秘儀』）。さらに一七七二年の死までのあいだ、霊的探究に身を捧げ、今日彼の最も読まれている作品『見て聞かれた事柄としての天界の驚異と地獄（*De Caelo et Ejus Mirabilibus et de inferno, ex Auditis et Visis*）』（邦題は『天界と地獄』とされ、いくつかの出版社から刊行されている）をはじめ、当時出版されなかったものも含め四〇冊もの霊的、神学的な著作を残した。こうしたスウェーデンボルグの諸作品

図1.9　エマヌエル・スウェーデンボルグ

のなかには、彼が数年にわたり、霊や天使たちと語り合うことによって得たとされる、あの世に関する克明で具体的な描写がある。ここでスウェーデンボルグが著した彼岸の世界の全貌を紹介する紙幅はないが、本書の主題との関連で重要な点を述べておく。

スウェーデンボルグによると、死とは、生というひとつの状態から別の状態への移行である。そのとき人は、生前の記憶と自己のアイデンティティを失うことなく肉体を脱ぎ捨てる。そして、肉体と似た霊的身体を持って霊界によみがえる。しかも、人間は肉体を持っているときと同じように、見たり、聞いたり、話したり、匂いを嗅いだり、味わったり、触れたりできる。さらに肉体を持って生きているときと同様に、「憧れ、欲望し、切望し、思考し、熟考し、心を動かされ、愛し、意志する」。要するに、人は霊界に行っても、肉体を持っていたときの生活となんら変わらない。すなわち、それは「みずからの所有するすべてのものを携えて、ひとつの場所から別の場所へと移ってゆくようなもの」であり、死によって失われるのは「地上での肉体」だけで、「真にみずからのものであるどんなものも失うことはない」[69]。

また、スウェーデンボルグによれば、死後の世界は霊界だけではなく、天界と地獄もある。地上の肉体を離れて、ごく一般的な人間がまず入っていくのが霊界である。その後、霊は天界、あるいは地獄のどちらかへ向かうことになるので、そういう意味では、霊界は通過点となる場所のようだ。では、仮に天界へ行ったとしたら、そこはどんなところなのだろう。そこはあらゆる意味でユートピア的な世界である。そのあらゆる理想が実現され、至福と平和と愛に満ちた永遠の世界に住んでいる人々は「天使」と呼ばれる。彼らはすべてかつて地上にいた人間だが、善なる者だったため、天界に入り、「天使」になることができたのだ。スウェーデンボルグの語る「天使」としての生活は、きわめて美しいものであると同時に、次のような永遠の若さへの賛美となっている。

天界に住まう者たちは、生命の春に向かって絶えず進歩している。彼らが何千年も生きれば生きるほど、さらなる喜びと幸せの春へと向かう偉大なる進歩となる。永遠に向かうこの進歩は、愛、慈善、信仰の成長と程度に従って進んでいく。年老いたり老衰で死んだ女性も、主への信仰を持ち、隣人に慈善を施し、夫との幸せな結婚の愛に生きていたのであれば、〔天界での〕年の経過とともに、さらに若く初々しい女性の盛りに向かい、地上で見られるどんな美の概念も超越した美に到達する。[70]

では一方で、地獄とはどのような状態なのか。もちろん、愛と美に満ちた天界とは逆の、憎しみや醜悪さに満ちた世界である。スウェーデンボルグによれば、地獄の霊たちの顔は概して「見るも恐ろしく、死骸のようにまったく生気を欠いている」[71]。ここに来るのは、さまざまな悪徳を持った人々である。そこは悪人同士がおたがいを貶《おとし》める、悲惨で憎しみに満ちた世界である。ここではスウェーデンボルグが延々と描写している地獄のようすから、ごく一部を紹介しておこう。

いくつかの地獄は、大火災のあとの廃墟のような様相を呈し、そこには地獄の霊たちが身を隠して住んでいる。もっと穏やかな地獄では、ときとして街路や路地のある街に隣接するみすぼらしい小屋があり、その家のなかでは、地獄の霊たちが絶えず口論し、憎しみ合い、喧嘩し、蛮行におよんでいる。街中では、強盗や略奪が横行している。いくつかの地獄は、ありとあらゆる汚物や排泄物であふれ、気分が悪くなる売春宿そのものである。[72]

もちろん、こうしたあの世についての詳細な描写が虚構の物語としか思えないと言う人は多いだろう。だが、当時のこの本は、けっして作者自身の空想が生み出した文学作品としてではなく、実際に本人が目撃した彼方の世界の真実として受け取られていた。

スウェーデンボルグの死後しばらくすると、彼の信奉者たちによって、「ニュー・チャーチ」と呼ばれる、彼の教義にもとづく教会が形作られていく。その最初の試みは、一七八〇年代初頭のイギリスからはじまる。スウェーデンボルグの著作に大いに感銘を受けた、イギリス・マンチェスターの教区牧師ジョン・クラウズは、一七八二年ごろ、スウェーデンボルグの私的な研究会を発足させた。それはすぐにマンチェスターやボルトンの労働者階級のあいだにスウェーデンボルグ思想への興味を引き起こし、一七八四年にはクラウズを中心としてスウェーデンボルグの著作を出版するための正式な協会が設立された。また、一七八三年十二月、ロンドンでは印刷業者のロバート・ハインドマーシュにより、「神知学協会」が設立され、そこでも毎週木曜日にスウェーデンボルグ思想の研究会が開かれるようになる。[73] また、こうしたイギリスでの初期スウェーデンボルグ主義者たちの活動は、すぐにアメリカにも伝わっていく。

アメリカでのスウェーデンボルグの思想の受容は、後者の神知学協会のメンバーのひとりだったジェイムズ・グレンが、一七八四年にビジネス上の視察で南アメリカを訪れる途上、フィラデルフィアとボストンに立ち寄って講演をしたのがそのはじまりとなった。[74] その後、グレンが滞在した家の下宿人だった女性ヘティ・バークレーが、ベンジャミン・フランクリンの友人でもあった印刷業者フランシス・ベイリーとともに、アメリカにおける最初の小さなスウェーデンボルグ主義者のグループを設立した。[75]

一方、アメリカのスウェーデンボルグ主義者とメスメリズムの関係は、そのはじまりから必ずしも好ましいものだったわけではない。一七九四年に、ボルティモアの有力なスウェーデンボルグ主義者ロバート・カーターは、磁化された患者の意志が操作者、あるいは霊的存在に明け渡される危険性を指摘している。「動物電気やマグネティズムは悪魔のものである」と考えるカーターにとって、メスメリズムはスウェーデンボルグ主義とは絶対に相容れないものだった。結果として、メスメリズムの是非をめぐる意見の対立によってボルティモアの協会は分裂し、カーターは新たな協会を一七九七年に設立する。[76]

また、メスメリズムがアメリカに本格的に持ち込まれた一八三〇年代になると、それをめぐっての意見の対立が、ニュー・チャーチの出版物である『ニュー・エルサレム・マガジン』誌上でしばしば見られるようになる。メスメリズムをニュー・チャーチの教義を補完するものとして好意的に受け入れる立場もあれば、それを「魔術や妖術とあまりにも密接した類似性を持っている」ものとして反対する立場もあった。たとえば、一八三四年二月に出版された同誌に収録された記事「夢遊病と動物磁気」では、カーターと同様、磁化によって患者の自由意志が奪われてしまうことによる危険が指摘され、さらにメスメリズムがスウェーデンボルグの教えであるところの人間性の新生に導くことはないし、むしろその障害になるといった懸念が述べられている。[77] そんななかで出版されたのが、前述のジョージ・ブッシュによるメスメリズムとスウェーデンボルグ主義を積極的に結びつけて論じた本『メスメルとスウェーデンボルグ』だった。

ブッシュがこの本の出版を準備していたころは、すでにアンドルー・ジャクソン・デイヴィスが、本章の冒頭で触れた『自然の原理』として出版されることになる霊界からのメッセージを、人々の前で語りはじめていた。そしてブッシュは、『メスメルとスウェーデンボルグ』刊行の前、デイヴィスの講演に参加し、すぐに彼の熱烈な支持者になった。その結果、「A・J・デイヴィスの啓示」と題した補遺を同書に含め、ブッシュはデイヴィスを、スウェーデンボルグと等しく霊界の真実を告げる新たな啓示者であるとする強い支持を表明した。こうしてスウェーデンボルグ主義とメスメリズムが接近していく一八四〇年代のアメリカにおいて、新たな霊視者として登場したのが、スピリチュアリズム・ムーヴメントの先駆者として後世に名を残すアンドルー・ジャクソン・デイヴィスだったのである。

医学的透視能力

ではここで、話題をデイヴィスに移す。まずは彼の出生から、アメリカ版スウェーデンボルグとでも言うべき偉大な霊視者に変貌するまでの過程を追ってみたい。

一八二六年八月十一日、ニューヨーク州オレンジ郡のブルーミング・グローブ生まれ。[78] 彼の名の「アンドルー・ジャクソン」は、デイヴィスが生まれて四日後に訪れた叔父によって、（一八一二年にはじまる米英戦争における一八一五年の）ニューオーリンズの戦いの英雄で、すぐのちに第七代アメリカ合衆国大統領となるアンドルー・ジャクソンにちなんでつけられた[79]。デイヴィスの幼年時代の家庭環境は裕福ではなかったため、正式な教育もごくわずかしか受けていない。一八三八年の終わりに、デイヴィス一家はニューヨーク州内のポキプシーに移住する。そしてその地こそが、のちのデイヴィスの運命を大きく変えるできごととの出合いの場となる[80]。

一八四三年の秋、ニューイングランドの町から町を巡回しながら、「エーテリウム（etherium）」なる流体を操って被験者をトランス状態へと導くフレノメスメリスト、J・スタンリー・グライムズが、デイヴィスの住む町ポキプシーにやって来る。当時、靴屋の店員として働いていた十七歳のデイヴィスは、グライムズによる実演を見るために町のホールに向かい、興奮した観衆のなかに交じっていた。しかも、そのときデイヴィスは、グライムズによって解き放たれるエーテリウムの流れに身をゆだねるべくステージに上がった被験者のひとりになったのだ。

キャッスルトン医科大学の法医学教授のグライムズは、一八三〇年代にシャルル・ポワイアンからメスメリズムを学んだアメリカにおける第一世代のメスメリストである。彼もまた多くのほかの「伝道者」たちと同じくメスメリズムをフレノロジーと結びつけたひとりだった。そしてほかのメスメリストたちと同様にグライムズも、スタンダードな動物磁気から離れ、「エーテロロジー（etherology）」なる独自の理論を作り上げた。だが、実質的にそれは、前述したジョ

図1.11　デイヴィスの自伝に掲載されている彼の生家

図1.10　若き日のアンドルー・ジャクソン・デイヴィス

ン・ボヴィー・ドッズの唱えた電気心理学の理論とほぼ似たようなものだった。[81] ただし、エーテロロジーないし電気心理学は、通常のメスメリズムとはちがって、実験中の被験者はそのあいだの記憶を失うことはなく、意志だけが剝奪された。また、被験者は操作者の語った内容に従って行動を規制されるような体験もした。たとえば、両手を合わせさせた被験者に対して、操作者が両手を離すことができないと述べると、被験者は両手を離せなくなる。また腕を伸ばさせた被験者に対して、腕を下ろせないと操作者が述べると、被験者はそうできなくなる。それればかりか操作者は被験者の五感に対して、現実とは異なる感覚や知覚を与えることすら可能だった。ドッズは次のように述べている。

もし彼がその状態に入り込んだら、あなたは彼に対して、杖を生きている蛇だと、あるいはウナギだと思い込ませることも可能である。帽子はオヒョウ（カレイに似た大型の魚）、あるいはヒラメとして、ハンカチーフは鳥、子供、兎として見せることもできる。また観衆のひとりの上に月あるいは星が落ちてきて、その人に火がついたと思わせ、彼にそれを消すようにせきたてることもできる。〔中略〕あなたは彼自身の人格のアイデンティティを変化させることもできる。そして彼に自分が二歳か三歳の子供であると信じさせ、その年の無邪気な感情を彼に引き起こすこともできる。あるいは年老いた男性、あるいは女性とさえ、さらには黒人、または高名な政治家や英雄であると思わせることもできる。あなたは水を酸っぱくも、苦くも、甘くも、あるいはあなたが望むどんなリキュールの味に変えることもできる。[82]

このドッズの説明から、電気心理学の実演が、ほとんど今日の催眠ショーを思わせる様相を呈することがおわかりいただけただろう。しかし、このポキプシーにおけるグライムズのパフォーマンスは、エーテリウムの本領を発揮するほどの大きな成功とはならなかったようである（少なくともデイヴィスが見ている前ではそうだった）。被験者になったデイヴィスは、のちにそのときの体験を次のように述べている。

教授〔グライムズ〕は手品師が「物体を突然変化させる」のと似た一連の動きを終え、次に厳然として言った。「あなたは目を開けられない！」しかし彼は失敗した。わたしはいともたやすく目を開くことができたのだ。するとすぐに、彼は次の被験者に移った。そして次へまた次へと、列の最後まで続けたが、とくになんの作用をおよぼすこともできなかった。[83]

だが、グライムズが町を去った数日後、ポキプシーで仕立屋として働いていたウィリアム・リヴィングストンの誘いで、デイヴィスはふたたびメスメリズムの実験の被験者になった。その結果は、じつに驚くべきものだった。リヴィングストンによってメスメライズされたデイヴィスは、額のあたりで新聞の文字を読み、時計を見ることなく時刻を言い当てるといった不思議な能力を、すぐに発揮しはじめた。その後、リヴィングストンとの実験を重ねたデイヴィスは、病人の体の悪い箇所を指摘し、その原因をつきとめるなどの医学的透視《メディカル・クレアヴォヤンス》もできるようになった。「わたしは目覚めた。そして自分が有名になっているのを発見した」[84]。この時期のことを、デイヴィス自身がそう述べているように、彼の医学的透視の評判がポキプシーの住人たちに噂が広まるまで、ほとんど時間はかからなかった。やがて診断を求める人々が、町の至るところから集まってくるようになると、リヴィングストンは仕立屋の店をたたみ、デイヴィスはこれまで働いていた靴屋の店員を辞め、ふたりはともにメスメリズムによる医学的診断を専業とするようになった。

こうしたデイヴィスの成功からすると、彼の医学的透視が的確で、げんにその診断からの助言にはなんらかの治療効果があると人々を確信させていたことはまちがいない。当時、ポキプシーのユニヴァーサリスト（キリスト教のリベラルな宗派であるユニヴァーサリズムのメンバー）で牧師のギブソン・スミスは、デイヴィスの医学的透視による診断の正確さを示す事例を含め、トランス状態での説教を集めた小冊子『クレアマティヴネスに関する講義（*Lectures on Clairmativeness*）』を出版した（「クレアマティヴネス」については註85参照）。自分自身がデイヴィスに診断してもらったスミスは、同書で次のように述べている。デイヴィスは「長く患っていた病気の場所」と「その原因」、さらにその症状からくる「痛みと弱い部分」を「完璧」に指摘した。しかも「病気を治す医薬を処方」し、その結果、スミスは病気からすっかり解放された。また、デイヴィスは「器官の構造の異常な点」に対して、「フレノロジー的な説明」までもおこなった。[85]

また、デイヴィスの啓示の筆記者を務めたユニヴァーサリストのウィリアム・フィッシュバウも、当時のデイヴィスが発揮した医学的透視の正確さについての驚きを次のように述べている。

彼には、人間の体の仕組みが透けて見えるようだった。また、わたしたちが驚いたのは、彼が解剖学、生理学、医学的手段に関する専門用語を、よくなじみのある言葉のように用いたことだ! 病気の本質、原因、進行について、さらにその除去のために用いられる適切な方法に関して、並々ならぬ明晰さによって説明し、判断したことによっても、等しくわたしたちは驚かされた。[86]

ただ、こうした賛辞の一方で、実際にデイヴィスの施《ほどこ》した治療方法を見てみると、正直なところ、いささか奇妙としか言いようのないものが多々あるのも事実である。たとえば、聴覚障害を治療するために、殺されたばかりのネズミのまだ温かい皮膚を患者の耳へ直接貼り付ける。あるいは、瘭疽《ひょうそ》（手足の指先の感染症）を患った指に対しては、カエルの皮膚を貼り付けるなどが記録されている。[87]

そして実際、デイヴィスの医学的透視に対する批判がまったくなかったわけではない。たとえばユニヴァーサリストの牧師ウィリアム・アレン・ドリューは、ある策略でデイヴィスのでたらめな診断を暴いたと確信し、その内容を一八四七年六月十一日の『ゴスペル・バナー』紙に寄稿した。それは次のようなものだった。デイヴィスは、直接対面する相手だけではなく、手紙を送ってきた遠方の人々に対しても診断し処方していた。その際、デイヴィスはその人の髪の房と、症状を記述した手紙を送るよう求めていた。ドリューはそこに目をつけ、同一人物の髪の束を別々の封筒に入れ、そこにさまざまな症状の記述とともに、別の人のサインをつけて送った。すなわちドリューは、まったくでたらめの手紙をデイヴィスに送ったわけだ。それにもかかわらず、デイヴィスからはふつうに個別の診断が返ってきた。その結果ドリューは確信した。「彼のすべての業《わざ》は詐欺であり、それ以外の何ものでもない！」と[88]。

デイヴィスの医学的透視者としての能力が実際にどうであれ、その後の活躍からすれば、この初期の業績は彼の名声のほんの端緒でしかない。なんといっても、デイヴィスが後世にその名を大きく残したのは、彼が霊界の真実を告げる啓示者に変貌を遂げたからにほかならない。デイヴィスの自伝によれば、彼が自分の霊的な能力に関して特別な使命に目覚めるのは、一八四四年三月六日の次のようなできごとによるものだった。

その日、リヴィングストンによって磁化された状態から抜けきれていなかったデイヴィスは、下宿のベッドで深い眠りに落ちた。どれほど眠ったかはわからないが、顔の上を心地よい風が吹き、はっきりと目覚めた。だが、目をあけたものの何も見えなかった。デイヴィスはまだ夢を見ているのだと考え、ふたたび眠ろうとしたところ、彼の耳に次のように語りかける声が聞こえてきた。「起きなさい！　そなたは服を着て、わたしについて来るのです」。すぐに服を着たデイヴィスは表に出ると、通りをさまよい歩いた。そのあとしばらくするとデイヴィスは、美しい白い羊の群れと羊飼いのヴィジョンを見た（のちに、この羊飼いはキリストであるとわかる）。そしてその後、声に導かれるまま、ポキプシーのミル通り、さらにハミルトン通りを進んでいく。さらに彼は完全な無意識の状態になり、ふたたび気がつくと凍ったハドソン川を渡っていた。そして最終的にたどりついた地で、彼は順にふたりの人物と出会う。最初は銀白髪の小柄な老人、そして次に背の高い男と。驚くべきことにも、そのふたりの人物は、もうこの世を去って久しい偉大なる賢者たちだった。ひとりは二世紀のギリシアの医師ガレノス。そしてもうひとりは、ほかならぬエマヌエル・スウェーデンボルグだった。彼はガレノスから「魔法の杖」を受け取り、スウェーデンボルグからは「新たな光」をこの地へもたらすための特別な使命を授けられた。スウェーデンボルグは若者に告げた。「そなたが生み出すだろう物事は、科学と形而上学に深く精通した尊敬されるべきその土地の人々を驚かせ、困惑させるであろう」[89]
実際、こののちのデイヴィスの活躍を見るに、スウェーデンボルグによるこの予言は成就したと言っていい。一八四五年、デイヴィスはリヴィングストンから離れ、新たに知り合ったユニヴァーサリストの医師サイラス・スミス・ライオンとともに、ニューヨーク市の小さなアパートメントの応接室でクレアヴォヤンスによる治療実践を開始した。そして同年十一月二十四日、ライオンによって磁化されたデイヴィスは、「最も高度なコンディション」と呼ばれる意識状態に向かい、霊界の啓示を語りはじめた。

啓示に至る四段階

およそ一四か月のあいだに一五七回のセッションを通して語られたメッセージは、一八四七年一月二十五日、ついに完結した。[90] そして同年の夏、それが当時二十一歳のデイヴィスによる最初の著書、『自然の原理』として出版された。

デイヴィスの啓示の筆記者を務めたウィリアム・フィッシュバウによれば、メスメリズムによって磁化されたあと、デイヴィスの体は「冷たく、固く、動かなくなり、すべての外的事物に無感覚となる」。また「脈拍は弱くなり、呼吸は見たところほとんど止まっているかのよう」になり、「すべての感覚は、外的世界から完全に閉ざされる」[91]。デイヴィス自身は、そのみずからの状態をまさしく「肉体的死」に相当するものとして、それを磁化された四つの段階のなかで「最も高度な状態」だと述べている。デイヴィスの言う四つの段階とはおおよそ次のとおりである（図1・12）。

第一段階では、外的感覚が失われることはない。それよりもむしろ、あらゆる外的印象から影響を受けやすくなる。肉体への支配力を失うこともない。さらに第一段階から第二段階のあいだの状態に至ると、人は幸せな感覚に満たされる。

第二段階では、知的能力はいまだ失われることはないが、肉体を支配する力は喪失する。目や耳は本来の機能を果たさず、四肢はやや冷たくなる。すべての感覚は消失するため、外部からの印象を受け取れないばかりか、さらにさまざまな外科手術を無痛状態で受けることもできる。

第三段階では、被験者は「無意識の状態に置かれる」。だが、操作者と被験者のあいだに強い共感が生まれる。デイヴィスは操作者と被験者のあいだを結びつけるものを「動物電気（animal electricity）」と呼び、それは操作者の脳と神経から、被験者のそれに伝わるという。またデイヴィスによれば、多くの人はこれを「透視の状態」だと考えるかもしれないがそうではなく、それは次の第四段階に進んで可能となる。

第三段階から第四段階への移行のなかで、精神は肉体からほとんど分離した状態となる。デイヴィスはそれを、「死として知られている肉体との分離」の状態と類似していると述べている。また、「啓示」が現れるのは、この第四段階においてである。[92]

この「最も高度な状態」から、デイヴィスの精神がふたたび「物質的な住まい」に戻ってきたかと思うと、彼は霊界に関する言葉を語りはじめる。一度に語られるのはごくわずかの言葉でしかない。それをライオンが、一つひとつくり返す。そして筆記者のフィッシュバウが、それを慎重に書き留める。その言葉が書かれ終わるまで、デイヴィスの語りは中断される。そしてフィッシュバウが書き終わると、ふたたびデイヴィスが語りはじめる。フィッシュバウによれば、こうしたなかでデイヴィスの口から語られる言葉は、しばしば文法から逸脱し、さらに聞きなれない外国語、あるいは科学用語が誤って発音されることもあった。また、こうした口述筆記の状態は、毎回四〇分から四時間ぐらい続いたという。[93]

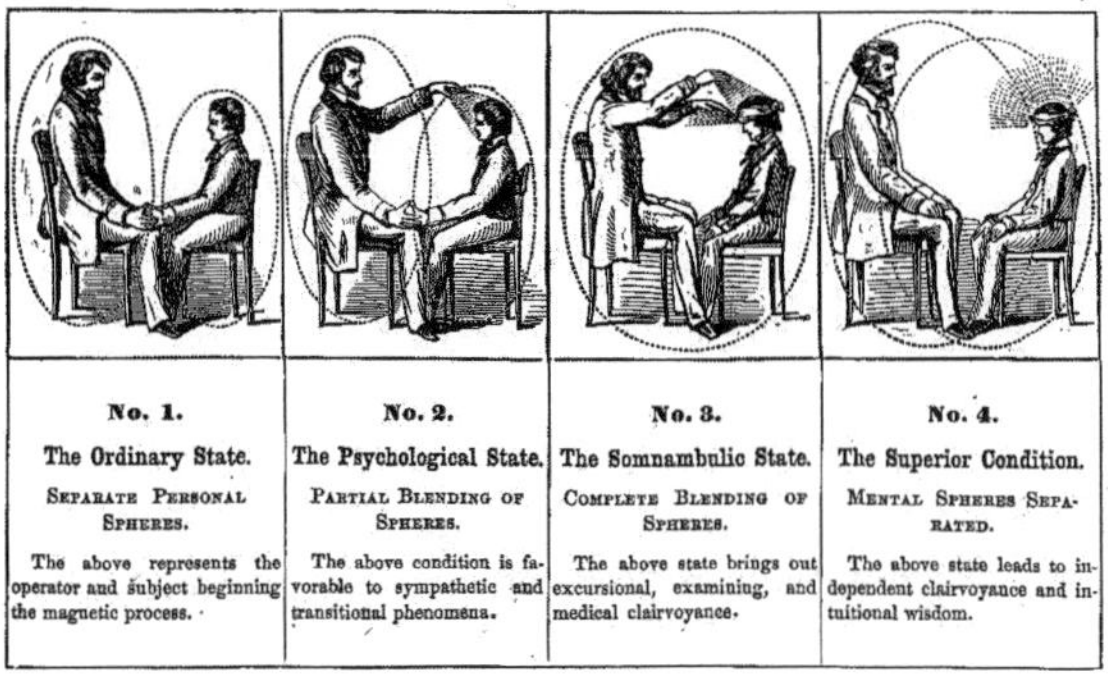

図1.12　磁化の4段階

こうしてデイヴィスによって明かされた霊界の描写は、じつのところ、スウェーデンボルグのそれと驚くほど類似していた。したがって、前述のスウェーデンボルグ主義者ジョージ・ブッシュが、デイヴィスの初期の講演にゲストとして参加して以来、強く感銘を受けるようになったのも不思議ではない。デイヴィス支持者になったブッシュは、講演の模様を『ニューヨーク・デイリー・トリビューン』紙にくり返し寄稿し、デイヴィスの擁護、そしてその能力への驚きを表明した。一八四六年十一月十五日の同紙において、ブッシュは磁化された状態のデイヴィスが、「ヘブライ語を正確に引用」し、その時代における驚くべき「地質学の知識」、さらには「歴史、および聖書考古学の深遠な問い」「地球上の異なる国の神話」「言語の起源と類似性」「文明の進歩」などを語ったと述べ、その知識の広さと卓越した内容を強調している。[94] また、ブッシュは、詩人のサラ・ヘレン・ホイットマンに宛てた一八四七年九月十五日の手紙で、デイヴィスを「スウェーデンボルグの託宣の次に、世界がこれまで出会った最も驚くべき天才」であると評している。[95]

また、フランスの奇抜な社会思想家シャルル・フーリエの信奉者であり、アメリカにフーリエ主義を大いに広めた『イブニング・ポスト』紙のジャーナリスト、パーク・ゴドウィンも、デイヴィスの啓示にいち早く注目した人物のひとりだった。ゴドウィンもまた、『ピープルズ・ジャーナル』誌上で、デイヴィスの『自然の原理』を「あらゆる観点において並外れた作品」であり、「それが主張していることがなんであれ、それは統合の驚くべき力、ほとんど驚異といってもよい力を示している」と述べ、「文学史すべてのなかで、最も並外れたすばらしい風格のひとつを示している」と非常に高い評価を与えている。さらに、元ユニテリアン（神の単一性を強調し、三位一体の教義を否定するキリスト教宗派）の牧師でフーリエ主義者でもあるトランセンデンタリスト、ジョージ・リプリーも、一八四七年八月二十八日の『ハービンジャー』紙に「『自然の原理』書評」を寄稿し、デイヴィスのことを「文学史上、最も卓越した天才」と称え、「もし、この若者が古代から現代までの吟遊詩人のなかにおいて、宇宙の叙事詩を語った哲学的詩人としてみなされるならば、おそらくダンテやミルトンも自分たちの劣った知性を恥じ入るだろう」とまで絶賛している。[96] こうしてデイヴィスへの注目が、スウェーデンボルグ主義だけでなく、フーリエ主義の支持者から集まったことは、その啓示の内容を見てみると納得がいく。というのも、実際にそこには、スウェーデンボルグ主義だけでなく、明らかにフーリエ主義的な社会主義思想を彷彿させる内容が含まれていたからだ。

こうしたまったく異種の思想が混在していたにもかかわらず、デイヴィスの『自然の原理』は、矛盾したものとして受け取られることはなかった。それどころか、デイヴィスを称賛する人々からは、歓迎すべき統合としてみなされることになった。このことは、十九世紀半ばのアメリカでは、そもそもスウェーデンボルグ主義、フーリエ主義、そしてさらにトランセンデンタリズムまでもが、それぞれの信奉者のあいだで混淆《こんこう》状態にあったことを考えれば当然だと言える。ここで、そのあたりの状況についても少し述べておきたい。

そもそもフランスからアメリカへのフーリエ主義の輸入は、フーリエからの個人教授を受けて転向したアルバート・ブリズベーンが、祖国でのフーリエ主義の実現による社会改革をめざし、一八三四年に帰国したことからはじまる。そして一八四〇年、ブリズベーンはフーリエ思想の翻訳と彼自身の論考からなる『人類の社会的運命――共同体と産業の再組織（*Social Destiny of Man: or Association and Reorganization of Industry*）』を出版する。そもそもフーリエのユートピア社会主義思想は、荒唐無稽とも思われがちな宇宙論や人類史、反感を招きかねない性愛の原理等々、およそ実際の社会改革運動の理論としての有用性を疑われる面を大いに含むものだった。だが、ブリズベーンによってアメリカに持ち込まれたフーリエ主義は、それらの突飛で風変わりな部分が抹消された「消毒されたヴァージョン」だった。それによってアメリカでのフーリエ主義は、「産業革命にそって誕生したアメリカの新たな秩序における産業、経済、人間の労働の問題を扱うための洗練されたシステム」となり得た。[97]

このブリズベーンのもたらしたフーリエ主義は、『ニューヨーカー』誌のジャーナリスト、ホーレス・グリーリーやパーク・ゴドウィン（前述したデイヴィスを絶賛する人物）に強い印象を与えた。前者のグリーリーは、『ニューヨーク・トリビューン』紙を一八四一年に創刊している（前述したスウェーデンボルグ主義者のブッシュが、デイヴィスの講演の模様を寄稿した新聞。新聞名には変遷があり、『ニューヨーク・デイリー・トリビューン』とされていた時期もある）。

また、同紙の第一面のコラム欄は、一年以上にもわたってブリズベーンによるフーリエ主義のプロパガンダにも使われ、アメリカ中にフーリエ主義を広めるのに大きな役割を果たした。[98] また、後者のゴドウィンは、一八四四年に『シャルル・フーリエの教義の一般概論(*A Popular View of the Doctrines of Charles Fourier*)』を出版しているが、そのなかでスウェーデンボルグとフーリエのそれぞれの崇高なるヴィジョンがいかに一致しているかを強調し、「これらふたつの偉大なる精神――わたしたちの現代のなかでのすべての比較を超えて最も偉大なる精神」とも述べ、両者に対して最大限の称賛を送っている。そして、「霊的な領域の知識についての彼〔スウェーデンボルグ〕の啓示と、科学の領域でのフーリエの発見のあいだ」には、「ほとんど正確に驚くべき一致が見られる」とも述べている。[99]

ここでさらにトランセンデンタリズムまで含め、スウェーデンボルグ主義とフーリエ主義とのつながりを言うのであれば、ボストンから一五キロメートルほど離れた小さな農村地域に創設された実験的な共同体施設「ブルック・ファーム」についても、触れておかねばならない。

もともとブルック・ファームは、トランセンデンタリストたちが、自分たちの理念である個人の可能性を実現するのにふさわしい理想の場の創成をめざした小さな共同体施設だった。だが、一八四三年から四四年にかけて、その創設メンバーのひとり、ジョージ・リプリー(前述のデイヴィスを絶賛する人物)が中心となり、ブルック・ファームの方向性をフーリエ主義の実現に転換することになった。このブルック・ファームのフーリエ主義化は、単なる世俗的ユートピア――すなわち、現実の社会構造や経済構造だけに焦点を当てた理想社会の実現――をめざすものではなかった。それは同時に、人間個人の聖性の完全性を主張する「完全主義(perfectionism)」という宗教的精神にもとづく、社会改革を志向するものだった。個人の自由を口実とした「個人主義(individualism)」、そしてそれにもとづく自由競争は、人と人を敵対させる。そういった社会環境のもとでは、本当の意味での「個性(individuality)」、あるいは人間の完全性を実現することはできない。したがって、個性を実現し、人を完全化するためには、同胞愛によって結ばれた連帯から成る社会を作る必要がある。こうした考えから、ブルック・ファームは、一方でトランセンデンタリズムの哲学が前提とする個人の完全性の実現という理念を保持しつつも、それを人々がひとつの有機的な連帯によって結ばれたフーリエ主義的な理想社会のヴィジョンへと矛盾なく融合させ得るという信念を持つことで、そのモデルとしての役割を担う実験的共同体となっていったのである。[100]

さらにブルック・ファームのトランセンデンタリストたちは、完全主義的な理想のもと、社会組織の変革のための科学的理論として導入されたフーリエ主義に、個々人への宗教的道徳を語るスウェーデンボルグ主義を結びつけて考えるようにさえなった。ブルック・ファームの中心人物のひとり、ジョン・S・ドワイトは、「社会組織あるいは生きることの外的形態に関するフーリエの発見」とともに、「スウェーデンボルグが提示した啓示」の研究を続けると述べ、フーリエを「調和の秩序の偉大なる経済学者」と呼び、スウェーデンボルグを「偉大なる詩人であり高位の司祭」と呼んでいる。[101]

こうして見ると、スウェーデンボルグの思想は、アメリカの独立戦争終結から南北戦争開始前（一七八一～一八六〇年）の種々の改革への主義主張に万遍なく浸透し、それらの多くへ影響を与えていたことがわかる。おそらくそこに目を向けた多くの人々は、スウェーデンボルグの主張のなかに自分自身の宗教的信条に合致する教えを発見し、それを自分に望ましいやりかたで生活に取り込んでいたのだろう。宗教史家シドニー・E・アールストロームの言いかたを借りれば、アメリカにおけるスウェーデンボルグ主義は、「要するに、多くの人々の精神に応じて、多くのことを意味していた」のである。[102]

ユートピア的社会主義者ジョン・ハンフリー・ノイズは、一八七〇年の著書『アメリカ社会主義の歴史（*History of American Socialisms*）』で、フーリエ主義、トランセンデンタリズム、ブルック・ファーム、スウェーデンボルグ主義の複雑な絡み合いについて、次のように簡潔にまとめている。

ユニテリアニズムがトランセンデンタリズムを作り出し、トランセンデンタリズムがブルック・ファームを作り出し、ブルック・ファームはフーリエ主義と結婚し、かつそれを広め、フーリエ主義は、その宗教のためにスウェーデンボルグ主義を持ち、そしてスウェーデンボルグ主義は、モダン・スピリチュアリズムを先導したのである[103]。

この、ノイズが示したアメリカ左派の時系列からすれば、デイヴィスの『自然の原理』は、まさにそれら諸思想を総括すべく、その最後に登場したものであることは明らかだ。このあとすぐに見ていくように、実際にそれはトランセンデンタリズム－フーリエ主義－スウェーデンボルグ主義という結びつきを、一挙に全体として表現したかのような作品だった。そうであれば、『自然の原理』がその界隈の人々から並々ならぬ注目を集めても不思議ではない。

ではここで、『自然の原理』の内容にも目を向けてみたい。

超自然的なソースなのか？

最初に断っておくと、『自然の原理』は、スピリチュアリズム史上、屈指の難解さと分量から成る。そのため、先にも述べたが、ここでその全貌を説明するのは手に余る。実際、現代の常識的な世界観とは相容れない形而上学的な論述に加えて、当時のポピュラー・サイエンスに関する広範な知識が混在し、それがぎっしりと文字で埋め尽くされた全七八二頁にもわたって続いていく。はたして今日いったいどれだけの人が、この本の内容を理解できるのか、あるいは最初から最後まで興味を持って読めるだろうか。あえて私見を述べれば、それが『自然の原理』を前にしたときの偽《いつわ》らざる感想である。試しに少々長くなるが、たとえば第二部の冒頭のテキストを引用してみよう。おそらくふつうの人にとって、けっして気軽に読める内容ではないことがご理解いただけるだろう。

そのはじまりのなかで、宇宙〔原書ではユニヴェルコエラム（univercoelum）とある。おそらくラテン語の*universum*（空間）と*coelum*（天界）からの造語〕は、ひとつの無境界、無定形、想像を絶する液状の炎だった！　最も生き生き

> とした力のある想像力も、その高さ、深さ、長さ、幅の適切な概念を形作ることは不可能である。そこには液状の実体のひとつの膨大な広がりがあった。それは境界もなく――想像を超えた――理解しがたい特質と本質を持つ。これが物質の最初の状態だった。それはひとつの形態であるために、諸形態を持たずに存在した。それは動くことはないが、ひとつの永遠の運動だった。それはひとつの全体であるため、諸部分なしに存在した。諸部分は存在しないが、その全体はひとつの部分として存在した。太陽は存在しないが、それはひとつの永遠の太陽だった。それははじまりも持たず、終わりも存在しなかった。それはひとつの永遠の渦のため、長さを持たなかった。それはひとつの無限の循環のため、諸循環を持たなかった。それは断絶された力ではなく、まさにすべての力の本質だった。力《フォース》のようなものを生み出すことはないが、その想像を絶する規模と構造は全能の力《パワー》だった。
>
> 物質と力は分離できないひとつの全体として存在した。物質は無限の空間を通して、すべての太陽、すべての世界、そして諸世界のシステムを作り出すための基体を含んでいた。それはそれらの諸世界のそれぞれに存在するすべての事物を作り出すための諸特質を含んでいた。その力は叡智、善性、正義、慈悲、真実を含んでいた。それは無限の空間を通して示される原初の本質的な原理を含んでいた。それは究極のものとしてそれらの上に遍《あまね》く流布することで、諸世界、そして諸世界のシステムを支配し、動かし、生命、感覚、知性を作り出す。[104]

このきわめて思弁的で形而上学的な宇宙創成論を、どう評すべきかはともかくとしても、この調子で延々と続いていく論述が、ブッシュやブリズベーンのようなインテリ層の大人たちを前にし、わずかな教育しか受けていない若者の口から語られたものだとすれば、そのこと自体が驚異的だと言わざるを得ない。

全三部から成る『自然の原理』の概略を、ごく簡単に述べておこう。

まず第一部では、全体の鍵となる宇宙を支配する一般的な法則が説明されている。宇宙は全体としてひとつであり、永遠の運動の原理によって作動する機械であること。物質は、霊から、そのより粗雑な形態として区別されること。宇宙は照応の原理によって貫かれていること。また、宇宙は遍く磁気に満たされていること。さらに神は人格神ではなく、「偉大なるポジティヴな精神」――すなわち非人格的な原理として、すべての被造物の創造の原因――であることなどが述べられている。

全体で最も分量の多い第二部になると、宇宙創成論から太陽系の進化の過程とその目的、諸惑星の環境や住人などに関する記述、地球と人類の初期の歴史、聖書の権威の否定、キリスト教の形而上学的な再解釈、さらには明らかにスウェーデンボルグ的な死後の世界に至るまでが長々と語られている。

さらにこれまでの論の「応用」編とも言うべき第三部においては、現在の社会における問題や諸悪について、またそれと関連する聖職者に対する批判、そして最後にその解決策としてアメリカナイズされたフーリエ主義を彷彿させる理想社会へのヴィジョンが提出され、ようやく長大な作品の幕が閉じられる。[105]

要するに、デイヴィスのこのデビュー作は、生き生きとした詩的想像力によって、この宇宙の進化の過程から霊界の克明な描写に至る壮大な形而上学を展開しながらも、その一方で、社会の不正の告発、そして人類が向かうべき理想のヴィジョンと社会の改革への希望を語った社会思想の書でもあった。そこにはトランセンデンタリスト、フーリエ主義者、スウェーデンボルグ主義者だけでなく、カルヴィニズムに背を向け、よりリベラルな宗教、道徳、霊性を求めていた広く一般の層の人々までをも惹きつける多様な魅力があった。

十九世紀後半から二十世紀初頭における、スピリチュアリズムに対する最も懐疑的な研究者のひとりとして知られるフランク・ポドモアでさえ、一方でデイヴィスの『自然の原理』の叙述を「しばしば粗雑で容易にわかる誤り」「多くの文章は意味をなさない」「哲学的主題を扱うに際して、そのスタイルは、大部分、長ったらしくまとまりがなく、哲学者たちに許容される使用法を超えた理解しづらい意味」「十分な教育を受けていない人物の作品」「うぬぼれ、無知、文法や事実や論理の誤り、曖昧な形而上学、また聞きの社会主義」などとけなしながらも、「その欠点以上に注目すべきもの」があり、「それに独立した価値を与える確かな想像力に満ちた特質が、この作品のなかにはある」と述べている。[106]

それにしても、靴屋で働いていたひとりの無学な若者が、いかにしてこのような多岐にわたる主題を論じた作品を生み出せたのか。そしてそこに収録された膨大な素材をいかに編集したのか？　たとえ、そう問いたくなったとしても、あくまでそれは懐疑派の視点から出てくる疑問でしかない。そもそも『自然の原理』に書かれている知識は、デイヴィスの主張を信じるなら、「最も高度なコンディション」において、精神が肉体から離れ、この地上の世界を超えた別の領域から獲得したものであり、けっして世俗のソース（情報源）に由来するものではない。また、デイヴィスの自伝にある記述を信じるなら、その当時までに彼が読んだことのある本は、『三人のスペイン人（*The Three Spaniards*）』という一冊（ジョージ・ウォーカー著、一八〇〇年刊のゴシック小説）しかない。[107]

とはいえ、『自然の原理』の細部に着目してみると、その知識は、実際のところ本から得たものなのではないかと疑いたくなる点もたしかにある。[108]たとえば、第二部の冒頭での宇宙創成論で語られる原初の空間を満たす「液状の火（Liquid Fire）」というコンセプト、また地球の進化を語る際の地質学などの知識は、一八四四年にイギリスで匿名によって出版された『創造の自然史の痕跡（*Vestiges of the Natural History of Creation*）』[109]からの影響を連想させる。実際、このことに関しては、デイヴィス自身が、自伝で次のように述べている。講演をしている時期に、自分の語っている内容が『創造の自然史の痕跡』で書かれたものと似ているという意見を聞いたため、自分でそれを購入した。しかし本を開いても難解で読めず、一頁も進まずに断念した。[110]

さらにデイヴィスの語る霊界の内容が、あまりにも細部にわたってスウェーデンボルグの著作とのあいだに類似性が見られることも、疑いを生じさせる点となる。[111]もちろん、信奉者の立場からすれば、ふたりの啓示の内容の共通性は、スウェーデンボルグの著作からの影響ではなく、デイヴィスもスウェーデンボルグもともに同じ霊界の真実を目撃したのだから、内容が類似するのは当然ではないかと考えてみることもできる。ただし、そうするとデイヴィスとスウェーデンボルグの霊界の記述が完全に一致しなければならない。だが、実際は両者の語っている内容には、異なる点もあった。

ふたりの霊視者のあいだのちがいの決定的な点は、あの世での地獄の存在の有無についてである。デイヴィスもスウェーデンボルグもともに、あの世を六つに分ける点は共通しているものの、スウェーデンボルグはそのうちの三つを地獄として語った。その一方で、デイヴィスは地獄の存在を語っていない。デイヴィスによれば、六つの天界は上に行くほど美と調和と叡智に満ちてくるものの、その下方の三つの領域は相対的に劣っているだけでけっして地獄ではない。永遠の罰を与える地獄は存在しない代わりに、すべての人間がつねに高次の領域へと進化し続け、最終的には誰もが救済されるとデイヴィスは説く。こういったふたりの霊界の構造に関する記述の相違は、いったいどう考えるべきなのか。

いずれにせよ、『自然の原理』が啓示によるものだというデイヴィス側の主張への疑いは、事実、その出版直後から沸き上がっていた。たとえば、当時の懐疑派のひとりであるニューヨーク大学のギリシア語・ラテン語教授テイラー・ルイスは、『ニューヨーク・トリビューン』紙への寄稿で、デイヴィスは「恥ずべき詐欺師」であり、彼の講演は単に彼が記憶したものを暗唱していたにすぎず、「ブッシュのような学者は、それに騙されただけではないか、しかもデイヴィスの暗唱した内容は、誰かがすでに書いたものにちがいない」との疑いを述べている。ただし、このルイスの見解に関して言えば、そこにはいくつか、やや受け入れがたい点がある。たとえば、「啓示」がおこなわれた一四か月ものあいだ、講演のたびに毎度デイヴィスがそれを暗唱していたのだとしたら、それを記憶するための事前の労力、あるいはその記憶力自体、相当なものだったと考えなければならない。およそ三〇万語にもおよぶその本のすべてを記憶するために費やされる努力を考えてみてほしい。また、仮にデイヴィスが並外れた努力によって、それを記憶し暗唱したのだとしても、依然として次のような疑問が残る。そもそもその膨大なオリジナルのテキストをいったい誰が書いたというのか。著者として与えられたかもしれない名声をみずから放棄し、わざわざ無名の若者にその栄誉を譲り渡してまで書いた人物がいたとするなら、それは何のために？[112]

こうした、ソースにまつわる問題の真実がどうであっても、実際に当時の講演に集まっていた人のほとんどは、

『自然の原理』に書かれてあることが、「最も高度なコンディション」で得た知識をデイヴィスが語り、それをそっくり書き取ったものであることを疑わなかった。デイヴィスの講演に参加したひとりで、ニューヨーク市のユニヴァーサリスト教会の牧師だったトーマス・レイク・ハリスは、一八四七年八月二十三日の『バジェット』紙への寄稿で、次のようにデイヴィスを擁護している。「すべての時間を講演に費やし、友人たちとの付き合いで過ごし、眠っている時間でさえ同居人によって見られていた」デイヴィスが、「その仕事のために記憶し、暗唱していたなどというのは不可能だ」。さらにハリスは、デイヴィスの能力の真正性を強く訴えるべく、次のようにも述べている。

数百人の目撃者からの証言は、デイヴィスの霊的力が現実であることを裏付け、また同様にその作品を作り出すための能力を持っていることを保証している。個人的な経験から、わたしはこれらの超越的な力が現実であることを知っている。彼は、医師たちが匙を投げたほどの重い病気からわたしを救った。そして彼はわたしの見守っている前で、きわめて驚くべき予言を放ったのである。[113]

こうしたデイヴィスへの熱烈な支持がある一方で、前述のソースの問題とは別に、その内容自体を非難する声も当然ながらあった。一八四七年九月、すなわち『自然の原理』刊行のほんの数週間後、『暴露されたデイヴィスの啓示の真相（*Davis Revelations Revealed*）』と題された、デイヴィスに対する批判的パンフレットが登場する。それはスウェーデンボルグ主義者のベンジャミン・フィスク・バレットと、ジョージ・ブッシュによるものだった。すでに何度も述べたように、『メスメルとスウェーデンボルグ』の著者である後者のブッシュは、デイヴィスの講演に参加し、熱烈な支持を表明していたはずの人物だった。ブッシュのこの態度の変化はいったい何だったのか？

霊的権威をめぐる問題

ブッシュの態度の変化は、デイヴィスの講演の内容が次第に変化していったからだと思われる。実際に、『自然の原理』以前のデイヴィスの講義が収録されたギブソン・スミスによる『クレアマティヴネスに関する講義』と、『自然の原理』で語られている内容を比較してみると、前者では後者よりも、聖書についての言及や神学的な議論において、より伝統的なキリスト教に近い見解が述べられている。一方で『自然の原理』においては、地獄の存在、罪の本質、キリストの神性、聖書の権威などへの否認や否定といった、スウェーデンボルグ主義者の観点からするとけっして認められない大きな誤りとされる主張が多い。すなわち、聖書の権威、および聖書に記されている奇跡の否定、また、スウェーデンボルグのものと相容れない内容、それらがデイヴィスの講義のなかで強まっていったことが、ブッシュをかつてのデイヴィスへの全面的な支持者から、その批判者に転向させる原因となったにちがいない[114]。一八四七年八月二日、ブッシュは友人のスウェーデンボルグ主義者N・F・キャベルに宛てた手紙で、次のように書いている。

才能と科学的真価にかけて、それ〔デイヴィスの本〕はわたしの楽観的な期待よりはるかに勝っていますが、神学的な分野に関しては、明らかに有害なものです。それは聖書の神聖さと真実のインスピレーションを否定することによって、また、キリストを最も完全な人間の典型ではあるものの、単なる偉大な社会の改革者とみなすことによって、聖域から契約の箱へとケルビム〔智天使〕を追放しているのです[115]。

それにしても、『クレアマティヴネスに関する講義』に収められている初期の講演の内容と『自然の原理』のあいだにある見解のちがいや矛盾自体については、いったいどのように考えればよいのか。これが通常の著作であれば、著者デイヴィスの思想の経年変化としてみなせば済むだけの話である。だが、もちろんデイヴィスの語っている内容はそうではない。『クレアマティヴネスに関する講義』で、デイヴィスは「わたしがこの状態のなかにいるとき、通常の器官を通して、わたしの脳に作られる印象はない。〔中略〕わたしはあらゆる空間の至るところにわたしのヴィジョンを拡張していく力を持っている――過去、現在、そして来るべきできごとも知ることができる。わたしはいまや、人間の精神が獲得できる知識の最も高次の段階に到達した[116]」と述べている。

このような高度な精神の状態で知識が獲得されているのであれば、その内容がなぜ時とともに修正されなければならないのか？　実際、デイヴィスの側は、この啓示の内容のちがいを気にしたせいなのか、『自然の原理』の出版後、まるで『クレアマティヴネスに関する講義』がなかったかのように振る舞っている。たとえば、啓示の筆記者であるフィッシュバウは『自然の原理』の序文で、どのようにしてデイヴィスが講演をするようになったかを述べているにもかかわらず、『クレアマティヴネスに関する講義』への言及はいっさいない。また、デイヴィス自身も、一八五〇年に出版した『偉大なる調和』第一巻の序文で、自分の最初の作品を『自然の原理』であると述べ、『クレアマティヴネスに関する講義』の存在を無視している[117]。さらに当時、デイヴィスと彼の支持者たちが『クレアマティヴネスに関する講義』を破棄していたという噂もあった。メソジスト教会の牧師ハイラム・マティソンは、一八五三年に出版したスピリチュアリズムに対する批判本で、デイヴィスにこう問いかけている。「あなたと友人たちが、手に入れられるかぎりのそのパンフレットのコピーすべてを、最近、破棄してしまったと言われていることは本当なのか[118]？」

一方、啓示の内容に対する観点からではなく、そもそものスウェーデンボルグの霊視体験とメスメリズムによって引き起こされる意識の状態のあいだにある共通性自体を否定し、それらは別個のものであるものとの批判もあった。一八四七年の『ニュー・チャーチ・クォータリー・レヴュー』誌所収の「ブッシュのメスメリズム」と題された批評では、スウェーデンボルグとデイヴィスのようなメスメリズム的透視能力のあいだにある根本的なちがいとして、前者の体験が宗教的モラルにおける卓越性、および長年の広い知識の積み重ねによって注意深く準備されたものであるのに対して、後者はそうではないといった点なども指摘されている[119]。

こうしたニュー・チャーチ側によるデイヴィスへの批判の背後には、より深刻なものとして受け取るべき霊的権威をめぐる問題があった。まずなんと言っても、スウェーデンボルグ主義の保守派の考えでは、霊界の真実を伝えることを神から許されたのはスウェーデンボルグその人だけであり、それ以外の何者かが霊界とコンタクトを取ることはあり得なかった。それゆえ、スウェーデンボルグや天使と直接会話をしたと称する人は、偽物か悪意ある霊に欺かれたのだと断罪された。要するに、偉大なるスウェーデンボルグその人以外に霊界を語る資格はない、というのが保守派の考えかただった。また、そもそもスウェーデンボルグ自身も、自分以外のほかの人が霊とのコンタクトを試みることを勧めていない。霊たちが語ることがつねに正しいとはかぎらず、まちがった情報を伝える可能性もあるなど、そこにはいくつものリスクがある。むしろ、霊界については霊よりも、主の代弁者である聖職者の言葉に耳を傾けたほうがいい、とスウェーデンボルグは読者に向かってたしなめてさえいる。すなわち、スウェーデンボルグ本人も、けっして霊とのコミュニケーションの可能性を公共のものにしようと考えていたわけではない[120]。霊との交信の独占を主張してやまないニュー・チャーチのメンバーであるリチャード・デカームズは、デイヴィスを批判したうえで、次のように述べている。

過去すべての時のなか、来るべきすべての時のなかで、スウェーデンボルグという人以上の者がいたことはないし、これからもそうである。また彼と同じ種類、あるいは同じ段階の霊性にまで到達できた人はいないし、これからもそうである[121]。

これは、スウェーデンボルグという教祖への絶対的な信仰表明以外の何ものでもない。ニュー・チャーチがかくなるものだとすれば、その実質は、もはやスウェーデンボルグを絶対的な高みへと持ち上げ、その著作を「聖書」として信奉する新興の宗教組織となっていたと言わざるを得ない。スウェーデンボルグこそ霊界の唯一の権威者である。これまでも、そしてこれから先も……というニュー・チャーチ保守派内部での信仰が揺らぐことはないとはいえ、彼らのデイヴィスへの敵視の強さは、逆に信仰の砦の周縁部において、その新たな啓示が、かつてない脅威的侵食作用を示しはじめたことを物語っているとも言えるだろう。[122]

一方、ユニヴァーサリストたちのあいだにおいても、デイヴィスをめぐって賛否両論に意見が分裂した。[123]『自然の原理』が出版された同年の十二月四日。デイヴィスの啓示への共鳴者たちによって、『ユニヴェルコエラムと霊的哲学者』と題された週刊誌が刊行された。一五か月におよぶデイヴィスの講演のあいだ、彼を磁化し続けたサイラス・スミス・ライオンの義理の兄弟にあたるサミュエル・バイロン・ブリタンがその創刊者となり、編集長を務めた。[124]また、ブリタンのほか、その主要執筆陣の多くは、ユニヴァーサリストで構成されていた。そう、『自然の原理』の刊行後すぐに、デイヴィスのまわりには、彼を支持するユニヴァーサリストによるサークルができあがっていったのである。それはデイヴィスの啓示が、そもそもユニヴァーサリストのフィッシュバウとライオンとともに生み出されたものであり、そしてその内容の多くの部分から、ユニヴァーサリズムと共鳴可能な思想を読み取ることが容易だったゆえである。たとえば、悪行は人間の生まれながらの罪深さに由来するものではなく、環境によるものであること。そして、それは教育を通して改善できるということ。むしろ人間の本質とは「聖なるものであり、完全で調和的」であり、「その偉大なる起源と原因〔すなわち神〕の聖性を示す」ものであること。さらに「進歩と永遠の発達の法則に従って、すべてのものは生命と美を展開していく」こと。[125]こういった『自然の原理』に見られる、すべての人間の完全性に向けての成長と普遍的な救済を保証するポジティヴで進歩的な思想が、多くのユニヴァーサリストたちのあいだに共感を呼び起こしたとしても不思議ではなかった。

実際、デイヴィス支持の声明は、ユニヴァーサリストの出版物を通して、すぐに相次いだ。「いまだこの本をはじめから終わりまで読んでいない」が、「わたしがそれを精査するかぎりでは、人類によってかつて作られた最も驚くべき作品である」。ユニヴァーサリストのジョン・マレー・スピアは、一八四七年八月十八日の『プリズナーズ・フレンド』誌で、そう賛辞を送った。また、同年八月十四日の『ユニヴァーサリスト・ユニオン』誌で、ユニヴァーサリストのウィリアム・スティーヴンズ・ボールチもその最初の章だけを読み、デイヴィスの啓示が意味するのは、「すべてのセクト主義、およびそのほかの社会的敵対の破棄、そしてひとつの大きく広がる兄弟愛の結びつきのなかでの人類の結束」であるとして、その重要性を称賛した（だがボールチは、『自然の原理』をすべて読んだのちに意見を変える）。さらに『ユニヴェルコエラムと霊的哲学者』誌で大いに筆を揮《ふる》ったウッドベリ・メルチャー・ファーナルドも、同年九月十五日の『プリズナーズ・フレンド』誌で、「その作品は、かつて世界が見たなかで、最も真正で最もすばらしい精神の産物である。自分自身の精神においてその作品が持つ最良の作用は、高められるとともに、神への穏やかなる信仰、不滅へのありありとした実感、その真実と、人類にとってのその有用性の深い確信にある」と褒め讃え、ユニヴァーサリストとしてのみずからの信仰と共存し得ることを確言した。[126]

だが、より注意深く慎重な保守派のユニヴァーサリストたちは、デイヴィスの啓示の中身が自分たちの信条と完全に一致しているわけではないことから、まったく逆の反応を示した。とくに、聖書にある記述を字義どおりの真実だとはみなさず、むしろそれは象徴的な意味として読まれるべきだと考えるデイヴィスの独特の聖書解釈は、保守派のユニヴァーサリストたちにとってみれば、そもそもが聖書の権威の否定であり、ひいてはキリスト教の土台を揺るがすものとして映った。そのため彼らの多くは、デイヴィスとその支持者を自任するブリタンやフィッシュバウのようなユニヴァーサリストを激しくきらい、厳しい口調で攻撃しさえした。たとえば、反デイヴィスの陣営に立ったユニヴァーサリストのトーマス・ジェファーソン・ソーヤーは、『クリスチャン・メッセンジャー』誌で次のように述べている。

これが真正のものだと？　これが真正のものであり得るだと？　これらの頭の狂った男たち、あるいは大馬鹿者たちは、聖書とデイヴィスの啓示が両立しないこと、クリスチャニティ（キリスト教）とデイヴィスの見せかけの哲学がまったく一致しないことがわからないのだろうか？〔中略〕彼らは自分たちが不信心者であることを自覚しているにもかかわらず、キリスト教徒だといまだ言い張っている。なぜなら、じつに彼らはこの宗教の同業者であることが提供する利益に気がついているからだ。[127]

ソーヤーのような意見に同調する保守派ユニヴァーサリストにしてみれば、ブリタンを中心とした『ユニヴェルコエラムと霊的哲学者』誌に引き寄せられたユニヴァーサリストたちの存在は、はたしてその思想がキリスト教の枠内に入っているのかどうかはともかくとして、少なくとも自分たちとは同類であると認めがたい紛らわしい敵対者だった。きわめて厳格なユニヴァーサリズムを固守したトーマス・ホイットモアも、一八四八年十二月十六日の『トランペットとユニヴァーサリスト』誌で、前述のファーナルドのことを「彼は不信仰の暗闇のなかをさまよっている。また、ユニヴァーサリストにとって、彼をキリスト教の説教師としての仲間だと受け止めることは不可能である」と強く非難している。[128]

こうした異端の宣告は、偽りのユニヴァーサリズムを排除し、許しがたいデイヴィスの思想からの汚染をなんとしてでも避けなければならないという、保守派のユニヴァーサリストたちによって張りめぐらされた、まさに予防線だった。その最も典型的な態度は、一八四七年十一月に、ユニヴァーサリストのニューヨーク協会に見られる。そこではその一員でいる資格として、一年ごとに「わたしは聖書が神からの特別で十全なる啓示を含むものとして信じることを心から宣言する」という信条にサインをしなければならないという誓約が取り決められた。また、ミシガン州のユニヴァーサリストの会議でも、次のような宣言がなされた。「ユニヴァーサリストであるためには、旧約、および新約聖書が十全なる啓示を含むものであること、また福音書のなかで与えられているものとしてのイエス・キリストの人生、教え、奇跡、死、復活は聖なる真実であることを信じなければならない」。[129]こういった同様の信条へのサインの強制は、ほかのいくつかの地域の協会でもおこなわれた。だが、逆にそれは各地で協会を離脱するユニヴァーサリストを輩出する結果となった。とくにニューヨーク協会では、前述のウィリアム・フィッシュバウ、サミュエル・ブリタン、トーマス・レイク・ハリス、さらにジョシュア・キング・インガルズ、ゼファナイア・ベイカーといった、いずれもデイヴィスと関わりを持っていたユニヴァーサリストたちに、サインを拒む離反の姿勢を取らせることとなった。[130]

十九世紀半ばを前に、突如として現れた霊視者デイヴィスの影響は、スウェーデンボルグ主義者ならびに、保守派のユニヴァーサリストたちのあいだにおいて、霊的権威を揺るがす脅威だった。とはいえ、ここでさらに先の事態から顧《かえり》みれば、それもほんの予兆にすぎなかったと言うべきだろう。『自然の原理』の出版から、わずか一年も経たない一八四八年三月、ニューヨーク州の北西に位置するハイズビルという小さな村のごくありふれた家庭において、のちに全土に大きな波紋を広げていく、とある不可解なできごとが発生する。

第2章

ムーヴメントのはじまり

フォックス姉妹による霊との交信

フォックス家から報告された不可解な騒音

スピリチュアリズムの歴史のなかで、そのムーヴメントのはじまりとして、またその最も有名なエピソードとしていまだ語り継がれるニューヨーク州ウェイン郡アーケーディアにかつて存在した小さな村、ハイズビルのフォックス家に起こった不可解なできごとから本章をはじめる。[1]

一八四六年十二月一日、熱心なメソジスト一家の主ジョン・デイヴィッド・フォックス、その妻マーガレット・スミス、そしてマーガレッタとキャサリンというふたりの娘からなる四人の一家は、ハイズビルの小さな家に引っ越した（以下、ふたりの娘マーガレッタとキャサリンを、それぞれ彼女たちの愛称マギーとケイトと呼ぶ）。当時、マギーは十四歳、妹のケイトは十歳の幼い少女だった（図2・1、2）。フォックス家には、ほかにも四人の子供たち——リア、エリザベス、マリア、デイヴィッド——がいたが、そのころはすでに成人しており、それぞれ離れて暮らしていた。[2]

一家が借りたのは、築四〇年以上の古い木造の家だった（図2・

図2.1　マギー・フォックス

図2.2　ケイト・フォックス

3)。そのため吹きつける強風が家をきしませる音、またはキッチンに忍び込んだ小動物が立てる物音などが聞こえてきたとしても不思議ではなかった。だが、翌年の一八四七年三月の後半から、彼らの家では、そうしたものとはまったくちがった奇妙な音が聞こえはじめた。その最初の夜、家族がベッドに入ると、東側のベッドルームでくり返しノックするような音、さらにときどき椅子が床の上を動いていくような音が聞こえてきた。家族全員で蠟燭に明かりを灯し、家中を隈なく調べたものの、その原因はわからなかった。しかも、そのあいだじゅう、その得体の知れない音は鳴り続けていた。その日以来、原因不明の奇妙な音は毎晩深夜十二時ごろまで聞こえ続け、一家の眠りを妨げた。[3]

夜な夜な続く不気味な物音。もしそれだけなら、よくある幽霊譚のひとつのエピソードでしかなく、このできごとがスピリチュアリズム・ムーヴメントの出発点などとはなり得なかっただろう。だが、フォックス家のそれはエイプリルフール前夜の三月三十一日を境に、思わぬ方向へ転換していく。その詳しい状況は、同年の四月にE・E・ルイスというジャーナリストによって、フォックス家の父と母、および近隣の関係者たちの署名入りで、その証言をまとめた四〇頁のパンフレット『ジョン・D・フォックス氏の家で聞こえてきた不可解な騒音の報告』として公刊された。以下に記すできごとの概略は、それをもとにまとめたものである。

その日、ジョンをのぞき、マーガレットと娘たちの三人は、まだ暗くなる前の時間からベッドにもぐり込んだ。すると、例によって騒音が聞こえはじめた。だがこれまでとはちがい、この日は彼女たちのほうから積極的にその音の正体との交流が試みられた。まず妹のケイトが、その音を真似て、手や指で音を立てた。するとすぐに、彼女が鳴らした音と同じ数だけ

図2.3　ハイズビルのフォックス家が住んでいた家

の騒音が鳴った。次に姉のマギーが、ふざけた口調で「今度はわたしがするのと同じようにして。一、二、三、四」と数をカウントしながら手を叩くと、ふたたび騒音はそれに従った。娘たちに続いて母のマーガレットも「一〇を数えて」と言うと、ふたたび騒音が一〇回続いた。さらにマーガレットは、その音に向かって子供たちの年齢を尋ねてみた。ふたたび、その数を正確に表す回数の騒音が鳴った。次にマーガレットは、その正体を突き止めるため、その音を起こしている何者かに向かってさらに質問を重ねた。そのときの模様をマーガレット自身は、次のように述べている。[4]

> 次にわたしは、その音を起こしているのが人間かどうかを尋ねました。もしそうなら、同じ音によって示すようにと尋ねました。音はありませんでした。次に、それが霊なのかどうかを尋ねました。もしそうなら、二回、音を立てることによって示すようにと。そう言うや否や、すぐに二回、音が聞こえてきました。次に、怪我を負わされた霊なら音を発するようにとお願いしたところ、はっきりとした音を聞きました。また、この家で怪我を負わされたのかどうかを尋ねると、そうだと音で示されました。加害者は生きているかどうかを尋ねると、同じ答えが得られました。さらにわたしは同じ方法によって、その遺骸が家の下に埋められていて、年齢がいくつだったのかを突き止めました。何歳なのか尋ねたとき、それは三一回、ラップ音を発しました。[5]

マーガレットはこうして質問を重ねることで、その霊が男性で、ふたりの息子と三人の娘からなる五人の子供の家族を残してきたこと、妻は一二年前に亡くなっていることなどを突き止めた。その後、マーガレットは夫のジョンに隣人を呼び集めるように頼んだ。十九時半を過ぎたころ、すぐ近所に住む女性メアリー・レッドフィールドが来た。さらに二十一時ごろまでには、一ダース以上の人々がフォックス家に集まった。何人かは怯《おび》えて部屋に入りたがらなかった。だが、そのなかにいたウィリアム・デュースラーという男性が部屋に入り、率先して質問を開始した。それによって、その霊の正体が次のようなものであることが明らかになっていった。[6]

その霊は生前、この地を訪れた行商人だった。五年前の火曜日、夜十二時、肉切り包丁で喉を掻き切られ、その人物は死んだ。その殺人者はいまだ捕まっておらず、法によって罰せられてもいない。その殺人の動機は、五〇〇ドルという被害者の所持金。殺された人物の死体は一日のあいだ放置されたものの、次の日にはこの家の地下室へ運ばれ、三メートルの深さに埋められた。また、デュースラーは犯人を突き止めるため、以前、この家に住んでいた人物の名前をあげ、その人物かどうかを尋ねてみた。すると、いままでよりも強くベッドのフレームが振動すると同時に、通常よりも強いノックが三度起こった。[7] さらに、殺された霊本人の名前を知るために、アルファベットを読み上げていき、その正しいところに来たとき、霊にラップ音を発してもらうという新たな交信方法も試みた。結果、その霊の名前がC.B.というイニシャルであることも判明した。[8]

この夜のできごとは、すぐに口伝えで広まっていった。翌日の土曜日、フォックス家の小さな家のなかや周囲に、三〇〇名ほどの好奇心に駆られた人々が群がった。いつものように、太陽が沈みはじめるまで霊は沈黙を守ったが、十九時ごろ、ふたたびラップ音を鳴らしはじめた。詐欺の可能性を封じるため、数人のグループが家のさまざまな場所に分散して事態を見守った。だが、この日もまた、数人からの質問に対して音は鳴り続けた。[9]

この日は、二十七歳の息子デイヴィッド・スミス・フォックスも妻のエリザベスを連れて両親の家に駆けつけていた。夜も更け、ようやく部外者が減ったあと、デイヴィッドは数人の男性を引き連れて地下室に下り、死体の発掘に取りかかった。死体が見つかれば、霊の証言の信憑性《しんぴょう》がさらに増すことになるだろう。デイヴィッドはラップ音の指示をあおぎ、地下室の中央部を掘り進めた。だが、一メートルほど穴を掘ったとき、地下水が穴を満たし、それ以上、掘り進められなくなってしまった。月曜日にふたたび試みたものの、水があふれてくるため挫折。さらに火曜日には、ポンプを使用して水を吸い上げようとするものの失敗。結局、死体の発掘は断念せざるを得なかった。[10] 重大な証拠となるべき死体の探索は保留のままとなった。

その一方でラップ音の主は、訪れた人々からの質問——すなわち、もともとの無念の殺害事件の訴えとはまったく関係のない質問——に対しても、いやがることなく応答し続けた。たとえば、デュースラーは霊に対して次のような質問を投げかけている。ユニヴァーサリストの教義は真実なのか。音はなかった。それはまちがっているのか？　音が三回鳴った。さらにデュースラーは尋ねた。メソジストの教義は真実なのか？　音が鳴った。[11]また、今度はメアリー・レッドフィールドが、天国はあるのか、また自分の子供はいま天国にいるのかと問いかけると、それらに対しても霊は音を鳴らし、肯定の答えを返してきた。このときのことを彼女は次のように述べている。

わたしに対するこれらの神秘的な騒音の啓示のために、これらの質問、またほかの質問を尋ねるとき、神への祈りの姿勢でおりました。部屋にいた別の女性は怖いと言っていました。そこでわたしは彼女に言ったのです。神がお守りになると。その瞬間、わたしは数回はっきりとしたラップ音が鳴るのを聞きました。〔中略〕わたしは、それが神のもとからの霊かどうかを尋ねたところ、ラップ音が鳴りました。わたしたちの亡くなった友人たちの霊が、いまわたしたちのまわりにいるかと尋ねました。ラップ音が聞こえてきました。[12]

以上が、ハイズビルで起こったできごとのあらましである。それにしても、それらの音は本当に霊によるものなのか？　もちろん、こうした噂を耳にして、すぐに疑った者もいる。フォックス家での霊の騒ぎがはじまってから三週間ほど経過した同年四月二十二日の『ロチェスター・デイリー・アメリカン』紙の記事では、それを馬鹿げたものとみなし、こう報じている。「並々ならぬインチキが作り出した興奮は、ある程度弱まってきた。当初ちょっとばかり軽率だった人々は、いまや明らかに騙されていたという意見を支持しはじめている」[13]

だが、その一方でフォックス家のできごとを目撃した人々の証言を集めたE・E・ルイスは、その報告書のなかで、巧みにもフォックス家の不可解なできごとを次のように煽《あお》り立てた。

これらの証言の熟読にもとづき、自分自身の賢さにうぬぼれている人は、「もし自分がその場所を訪れてノック音を聞けば、すぐにその原因を特定できる」と言うであろう。だが、そう確信して訪れた数百人の人々は、〔中略〕霊の領域から来たものの存在を感じたとみずから認めることを余儀なくされている。〔中略〕霊の世界からの訪問者なのか否かは、時が解明してくれるはずだ。結果が何であれ、いまわたしたちは公共の手にその議題をゆだねたい。[14]

さらにルイスは、読者の関心をいっそう掻き立てようとばかりに、それを「人間の仕業《しわざ》」だと説明できれば「五〇ドル」の賞金を提供すると約束したうえで、記事の末尾を締め括っている。

このルイスの報告書をはじめ、そのほかいくつかの地元紙で報じられた記事――たとえ、それが批判的な記事であったとしても――は、すぐに世間の注目をこの奇妙なできごとに集めさせた。[15] とはいえ、ことの次第がここまでのことであれば、徐々に人々の関心も薄れていったであろう。そして、やがてはフォックス家の住んでいた家も、単に有名な幽霊出現スポットとして、ときおり人々のあいだで噂にのぼる程度で終わっていたことだろう。[16] しかし、それだけでは終わらなかった。フォックス一家が、行商人の霊に取り憑かれたハイズビルの家から離れ、同じくアーケーディアにある息子デイヴィッドの家に引っ越してから、次なる展開がはじまる。

交霊会のはじまり

それは平穏な生活を取り戻すための引っ越しのはずだった。だが、まるで一家のあとを追うかのように、霊現象も場所を移動してきた。そう、引っ越し先のデイヴィッドの家でも、ふたたびラップ音が起こりはじめたのである。この段階で家族は気がつきはじめた。ふたりの幼い娘マギーとケイトがいる状況でのみ、霊現象が発生するのではないかと。そこで家族はふたりの姉妹を別々に住まわせるべきとの結論に達し、当時、三十五歳のフォックス家の長女リア（図2・4）が、末の妹ケイトをニューヨーク州ロチェスターの自宅に連れて行くこととなった。
　だがそれも無駄だった。殺された行商人の霊はケイトについていき、その一方で、マギーだけが残ったデイヴィッドの家でも、別の霊たちが騒音をあげはじめた。のちに出版されたリアの自伝では、ロチェスターの家に移ってからのケイトのまわりで起こる霊現象が、明らかにハイズビルのころよりも強烈になったようすが記されている。たとえば、ケイトとリアの娘エリザベスがいっしょに庭へ出ていったあと、次のようなできごとが起こったとリアは述べている。

突然、まるでバケツのなかの凝固した牛乳が天井から降ってきて、窓の近くの床にぶちまけられたかのような、ものすごい音が聞こえてきました。その音はすさまじいだけでなく、まるですぐ近所で大きな大砲が発射されたかのように、窓や家全体を振動させるほどのものでした。[17]

図2.4　リア・アンダーヒル

　さらにリアが言うには、ほかにもさまざまな奇妙な現象がケイトのまわりで発生した。冷たい手が顔や体に触れたり、顔の上にマッチ箱が落ちたり、別の部屋のテーブルがあちこち動きまわったり、ドアが開いたり閉まったりした。[18]こうした現象が数週間続いたのち、リアは家を引っ越すことにした。幸いにも、新居に引っ越した当初は、夜になっても霊は騒ぎ出さなかった。だがその平穏も、母マーガレットに連れられて、マギーが新居を訪ねてくるまでの束の間のことだった。ケイトとマギーがいっしょになると、ふたたび霊の騒ぎがはじまったのだ。

翌日、リアはフォックス家の親しい友人だった若い男性カルヴィン・ブラウンに相談し、護衛役として新居に移り住んでもらった。だが、その日の夜もやはり霊は現れ、あたかも裸足で床を歩きまわっているかのような音を立てた。それでも、この日の霊には、十分なサービス精神があったと言うべきだろう。というのも、リアが「あなたはハイランド・フライング〔スコットランドの伝統的な古い踊りのこと〕を踊れる?」と尋ね、その歌を歌いだすと、なんと霊は音を立て、そのステップ音をみごとに再現したのである。[19]

こうしてロチェスターに移ってからも、マギーとケイトの周囲では、霊現象がやむことなく続いていった。しかしここで注目すべき点は、それと同時にこのころから、長女のリアによる仕切りのもと、家族以外の少人数のゲストを招いて、霊との交信のための集会が開かれるようになっていったことである。のちに「セアンス(séances 仏語で集まり、セッションのこと)」「スピリット・サークル(spirit circles)」「シッティング(sittings)」などと呼ばれ、アメリカ各地で大流行する、霊と交信する会合の最も初期のかたちは、ここからはじまったと言っていいだろう(以下、本書では、日本で広く定着している「交霊会」という語で呼ぶ)。

では、この最初期のフォックス姉妹による交霊会は、いったいどのようなものだったのか。その詳細を伝える当時の資料として、ニューヨーク州ウェストフォードの会衆派教会の牧師レミュエル・クラークが、一八四八年十一月一日に兄への手紙に記した体験談がある。この手紙をもとに、少々長くなるが、そのようすを紹介しておこう。[20]

同年六月、クラークは仕事での旅行の途中、ロチェスターに立ち寄り、フォックス家と親しいライマン・グレンジャーとその妻アデレードを訪問した。そのときすでにグレンジャー夫妻は、フォックス家の交霊会を通して亡くなった娘のハリエットの霊と接触しており、すっかり信奉者となっていた。だがクラークは、グレンジャー夫妻が語る霊との交信の話をにわかに信じる気になれなかった。夫妻は騙されているはずだ。交霊会を調査し、友人を「悪魔の罠」から救い出さねばならない。クラークはそう考えていた。

最初にクラークが参加した交霊会は、午後のまだ太陽の光が差し込むグレンジャー夫妻の応接室で開催された。ラップ音はすぐにはじまった。そして、それを起こしているのがハイズビルで殺された行商人の霊であることが、参加者からの質問とそのラップ音による返答によって確認された。さらに誰も手を触れていないテーブルが、まるで人間の力によって押されたかのように、クラークのほうに向かって移動してきた。クラークは左手で前方へ押し出そうとしたが、それは抵抗した。だが、クラークが動きを命じると、まさに言われたままテーブルは動いた。クラークの観察によれば、テーブルはカーペットの上に置かれていて、その脚にローラーのようなものはついていなかった。また、テーブルに取りつけられた機械類やワイヤーもなく、クラークはそこにトリックの仕掛けを見つけることはできなかった。

不可解なテーブルの移動のあと、今度はグレンジャー夫妻の亡くなった娘ハリエットの霊との交信がはじまった。そしてグレンジャーが、娘ハリエットの霊とひとしきりラップ音による会話を済ませると、さらにクラークがいくつかの質問を試みた。

「ハリエット、あなたはわたしのことを知っていますか？」……ラップ音
「あなたは幸せですか？」……ラップ音
「あなたはイエス・キリストを見たことがありますか？」……ラップ音
「では、使徒たちは？」……ラップ音
「あなたは栄光に包まれたすべての聖者たちに会いましたか？」……ラップ音なし
「あなたは天国にいるのですか？」……ラップ音

こうした交霊会での一連の現象を前に、クラークはいかなるトリックも見つけられなかった。彼の懐疑は宙づりのまま、夕方五時少し過ぎに、その場をあとにするしかなかった。

翌日クラークは、リアの家でおこなわれた交霊会にふたたび参加した。この日の霊は沈黙を守った。しばらくするとリアは、霊が発現しない原因を自分の娘のエリザベスのせいだと断言し、クラークが困惑するほどの残酷

さで彼女を責めはじめた。

「あなたがこの沈黙の原因なのよ。ほんとうに悪い子ね。あなたが霊を悲しませたのよ」……すると肯定のラップ音が鳴った。

参加者の二、三人がすぐに叫んだ。「霊よ、エリザベスが悪いのか？」……またしても肯定のラップ音。

「どうすることもできないわ」と言って、エリザベスはすすり泣きはじめた。「思ったことを言っているだけよ。仮にわたしのせいだとしても、どうすることもできないわ」

リアは涙を流すエリザベスを厳しく叱責した。

「何かできることがあるでしょ。あなたは懺悔して許しを請《こ》わなければならないのよ」……ラップ音がふたたび部屋に鳴り響いた。

こうしたリアからの執拗な攻撃が続いたあと、ついにエリザベスは跪《ひざまず》き、しくしくと泣きながら霊に向かって謝罪をした。さまざまな奇妙な現象が起きはじめたのはそのあとだった。テーブルの下からは、板をのこぎりで切断するのに似た音が聞こえてきた。また、エリザベスの椅子の脚からは、新しくニスを塗られた柱をきつく握りしめながら手をすべらせることによって作られる音に似たような音が聞こえてきた。テーブルの蝶番《ちょうつがい》の下からは、ラップ音が聞こえてきた。テーブルは移動し、霊の手が参加者たちの体に触れ、服や足を引っ張った。

クラークの最後の訪問となった翌日、彼はリアにピアノを弾くように頼んだ。すると、リアが歌いながら弾くピアノの調べに合わせてラップ音が鳴り響いた。感動的なまでのみごとな合奏だった。さらにその夜、グレンジャー家の応接室でクラークとライマン・グレンジャーのふたりは、跪き、祈りを捧げた。牧師のクラークは自分の言葉に続くようグレンジャーに言った。グレンジャーが厳《おごそ》かに祈りの言葉をくり返すと、部屋の四つの窓の外から、それに調子を合わせた穏やかなラップ音が聞こえてきた。窓を覆うカーテンなどの視界を遮るものもなく、窓は地上から少なくとも三メートルの高さにあったにもかかわらずだ。

この信じられないような体験談を残したクラークの観察眼をどれだけ信頼できるかはともかく、この時期、同様の現象を目の当たりにして、霊との交信を真実だと受け入れていった人が、ひとりまたひとりと増えていったことは確かである。実際、同年の夏になると、その熱心な信奉者になった人々によって、姉妹を囲む定期的な交霊会が開催されるようになる。

リフォーマーたちに広まる霊との交信

この時期のフォックス姉妹を取り巻く交霊会において、いち早くその中心的な役割を担ったのは熱心なクエーカーであり、また奴隷制廃止と妊娠中絶の権利を訴える活動家として歴史に名を残している、アイザック・ポストとその妻エイミーだった。このあとで見ていくように、初期のフォックス姉妹の交霊会の話題は、ポスト夫妻の人脈を通じて、当時の敬虔なクエーカーやラディカルなリフォーマー（社会改革を志す人々）たちのあいだに広がっていく。

じつのところ、ポスト夫妻とフォックス家は旧知の仲だった。というのも、かつてコーンヒルにあったポスト夫妻の家を、フォックス家が借りて住んでいたからである。ハイズビルでの霊の騒ぎの噂を耳にした当初のアイザックは、ほとんど興味を惹かれることもなかったが、のちにそれが自分のよく知っているフォックス家で起こったできごとだと知ったとき、彼はそれを無視していられなくなった。その後、リアの家を訪ねたアイザックは、姉妹たちのまわりではっきりと鳴り響くラップ音を直《じか》に耳にしたことにより、すぐにその真実を受け入れた。マギーとケイトが仲介役となり、ラップ音を通して死者の霊との交信が可能になる。そう確信したポスト夫妻は、霊からのさらなるメッセージを求め、少人数で姉妹を囲み、週一回の交霊会を開催するようになった。

ここでふたたび注目すべきは、ポスト夫妻による定期的な交霊会が開かれるようになってからは、もはやことの発端となった行商人の悲劇的な死の物語は次第に忘れ去られ、愛する故人とのラップ音を介しての心温まる交流こそがその集いの目的となっていったことである。実際、ポスト夫妻自身が交霊会に求めていたものも、数年前に亡くした幼い娘マチルダとの交信だった。死はすべての終わりではない。あの世では愛する人との再会が待っている。交霊会に足を運んだ人々は、そんな希望への確証が得られることを信じて、応接室に鳴り響くラップ音に耳を澄ませるようになっていたのだ。

ところで、ポスト夫妻が霊との交信に傾倒していった要因のひとつには、彼らが熱心なクエーカーとして強い宗教的信条を持っていたこととも、けっして無関係ではなかったように思われる。そもそもクエーカーの教えでは、一人ひとりの人間のなかに「内なる光」が存在し、それによって誰もが神からの啓示を直接受け取れると考えられていた。しかし十七世紀半ばのクエーカリズムの誕生以来、この「内なる光」の教えは、聖書に書かれたことを絶対的な拠りどころとする福音主義的な神学と対立するものとして、その内部に矛盾と緊張関係を作り出す要因でもあり続けた。そして十八世紀末から十九世紀に入るころになると、それは「福音的友会徒」と「神秘的あるいは預言者的友会徒」のあいだの対立というかたちで表面化していく[21]（友会徒とは、クエーカー〔正式名称：キリスト友会〕の信徒のこと）。その結果、クエーカー内部の分裂が起こり、エイミー・ポストのいとこのエリアス・ヒックスが、離反していくグループを率いることになった。ヒックスに従った人々は、当時のクエーカーの体制があまりにも形式的で権威的になってしまっているため、本来のクエーカーの教えであるはずの「内なる光」の導きに従う自由が個人に与えられていないと考えた。一八二七年、奴隷制度と福音主義への強い反対者でもあったヒックスは、クエーカリズムの改革派として正統派《オーソドクス》からの分派を創設した。だがそののち、ヒックス派自体もさらに分裂していく。それはヒックスが、クエーカー以外の人々によるリフォーム・ムーヴメントとの連携を禁じたことによる。そのことに不満を持った人々が、さらにヒックス派から離れて、よりラディカルな分派（分離派クエーカー）を形成していく。当初はヒックス派に加わっていたポスト夫妻だったが、奴隷制度廃止運動に積極的に参与すべく、一八四八年に新たに設立された「会衆派友会（Congregational Friends）」に加わった。霊と交信するフォックス姉妹の存在がロチェスターで知られるようになるのは、会衆派友会が結成されたわずか数か月後のことだった。「内なる光」にもとづく啓示を強く求めたクエーカー分派にとって、交霊会での霊との交信を真実として受け入れるためのハードルは、もともと低かったように思われる。実際、フォックス姉妹の話題は、ポスト夫妻による庇護の下で開催された交霊会に参加した人々から親族や友人を通じたネットワークで、ロングアイランド、ナンタケット島、フィラデルフィアといったニューヨーク州近隣のラディカルなクエーカーのコミュニティに素早く広がっていった。[22]

さらに言えば、ポスト夫妻を発信源とするスピリチュアリズムは、奴隷制度廃止や女性解放運動に専心する当時の傑出したリフォーマーたちの興味を惹きつけることでも拡大していった。そもそもフォックス姉妹が交霊会を開催したロチェスターのソフィア・ストリート三六番地にあるポスト夫妻の家は、すでに一八四〇年代初頭あたりから、ウィリアム・ロイド・ギャリソン、フレデリック・ダグラス、スーザン・B・アンソニー、ソジャーナ・トゥルースなどの当時の傑出したリフォーマーたちが集まるミーティングの場でもあり、また、南部の奴隷たちを北部地方やカナダへと逃亡させる援助を目的とした反奴隷制度の地下組織、すなわち「アンダーグラウンド・レイルロード」の拠点でもあった。さらにエイミー・ポストは、ちょうど同年の七月十九日にニューヨーク州北部の町セネカ・フォールズで開催された世界初の女性の権利に関する集会に参加し、みずから演壇にも上がるなど、その運動のリーダー的存在のひとりだった。今日、セネカ・フォールズの集会は、アメリカにおける女性の権利運動あるいはフェミニズム（当時はまだ「フェミニズム」という言葉自体はなかった）誕生の地と言われている。この歴史的事件の真只中で、まさにそれと並行して開催されていたフォックス姉妹の交霊会は、ポスト夫妻の人脈の輪を介し、ニューヨーク州北部のリフォーマーたちのあいだでも広く知られていった。[23]

ただし、ポスト夫妻のネットワークを通じて、フォックス姉妹の交霊会を知ることとなったクエーカーやリフォーマーのすべてが、すぐにその信奉者になったわけではない。そこには、好奇心に導かれながらもきわめて懐疑的な態度で参加した人々もいた。だが、その冷ややかな疑いのまなざしも、すべてとは言わないまでもほとんどの場合、説明のつかない現象を前にして、最後にはその目を大きく見開かれるのが常だった。ポスト夫妻と同じく会衆派友会に所属していたイライアブ・ウィルキンソン・キャプロンもそのひとりである。[24]のちに出版されたキャプロンの著書『モダン・スピリチュアリズム』のなかで、本人自身が語っている懐疑から確信へと変わっていったそのときの体験は、当時、もともと疑り深いタイプの人がいかにして回心に向かっていったかを教えてくれる興味深い例となっている。また、その過程で、キャプロンはただ受動的にその現象を受け入れるのではなく、納得のできる経験的証拠を求めていくつかのテストをしているが、それはのちに、より本格的な方法で実施されるようになる交霊会の調査の、最初の試みだったとも言える。

一八四八年十一月、キャプロンは友人のジョン・ケズィーから誘われ、フォックス姉妹の交霊会に参加するため、ニューヨーク州オーバーンからロチェスターへ向かった。霊との交信の噂をまったく信じる気になれなかったキャプロンの当初の目的は、そこに隠されているトリックを見破ることだった。だが、キャプロンは最初の訪問から難問に直面する。というのも、彼の尋ねた質問に対して、ラップ音の返答は正確だったのである。それもふつうに声に出して尋ねた質問に対してだけではない。ポケットから取り出したメモ帳に書いただけの質問に対してさえ、正確なラップ音が鳴った。キャプロンいわく「その質問の中身は誰も見ることができなかった」はずにもかかわらず。さらにキャプロンはメモ帳を脇によけ、質問を口に出さず心のなかで唱えた。信じがたいことに、それに対してもラップ音は正確に答えてきた。

二回目の訪問の際、キャプロンは別の方法を用意した。テーブルの上のバスケットのなかから小さな貝殻をいくつか取り出す。手を閉じたまま、それらを見えないところに置く。そして、そこにある貝殻の数だけラップ音で答えるようにと霊に尋ねた。結果は正解。次にキャプロンは、自分でもいくつ手にしたかわからないようにして、貝殻をひとつかみする。それでもラップ音は正しい数を返してきた。こうした実験は何回も続けられたが、「正解ばかりで、まったく失敗することはなかった」[25]。

このロチェスターでの交霊会の結果は、キャプロンを当惑させた。さらに調査を続けるべくキャプロンは、その翌年の一八四九年夏の終わりごろ、家族と住んでいたオーバーンの自宅にフォックス家の末娘ケイトをしばらく滞在させた。キャプロンによれば、そこで数週間、「思いつくかぎりのあらゆる方法」でケイトを検査したが、そこにはいかなるトリックも見つけられなかった。しかもキャプロンの家に滞在していたころのケイトの交霊会では、単にラップ音が聞こえてくるだけでなく、離れた場所にあるギターが演奏されたり、本や紙が部屋のさまざまな場所へ移動したり、霊の手が参加者の体に触れるなど、じつに驚くべき多様な現象が起こった。[26] たとえば、同年十月二十日の交霊会で起こった現象を、キャプロンは次のように記録している。

ハンマーで打ったようなものすごく大きな音が、壁、化粧ダンス、テーブル、床、そのほかの場所で聞こえた。テーブルが部屋のあちらこちらを動きまわり、ひっくり返ったり、元に戻ったりした。参加者のふたりの男が椅子を押さえつけたが、霊はそれを動かした。彼らがありったけの力で押さえつけたにもかかわらず、椅子をじっとさせておけなかった。何人かの婦人のアップされた髪につけられていた櫛が抜け、別の女性の頭に移動し、そして最終的に、元の持ち主のところへ戻された。[27]

こうした現象をいったいどのように理解すればいいのか？ 仮にそこに、人の目を欺く巧妙なトリックがあったとしよう。だとしても、一連のできごとに対して共謀の疑いを投げかけることのできるフォックス家の人々からは遠く離れた場所で、十二歳の幼い少女が、いかにしてそれを成し得たというのか。しかもたったひとりで。いずれにしてもキャプロン本人は、これらの常識では説明のつかない不可解な現象を前に、ついにそれらが人間の力を超えたものだと確信せざるを得なくなった。以後、キャプロンはフォックス姉妹の熱心なサポーターに加わり、スピリチュアリズム・ムーヴメント揺籃《ようらん》期における最も精力的なスポークスマンのひとりとして大いに活躍する。

かくしてフォックス姉妹は、クエーカーやリフォーマーたちのあいだから、着実に信奉者の数を増やしていった。だが、彼女たちの名前がより広く大衆に知れ渡るようになるには、もっと大きな話題となるできごとが必要だった。次に見るように、ハイズビルでの最初の霊の騒ぎから二年と七か月あまりが過ぎたころ、大規模な公開交霊会が開催されることになった。

公共の場での交霊会へ

午後七時開場　七時半開演　入場料二五セント
なお五〇セントで紳士一名と婦人二名が入場可[28]

一八四九年十一月十三日火曜日。フォックス姉妹による公共の場で催される初の交霊会の前日、その告知が『デイリー・アドバタイザー』紙に掲載された。会場は一一〇〇から一二〇〇人ほどが着席可能な、ロチェスターで最大の劇場コリンシアン・ホール。

この大規模な交霊会の計画は一八四九年の秋ごろから、霊たちがより大きな場所、より多くの人の集まる場所で、自分たちの存在を示すようにと要求し続けるようになったのを契機にはじまった。コリンシアン・ホールを選んだのも、町の最も大きなホールを借りるようにとの霊からの命に従った結果だった。いうならば、霊たちがプライベートな応接室での交霊会から、より大きな公共の表舞台へ向かうことで、この世での大胆な社会進出を目論みはじめたかのようだった。[29]

翌日、十四日水曜日の夜。およそ四〇〇人が会場に集まった。開演にあたってイライアブ・W・キャプロンは、ハイズビルからはじまった現象が、いままでいかに発展してきたかについてを簡潔に説明した。その後、マギーとリアは、ポスト夫妻をはじめ数名のサポーターをともなって舞台に上がった。幼いケイトは参加しなかった。単なる好奇心で、もしくは詐欺を暴露せんとして、離別した人の霊からのメッセージを求めてなど、さまざまな思惑で集まった人々が見守るなか、かつてない大規模な交霊会がはじまった。

結果はどうだったのか。初日のデモンストレーションはみごとな成功だった。その夜、大勢の観衆が見守るなか、説明することのできない音が鳴り響いた。詐欺だと思い込んでいた『ロチェスター・デイリー・デモクラット』紙は、前もって酷評の記事を準備していたが、結果的にそれを引き下げざるを得なかった。

翌日、夜までのあいだ、観衆から選ばれた五人のメンバーによって、マギーがおこなう霊との交信の真偽を見極めるための調査が、午前中はサンズ・オブ・テンペランス・ホールで、さらに午後はアイザック・ポストの家で、リアに付き添われながらおこなわれた。その結果は、コリンシアン・ホールでの二晩目の夜、調査委員会を率いた観衆のひとり、ナサニエル・クラークによって次のように発表された。

ふたりの淑女が立っている場所の近くの床で聞こえた音は、ほかの場所でも同様にはっきりと聞こえました。委員会の一部の人間は、背後の壁にもラップする音を聞きました。尋ねられた多くの質問に対しても答えが与えられましたが、それはすべて正しくもなく、すべてまちがっていたわけでもありませんでした。午後、市民の個人宅に行きましたが、明らかに正面玄関の外から音は聞こえてきました。また、家に入ってからも、クローゼットの扉から音が聞こえてきました。ラップ音が聞こえていたとき、扉の表面に手を当てると、そこにははっきりとした振動が感じられました。委員会のひとりが片手をご婦人方の足の上に、そしてもう一方の手を床の上に置き、彼女たちの足が動いていないことを確認しているにもかかわらず、床にははっきりとした振動を感じました。〔中略〕ご婦人方を別々にしたとき、音は聞こえてきませんでしたが、第三者の人間がふたりのあいだに入ると音が聞こえてきました。ご婦人方は委員会に対して、原因を調査するためのあらゆる機会を完璧に与えてくれたと言っていいでしょう。〔中略〕委員会の人すべてが音を聞いたことに同意していますが、その音を鳴らすことを可能にした手段をなんら発見することはできませんでした。[30]

五人の男が丸一日をかけた調査にもかかわらず、トリックを暴けなかったというこの事実は、いったい何を意味しているのだろう。彼女たちのまわりで起こる現象は、本当に霊によるものなのか。あるいは熟練した奇術師のように人を欺く巧妙なテクニックを、彼女たちが持っていたということなのか。いずれにせよその報告は、霊現象を最初から無条件で信じている人々とは異なり、最初から詐欺を暴くことを期待していた人たちにとっては当惑させられる結果だった。即刻、別のメンバーから成る委員会が結成され、再調査が要求された。結果、かつてニューヨーク州最高裁判事を務め、のちにジェネシー大学（シラキュース大学の前身）の法学教授となるフレデリック・ウィットルシーや医師のH・H・ラングワージーなど、いずれも社会的地位の高い五人の人物による新たな委員会が結成された。

翌日の十一月十六日金曜日、調査はウィットルシーのオフィスでおこなわれた。今回の調査はかなり手荒なものだった。男性の委員会のメンバーたちは、姉妹の詐欺的行為を防ぐため、彼女たちの足を間近で観察し、しっかりと押さえつけられるようテーブルの上に乗せさせた。また、ラングワージーの言いかたによれば「紳士の言葉では言い表せない」箇所で、彼女たちのドレスのまわりを紐で結んだ。当事者のリアが言うには、それらは「ひどい侮辱で暴力的」とさえ感じられるものだった。さらにラングワージーは、リアとマギーの胸に聴診器を当て、肺の動きを観察することで、腹話術の可能性を封じた。[31]

その夜、コリンシアン・ホールに集まった人々のあいだにまた動揺が走った。結論を言えば、二度目の調査でもトリックを見つけられなかったのだ。はなから詐欺行為を暴露せんと参加していた一部の観衆は、当然のことながら納得しなかった。さらにウィットルシーがフォックス姉妹側に加担していたのではないかとの嫌疑もあがったため、またしても新たな委員会が結成されることになった。[32]

二回の失敗を前に、第三の委員会のメンバーたちによるトリックを暴くことへの意気込みは、これまで以上に激しくなった。フォックス姉妹の詐欺を明かせなかった場合は、自分のお気に入りのビーバー・ハット（シルクハットの元になった、ビーバーの毛皮で作られた帽子）を犠牲にする。メンバーのひとりとなったウォーレン・L・バーティスはそう誓った。また、レナード・ケニヨンという人物も、暴露に失敗した場合は、近くを流れるジェネシー川へ飛び込むとまで宣言した。こうして最後の委員会は、絶対的な懐疑派を自任する人々によって構成された。

第三の調査は、翌日の十一月十七日土曜日、ジャスティン・ゲイツ医師の診療室でおこなわれた。リアとマギーの衣服の裾は足首に強く結んだハンカチーフでとめられた。そしてふたりは羽毛の枕の上に立たされた。こうして彼女たちの足によって音が作られることは、事実上不可能になったと思われた。それにもかかわらず、壁と床から音は聞こえてきた。また、電気によって音が作られる可能性を封じるために、彼女たちはガラスの板の上にも立たされたが、やはり音は鳴った。あらゆる質問（口頭のもの、紙に書いたもの、心のなかで唱えたもの）に対するその答えも、概ね正確だった。五人の男性から成る委員会以外にも、今回は三人の女性が援助に加わっていた。彼女たちは、別室でマギーとリアの服を脱がせて検査する役割だった。辱めを受け、涙を流しながらも姉妹は検査に耐えた。しかし彼女たちのすすり泣きが頂点に達したとき、エイミー・ポストが部屋に駆け込み、エスカレートしていくその検査を中止させた。

コリンシアン・ホールでの最後の夜、会場は一時間以上も前から、ほぼ満員に埋め尽くされた。結局のところ委員会は、事実上の敗北宣言をせざるを得なかった。今回の調査に加わった三人の女性は署名入りの陳述書に、「彼女たちがドレスの裾のあたりをハンカチーフでしばられ、足首を押さえられて枕の上に立っていたときも、わたしたち全員が、壁や床に明らかなラップ音を聞きました」と述べている[33]。

絶対にトリックを見破らんとする自信と意気込み、そしてあらゆる策を講じたにもかかわらず、今回の委員会のメンバーも、いかにして姉妹がラップ音を作り出しているのかは解明できなかった。かくしてリアとマギーは、詐欺を暴かんとする三日間にわたった精査を乗り越え、ついにその勝利をおさめるに至った。だが、頑迷な反スピリチュアリズムの闘士たちはその結果に納得しなかった。ロチェスターの資産家の息子ジョサイア・W・ビッセルと彼の仲間たちは、あらかじめ準備していた妨害工作を決行した。点火された火薬の爆発音がホールの四方八方から鳴り響くなか、ビッセル一派はステージに乱入した。姉妹は警察の護衛のもと、ホールの外に退場するという顚末となった。

こうしたコリンシアン・ホールにおける三日間のイベントの模様は、ロチェスターの『イブニング・ニュース』『アドバタイザー』『アドベント・ハービンジャー』、そしてフォックス姉妹のサポーターであるキャプロンとジョージ・ウィレッツが書いた記事を掲載した『ニューヨーク・デイリー・トリビューン』等、多くの新聞で報じられた[34]。ただし、キャプロンとウィレッツによるものをのぞく、その他の記事のほとんどは、トリックが暴露されなかったにもかかわらず、嘲りを込めた論調を隠そうとしなかった。だが、それが支持あるいは批判のいずれであれ、マスコミの報道の力は、ロチェスターから遠方に住む多くの人々に今回のイベントを知らせ、そこで何が起こっているのか、真実はどうなのかと、その好奇心を大いに掻き立てた。

キャプロンは自著で、コリンシアン・ホールでの一連のできごとについての文章を、次のような言葉で締め括っている。「公共の調査が終わったその日から、その興奮は大きなものとなっていった。それは報道機関によって、合衆国の一方の端から他方の端まで広がっていき、すぐに大西洋の反対側から反響が返ってきた。新聞の大部分は、詐欺としてそれを嘲り、詐欺師としてミディアム〔霊との交信者〕たちを非難した。だが、ボールは動き出していた。そして敵対と中傷は、その前進を止められなくなったのである[35]」

ニューヨークのセレブリティとなったフォックス姉妹

現代の反スピリチュアリズム的な立場をとる本には、フォックス姉妹による霊との交信が、あっけなく詐欺と見破られる類《たぐ》いのものだったかのように書かれていることが多いが、コリンシアン・ホールの一件からも明らかなように、実際にはまったくそうではなかった。その真実がいかなるものであったにせよ、歴史的事実としては、ハイズビルで最初に起こった騒動から三年目に入ってもなお、いまだ誰も詐欺の決定的な証拠を見つけ出せないままだった。

コリンシアン・ホール後の一八四九年から翌年にかけての冬のあいだ、フォックス姉妹が公のステージに上がることはなかった。だが、ケイトがオーバーンのキャプロンの家からロチェスターに戻り、三姉妹の交霊会が再開されると、新聞での報道や直接的な伝聞によって興味を抱いた大勢の人々が、すぐにリアの小さな家に次から次へとつめかけてきた。このころから彼女たちは、一定の額が決まっていたわけではないものの、いくばくかのお金を受け取りはじめた。すなわち、霊との交信者として、プロフェッショナルの道を本格的に歩みはじめたのである。[36]

一八五〇年の春になると、フォックス姉妹はバン・ヴェクテン・ホールでの大きなイベントを開催するため、ニューヨーク州オールバニーへ向かった。そして宿泊先のデラヴァン・ホテルの豪華なスイートルームでの交霊会により、彼女たちは週一五〇ドルほどの収入を得るようになった。ちなみに一回の料金は、公共の交霊会でひとり一ドル、プライベート・セッションでは五ドルが定額だった。[37] さらに六月には、途中トロイに立ち寄り、四日にはニューヨークへ到着。バーナムズ・ホテルのスイートに滞在しながら、午前十時から十二時、午後三時から五時、八時から十時と一日三回、三〇人ほどの参加者を集めたグループ・セッション、なおかつ、そのあいだにもプライベート・セッションをおこなった。そこまで詰まった日程をこなしてもなお足りないほど、霊との交信を求めて、彼女たちのもとに集まってくる人々はあとを絶たなかった。[38]

当時の有名なエピソードとして、ルーファス・ウィルモット・グリズウォルドの家に招かれて開催された交霊会がある。その参加者の顔ぶれを見れば、この当時のフォックス姉妹が、ニューヨークの知識人層にまで届くほどの話題になっていたことがわかる。主催者のグリズウォルドは、『アメリカの詩人と詩（*The Poets and Poetry of America*）』を編纂したことでも知られる著名な編集者で文芸批評家であり、集まった人々は次のとおり。前章で述べたフーリエ主義者ジョージ・リプリー、『レザーストッキング物語（*Leatherstocking Tales*）』などの作者として知られる小説家ジェイムズ・フェニモア・クーパー、第十七代合衆国海軍長官であり歴史家でもあるジョージ・バンクロフト、ファッショナブルな都会生活を提案する雑誌『ホーム・ジャーナル』の編集者であり作家のナサニエル・パーカー・ウィリス、『イタリアン・スケッチブック（*The Italian Sketch-book*）』などの著者ヘンリー・シオドア・タッカーマン、監督教会派（聖公会）の牧師であり著述家のフランシス・リスター・ホークス、『ニューヨーク・イブニング・ポスト』（現『ニューヨーク・ポスト』）紙の編集者であり詩人のウィリアム・カレン・ブライアント、同紙編集者で法律家のジョン・ビゲロー、医師ジョン・W・フランシスらである。

では、こうした人々を前にした交霊会で、フォックス姉妹はどのようなパフォーマンスを発揮したのか。一八五〇年六月八日の『ニューヨーク・デイリー・トリビューン』紙に掲載された、ジョージ・リプリーの書いた記事をもとに、このときの模様をおおまかに紹介しておこう。

リア、マギー、ケイトの姉妹たちの到着後、一時間を少し過ぎても、いまだ音は何も聞こえなかった。参加者たちが苛立《いらだ》ちの兆候を示しはじめたころ、彼らはフォックス姉妹の前にあるテーブルのそばへ、さらに近づくように求められた。するとすぐにかすかな音が床の下、テーブルのまわり、そして部屋の異なる場所から聞こえはじめ、音の大きさと頻度は次第に増していった。リプリーが言うには、「それはきわめて明瞭だったため、誰もがその存在を否定できなかったし、目に見える原因にそれらをたどることもできなかった」。

その後、参加者たちは霊に対していくつかの質問を試みた。「ノー」は沈黙、「イエス」は二回、ないしは三回のラップで示された。理由は明かされなかったが、ウィリス、リプリー、ブライアントの質問に対して答えることを霊は拒絶した。そのほかの参加者の質問に対する答えは、その質問者によって、ほぼ正確である場合もあれば、ほとんど外れていることもあった。最も正確な答えが返ってきたのは、ジェイムズ・フェニモア・クーパーによる質問だった。

彼は死んだ妹に関することを尋ねてみた。彼女が死んだのは何年前か？　それに対してラップ音が答えた。だが、そのテンポがあまりにも速かったため、それを数えるのは容易ではなかった。「四五」「四九」「四四」など、参加者たちによるカウントは一致しなかった。もっとゆっくり鳴らすことに霊が同意し、ふたたびラップ音がはじまった。結果、ラップ音が示したクーパーの妹の死は五〇年前。みごと、正解だった。

さらにクーパーはその死因についても質問した。雷に打たれて？　銃で撃たれて？　海で溺れて？　馬車から落ちて？　馬に投げ落とされて？　最後の問いに肯定のラップ音が鳴った。これも正解だった。

その後、参加者たちの指示で、フォックス姉妹は座っていたソファから離れ、部屋の別の場所で立っていることになった。フォックス姉妹はドアから離れ、参加者たちは同時にドアの外側と内側に立つかたちになった。しかし、開け放しにされた状態のドアから、ノックする音が聞こえてきた。羽目板の振動がそれに触れた全員によって感じられた。続いて、フォックス姉妹は参加者にともなわれて、階下にある応接室に移動した。そこでもなお、まるで暖炉の前の厚い敷物、または部屋の別の場所から伝わってきているような振動がソファに感じられた。この件に関してリプリーは、明確な結論を出すことを控えるとともに、次のような問いかけを残した。

以上のような状況が、われわれが思い出す、その夜に起こったできごとの最も重要な事実である。それらは参加したすべての人の前に現れたものとして、われわれはなんら脚色なしに状況を述べていると確信している。しかしそれらの原因、あるいは本質に関しては、読者と同様に、われわれにもなんらわかっていない。仮にラップ音が彼女たちの活動によるものでないのであれば、死者の霊が作っていた音なのだろうか？[39]

図2.5　ホーレス・グリーリー

フォックス姉妹のニューヨーク到着からわずか四日後の『ニューヨーク・デイリー・トリビューン』紙に掲載されたこのリプリーの記事が、さらに彼女たちの名を当地で広くプロモーションするのに大いに資するものであったことは言うまでもない。

また、『ニューヨーク・デイリー・トリビューン』紙の創始者でもあるホーレス・グリーリー（図2・5）も、八月十日の同紙において、フォックス姉妹への積極的な支持の声明を発表した。そこでグリーリーは、まずこれまでのフォックス姉妹をめぐる状況がどのようなものであったかを、次のように読者に思い起こさせた。そもそも彼女たちは、すでに数百人の市民によって考えつくあらゆるテストに晒《さら》されている。彼女たちの部屋は徹底的に調べられ、しかも衣服まで脱がされ、不正の可能性を何度となく検査されている。また、彼女たちのまわりで起こるラップ音は、彼女たちのホテルのなかだけでなく、多くのニューヨーカーの家でも起こっている。したがって、ラップ音の原因がいかなるものであったとしても、それを作り出しているのが彼女たちのトリックだとは考えられない。彼女たちの品行と振る舞いからしても、詐欺師のそれとはまったく異なる。そしてグリーリーは次のように結論づける。

彼女たちのことを知れば、大胆不敵で不遜な恥ずべきトリックの可能性を信じる人などいないはずだ。そのようなトリックが、公衆の面前でここまでの長きにわたり持ちこたえることは不可能である。[40]

念のために付け加えておくと、グリーリーは霊との交信が事実だと認めたわけではない。交霊会に参加した結果、グリーリーが認めたのは、フォックス姉妹のまわりで起こるラップ音の原因が説明できないこと、それがしばしば驚くべき正確な情報をもたらすことがあること、そしてそれが彼女たちの詐欺ではあり得ないということであり、それが実際に霊によるものだという確信を持ったわけではなかった。[41]

こうしたニューヨークの新聞での報道を通じ、さらにその名を高めていったフォックス姉妹に対して、批判の声ももちろん多数あがっていた。たとえば、スタンリー・グライムズ（かつてポキプシーでアンドルー・ジャクソン・デイヴィスを磁化しようとしたフレノメスメリスト）は、フォックス姉妹の交霊会に参加したあと、『ニューヨーク・デイリー・トリビューン』紙に寄稿した記事で、彼女たちをフレノロジー的観点から次のように評した。頭蓋の形状からすると、マギーとケイトに「パフォーマンスの主役を務める能力」などほとんどない。また、「男性的で精力的な気質」のリアは、「度胸があり、ずる賢さと疑い深さ」を持ち、「スピリチュアリティへの傾向を示すふつうに仮定されている特定の特質や発達」が欠如している。[42] また、グライムズは、彼の心のなかで唱えた四つの質問への答えがいずれもまちがっていたことから、ラップ音の原因が霊にあることを否定した。それは超自然的なものではなく、単に姉妹たちのスカートの下に隠されているなんらかの装置で作り出されているはずだ。そうグライムズは主張した。[43]

ただし、グライムズがいかにフォックス姉妹への批判の言葉を投げつけようとも、実際に彼が詐欺の証拠を完全につかんでいたわけではなかった。また、これまで誰かによって、彼女たちのスカートの下からなんらかの機械装置が引っ張り出されたこともない。すなわち、グライムズだけではなく、当時のフォックス姉妹を批判しようとする者は、詐欺の決定的な証拠がいまだ見つからないまま、憶測による疑いと中傷をくり返し述べるしかなかった。[44]

ラップ音は詐欺だと疑っていた人でさえ、そのトリックを見つけられなかったことは、ニューヨークの政治組織エンパイア・クラブの創設者アイザイア・ラインダースによる七月十二日の『ニューヨーク・ヘラルド』紙（その後一九二四年に『ニューヨーク・トリビューン』と合併し、『ニューヨーク・ヘラルド・トリビューン』となる）への寄稿からも明らかである。ラインダースは、フォックス姉妹の交霊会に数回参加したあとも、それがフォックス姉妹の詐欺だという考えを捨てなかったものの、実際のトリックはまったく見破れなかった。だが、ラインダースの場合は、フォックス姉妹を非難することはなく、それを手品のようなある種のエンターテインメントとして楽しんでいた。ラインダースは次のように述べている。

もし彼女たちがあなたがたを騙すとしたら、それを彼女らはこのうえなく愉快で好ましいやりかたでそうするだろう。そして、それを見破り挫折させようとするあらゆる試みが当惑させられるなか、そのすぐれた手際を目撃すること、またそれとともに偏見のない精神を持つすべての人に感動を与えることに対して、一ドルどころか五ドルは払う価値があるだろう。[45]

八月の半ば、マギーとリアがロチェスターに戻ったあと、ケイトだけはニューヨークに残った。このケイトの単独でのニューヨーク滞在は、姉妹たちへの支持を『ニューヨーク・デイリー・トリビューン』紙で表明した前述のグリーリーからの申し出によるものだった。リアの自伝によれば、ケイトがニューヨークに残ったのは、グリーリーがいまだ幼い彼女のことを第二のマーガレット・フラーになり得ると期待して、一級の教育を受けさせようとしたからだ[46]（トランセンデンタリストで女性の権利運動の唱道者であるマーガレット・フラーは、一八四四年から一八四五年のあいだグリーリー家に滞在し、『ニューヨーク・デイリー・トリビューン』紙にも記事を書いていた。だが、一八五〇年夏、フラーは取材先のイタリアからの帰国の途上、船の難破によって命を落としている。ケイトの教育を引き受けようとグリーリーが申し出たのは、ちょうどそのできごとの直後で、彼が大きく心を痛めていたときだった）。

グリーリー家に滞在することになったケイトは、ほんの三年前のハイズビルにいたころには思いもよらなかった華やかな世界への入り口を垣間見ることができた。同年九月には、ちょうどアメリカを訪問していたオペラ歌手ジェニー・リンドが、グリーリー家までわざわざ足を運び、ケイトの交霊会に参加した。「スウェーデンの小夜啼鳥《ナイチンゲール》」と称され、その美しいソプラノで合衆国の人々を虜《とりこ》にしたセレブリティが、ラップ音に耳を傾けることを望んでのことだった。[47]

かくしてニューヨークに賛否両論の渦を巻き起こしながら、順調にその名を世間に知らしめていったフォックス姉妹だったが、そのすぐ先には前途を遮《さえぎ》ろうとする逆風も待ち構えていた。その凱旋の翌年、最大の試練となる懐疑派からの強力な批判が、フォックス姉妹に突きつけられる。[48]

ラップ音の調査とトリックの暴露

『十九世紀レヴュー』などの定期刊行物の創始者であり、元ユニヴァーサリストの牧師チャールズ・チョーンシー・バーは、一八五一年の年明けと同時にフォックス姉妹への攻撃を開始した。ちなみに、熱心なメスメリストであったバーは、その実演のために各地を巡業していたが、ロチェスターのコリンシアン・ホールでのフォックス姉妹の公開交霊会の前月、同じ場所でメスメリズムの実演をおこなっている。[49]また、小説家・詩人のエドガー・アラン・ポーの親しい友人でもあったバーは、みずからをメスメライズすることによって書いたいくつかの詩を、前章で触れたアンドルー・ジャクソン・デイヴィスの支持者たちによる定期刊行物『ユニヴェルコエラムと霊的哲学者』に寄稿している。[50]

バーによると、当初、ロチェスターでの霊との交信の話題を耳にした時点では、まだ半信半疑の状態だった。だが交霊会参加後、彼の死んだ兄弟と称する霊とのコンタクトを経験することで、むしろ強い不信感が育っていった。というのも、バーいわく「暗闇のなかで下品きわまりない騒音を作り出し、椅子やテーブルの下のあたりをガタガタいわせ、電気スタンドや化粧ダンスをひっくり返し、脅威と戦慄を昂《たかぶ》らせる」彼の兄弟を名乗る霊は、彼の知っている生前の洗練された人物とは似つかわしくなかった。それが本当に自分の知っている人物の霊だとはとうてい信じられなかったバーは、皮肉を込めて次のように言う。「洗練された趣味と詩的気質のある若い男は、語り合うために戻ってくるにつれて、彼の性格の本来の品位とデリカシーをすっかり忘れてしまった」[51]

一八五一年一月十三日から、バーは彼の兄弟ヒーマン・バーとともに、ブロードウェイのホープ・チャペルで三日間にわたって「暴露された霊のノック音」と題した講演を開催した。そこでバー兄弟は、集まった観衆に向かって、自分たちも思いのままにラップ音を作り出せると告げた。その方法とは、つま先を使って音を立てるという驚くほどシンプルなものだった。バー兄弟は、特定のつま先のサイズとその力、適した靴、足の裏の湿り具合、あるいは乾燥の程度、立っている場所の素材によって、ラップ音のボリュームとトーンを変えることが可能であると主張したのだ。[52]

それにしてもフォックス姉妹は、本当にそんなやりかたでラップ音を立てていたのか？　これまでの体験者の報告を前提に考えると、バー兄弟の説だけですべてを説明するのはむずかしく思われる。当然ながら、フォックス姉妹の信奉者は、この説を話にならないものとして退け、嘲りを込めて彼らの理論を「つま先学（Toe-ology）」と呼んだ。また、バー兄弟の講演に参加したホーレス・グリーリーは、一月十七日の『ニューヨーク・デイリー・トリビューン』紙で次のように書いている。

その音は霊のノッキング音とはずいぶん異なっていた。そのため、われわれは同じ方法で作られることは不可能だという結論を余儀なくされた。〔中略〕バー氏たちの音がつま先の関節によって作られているとすれば、ロチェスターの音はほかの方法で作られているのであろう。[53]

たとえ、バー兄弟による「つま先学」がいまひとつ説得力に欠けていたとしても、フォックス姉妹にとっては、いまだ安心できる状態ではなかった。すぐのちに、新たな懐疑派の参戦が続く。一八五一年二月十八日の『コマーシャル・アドバタイザー』紙に、バッファロー大学（ニューヨーク州）の三人の医学教授、オースティン・フリント、チャールズ・A・リー、C・B・コヴェントリーによる寄稿が掲載された。そこでは人体の専門家による解剖学的まなざしが、マギーの足の動きに注がれた。ちょうどリアとマギーが、バッファローのフェルプス・ハウスというホテルで日々交霊会を開催し、当地の人々の話題をさらっていたときのことだった。

医学教授たちの見解は、マギーの脚が音を作り出していることを、解剖学的な観点から説明しようとするものだった。彼らは次のように説明している。「足の膝関節付近の大きな骨（脛骨《けいこつ》）の上部と内部に挿入された筋肉がいましがた述べた骨の上部表面を、大腿部の骨（大腿骨）の下部表面で横方向に動かす」ことで「横方向への部分的な脱臼を生じさせる」。それによって大きな音が発生する。そして骨が元に戻るときにふたたび音が鳴る。しかも、外部からの見た目にはこれらの骨の動きはわからない。こういった見解が生まれたのは、まさに同様のラップ音を膝の関節を使って発生させられるバッファロー在住の「ある尊敬すべきご婦人」と、彼らがたまたま出会ったからだ。医学教授たちが言うところによれば、そのような脱臼によって起こる力は、もし膝あるいは体のほかのどこかの部分が物体と直接接触していれば、ドアやテーブルに十分な振動を与えられるだろう。[54]

この嫌疑に対してリアとマギーは、かかる医学教授たちに真っ向から挑戦することで応答した。翌日、リアとマギーは各メディアへ向かって次のように宣言した。「詐欺師だと非難されることには我慢がなりません。正式の適切な調査を強く望みます」。また、「これらのミステリアスな現象の原因が発見されることを、自分たち以上に熱望している人はいないということを一般の人々に対して断言できます」。かくしてリアは、六人の友人たちを証人として立ち会わせることを条件としながら、医学教授たちにさらなる調査をするよう、みずから申し出たのである。[55] このリアとマギーからの挑戦状によって、バッファローの医学教授たちは本格的な実地調査を決行するため、彼女たちの滞在するフェルプス・ハウスに足を運ぶこととなった。

四時間にもおよんだその調査の結果は、やはり医学教授たちの見解を立証しているように思われた。彼らの報告によれば、マギーの膝が拘束されたとき、音は聞こえてこなかった。それでも二、三回、かすかな音が聞こえたこともあるが、その場合も、マギーを押さえていたリー教授によって、彼女の骨が動くのが感じられた。逆に明確な音が聞こえてきたのは、ソファの上で彼女がふつうの体勢をとっているときだけだった。また、音が鳴りだしてすぐに膝の動きを封じると同時にそれは消滅した。

これまで人々を驚愕させてきた交霊会はまったくのインチキだったのか？　フォックス姉妹のトリックもついに暴かれたのか？

しかし疑問はまだ残る。仮に膝関節の脱臼によって音を作り出していたのだとしても、実際にそれが部屋の至るところから聞こえてきたというこれまでの報告についてはどう説明するのか？　それについても医学教授たちは説明を用意していた。彼らによれば、それは音響の法則で説明できるという。リー教授いわく、「音楽的に洗練された耳を持っている人」ならば、ラップ音がマギーの膝から発しているのを見抜くことができるだろう。だが、「もし部屋の別の場所に〔観察者の〕注意が向けられていれば、腹話術の場合と同様に、音はそこから発しているものと思われてしまうだろう」。[56]

この公表された結果に対して、リアは黙っていなかった。三月十四日、ふたたびリアからの反論が『コマーシャル・アドバタイザー』紙に掲載された。そこでひとまずリアは、自分たちの足がクッションの上に置かれていたとき音は聞こえず、一方で足を床に置いたときに音が聞こえたことを事実として認めた。だが、リアは音が聞こえなかったときの理由を次のように説明した。「わたしたちの友好的な霊たちが、批判者側のそのような厳しい仕打ちを目撃して撤退したとき、わたしたちには彼らを引きとめる力はありませんでした」

そしてリアは引き続き、次のような反論を展開した。マギーの脚が拘束されたとき、リー教授は二回鳴ったと報告されているが、実際には一〇回聞こえていた。さらに、過去四年間、膝関節でつねに音を作り出していたのだとしたら、関節はひどい状態になっているはずだ。リー教授は、自分たちの家を訪れたときに、チェイス氏〔交霊会に参加していた人物〕の質問に対して霊が正確に答えることを目撃しているが、リー教授はそのことについて触れていない。また、その数日後に訪れたチェイス氏は、正確な答えを得られなかったが、そのことは彼がリー教授と親しくなったあとだったため、なんら驚くべきことではない。そもそも霊たちは親密さによって結びつく。そのことからリアは次のように述べる。「わたしの親しい亡くなった友人たちの霊が彼ら〔教授たち〕の面前に自分たちを顕現させることができるとは思えません。それにわたしが参加している集会に彼らを積極的に招こうとは思いません」。また、リー教授たちの調査以後、他の委員会によって試みられた実験では、脚の動きを封じられていても霊との交信は成功した。さらには、誰の手にも触れられていないベルが鳴るといったようなリー教授たちの理論では説明できない現象が、多くの市民によって目撃されている。こうしたことから、逆にリアは自信たっぷりに次のように言い返す。いまやリー教授たちは、「より困難な地点へと向かっています」。そして「自分たちの誤りと、詐欺行為に対してわたしたちが潔白であることを、男らしく認めなければならないでしょう」[57]。

このようなリアからの強気の反論があったとはいえ、バッファロー大学の医学教授たちからの批判は、これまでのなかで最も痛烈なものであったことはまちがいない。だが、フォックス姉妹への批判はさらに続いた。同年の四月十七日、前述の「つま先学」のバー兄弟は、フォックス姉妹のトリックを暴く強い証拠を入手した。彼らはフォックス姉妹の兄弟デイヴィッドの妻エリザベスの義理の姉妹であるノーマン・カルヴァによる、マギーとケイトの秘密のトリックを暴露した証言を獲得したのだ。すなわち、親戚という身内からの裏切りが起こったのである。

六月三日の『ニューヨーク・デイリー・トリビューン』紙に掲載されたカルヴァの証言によれば、前年、彼女は真実を知るためにケイトに取り入り、さらに交霊会を成功させるために自分が力になると信じさせ、そこでおこなわれてきた詐欺の数々を告白させたという。カルヴァが暴露したその具体的な手口とは、次のようなものだった。

カルヴァの従兄がケイトの交霊会に参加したとき、ケイトの詐欺を助けるため、自分は彼女のすぐ隣に座った。そして従兄の霊への質問に対して、正しい文字が口にされたとき、カルヴァはケイトの腕に触れた。それによって、ケイトは従兄の質問に対して正しい答えを返すことができた。要するに、カルヴァがさりげないボディタッチで、ケイトに正しい情報を流したわけだ。また、質問者にいくつかの名前を紙に書かせ、正しい名前のところで霊がラップ音を出すまでそれらに注意を向けさせるのも、その人の顔つきや動きを観察するためで、それによってケイトたちは正しい答えを推測した。ラップ音の正体に関しても、カルヴァが言うには、単に姉妹がつま先で作り出していたものだった。カルヴァはケイトからそのやりかたを学び、一週間近く練習した結果、同じことができるようになったという。

では、参加者たちに実際とは異なる場所で音がしたと錯覚させるために、何をどのようにおこなったのか。これは前述のバッファロー大学の医学教授たちによる音響学的説明にほぼ沿うものだった。たとえば、離れた壁で音が鳴っているように思わせるときは、意図的に大きな音を作り出し、その場所へと視線を向けさせることで音の出所を錯覚させる。さらにカルヴァによれば、ケイトは自分が参加しなかったコリンシアン・ホールでの姉たちのトリックについても次のように明かしたという。委員会によってリアとマギーが足首を押さえられていたとき、地下室に隠れていたオランダ人の使用人の少女たちに下から床を叩かせた。その少女たちは、委員会が霊に呼びかけていることを耳にしたときはいつでも音を出した。また、ケイトはカルヴァに次のようなこともアドバイスした。仮にカルヴァがトリックを使って交霊会を開くときは、彼女の幼い娘をミディアムだと思わせたほうがよい。なぜなら、人々は幼い子供がトリックを弄《ろう》するなどと疑うことはないからだ[58]。

こうしたカルヴァの証言は真実なのか？　仮にそうだとしたら、一連の霊との交信は、すべて子供たちの巧妙ないたずらに大人たちがまんまと引っ掛けられた騒動だったということになる。だが、フォックス姉妹の支持者たちは、カルヴァの暴露をバーと結託した反スピリチュアリズムのキャンペーンだとみなし、否定した。カルヴァの説明の信憑性を否定すべくイライアブ・キャプロンは、その証言のなかの誤りを次のように指摘している。そもそもケイトはコリンシアン・ホールの実演に参加していなかったため、彼女にはそこで起こっていたことは知り得ない。しかも、そのときの調査は異なる場所でおこなわれたが、その場所はリアとマギーに事前には知らされていなかった。また、フォックス家はオランダ人の使用人どころか、使用人自体を雇ったことなどない[59]。

一八五一年前半、フォックス姉妹に向けられたこうした数々の批判を見ていくと、この時期、次第に彼女たちが窮地に追い詰められていったかのように思われるかもしれない。だが、実情を言えば、こうした一連の攻撃によってフォックス姉妹の信用が失墜させられることはほとんどなく、そのあとも変わらず交霊会は続けられた。その結果、ラップ音を介して愛する人の霊から届けられる心温まるメッセージを受け取って、その真実を強く確信する人々は増え続ける一方だった。

アンドルー・ジャクソン・デイヴィスの『自然の原理』への支持を表明し、ユニヴァーサリストの教会に背を向けたエマ・ハーディングは、のちに出版したスピリチュアリズムの歴史をまとめた著書で、当時を振り返って次のように書いている。「ニューヨークで一度転ったそのボールは、軌道に乗ると、それに反対しようとしたあらゆる力をものともせず、すぐに報道陣、説教師、公衆のあいだを圧倒的な推進力で広がっていった[60]」

続々と現れるミディアムとムーヴメントの広がり

もはや押しとどめることのできない人々の欲望に火がつけられたと言うべきか。霊たちの存在の証拠、あるいは霊からのメッセージを求め、フォックス姉妹の交霊会に足を運ぶ人々があとを絶たなかっただけでなく、そこからはじまるひとつの大きなムーヴメントが形成されようとしていた。
すでにロチェスターでのフォックス姉妹によるラップ音から一か月以内に、噂に聞く霊とのコンタクトが自分たちのところでも起こるのではないかと期待しながら、合衆国北部の州と東海岸各地の人々が、自宅の応接室のテーブルのまわりに集まりはじめていた。そして一八五〇年代に入ると、フォックス姉妹以外にも、霊との交信ができると称する人々が次から次へと名乗りをあげるようになった。そう、すでに事態は、フォックス姉妹云々にとどまる問題ではなくなりつつあったのである。逆に言えば、仮にラップ音と霊からのメッセージが、単にフォックス姉妹だけにかぎって発生するものであったなら、そこまで大きなムーヴメントにはなり得なかったはずだ。スレイター・ブラウンが著書『スピリチュアリズムの全盛期（*The Heyday of Spiritualism*）』で言うように、その場合、「人はそれらのケースを特異なものとして脇によけることで納得できたのかもしれない。その証拠は何かを証明するのに不十分であると」。ところが、げんに第二、第三のフォックス姉妹とも言うべき人々が現れはじめたため、もはやそれを特異なものとして切り捨てられない状況が作られつつあったのである。[61]
キャプロンによれば、すでに一八四八年夏、オーバーンでのケイトの交霊会が開催されたあとすぐに、そこに参加した三十六歳の女性サラ・A・タムリンがミディアムとしての能力を発揮しはじめた。[62]また、ケイトが去ったあと、彼女の交霊会で音を聞いた人々の周囲でも、ラップ音が聞こえるようになり、数か月のうちに、少なくともオーバーンの六つの家庭で音が聞こえるようになった。[63]さらに同地では、一八五〇年の夏までに、なんと五〇人から一〇〇人のミディアムたちが現れたとキャプロンは述べている。[64]
フォックス姉妹の最初の熱心な支持者となったアイザック・ポスト自身も、もはやふつうの人ではなくなった。アイザックはメスメリズムによってトランス状態に入り、「自分自身を超えたなんらかの力によって、自分のペンが動かされているのを発見した」[65]。そして、この自動筆記の状態において、アイザックは霊からのメッセージを書き記すようになった。ウィリアム・ペン、ジョージ・ワシントン、トーマス・ジェファーソン、ジョン・C・カルフーン、ベンジャミン・フランクリン、エマヌエル・スウェーデンボルグなどといった過去の偉大な人物たちの霊からのメッセージが、アイザックの手を通じてこの世の人々に届けられた。そしてそれらは、一八五一年『霊界からの声（*Voices from the Spirit World*）』と題されて出版された。また、一八四九年にフォックス姉妹のロチェスターでの交霊会に参加して以降、霊との交信の真実を確信したユニヴァーサリストの牧師チャールズ・ハモンドも、翌年には、社会思想家トーマス・ペインからのメッセージを自動筆記によって書き記しはじめた。このハモンドによって受け取られたメッセージは、『霊界からの光（*Light from the Spirit World*）』と題され、アイザックの本と同年の一八五一年に出版された。[66]

オハイオ州シンシナティでは、一八五〇年の九月にニューヨーク西部から来たB・G・ブッシュネルという女性クレアヴォヤント（透視能力者）が同席するなか、はじめてのラップ音が聞かれたことを、同地のジャーナリスト、ウィリアム・T・コギショールが報告している。[67]さらにフレノメスメリストのラ・ロイ・サンダーランドによれば、マサチューセッツ州ボストンでは、同年十月、ある女性と自分の娘マーガレッタ・サンダーランド・クーパーとともにラップ音を耳にした。その後、サンダーランドの娘は、ラップ音を呼び寄せるミディアムとなり、公共の交霊会を開くまでになった。また同年、サンダーランドは、アメリカで最初のスピリチュアリズムに関する定期刊行物となる『スピリチュアル・フィロソファー』の刊行も開始している。[68]さらにロードアイランド州プロビデンスの友人からホーレス・グリーリーが受け取った一八五一年一月五日付の手紙では、すでに同地には三〇人、ないし四〇人のミディアムがいると述べられている。[69]また同年、シンシナティの『デイリー・タイムズ』紙の編集者は、同地におけるミディアムの数を驚くべきことにも一二〇〇人と見積もっている。[70]

こうしてわずか二、三年のあいだに、ハイズビルの幼いふたりの少女とともにはじまった霊との交信は、合衆国北東部を中心として各地に広がる公共の現象に変わりつつあった。それは同時に、もはや霊からのメッセージを受け取ることが、ごくかぎられた特別な人だけのものではなく、これまでごくふつうに生活を送っていた人のなかにも、ミディアムとなり得るかもしれない人が存在する可能性を示していた。そう、いまや「試してみることが、霊との交信ができる人を見つける唯一の方法」となっていたのだ。[71]

交霊会と女性の役割

フォックス姉妹以外のミディアムの登場とともに、スピリチュアリズムがムーヴメントとして拡大していくなかできわめて重要な役割を果たしたのが、霊との交信を求めて組織化されていったスピリチュアリストたちのサークルだった。その最も初期の成功した試みのひとつに、フォックス姉妹のニューヨーク訪問のすぐあとで形成されていったファウラー家を中心としたサークルがある。一八五〇年十二月までには「ニューヨーク・サークル」と称するようになったこの集まりでは、ミディアムを務めるエドワード・P・ファウラーが、トランス状態での自動筆記によって霊たちのメッセージを書き記した。普段のエドワードが知るはずのない外国語や象形文字のようなものが使われ、さらにその内容の多くも、単に霊たちからこの世に残された人への慰めのメッセージというよりも、哲学的かつ神学的メッセージであることが多かった。また、しばしば「霊筆記《スピリット・ライティング》」と呼ばれる現象では、人間の手が介在することなしに紙の上に文字が現れることも起こった。さらに同サークルはメンバーの増大とともに、その名前を「ニューヨーク・スピリチュアル・カンファレンス」と変更した。そして一八五二年二月二十六日には、ブロードウェイのホープ・チャペルで、公衆に開かれたかたちでの講演や討論会を開催するまでになった。さらにカンファレンスは、ニューヨーク市の新たなサークルを組織する手助けを務めるための委員会を設置した。そしてムーヴメントの先導役となるべく自分たちを「ファースト・サークル」と呼び、後続するサークルには、「セカンド」「サード」と継続するナンバーを割り当てていった[72]。

こうしたスピリチュアリストたちの集まりは、ニューヨーク以外でも作られていた。フィラデルフィアでは一八五〇年十月九日、一二人ほどからなるスピリチュアリストのグループが定期的なミーティングを開始した。霊の発現はすぐに起こらなかったものの、このグループは粘り強く交霊会を試み続けた。はじめてのラップ音が聞こえてきたのは、その四か月後の一八五一年二月十日のこと。そして明確なメッセージを受け取ったのは、さらにその九日後の十九日。そしてテーブルが床から持ち上がったのが、それからさらに四日後。また、二月二十四日には、そのグループのうちの一〇人が、よりプライベートなサークルを組織して「フィラデルフィア・ハーモニアル・サークルA」を結成。そしてニューヨーク・サークルと同じくサークルB、サークルC……といった新たなサークルを生み出す援助をするようになった。さらに土曜、日曜、水曜の夜八時から十時半までのあいだ、定期的な交霊会を開催するなか、三月には彼らの霊からの重要なミッションが送られてきた。かつてイエスが彼の使徒たちに与えた指示と同じく、人々の苦しみに援助の手を差し伸べること。その命に従い、博愛主義的な信条にもとづいて活動する「フィラデルフィア調和の慈悲協会」が発足する[73]。

こうしたスピリチュアリストのサークルが一八五〇年代にどれぐらい存在したのか、その正確なところは明らかではないが、フィラデルフィアのサークルAのメンバーの記録によれば、一八五一年の時点で、同地では五〇から六〇ぐらいのサークルが存在したという。また、『ホーム・ジャーナル』誌の編集者ナサニエル・パーカー・ウィリスは、一八五〇年代半ばにおいて、ニューヨーク市におおよそ三〇〇のサークルがあったと述べている。もちろん、ニューヨークやフィラデルフィアだけではなく、ボストン、プロビデンス、シンシナティなどにもスピリチュアリストのサークルが存在したことが報告されている[74]。

初期の交霊会は、単に霊の発現を目撃したいという好奇心から、あるいは霊が存在するはっきりとした証拠を求めて、あるいは亡くなった親しい人の霊と会話したいという動機で開催されたものが多かったと思われる。だが、短命に終わることなく継続し発展していったスピリチュアリストのサークルは、次第に組織化されていくことで当初の目的を超え、独自の宗教的な意味を持つ集まりともなっていった。前述のフィラデルフィアのサークルAも、当初は霊による物理的現象を作り出すことを求めていたが、それが実現したあとは霊から届くメッセージを受け取り、宗教的な博愛主義にもとづく活動に献身するようになった[75]。

同時に、交霊会の進行もやはり、ある種の宗教的な儀式を思わせるものとなっていった。教会のように外部の喧噪から遮断された静けさを持つ薄暗い部屋のなか、参加者たちは霊的な何かに意識を集中する。そして決められた一定の儀式的手続きが厳かにくり返されることで、参加者は日常生活との結びつきから離れ、宗教的感情に浸っていく。ブレット・キャロルの言葉を借りるなら、それは「すべての宗教儀式のように、宗教社会学者が

『信仰のルーチン化』と呼ぶことをめざしたものだった」[76]。

たとえば、一八五一年に出版されたアンドルー・ジャクソン・デイヴィスの『霊的交わりの哲学（*The Philosophy of Spiritual Intercourse*）』で述べられている「サークルの構成」を見ると、そこではひとつの宗教的儀式と呼んで差し支えないほど、しっかりと規定された交霊会の手順とその理論が詳細に述べられている。それによると「善良で高貴な交信」を受け取るためには、参加者の「思考と意図が善良で高められる」ことが求められる。また、「真実への誠実な愛と結びつけられた、子供のような純粋さ、毅然として率直な考えかたが必要不可欠である」[77]。さらにデイヴィスによれば、ごく親密なつながりを持つ者同士が少人数で集い、グループのあいだに調和的な関係を作り出すことも重要である[78]。もちろん、デイヴィスの言うこうした「調和的サークル」では、必然的に排他性が強まっていかざるを得なかった。仮に外部からの招待者や訪問者を招き入れることがあったにせよ、その際には慎重な配慮が要求された。一八五一年一月二十五日の『スピリット・メッセンジ

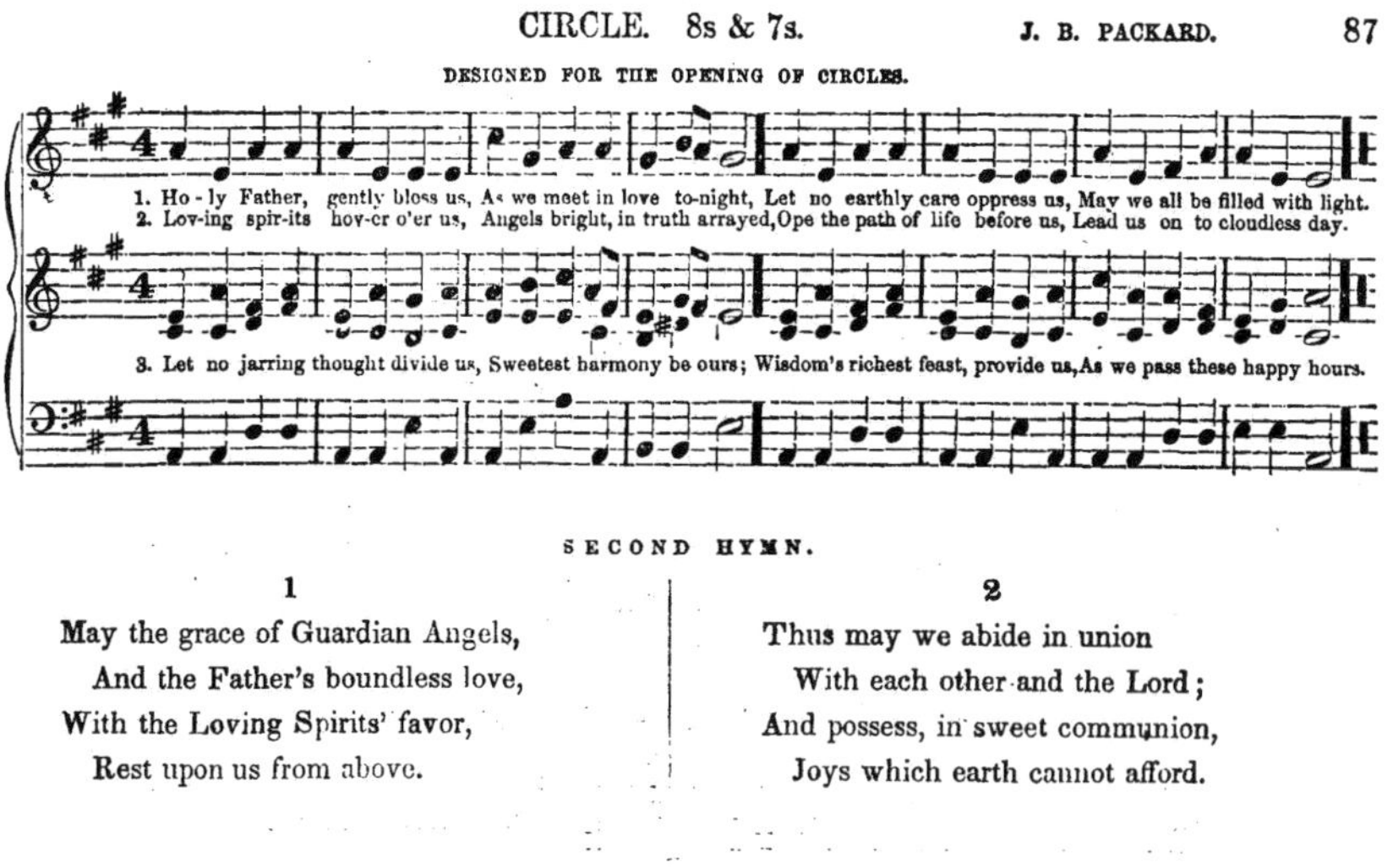

図2.6　交霊会のはじまりの歌

ャー』誌では、スピリチュアル・サークルを作るためのガイドラインが掲載されているが、そこでは霊から伝えられたと称する七つの指示が記されている。

一、魅力を感じている人以外、あなたのサークルに入れないように。真実を探究したいと思っている人、またあなたと気持ちがしっくりくる人以外、招待しないように。

二、ミディアムがそこにいるとき、条件によって交信は果たされる。もしあなたが率直な精神を持ち、真実を知りたいという状態なら、霊たちはあなたと交信しようと努力するだろう。

三、アルファベットをくり返すための人をひとり決めなさい。

四、ミーティングは歌ではじまり、歌で終えなければならない。また、善き霊たち、あるいは最も進化した霊たちを迎え入れるための内なる願いをいだくように、全員が祈り求めなければならない。

五、ミディアムがいない場合も、サークルは同

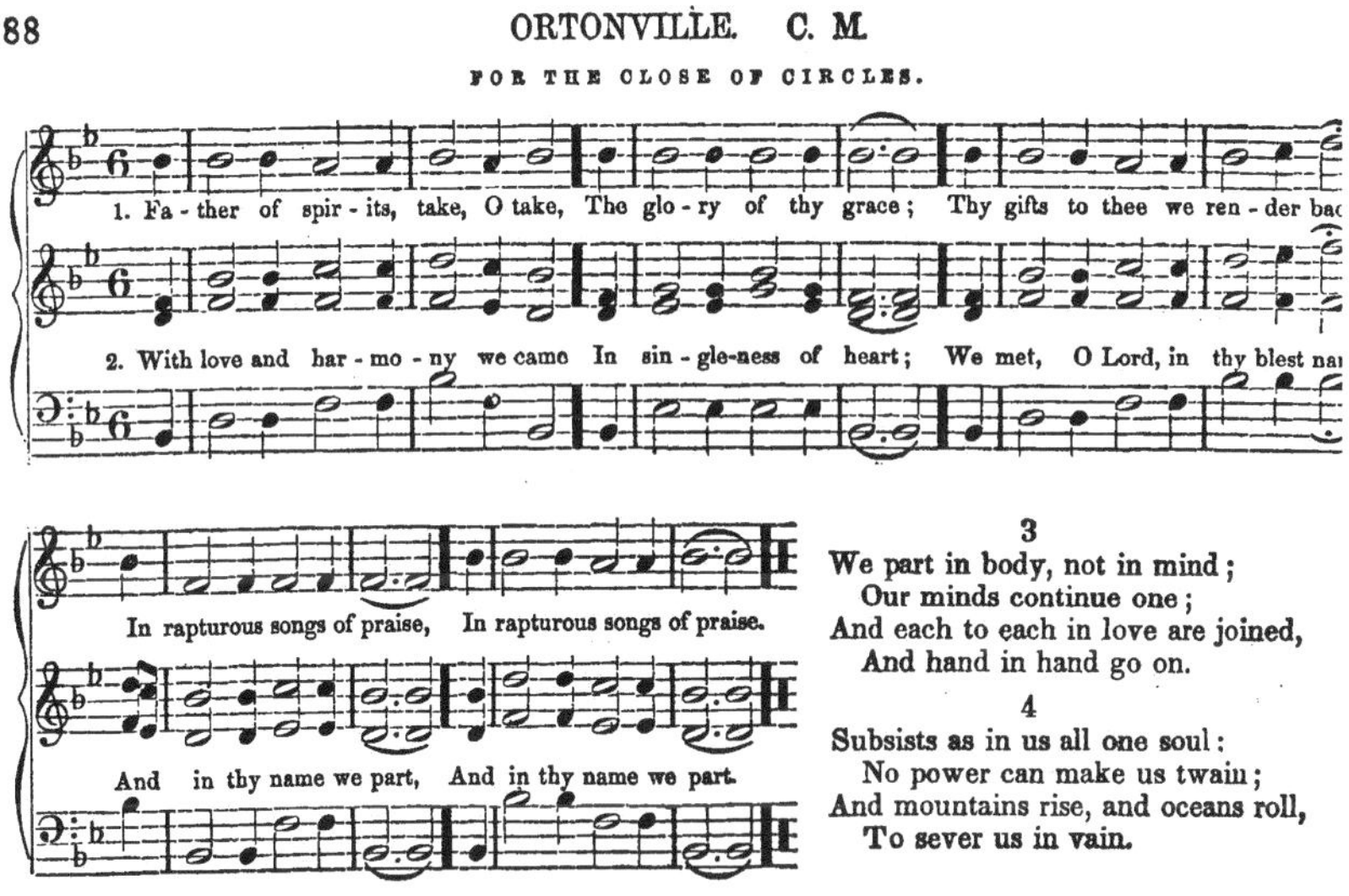

図2.7 交霊会の終わりの歌

じ調和的感情で形作られなければならない。そうすれば霊たちはあなたがたのところに訪れ、真実の考えをあなたがたに与えてくれるだろう。

六、サークルとひとつに結ばれる人々は、不調和な感情、口論、敵意を持ってはならず、キリストの善行の例に倣いなさい。

七、全員が快活で幸せに生きるよう努めなさい。そうすれば、あなたがたと天球層のあいだの照応する調和が生まれるだろう。[79]

こうした指示の下、秘匿化と儀式化に向かった初期の交霊会の理想形は、おおよそ次のようなものだった。参加者の数は最大一二人まで。男性と女性の数を等しくする。参加者は全員テーブルのまわりに集まって一定の間隔で座る。そしてテーブルの上に手を置くか、もしくは隣同士で手をつなぐか、指を触れ合わせる。これは完全なる調和の表現であり、デイヴィス的な解釈に従うなら、「電気」的な宇宙とのラポールを作り出すための手段でもあった（これについては次章でより詳しく説明する）。また、参加者と霊たちとの調和をさらに高めるための聖歌が歌われる。では、どのような歌が実際に歌われていたのか。一八五五年に出版された『霊の詩人（*The Spirit Minstrel*）』と題された聖歌のコンピレーションのなかから、交霊会のはじまりと終わりで、それぞれ歌われる歌詞の一部を以下に抜粋しておこう（図2・6、7）。

聖なる父よ
わたしたちを穏やかに祝福してくださいますように
今宵、わたしたちが愛のなかで出会い
地上でのあらゆる心配事からわたしたちを解放してくださるよう
わたしたちすべてが光で満たされますよう祈ります

わたしたちは精神のなかではなく、肉体のなかにおいて引き離されています
わたしたちの精神はひとつであり続けます
そしておたがいに愛のなかで結ばれています
そして手に手を取り合い進んでいきます[80]

聖歌とは別に、儀式での実践として、多くのスピリチュアリストが重要だとみなしたものとして祈りがあった。高次の世界との調和とつながりを作るための手段として、祈りは不可欠であると考えられていた。さらに儀式の必需品がテーブルだった。しばしば自発的に動き出すこともあるテーブルは、参加者を驚かせ、霊の顕現を確信させたが、それはスピリチュアリストにとって、応接室に置かれた祭壇のようなものだった。

交霊会のルーチン化のひとつとして、その開催の時間も厳格に決められた。たとえば、前述のようにフィラデルフィアのサークルAでは、夜の八時から十時三十分までを「約束された時間」とした。そして霊の発現が起こるのはそのあいだのことだった。これは自然《スポンティニアス》な宗教体験のようなものとは対照的である。神秘主義者に突如訪れるような宗教体験とは異なり、霊とのコンタクトは交霊会のセッティングが整えられたあとにはじめて起こり得る。

また、交霊会でテーブルを囲む参加者のポジションにも重要な意味があった。スピリチュアリストたちは、それを説明するために、メスメリストたちが好んだのと同様に科学的な語、すなわち「電気」や「磁気」を採用した。スピリチュアリストたちによれば、霊たちはみずからの存在を表すため「電気」を用いる。その流れを促進するために、テーブルを取り囲む男女は交互に座るべきである。なぜなら、男性は「陽（正［の電極］）」、女性は「陰（負［の電極］）」の性質をそれぞれ強く持っている。そして最も「陰」の性質を持っている人物がミディアムとなり、その向かい合わせの場所には、最も「陽」の性質を持った人物が座るべきだという。当時のスピリチュ

アリストたちは、「陰」の性質を持つと考えられた「女性性」に、ミディアムの役割を結びつけて考えていたのである（もちろん、これまでも見てきたように、実際のミディアムとなる人には男性もいた。だが、その場合でも、そのミディアムとなる人物の特性は、あくまでも男性的なものではなく、受動性と結びつけられた女性的な「陰」の特質を持っているものと考えられていた）。こうして女性性にこそ重点が置かれたスピリチュアリズムにとっての聖なる場所は、男性の聖職者が取り仕切る教会にではなく、当時の女性の領域だった家の応接室に置かれたのは必然的なことだった。[81]

現実にはミディアムは女性ばかりではなく、むしろ十九世紀後半に名を馳せたミディアムたちの何人かは男性だったにもかかわらず、このようにミディアムとしての能力と「女性性」のつながりが強かったのはなぜなのか？

第一に、当時広く受け入れられていた「女らしさ」への崇拝、すなわち、純潔、敬虔、従順、自己犠牲などに女性の生来の特質と美徳を見ることを正当化するヴィクトリア朝時代のイデオロギーが、その背景にあったと考えられる。もちろん当時の「女らしさ」の規範は、現代のフェミニストが主張するように、男性に押しつけられた抑圧的な女性像にほかならない。それとともに暗に制度化された性別による役割の配分、さらにはそれにともなう男女の社会生活における活動領域の限定が女性を抑圧し、その地位を貶《おとし》めてきたとも言える。だが逆説的にも、その同じ「女らしさ」の規範や活動領域の限定こそが、スピリチュアリズムに目覚めたアメリカの女性の多くを、宗教的あるいは霊的リーダーの役割へと導く条件を作り出していくのである。

そもそも十九世紀における性役割とそのそれぞれの「領域」の限定は、歴史的に見れば、産業革命以後、生産のための労働形態の変化、その結果として起こった家族のありかたの変化に連なる。一家が全員一丸となって働くことで、家庭ごとに食料や生活必需品を生産していた植民地時代のころのアメリカでは、家族はひとつの生産単位として機能していた。だが、産業革命の波が到来する十九世紀初頭になると、市場経済は拡大し、労働形態にも変化が生じる。男性たちは家から離れ、職場に出向いて賃金を稼ぐようになる。こうして主要な生産の場が家庭から外の世界へ移行してくと同時に、男性たちの労働は金銭的価値に還元されるようになる。それにともない、金銭を生み出す男たちの労働のみが生産的価値のあるものとされる一方で、家庭における女性の労働は無償であるがゆえに生産的なものとみなされなくなっていく。その結果、「家庭はもはや『生産』の場ではなくなり、次第に男たちの活動する仕事の世界に対立するプライベートな生活の場、金銭的な価値が支配する外の世界からの精神の避難所として意識されるように」なった。こうしてニューイングランドのような都市化の進んだ地域では、家父長制支配、つまり父親の統率の下、ひとつの生産単位として機能していた家庭のありかたが少しずつ失われていき、むしろ男性が遠ざかったそこは新たな女性の「領域」となっていた。[82]

また、こうして分けられたふたつの「領域」は、必然的に「精神的VS物質的、宗教的VS世俗的、家庭VS世界、避難所VS修羅場」といったイメージとして隔てられ、女性の「領域」だった家庭は、外の世界で直面する厳しい現実からの安らぎの場としての意味を担うようになっていく。こうしたふたつの「領域」の対照の下、家庭の守り手としての女性は、外の世界における利益の追求や競争社会における利己主義とは明確に異なる、「女らしさ」の規範が求められた。女性は「愛情豊かで頼りになり、信仰篤く、純潔で、温和で、慈悲深く、自己を犠牲にして他人に尽くすもの」とされ、また「道徳と宗教の面では、女性は生まれながらにして男性よりもすぐれた特性を持ち」、「社会の純潔と信仰の守護者としての役割が期待された」。そして「清らかな天国（the Heaven）と汚れた俗世界（the World）との対比はそのまま、精神的な、清らかな家庭と物質主義の横行する腐敗した俗世界との対比」となり、このような流れが、女らしさの神話を生み出していった。[83]

この十九世紀の「女らしさ」を生み出すイデオロギーは、たしかに女性がより宗教に適しているという特性を強調したものの、制度化された教会における女性の地位を高めるものではなかった。あくまで高位の位階、そして公然と説教をすることを許される者は、依然として男性にかぎられていた。その一方で、先ほども述べたように、女性の「領域」の家庭でおこなわれる交霊会でのミディアムという役割は、女性に押しつけられた「女らしさ」の規範にまさに適したものだったのだ。すなわち、「ミディアムシップ〔ミディアムとしての能力〕は、女性の本質についての受け入れられた観念を疑うことなく、女性の役割に関する制約を捨てることを可能にさせた」のである。[84] 結局のところ、「霊との交信の成功は、他者の道具になるために自分自身のアイデンティティを明け渡す能力に左右」されると考えられていたため、「女らしさ」に含まれる要素、すなわち、意志の強さ、理性、主体性といった「男らしさ」と対照的な関係にある感受性の強さ、直感、受け身、従順さは、何よりもミディアムシップに適した特質だとみなされたのである。[85]

ところで、本章ではこれまで「ミディアム（medium）」という語をとくに説明することなしに使ってきたが、ここで少し解説しておきたい。

スピリチュアリズムに関連する日本語の文献では、ミディアムは通常「霊媒」と訳され、霊と交信できる人のことを指している。もちろん、それは適切な訳語であることはまちがいない。だが、もともとミディアムという語は、霊との交信ができる人のことを意味するのではなく、その字義どおりの意味、すなわち霊からの作用を伝える媒体（「メディア（media）」の単数形）を意味する語として用いられていた。したがってミディアムと言えば、一般的に「磁気」「神経流体」「電気」などを端的に意味していたのである。[86]

霊と交信できる人の意味でミディアムという語が用いられるようになったのは、おそらくアンドルー・ジャクソン・デイヴィスの著作に端を発すると思われる。前述したデイヴィスの『霊的交わりの哲学』（一八五一年）のなかで、ミディアムという語が人に対して用いられる場合は、しばしば引用符をつけて“medium”と記されている。また、同書では「ミディアム」と「クレアヴォヤント（clairvoyant 透視能力者）」が区別されて使われていたが、そこでの定義によれば、ミディアムはその人を通して音が作り出される人のこと、クレアヴォヤントは霊を識別できる人とされている。[87] だが、やがて続々とミディアムが出現する一八五〇年代の終わりごろ、その能力にかなりのヴァリエーションが見られるようになると、事実上この区別は曖昧となっていく。その結果、フォックス姉妹のようなラップ音、あるいは前述のアイザック・ポストやチャールズ・ハモンドのような自動筆記《オートマティック・ライティング》以外にも、自動発話《オートマティック・スピーキング》（本人の意思とは別に口が語り出すこと。自動筆記の発話版）をおこなう者、霊の存在を「見る」ことができる者、霊の指導に従って治療をおこなう者など、それらすべての霊と関わる人々がミディアムと呼ばれるようになっていった。

一八五三年に出版されたデイヴィスの『現代と内的生活（*The Present Time and Inner Life*）』では、ミディアムが二四のタイプに分けられ、それらをさらに「内向（inward）」「外向（outward）」「前向（onward）」「上向（upward）」という四つのグループに分類した、以下のような「ミディアムの表」が掲載されている。[88]

外向

1 ヴァイブラトリー・ミディアム（Vibratory Medium）

2 モーティヴ・ミディアム（Motive Medium）

3 ジェスティキュレイティング・ミディアム（Gesticulating Medium）

4 ティッピング・ミディアム（Tipping Medium）

5 パントミミック・ミディアム（Pantomimic Medium）

6 インパーソネイティング・ミディアム（Impersonating Medium）

内向

7 パルサトリー・ミディアム（Pulsatory Medium）

8 マニピュレイティング・ミディアム（Manipulating Medium）

9 ニューロロジカル・ミディアム（Neurological Medium）

10 シンパセティック・ミディアム（Sympathetic Medium）

11 クレアラティヴ・ミディアム（Clairlative Medium）〔第1章の註85参照〕

12 ホモモーター・ミディアム（Homo-motor Medium）

前向

13 シンボリック・ミディアム（Symbolic Medium）
14 サイコロジック・ミディアム（Psychologic Medium）
15 サイコメトリック・ミディアム（Psychometric Medium）
16 ピクトリアル・ミディアム（Pictorial Medium）
17 デュオダイナミック・ミディアム（Duodynamic Medium）
18 ディヴェロッピング・ミディアム（Developing Medium）

上向

19 セラピューティック・ミディアム（Therapeutic Medium）
20 ミッショナリー・ミディアム（Missionary Medium）
21 テレグラフィック・ミディアム（Telegraphic Medium）
22 スピーキング・ミディアム（Speaking Medium）
23 クレアヴォヤント・ミディアム（Clairvoyant Medium）
24 インプレッショナル・ミディアム（Impressional Medium）

この「ミディアムの表」によってデイヴィスが意図したのは、霊によって体を部分的に支配される初歩的な段階（ヴァイブラトリー・ミディアム）からはじまり、精神の状態も含めすべてを支配されるレベル（インプレッショナル・ミディアム）へと能力が高まっていく、ミディアムの序列の提示だった。そうすることでデイヴィスは、続々と登場する同時代のミディアムたち、そればかりかさまざまな宗教的伝統において記録されている過去の歴史のなかで霊的領域と関わった人々を、その能力の発達のステージに位置付けていった。たとえば、「シェーカー」

「フランスの預言者」「聖ウィトゥスの舞踏」などは「ジェスティキュレイティング・ミディアム」に、古代に記録されているさまざまな治療の「奇跡」は、「マニピュレイティング・ミディアム」に、また「神秘家」や「啓示者」は「サイコロジック・ミディアム」に相当するといった具合である。ちなみにデイヴィス自身は、最高段階の「インプレッショナル・ミディアム」に到達したとされている。[89]

デイヴィスによるこのような細かく複雑な分類は、ミディアム当事者たちのあいだで広く普及したわけではない。むしろ、次章で見ていくように、一八五〇年代終わりごろまでのアメリカには、「トランス・ミディアム」と呼ばれる女性のミディアムたちが多く登場する。

食いちがう霊たちからのメッセージ

ミディアムとなる人々が公に名乗りをあげていくことは、よりいっそうのムーヴメントの拡大につながったものの、それにともない反スピリチュアリズムの人々からの批判を招かざるを得ない、いくつかの問題が持ち上がってくる要因になった。

まずそのひとつとして、霊の語る内容が、生前のその人物の思想とは異なり、むしろミディアム自身の思想に合致したものとなっている点が、疑いをもたらした。たとえば、前述の『霊界からの声』を出版したアイザック・ポストを通して伝えられた偉人たちの霊からのメッセージは、クエーカーとしてのポスト自身の立場を反映した内容となっており、生前の本人の思想とは大きく異なっていた。これに関しては、フォックス姉妹のサポーターを続けていたイライアブ・キャプロンですら、ポストの人としての誠実さを擁護する一方で、「すべてはポスト氏の特有の見解に一致している」と述べているほどである。[90] また、前述のハモンドの『霊界からの光』についても、トーマス・ペインの霊が語る死後の世界の体験談というかたちをとっているが、やはりそこで語られている内容は、生前のペインのものとはまったく異なっていた。ハモンドの本で、ペインの霊が述べているところによれば、肉体を持っていたころ、自分は無神論の立場だったが、霊界に行ったことで、その自分の考えの過ちに気づき、いまは魂の不滅を信じるようになった。そして、霊界での学びと成長につれて、自分はより高次の領域に向かうことになったという。このようにペインの霊が語るあの世の真実は、ユニヴァーサリストとしてのハモンドの信条に合致するものだった。

こうしたハモンドの本の内容に対して、ユニヴァーサリストとは異なる宗派の説教師たちは、大いに不信の声をあげた。そもそもペインの霊からメッセージを受けたと称するハモンドの本は、単にユニヴァーサリストの信条のプロパガンダを目的として捏造されたものなのではないか。そう考えたメソジストの牧師ウィリアム・ヘンリー・フェリスは、次のような辛辣な非難を浴びせている。

ハモンド氏は堕落したユニヴァーサリストの説教師だ。そしてその本全体を通しての目論見は、かつて地上で生きていた最も恥ずべき人間のひとりを取り上げることによって、ユニヴァーサリズムを証明せんとすることである。〔中略〕救いようのないこの本の著者が、ユニヴァーサリズムの正当性を主張するために、この見え透いたトリックで訴えるほどその危機が切迫したものになっているのだとしたら、彼を憐れむべきである。[91]

さらに言えば、ポストとハモンドのそれぞれの霊からのメッセージのあいだに見られるちがいは、いったいどう考えるべきなのか。すなわち、霊界の真実とはクエーカー的なものなのか、それともユニヴァーサリズム的なものなのか、はたしてそのどちらなのか？　スピリチュアリズムに反対した当時の宗教家たちにしてみれば、こうした問題は恰好の批判のネタとなるものだった。たとえば、一八五三年七月二十一日の『クリスチャン・フリーマンとファミリー・ヴィジター』紙でシルヴェイナス・カップは、スピリチュアリズムに傾いていく仲間のユニヴァーサリストたちを批判するため、同様の観点から霊によるものと称されているメッセージの真正性に強い疑いを投げかけている。その際にカップが引き合いに出したのは、ユニヴァーサリストのジョン・ニコルズが参加した交霊会での次のような報告だった[92]。

ニコルズがメソジストの家族との交霊会に参加したときのこと。その家族の娘を通して発現した霊が告げたところによると、殺人の有罪宣告を受けて絞首刑になったハーバード大学の化学教授ジョン・ウェブスターは、霊界で「神聖さと幸福の状態」に進んでいくことはけっしてなく、「永遠に惨めな状態であろう」とのことだった。もちろん、霊界でのその状態は、「万人救済」を唱えるユニヴァーサリズムの信条とはまったく相容れないものだ。そこでメソジストの家族は、「あたかもユニヴァーサリズムが打ちのめされたかのように」、ユニヴァーサリストのニコルズのほうを勝ち誇ったように見た。だが、それに対してニコルズは、みずからのユニヴァーサリストとしての信念を確かめるべく、ミディアムにさらなる霊界の情報を求めた。すぐに来たのはベンジャミン・フランクリンを名乗る霊からのメッセージだった。それによると、フランクリンの霊自身は、最初は幸福度の低い段階にいたが、「やがて向上し、一連の天球を通り、至福の境地」へと向かった。また、「すべての人間は絶対的な聖性と幸福に至るだろう」というメッセージが来た。もちろん、この「すべての人間は」というユニヴァーサリストの信条を代弁した霊からのメッセージが、ニコルズを満足させるものだったことは言うまでもない。

このように、霊によって語られた霊界の状況がまったく異なるものとなっていることを、いったいどう理解すべきなのか？　しかも同じ交霊会、同じミディアムにもかかわらず。ここで、ことのはじまりであるハイズビルのフォックス家でのできごとを思い出していただきたい。そこではメソジストの信条が真実かを尋ねられたとき、霊は肯定の返事をラップ音で返してきた（そもそもフォックス家はメソジストだった）。だが、ユニヴァーサリストの信条が真実かどうかについての返答はなかった。こうしたことから、霊の語る内容に疑問を感じずにはいられなかったユニヴァーサリストの牧師ドーフェス・スキナーは、一八五〇年三月十五日の『クリスチャン・フリーマンとファミリー・ヴィジター』紙で、スピリチュアリズムに傾倒していくユニヴァーサリストたちに対して次のような皮肉を述べた。

今度はオーバーンにおいて、ハイアットと何人かのユニヴァーサリストたちが、自分たちにとって好ましい答えをもらっている。そして神が世界を改心させ、またこの新たな驚くべき代理人を通して、われわれの信仰のためにすばらしいことをしてくださっている、と彼らは確信しきっている。[93]

それは本当に霊からのメッセージなのか？　食いちがう複数の霊界の描写を前にしたとき、たとえ、霊との交信が事実だと強く信じるスピリチュアリストであっても、本当のことを語っているのはどの霊なのか、と頭を悩まされるはずだ。

しかしミディアムの増加にともなって生じた問題は、こうしたメッセージの内容だけではなかった。スピリチュアリズム自体への強い不信感を掻き立てるものとして、より深刻なものとなるのが、明らかに詐欺をはたらいているミディアムの存在だった。たとえば、当時の最もスキャンダラスな詐欺のひとつとして、一八五一年十月二十三日の『プロビデンス・ジャーナル』紙に掲載された、十三歳の少女アルミラ・ベズリーの次のような事件がある。数か月のあいだ、ベズリーはラッピング・ミディアムとして交霊会を開催していた。ある日、ベズリーはラップ音によって自分の幼い弟の死を告げると、それに引き続いて弟が実際に死んだ。しかしその後、ベズリーは殺人の自白とともに、すべてのラップ音は自分が足で作り出していたことを白状し、それをいかにおこなっていたかを実演して見せた。[94]　また、コネチカット州ブリッジポートで、およそ三か月間、ミディアムを演じていたレミュエル・J・ビアズリーという人物は、法務官の前で正式に証言された陳述書で次のような内容を告白している。ラップ音はすべて「足指と靴」を使うなどのトリックによって作り出し、参加者の質問に対する答えは、「その人の表情を見て推測し、気づかずに与えているヒントに注意深く気を留めること」で言い当てるのに成功していた。[95]　さらに、ニューヨークのパール・ストリート四八八番地に住む家具製造者ハイラム・パックは、「ミディアム・テーブル」をオーダーされ、それを実際にふたつ作ったことを告白している。それによると、パックの作ったミディアム・テーブルは、ミディアムが思いどおりにラップ音を作り出せるように、なかに機械が埋め込まれ、それをテーブルの脚に取りつけられたワイヤーで操作するというものだった。パックはこの件に関する陳述書の最後で次のように述べている。「人々がテーブルのなかの小さなハンマーが打ちつける音を聞くたびごとに一ドルを支払い、それに熱中してしまうという状況だとしたら、それはわたしの過ちです[96]」

こうしたミディアムに関連する詐欺は、スピリチュアリズム・ムーヴメントの拡大につれて、ますます増加していく。

本章では、ハイズビルという小さな村ではじまったフォックス姉妹による霊との交信が、周囲の大人たちを巻き込みながら大きな話題となり、メディアの報道がそれを加熱させ、スピリチュアリズム・ムーヴメントがはじまっていった状況を見てきた。続く第3章では、もはやフォックス姉妹たちの手の届く範囲から離れていったそのムーヴメントが、アンテベラム期（南北戦争以前のアメリカ）の社会変革の夢と混ざり合いながら、奇妙な展開を見せていく状況を追うこととする。

フェルプス家での霊現象

ハイズビルでのフォックス姉妹のラップ音がはじまる二年前、アンドルー・ジャクソン・デイヴィスは、自著『自然の原理』に次のような言葉を残している。

一方が肉体を持ち、他方が高次の領域にいながら、霊たちがおたがいに交流することは事実である――また、肉体のなかにいる人がその〔高次の領域の霊からの〕流入に気がつかないときもあり、そしてそれゆえに、その事実に確信が持てないこともある。この事実が生き生きとした実演のかたちで、それ自身を示すまでに長い時間はかからない。また、人間の内なるものが開かれ、現在、火星、木星、土星の住人によって享受されているような霊的交流が実証されるとき、世界は時代の先導者を歓喜とともに受け入れることだろう。[1]

この文章は、デイヴィスがスピリチュアリズム・ムーヴメントのはじまりを予言していたことを示す証拠として、のちのスピリチュアリストたちによってしばしば引用されてきた。すなわち、「この事実が生き生きとした実演のかたちで、それ自身を示すまでに長い時間はかからない」というデイヴィスの言葉こそが、まさにフォックス姉妹からはじまる交霊会で起こるようになった現象を予見したものだと解釈されてきたのである。

だが、当初の状況を振り返ってみると、デイヴィスの周囲の信奉者のあいだにおいて、フォックス姉妹からはじまる霊との交信が必ずしもすぐに「歓喜とともに受け入れられ」たわけではなかったようだ。たとえば、デイヴィスの支持者による定期刊行物『ユニヴェルコエラムと霊的哲学者』誌では、ハイズビルでのラップ音からおよそ二年後の一八四九年三月二日に出版された第三号に、WFと署名された執筆者による「奇妙な顕現」と題された記事が掲載されている。そこでは、すでに世間では大きな話題となっていた霊との交信に対して慎重な構えが示されており、次のように述べられている。「ラップ音が（自分たちにとって）目に見えず、触れることのできない作用によって作り出されていることを受け入れる用意は、われわれにもある」。だが、それを安易に断定することは「迷信や狂信の原因」を作り出してしまうため、「それについて最終的に公表するなんらかの結論の前に、取り調べが必要な問題があるとわれわれは考えている」[2]。

とはいえ、その一年後の一八五〇年になると、デイヴィス自身がラップ音による霊との交信という新たな流行に強い興味を示しはじめ、二月にはフォックス姉妹をニューヨークの自宅に招待している[3]。さらにデイヴィスは、同年五月、すでに巷で大きな注目を集めていたコネチカット州ストラトフォードの長老派牧師エリアキム・フェルプスの家で起こっていた霊現象を調査するため、みずから当地に赴いている。こうしてデイヴィスも、さらなる拡大の予感を秘めた新たなムーヴメントに合流していくことになる。

それにしても、わざわざデイヴィス自身が調査するべく足を運んだ霊現象とはどのようなものだったのか。まずはここで、フェルプス家で起こった数々の奇妙な霊現象を紹介しておきたい[4]。

一八四八年の二月二十二日、エリアキム・フェルプスとその家族は、霊現象の舞台となるストラトフォードの大きな屋敷に引っ越してきた。静かで美しい自然に囲まれたその地は、すでに六十歳を過ぎていたフェルプスが、彼の家族——再婚した若い妻、そして彼女の亡くなった夫とのあいだの十六歳の長女、十一歳の長男、六歳の次女、さらに現在の結婚によって生まれた三歳に満たない幼い息子——とともに、余生を穏やかに送るにはふさわしい場所のはずだった。だが、入居後ちょうど二年ほど経ったころから、家のなかで原因不明の騒動がはじまった。

一八五〇年三月十日の日曜日の午前、フェルプス一家はブリッジポートのカトリック教会へ出かけた。その間、鍵をかけられた家のなかにはまちがいなく誰も残っていないはずだった。だが、彼らが正午に戻ると、正面玄関が大きく開け放たれていた。家のなかに入ると、閉じられていたはずの内側のドアも開いていたばかりか、家のなかはめちゃくちゃな有様で、家具はひっくりかえり、ベッドの上には椅子が載っかり、ショベル、トング、火かき棒などがいつもとはちがう場所に移動していた。さらに一階の窓の留め金も外されていた。泥棒に入られたか⁉ 当然のことながらフェルプスはそう考えた。そのため、午後に妻と子供たちが教会に戻ったあとも、フェルプスは身をひそめ、侵入者を用心深く見張ることにした。午後三時に礼拝を終えた家族が戻ってくるまで何の物音も聞こえてこなかったのだが、家のなかに入ると、ふたたびさまざまな物がおかしな場所に移動されていた。とくにベッドルームの光景は奇妙だった。ベッドの上に、ストッキングとともにナイトガウンが置かれ、その袖は胸元へ向けて折られ、棺に納められる前の死者の姿を思わせるかたちだった。また、壁には解読不能な奇妙な文字が書かれていた。[5]

この悪ふざけのようにも思える不気味なできごとは、そのあとに起こる事態のほんのささいな幕開けにすぎなかった。

その翌日の三月十一日、奇妙な現象は過激さを増す。ホールの傘立ては空中を飛び、八メートルほどの距離を移動した。釘、フォーク、ナイフ、スプーン、小銭、鍵などが、家のさまざまな方向から投げつけられた。

三月十二日の早朝、ふたたび部屋中をナイフ、フォーク、スプーン、まな板、釘などのさまざまな物体が飛行した。いったい何が起こっているのか？ フェルプスはこの奇怪な現象の原因を探るため、友人の牧師ジョン・ミッチェルに助けを求めた。状況を聞いたミッチェルは、当初、フェルプス家で雇っているアイルランド人のメイドか、あるいは子供たちの仕業にちがいないと推測した。だが、部屋の外にメイドと子供たちを閉め出して鍵をかけても物体は飛び続けた。結局ミッチェルも、その原因は彼らに帰せられないと認めざるを得なかった。

三月十三日の朝食の際、家族がテーブルを囲んでいると、いくつかの物体が投げつけられたが、なかには大きなじゃがいももあった。上方から落下してきたと思われるそれは、フェルプスの皿のすぐそばにぶつかった。

三月十四日には、ついに大きなラップ音が聞こえてくるようになった。重たい物体が床を叩きつけているような音が、一日中、家の異なる場所から何度も聞こえてきた。また、ラップ音には、しばしば恐ろしい叫び声もともなった。それは苦悩の叫びというよりも、猫の鳴き声と子牛の鳴き声の中間のような真似のできない声だった。

こうした常軌を逸した奇妙な現象は、その後も激しさを増しながら続き、ついには帽子が裂けたり、衣服がどこかに消えてなくなったり、窓ガラスが壊されるなど、直接的に大きな損害を与えはじめた。最終的には、フェルプス家の七一枚の窓ガラスがすべて割られてしまうのだが、そのうちの三〇枚は、フェルプス自身がその現場を目撃している。彼が言うには、「ブラシ、タンブラー、燭台、蠟燭《ろうそく》の芯切り鋏《ばさみ》など」が、「ガラスに向かって飛び、ぶつかってばらばらにした」。しかもそれが起こったのは、「それらが飛んできた方向には、その動因となるなんらかの目に見える力を認めることが絶対にあり得ないとき」だった。[6]

奇妙な現象がいっこうにおさまらないなか、フェルプスの息子で、アンドーバーの神学校の教授となっていたオースティン・フェルプスが、ボストンの有名な医師で州議会議員である彼の叔父アブナー・フェルプスとともに、その正体を暴くことを目的としてストラトフォードにやって来た。オースティンは、最初から犯人が家族のなかにいると確信していた。最初の夜、ふたりが同じ部屋で寝ていると、ドアの外から大きな音が聞こえてきた。明かりを点け、起き上がり、部屋の外を調べたが、階段の手すりに硬い物体で叩かれたかのような傷跡があることを発見した以外、音の原因となるものの手掛かりは何も見つけられなかった。次の日の夜、ふたたびドアを叩く音が聞こえたため、ふたりはドアの内側と外側の両方に立って事態を見守った。すると、そこにドアを叩く者は誰もいなかったにもかかわらず、ドアから音が聞こえてきた。そのときのことをオースティンは次のように証言している。

ノックする音がわたしたちのあいだのドアから聞こえてきました。わたしは言いました。「ドクター、ノックはドアの外側ですよ」。すると彼はこう言いました。「いや、それは内側だよ」。〔中略〕わたしたちが羽目板を調べてみると、そこには打撃を受けたへこみがありました。わたしが部屋のなかに戻るまさにそのとき、ドアのほうからヘアブラシが投げつけられ、わたしの足元に落ちました。それはなんと言おうとも、不可解なできごとでした。[7]

結局、ふたりは家族のメンバーの潔白を確信し、その原因が何かはわからなかった。

ところで、フェルプス家の一連のできごとのなかには、これまで述べてきたラップ音や物体が飛びまわる現象以外に、ほかには類を見ない特異な現象もあった。それは誰もいないはずの部屋で、家族の衣服のなかにマフや枕を詰め込むことで作られた即席の人形が、巧妙に配置され、奇妙な光景が作り上げられていた。コネチカット州ニューヘイブンの『モーニング・ジャーナル・アンド・クーリエ』紙の記者は、それが起こったときのことを次のように報告している。

> フェルプス博士の家が地下室から屋根裏部屋まで厳しい調査を受けているあいだに、部屋のひとつには、天使のように美しく優美な十一の人形がミステリアスに配置され、生きているかのような姿勢を取らされていた。それらはひとつをのぞいてすべて女性の人形だったが、それらのほとんどは祈りの姿勢を取り、それぞれの前には聖書が置かれ、それぞれ異なる一節を指し示すことで、起こっている奇妙なものごとを聖書の言葉が認め、裏付けるよう明らかに配置されていた。〔中略〕人形のいくつかはベッドの横でひざまずき、いくつかはその顔を床に向け、深い謙遜の姿勢を示していた。中央には最も奇妙に着飾らされた小さな人形があり、その上には空中を飛んでいるかのように吊るされた人形があった。これらの現象は、部屋に鍵がかけられ、そこに人が誰もいないことが明白なときに起こったものである。[8]

やはりこれは子供じみた誰かのいたずらなのではないか？　そういった疑念が浮かんでくるほどに、あまりにも奇妙な現象である。だが、この怪奇現象に注目し、わざわざ現地を訪れた人々のなかには、デイヴィスだけでなく、フレノメスメリストのラ・ロイ・サンダーランド、フォックス姉妹の支持者イライアブ・キャプロンといった、すでに霊現象に関する専門家と目される人たちも含まれていた。

一八五〇年四月十九日の『モーニング・ジャーナル・アンド・クーリエ』紙には、フェルプス自身による寄稿が掲載されたが、そこで彼は「仮にそれが霊たちの仕業なら、不道徳な霊たちの仕業である、とわたしは確信している」と述べた。[9] 実際、騒ぎを引き起こしている霊たちは、ラップ音だけではなく、奇怪なメッセージを、紙の上、家の内外の壁、玄関先、ハンカチ、ズボン、コート、帽子の内側、またあるときは大きな蕪《かぶ》などにも殴り書いたが、あるときには「ベルゼバブ」(悪魔の首領)、または「サム・スリック」(当時の北米で人気を博した風刺的キャラクター)、「H・P・デヴィル」などといったサインをそれらに残している。[10] しかも、なぜ家を破壊するのかというフェルプスの問いかけに対して、霊は「楽しみのため」という返答を返してきた。また、霊をなだめるためにはどうしたらいいかと尋ねると、「ひと切れのパイを与えることが、でき得るかぎり最もよいことだ」という返答が返ってきた。[11] ちなみに、調査のために来たラ・ロイ・サンダーランドが同じことを尋ねたときには、霊は次のように返答した。「グラス一杯の新鮮なジンをくれ」。サンダーランドが「それで何をするつもりだ?」と聞くと、霊は「わたしの口に入れてくれ」と言った。さらにサンダーランドは「口はどこにあるんだ?」と問いかけたが、霊からの答えはなかった。[12] なぜパイなのか? なぜジンなのか? それは定かではないが、明らかに高貴な霊とは言いがたい発言である。前述の寄稿において、フェルプス自身は次のように述べている。

この先の進展がどんな結論となるか、いまの段階で述べることはできないが、わたしの目下の所感は、すべてが悪魔の策略に帰されるべきであり、それによって悪魔は魂を破壊する仕事を進めているというものだ。そして現時点において、公共に情報を伝えることにおけるわたしの最重要の目的は、これらの偽りの啓示を信じることに反対し、すべての人が誤りを避けるよう警告することである。[13]

霊の言語の解読

しかし、事件の経過とともにフェルプスは、十一歳の息子ヘンリーの存在が、霊現象と関連しているのではないかと考えはじめた。実際、ヘンリーが家を離れると現象はおさまり、戻ってくると現象が再度はじまる。そのためフォックス姉妹と同様、ヘンリーこそが霊現象を引き起こす要因のミディアムだと考えるようになった。ところがそのあとフェルプス家の現象は、次のように収束に向かう。

七月二十九日、ヘンリーはストラトフォードを離れ、しばらくニューヨーク州のニューレバノンで過ごすことになった。そこでヘンリーは磁気睡眠の状態に入らされた。十月九日、ヘンリーがストラトフォードに戻ってくると霊現象はふたたびはじまったが、以前よりも有害さが減少したうえ、霊は家族に向かってこう告げた。「ヘンリーは高度な状態に入った。そこでは低次の無知な霊たちが彼と交信することはできない」[14]

たしかに霊が言うように、ヘンリーは「高度な状態」に至ったように見受けられた。というのも、さまざまなところに霊が書き記した、これまで誰も解読できなかった不可解な文字を、磁気睡眠下でのヘンリーは解読できるようになったからだ。たとえば図3・1は、一八五〇年三月三十一日に家のベランダにチョークで書かれていた文字だが、それをヘンリーは次のように解読した。「やがて善き霊たちが来ることを、あなたがたは期待するがよい」[15]

さらに十月十二日には、ヘンリー自身が磁気睡眠の状態で、図3・2のような文字を書き記した。

これはヘンリー自身によって次のように解読された。「かつてあなたがたは悪い

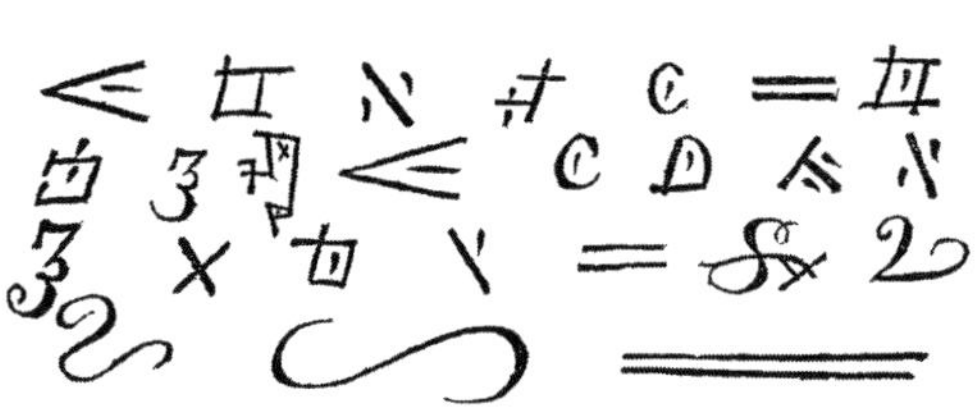

図3.2 「かつてあなたがたは悪い霊たちに悩まされてきた。だが、いまやそれももうない。彼らは別れを告げ、善き霊たちが来て、つねにあなたがたとともにいる」

図3.1 「やがて善き霊たちが来ることを、あなたがたは期待するがよい」

霊たちに悩まされてきた。だが、いまやそれもうない。彼らは別れを告げ、善き霊たちが来て、つねにあなたがたとともにいる」[16]

なぜそれらの文字がそう読めるのかは定かではないが、とにかく磁気睡眠によって「高度な状態」に至ったヘンリーには、そう解読できるものだった。

だが、こうしてヘンリーが「高度な状態」に入れるようになったにもかかわらず、なぜか彼のミディアムとしての能力は失われていき、それにともないフェルプス家での奇妙な霊現象も一八五一年十二月十五日を最後に終了する。ちなみに翌年の春、フェルプス家はその屋敷から引っ越すが、次にその家を借りた家族には、何も不可解な現象は起こっていない。[17]

単なるヘンリーのいたずらだったのではないか？　霊現象に懐疑的な人々から、フェルプス家の一連のできごとがそう思われるものであったとしても、当時のスピリチュアリストたちにとってはまちがいなく大きな興奮を巻き起こす事件であったことは事実である。実地での調査に向かったアンドルー・ジャクソン・デイヴィスも、翌年に出版した『霊的交わりの哲学』の「ストラトフォードのミステリー」と題した一章で、霊界の権威者としての立場から、フェルプス家の現象に関する謎を解明しているほどだ。では、いったい霊視者デイヴィスの目に、このできごとはどのように映ったのだろうか。

デイヴィスにしてみれば、フェルプス家の一連の現象は、すべて「精神と物質の法則」によって合理的に説明できるものであり、そこに不可解な点は何もなかった。だが、デイヴィスが言うには、「精神と物質の法則」は、「人類の大多数によって、いまだほとんど理解されていない」。そのため、多くの人々はフェルプス家のできごとを、単に奇怪なものとみなしてしまうし、またほかの霊現象を見たとしても、次のような疑問を持つようになる。そもそも「霊とは何なのか？」「なぜ霊たちが特定の場所だけを訪れ、特定の人々にだけ現れ、親密に関わるのか？」「なぜこれらの現象は、すべての場所、またすべての人々に起きないのか？」デイヴィスによれば、「精神と物質の法則」は、これらの疑問に対して、すべて「合理的で哲学的な答え」を与えることができる。[18]

では、デイヴィスの言う「精神と物質の法則」とはどのようなものなのか。またそれによって、デイヴィスはフェルプス家の現象に対してどのような説明を与えたのか。ここでそれらを併せて見ておくとしよう。

まず「精神と物質の法則」を理解するためには、伝統的な霊と物質の二元論的な考えかたから離れる必要がある。というのも、デイヴィスは霊を物質ととらえ、通常の霊と物質の二元論の図式、および非物質的な実体として霊をみなす考えかた自体を否定する。デイヴィスによれば、たしかに霊は通常の肉体の感覚では知覚できない。なぜなら、霊は通常の粗雑な物質とは異なり、より「精妙かつ希薄化された高度な状態」の物質である。そのため霊は「最も高度な状態」または「一般的に言えば、死の瞬間」に入ることで開かれる「霊的感覚」によってのみ接触可能だという。[19]

では、いかにして精妙な物質としての霊が、逆に地上の粗雑な物体に影響を与えることができるのか。デイヴィスの説明によれば、「磁気」と「電気」という媒体を通じて、霊は地上の物体に対して力を行使できる。しかも、それができるのは霊界の霊だけではない。霊が「地上の肉体のなかで生きているあいだ」(つまりふつうに人間が地上で生きている状態のとき)も、体の内部に「磁気」ないしは「電気」が過度に蓄積された状態となると、それによって物質に影響が与えられるという。このことからデイヴィスは、フェルプス家でのラップ音の正体を、子供たちの体に極度に過充電された「生命電気(vital-electric)」の放出によって作り出されたものだと説明する。また、物体が飛んでくるのは、子供たちの体に「生命磁気(vital-magnetism)」が強まって物体が引き寄せられたときであり、逆に物体がはねつけられるのは「生命電気」が強まっているときである。こうした説明からもわかるように、デイヴィスはフェルプス家で起こった現象のいくつかは、霊に帰されるものではなく、「磁気」ないしは「電気」が強まった子供たち自身の体の状態によって引き起こされたのだとみなしている[20](物体に作用する引力を「磁気」に、斥力という反対方向の力を「電気」に帰している)。

だが、デイヴィスによれば、フェルプス家での現象のなかには、やはり霊によって引き起こされたものもある。たとえば、前述した部屋に即席人形を並べて作られた奇妙な光景は、霊がヘンリーの「体の電気的状態を利用」

し、彼を「夢遊病状態」とすることで、本人自体は無意識のまま作らされたのだとデイヴィスは述べる。[21]

また、ふつうの人にとってはまったく意味不明なものにしか見えないさまざまなところに書き記された謎の文字も、デイヴィスの見立てでは霊からの重要なメッセージだった。たとえば、一八五〇年三月十五日、蕪に刻まれた図3・3のような文字を、デイヴィスは「あなたがたは、わたしたちの世界からさまざまなものごとを求めることができる」という意味として解読している。

なぜ、この四文字がそう解読され得るのか？　これらの文字についてデイヴィスは、「人類にかつて存在した古代文字や東洋のどんな文字とも、文法的構造または内的意味のどちらにおいて」も共通性を持っていないし、それらは「完全に無原則」だと述べている。だとするなら、ふつうの人は当然のことながら、言語学者や暗号の専門家によっても解読不能なものだということになる。だが、「最も高度な状態」に入ることのできるデイヴィスは、本人いわく「内的印象」によって、前述のような意味として解読できるのだという。

ちなみに、フェルプス家の息子ヘンリーが磁気睡眠の状態のなか、「やがて善き霊たちが来ることを、あなたがたは期待するがよい」と解釈した前述の文字については、デイヴィスによると「わたしたちの世界は、思考を授けるために、さまざまなミディアムたちを求めている」という意味になるという。それにしても、なぜデイヴィスとヘンリーのあいだで同じ文字が別の意味に解読されるのか？　いったいどちらが正しいのか？　その理由はわからない。[22]

図3.3 「あなたがたは、わたしたちの世界からさまざまなものごとを求めることができる」

「電気」と「磁気」と霊現象

ここで先ほどの「磁気」と「電気」という概念を用いて霊現象を説明するデイヴィスの理論に話題を戻したい。

デイヴィスによれば、霊と地上のあいだの交信の仕組みも、すべての創造物のあいだに存在する「電気的関係」によって容易に理解できるという。デイヴィスの説明は、おおよそ次のとおりである。鉱物に対して野菜、野菜に対して動物、動物に対して人間、人間に対して霊界といった具合に、世界には低次から高次へと続く発達の段階がある。そして低次の段階は高次の段階に対して、「陰極的な電気的関係」を持っている。逆に言えば、高次の段階は低次の段階に対して、「陽極的な電気的関係」を持っている。そして「電気」は陽極から陰極へと流れる。したがって、霊界との関係においては「陰極的な電気的関係」にある地上のミディアムの「物理的系」は、「彼ら〔霊たち〕が放出する霊的電気の流入の受容器」となり得る。その結果として、霊たちが音を起こそうと意図する場所に対して、ミディアムの体を通して放電された「電気」が、さまざまな物理的な作用を引き起こすことになる。[23] こうしたデイヴィスによる「磁気」や「電気」の概念の使用は、これまでのメスメリストたちの理論を彷彿させるものであると同時に、当時の知的流行の反映だったとも言える。

近代科学の歴史を振り返ってみれば明らかなように、メスメルの時代からデイヴィスの時代まで、電気と磁気は新たな発見と革新が相次ぎ、つねに注目を集め続けた最先端の科学の領域だった。一七四六年、オランダのライデン大学における静電気を貯めるライデン瓶の発明。一七八〇年、イタリアのルイージ・ガルヴァーニによる「動物電気」の発見。一八〇〇年、イタリアのアレッサンドロ・ヴォルタの「電池」の原型の発明。一八二〇年、デンマークのハンス・クリスティアン・エルステッドによる電流の磁気作用の発見。そして一八三一年のイギリスのマイケル・ファラデーによる電磁誘導の発見。次第にその正体が判明しつつあった電気と磁気は、通常の状態において不可視だというその特徴からも、霊現象の背後で作用する未知の力として想定するのにうってつけのものだったはずだ。

ここでついでに述べておくが、「科学VSオカルト」という構図をあたりまえとしがちな現代の観点からすると、近代の科学至上主義への抵抗としてスピリチュアリズム信仰が生まれたと誤解されかねないが、実際にはまったくそうではない。デイヴィスの「精神と物質の法則」についての説明からもわかるように、スピリチュアリスト自身の姿勢は、反科学的な構えをまったく示すことなく、むしろ全面的に科学的概念を好んで借用していた。たとえデイヴィスの「電気」と「磁気」の概念が、科学者たちの陣営から単なる疑似科学的なものにしか映らなかったとしても、少なくともスピリチュアリストたち自身は、自分たちの立場が科学的方法に同意するものと信じて疑わなかった。

そもそもこの時代のスピリチュアリストたちが科学的な装いをあからさまに好む傾向は、科学的成果が大衆の目の届くところへと広がっていき、その力が強くアピールされていった十九世紀半ばの状況から考えてみれば、むしろごく自然なことだとも言える。一八二〇年から一八六〇年のあいだ、かつては裕福なアマチュア愛好家の実験室でおこなわれていた科学の研究は、次第に専門家としての科学者に専有され、制度化されていく過程にあった。それにともない一八四〇年代終わりごろには、それまで使われていた「自然哲学者（natural philosophers）」という呼びかたから、今日の「科学者（scientists or scientific men）」という呼びかたに変わっていた。同時に、ちょうどこのころは、科学に関する主題を扱ったローカルな新聞、また各地で開催される文化会館での一般向けの講演などを通して、専門の科学雑誌《ジャーナル》を読まない人々にも、その考えかたや実際の成果がこれまでになく広く浸透していった時代でもあった。蒸気動力、テレグラフ（電気信号による遠距離通信、のちに電報など）、写真などのような当時の新たな技術の革新は、一般市民に対して科学の力を十分に知らしめるものとなり、「科学」という言葉は、当時の人々にとって、有用性、確実さ、楽観、進歩といったイメージを連想させるものになっていた。[24]

こうした科学の浸透は、当時のスピリチュアリストたちによる霊現象へのアプローチの仕方にもはっきりと表れている。たとえば、一八五〇年に出版されたイライアブ・キャプロンとヘンリー・ダンフォース・バロンによる共著『すばらしき啓示（*Singular Revelation*）』では、霊との交信を超自然的なものとみなすのではなく、自然で合理的な説明を与えるべきと強調したうえで、次のように述べられている。霊が「目に見えないために、わたしたちのまわりに存在しないということは何の証明にもならない」。なぜなら、「電気や数多くの微生物」も、通常の視覚では見えないという意味では同様だからだ。[25]

多くの科学史の研究が示唆しているように、アンテベラム期のアメリカにおいては、霊的あるいは宗教的な事柄と科学的探究が協調し合う関係にあった。法学者ハーバート・ホヴェンカンプの言いかたを借りれば、宗教と科学が「ハネムーン」の関係にあった時代であり、当時の知識の本質的なありかたを規定していた「ベーコン主義」がその仲立ちをしていたことから考えれば、霊の存在の肯定が当時のスピリチュアリストにとって反科学の立場をとることを意味しなかったのは、不思議なことではない[26]。

この「ベーコン主義」とは、イギリスの哲学者フランシス・ベーコン（一五六一－一六二六）に由来するものだが、当時のアメリカに浸透していたそれは、トーマス・リードやデュガルド・スチュワートなどのスコットランド常識学派によるベーコン解釈から波及したものだった。そこではまず、感覚によって直接確かめられることのみを信じる「経験主義」が最も重視された。ベーコン主義者にとって、感覚されたものは世界のありのままを映し出していると信じられていたがゆえに、感覚に現れるものは疑われることがなかった。また、普遍的な真実に到達するためには、個別の感覚されたものをもとにした観察データを積み上げていくというかたちでの帰納法が用いられた。ここで重要なのは、こうしたベーコン主義的な態度自体が、アカデミックなサークルや知的エリート層だけにかぎられるものではなく、「ベーコン」の名前自体を認識していようがいまいが、アンテベラム期アメリカの一般市民に十分浸透していたこと、さらにそれが科学への強い楽観主義《オプティミズム》とも結びついていたことだ[27]。

実際、経験に信を置き、観察にもとづく証拠を積み重ねていくことで真理に到達できるという意味でのベーコン主義的な響きを持つ言葉は、まるで当時のスピリチュアリストのスローガンのごとく、至るところで見つけられる。たとえば、一八五〇年一月二十六日の『ニューヨーク・ウィークリー・トリビューン』紙に掲載された出版直前の『すばらしき啓示』に対する書評において、ホーレス・グリーリーはこう述べている。「わたしたちはこの本のなかのあらゆる記述に対して、必ずしも虚偽あるいは信頼の置けないものだと仄《ほの》めかすつもりはない。だが、その性質上、それらを支持するためには、申し分のない多くの証拠を必要とする」[28]。また、同年に出版された『奇妙な音、あるいはラップ音の歴史』でも、著者のデロン・マーカス・デューイは次のように述べている。「誰も証拠なしに信じるべきではない。誠実な人間は、検査し、提示された事実を比較考量することをいとわないだろう」[29]。このように当時の多くのスピリチュアリストにとって、霊的な事柄に関する議論は、信じるか信じないかという信仰に関する問題ではなく、まずもってその真実を確証するための証拠となる事実を積み上げていかなければならないという意味において、科学的な問題として定位されるべきものと考えられていた。

さらに言えば、この時代のスピリチュアリストの科学好みを示す、より明白な例としては、テレグラフが霊との交信のメタファーとして使われたことがあげられる。サミュエル・F・B・モールスがテレグラフを発明したのは、フォックス家で霊との交信がはじまるほんの数年前のことだった（一八四四年五月二十四日、その最初の公式なテストがおこなわれた）。遠く離れたふたつの地点での情報のやり取りを可能にするテレグラフの「トン、ツー、トン、ツー」という信号と、ラップ音によるあの世との交信のあいだにアナロジーを見つけることは容易である。実際、一八五二年にチャールズ・パートリッジとサミュエル・B・ブリタンによって発刊されたスピリチュアリズムに関する週刊紙のタイトルは、『スピリチュアル・テレグラフ』と題されている。フォックス姉妹についての著作がある歴史家バーバラ・ワイスバーグの言葉を借りれば、初期のスピリチュアリストたちの「霊との交信の確証を得ようとする思いは、テレグラフというその時代の偉大な科学技術的達成のなかに希望のシンボルを発見した」のである[30]。

霊との交信とテクノロジーのアナロジー。それは次に見ていくように、デイヴィスの影響下、スピリチュアリズムに強く引き寄せられたあるひとりの人物に、ユートピア的な社会改革と結びついた壮大な霊的テクノロジーの実現を夢見させる。

ミディアムになった博愛主義者

一八五三年十月、マサチューセッツ州リンのハイロックという丘の頂《いただき》に、元ユニヴァーサリストの牧師であり、リフォーマー（社会改革家）のジョン・マレー・スピアを中心としたスピリチュアリストたちの一団が、金属や磁石の組み合わせによって形作る「機械の救世主」を誕生させるべく、集まった。

この機械の救世主がどのようなものだったのかは、設計図や模型などが残されていないので、残念ながら今日、その具体的な姿を視覚的に見ることはできない。ただし、その姿を推し量ることを可能にする唯一の手がかりとして、この製作に携わった『ニューイングランド・スピリチュアリスト』紙の編集者アロンゾ・エリオット・ニュートンによる記述が残っている。それによると、その完成した姿とは、おおよそ次のようなものだった。

一五〜二〇センチメートル離して立てられた二本の金属の垂直材の上部のあたりに、それらを結ぶ、旋回する小さな鉄の軸が取りつけられている。その両端には、磁石を内包した鉄の球がぶら下げられている。そのすぐ下には磁石と金属が配列された卵形の基盤があり、その周辺の下部には亜鉛と銅の板が交互につるされている。全体として、さまざまな金属のバー、プレート、ワイヤー、磁石、絶縁体、特別な化合物などが、陽極と陰極、あるいは男性性と女性性に調和するように結びつけられている。そして、陽極と陰極に対応した本体から伸びるふたつの金属の足が、地上へと電気的生命流を結びつける役割を果たす。[31]

このような機械の構造の説明をただ読んでも、それらが何を意味しているのか、理解することは困難であろう。だが、これこそがアンドルー・ジャクソン・デイヴィスの「電気的関係」の理論に影響を受け、その実現が夢見られた霊的テクノロジーの具現化された姿なのだ。

ニュートンの説明によれば、この「電気的機械」の構造は「人間や動物」の体のなかでの血液の動きを引き起こすのと同様のやりかたで、「宇宙の電気的生命流（electric life-currents of the universe）」から、その流れを「引きつけ、吸収し、注入し、循環させる」ことによって、動力を引き出すことを意図していた。ただし、この「宇宙の電気的生命流」というのは、ふつうの意味での「電気」ではない。それはニュートンいわく、「巨大な循環する経路上で惑星たちを回転させる無尽蔵の流出物」であり、「世界のすべてのものの止まることのない運動を維持し」、「すべてのものを活性化させ、活気づける『偉大なる電気の発出点』からの神的エネルギーの無際限の流出物」である。すなわち、この機械は宇宙の根源的なエネルギーを受け取り、蓄積し、地上に伝達することを目的として設計されたものであり、その完成の暁《あかつき》には、その尽きることのないエネルギーが絶えず流れ込むことで作動を続ける永久機関となり得るものだったのである。[32]

以下、この「機械の救世主」製作プロジェクトの中心人物であったジョン・マレー・スピア（図3・4）と、彼を取り巻く状況をしばらく追っていくことで、一八五〇年代のアメリカにおけるスピリチュアリズムが、社会改革の夢と融合し、最もラディカルでエキセントリックな状況を作り出した、その極限の姿を描き出してみたい。まずは、スピアがどのようにしてスピリチュアリズムと関わりを持つようになったのか、その過程を少し見ておくとしよう。

一八〇四年九月十六日、ボストン生まれ。「ジョン・マレー」という彼の名は、イギリスからアメリカに渡ってきた最初のユニヴァーサリストであるジョン・マレーにちなんでつけられた。[33] スピアの父は、不幸にも彼が一歳になる前に事故で他界している。経済的に恵まれず、不十分な教育しか受けられなかったものの、一八三〇年、スピアは二十四歳でマサチューセッツ州バーンズテーブルのユニヴァーサリズムの教会の牧師となる。その後、一八三五年から一八四一年まではマサチューセッツ州ニューベドフォードで、一八四一年から一八四五年まではマサチューセッツ州ウェーマスでユニヴァーサリズムの牧師を務める。

それと並行しながら、スピアは傑出したリフォーマーのウィリアム・ロイド・ギャリソン、アディン・バルー、フレデリック・ダグラスらとも親交を深め、当時のさまざまなリフォーム運動に積極的に参加している。そして一八四〇年代になると、熱意あふれるリフォーマーとしてのスピアの名は、ニューイングランド・ノンレジスタンス協会やマサチューセッツ州を含むニューイングランドの反奴隷制度協会における活動的なリーダーとして、また、ユニヴァーサリストの最初の反奴隷制度集会

図3.4　ジョン・マレー・スピア

のオーガナイザーとして世に広く知れ渡っていく。

一八四五年には、兄のチャールズとともに死刑制度廃止や刑務所の状態の改善を訴える月刊誌『プリズナーズ・フレンド』を創刊。被告人のための保釈金を募り、囚人への手紙や読み物の提供、そしてその家族への金銭的援助など、彼の誠実で献身的な活動は、多くの人々からきわめて高い敬意を受けた。寄付などを通して彼の活動を支援した人のなかには、詩人ヘンリー・ワズワース・ロングフェローをはじめ、政治家のエドワード・エヴェレットやホーレス・マンなどの有力者も含まれていた。スピアの友人であり、ユニヴァーサリストの牧師サイモン・クロスビー・ヒューイットは、当時の彼の博愛主義者としての名声を次のように伝えている。

おそらくニューイングランドでは、囚人の友として、ジョン・M・スピアのことを知らない人はほとんどいないだろう。また博愛主義者としての彼の名声は、合衆国のこの地域、あるいはこの国にさえかぎられるものではない。イングランド、スコットランド、そしてヨーロッパのほかの地域でも、彼はアメリカの勇者として広く知られている。[34]

こうしたリフォーマーとしての活躍の一方、一八五〇年代になると、アンドルー・ジャクソン・デイヴィスからの影響で、スピアの関心は次第にスピリチュアリズムに傾いていく。保守派のユニヴァーサリストたちがデイヴィスの『自然の原理』の影響力に対抗して、聖書の絶対的権威への同意を強制したことはすでに第1章で述べたとおりである。その際にデイヴィスを支持した多くのユニヴァーサリストがそれぞれの所属教会を離れたが、スピアもそのひとりだった。さらに一八五一年の夏、スピアはニューハンプシャー州のメレジス・ブリッジを訪れた際、実際の交霊会にはじめて参加する。のちにスピアは、そのときのことを次のように述べている。

わたしはテーブルに座っているように勧められました。そしてまもなく、霊界へと旅立ったわたしの兄弟の妻の名前が、アルファベットによって告げられました。彼女の名前はフランシス。誰も彼女のことを知らなかったし、ましてや名前となればなおのことでした。いかにしてその名前を知り得たのか、わたしは大いに当惑させられました。そしてわたしは、その件をもう少し調べてみようと心に決めたのです。[35]

その後、スピアは交霊会に足を運ぶようになり、スピリチュアリズムに深くのめり込んでいく。そして翌年の三月三十一日、ついに彼の人生を大きく変える決定的なできごとが起こる。ペンを握った手が、本人によるいっさいの意識的コントロールなしに動き出し、紙の上に次のような長い文章を書き記した。

あなたは明日の夜、アビントンに行かなければならない。あなたはそこで必要とされるだろう。デイヴィッド・ヴァイニングを訪問しなさい。あなたの馬と二輪馬車で行きなさい。ボストンを二時ちょうどに発ちなさい。そのことがあなたをその場所で必要とされるちょうど時宜を得たときに連れていくことになるだろう。かかるやりかたでアビントンに向かいなさい。導かれるがまま行動することを恐れてはならない。すべてはうまくいくはずだ。あなたが家を離れているあいだ、わたしがあなたの世話をすることをベッツィ〔スピアの妻〕に言っておきなさい。彼女はこの指示からもたらされるものを良いことだとみなすようになるだろう。そしてあなたがその旅から家に戻ってくるとき、そのことに満足することだろう。わたしはあなたの友人だ。そしてあらゆる危険からあなたを守る。そしてあなたを安全で心地良い家に導いていく。デイヴィッド・ヴァイニング氏がアビントンに住んでいる。あなたは彼を知らない。その人は、あなたがこの交信を書くために動かされて以来、あなたが考え続けていたハノーバーにいるあなたの義理の兄弟とは別人である。彼はダニエル・ホールブルックの家の近くに住んでいる。わたしは、あなたを何度でも行動する気にさせるように言う。明日、出かけなさい、出かけなさい、出かけなさい、出かけなさい、出かけなさい、出かけなさい、出かけなさい、出かけなさい、出かけなさい、出かけなさい、出かけなさい。オリヴァーより[36]

この自動筆記で書かれたメッセージは、文章の最後の署名により、亡くなったスピアの友人オリヴァー・デネットの霊からスピアへのものであることを示していた。これを機に、ついにスピア自身もミディアムとしての能力に目覚め、以降の彼の人生は、もはや奇妙としか言いようがない道へと向かっていくことになった。

ヒーラーとしての目覚め

死者オリヴァーからのメッセージを受け取ったあと、スピアはその指示どおり、見ず知らずのデイヴィッド・ヴァイニングという人物を探しにペンシルベニア州のアビントンを訪れた。そこにヴァイニングはいなかった。だが、すぐに彼の住居はアビントンではなく、マサチューセッツ州のウェーマスだとわかった。オリヴァーの霊からの情報はまちがっていたのか？　そう、まちがっていたのである。では、なぜまちがったのか？　スピアはテーブルに座り、手にペンを持ち、まっさらな紙を見つめながら、そのことをオリヴァーの霊に尋ねた。するとオリヴァーの霊はスピアの手を通し、次のようなメッセージを書き記した。「霊の世界にいるわたしたちは、町と町の境界にほとんど関心を持たない」

翌日、スピアはウェーマスへ向かった。そしてデイヴィッド・ヴァイニングの家を見つけ、ドアをノックした。すると玄関口に現れた家族の者が言うには、ヴァイニングはひどい神経痛のため、もう十日間ほど眠れないままベッドに横たわっているとのこと。スピアは自分が彼を助けられるかもしれないと家族に告げ、ベッドルームに行き、ヴァイニングの横に座った。そしてスピアは右手をヴァイニングの頭のほうにゆっくりと動かし、彼の耳のあたりに触れた。すると、すぐに奇跡が起きた。ベッドのなかのヴァイニングは、突然手を伸ばし、自分の足を摑んで言った。「わしの足にあんたは何をしているんだ?」「何もしていません」とスピアが返答すると、ヴァイニングはベッドの横から床に足をつけて言った。「おや、痛みが全部消えちまったよ」。ヴァイニングはベッドから起き上がろうとしたが、スピアはヴァイニングにベッドに戻って眠るようにと告げた。「あなたは休息する必要がある」。スピアが去ったあと、ヴァイニングは彼が夢のなかの人物ではないかと疑ったものの、スピアの治癒能力のおかげで、奇跡的回復を果たしたのだった。かくしてスピアは、病に苦しむ人を癒やすスピリチュアル・ヒーラーとしての能力を発揮するようにもなったのである。

だが、この件には後日譚も残っている。ヴァイニングはすっかり元気になったと思われたものの、それも束の間のことだった。一か月後、ふたたびヴァイニングの体に神経痛がぶり返してきた。スピアは霊たちから、あらためて治療するよう命じられ、ウェーマスへと向かったのだが、スピアはヴァイニングに会えなかった。というのも、彼の治癒能力に強い疑いを持つ人々が、スピアをヴァイニングのもとへ近づけないようにしたのである。結果、ヴァイニングは、その後すぐ亡くなってしまった[37]。

このエピソードは、すぐあとに出版されたスピアの友人サイモン・クロスビー・ヒューイットやアディン・バルーの著書において、スピアの治癒能力への大きな称賛とともに取り上げられた。それによってスピアは、かつてのリフォーマーとしての名声とは別に、奇跡のスピリチュアル・ヒーラーとしても、その名を広く知られるようになっていく[38]。

だが、いつの時代にも、この手の奇跡譚には疑いを持つ人がいるものである。反スピリチュアリズムの立場を固守するユニヴァーサリスト、シルヴェイナス・カッブは、一八五三年四月二日の『クリスチャン・フリーマンとファミリー・ヴィジター』誌で、ヴァイニングの妻、娘、姉妹ら当事者たちから直接、話を聞き、その実際のところを公表し、この膨張していきかねない伝説に歯止めをかけようとした。

カッブが伝えるところによれば、現実のヴァイニングの身には、語り伝えられているほどの驚くべきことは何も起こらなかった。家族の話をもとにしたカッブの報告によると、スピアはヴァイニングの頭に手を置き、「メスメライザーのやりかた」で手を動かした。その結果、ヴァイニングは一時的に痛みから解放されるのを感じたのは事実である。少なくともヴァイニング自身の言いかたでは「差し当たりのあいだ」は。だが、痛みはすぐに戻ってきた。そしてその日の夜、以前と変わらぬひどい痛みが襲ってきた。さらに翌日は、以前よりいっそう悪化した。だが、次の数日のあいだで事態はまた好転し、一時的に痛みは緩和され、軽い庭仕事ができるほどだった。しかしその二週間後、ふたたび痛みがぶり返してきた。わずかなあいだ、痛みの和らぐことがあったものの、結局、彼が死に至るまで極度に激しい痛みが続いた。家族の女性たちは次のように述べている。「わたしたちは、スピア氏がほんのわずかでも彼に恩恵を与えたとはけっして思っていません。以前述べたと同様に、ちょっとのあいだ、あるいはデイヴィッド〔・ヴァイニング〕氏自身の言葉で言うなら『差し当たりのあいだ』をのぞいては」[39]

この家族の言明にもとづいたそっけない記事こそが、奇跡の物語という虚飾を引き剝がした末に現れる実相だったのか。仮にそれが真実だったとしても、人々に噂され、信じられた「真実」はそうではなかった。霊の指導のもとに人々を助けるスピリチュアル・ヒーラー。それがスピリチュアリストのあいだに広く流布していったスピアの伝説だった。実際、その後のスピアの活動は目覚ましく、トランス状態で訪れる霊の導きのもと、あちらこちらへと巡業を続けた。のちにスピア自身が述べているところによれば、「アメリカ合衆国三六州のうち、二〇の州」をめぐって「数十万キロメートル」を旅し、「大西洋を三度往復」し、「イギリス、スコットランド、ウエールズの多くの場所」、また「ヨーロッパ大陸」にもくり返し足を運んだという。[40]

ここでもうひとつだけ、このころのスピアのスピリチュアル・ヒーラーとしての活動を伝えるエピソードを紹介しておこう。

一八五二年五月末、今度はスウェーデンボルグの霊の指示のもと、スピアはマサチューセッツ州ジョージタウンの近くで開催されたエセックス郡反奴隷協会の年次会合に参加した。そこで彼は、奴隷制度廃止論者で、すでにミディアムに目覚めていたふたりの人物と出会った。そのうちのひとりであるエリザ・ケニーの手は、スピアと語り合っている最中に、ベンジャミン・フランクリンの霊によって動かされはじめた。そして次のようなメッセージを書き記した。「落雷に打たれた貧しい女性のところへ、スピアに訪れてほしい」。行かねばならぬ。そう感じたスピアは、すぐさま出発した。長旅のあと、家に到着し、その女性が横たわっているベッドルームに向かった。そこでスピアとその女性の両手は自動的に持ち上がり、おたがいの手のひらを合わせるかたちになった。スピアは自分の手が、その女性の手足から微細な未知の分子を吸収するのを感じた。それは彼の手足に痛みを与えたが、同時に彼女の痛みは消えた。[41]

こうした奇跡のスピリチュアル・ヒーラーとしてのスピアの活躍がいかに印象深いものであったとしても、これから見るように、より壮大で野心的なプロジェクトに身を捧げていく彼の姿からしてみれば、ささやかなエピソードでしかない。

第三の時代を告げる預言者へ

一八五二年七月、スピアは自動筆記によって、霊から次のようなメッセージを受け取った。

三時に、わたしはなんじに告げる。わたしの語る言葉が慎重に記録されるよう、筆記者を臨席させなさい。[42]

このたびスピアに命じたのは、アメリカにおけるユニヴァーサリズムのパイオニアであるジョン・マレーの霊だった。霊の指示に従い、スピアの家にはひとりの筆記者と数人の人々が集まった。参加者のひとりのサイモン・ヒューイットが伝えるところによれば、約束の時刻が来ると、すぐにスピアは「磁気睡眠に落ち」、「彼の肉体と目は、固定された状態になった」。そしてジョン・マレーの霊がスピアの肉体を通してゆっくりと注意深く語りはじめた。「教義《ドグマ》、聖書、教会といった束縛から人々は解放され、新たな調和、新たな叡智、新たな教師、新たな社会の機構が、いまや訪れんとしている」[43]。また、ジョン・マレーの霊は、スピアを励ますかのように次のようにも語りかけた。

何も恐れることはない、何も恐れることはない、わたしの若い友よ。そなたのまわりにいるのは、すべて善き霊たちである。彼らはそなたの脚を取り巻いている。彼らはそなたの脚を強靭にしている。彼らはそなたの手を動かす。彼らはそなたの目を開かせる。彼らはそなたの唇に語らせる。[44]

その後、二週間にわたってスピアを通して語られたジョン・マレーの霊からの一二の講話は、『高次の状態からのメッセージ――一八五二年夏、ジョン・M・スピアを通してジョン・マレーによって伝えられた――地上の住人への重要な指導を含む（*Messages from the Superior State*）』と題されて出版された。[45]

さらに一八五三年のエイプリルフールの朝、スピアの身に、これまで以上の驚くべきできごとが起こった。ベンジャミン・フランクリン、ベンジャミン・ラッシュ、トーマス・ジェファーソンなどアメリカ建国の父とも呼ばれるような尊敬すべき政治家をはじめ、生前に著名だった人物総勢一二人の霊たちによって、スピアの手が動かされはじめたのである。彼らは地上への博愛的な援助を与えることを約束し、みずからを「慈悲の共同体（The Association of Beneficents）」と称した[46]（図3・5）。そして霊たちは、自分たちの果たすべき目的と、それによって新たな時代が到来することを次のように宣言した。

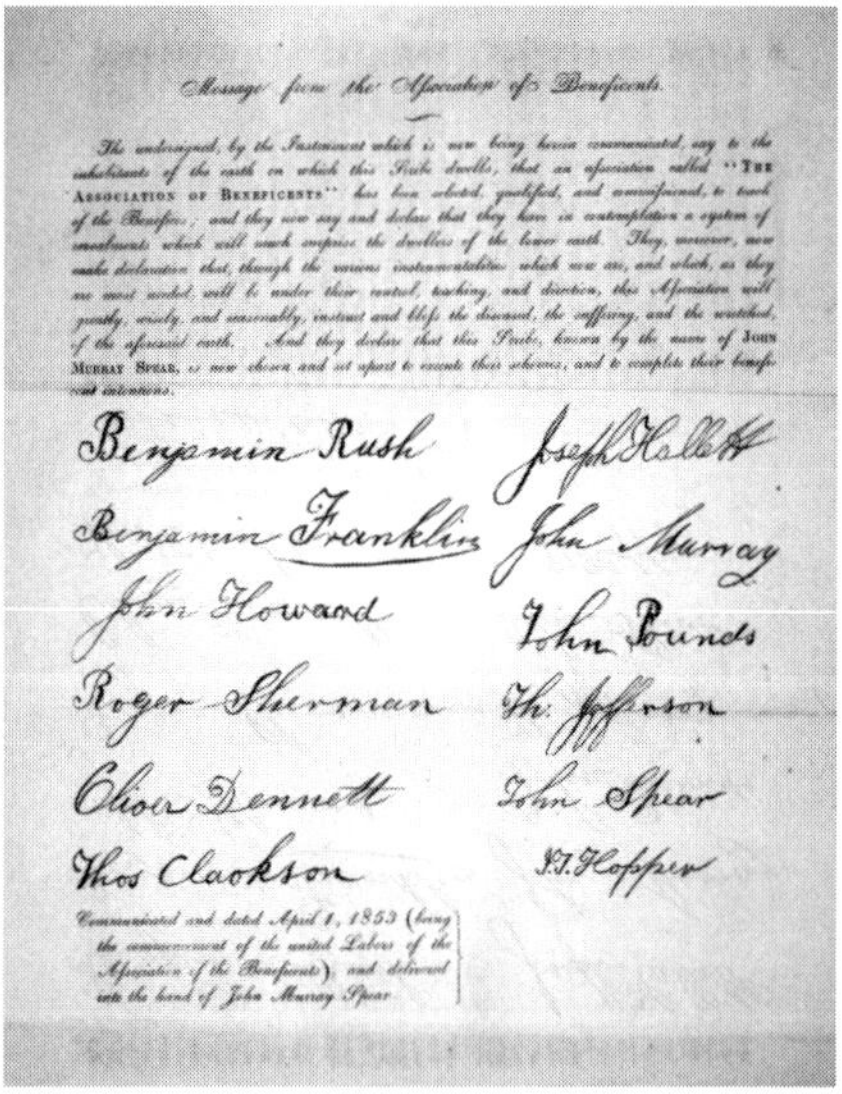
Message from the Association of Beneficents.

The undersigned, by the Instrument which is now being herein communicated, say to the inhabitants of the earth on which this [illegible] dwells, that an association called "THE ASSOCIATION OF BENEFICENTS" has been selected, qualified, and commissioned, to teach of the [illegible], and they now say and declare that they have in contemplation a system of [illegible] which will much surprise the dwellers of the lower earth. They, moreover, now make declaration that, through the various instrumentalities which now are, and which, as they are most needed, will be under their control, teaching, and direction, this Association will greatly, wisely, and reasonably, instruct and bless the diseased, the suffering, and the wretched, of the aforesaid earth. And they declare that this [illegible], known by the name of JOHN MURRAY SPEAR, is now chosen and set apart to execute their schemes, and to complete their beneficent intentions.

Benjamin Rush　Joseph Hallett
Benjamin Franklin　John Murray
John Howard　John Pounds
Roger Sherman　Th. Jefferson
[illegible] Dennett　John Spear
Thos Clarkson　I.T. Hopper

Communicated and dated April 1, 1853 (being the announcement of the united Labors of the Association of the Beneficents), and delivered into the hand of John Murray Spear.

図3.5　1853年4月1日にスピアによって書きとられた「慈悲の共同体」のメンバーたちからの署名

われわれは、来るべき事態を宣言するために高次の世界から来た――それは叡智のなかで構想され、慈善を通じて完成されるだろう。われわれは、一見、不調和なものごとを調和させ、また不和に一致をもたらすためにやって来る。われわれは、卓越した指示で無知を導くために来る。われわれは、怠惰を高次の活発な状態に至らせるために来る。われわれは、自然の法則のさらに重大な知識を広めるために来る。われわれは、低次のものを高い状態に至らせるために来る。われわれは、賢明なる計画によって、新たなより良い時代を引き入れるために来る。われわれは、実際的で有益なものごとによって、重要ではないものを置き換えるために来る。われわれは、新たな教会を設立し、組織するために来る。それは教育の新たなシステムを確立し、新たな建築術を教え、新たな政府を組織し、新たな衣服を教え、適切な食事を指導し、より釣り合いのとれたものに発達していく肉体、その結果、より完全な姿に発達していく霊的身体について教えるためである。われわれは、慈善の計画を実行するため、賢明な手段を選ぶために来る。

われわれは、過去のふたつの時代、すなわちユダヤ教とキリスト教とは異なる新たな時代を導くために来る。ユダヤ教は力の時代だった。キリスト教は感情の時代だった。そしていま、はじまろうとしている第三の時代は叡智の時代である。しかしそれは、より高貴な属性を付け加えられた力と感情を包括し、三つをひとつの偉大なものへと統合し、力、感情、叡智の美しき三位一体を作り出すだろう。[47]

いまやスピアは、新たな来るべき「叡智」の時代を告げる預言者となった。自動筆記を通しておこなわれる彼の霊との交信は、一般的な家庭の応接室での故人の霊との愛情と癒やしに満ちたごくふつうの交霊会とは、その様相も目的も、受け取るメッセージの質も、まったくかけ離れていることは明らかだった。だが、スピアに与えられる霊からの指示の内容は、このあとさらに壮大な計画になっていく。

同年六月三十日、ロチェスターに向かったスピアは、チャールズ・ハモンド（前章で述べたように、トーマス・ペインの霊によるメッセージを出版したユニヴァーサリスト）と合流する。ハモンドの家で、ふたりはともに霊に手を動かされ、メッセージを共同で書き記した。それによって、霊たちの計画の全貌が、よりはっきりとしたものとなっていった。まず、前述の「慈悲の共同体」は、「総議会《ジェネラル・アッセンブリー》」または「総会《コングレス》」と呼ばれる霊界のより大きな包括的な組織の中心となり、人間社会全体の改革《リフォーム》に向けた博愛的な援助をすること。また、その組織は「慈悲の共同体」のほかに、「元素の共同体」「電気の共同体」「教育の共同体」「健康の共同体」「農業の共同体」「行政の共同体」と呼ばれる、全部で七つの共同体から構成されることが告げられた。[48]

こうして霊たちの計画が明らかにされていくことで、スピリチュアリズムと結びついたスピアの社会改革への夢に、よりいっそう熱意が帯びていくなか、同年七月二十二日、「電気の共同体」の霊界でのリーダーであるベンジャミン・フランクリンの霊から、ついに地上に革命をもたらす新たなテクノロジー、すなわち前述の「機械の救世主」の設計プランがついに告知された。

電気の幼子

「新動力（New Motive Power）」あるいは「新原動機（New Motor）」とも呼ばれた機械の救世主の製作プランは、スピアを通してベンジャミン・フランクリンの霊から、こと細かに指導された。[49] また、スピアのまわりでは、前述のサイモン・クロスビー・ヒューイットやアロンゾ・エリオット・ニュートン、その妻でミディアムでもあるサラ・ジェーン・エミリー・ニュートン、のちにアンドルー・ジャクソン・デイヴィスのふたり目の妻となるメアリー・フェン・ラヴなど、その他、数名のラディカルなリフォーマーたちによる協力体制が作られた。

着工は一八五三年十月。ジョン・マレーの霊によって「この高き、この神聖なる、この清められた場所」と呼ばれたマサチューセッツ州リンにある五〇メートルほどの高さの丘、ハイロックの頂にある小屋とそのすぐ隣にある塔が、そのプロジェクト実現の場所として選ばれた。[50] そこは前年の八月七日朝九時三十分に、デイヴィスが「スピリチュアル・コングレス」を目撃した特別な場所でもあった。デイヴィスによると、およそ五〇キロメートルほどの高みの雲のなかで、霊たちが集まり会議をしている様が、ハイロックの頂から見えたという[51]（図3・6）。

作業の開始から九か月後の一八五四年六月、機械の救世主はひとまず完成に至った。だが、この世に誕生したばかりのその機械が、すぐに運動を開始したわけではなく、まず機械に対して原動力を授ける必要があった。そのための作業も、やはりスピアを通して伝えられる「電気の共同体」からの指示に従って進められた。最初のステップとして、ふつうの静電気発生器から電気がチャージされた。その場に立ち会ったアロンゾ・エリオット・ニュートンによれば、その結果、「テーブルの周囲につり下がっていた物体に、ほんのかすかな脈動と振動が観察された」。それは「陽極、すなわち男性性のほうで最初にはじまり、陰極のほうへ」と広がっていった。だが、「この動きは一時的なもの」にすぎなかった。[52]

さらに機械は、人間の磁気の注入を必要としていた。そのため「投射者《プロジェクター》」と呼ばれる磁気を投射する男女が組織された。機械の置かれたテーブルのまわりに集まった「投射者」たちは、着席し、その上に両手を乗せた。そうすることで自分たちの磁気を、もの言わぬ機械に投射した。[53] しかし、これもいまだ「低次」の人間のエネルギーを注入したにすぎなかった。さらに必要とされたのは、「最も純化された」男性と女性が持つエネルギーを注入することだった。その誉れ高い男性として霊たちによって選ばれたのは、ほかならぬスピアその人だった。スピアは任務にふさわしい正装で臨んだ。彼が身に着けたのは、「いくつかの貴金属、宝石、そして人体の組織に浸透しやすい鉱物」が適切に配置され、「陽極と陰極の関係にある金属の板、小片、紐などの結合から作られた」霊的鎧《よろい》だった。スピアは一時間以上、トランス状態を続けた。そこに居合わせた透視能力を持つ人物によると、その間、スピアが身を包んだ装置からは、「臍《へそ》の緒のような光の流れが発散し、機械を包み込んだ」という。[54]

次は「最も純化された」女性が、その機械の前に進み出る番だっ

図3.6　アンドルー・ジャクソン・デイヴィスが目撃した「スピリチュアル・コングレス」の光景

た。霊界の電気の共同体から、その重大な最後の任務を授けられたのは、「新たな摂理のためのマリア」とも呼ばれたアロンゾ・ニュートンの妻サラだった。[55]「電気の幼子《おさなご》」を受胎する母となること。それが彼女に託された聖なる役割だった。ちなみに、ここでの「母」や「幼子」という表現は、単なる言葉の綾ではない。実際、このあとのできごとは、その隠喩表現を超えた奇妙な様相を見せることとなる。

スピアは霊たちによって指定された日に、ハイロックの塔へ来るようサラに求めた。その日、スピア本人もサラも何が目論まれているのか、そして何が起ころうとしているのか霊たちから知らされていなかった。だが、奇妙なことにも、「新たな摂理のためのマリア」としてそこへ召される以前から、サラの体にはすでに妊娠に似た感覚とそれにともなう苦痛が感じられていた。そして当日、彼女の身に驚くべきことが起こった。機械の前に来た彼女は、すぐさま陣痛に似た症状がはじまり、そのあとの二時間、産みの苦しみにもだえ続けたのである。いったいこの奇妙で不可解なできごとは何を意味しているのか？　この救世主誕生の瞬間に立ち会う光栄に浴したサイモン・クロスビー・ヒューイットは、みずから編集している週刊誌『新時代、あるいは人類へ開示された天国』で、次のように述べている。

その目的と結末は、〔そこに居合わせた〕すべての人と同様、彼女自身も、まるでわかっていなかった。しかし、これらの出産の苦しみのなかで、最も内的で洗練された彼女の霊的生命の諸要素が、そのメカニズムのしかるべき部分に授けられ、吸収されたということを、彼女自身は明晰にはっきりと感じていた。[56]

機械の救世主の誕生という重大なできごとを期待し、ハイロックの塔に集まった人々は、ついに「電気の幼子」に生命の兆候とも言うべき「脈動」が現れるのを目撃した。妊娠と出産の擬似的プロセスを通過したサラは、機械の救世主に生命の息吹を与え、ついに聖母となった。この感動的瞬間をニュートンは次のように述べている。「最初、この脈動、あるいは拍動は触ってやっと感じられるほどだった。だが次第に、目に見える振動を作り出すまでに増大した」。それは「陽極の側からはじまり、すぐに陰極の側」へと広がった。[57]

かくして「電気の幼子」は、ついにその産声をあげた。ハイロックの丘の上での興奮は、いかほどのものだったのか。「その物体は動いた！」。その大文字の見出しの下、ヒューイットは自分たちの成功を伝えるべく、前掲の週刊誌『新時代、あるいは人類へ開示された天国』で、次のように高らかに宣言している。

わたしたちは新たな科学、新たな哲学、新たな生命の誕生を迎えたと言ってよいのではないか。ついに出産のときが来た。そしてこれから先、人間の進む道は上昇し、前進していく――強力で崇高で神にも似た道へと。これまでのスピリチュアリズムのすべての啓示、霊たちが生者をコントロールし、彼らがわたしたちに与えた指導と教えのすべては、言うなればひとつの重要な現実的ムーヴメントの出現のために道を敷いていただけのことだったのだ。〔中略〕そしてこの新たなる動力源は、すぐに到来する大いなる救済の道へと人々を導くためにある。それは人類の物理的な救い主である。その発端、その途中のさまざまな段階、その完成への過程は、人類の霊的な救い主としてのイエスの降臨との最も美しく意味深いアナロジーを、この世界に示している。それゆえ、わたしたちは最大の確信を持って主張する。すべての科学のなかの科学、哲学のなかの哲学、すべての芸術のなかの芸術の降臨が、いまやまさしくはじまったことを。[58]

だが、すべての人類へ向けられたはずのこの高らかな凱歌は、当事者たちが期待したほどの興奮は巻き起こさなかった。そもそも同胞であるはずのスピリチュアリストたちにも、スピアらのプロジェクトはあまりにもエキセントリックなものとして映っていたようで、彼らからは祝辞が送られるどころか、むしろ懐疑的な視線が投げかけられた。ヒューイットの宣言に応答するかたちで、サミュエル・B・ブリタンは『スピリチュアル・テレグラフ』で次のように述べている。

その物体は動いた！　然り、だがそのことは、その機械につけられたいくつかの小さなボールへの言及だとはっきり言っておこう。それが数か月のあいだに知られた動きの証拠なのである。重要なリボルバー――それは工場のメインの歯車に相等する、そしてその重要な力が作られるのはすべてそれに依存している――は、けっして動いていない。それはほんのわずかでさえ動いていない。〔中略〕目下、わたしたちは、『新時代』のなかで説明されている特徴からなる新動力と実際に呼べるようなものは存在しないと確信している。[59]

「機械の救世主」が製作された場であるリンの市民もまた、スピアたちを快く思っていなかった。市民の代表団は、彼らとその「新動力」を町から追放するための委員会を結成した。さらにはスピアの妻も、彼の奇妙な実験に我慢していられず、彼を家から追い出した。こうした逆風に押されるかたちで、スピアたちはハイロックから立ち去ることを早々に決意せざるを得なくなっていった。[60]

一八五四年七月、スピアたちは分解した機械をワゴンに載せ、その生誕の地に別れを告げた。彼らは新たな聖地と目された場所、サディアス・シェルドンの所有するニューヨーク州ランドルフにある農場へ向かった。[61]その農場の大きな納屋のなかで、「電気の幼子」はふたたび組み立てられることになった。しかし、そこも安住の地にはならなかった。翌月、スピアたちにとって嘆かわしい悲劇が訪れる。スピアは怒りと悲しみとともに『スピリチュアル・テレグラフ』のなかでこう告げた。「その小さな機械は襲撃され、ばらばらに引き裂かれ、人間の足の下に踏みつけられた」。それは地元の暴徒の仕業だった。納屋に収納されていた「電気の幼子」は破壊され、その尊い生命が絶たれてしまったのである。スピアはその許しがたい暴挙を、奴隷制度廃止に反対する暴徒によって攻撃されたウィリアム・ロイド・ギャリソン、ジェイムズ・ブリネイ、イライジャ・ラヴジョイの受難に重ね合わせることで、進歩的で良識ある人々へ向けて、みずからの揺るぎない熱い信念を訴えた。

ギャリソンは暴行を受けてきた。ブリネイの出版物は川に投げ捨てられ、ラヴジョイは殺された。それにもかかわらず、反奴隷制の運動はいまだに生きているし、虐げられていた人々はやがて必ずや自由になるだろう。したがって、それは人間に伝えられてきたすべての真実のために絶対に存在し続けるだろう。そして真実は不滅であり、破壊されることはあり得ない。[62]

だが、もはや敵意と嘲りが、かつての博愛主義者としてのスピアの名声を塗り替えようとしていた。そもそも今回の騒動は自作自演なのではないか。そんな疑いすら沸き上がった。一八五四年十一月四日の『サイエンティフィック・アメリカン』誌は次のように書いている。

わたしたちは暴徒が建物へ侵入し、その霊的機械を破壊したという言葉を信じない。わたしたちの意見はこうである。それは狡猾《こうかつ》なその作者自身によって壊された。その策動は、彼の馬鹿げた主張が暴露される、まさにそのときが来たことを示しているのだ。[63]

霊的社会主義のユートピア

たとえ今日から見て、「新動力」の建造のようなプロジェクトが、まったく奇妙な夢想としか思えないものだったとしても、それがスピアの博愛主義的な社会改革のヴィジョンと結びついていたことを忘れてはならない。たとえば、「新動力」と並行して、霊たちの指示により、スピアたちが進めていた「魂融合テレグラフ（Soul-Blending Telegraph）」というプロジェクトがあるが、それは大西洋を横断するテレグラフのケーブルを敷く計画において、一八五三年にアメリカ連邦議会から五〇年間にわたる独占権の許諾を受け取った実業家サイラス・ウェスト・フィールドへの挑戦を意味していた。「電気の共同体」の霊たちは、サイラスの手に入れた独占権が貧者に益することなく、富む者をさらに富ませる仕組みであるとして強い懸念を示した。霊たちは次のように述べている。「それはあらゆる計画のなかで最も有害な構想である。その地下のワイヤーは最も危険な独占という蛇である」。その一方で、霊たちが指示した「魂融合テレグラフ」の構想は、貧者から富者まで区別することなく、すべての人々に対して大陸から大陸へと平等なコミュニケーションの流路《チャネル》を開くことで、独占と圧制に対抗しようとするものだった。しかも最終的には、ほかの惑星の住人との交流を結びつけることさえ可能となり、それによってランドルフという小さな町を、「宇宙のテレグラフィック・センター」とすることも計画されていた。塔の建設地には、ニューヨーク州西部に位置するランドルフの五キロメートル南の丘の上――霊たちによると、地上でも際立った「電気的特性」を持つ場所――が選ばれた。その塔は、離れた場所とのあいだで思考を伝達し受信するためのステーションとなるはずだった。遠く離れた二地点を結ぶワイヤーを必要としない「魂融合テレグラフ」は、当時の有線テレグラフを超えたより進歩的なテクノロジーだった（無線電信でマーロン・ルーミスが特許を取ったのはこれより二〇年ほどのちの一八七二年）。そのワイヤレス・テレグラフが「魂融合テレグラフ」と呼ばれたのは、双方の情報の送受信のためには、送信者と受信者が思考、感情、決意のなかでひとつになり、「魂を融合させること」を習得する必要があったからである。また、「魂融合テレグラフ」でのコミュニケーションの言語は、通常の言語よりも根源的な普遍的言語であり、それは言語習得以前のコミュニケーションのようなものとなるため、それが実現された結果として、「さらなる調和と平和をもたらすことになる言語と思考の普遍的共同体の発展を助長するだろう」とも考えられた。こうした「魂融合テレグラフ」の構想からも明らかなように、霊の指示の下で活動するスピアらの活動が、たとえ外部からどれほどエキセントリックなものに見られようとも、それらはつねに社会の不正と不平等の是正に強く動機づけられていたのである。[64]

　また、これまで見てきたような霊的テクノロジーへの傾倒とは別に、スピアたちの伝道活動が、その時代の社会主義者たちをスピリチュアリズムに回心させていた事実も見過ごすことはできない。

　一八五二年十月、スピアのグループは、女性ミディアムのマリア・B・ヘイデンを伝道者としてすでにイギリスに送り込んでいる。ヘイデンの渡英の目的は、そこで交霊会を開催し、新たな時代の到来を告げる霊たちからのメッセージを伝えることだった。実際、アメリカからイギリスへのスピリチュアリズムの本格的流入は、このヘイデンの到着以降のことである（これについては次章で触れる）。そしてその際に、彼女が果たした最も大きな成果こそが、当時のイギリスの有名な社会主義者で、一八二五年から二七年にかけて、アメリカのインディアナ州に「ニューハーモニー」という共同体を設立しようと試みたこともあるロバート・オーウェンを、スピリチュアリズムに引きずり込んだことだった[65]。ヘイデンのラップ音による交信を通じて、亡くなった父や母との交信を体験したあと、オーウェンは次のように述べている。「わたしはさまざまな質問を投げかけてその信憑性を試してみたところ、回答はすべて正解したので非常に驚いた[66]」。その後、幾度かの交霊会で霊からのメッセージに耳を傾けたオーウェンは、長年、その実現に尽力してきた社会主義の時代がついに訪れることをはっきりと確信した。そして一八五五年七月三十日、オーウェンは、みずから開催した社会改革を訴えるワールド・コンベンションの演壇で、「最上の知性を持った先人たち、そして最近亡くなった先進的な親友たちが、こ

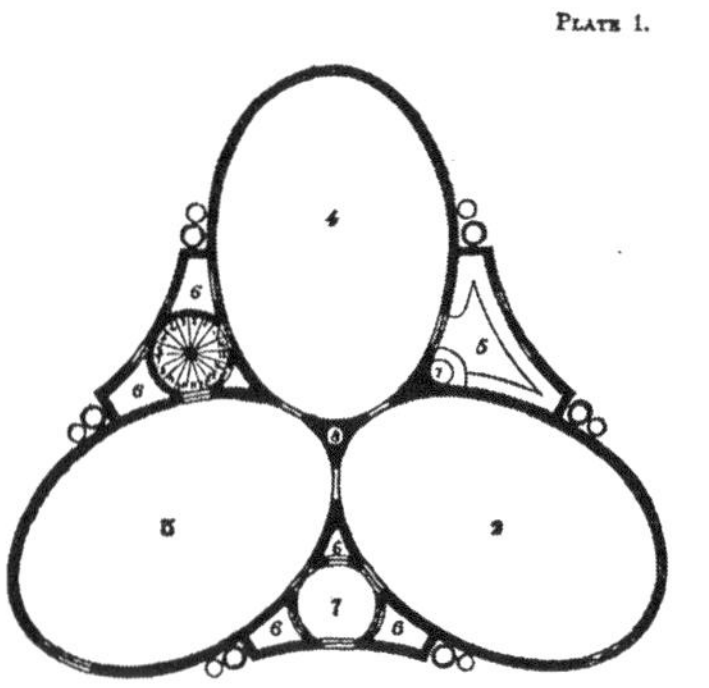

HOME OF HARMONY. GROUND PLAN OF 1st STORY.

Three Stories High—9 Rooms.

1. Front Hall—diam. 6 feet.
2. Parlour—25 × 18.
3. Sitting Room.
4. Kitchen and Dining Room.
5. Pantry.
6. Closets.
7. Chimney.
8. Flue for Ventilation and Heating.

図3.7　サイモン・クロスビー・ヒューイットが描いてロバート・オーウェンに送った未来の建築の構造（1）

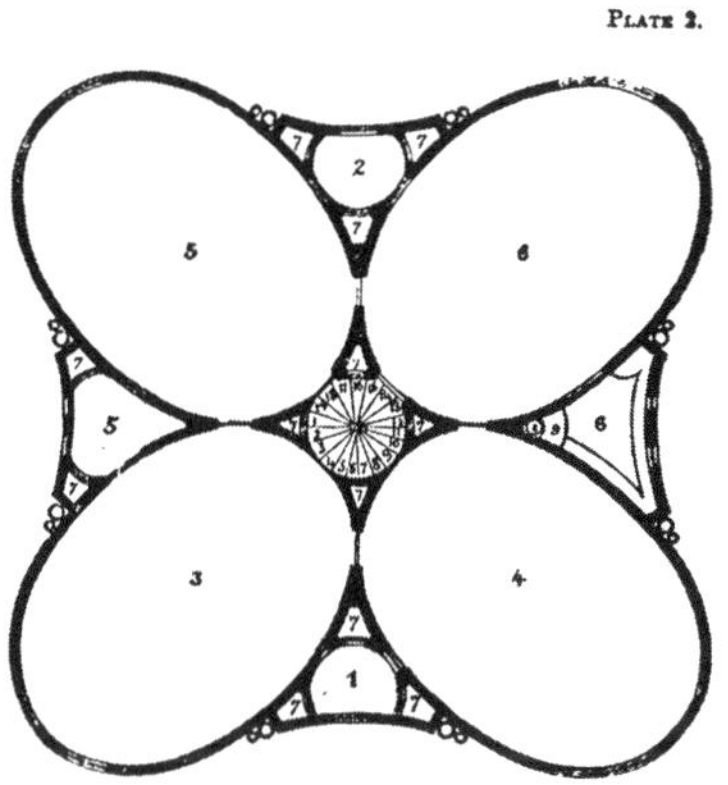

HOME OF HARMONY.—GROUND PLAN OF 1st STORY.

Three Stories High—14 Rooms.

1. Front Hall—6½ feet diam.
2. Back Hall 〃 〃
3. Drawing Room 25 × 18.
4. Parlour 〃 〃 〃
5. Sitting and Dining Room, and Ladies' Dressing Room, —25 × 18.
6. Kitchen 25 × 18.
7. Closets.
8. Chimney.
1—19. Spiral Stairs from Kitchen, and Dining, and Sitting Room—6 feet diam.
9. Gas Cooking Arrangement.

図3.8　サイモン・クロスビー・ヒューイットが描いてロバート・オーウェンに送った未来の建築の構造（2）

の栄光の変化を達成するための道を準備する支援に、いまや積極的に参加しているのだ」と宣言した。[67]

一方、スピアたち自身も、ニューヨーク州とペンシルベニア州のちょうど境にあるキアントーンで、オーウェン流の社会主義の延長とも言うべきユートピア的共同体の建設に一八五四年から着手している。[68]「ハーモニア（Harmonia）」と呼ばれたその共同体は、迫害された人、家を失った人、病人、体の不自由な人など、人種の垣根を越えたすべての人々のための避難所となることがめざされた。一八五六年十月十六日、スピアはオーウェンへの手紙に次のように書いている。

> あなたの長い人生を捧げてきた気高く偉大なる目的が、ひとつの共同体の設立により、ここ新世界において、ついに実現されようとしています。それは全能の神の祝福によって、現代の不調和、争い、希望の見えない状況から、地球すべての国、種族、民族、さまざまな言葉を話す人々の救いとなるでしょう。〔中略〕ひとつの共通の兄弟愛、ひとつの家族のなかに、すべての人が包み込まれ、ひとつの目的、ひとつの教父を持ち、ひとつの言語を話すようになるでしょう。[69]

霊たちによって指示された共同体の建物のデザインは、サイモン・クロスビー・ヒューイットを通して伝えら

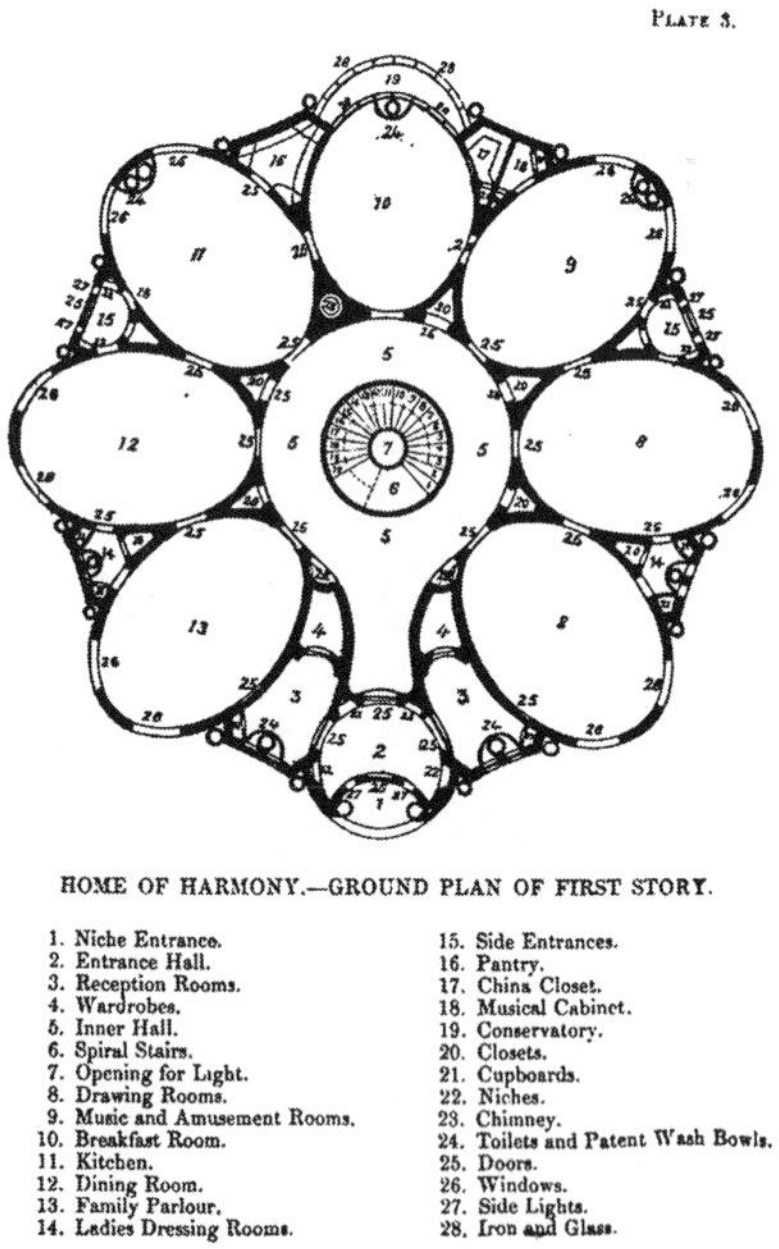

図3.9　サイモン・クロスビー・ヒューイットが描いてロバート・オーウェンに送った未来の建築の構造 (3)

れた。一八五六年五月一日、ヒューイットは未来の建築物の構造を描いた絵をロバート・オーウェンに送っている[70]（図3・7～9）。その際にヒューイットは、同年五月十四日にロンドンで開催されるリフォーマーたちの会合の参加者に向けて、未来の建築を新たな社会のヴィジョンに一致するものとして、次のように書いている。

> 過去は闘争の時代だった。人間と人間、国と国の争いが至るところで見られた。〔中略〕しかし、いまや社会の新たな秩序がその姿を現してきている。孤立した生きかたは減っていくだろう——単なる個人主義は影をひそめていくであろう。共同、協調が、より増えていくことであろう——調和的な団体生活が見られることになるだろう。〔中略〕社会の新たな秩序には、その必要性とそのめざす抱負に応じる新たな建築が必要になるだろう。[71]

数年のあいだに、スピアたちは八角形のワンルームの木造のドームを一ダースほど完成させた（図3・10）。それらの建物のひとつは、破壊された「機械の救世主」の遺物を展示する博物館としても使われた。また、霊界の「農業の共同体」の指導の下、その小さな集落のまわりの土地には、とうもろこし、キャベツ、じゃがいも、いちごなども植えられた。[72]

さらにハーモニア共同体では、伝統的な結婚の制度に囚われることのない男女間の自由な結びつきを認める「フリー・ラブ」も奨励された。一八五八年九月十七日から十九日の三日間にわたって同地で開催された「ナショナル・スピリチュアリスト・コンベンション」の初日の演壇に上がったある女性は、トランス状態で身をよじり、発作的に体を動かしながら次のように語ったことが、同年九月二十四日の『ニューヨーク・デイリー・ト

図3.10　1890年代に撮影されたハーモニア共同体の建物

リビューン』紙の記者によって報告されている。「フリー・ラブ！　フリー・ラブ！　それは神の法です。それは天の命令です。若々しい愛情を閉じ込め、神聖なる愛の聖なる火花を消し去る男に、その心を縛りつけ、監禁するよう、つけこまれてはなりません[73]」

スピリチュアリズムと社会改革

ところで、一八五〇年代のアメリカにおいて、理想のユートピアをめざす共同体の実践とスピリチュアリズムが融合していった例は、スピアたちのハーモニア共同体だけではない。

一八三八年九月、ウィリアム・ロイド・ギャリソンによってボストンで結成された「ニューイングランド無抵抗協会（New England Non-Resistance Society）」の主要メンバーのひとりで、元ユニヴァーサリストの牧師アディン・バルーが、一八四一年にマサチューセッツ州ミルフォード近郊のホープデールで設立した共同体も、スピリチュアリズムが社会改革の理念と矛盾することなく浸透していった一例である。

当初、ホープデール共同体は、既存の教会の保守的な考えを拒否したリフォーマーたちによって、原始キリスト教徒の共同生活に倣《なら》った生きかたを求めるキリスト教社会主義者の共同体だった。だが、指導者のバルーがスピリチュアリズムに傾倒した結果、共同体の内部でも霊との交信が積極的に実践されるようになっていった。実際、バルーの編集する共同体の新聞、『プラクティカル・クリスチャン』では、一八五二年の四月から、エリザベス・アリス・リードとメアリー・E・バウアーズという女性ミディアムたちによる自動筆記によって、十八歳で亡くなったバルーの息子アディン・オーガスタスの霊からの一連のメッセージが掲載され続けた[74]。また、バルーは同年八月にボストンで開催された「ミディア〔ミディアムの複数形〕と霊視派の会議（Convention of Media and Manifestationists）」、同年九月二十九日と三十日のロチェスターにおける「スピリチュアリスト会議（Spiritualist Convention）」の議長を務めている。これらふたつは、アメリカで最も初期に開催されたスピリチュアリストのコンベンションである[75]（スピアは後者の副議長を務めている）。

また、一八五一年十月にバージニア州西部（現在はウェストバージニア州）のコーブ山ではじまったスピリチュアリストの共同体も、スピアのハーモニア共同体と同じく霊たちの指示に従って夢見られたユートピア的共同体だった。[76] コーブ山の共同体の起こりは、ニューヨーク州オーバーンで、一八四九年秋のケイト・フォックスによる交霊会のあと、ミディアムとしての能力を発揮するようになったアン・ベネディクトという女性が、聖書のなかの使徒や預言者の霊との交信をはじめたことに端を発する。その後、「使徒のサークル」と称するスピリチュアリストたちの集まりが形成されるが、一八五一年からは、ニューヨーク市ブルックリンのセブンスデー・バプテスト教会の牧師ジェイムズ・L・スコットと元ユニヴァーサリストの牧師トーマス・レイク・ハリスのふたりが、そのグループの実権を握り、「天の王国」を地上に実現するための場所として、霊たちによって指示されたコーブ山へと数百名の人々を導いていった。コーブ山共同体の指導者として、スコットは次のように語っている。

この町は隠れ家であり、保護施設として、疲弊した土地の巨大な岩盤の人目につかない場所として、苦しめられた人のための聖域として、破壊を求める罪深き力から逃れる人々のための避難所として作られている。その山のなかで、わが人々は必ずや心安らぐことであろう。[77]

仮に十九世紀の社会改革運動として思い出されるのが、いわゆる唯物史観にもとづくマルクス以後のものだけだとしたら、スピリチュアリストとリフォーマーたちの連携は、たしかに想像しがたいものとなるだろう。だが、無神論や唯物論にけっして傾くことのなかったアンテベラム期アメリカの多くのリフォーマーたちにとって、社会改革の理念やヴィジョンはスピリチュアリズムと矛盾することなく、むしろ後者は前者を強く支持するものとすら考えられた。

そもそもフォックス姉妹の最初期の強力な支持者たちが、ポスト夫妻を中心とする奴隷制度廃止や女性の権利の運動に献身した分離派クエーカーたちだったことは、前章で見たとおりである。その後、一八五〇年代を通して、分離派クエーカーたちのあいだでは、さらにスピリチュアリズムが深く浸透していったばかりか、次第に両者はほぼ一体化して、その境界線も見定めがたくなっていく。

たとえば、一八五七年にイリノイ州ロックフォードで開かれたスピリチュアリストの会議では、「進歩的友会（Progressive Friends）」という分離派クエーカーの名称を共有することが宣言され、それ以後、「進歩的友会」と名乗るスピリチュアリストのグループがアメリカ中西部に点在するようになっていった。また逆に、インディアナ州の分離派クエーカーたちは、一八五〇年代終わりから一八六〇年代にかけて、少しずつみずからのルーツを薄め、最終的にそのアイデンティティをスピリチュアリストに同一化していった。それは彼らの会合の名称の変化によって明らかである。一八六二年は「進歩的友会徒とスピリチュアリストの年次会合（Yearly Meeting of Progressive Friends and Spiritualists）」だったものが、一八六三年には「進歩的スピリチュアリストの四半期ミーティング（Quarterly Meeting of the Progressive Spiritualists）」、そして一八六四年には「スピリチュアルな進歩の友会徒の四半期ミーティング（Quarterly Meeting of the Friends of Spiritual Progress）」、ついに一八六五年には「友会徒（Friends）」と「進歩（Progress）」という語が消え、単に「スピリチュアリストの三日間の会合（Three Days Meeting of Spiritualists）」となった。[78]

また、この時代の社会改革運動の最も大きなイベントのひとつとして知られている一八五八年の「ラットランド自由会議（Rutland Free Convention）」でも、参加したリフォーマーたちのあいだでは、スピリチュアリズムが社会改革と並べて論じられるべき主題としてみなされていた。実際に会議の議事録を見ると、ラディカルな反権威主義と個人主義の姿勢を表明すべく、教会や国への批判をはじめ、奴隷制度への反対、女性の権利の主張、戦争と死刑に対する反対など、その他、当時の社会改革における一連の重要な主題が並んでいるが、そのなかには次のようなスピリチュアリズムに関する決議も含まれている。

一、決議、モダン・スピリチュアリズムと命名された事柄に関する現象は、肉体を持っている人間と肉体を持たない人間の霊たちとのあいだの知的交流が可能であり、実際におこなわれているという事実を十分に証明している。

二、決議、霊との交信の可能性と現実性に関する確信は、あらゆる専制政治、不道徳、官能主義に反対し、また人間の魂と矛盾することのない権威にのみ、または健全なる道徳への賛意に導く。

三、決議、目下のスピリチュアル・ムーヴメントは、わたしたちの不死の自然な証拠を、より確実な表現とさらなる例証的なかたちによって提供することにより、懐疑主義の広まりという風潮、そしてこの時代の感覚的なものに偏重する傾向を阻むべく、多くのことをなしてきた[79]。

また、同会議には数多くのスピリチュアリストたちも参加していたが、なかにはアンドルー・ジャクソン・デイヴィスもいた。その十分間の演壇上での発言で、デイヴィスは次のように述べている。

スピリチュアリズムに関するわたしの所信は、この会議が招集された目的の「さまざまな社会改革を受け入れること」への単なる入り口にすぎない。また、わたしは確信している。あなたがたすべてにとって、スピリチュアリズムが自由へ向かうすべての目標を先導し、そしてこの世界全体の至上の喜びへと連れていく広大で壮麗な勝利の門であると[80]。

女性トランス・ミディアムと「女らしさ」の規範

一八五〇年代におけるこうしたスピリチュアリズムと社会改革の結びつきのなかで、とりわけ大きく注目を集めた存在として、大勢の観衆を前に、演壇上で霊のメッセージを告げるようになる「トランス・スピーカー」あるいは「トランス・ミディアム」とも呼ばれた女性ミディアムたちがいた。

ここで興味深いのは、自動筆記で霊からのメッセージを書き記してその名を知られたのが、いずれも男性ミディアムだったのに対し、自動発話《オートマティック・スピーキング》、すなわちトランス状態になって霊からのメッセージを口にした者の圧倒的多くが、女性ミディアムだったということだ。

たとえば、自動筆記によって、その名を知られたのは、これまで見てきたように、アイザック・ポスト、チャールズ・ハモンド、ジョン・マレー・スピアといったいずれも男性ミディアムだった。さらに一八五〇年代のあいだ、新たに注目を集めたジョージ・T・デクスター、チャールズ・リントン、ジョセフ・D・スタイルズも男性ミディアムだった。[81] 一方、同時代にトランス・ミディアムとして活躍し、名声を獲得していくのは、エマ・ハーディング（第1章で紹介した元ユニヴァーサリスト）、コーラ・L・V・ハッチ、エイクサ・ホワイト・スプレイグ、シャーロット・M・ビービ、リジー・ドーテン、エマ・ジェイ・ブリーン、アンナ・ヘンダーソン、ローザ・アメディ、シャーロット・タトルなど、いずれも女性たちだった。女性が公共の演壇に上がることに対して、アメリカ社会では一般的に受け入れられていなかった当時の状況から鑑みると、大勢の観衆を前に語る女性トランス・ミディアムたちの堂々たる躍進は、先進的な社会改革の集会であったとしても、じつに異例のことだったと言える。[82]

そもそも十九世紀半ばのアメリカでは、演壇上での女性によるスピーチには強い異議が持ち上がることも珍しくはない状況だった。たとえば一八三七年、サウスカロライナ州チャールストン出身のクエーカー、サラ・グリムケとアンジェリーナ・グリムケの姉妹は、女性としてはじめて公の場で奴隷制度に反対するスピーチをしたが、その際に彼女たちは、自分たちがスピーチをする権利を反対派の人々に対して強く正当化する必要があった。このグリムケ姉妹の歴史的スピーチ以後、一八四〇年代から一八五〇年代にかけて、アーネスティーン・ルイーズ・ローズ、アビー・ケリー・フォスター、ルクレシア・モット、ルーシー・ストーンなどの女性リフォーマーたちが意を決して公共の演壇に上がっていく。だが、あくまでも勇気ある少数の女性にかぎられ、その数自体はけっして多くなかった。

その一方、一八五〇年代に新たに登場するようになった女性トランス・ミディアムたちは、公の演壇でスピーチする権利を、女性リフォーマーたちに比してやすやすと獲得していった。このことはスピリチュアリストの会議の演壇のほうが、女性の権利を含む社会改革の会議の演壇以上に、女性によるスピーチの受け入れに開かれていたことを示している。ただしそのこと自体が、男性と同様に公の場において自己の思想を主張する女性の力や権利を認めることに対して、スピリチュアリストたちのほうが積極的だったことを意味するわけではない。むしろ、霊たちのメッセージを伝える媒体になった女性トランス・ミディアムたちの発話は、女性自身の言葉でなく、受動性の下で霊という他者による操られた無意識的なものと考えられていたがゆえに、その行為が、主体的に語る男性とはまったく正反対に位置づけられる女性性の固定概念に抵触することなく受け入れられやすいものだったことを、単に意味しているにすぎない。

また、こうした女性トランス・ミディアムの発話の特性からすれば、男性の講演者の場合は不利になるはずの教育の欠如や若さにともなう未熟さも、まったく問題になり得なかった。そればかりか、むしろ本人自身がそれを意図的になし得るほどの能力を持っていないと考えられてこそ、その語りは真正性を認められ得るものでもあった。たとえば一八五五年一月十三日の『クリスチャン・スピリチュアリスト』紙では、トランス・ミディアムのエマ・ジェイ・ブリーンによってニューヨークでおこなわれた講演を、「まだ十八歳にもならない若い女性が、一時間半のあいだ、論理的で哲学的な明晰さをともなう説得力で語るということは、演説者の教育もしくは知性に対して、ふつうではない力〔霊の力〕が存在することの証明となった」と報告している。[83]

女性トランス・ミディアム本人も、霊的真実を女性が理解することにおいて、男性同様の教育や知性の必要性がないことをしばしば主張した。たとえば、一八六〇年一月二十九日にボストンで開催されたスピリチュアリストの集会の演壇で、女性トランス・ミディアム、リジー・ドーテンは次のように訴えている。

> 愛情に満ちた〔女性の〕本質が、実際に知性よりも彼女のなかで発達していることは本当です。〔中略〕女性は適切な教育を受けてきていません。彼女は人生の狭い領域、退屈な義務の習慣のなかにとどまることを強いられています。そしてそれが女性の領域であると主張されています。

こうしてドーテンは女性の境遇に苦言を呈したうえで、さらに次のように述べる。

しかし、女性は霊的真実を理解するために知性を磨く必要はありません。みずからの聖なる本質と霊的理解にただ忠実に生きるのです。あなたの心のなかに神のための家を作るのです。そうすれば神の御使いたちが訪れるでしょう。そして霊的理解と発達のために必要とされるすべては、そのインスピレーションとともにやって来るでしょう。[84]

また、清らかさや純真さといったような女性性に求められた特徴がトランス・ミディアムのなかに見られたことも、しばしば観衆を魅了する要因のひとつとなっていたことはまちがいない。たとえば、女性トランス・ミディアムたちのなかで、最も成功を収めたひとりであるコーラ・L・V・ハッチ（図3・11）のパフォーマンスを見たある人物は、一八五七年十一月二十一日の『ボストン・デイリー・クーリエ』紙への寄稿で、彼女の女性としての若く美しい外見が、いかに観衆に好印象を与え、魅了するものであったかを次のように記している。

彼女の衣装は純真さそのものだった――簡素で上品で、不要な装飾はいっさい省かれていた――このうえなくすばらしい品性を示す彼女の明るい茶色の髪につけられた一輪ないし二輪の花、いつも晴れやかな彼女の唇の笑み、彼女の目が向けられるとき、なんとも説明できないゾクゾクさせるもの――そのような好ましい

図3.11　コーラ・L.V. ハッチ（1875年頃）

印象を作り出すあらゆる結びつきに、彼女が話そうと立ち上がる前からすでに観衆の多くの心は奪われているのだ。[85]

要するに、女性として演壇で語る権利を手に入れた女性トランス・ミディアムたちの活躍は、男性中心的なイデオロギーによって押しつけられた「女らしさ」の定義に挑戦するのではなく、むしろその「女らしさ」の定義を引き受けることによってこそ、なし得たものだった。彼女たちのこうしたありかたは、一八四〇〜六〇年代にかけて、女性の領域として割り当てられた家庭という壁を越え、男性の領域とされていた公共の場に女性が進出していく移行期としてのひとつの段階を、まさしく象徴するものだったと言えるだろう。

本章では、一八五〇年代に拡大していったスピリチュアリズム・ムーヴメントのひとつの流れとして、社会改革運動との関わりを中心として見てきた。次章では、まったく同時期に登場した、ショーマンシップあふれるミディアムたちが披露するさらに驚くべき数々の物理現象とともに広がっていく、交霊会のエンターテインメント化とも言うべき状況に目を向けていきたい。

第4章

エンターテインメント化する交霊会

霊のキャビネットから空中浮遊まで

クーンズ家の「霊の部屋」でのコンサート

本章の主題である「交霊会のエンターテインメント化」を追っていくために、まずはオハイオ州アセンズ郡の丘陵地ミルフィールドの農場経営者、ジョナサン・クーンズの家での交霊会を紹介することからはじめたい。

一八五二年初頭、クーンズは「詐欺を見つけ、たくらみを暴露するべく断固とした熱意」を持って、ある交霊会に参加した。だが、クーンズは、自分が心のなかで唱えただけの質問に対しても、ラップ音が正確な答えを返してきたことに衝撃を受けた。しかも彼は家に帰るとすぐに、自分も含め、妻と八人の子供（生後七か月の乳児から十六歳の長男まで）の家族全員が、ミディアムとしての能力を持っていることに気がついた[1]。その後、クーンズは霊の指示により、自宅から二メートルほど離れた場所に、約四×五メートルの大きさのワンルームの木造の建物を作った。「霊の部屋」と呼ばれたその部屋には、テーブルと棚が置かれ、さらにテナー・ドラム、バス・ドラム、フィドル、ギター、バンジョー、フレンチ・ホルン、ティン・ホルン、ハンドベル、トライアングル、タンバリンなどさまざまな楽器が設置された。こうして準備が整えられると、クーンズ家では、前代未聞の驚くべき交霊会が開催されるようになった。クーンズ家の交霊会に参加したスピリチュアリスト、ジョン・ゲイジは、そのはじまりのようすを次のように述べている。

〔午後〕八時と九時のあいだ、クーンズ氏と彼の息子ネイハムは、〔霊の〕部屋に入り、ドアとシャッターを閉めた。彼らが言うには、〔交霊会を〕主宰する霊のキングに、彼が今夜、参加するかどうか、彼が何時に開始するかを尋ねるためである。〔中略〕わたしたちは部屋に入った。クーンズ氏は、フィドルを持って自分の席に座り、それを調律していた。わたしは彼のそばに、わたしの妻はわたしの隣に席を取った。わたしたちの椅子は近くにくっつけられていて、部屋のなかは椅子やベンチでいっぱいだった。窓のシャッターとドアは閉められ、クーンズ氏は明かりを消した。するとすぐにテーブルの上に衝撃的な打撃が起こり、わたしの足にまで伝わってくるほど部屋を振動させた。「やあ、キング」。クーンズ氏は言った。「君はここにいるね」。すると陽気な曲の演奏がはじまった。クーンズ氏がフィドルで演奏をはじめるとすぐに、バス・ドラムとテナー・ドラムが、わたしを恐れさせるほどの力とエネルギーで演奏をはじめた。全部そろったとき、家全体が、音楽で揺れ、振動した。わたしはドラムスティックを握っているのが人間の手ではないことがわかり、その間、霊たちがそれらを支配しているのだという考えが、抑えがたく確かなものとなった。[2]

通常、クーンズ家の交霊会では、その後、さまざまな楽器の演奏が加わり、まさに霊のコンサートとも言うべき様相を呈していく。また、同様の交霊会は、クーンズ家だけでなく、そこから五キロメートルほど離れた場所にある同じく農場経営者のジョン・ティッピーの家でも、やがて起こるようになった。『スピリチュアル・テレグラフ』紙の編集者チャールズ・パートリッジは、クーンズ家とティッピー家それぞれの交霊会に三度ずつ参加したあと、それらの状況を次のように報告している。[3]

〔両家の〕部屋や現象はとても似ている。〔中略〕取り仕切る霊は同じキングという名前で、彼らは父と息子だと主張している。部屋にはおよそ二五人ないし三〇人が着席し、たいがいは満席となる。〔中略〕サークルが形成されたあと、ドアと窓は閉められ、明かりはたいがい消される。そしてほぼ即座に、大きなドラムスティックによって、テーブルの上に馬鹿でかい強打が起こる。そしてすぐさま、戦地で点呼の招集をかけるかのように、バス・ドラムとテナー・ドラムが高速に連打され、無数の反響を引き起こす。これらの高速ドラムの連打は、じつに多くの人々を怖がらせるものだ。ドラムのビートは五分くらい続く。そして終わったとき、たいがいキングはトランペットを用い、「こんばんは。友人たちよ」というような挨拶をして、その後、しばしばどんな特別な現象を希望するかを尋ねる。とくに何も求められないなら、たいてい、キングはバイオリンを演奏するようクーンズ氏に求める。それと同時に、霊たちはドラム、トライアングル、タンバリン、ハープ、アコーディオン等々を演奏する。[4]

通常、こうした楽器の演奏が終わったあとは、部屋をすっかり満たすほどまで次第に大きくなっていく霊たちの歌声がどこからともなく聞こえてくる。その霊たちの合唱がとても美しいものだったことは、交霊会に参加した人々によって、口ぐちに語られている。たとえば、G・スワンという人物は、次のように報告している。「わたしたちは、次に天上の声たちの音楽を聴くことを許された。わたしには天使の歌の言葉自体を理解できなかったが、その音楽は最上の神聖なる甘美と調和にあふれていた」[5]

霊たちの合唱が終わったあとは、さらに奇妙なできごとが起こる。暗闇のなかに、霊たちの手が出現する。その「物質化」（後述）した霊の手は、あらかじめクーンズが用意しておいたリン酸水溶液で手を湿らし、部屋のあちこちを素早く動いていく。パートリッジが参加した交霊会では、三つの霊の手が見えたが、それらは参加者たちの手に触れ、またさまざまな楽器を演奏した。暗闇のなかを動く霊たちの手は、かなり明るく輝いて見えたようで、パートリッジによれば、ポケットから取り出したパンフレットの上方に霊の手が置かれたとき、その文字を読み取れるほどだった。さらにパートリッジは、霊たちの手と握手をし、その手を調べた結果、それらは「振動する動きを持っていたことをのぞいて、わたしたちの手と同じ成分から形成されているように思われた」が、「それらのいくつかは冷たく死んでいるようだった」。また、霊の手がペンを取り、テーブルの上に置かれていた紙に文字を書き記したが、それは見たこともないほどの速さだった。[6]

ところで、なぜ霊たちは手あるいは腕の一部だけを物質化し、ほかの体の部分を物質化しないのか？　このことについては、クーンズの交霊会に参加したジョン・B・ウルフという人物が、直接、霊に尋ねてみたところ、次のような答えが霊から返ってきた。「この実演が必要とする成分は、わずかの量しか存在しない。〔中略〕全身を作り出そうとするなら、それは透明な気体のようになり、透視能力者にしか見ることができないものとなってしまうだろう」[7]

それにしても、そもそも「キング」と名乗る霊、そして楽器を演奏する霊たちは、いったい何者なのか？　交霊会のマスターとして霊の楽団の演奏を取り仕切っていた霊は、みずからを「キング・ナンバー・ワン」と呼んだ。そして楽団には全部で一六五名の霊たちがいて、彼らは「最古の人間の種」だという。霊たちはトランペットなどの楽器を通じて、直接、言葉を語るか、あるいは霊の手がペンを持ち、紙にメッセージを書き記すなどして、霊界からさまざまなことを伝えてきた。それらについてはクーンズ家の交霊会を何度も体験し、その真実を確信したJ・エヴェレットという人物によって編纂され、一八五三年に出版された。そのなかには、トランス状態で霊によって手を動かされた、クーンズ家の長男ネイハムによって描かれた天界の構造に関する図も含まれている[8]（図4・1）。

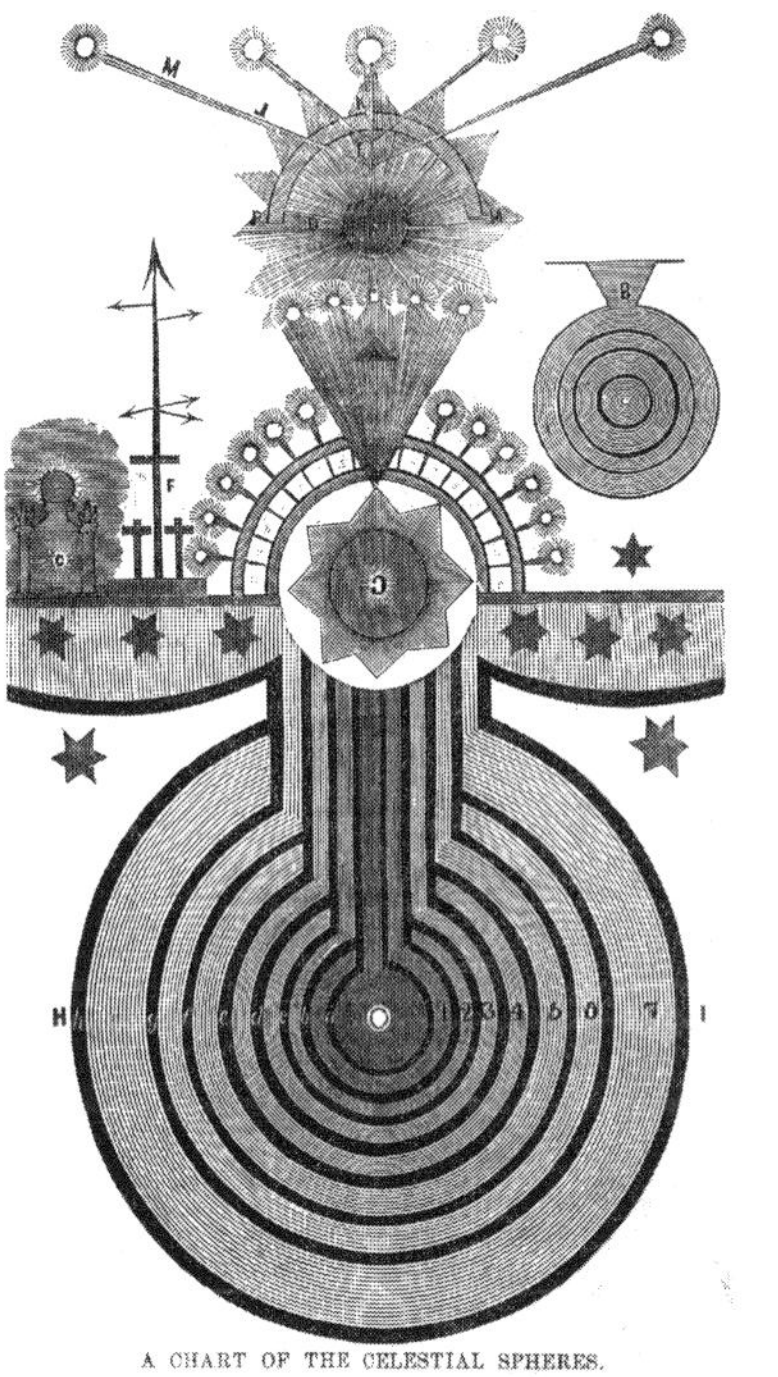

図4.1　ネイハム・クーンズによって描かれた天界の構造

交霊会での霊たちのあまりにも奇抜なパフォーマンスに加え、さらに霊たちが語る自分たちの素姓の突飛さを併せてみると、スピリチュアリズムに懐疑的な人々から、すべてはクーンズ家によって仕組まれた出し物だったのではないかという疑いを投げかけられたとしても、まったく不思議ではない。[9] だが、それが本物であれ、偽物であれ、歴史的な観点から見れば、クーンズ家で報告されたさまざまな現象こそが、以後のエンターテインメント化していく交霊会のありかたの基本パターンを決定づけたのはまちがいない。とくに、霊の手の出現はのちに「物質化（materialization）」と呼ばれ、一八七〇年代の交霊会ではさらにそれが発展したかたちとなり、大きな話題を呼ぶ現象のひとつとなる。

このあと本章では、クーンズ家の霊たちの披露したパフォーマンスから発展した、さらなる驚くべき見世物を披露しながらエンターテインメント化していく交霊会の状況を追う。

ロープ抜け

クーンズ家を発端とし、交霊会は新たな局面に進みはじめた。その流れのなか、一八五〇年代半ばごろから、クーンズ家以上に大きな興奮を巻き起こしたのが、「ダヴェンポート兄弟」の名で世に広く知られることになるニューヨーク州バッファローの警察官のふたりの息子たち、アイラ・エラスタス・ダヴェンポートとウィリアム・ヘンリー・ハリソン・ダヴェンポートだった[10]（図4・2）。

ダヴェンポート兄弟の伝記によると、同家ではフォックス家よりも早く、一八四六年にはすでに不可解な騒音が聞こえていた。だが、ダヴェンポート家で実際の霊との交信自体が試みられるのは、フォックス家のできごと以降、スピリチュアリズムが世に広まってからのことだった。

一八五五年二月十三日の夜、ダヴェンポート兄弟の父は、友人から聞いた交霊会での驚くべき体験を家族に語った。ただし、その話をしている本人も含め、アイラとウィリアムの兄弟も母も、その話を真面目に受け取ってはいなかった。だが、いちばん下の十歳の娘エリザベスだけはちがった。そのとき彼女は、「頬を死人のように青ざめさせ」、また「奇妙な不思議な光で目を輝かせ、痙攣し震えた唇」で、言わば「何か外からの力や影響下に置かれた」かのような姿で、次のように語りはじめたという。

ねえ、そんな話だけしていて何になるの？ もしほかの人たちが、自分たちの家でこんな不思議なできごとを迎え入れてるんだったら、なんでわたしたちにそれができないというの？ わたしたちもほかの人たちと同じようにきっとできるはずよ。それに、もしそういったことが、テーブルのまわりにただ座っているだけで見られるなら、急いでお茶の道具を片づけて、わたしたちにできることを試してみなきゃ。[11]

このエリザベスの言葉で、ダヴェンポート家の五人は、テーブルのまわりに座り、その上に手を置き、霊の顕現が起こるかどうかを試みた。長い時間が経過しても、とくに何も起こらず、懐疑的な気分が高まっていった。だが、翌朝の七時過ぎ、ついにテーブルが振動し、その下からラップ音がはっきりと聞こえた。これが最初のできごととなり、その後すぐにダヴェンポート家の子供たちは、フォックス姉妹をはるかに凌ぐ強力なミディアムシップを急速に目覚めさせていった。彼らの伝記によれば、最初の交霊会から六日目の夜に次のような鮮烈なできごとが起こった。

彼〔アイラ〕が床から三メートルくらいの高さに浮かんだ。そして部屋のなかにいるすべての人が、空中に浮遊しているあいだの彼に触れる機会を得た。

突然、誰かが叫んだ。「ウィリアムも宙

図4.2　ダヴェンポート兄弟（1865年頃）

に浮いているぞ！」すると実際に、少年は人間によって見ることのできない手の上に乗せられ、部屋中を周回している兄に加わっていた。

ふたたび叫びが起こった。「なんと、エリザベスも兄たちに加わっている！」

それは本当だった。兄たちとまさに同じく、少女はあちらこちらと軽やかに飛びまわっていた[12]

ここで念のために言っておくと、この空中浮遊も含め、これまで述べてきたダヴェンポート家でのできごとは、のちに当人たちの話をもとにしながら、彼らの名声を高めるべく書かれた伝記にのみ記されている逸話にすぎない。また、それらを証言している第三者も存在しないため、とくに空中浮遊の現象のようなあまりにも超常的な現象については、にわかには信じがたいと言わざるを得ない[13]。実際に兄弟たちが交霊会をスタートし、部外者たちの体験談が新聞や雑誌などで公に報告されるようになってからの内容を見ると、フォックス家とクーンズ家の「霊の部屋」で、それぞれ起こったことを足し合わせたような現象が、その驚きを伝える言葉とともに語られている。ラップ音とテーブルの移動が起こり、さらに音を鳴らす楽器が空中を飛び交い、いくつかの霊の手が現れ、参加者に触れる[14]。しかも、こうした現象面だけでなく、先行する両家を想起させるような点は次のようにほかにもあった。その交霊会を取り仕切っていたのは、クーンズ家の交霊会に登場したキング・ナンバー・ワンを連想させるジョン・キングと名乗る霊だった。また、フォックス姉妹が霊たちの要求に応じて、コリンシアン・ホールでの大規模な交霊会を開催したのと同様、ダヴェンポート兄弟もいくばくかの経験を積んだのち、ジョン・キングに命じられ、より多くの人々を前にした公共の交霊会の開催に踏み切ることになった。

一八五五年末、ダヴェンポート兄弟はニューヨークを訪れ、数週間にわたる公演をおこなった。到着後のダヴェンポート兄弟は、まずは滞在先のバワリー通り一九五番地の部屋で、少数の報道陣を特別招待したうえで、プライベートの交霊会を催した。兄弟による初期の交霊会の模様を伝えるそのときのできごとを簡単に紹介しておこう。

『ニューヨーク・サンデー・ディスパッチ』紙の記者の報告によると、午後二時から六時のあいだ、そこには自分たち以外に、一六人の報道陣が集まった。その日のダヴェンポート兄弟による最大の注目すべきパフォーマンスとなったのは、その後、何年間も彼らの代表的なレパートリーとして披露され続ける「ロープ抜け」だった。その模様を同紙の記者は次のように述べている。[15]

数本の物干しロープが取り出された。それは椅子を通して、少年たちの体、腕、足のまわりに巻きつけられ、さらにすべて（少年たち、椅子、テーブル）がしっかりと結びつけられたと思われるまで、巻きつけているほとんどすべての場所で結び目が作られた。そして少年たちの両手は、ハンカチーフで結びつけられた。〔中略〕われわれはおたがいの手を握って自分たちの席に座った。そして明かりは消された。すぐに顕現が以前よりもさらに生き生きとはじまった。タンバリンが強く叩かれ、ベルが音を鳴らし、弦楽器が弦をはじかれた音を響かせながら、部屋を飛びまわるのが見えた。[16]

さらに記者の報告によると、その後、明かりがつけられたものの、兄弟は相変わらず縛られたままだった。そこで記者たちは、交霊会を取り仕切るジョン・キングに、兄弟たちの手首からハンカチーフを取りのぞくようにと依頼した。ふたたび、明かりが消された。するとすぐさま、そのそれぞれの観客に向かって、ハンカチーフが放り投げられた。その後、明かりを点けたが、依然として兄弟たちはロープに縛られたままだった。さらに記者たちは、兄弟たちをロープから解放することをジョン・キングに依頼した。ふたたび、明かりが消された。すると、すぐさま兄弟たちは自由になった。いったいダヴェンポート兄弟のまわりで、何が起こっているのか？　記者は「ひとりの男が少年たちのどちらかを解くためには、一〇分ないしは一五分ほどかかるとふつうは認めざるを得ないだろう。彼らはそれほど固く結びつけられ、またロープの結び目が作られていた」と、その驚きを漏らしている。[17]

もちろん、現代の脱出マジック《エスケープ》に親しんでいる人からすれば、単に兄弟がこっそり素早くロープから抜け出し、楽器を演奏しているにすぎないと思われるだろう。たとえ、そうだったとしても、当時の事実としては、そこに参加した記者たちの誰もが、兄弟たちにいっさいのトリックの形跡を見つけられず、その現象を説明するための言葉をまったく持ち得なかったということに変わりはない。ちなみに、ダヴェンポート兄弟の登場は、のちほど本章で述べるハリー・ケラー、ジョン・ネヴィル・マスケリン、ハリー・フーディーニのような歴史に名を残すマジシャンたちが活躍しはじめる前のことだ。むしろ、彼らのようなマジシャンたちの卓越した技は、ダヴェンポート兄弟から大いに刺激を受けることによって、磨かれていったものなのである。

バッファローから来た少年たちのパフォーマンスは、あまりにもみごとだったと言うべきか。あるいは、当時の多くのスピリチュアリストが信じたように、それは本物の霊現象だったのだろうか。このとき、兄のアイラは十六歳、弟のウィリアムは十四歳だった。

霊のキャビネット

ニューヨークからの凱旋後、バッファローに戻ったダヴェンポート兄弟のパフォーマンスは、さらに手の込んだものとなっていく。ジョン・キングの命じるところによって、ふたりは次のような「霊のキャビネット」を製作した。高さ二・一メートル、幅一・八メートル、奥行き六〇センチメートル。大きな荷造り用の箱に似たそれは、分解して持ち運びしやすいように軽い木材で作られていた。前面にある三つのドアが開かれることで、キャビネットの内側全体が観衆からも見渡せた。キャビネットの両側には、兄弟たちが向かい合って座るシンプルな板のベンチがある。彼らのあいだの中央のスペースには、種々の楽器が設置されていた。中央のドアの上のほうには、ダイヤモンド形に小さな窓がくりぬかれていた。

この新たに導入されたキャビネットを使った彼らのパフォーマンスは、おおよそ次のとおりである。さまざまな楽器が置かれたキャビネットのなかに入った兄弟は、それぞれ両端にある椅子に座り、ロープで縛りつけられる。キャビネットのドアが閉められると、楽器が音を鳴らしはじめる。キャビネットにあけられた小窓からは、霊の手が現れる。演奏が終わり、キャビネットのドアを開けても、兄弟は同じ姿勢のまま椅子に縛りつけられている（図4・3）。

このキャビネットを用いた新たな見世物を引っ提げて、ダヴェンポート兄弟はその後一〇年以上にわたってアメリカ各地を精力的にまわり、何度も何度もくり返し人々に大きな驚きを与え続けた。ここではダヴェンポート兄弟のみごとなパフォーマンスの模様を伝えるものとして、ジョージタウン医科大学の化学および毒物学の教授サイラス・ローレンス・ルーミスが体験した一八六四年冬のワシントンでのショーを紹介しておこう。[18]

観衆を代表して、ステージ上でその進行を見守ることを許されたルーミスを含む三人は、ショーがはじまる前、詐欺やトリックを仕掛ける可能性を見つけるためにキャビネット内を調査した。慎重に調べたが、不審なものは何もなかった。次にダヴェンポート兄弟は、自分たちを縛りつけるようルーミスたちに依頼した。ルーミスはほかのふたりが兄弟たちを縛りつけるのを観察していた。ルーミスによれば、そのひとりは「身長一八〇センチメートル以上の頑丈で筋肉隆々な男で、職業は船長」だった。強い麻のロープを少年たちの手首に三回巻きつけ、そして縛った。さらにもう一方の手首に三回巻きつけ、もう一度縛った。両手は後ろで縛られた。ロープは体のまわりにも二度巻きつけられ、可能なかぎりきつく前で縛った。かなりきつく手首を縛ったため、少年たちの両手は「血液で膨らみ、冷たくなった」ほどだ

図4.3　ダヴェンポート兄弟によるキャビネットを用いた交霊会の様子

った。少年たちはキャビネットのなかのベンチに腰掛け、そこに足も縛りつけた。さらに手首に取りつけられたロープは、ベンチの穴を通して、その下に結びつけた。こうして準備が整ってから、右手のドア、左手のドア、そして最後に真んなかのドアが閉められた。そしてガスライトの明かりが弱められ、部屋は薄暗い状態になった。一〇秒以内に、中央のドアのダイヤモンド形の小さな窓からふたつの手が出現した。一分後、ドアが開けられると、兄弟のひとりはキャビネットの外に歩み出た。床の上には、結び目がすべて解かれた状態のロープが落ちていた。もうひとりはいまだ縛られたままだった。ルーミスが調べたところ、彼を縛っているロープの結び目は、まったく解かれていなかった。ふたたびドアが閉められた。すると一分も経たないうちに、もうひとりも、ロープから解かれた姿でキャビネットの外に躍り出た。

兄弟はキャビネットのなかの席に戻り、ロープの束は彼らのあいだに置かれた。三つのドアはすべて閉じられた。二分が経過しドアが開けられると、どういうわけか兄弟はしっかりと椅子に縛りつけられていた。次にふたたび観衆代表のひとりの男が、右手のドア、左手のドアを閉めた。そして最後に中央のドアを閉めようと近づいたとき、上方の窓からふたつの手が出てきた。まだガスライトが消されていなかったため、そのふたつの手はすべての人が見ることができた。そして、その手のひとつが近づいた男の右肩あたりを強く打った。すぐにその男はドアを開け放った。だが、兄弟はベンチにじっとしたまま動かず座っていた。ロープを調べたが、相変わらずしっかりと縛られたままだったので、キャビネットのなかを注意深く調べたものの、何も怪しいものは発見できなかった。ふたたび左のドアと右のドアが閉められた。そしてひとりが中央のドアに近づいていったとき、九〇〇グラムほどの重さの真鍮のトランペットが床から飛び上がり、大きな力でキャビネットの天井を打ちつけ、床に落ちた。兄弟はいまだ縛られたままだった。ふたたびすべてのドアが閉められた。一〇秒以内に、中央に置かれていた楽器が音を鳴らしはじめた。バイオリンが演奏をはじめ、同時にベル、ギター、タンバリンが続く。一時、中央のドアの窓からベルを持った手が出てきて演奏を続けた。演奏のあいだ、キャビネットのあらゆる場所から多数のラップ音が聞こえてきた。最初の曲とは別の曲の演奏がはじまった。その途中で、突然、キャビネットの内側から三つのドアが開け放たれ、その瞬間、すべての楽器は落下した。すぐにキャビネットのなかの兄弟たちを調べてみたが、まったく元のように縛られたままだった。

次にルーミス自身がキャビネットのなかに入ることを許され、兄弟のあいだの席に座った。ルーミスの両手は、それぞれ両側に伸ばされ、ロープによって兄弟のそれぞれの足ときつく結びつけられた。このことによってルーミスは、兄弟が体を動かそうものなら、すぐにでもわかる状態になった。また、彼の膝の上にはバイオリンが、足元にはほかの楽器が置かれた。ドアが閉じられた。二秒以内に小さなラップ音が聞こえてきた。そしてルーミスは自分の頭と顔の至るところを指が通り過ぎていくのを感じた。指はルーミスのネクタイを掴み、注意深くそれを緩め、首元からそれを外した。兄弟のひとりがルーミスに尋ねた。「楽器を演奏することをリクエストしますか？」

ルーミスが「わたしに訊いているのか？」と訊き返すと、彼は「はい」と答えた。ルーミスは「バイオリンを演奏してもらえるかな？」とリクエストすると、すぐにルーミスの膝からバイオリンが持ち上がり、彼の顔の前で演奏がはじまった。それは兄弟のいずれも手が届く場所ではなかった。さらに左側の少年が命じると、バイオリンは演奏を続けながら、ルーミスの頭上、六〇センチメートルほどの場所まで上がった。同時に、このときルーミスの横ではギターが演奏されていた。次に右側の少年が命じることで、タンバリンがルーミスのそばに近づいてきて、頬や頭の上などを軽く叩いた。だが次の瞬間、タンバリンは右側の少年の頭を強く叩いたので、彼は痛みで叫び声をあげた。次に床の上のトランペットが動きはじめ、手の届かない高さにまで上がった。そしてバイオリンとともに、ルーミスたちの六〇センチメートル上方を旋回した。ふたたびタンバリンがルーミスの左側に来て、頭の上でとまった。同時に、複数の手がルーミスの顔、頭、側面を触れていった。そしてその瞬間、ドアが突然開き、バイオリン、トランペット、タンバリンは落下した。ルーミスはドアが開けられたあと、キャビネットから出た。そのとき少年たちは縛られたままだった。ふたたびドアが閉じられ、一分も経たないうちにドアが開かれると、背後に結び目の解かれたロープを残し、キャビネットから兄弟は躍り出てきた。

いったいこれらのできごとは何を意味しているのか？　ルーミスが言うには、「この間ずっと、わたしは動かなかったし、わたしが気づくことのできるかぎり、少年たちも動かなかった」。また、ルーミスは、自分がスピリチュアリズムの信奉者ではなく、霊的な力を示す何かを目撃したわけでもなく、自分の報告は体験した現象を可能なかぎり正確に描写したものであることを強調したうえで、次のように述べている。「わたしには詐欺だとは考えられない。見るかぎりその現象は本物であり、新たな力の作用でもって説明されなければならない」[19]

奇術疑惑

一八六四年、四か月におよぶニューイングランドからカナダへかけてのツアーを終えたあと、ダヴェンポート兄弟はさらに大きな成功を求め、イギリスへの進出を計画した。当時のツアーでは、歌劇や劇の興行主として知られていたH・D・パーマーがマネージャーを務めた。また新たにもうひとりショーに出演するミディアムとして、兄弟とほぼ同世代のウィリアム・マリオン・フェイも加わった。さらに、南部の熱心な説教師であり、すでにスピリチュアリズムに関する著作があるテネシー州ナッシュビルの元牧師ジェシー・バブコック・ファーガソンが、舞台上で兄弟の誠実さを訴えるとともに、ショーを取り仕切るマスターの役割を演じた。ダヴェンポート兄弟の一行は八月二十七日、ニューヨークを出発し、九月九日にグラスゴーへ、さらに十一日には目的地のロンドンに到着した。[20]

ロンドンにおけるダヴェンポート兄弟への注目は、すぐに並々ならぬものに高まっていった。一八六四年十一月の『スピリチュアル・マガジン』には、次のような記述がある。

現在のところ、彼ら若者たちの海を越えた移動によって、ロンドンはじつにたいへんな興奮状態にある。〔中略〕多種多様な人々の集まりでさえ、そのことが一般的な会話の話題となっている。また、有名な医師である友人から聞いたところによると、数日前、バンクの町へ向かう乗合馬車の客の関心は、その話題で満たされていたため、ベイズウォーター発の馬車にいた一二人全員が共有した話題となっていた。[21]

ダヴェンポート兄弟のロンドン到着後、まもなく開始された交霊会は、俳優であり劇作家として大きな成功を収めていたダイオン・ブーシコーの邸宅でおこなわれた。そしてそれに参加したブーシコーの知人たちの寄稿や各紙の記者たちの書いた記事は、すぐに『モーニング・ポスト』『タイムズ』『ロンドン・スタンダード』などに掲載された。

たとえば、同月三十日の『タイムズ』によるブーシコー宅での九月二十八日の交霊会の報告では、キャビネットのなかに入っていない状況でダヴェンポート兄弟が椅子に縛りつけられているときに起こったできごとが、次のように記されている。

あたりが楽器の音で満たされた。テーブルの上に置いてあったそれらが、いまや音を奏でながら、訪問者の頭にほとんど注意を払うことなしに、部屋中を飛びまわっているようだった。すぐにベルが耳の近くで鳴り、ときおり、冷たい風が関係者の顔の近くを通過していく一方で、ギターが頭の上を素早く飛んだ。ときどき痛烈な打撃に見舞われた。ときどき膝が不可思議な手によって叩かれた。〔中略〕わたし自身は、浮遊するギターから顔に直撃を受けて、タオルとスポンジの使用を必要とするほどの出血となった。[22]

『タイムズ』も含め、ダヴェンポート兄弟を報じた各紙の記事は総じて、その現象にトリックを見つけられなかったことを告白しつつも、けっして霊の介在の可能性は示唆しなかった。[23] 前述の『タイムズ』の記事では、兄弟たちの巧みな奇術《トリック》である可能性を調査する余地がいまだ残っているものとして、次のように結論を締め括っている。

操作方法の調査としては、暗闇の幕間のなか、兄弟たちがきつく縛られた状態から、自分自身で取り外し、元に戻せるかどうか、また、たとえこれが実行できるとしても、彼らは助けなしに、先ほど述べた結果を作り出せるか否かを解明しなければならない。[24]

また、九月二十九日の『モーニング・ポスト』の記事は、「巧みな手品」であり得ることを疑いつつも、それが「詐欺の仮定を除外する条件と環境の下」でおこなわれたことを強調し、「一見したところ絶対的に説明できないそのことを説明するために、意志で生じさせられるかもしれないなんらかの新たな物理的力」が介在している可能性もあると論じている。[25] その一方で、十月三日の『ロンドン・スタンダード』への寄稿者は、トリックが暴露されたわけではないにもかかわらず、強固に否定的な姿勢をあからさまにし、「それらは不作法な奇術による人為的な策略以上の何ものでもない」と決めつけている。[26]

それは奇術ではないのか？　その疑いはつねに、くり返し、投げかけられた。だが、十月十一日、その疑問に決着をつけるための交霊会がついに開催された。会場はふたたびダイオン・ブーシコーの邸宅が選ばれた。今回注目すべき点は、ふたりのマジシャンが招待されたことだ。とくにそのうちのひとりは、すでに一八五〇年代前半から、ラップ音の模倣などスピリチュアリズムをネタとしたショーをおこなっていたプロのマジシャン、ジョン・ヘンリー・アンダーソンだった（図4・4）。

アンダーソンは、一八五一年、アメリカのニューイングランドをめぐるツアー中、第2章で述べたフォックス姉妹のトリックの暴露がちょうど話題となっていたことから、あるアイデアをショーに盛り込むことを思いついた。それはミディアムのまわりで起こる霊現象と同じものをトリックで作り出すことで、その詐欺を暴露するという出し物だった。[27] また、イギリスに戻ってからのアンダーソンは、交霊会の現象を模倣するだけでなく、『霊のラップ音のマジック（*The Magic of Spirit Rapping*）』と題したパンフレットを一シリングで販売し、徹底的なスピリチュアリズム批判を展開していた。そこでアンダーソンは次のように書いている。「馬鹿げていて、かつ際立った詐欺が、合衆国の数万人を狂気に至らしめている」「そして哀れにも夢中になった犠牲者の数千人が、憂鬱な厭世家《えんせいか》になり、そして愚かな苦行者になった」。さらにスピリチュアリストたちは、「いまや定期的に団結し、聖書および、すべてのわたしたちの宗教制度に反対する運動を計画している」。さらに交霊会の秘密を暴露したと称したそのパンフレットのなかで、アンダーソンはラップ音を作り出せる機械装置の仕組みも説明している。それによると、「ガルヴァーニ電池と電磁石」がテーブルの下に隠されている「鎚《つち》」を動かし、それが「テーブルを激しく打ちつける」。それによって音は作り出される。また、「隣接した部屋の見えないところ」にいるアシスタントが、その機械のバッテリーを作動させるために「隔壁の小さな覗き穴」を通して成り行きを見守っている。[28]

こうしてスピリチュアリストへのあからさまな敵対者であるアンダーソンが参加予定であった今回の交霊会に挑むことは、ダヴェンポート兄弟による否定派への真っ向からの応戦を意味していた。交霊会の一週間前の同月四日、ダヴェンポート兄弟とウィリアム・マリオン・フェイは連名でブーシコーに手紙を書き、次のように述べ

図4.4　ジョン・ヘンリー・アンダーソンによるショーのチラシ（1867年頃）

ている。

ふたりのプロフェッショナルな奇術師たちは、わたしたちが示したすべての現象を、奇術によって作り出せると公然と宣言しています。わたしたちは挑戦を受け入れるつもりですし、仮にこの件に関してまったく先入観のない人々から選ばれた身分と地位のある紳士の方々の委員会が作られるのであれば、必ずやそうすべきだと思っています。交霊会はあらかじめ調べられた部屋、委員会によって準備された楽器でもって開催すべきです。わたしたちは紳士の方々の前で、またふたりの奇術師の前で、確かな現象を作り出すつもりでいます。また、わたしたちがそれをおこなったとき、その奇術師たちは、同じ条件の下で同じことを作り出すよう求められるべきでしょう。あるいはわたしたちが用いていたと決めつけられている詐欺の方法を、委員会に納得いくように暴露するべきでしょう。〔中略〕

テストは適正に厳重におこなわれること、またその結果は、それがいかなるものであれ、わたしたち、およびわたしたちの誠実さを信じている人たちに対して公正を期し、公開されるものと信じています。

わたしたちは偽りのない誠実さで、この申し出をしています。また同様に、わたしたちも誠実に応じてもらえて、扱われることを願っています。[29]

この手紙からはダヴェンポート兄弟の強気の姿勢が窺える。その一方で、ふたりのプロフェッショナルのマジシャンのほうは、および腰となっていたと言わざるを得ない。[30] げんにふたりのマジシャンは不参加となり、残念なことにも、彼らの直接対決は実現しなかった。そのため、その日の交霊会は、ブーシコーの招待によって集まった政治家、弁護士、外交官、ジャーナリスト、作家などのさまざまな職業からなる二四人のゲストによって、注意深く見守られることとなった。[31]

この交霊会の模様は、ブーシコー自身による寄稿によって、十月十三日の『モーニング・ポスト』紙で報じられた。それによると、交霊会の終了時、参加者たちの満場一致の見解は次のようなものだった。「いかなる種類のものであれ、策略の跡はなく」、「共謀も機械によるものでもなく」、目撃した現象は「奇術の結果ではない」。ただし、念のために言っておくと、それでもなおブーシコーは、そこに霊の介在を認めたわけではない。そのことをブーシコーは次のように述べている。

わたしはスピリチュアリズムと呼ばれているものをまったく信じていない。また、それを信じさせようとするものをなんら見たわけではない。実際に、実演で見られるいくつかの子供っぽさは、そのような見解を十分に遠ざけるものに思える。〔中略〕

何人かの人々は、暗闇を必要条件とすることが策略を暗示するように思われると考えている。〔中略〕もし科学者たちが、これらの現象を分析のための主題とするなら、かくなる顕現に対して、なぜ暗闇が欠くことのできないものなのかを解明すべきである。[32]

ブーシコーが霊の存在を認めなかったにせよ、今回の交霊会は、ダヴェンポート兄弟の側の勝利であったことに変わりない。さらにマネージャーのH・D・パーマーは、十月二十四日の『モーニング・ポスト』への寄稿で、マジシャンたちに次のような堂々たる挑戦を公言した。ダヴェンポート兄弟と「正確に同じ条件の下」で、彼らが生じさせているのと「同じ現象を正確に作り出せる」ならば、「一〇〇ポンド」を支払うが、逆にできなければ同額を支払ってもらうと。[33] これに対して、ダヴェンポート兄弟の交霊会の現象を、単なる奇術だと断じてきたはずのマジシャンたちを含め、すぐに真っ向から応じようとする者はいなかった。

ただしアンダーソンは、直接対決を避けながらも、その後すぐに自分のマジック・ショーで、ダヴェンポート兄弟のパフォーマンスを模倣した実演を披露するようになった。それによってアンダーソンは、彼らの交霊会での現象がトリックであり、けっして霊によるものではないことを証明したと主張した。とはいえ、実際のところ、アンダーソンが示して見せたパフォーマンスの出来映えは、いまだダヴェンポート兄弟の水準にまでは達していなかったようだ。アンダーソンのマジック・ショーを見た翌日の『モーニング・ポスト』の記者は、十月二十六日の記事で、ダヴェンポート兄弟の交霊会との比較を次のように述べている。

昨日の交霊会〔アンダーソンのマジック・ショー〕は、満足がいくものではなかった。というのも、ドアが開けられる直前に、キャビネットのなかで「顕現」は起こっていなかったし、演技者も縛られてはいなかったためである。一方、ダヴェンポートの交霊会では、目に見える顕現のすぐあとに、内側からドアが開かれ、兄弟は最初に入ったときのかたちと同様、しっかりと縛られていることが発見される。昨日は、〔キャビネットの〕開口部を通して手が見られる前に、また楽器が投げ飛ばされる前に、縛られることからの解放が許されていた。金曜日の夜のダヴェンポートの交霊会では、開口部を通して、むきだしの手が示されたすぐあとにドアが荒々しく開けられたが、ダヴェンポート兄弟は以前と同様、落ち着いて座っていた。〔中略〕ダヴェンポート兄弟とアンダーソンの実演者を完璧に比較するためには、前者によって課された条件が、あらゆる点で、忠実に守られなければならないだろう。現在のところ、自分自身を縛ったり解いたりすることを巧妙な人間ができることに疑いを持つ者はいないが、ダヴェンポートの技を見た人にとって、正確に同じ条件の下で見せられない試みでは、いかにそれが巧妙に演じられたとしても、そう簡単に満足することはない。[34]

同紙の記者は、ダヴェンポート兄弟のパフォーマンスを奇術だとみなしながらも、彼らの技がアンダーソンのそれを凌駕していることをはっきりと報じている。こうしたなか、ダヴェンポート兄弟は、十月二十九日からプライベートな交霊会とは別に、ハノーバー・スクエアにあるクイーンズ・コンサート・ルームを舞台としたショーを開始した。初日は、およそ四〇名の人々が集まり、いつものパフォーマンスが滞りなく披露された。[35] かくしてダヴェンポート兄弟のイギリス進出は、奇術だと断じようとするメディアの見解をものともせず、きわめて順調だった。ロンドンでの成功を収めたダヴェンポート兄弟は、次にイギリス北部のツアーに乗り出した。

だが、そこで一行は思わぬ事態に見舞われる。無敵だと思われていたダヴェンポート兄弟だったが、ついに窮地に追い込まれていく。

ミディアムと奇術師のあいだ

それは一八六五年二月十五日のリバプールにおけるショーで起こった。同年二月十六日の『リバプール・マーキュリー』紙は、そのときの模様を、およそ次のように伝えている。

> 観客のなかから選ばれたふたりの人物が、いつものようにダヴェンポート兄弟の手首をきつく縛った。だが、その日は少々事情がちがい、ナショナル・オリンピック協会の設立者として有名な体育専門家のジョン・ハリーが、ある特殊な結びかたを用いた。それに対して兄のアイラは、その結びがあまりにもきつく血行の妨げとなると不平を述べた。そこで観客のなかにいた医者がステージに上がり、それを検査した。医者はアイラの主張に反して、その結びは血行を妨げるわけでもないし、不必要にきついわけでもないとの意見を述べた。だが、アイラはハリーに結ばれることを拒否し、その日の公演は中止になった。翌日のショーで、ふたたび前日のふたりがステージに上がった。ダヴェンポート兄弟は彼らに縛られることを拒否したが、ふたりは譲らず、兄弟の手首を縛った。前日と同様、兄弟は手首の痛みを訴え、このような状態でのパフォーマンスの続行を拒み、進行役のファーガソンに結び目を切るように依頼した。しかしこれが敵意ある人々の不満を昂《たかぶ》らせ、暴動を煽ることになった。興奮した観客たちはステージに乱入し、キャビネットをひっくり返し、ばらばらにした。

この一連の騒ぎのあらましを詳細に述べたあとで、記者は次のようにコメントしている。「リバプールでのダヴェンポート兄弟のキャリアは、いずれにせよ終わったと結論づけても差し支えないだろう[36]」

このリバプールでのショーにおいて、ジョン・ハリーが用いたのは、「トムフール結び（Tom Fool's knot）」として知られる特殊な結びかただった。ショーの観客の暴動は、その後、ハダースフィールドとリーズでも起こった。

ついにダヴェンポート兄弟にとって、乗り越えがたい困難に阻まれるときがきたのだろうか。

だがダヴェンポート兄弟は、そう簡単に屈しなかった。今回の一件を伝えた『リバプール・マーキュリー』紙の記事に反論する声明を、一八六五年三月二日の『モーニング・ポスト』に発表した。そこで兄弟は次のように述べている。

整備工、船乗り、機関兵、そのほかの腕の立つ人々によって頑丈に縛られることや、自分たちがいるところで目撃された現象に関して、不正ではないことを証明するための、どんな妥当なテストにかけられることもわたしたちはいとわなかった。耐えがたい苦痛を押しつけるものでないかぎり、「トムフール結び」も、どんな種類の縛りかたも恐れてなどいなかった。〔中略〕

わたしたちのいるところで示される物理的事実は、わたしたち自身によって積極的あるいは意識的に作り出されているものではないこと、また共謀でもないこと、どんなものであれトリックや詐欺でもないことを、十一年のあいだ、わたしたちはつねに主張してきた。また、わたしたちは数百回のテストに従ってきた。さらに、この宣言の真実に関して、道理にかなった人々の心を満足させるため、さらに数百回のテストにも従うつもりである。

わたしたちが特定の結びかたで縛られることを拒絶したという批判はまちがっている。わたしたちは単に、強い苦痛を受けることを拒んだだけだ。[37]

こうしてダヴェンポート兄弟は、自分たちの潔白を強く主張しながら、リバプールでの騒動のあともショーの継続を試みようとした。だが、さらに別のところからも攻撃が襲いかかってきた。

一八六五年六月十九日、のちにイギリスを代表するマジシャンのひとりとなる当時二十五歳のジョン・ネヴィル・マスケリンが、当時三十九歳のジョージ・アルフレッド・クックとともに、プロとしてはじめてステージに上がった（図4・5）。ふたりは同年の三月七日、チェルトナムのタウン・ホールでおこなわれたダヴェンポート兄弟の交霊会に参加して以来、ロープ抜けの技の練習を重ねた末、ついにそのパフォーマンスを模倣する実演を披露することでデビューを飾った[38]。その日のショーを報道した六月二十三日の『シェフィールド・アンド・ロザラム・インディペンデント』紙の記事では、マスケリンとクックの技がみごとなもので、ダヴェンポート兄弟を完璧に再現していたことを伝えている。このショーでふたりが縛られたあとに起こったできごとを、記者は次のように書いている。

> 紐は封印され〔それを解いた場合わかるように〕、小麦粉が彼らの手につけられた。この状況のなかで、彼らはふたたびキャビネットのなかに閉じ込められ、ふたつのコルネットが中央の席に置かれた。ドアが閉じられてすぐにコルネットによる「ホーム・スウィート・ホーム」の二重奏がはじまった。通常のコンサートでも拍手が巻き起こるほどのみごとな演奏だったので、大喝采が送られた。

このあと、演奏が終わってドアが開け放たれたが、ふたりは「何も起こらなかったように、穏やかに冷静に」座っていた。封印は解かれていなかったし、小麦粉はまったく飛び散っていなかった[39]。

ダヴェンポート兄弟のパフォーマンスを巧みに模倣したのは、マスケリン＆クックのようなマジシャンだけではなかっ

図4.5　ジョン・ネヴィル・マスケリンとジョージ・アルフレッド・クックによるエジプシャン・ホールでのショーのプログラムの表紙。中央の写真はマスケリン（1890年頃）

た。のちに舞台俳優として大きな成功をおさめる、当時二十七歳だったヘンリー・アーヴィングも、役者仲間のフレデリック・マッケーブ、フィリップ・デイとともに、マスケリン&クックに先んじて、すでに同年二月二十五日、マンチェスター・アセニーアムという文化施設のライブラリー・ホールで、およそ五〇〇人もの観客を前にしたショーをおこなっている。ダヴェンポート兄弟の舞台を取り仕切るジェシー・バブコック・ファーガソンをそっくり真似た扮装でアーヴィングが観客の前に登場し、彼をパロディ化したスピーチで笑いを取ったあと、マッケーブとデイがキャビネットのなかに入り、交霊会での現象を再現し、最後にはみごと、大きな喝采を浴びている。[40]

こうした状況を後目《しりめ》に、同年の夏、ダヴェンポート兄弟たちはイギリスを離れ、ヨーロッパ各地でのツアーを開始した。九月はじめ、フランスのパリに到着。フランス滞在中は、サン・クルー城で皇帝ナポレオン三世と皇后が見守るなか、兄弟はいつものパフォーマンスを披露した。その後、十二月にいったんロンドンへ戻るものの、翌年の一八六六年一月からはアイルランドからスコットランドへ向かうツアーを開始し、ダブリン、ベルファスト、コーク、リマリック、ウォーターフォード、さらにエディンバラ、グラスゴーなどの多くの町を訪れている。同年四月には、ドイツのハンブルクからベルリンへ、さらにベルギーのブリュッセル、オランダのアムセテルダムへと移動し、同年十二月二十七日にはロシアに到着。さらに翌年の一月九日には、サンクトペテルブルクの冬宮《とうきゅう》に集まった皇帝アレクサンドル二世を含む一〇〇〇人もの観衆を前にしたショーを開催した。その後はさらに、ポーランドとスウェーデンにまで足を延ばした。[41] この長期のツアーのあいだ、兄のアイラは一八六六年にパリで、弟のウィリアムは一八六七年にドイツのケーニヒスブルンで出会った女性とそれぞれ結婚している。そして一八六八年八月二十九日、生まれ故郷のアメリカに戻ってきたダヴェンポート兄弟は、同年十月の『バナー・オブ・ライト』誌で、ヨーロッパからの凱旋を告げるとともに、自分たちの立場をあらためて次のように宣言した。

ヨーロッパを離れる前、アメリカの新聞の多くが、公平なる真実を愛するイギリスの新聞から手掛かりを得て、わたしたちのことを「スピリチュアリストであることの見せかけをあきらめ」、またわたしたちが単に熟練した手品師だと主張しているという噂が、この国からわたしたちにときどき届いていた。虚偽であるばかりか正確ではないこれらの意見には注意を向ける価値などないと考えたため、黙って無視し続けてきた。

過去十四年間のミディアムとしての自分たちのキャリアが、そのような意見すべてに対する十分な答えとなっているとわたしたちは信じていた。だが、新聞によって日々くり返されるこれらの〔ミディアムのふりをしていたことへの〕批判は、信頼できる物理ミディアム〔物理現象を起こすミディアムのこと〕の裏切り、および不名誉な行為とみなされ、一般の人々だけでなく、純真なスピリチュアリストにも影響を与えていることをわたしたちは知った。リバプール、ハダースフィールド、リーズの暴動で頂点に達した、きわめて激しい迫害と暴力的な妨害に見舞われた十四年間のあとに、懐疑主義者であれスピリチュアリストであれ、そのような批判を信じられる人がいるとは驚きである。わたしたちの命は、荒々しい暴徒たちによって切迫した危機に置かれ、また七万五〇〇〇ドルの損害を被った。それというのもすべて、暴徒たちによって脅され、そうするようにせきたてられたときにも、わたしたちがスピリチュアリズムを否定しなかったため、自分自身を手品師だと宣言しなかったためだ。結論として、どうしても言っておかねばならないことは、そのような批判すべてを、悪質な嘘としてわたしたちが否定しているということである。[42]

手品師ではなく、ミディアムである。あらためてそう強く訴える声明を発表する一方で、興味深いことにも、ダヴェンポート兄弟は帰国したその年から、のちにマジシャンとして大きな成功をおさめるハリー・ケラーを新たにアシスタントとして雇っている。当時二十歳で、いまだ駆け出しのマジシャンだった若きケラーは、実際にそのあと四年以上のあいだツアーに付き添い、ダヴェンポート兄弟のパフォーマンスを何度も間近で目撃し続けた。

だが、一八七三年からケラーは、ダヴェンポート兄弟とともにステージに上がっていた前述のミ、ディ、ア、ム、ウィリアム・マリオン・フェイとともにダヴェンポート兄弟の下を離れ、「フェイ&ケラー」として、ダヴェンポート兄弟の交霊会で起こる現象を真似たマジック・ショーをおこなうようになる。[43] こうしたことからすれば、ダヴェンポート兄弟が、自分たちが引き起こしている現象はマジックではないとどれだけ頑として主張しようとも、もはやその言葉は信憑性に欠けると言わざるを得ない。

さらにダヴェンポート兄弟の正体をよりはっきりと示すものとして、一九〇九年、エスケープ・マジックで世界的に有名なマジシャン、ハリー・フーディーニが、ニューヨーク州メーズビルに住んでいた晩年のアイラ・ダヴェンポートの自宅を訪問した際の次のようなエピソードがある（図4・6）。フーディーニによれば、その日にアイラは、自分たちの技が「まったく自然な方法によって成し遂げられ、通常は『身体的器用さ』と分類される技能に属すること」を率直に認めた。そればかりか、アイラはついに、長年にわたって秘密にしていた兄弟の「技」をフーディーニに伝授した。フーディーニいわく、その技は「それを模倣しようと多くの試みがなされたが、わたしの知っているかぎりでは、奇術師の同業者でさえ誰ひとり、それらの有名なロープ・トリックのなかで使われている手法を見抜けなかった」。そして「その秘密は厳重に守られていたため、アイラ・ダヴェンポートの子供たちですら、それを知り得なかった」。感動的な体験だったそのときのことを、フーディーニは一九二四年の自著『霊たちのあいだのマジシャン（*A Magician among the Spirits*）』で次のように回顧している。

図4.6　晩年のアイラ・ダヴェンポート（左）とハリー・フーディーニ（1911年7月5日撮影）

わたしにとって、それは記念すべき日であり、太陽が沈んでも終わることなく、夜遅くなるまで、わたしたちは語り続けた。わたしは手にノートブックを持った。そして彼〔アイラ〕は、一本の長いロープを手に持った。スピリチュアリズム信仰へ数千人を回心させ、また兄弟たちに関連する霊の議論への刺激を与えたロープ縛りの離れ業の起源になった本物の「ダヴェンポート結び」のミステリーにわたしを入会《イニシエイト》させるために。[44]

また、アイラはこのときの会話で、自分たちのことを「けっしてミディアムだと主張したことはないし、自分たちの行為を霊的だと装ったこともないとくり返し主張することで、霊的力を確実に否定した」とフーディーニは述べている。[45] このことについては、フーディーニに宛てた手紙でアイラ自身も次のように書いている。「わたしたちは、公然とスピリチュアリズムへの信念を主張したことはない。わたしたちは公共のビジネスあるいは奇術の効果として、自分たちの催しを提示したわけでもなく、かといってスピリチュアリズムとして提示したわけでもない。わたしたちは、自分たちの支持者と敵対者をできるかぎり、それらのあいだで落ちつけようとしたのだ[46]」

もはやこうした晩年のアイラ本人の告白という決定的な証拠を前にすれば、ダヴェンポート兄弟の技が奇術であったことは疑い得ないと思われる。しかし、それでもなお、熱心なスピリチュアリストのなかには、ダヴェンポート兄弟の交霊会での現象が奇術であったことを否定する人々もいた。シャーロック・ホームズの作者として知られるイギリスの小説家アーサー・コナン・ドイルは、フーディーニの著書の二年後に出版した『スピリチュアリズムの歴史（*The History of Spiritualism*）』で次のように述べ、フーディーニの主張を頑なに退けている。

フーディーニは、彼の著書『霊たちのあいだのマジシャン』に夥大な事実誤認を詰め込んでいる。また、論題全体において彼の偏った先入観が窺える。そのため、彼の意見はなんら重要なものを持っていないし、彼が提示している手紙は、まったく受け入れられるものではない。[47]

さらに晩年のドイルは、一九三〇年の著書『未知の境界（*The Edge of the Unknown*）』において、「事実を重んじる人にとっては、アイラ・ダヴェンポートが本物のミディアムだったことは疑いようがない」と述べたうえで、さらに驚くべき次のような言葉を残している。「仮にアイラ・ダヴェンポートがミディアムであれば、フーディーニもミディアムであったという強力で明白な論拠が存在する。〔中略〕彼は自分が理解できなかった驚くべき力を持っていたが、そのことは一生誰にも明かさなかったのだ[48]」「フーディーニもミディアムであった」――ここまでくると、もはやドイルの主張は常識的に受け入れるのが困難であろう。

ペレット・リーディングとダーモグラフィー

奇術なのか、それとも本物の霊現象なのか？　それはダヴェンポート兄弟に関してだけの問題ではなかった。一八五〇年代から六〇年代にかけて、前代未聞の奇抜なパフォーマンスを披露し、人々の関心を惹きつけていったミディアムたちは、その疑惑を必ずや突きつけられる運命にあった。ダヴェンポート兄弟と同時期に、「ペレット・リーディング（pellet reading）」および「ダーモグラフィー（dermography）」と呼ばれるふたつの卓越したパフォーマンスで話題を集めたミディアム、チャールズ・H・フォスター（図4・7）もまた、その能力を巧みな手品の技ではないかと疑われ続けた。

ペレット・リーディングとダーモグラフィーは、それぞれ訳語では「小粒読み」および「皮膚描記」となるが、ここでそれがどういうものであったかを説明するために、イギリスの劇作家エペス・サージェントが実際に体験したフォスターとの交霊会のようすを紹介しておこう。

一八六一年、エペス・サージェントはフォスターの交霊会についての新聞記事を読み、それが本物かどうかを確かめるべく、友人とともに、ボストンのユナイティッド・ステイツ・ホテルの近くにフォスターが借りていた部屋を訪問した。時は正午。窓が大きく開いたその部屋には、ひとりフォスターだけがいた。サージェントも友人もフォスターとは初対面であり、またフォスターと会うことをほかの誰にも秘密にしていた。すなわち、サージェントと友人に関する事前情報の漏洩はまったくあり得ないはずだった。また、交霊会のあいだ、その部屋のなかにいたのはフォスターとサージェントと彼の友人の三人だけだった。

まずサージェントたちは、自分たちの手の動きを見られないよう注意を払いながら、死んだ友人の一二人の名前を、それぞれ一二の紙片に書き、それらを小さく丸めた。そのときフォスターはサージェントたちに背を向けていた。サージェントたちは、紙片をそれぞれ「ふつうのブドウの種」ほどの大きさになるまで丸め、テーブルの上に置き、そしてそれらを自分たちでもどれがどれだかわからなくなるほど混ぜた。フォスターは、それらのどれも手に取ることなく、単にその上に手を素早く走らせ、すぐにひとつをサージェントたちのほうに向けて押し出すと、いっさいのためらいなしにそこに記された名前を告げた。そしてそれは正解だった（これがペレット・リーディングである）。次にフォスターは言った。「わたしの腕に、この人の名前が現れるだろう」。そしてフォスターは袖をまくり上げ、サージェントたちに左腕を見せた。その肌の上には、よく見える赤い文字で「Arria」という名前が記されていた（これがダーモグラフィーである）。サージェントによれば、その日のフォスターは一二の紙片の粒から、八人の名前を正確に言い当てたという。[49]

こうしたフォスターの技は、それを目撃した人々に衝撃を与えた。フォスターとともに各地をまわり、のちにフォスターの伝記作者となったジョージ・C・バートレットは、一八九一年に出版した『セーレムの透視者（*The Salem Seer*）』の序文の冒頭を次のような言葉で飾っている。「チャールズ・H・フォスターは、エマニュエル・スウェーデンボルグ以来、最も天賦の才を持つ卓越し

図4.7　チャールズ・H. フォスター

次のような称賛の言葉を残している。「偉大なミディアムたち」の筆頭にあげ、で、フォスターを一八七〇年から一九〇〇年までのあいだに活躍した『スピリチュアリズムの歴史』たスピリチュアル・ミディアムであることは明らかだ」[50]。また、コナン・ドイルも

は、この現象は何度もくり返され、綿

たスピリチュアル・ミディアムであることは明らかだ」[50]。また、コナン・ドイルも『スピリチュアリズムの歴史』で、フォスターを一八七〇年から一九〇〇年までのあいだに活躍した「偉大なミディアムたち」の筆頭にあげ、次のような称賛の言葉を残している。

フォスターは偉大な透視能力を持っていたようだ。また、彼が言葉で表した霊の名前あるいはイニシャルを、彼自身の肌の上、たいがいは彼の前腕に出現させる特別な才能があった。この現象は何度もくり返され、綿密に検査されたため、その事実に関して疑うことは不可能である。[51]

フォスターの交霊会での驚くべき体験の記録は、かなり多くの人によって残されている。[52] たとえば、前章で触れたホープデール共同体の設立者アディン・バルーも、フォスターの交霊会について、自伝のなかで次のような印象深いエピソードを語っている。

一八六五年の秋、バルーと妻は自分たちの素姓を明かさないままフォスターのもとを訪れた。質素な家具つきの部屋のテーブルの上には、紙片、鉛筆、そしてアルファベットの文字が記されたカードが置いてあった。テーブルの前に座ったバルーと妻は、あらかじめ家を出る前に決めておいた知り合いの故人の名前と質問をたくさん紙に書き記し、小さく丸め、自分たちの前に置いた。その二、三分後、はっきりとしたラップ音がテーブルの下から聞こえてきた。バルーによると、その表情にわずかな痙攣が浮かんだあと、フォスターは次のように述べた。

いま、まさに輝かしい霊たちの一群がいます。知的でやさしく、そしてあなたと交信することを切望しています。わたしにはあなたのそばに高潔な霊がいるのがわかります（バルーの妻を指差して）。あなたに深い興味を持っていて、まるで近縁関係のようです。

次に、その霊はフォスターの口を借りて語りはじめた。

> わたしたちは、自分自身を最もまちがいなく顕現させることのできる人を通じて、あなたに会えたことを喜んでいる。わたしが誰かを疑う余地なく確信してもらうため、自分の名前を、ミディアムの腕の上に見えるようにしよう。

そうすると、すぐにフォスターは腕をむき出しにした。そこには「Pearley Hunt」の文字がはっきりと見えた。それはまるで赤いインクで手書きされたかのようだった。バルーと妻は、すぐに妻の父の生前のときの筆跡だと気づいた。「ああ！　お父様よ」。深く心を動かされた彼女は叫んだ。質問に対する応答、そしてフォスターの動き、そのすべてはバルーの妻の父の特徴を示していた。

その後も、バルーの妻の母の名前がラップ音で告げられた。さらに夫妻の亡くなった息子のイニシャルがフォスターの腕に現れ、そのほかにもバルーの母、兄弟、友人たちの霊との交信がなされた。なかでも、バルーを最も確信させたのは次のようなことだった。バルーはある友人が亡くなる前に、ふたりのあいだで合言葉を決めておいた。それは友人があの世からバルーと交信するときに、自分であることの確かな印として使われるためのものだった。アルファベットを読み上げるバルーに対してラップ音が鳴り、綴られた文字は「Portrait」だった。バルーはその言葉をいっさい他人に話したことはなく、けっして誰かに知られるはずのないものだったのだが、それこそがまさしくその合言葉だった。[53]

こうした、バルーをはじめ数々の当時の報告を読むかぎりでは、たしかにフォスターのパフォーマンスがみごとだったことを認めざるを得ない。だが、フォスターの交霊会がいかに人々を驚かせ、霊の存在を確信させるものであったとしても、一方で熟練したマジシャンがトリックを使って同様の結果を作り出せるのだとしたらどうだろう。実際、ダヴェンポート兄弟と同様、フォスターのペレット・リーディングやダーモグラフィーは、当時のイギリスのマジシャンたちによって模倣され、その後、マジックの出し物のひとつとされるようになっていく。たとえば、一八六五年八月三日の『ベルファスト・ニュース・レター』紙では、マジシャンのドクター・H・S・リンが、アイルランド北部のベルファストでのプライベートな「交霊会」で、フォスターとそっくりのパフォーマンスを巧みな手品によって再現し、「スピリチュアリズムは卑劣な詐欺」だと公言したことが報じられている。[54]

しかし、マジシャンがフォスターのパフォーマンスを模倣し得たという事実は、彼への決定的な打撃にはならなかった。というのも、スピリチュアリストにしてみれば、手品での再現はあくまで手品でしかなく、それがフォスターの現象を偽物と証明したことにはならないからである。[55]逆にスピリチュアリストのジョージ・セクストンは、一八七三年六月十五日、ロンドンのキャヴェンディッシュ・ルームで、フォスターやダヴェンポート兄弟を模倣したマジシャンたちのトリックを暴露する熱意にあふれた講演をおこなっている。そこでセクストンは、ドクター・リンの技は、選ばれた紙片を、あらかじめ肌に描かれていた言葉の書かれた紙片と素早くすり替えるというトリックだと述べ、フォスターの本物のミディアムシップとは異なるものであると主張している。[56]こうしたことからも、ミディアムの詐欺の証明のため、それを模倣して見せたマジシャンたちの試みは、たとえどれだけ巧みなものであったとしても、結果として、強い信念を持つスピリチュアリストたちの見解を変えるには至り得なかったことがわかる。

それればかりか、当時のスピリチュアリストたちは、懐疑主義者のほうこそが考えをあらためなければならない

図4.8　ダニエル・ダングラス・ヒューム

はずだという圧倒的な自信を持っていた。というのも、ダヴェンポート兄弟やフォスター以上に、マジシャンたちへの強力な挑戦となる謎に満ちた現象を引き起こし、懐疑主義者たちのあらゆる疑いをものともせず、ヨーロッパを駆けめぐり、当時の上流階級の人々から並々ならぬ支持を獲得したダニエル・ダングラス・ヒューム〔図4・8〕というミディアムが、強力な威光を放ち続けていたからだ。実際、当時だけでなくいまでもなお、スピリチュアリズムの支持者たちが自分たちの陣営の勝利を宣言する際、ヒュームの見せつけた数々の驚異的パフォーマンスが決まって持ち出される。多くの超常現象関連の著作がある日本でも有名な作家コリン・ウィルソンも、ヒュームのとほうもない能力を次のように紹介している。

その最もすぐれたミディアムは、いかなるマジシャンの技術もはるかに超えた現象を生起させた。〔中略〕赤熱した石炭で顔を洗い、重いテーブルと長椅子を、あたかもそれらが風船であるかのように天井まで浮揚させ、また〔彼自身が〕三階の窓から外に出て別の窓から戻ってくることもできた。彼の技は懐疑的な科学者の一団によって目撃され、その全員が自分たちの目で見た証拠を受け入れざるを得なかった。[57]

では、一八五〇年代から一八六〇年代のあいだ、最強のミディアムとして輝かしい栄光の座に君臨し続けたダニエル・ダングラス・ヒュームの活躍を、彼の交霊会で披露された不可解な物理現象を紹介しながらたどってみることとしたい。

ダニエル・ダングラス・ヒューム登場

一八三三年三月二十日、スコットランドのエディンバラから一〇キロメートルほど南西に位置するカリーという小さな町で、ダニエル・ダングラス・ヒュームは生まれた。[58] 彼の出生証明書には、ミドルネームの「ダングラス」は記されてなく、単にダニエル・ヒュームとなっている。[59] 一歳になる前、子供のいない叔母に養子として引き取られ、九歳のときにその家族とともにアメリカへ渡り、コネチカット州グリーンビルで少年時代を過ごした。自伝によると、ヒュームが本格的なミディアムシップに目覚めたのは一八五〇年、十七歳のとき、彼のまわりでもラップ音やテーブルの移動といった現象が発生するようになったのがはじまりだった。ちょうどフォックス姉妹のラップ音の話題から火がついたスピリチュアリズム・ムーヴメントが、ニューイングランド各地に広く拡大していった時期である[60]。

ヒュームの初期の注目すべきミディアムシップの記録としては、一八五二年四月五日、マサチューセッツ州スプリングフィールドのスピリチュアリスト、ルーファス・エルマーの家で開かれた交霊会の報告がある。ハーバード大学ローレンス科学学校の電気学および化学の助教授デイヴィッド・A・ウェルズを含む四人の男性が参加したこのときの状況は、同年四月八日の『スプリングフィールド・リパブリカン』紙に参加者全員の署名とともに掲載された。それによると、およそ次のような現象がヒュームによって引き起こされたと報告されている[61]。

テーブルがあらゆる方向に強い力で動かされた。参加者のふたりは、その動きを抑えつけるために全力を尽くさなければならなかった。また、参加者のすべての手がテーブルの上に置かれているときに、テーブルは床から持ち上がり、「あたかも空気よりも濃密な媒体によって支えられているかのように、数分間、空中に浮いていた」。さらにひとりがテーブルの上に座ったが、テーブルは大きな力で揺り動かされ、二本の脚は床についていたが、別の二本の脚は持ち上がった。そして三〇秒ほどのあいだ、その位置を維持していた。その間、ほかの誰もテーブルにはいっさい触れていなかった。三人がテーブルの上に同時に乗った場合でも、テーブルはさまざまな方向に動いた。また、交霊会のあいだ、床に振動を作り出す力強い衝撃が発生した。それは「遠くの雷、あるいは離れた場所での銃の発砲によって作り出された動きのようだった」。同寄稿では、こうした体験が列挙されたあと、参加者四人の結論として、次のように述べられている。

これらのできごとのあいだ、ランプがテーブルの上または下に置かれ、部屋は明るく照らされていた。また、わたしたちは周到な検査をするためのあらゆる機会を提供されていた。こうしたことから、わたしたちはこの断固たる声明を提出する。わたしたちは騙されているわけでも、欺かれているわけでもないと確信している。[62]

同年の五月、ヒュームはニューヨークへ向かう。そこでヒュームは、ニューヨーク・カンファレンス（第2章で述べたニューヨークのスピリチュアリストたちによって作られたサークル）のメンバーたちを前に、さらに驚くべきパフォーマンスを発揮している。ここでは、カンファレンスの主事ロバート・T・ハロックが六月十八日の彼らの会合で報告した、ヒュームの交霊会での驚くべき現象を紹介しておこう。

交霊会には、ハロック以外にもニューヨーク・カンファレンスのメンバーで『スピリチュアル・テレグラフ』紙の編集者サミュエル・ブリタン、同紙編集者チャールズ・パートリッジとその妻なども参加した。参加者たちがまわりに座ったテーブルの上には、束ねられていない数枚の紙、一本の鉛筆、二本のキャンドル、コップ一杯の水が置かれていた。交霊会がはじまると、まずテーブルが激しく動いた。だが、その上に置かれていたものすべては、元の場所から動くことはなかった。マホガニーの完璧に滑らかなテーブルが、三〇度の角度まで傾いたにもかかわらず、なおすべての物は、そのままの位置を維持し続けた。しかもハロックが言うには、「あたかもそれは、わたしたちの見たことが錯覚なのではなく、霊の現存と霊の力の本物の顕現だという確信をわたしたちに強調しようと」、何度も元に戻ったり傾いたりをくり返した。さらに参加者のひとりが、霊に対して、これまでと同様の角度にテーブルを傾かせ、なおかつ鉛筆だけを落とすように要求すると、鉛筆だけが転がり落ち、ほかの物はテーブルの上の同じ場所にとどまり続けた。次にテーブルの上に置かれたガラスのコップだけを落とすようにと要求すると、ふたたび求められたとおりの結果になった。テーブルが傾き、コップが滑り落ちていったにもかかわらず、その他すべての物は同じ場所にとどまり続けた。その後、さらにテーブルが一五から二〇センチメートルほど床から浮き上がった。参加者を上に乗せて動かせられるかと霊に尋ねると、その上に乗るのがふたりならばできるとラップ音による返事があった。ハロックとパートリッジが背中を合わせるかたちでテーブルの上に乗った。ふたりの体重は合わせて一六〇キログラムだった。それでもテーブルは揺れ動き、持ち上がった。そして最後にテーブルが急激に大きく傾き、ふたりはその上から放り出されるかたちとなった。[63]

いったいなぜこのようなことが起こり得るのか？　この当時のヒュームの交霊会に参加した人々の報告には、まるで物体が重力の法則をやすやすと無視できるかのような驚くべき現象が、数多く記録されている。とくに、その最も強烈で圧倒的な現象として、人々の見守るなか、ヒューム自身が高々と舞い上がる空中浮遊がある。

一八五二年八月八日、コネチカット州マンチェスターのウォード・チェイニーの自宅でおこなわれた交霊会において、最初期のヒュームによるみごとな空中浮遊の模様が報告されている。同年八月二十一日の『トレントン・ステイト・ガゼット』紙に掲載されている参加者の寄稿では、そのようすが次のように述べられている。

突然、参加者の側に対してなんの前触れもなく、ヒューム氏は空中に持ち上げられた！　そのときわたしは彼の手を握っていた。さらに、わたしと別の者が彼の足に触れた――足は床から三〇センチメートルほど持ち上がっていた。彼は声にならない喜びと恐れが入り混じる感情で、明らかに頭から足まで震えていた。何度も何度も彼は床から持ち上げられた。そして三度目に彼は、アパートメントの高い天井まで運ばれた。彼の手と頭は、穏やかにそこに接触した。[64]

一八五〇年にラップ音が起こりはじめて以降、その後のヒュームが起こした交霊会でのさまざまな現象を見ていくと、彼のミディアムシップが、ほんのわずかのあいだで驚くべき成長を遂げていったようすが窺える。しかも、これらのパフォーマンスを披露したころ、ヒュームはまだ十九歳だった。

事実を敬愛し名誉棄損を憎む

アメリカのニューイングランドで見せつけた圧倒的な能力を携え、ヒュームはイギリスへの進出をめざした。一八五五年三月三十一日、ヒュームはボストンの海岸から大西洋を渡る船に乗り込み、九日間の船旅を終え、無事にイギリスに到着した。「わたしはそこに立った。わたしを歓迎するひとりの友人もなく」と、ヒュームはいささか感傷的に、そのときのことを自伝で回顧している。[65]

ヒュームの最初の滞在先は、ロンドン・ウェストエンド地区のジャーミン・ストリートにあるコックス・ホテルとなったが、そこはヒュームのイギリス進出の拠点として恵まれた環境だった。なんと言っても、ホテルのオーナーのウィリアム・コックスは熱心なスピリチュアリストであったし、また当時、八十三歳の高名な社会主義者ロバート・オーウェンもそこに居住していた[66]（前にも述べたように、ジョン・マレー・スピアのグループから送り込まれたミディアム、マリア・B・ヘイデンの交霊会に参加し、すでにオーウェンはスピリチュアリズムに回心していた）。

ロンドンでのヒュームの初期の交霊会に参加した注目すべき人物としては、セント・アンドリューズ大学の学長で、光学の分野で傑出した業績を残した科学者デイヴィッド・ブルースターがいる。一八五五年六月、ブルースターは、元イギリスの大法官ヘンリー・ブルム卿に誘われてヒュームの交霊会に足を運んだ。当時、七十六歳だったブルム卿は、オーウェンの古くからの知人だった。だが、オーウェンと異なり、ブルム卿はスピリチュアリズムに対して懐疑的であり、彼がブルースターを同伴したのは、「トリックを見つけるための手助け」を求めてのことだった。[67]

たしかにブルースターは、その適任だったと言える。彼は一八三二年に『自然魔術についての文書（*Letters on Natural Magic*）』と題した本を出版しているが、これはその二年前に出版された歴史小説家、劇作家、詩人のウォルター・スコットが書いたスコットランドに伝わる魔術についての書、『悪魔学とウィッチクラフトについての文書（*Letters on Demonology and Witchcraft*）』に対する批判だった。そこでブルースターは、超自然的なものとして見られている多くの現象が、錯覚や機械装置を用いたトリックで説明できるものと考え、そのためのさまざまな方法を詳細に論じている。[68]

では、ヒュームの交霊会に参加したブルースターは、そこになんらかのトリックを発見できたのだろうか。ブルースターは、そのときの自身の体験を日記に次のように記している。

わたしたち四人は、中程度の大きさのテーブルに座り、その構造を調査するように求められた。少しするとテーブルは振動した。そしてその振動が、わたしたち全員の腕に伝わってきた。命令すると、これらの動きは止まったり、ふたたびはじまったりした。

最も不思議なラップ音は、テーブルのさまざまな部分から発せられた。そして誰の手もその上に乗せられていないときに、テーブルは実際に床から持ち上がった。別の大きなテーブルが運び込まれたが同様の動きを示した。アコーディオンはブルム卿に抱えられて、ただ一音だけ発したが、その実験は失敗だった。彼の手であれ、わたしの手であれ、どちらにおいても演奏は起こらなかった。

小さなハンドベルがカーペットの上に置かれた。しばらく置かれていたあと、そのとき誰も触れなかったにもかかわらず、それは鳴った。次に、そのベルは反対側のカーペットの上に置かれた。するとそれが、わたしに近づいてきて、わたしの手の上に置かれた。ブルム卿にも同じことが起こった。

これらは貴重な体験だった。わたしたちは、それらについてどうにも説明できなかった。どんな手法でいかに作り出されるのかすら推測できなかった。〔中略〕

わたしたちのどちらも見たことを説明できないのだが、それが暇な霊たちの仕業だったと信じてはいない。

この日記からブルースターとブルム卿が、霊の介入を認めることはないにせよ、そこになんらトリックの跡を見つけられなかったことは明らかだ。

ところがその後の十月三日、『モーニング・アドバイタイザー』紙でブルースターが公式に示した見解は、この日記の内容とは大きく異なっていた。そこでの彼は、あたかも交霊会のトリックを見つけ出せたかのような口ぶりで次のように述べている。

わたしはこれらの結果すべてを説明できなかったのだが、そのテーブルの掛け布の下に忍び寄る霊たちのせいだとはまったく考えられなかった。また、わたしはそれらが人間の手と足によって作り出されることが明らかにわかる光景を見た。〔中略〕わたしは彼の公開演技を、あたかも奇術師によるショーのように楽しんだ。[69]

さらにブルースターは同年十月十二日の同紙において、ヒュームの交霊会で自分が体験したできごとをより詳しく説明した。そこでブルースターが言うには、ラップ音やテーブルの浮上はたしかにあったが、前者はヒュームのつま先によって、後者はつねにテーブルの下にあったヒュームの足によって作り出されていると推測できる。さらにこのあと、ヒュームは部屋をいったん出て戻ってきたが、おそらくそれは大きな丸テーブルの下でおこなわれる技の準備をしてきたのだろう。テーブルに掛けられた大量の掛け布の下は誰にも見ることを許されなかった。小さなハンドベルが自分の足の近くに置かれたとき、なんらかの装置が使われるのを捕まえるために、そのまわりに自分の足を置いた。するとベルは鳴らなかった。だが、ヒュームの足元近くに置かれたとき、それはすぐに近づいてきてわたしの手のなかに置かれた。また、ハンドベルはブルム卿の指関節に当たって音を鳴らしたあとに落下した。[70]

以前の日記では「推測することもできなかった」と述べているのに対して、それから三か月ほど過ぎたこの段階でブルースターがいくつかのトリックの可能性を示唆しているのは、おそらく交霊会のできごとをあとからじっくり振り返ってみた際に思いついたからなのだろう。だがこのブルースターの寄稿は、ヒュームの交霊会の主催者ウィリアム・コックスによって異議を申し立てられた。コックスが黙っていられなかったのは、ブルースターの述べていることが、実際の交霊会の状況、そしてその場で彼が見せた反応とは明らかに異なっていたからだ。

コックスは同月十五日の『モーニング・アドバタイザー』紙への寄稿において、ブルースターに向けて次のように述べている。

あなたとブルム卿が、わたしの招待に応じるため、好意的な態度を示していたときに、わたしの家で何が起こったか、あなたの記憶を思い返していただきたい。そして、さまざまな実演が、そこにいた誰かの手や足によって生じさせられる可能性があったかどうかを述べることにおいて、わたしはあなたの誠実な心に訴えたい。

わたしはブルム卿とあなた自身が、どちらも驚きを表明したこと、また、わたしに向かって述べたあなたの感嘆の声をはっきりと覚えている。——「これは五十年間の哲学をひっくり返すものだ」と。[71]

コックスの言うことを信じるなら、交霊会が終わった時点のブルースターは、ヒュームが引き起こした驚くべき現象を目の当たりにして、詐欺の可能性を疑うことなどとうていできなかった。それにもかかわらず、あとになってから、ブルースターは急に態度を変え、そこにあたかもトリックがあったかのような不誠実な発言をしたことになる。たしかに、ブルースターの日記と『モーニング・アドバタイザー』で彼が述べた内容を比較すれば、細かいところに食いちがいが見て取れる[72]（ただしこの論争の時点において、ブルースターの日記は公表されていない。彼の死後、一八六九年に出版された彼の娘による伝記で公表された）。

ブルースターへの非難は、コックスからだけではなかった。作家のトーマス・アドルフ・トロロープも十月二十三日のジョン・S・ライマーへ宛てた手紙において、『モーニング・アドバタイザー』紙でのブルースターの発言は虚偽に満ちていると明言している。トロロープは、コックスの自宅での交霊会とは別の日に、ロンドン西部のイーリングにあるライマーの自宅で開催されたヒュームの交霊会にブルースターとともに参加していた。そこで見たものに強い感銘を受けたトロロープは、ヒュームによって引き起こされる現象が「彼の側の詐欺、機械、曲芸、幻影、トリックで作り出されたものではないとわたしは確信した」と同手紙の末尾に記している。[73]

スウェーデンボルグの著作の英訳者としても知られるジェイムズ・ジョン・ガース・ウィルキンソンも初期のヒュームの交霊会に参加したひとりだったが、彼もまた『モーニング・アドバタイザー』への寄稿において、ブルースターを強く批判し、次のように述べている。

「人間は罪を証明されるまで無実だと前提されなければならない」というルールは、科学的調査における場合でもそのルールとなる。このルールは事実を敬愛し名誉棄損を憎む。それゆえわたしは、デイヴィッド・ブルースターには、彼の調査の方法について、また推定の根拠となる彼の誠実さや、人々の証言に関する彼の判断についても同意できない。[74]

この件をめぐって、ブルースターが不利な立場に置かれたのは明白だった。イギリスでヒュームの最初の信奉者のひとりとなったスピリチュアリスト、ベンジャミン・コールマンは、ブルースターの死後、彼の発言をめぐっての問題を総括すべく一八七〇年五月の『スピリチュアル・マガジン』誌への寄稿で次のように述べている。

世に知られたミディアム、ダニエル・D・ヒュームとの関係における、のちのデイヴィッド・ブルースター卿の振る舞いと一八五五年に起こったその論争は、イギリスのスピリチュアリズムの歴史のなかで注目すべきエピソードを形成した。[75]

実際、のちのスピリチュアリストは、スピリチュアリズムに反対する当時の科学者の強い偏見と不誠実さを示す恰好の例として、今回のブルースターの発言をしばしば取り沙汰するようになる。たとえば、コナン・ドイルは『スピリチュアリズムの歴史』で、「それはその当時の科学者の態度の典型だった」と述べ、さらにブルースターの矛盾する発言については、「実際の記録にあったその証拠のことを忘れて、パニックのなかで、彼がそれらについて述べたことを否定した」のだと非難している。[76]

　結果的として、ブルースターの件はヒュームに対して負の影響を及ぼすどころか、むしろイギリスでの知名度を高めることに貢献した。また、その後の交霊会でも、ヒュームはブルースターの否定的な疑いを吹き飛ばすに足る圧倒的な驚異を披露し続け、その噂はますます熱を帯びて広まっていった。当時イタリアのフィレンツェに滞在していた、ヴィクトリア時代の最も有名な詩人のひとりエリザベス・バレット・ブラウニング（図4・9）も、イギリスでのヒュームの活躍を耳にし、一八五五年五月十三日の手紙で次のように書いている。「アメリカから来た『ミディアム』のヒュームは、ロンドンに霊を招来し、この世界をひっくり返しています」[77]。さらにエリザベスは、同年七月二十三日、同じく有名な詩人の夫ロバート・ブラウニング（図4・10）を引き連れてヒュームの交霊会に参加したあと、すぐさまスピリチュアリズムに傾倒していった。同年八月十七日、妹のヘンリエッタへの手紙でエリザベスは次のように書いている。「わたしはいかなる点でも確信しました。それは驚くべきもので、決定的なものでした」[78]

　しかし、夫のロバート・ブラウニングの反応はまったくちがった。むしろロバートにとって、ヒュームの交霊会はミディアムへの敵意を強く植えつける結果となり、のちの彼に「スラッジ氏、『ミディアム』（*Mr. Sludge, "The*

図4.9　エリザベス・バレット・ブラウニング（1859年）

図4.10　ロバート・ブラウニング（1859年）

Medium”)」と題する、ミディアムへの嘲りを込めた風刺詩を書かせることにもなった。それにしても、夫婦間で意見がまるっきり分かれるきっかけになったヒュームの交霊会とはどのようなものだったのか。

スラッジ氏

一八六三年に出版されたブラウニングの詩集『登場人物（*Dramatis Personae*）』所収の「スラッジ氏、『ミディアム』」は、同詩集に収められた情熱的で感動的な詩のなかにあって、唯一刺々《とげとげ》しい皮肉に満ちている。その詩の一部を以下に抜粋する。

今度こそおやめください、あなたさま！
わたしを晒《さら》しものになさらないでください！　今度ばかりは！
これが最初で最後です。誓って言います。
わたしをご覧ください——見てください。
わたしは跪《ひざまず》いています——これっきりですって。

わたしは可能なときは不正をはたらいていました。
わたしの足指の関節でラップ音を起こし、偽物の手を使っておりました。
あぶり出しインクでうっすらと名前を書いておきました。
オド〔第5章で詳述する〕の光をマッチの端で擦りました。[79]

この詩のなかの「スラッジ氏」は、ロバート・ブラウニングがヒュームを戯画化《カリカチュア》したものと一般的に受け取られている。ヒュームのミディアムシップの真正さを確信していたコナン・ドイルは、自著『スピリチュアリズムの歴史』で、次のように文句をぶちまけている。「ブラウニングは、かつてあったこともない暴露を叙述するために長い詩――こんなへたくそなものも詩と呼べるならば――を書いた[80]」

たしかに、この「スラッジ氏＝ヒューム」という図式の下で詩が読まれると、まるでブラウニングがヒュームの不正を暴いたかのように誤解されかねないので、ドイルが不満を言いたくなる気持ちもわからないではない。だが実際のところを言えば、ブラウニングが「スラッジ氏」を直接名指しでヒュームであると述べたことはなく、名誉を棄損したわけではない[81]。

ここでブラウニング夫妻の目に映ったヒュームの交霊会とはどのようなものだったのか、それを見ておかねばならない。彼らが参加したのは、一八五五年七月二十三日、ジョン・S・ライマー宅で開催された交霊会だった。そのときの詳細は、同年七月二十五日の詩人エリザベス・C・キニー宛てのロバート・ブラウニング自身による手紙に記されている。

交霊会は夜の九時ごろにはじまった。ヒュームの指示どおり、参加者たちは大きなテーブルのまわりに集まって座った。テーブルが動き、「騒音、あるいはラップ音」が起こった。それは三年前に十二歳で亡くなったライマー夫妻の子供ワットの霊が起こしているものだと考えられた。いったんラップ音が静まったあと、ヒュームは人数が多すぎると参加者たちに告げ、参加者のうちの五人が霊によって指定され、退場させられた。残ることが許されたのは、ブラウニングと妻のエリザベス、ライマー夫妻、および息子と娘、そして夫妻の友人の女性ふたりだった。

交霊会が再開し、テーブルが振動して持ち上がった。参加者全員の手は見えていた。次にライマー夫妻の衣服の腰のあたりが、彼らの子供の霊だと考えられている何かによって触れられた。ブラウニングは次のように書いている。「わたしはかすかに見たが、どうにも説明できない手段で持ち上げられていた――まるで内側のなんらかの物体によるかのように――ライマー夫人に気づかれることなしに、それがそこに導入されることはほとんどあり得ない――これがくり返された」

次に霊の手が出現するために、すべてのランプは消された。モスリンのカーテンを通して、ふたつの窓から入ってくる曇り空の光だけになった。ブラウニングと妻の反対側のテーブルの端から手が現れ、引っ込められ、ふたたび現れ、あちこちに動き、上がったり下がったりした。だが、ブラウニングによると「その手は、テーブルの端からけっして離れることはなかった」。別の大きな手が現れ、テーブルから花冠《かかん》を取り、エリザベスのほうに運んできた。ヒュームの求めに応じて、霊はエリザベスの頭の上に花冠を置いた（このときエリザベスは、花冠を受け取るために夫から離れ、ヒュームのそばに座っていた）。さらにエリザベスが霊に、花冠を夫に運ぶことを求めた。すると花冠はテーブルの下を通って運ばれた。また、ブラウニングはテーブルの下で膝やその他の場所、また両手の上を代わるがわる何度か触れられた。それは柔らかく肉厚だった。だが、ブラウニングのほうからはそれに触れることができなかった。そこでブラウニングは霊の手を握らせてくれるよう要求した。ブラウングの記述によると、「願いは約束されたものの、その約束は守られなかった」。

続いてヒュームはテーブルの下方で、アコーディオンを片手で持った。音が鳴り、いくつかの曲が演奏された。このときは部屋に明かりが灯されていた。ブラウニングには、アコーディオンがいかにして演奏されているかが推測できなかった。さらに手が現れ、テーブルの上から小さなベルを持ち、それを鳴らした。別の手が現れ、指を開いたり閉じたりした。そしてさらにその手を回転させてみせた。ブラウニングはそれに触れることを要求したが拒絶された。その手は衣服を身に着けていたが、肘のあたりはモスリンのような服のドレープの下で見分けられなかった。手はテーブルから離れることはなく、これらのパフォーマンスを何度かくり返した。ブラウニングは次のように書いている。「（言わば）ひとつの手がヒューム氏の肩を這い上がっていき、すでに述べたように、わたしの妻の上に花冠を置いたが、それはつねにウィルキー・ライマー氏とヒューム氏のあいだの場所でおこなわれた――けっして部屋の空いたスペースではなく」。ヒュームは花冠を持った手が、エリザベスに特別な関係がある亡くなった人物の霊のものだと述べた。このヒュームの意見は、ラップ音によって裏付けられた。だがウィリアム、フランク、チャールズ、ヘンリーと順に、ラップ音によって名前が告げられたものの、そのいずれも実際に当てはまる人物はいなかった。その直後、ヒュームはトランス状態となり、今度はライマーに向かって語りはじめた。ヒュームの語りはライマーの亡くなった子供の声を装うために囁き口調になったが、ブラウニングからすると「それはヒューム自身の抑揚と特徴と特有の表現だった」。また、その語りはライマー夫妻を感動させたものの、ブラウニングが言うには、「それが続いていくにつれ、ヒューム氏本来の自然な口調が次第に戻ってきた」。

ヒュームが五人の霊がそこに来ていることを告げると、テーブルが持ち上がり傾いた。ヒュームはその上のすべての物体が、霊によって固定されていると説明した。だが、そのときブラウニングは、シルバーのペンが転がっていることを見つけ、霊たちにその動きを止められるかと尋ねた。それに対してライマーの娘は、霊からの答えを次のように告げた（このときライマーの娘もトランス状態に入っていた）。「その質問はしてはいけません！　あなたは十分に見たのではないですか？」　そしてすべては終わった。

これがブラウニングの体験した交霊会の報告のほぼ全容である。ブラウニングの率直な感想は、全体的に「できが悪く無価値だ」という冷ややかなものだった。ブラウニングはキニー宛ての手紙で「わたしは――機械技師としての能力は劣るが――H氏〔ヒュームのこと〕のゆったりとした服、袋のような胸当て、大きな袖の下に、固定されつつも可塑性のある筒のような見え透いた仕掛けがあると想像できる」と述べている。

要するに、トリックをその場で見つけられたわけではないにせよ、ブラウニングの目には、そこになんらかの隠された仕掛けがあるようにしか見えなかった。また、これまで人々を驚嘆させてきた霊の手も、糸で動かされる「操り人形の手」にしか思えなかった。[82]

ところが、いっしょに参加した妻エリザベスの感想はそれとまったくちがっていた。エリザベスは、たしかにヒュームがトランス状態で語った説教の内容の多くは「戯言《たわごと》」であることを認め、その「驚くべきナンセンス、または平凡で陳腐な言葉」だったことにがっかりしている、と妹ヘンリエッタへの前述の手紙で告白している。だが、それが霊たちによって語られたものであること自体には疑いをまったく持たなかった。また、ブラウニングには「操り人形の手」にしか思えなかったそれのことを、「最も大きな人間のサイズ」で、「雪のように白く、なんとも美しい」手だったと述べている。[83]

すぐ近くで同じ現象を目撃しながらも、夫婦間でこのような見解のちがいが生じてしまっているのはなぜか？　観察者の信念が、知覚や体験に影響をおよぼした結果なのか？　というのも、そもそもヒュームの交霊会へ参加する前から、スピリチュアリズムに対するふたりの姿勢は正反対だった。ブラウニングはスピリチュアリズムをまったく信じていなかったのに対して、妻エリザベスはすでにスピリチュアリズムを強く信じる傾向にあった。彼女のスピリチュアリズムへの熱心な興味は、一八五一年にスウェーデンボルグの著作を読んだことからはじまり、その後はスピリチュアリストたちとの親交を深めつつ、透視能力者やミディアムのもとを何度も訪れていた。であれば、単純にエリザベスはみずからが信じていたもの〔あるいは信じたいもの〕をそこに見た、ということになるのだろうか。あるいは、むしろブラウンニングの不信こそが、そこで起こっている真実を否定するように仕向けた、と言うべきなのか。[84]

ところで、同交霊会の状況はヒュームの自伝にも記述があるが、そこにはブラウニングがその交霊会については何も「疑念」を示さなかったと書かれている。また、ヒュームは次のような点も付け加えている。「花冠が彼自身の頭の上に置かれずに、代わりに彼の妻の上に置かれたことで、ブラウニングが大きく落胆したことをライマー家の全員が認めている」。また最後に、ヒュームはそのときの交霊会で起こったできごとを次のように記している。

> ブラウニング夫妻のそばに八人〔前述のブラウニングの手紙では六人となっているが、ヒュームの自伝では八人とされている〕がいる前ですべては起こった。参加者のすべてはいまだ生きている。したがって、ここに書かれているすべての言葉の真実を、もしブラウニング氏によって否定されるようであれば、〔彼らは〕証言する覚悟を持っている。[85]

このブラウニングへの言及は一八六三年刊行のヒュームの最初の自伝には含まれておらず、一八七二年に出版された「セカンド・シリーズ」にはじめて登場する。つまり、「スラッジ氏、『ミディアム』」が世に出たあと、はじめてヒュームはかかる交霊会の件を持ち出し、しかも一章を丸ごと使って、ブラウニングに対する苦言を述べている。そのことからすれば、ブラウニングの詩が自分の評判を落としかねないことを、ヒュームがかなり気にしていたことが推測される。

逆にブラウニングの立場——愛する妻の心が「いかさま師」の技に魅了され、くだらないスピリチュアリズムへの信仰にのめり込まされてしまった——からすると、ヒュームに対する強い苛立ちを覚えても不思議ではない。実際、夫婦のあいだにおいて、ヒュームに関する話題は禁句になったようだ。一八五五年八月十七日の妹ヘンリエッタへの手紙でエリザベスは書いている。

> あなたがわたしに手紙を書くとき、その事柄〔ヒュームの件〕に関しては一言も述べないでください——なぜなら、この家ではそれはタブーとなった事柄なのです——ロバートとわたしは相反する見方を取っていますし、彼はそれに関するどんな会話であっても相当気に障《さわ》ってしまうのです。[86]

実際、エリザベスとのいさかいの火種となりかねなかった「スラッジ氏」を、ブラウニングが世に送り出したのは、彼女の死の三年後のことだった。

最初の交霊会の二日後、ブラウニングはライマー夫人へ手紙を書き、もう一度、交霊会を開催してもらうように申し出た。だがヒュームは、自分の病気を理由に再度の交霊会を断っている。しかしその数日後、ヒュームはライマー夫人と彼女の息子とともに街に出かけた。ヒュームの自伝によれば、それは街を去ることに決めたので、何人かの知り合いに別れを告げるためだった。そしてその際、ヒュームはドーセット・ストリートに住んでいたブラウニング夫妻のもとを訪れている。ヒュームの自伝に記されているそのときのエピソードを、少々長くなるがそのまま引用しておく。

わたしたちは応接室に案内された。そして彼〔ブラウニング〕はわたしたちの前に進み出てくると、ライマー夫人と握手をし、次にわたしのそばを通り過ぎ、彼女の息子と握手をした。彼がわたしのそばをふたたび通り過ぎようとするとき、わたしは手を差し出した。そのとき、悲壮な雰囲気の彼は、左肩にすばやく手を持っていき、歩き去った。わたしの注意はすぐにブラウニング夫人に惹きつけられた。彼女は部屋のほぼ中央に立っていたが、青ざめて動揺しているのが見えた。わたしが近づくと、彼女はわたしの両手に自分の両手を預け、興奮した声で言った。「ああヒュームさん、どうかどうかわたしを責めないでください。申し訳ないと思っています。でもわたしのせいではないんです」。わたしはその奇妙な光景が意味することを少しも理解できずにあっけにとられた。――ブラウニング夫人が苦しんでいる深い感情を別にすれば、それはまったく滑稽であった。しばらくのあいだ、すべてが混乱していたが、わたしたちはやっとのことで椅子に腰かけた。わたしはどうして、いつそうなったのかをよくわかっていないのだが、ブラウニング氏は興奮した言いかたで述べた。「ライマーさん、わたしは先日の夜、あなたの家で見たことすべてが不満足だったことを、あなたに知ってもらいたい。また、なぜわたしが友人とともにふたたび参加することをあなたが拒んだのかを知りたい」。わたしはそれに対してこう返答した。「ブラウニングさん、〔霊の〕顕現に関する異議を唱えるべき時と場所はいまではなく、そのときでした。わたしはあなたにできるだけの機会を与えました。そしてあなたはそれを利用し、満足したことを表明しました」。彼は言った。「わたしは君に話しかけているのではない」。わたしは言った。「そうです。でもあなたが話していることは、わたしに関することです。ですので、わたしに返答を許してくださることが、唯一の公正かつ紳士的な態度ではありませんか」。ライマー夫人は言った。「ヒュームさんは、まったく正しいと思います。そしてあなたとあなたの友人を受け入れることができなかったのは、わたしたちの予定のためだったのです」。ブラウニング氏の顔は怒りで覆われ、椅子の上で前後に揺れている彼の動きは、狂乱した人のような動きだった。この瞬間、わたしは部屋を出るために立ち上がった。そして彼のそばを通り、ほとんど気絶しそうだったブラウニング夫人と握手をした。彼女はわたしと握手をしながら言った。「ああヒュームさん、わたしのせいではありません。ああ、なんてことを！　ああ、なんてことを！」[87]

あまりにも間抜けなブラウニングと感情的に取り乱すエリザベス、そしてつねに冷静で紳士的であったヒュームという対比のもとに描かれたいささか芝居がかった場面だが、ヒュームの自伝による一方的な記述のため、どこまでが真実なのかは少々疑わしい。したがって、このできごとについては、ブラウニングが友人の詩人ウィリアム・アリンガムに語った別のバージョンがあることも、公平を期すために紹介しておきたい。アリンガムの日記によると、その同じ場面は次のように記されている。

ヒュームは誠意を込めた笑顔を見せながら、友好的に右手を差し出した。だが、ブラウニングはヒュームを厳しく見据えた。そして開いたドアを指さし言った。「もし君が三〇秒以内にドアから出ていかないなら、わたしは君を階段から突き落とすぞ」。ヒュームはいくつかの苦言を試みたが、ブラウニングは前に進み出た。すると「そのミディアムは、できるかぎりの礼儀正しさを見せながら消えた」。以上のようなことを話したのち、ブラウニングはヒュームがつねに人前で装う紳士的態度と善良さを皮肉って、アリンガムに次のように述べた。

君は彼がわたしのことをなんて言っていると思う？　――君には絶対に思いもよらないだろう。彼はみんなにこう言っているよ。「どれだけブラウニングがわたしのことを憎んでいるか！　でも、わたしは彼のことをどれだけ愛していることか！」[88]

ブラウニングとヒュームの対立についての話題を終える前に、最後にひとつ付け加えておくべきことがある。それは交霊会において、ブラウニングが何の「疑念」も示さなかったと述べたヒュームの言い分についてである。ブラウニングからすれば、それは次のように少々事情が異なるものだった。

そもそも前述のエリザベス・C・キニー宛ての手紙を見ると、ブラウニングが交霊会でのできごとに十分に「疑念」を持っていたことは明らかだ。それにもかかわらず、その場でブラウニングが何の「疑念」も表明しなかったのは、あえてそうしなかった理由があったことが同手紙に記されている。ブラウニングは次のように述べている。「それはファミリーパーティーだった――家族の目的を満足させるための」。それゆえ「彼らが自分たちの子供の霊と信じていることからして、その手を摑もうと出しゃばることはできなかった」。たしかに、ブラウニングが交霊会で霊の手を摑むことを望みはしたが、無理にはそうしなかったし、シルバーのペンが動いていたことを、その場ではそれ以上追及しなかった。すなわち、ブラウニングによれば、そこでの交霊会は、部外者が「『顕現』の真実を、すなわち虚偽を突き止めるための最も簡単な手段を用いること」ができないような雰囲気のなかでおこなわれていた。それゆえ、そこでは「疑念」を表明することも追及することもできなかった。これがブラウニングの側からの事の真相である。[89]

こうしたブラウニングの主張からすると、ダヴェンポート兄弟のような不特定多数の人々を集めた有料の交霊会を開催していたミディアムらと比べて、「ファミリーパーティー」を中心として交霊会を催していたヒュームの立場は、明らかに守られている環境にあったとも言える。そもそもヒュームの交霊会の参加者は、基本的にその家に招待を許された知人だけの集まりだった。そのためヒュームが、仮にトリックを使っていたとしても、それを暴露しようと躍起になる人物と出会う危険性は、ダヴェンポート兄弟よりも格段に低かったことはまちがいない。

そもそもヒュームは、これまで見てきたフォックス姉妹、ダヴェンポート兄弟、チャールズ・フォスターらとは異なり、文字どおりの意味での「プロフェッショナル」なミディアムではなかった。ヒュームの交霊会はすべて無料で、参加者から金銭を徴収することはなかった。それは初期のころだけでなく、その後のヨーロッパ各地を駆けめぐった残りの生涯のあいだ、ずっとそうだった。では、ヒュームはどのようにして生計を立てていたのかというと、彼のミディアムシップを信奉する裕福な人々が周囲に絶えず、彼らの金銭的援助を受け続けることができたため、そもそも生活費の心配をする必要がなかったのだ。ロンドンのコックス・ホテルでもイーリングのライマー家でも、ヒュームは交霊会でそれらの人々を満足させることによってのみ、日々の生活は十分すぎるほど保障され続けていた。ヒュームの伝記を書いたジーン・バートンの言いかたを借りるなら、「彼は生涯、まさしく国際的で壮大なスケールにおいて、単にディナーに呼ばれる男」だったのだ。[90]

一八六〇年代アメリカン・インヴェイジョン

イギリスでの成功のあと、一八五五年の秋から翌年の二月まで、ヒュームはイタリアのフィレンツェに滞在した。芸術を学ぶライマー家の息子の同伴者となったヒュームの旅費のすべては、同家によって賄われた。また滞在先として、前述の作家トーマス・アドルフ・トロロープの別荘を借りることができた。[91]

フィレンツェ滞在中に開催された交霊会には、すぐにトロロープの人脈を通じて、アメリカの彫刻家ハイラム・パワーズ、イギリスの画家で古物収集家のシーモア・ストッカー・カーカップ男爵、アメリカの外交官ウィリアム・バーネット・キニーをはじめ、芸術家や社会的地位の高い多様な人々が集まった。その当時のヒュームの能力は絶好調だったようで、自伝のなかで次のように回想している。「わたしがフィレンツェにいるあいだ、顕現はとても強力だった」。「O伯爵夫人」がグランドピアノを演奏しているあいだ、「それは持ち上がり、空中でバランスを取っていた」。[92]また、幸運なことにも、ヒュームはフィレンツェ滞在中に有力なパトロンとなるポーランドの貴族ブラニツキ伯爵とも知り合った。ヒュームは彼とともにフィレンツェをあとにして、ナポリとローマへ向かった。だが、ちょうどそのころ、突如ヒュームのミディアムシップが一時的に失われてしまった。[93]

ふたたび力が戻ってくるのは、霊に約束されたとおり、ちょうど一年後の一八五七年二月十日、パリを訪れていたときのことだった。[94] そしてその二日後には、彼の久々の復活にふさわしい、しかも彼の名声を大いに高からしめる記念すべき交霊会が開催された。それはテュイルリー宮殿でナポレオン三世とウジェニー皇后を前にしておこなわれた。このときの交霊会の模様は公にされなかったため、その噂はフランスの社交界のなかで「口伝えされていくうちに、そこに一千もの尾ひれはひれがつけ加わって」いった。[95]

これ以後のヒュームの活躍は目まぐるしく、いったんアメリカに戻るものの、ふたたびヨーロッパ各地をまわり、彼の経歴を華々しく彩る逸話を数多く残していく。そしてサンクトペテルブルク滞在中の一八五八年八月一日、ロシア貴族の若く魅力的な娘と結婚し、ついに名実ともに上流階級への仲間入りを果たす。翌年五月八日、ふたりのあいだに男児が誕生。そして同年十一月、輝かしい名声とともに、ふたたびイギリスに戻った。[96]

時はちょうど、アメリカからイギリスへと傑出したミディアムたちが続々と進出しはじめる直前のことだった。このヒュームのイギリス再臨こそが、当地でのスピリチュアリズム・ムーヴメントを再燃させるための発火点だったと言っても過言ではない。事実、スピリチュアリズムがイギリスで急激に盛り上がっていったのは、ヒュームの帰還した一八五九年以降のことだった。もちろん前にも述べたように、イギリスのスピリチュアリズムは、すでにマリア・B・ヘイデンの到来からはじまっている。その後、テーブル・ターニングの流行が起こるものの（これについては次章で述べる）、その後の余波はアメリカと比べて意外なほど大きなものとはなっていない。むしろヒューム不在の時代、イギリスでのスピリチュアリズム・ムーヴメントの成長は、明らかに鈍化していた。

このことは、イギリスのスピリチュアリズムに関する定期刊行物の状況からもわかる。たとえば、一八五五年四月に創刊されたキースリー（Keighleyと綴るマンチェスター郊外の小さな町）のスピリチュアリストたちの小さなコミュニティによる機関紙『ヨークシャー・スピリチュアル・テレグラフ』は、途中一八五七年に『ブリティッシュ・スピリチュアル・テレグラフ』へと名前が変更されながら、当時のイギリスにおけるスピリチュアリストの定期刊行物として最も長く続いたものだが、それも一八五九年で終わっている。そのほかに刊行されたものはより短く、スウェーデンボルグ主義のスピリチュアリストたちによる『スピリチュアル・ヘラルド』誌は、ロンドンで一八五六年の二月からはじまったが同年七月で終了。『バイオロジカル・レヴュー』誌と『スピリチュアル・メッセンジャー』誌はさらに短命で、一八五八年から五九年の冬のあいだのみで終わっている。しかもこれらイギリスの定期刊行物の内容の多くは、アメリカでの交霊会からのニュースに負っていた。[97]『スピリチュアル・ヘラルド』誌の廃刊前の最終号にある「イギリスにおけるスピリチュアリズムに関する現象」という記事は、編集者から読者へ向けて、少々寂しげに次のように書かれている。「定期刊行物はイギリスにおける霊の顕現の不足、あるいはイギリス人の度胸の足りなさのために失敗している。わたしたちは自分たちの国の事実で、自分たちの頁を埋めることを欲してきた。だが、わたしたちは、それらを調達できなかった[98]」

この記事からもわかるように、一八五〇年代のイギリスでは、いまだ注目されるほどの現象を引き起こすミディアムは登場していなかった。ようやくイギリス産のミディアム、メアリー・マーシャルがロンドンで交霊会を開始し、話題にのぼるようになるのは一八五八年ごろからである。[99]

ふたたびヒュームの戻ってきたロンドンの状況に話を戻そう。小説家ウィリアム・メイクピース・サッカレー編集の月刊誌『コーンヒル・マガジン』の一八六〇年八月号は、帰還後のヒュームの交霊会の模様を詳細に記録した寄稿を掲載した。「フィクション以上の奇妙さ」と題されたその寄稿は、当初匿名とされていたが、のちにその書き手は劇作家で批評家のロバート・ベルだと判明している。そこでのレパートリーは、ほとんどがすでに述べてきたものと同じであるためここではくり返さないが、そのクライマックスに起こるじつにみごとな空中浮遊のシーンだけは紹介しておきたい。

ヒューム氏は窓の隣に座っていた。カーテンを背景とした薄暗がりのなか、彼の頭がおぼろげに見え、また彼の両手は彼の前でぼんやりとした白い塊のようだった。やがて彼は穏やかな声で、「わたしの椅子は動いていますーーわたしは床から離れていますーーわたしに注目しないようにーー何かほかのことを話していてください」というような意味のことを述べた。〔中略〕わたしは彼の頭が深い影の彼方に消えていくのを見た。

ほんの少し経って彼はふたたび語った。今度の彼の声はわたしたちの頭の上の空中にあった。彼は座っていた椅子から離れ、地面から一・二〜一・五メートルの高さにまで上昇していた。彼はより高く上昇していくにつれて姿勢を丸めていき、最初は垂直だった姿勢が最後には水平になった。

このあと、ヒュームはそのまま窓から出ていくと告げ、驚くべきことにも実際にそのとおりになった。記事はその衝撃の瞬間を次のように伝えている。

> わたしたちは完全な沈黙のなかで観察していた。そして空中で水平に横たわりながら、足から先に、一方の窓から別の窓に向かっていく彼の姿を見た。彼は移動しながら、わたしたちに話しかけてきた。そして彼は向きを反対に変え、窓をふたたび横切るだろうとわたしたちに告げた。彼は実際にそれを実行した。

同記事によると、さらにその後数分間、ヒュームは目撃者たちの頭上を浮遊し続けた。そしてヒュームは部屋の最も遠いところまで進み、さらに天井まで上昇し、そこにかすかな跡を付け、その後すぐに元いた位置に戻った。[100] まさしく「フィクション以上の奇妙さ」である。このロバート・ベルによる鮮烈な交霊会の報告こそが、イギリスでの本格的なスピリチュアリズム・ムーヴメント到来の開幕を告げるものとなった。実際、ヒュームのイギリスへの帰還のあと、アメリカからミディアムたちが続々とイギリスに進出する「アメリカン・インヴェイジョン（アメリカ人の侵攻）」の時代が到来する。まず一八六一年には、『バナー・オブ・ライト』誌の編集者のひとりであり、ヒュームと類似した物理的な現象を引き起こすことを得意としたミディアム、J・R・M・スクワイアがやって来る。一八六〇年四月の『スピリチュアル・マガジン』に掲載された、スクワイアがイギリスに到来する前年の同年二月二十五日と二十六日にボストンでおこなわれた交霊会の記録では、そこで起こったできごとが次のような項目として列挙されている。「ラップ音」「テーブルの移動」「目に見えない作用による執筆」「鳴り響くベル、アコーディオンの演奏、シーダー（杉材）の鉛筆が折れること等々」「重いものを持ち上げることと、大きなテーブルの破壊」「ミディアム・ライティング」――ちなみに、五項目に関しては、カバノキ（バーチ材）でがっしりと作られた重たい円形のテーブルが持ち上がったあと、空中で宙返りしてベッドの上へ落ち、しかも最後にそれは打ち砕かれ、破片が部屋中に飛び散ったと報告されている。スクワイアの発揮するミディアムシップもかなり恐るべきものである。[101]

アメリカ産ミディアムたちの渡英はさらに続く。次の三、四年のあいだに「数人のアメリカのミディアムシップの新たなかたちの提唱者たち――ブライ、レッドマン、コンクリン、コルチェスター、フォスター――が、われわれの島〔イギリス〕を訪れた」とフランク・ポドモアは当時の記録をもとに述べている。[102] このポドモアの述べた最後の人物は、本章で先に紹介したペレット・リーディングの達人チャールズ・フォスターである。さらに一八六四年の夏には、すでに述べたとおりダヴェンポート兄弟が訪れ、霊のキャビネットを用いたステージ・ショーを多くの人々の前で披露した。そして、これら海を渡ってきたミディアムたちのなかで、一八六〇年代、さらに七〇年代になってもなおイギリスのシーンの中心に君臨し続けたミディアムの王者こそが、ダニエル・ダングラス・ヒュームだった。

イギリス産スピリチュアリズムのはじまり

これらアメリカのミディアムたちの進出とは別に、一八五〇年代後半からはじまるイギリス産スピリチュアリズムの状況についても簡単に振り返っておきたい。

一八五〇年代後半、イギリスにおけるスピリチュアリズムの活動の中心として活発だったのは、首都ロンドンよりも、むしろヨークシャー州ウェスト・ライディングのキースリーだった。そもそもイギリスで最初に刊行された前述のスピリチュアリズムに関する月刊誌『ヨークシャー・スピリチュアル・テレグラフ』も、キースリーのオーウェン主義者デイヴィッド・ウィルキンソン・ウェザーヘッドによって創刊された。

では、なぜキースリーでスピリチュアリズムが活発になったのか。そのきっかけは、一八四二年にアメリカへ渡ったオーウェン主義者デイヴィッド・リッチモンドがスピリチュアリズムの信念を本国に持ち帰り、その地で伝道に努めたことによる。もともと禁酒および菜食主義者だったリッチモンドは、アメリカ滞在中の一八四六年、シェーカー教徒の禁欲的な生きかたと霊性に魅了され、そこに加わった。さらにフォックス姉妹の噂を耳にして、ロチェスターを訪問した。彼女たちによって引き起こされるラップ音を目の当たりにして、スピリチュアリズム信奉者になった。

そして一八五三年、リッチモンドはシェーカリズムとスピリチュアリズムの伝道のためにイギリスへ帰国。彼が伝えた霊界の真実は、前述したキースリーのオーウェン主義者デイヴィッド・ウィルキンソン・ウェザーヘッドを、スピリチュアリズムに回心させ、その結果として『ヨークシャー・スピリチュアル・テレグラフ』が創刊された。こうしてイギリスにおける最初期のスピリチュアリズム・ムーヴメントは、その地域の労働者階級を中心としたオーウェン主義者の共同体参加者たちを支持層とすることで広まっていった[103]。

キースリーを起点としたこのムーヴメントは、ビングリー、ブラッドフォード、ヒンクリー、リーなどのウェスト・ヨークシャーとランカシャーの製造業地帯へと広まり、さらにはマンチェスター、ノッティンガム、コベントリー、アイルランド北部のベルファストや、スコットランドのグラスゴーにもスピリチュアリストのサークルが作られていく[104]。こうした地域での労働者階級を中心としたスピリチュアリストたちのミーティングは、「優雅な応接室ではなく、機械工の集会所や禁酒の集会所」でおこなわれた。そこで彼らは霊に告げられた新たな時代の間近な到来を信じ、社会主義的ユートピアの実現を夢見ていた[105]。そして一八六五年にはダーリントンで、翌年にはニューカッスルで、「プログレッシヴ・スピリチュアリスト」の会合がおこなわれた[106]。

その一方、一八六〇年代に入ってイギリスに進出してきたアメリカからの野心的なミディアムたちがまずめざしたのは、ロンドンの制覇だった。そのため、アメリカン・インヴェイジョンの進行にともない、イギリスでのスピリチュアリズムの耳目を集める話題の中心は、徐々にロンドンにその座を奪われていった。そして一八六〇年、ロンドンで『スピリチュアル・マガジン』が創刊される。以降一八七五年末まで継続する同月刊誌は、イギリスのスピリチュアリズムの指導的機関誌としての役割を果たした。また、一八六七年には前述のプログレッシヴ・スピリチュアリストの会議も開催地をロンドンへ移す。そして、その主事を務めたジェイムズ・バーンズが、同年四月に月刊誌『ヒューマン・ネイチャー』を、さらに一八七〇年からは週刊誌『ミディアム・アンド・デイブレイク』を創刊する。[107]

このような一八六〇年代以降のスピリチュアリズムの本格的な広がりのなか、公に知られるようになる国産の「プロフェッショナル」なミディアムたちも、ごくわずかではあるが出現しはじめた。一八五八年から話題にのぼるようになったメアリー・マーシャルに続く人物として、最も早いところでは、ベッソン夫人というプロフェッショナルな透視能力者の活動が、一八六一～六二年のあいだ、『スピリチュアル・マガジン』誌上で報告されている。だが、一八六七年十月の『ヒューマン・ネイチャー』では、ロンドンのプロフェッショナルのミディアムは「マーシャル夫人」と「W・ウォリス氏」のふたりだけだと記されており、一八六九年十二月の『スピリチュアリスト』誌の記事によれば、ロンドンで入場料を取る交霊会を開催しているミディアムは三、四人だとされている。このことからもわかるように、一八六〇年代においては、まだプロフェッショナルとして活躍する国産のミディアムはごくわずかだった。しかし、表に出ることの少ないプライベートなサークルのみで交霊会を開催するミディアムたちに関して言えば、その数はけっして少なくなかった。そのなかには友人、知人を招いた交霊会を定例化していくミディアムもいた。そしてそのようなプライベート・ミディアムのなかからは、やがてそのすぐれた能力の噂が広まり、公に知られるようになる人物も現れはじめる。その初期の人物として、一八五五年ごろから交霊会をはじめたロンドンのペントンヴィル地区に住むエヴェリット夫人がいる。彼女の交霊会は、一八六七年の終わりごろから『ヒューマン・ネイチャー』や『スピリチュアル・マガジン』に取り上げられるようになり、その名も公に広まっていった。[108]

一八六〇年代に入ってからのプライベート・ミディアムのなかで、ひときわ印象的な記録が残っているのはガッピー夫人である。夫のサミュエル・ガッピーによって一八六三年に出版された『メアリー・ジェーン——あるいはスピリチュアリズムの化学的説明（*Mary Jane; or, Spiritualism Chemically Explained*）』では、彼の妻の交霊会で起こったさまざまな現象——暗闇のなかで彼女の指先が光を放ち、テーブルの下で霊がギターを演奏したり、美しい花の絵を描いたり——が伝えられている[109]（図4・11）。

さらに、サミュエル・ガッピーの再婚相手となるアグネス・ニコルは、一八六〇年代後半から一八七〇年代前半にかけて、イギリスで最も有名なプライベート・ミディアムのひとりとなる（そしてのちにガッピー夫人の名で知られるようになる）。ニコルがミディアムシップを発揮しはじめたのは一八六六年十一月。そのころ彼女は、チャールズ・ダーウィンと並んで進化論の提唱者として知られるアルフレッド・ラッセル・ウォレスの妹ファニー・シムズといっしょに暮らしていた。ウォレスによると、数か月間、ニコルの交霊会に立ち会いながら、「彼女の発達の進展を注視し、検査することができた」という。ウォレスが目撃したニコルによるミディアムシップの「最も驚くべき特徴は、閉ざされた部屋のなかでの花やフルーツの産出」だった[110]。一八六六年十二月十四

図4.11　ガッピー夫人の交霊会で霊が描いたとされた花の絵

日、ニコルの交霊会に参加し、暗闇のなか、テーブルの上に現れた花々を明かりを点けてから確認したウォレスは、次のように報告している。「すべて新鮮で冷たく露で湿っている花々と柔らかな緑色の葉でテーブルの半分が覆われているのを、わたしたち全員が目撃し、驚愕した。あたかもそれらは、その瞬間に夜の大気のなかから持ってこられたかのようだった[111]」

アグネス・ニコルの交霊会では、花々だけでなく、ほかにもレーズン、スグリの実、アーモンド、桃、バナナ、ザクロ、オレンジ、レモン、りんご、玉ねぎ、じゃがいも、それればかりか、海から運ばれてきた「海水で満たされた大きな貝殻」まで出現したと報告されている[112]。このいささか信じがたい現象を得意とするニコルのミディアムシップをウォレスはどう思ったのか。ひとことで言えば、完全に信じたのである。のちの一八七五年に発表された著書『奇跡とモダン・スピリチュアリズム（*Miracles and Modern Spiritualism*）』のなかの「超自然についての科学的解釈」と題された章で、ウォレスはスピリチュアリスト陣営の熱心な守護者として、次のように言いきっている。

> スピリチュアリズムの現象が、すべてにおいてさらなる裏付けを必要としないというのがわたしの立場である。それらは諸科学で証明されたさまざまな事実とまったく同様に証明されているのだ。〔中略〕証拠と証明に関してそのような状況であれば、わたしたちがモダン・スピリチュアリズムの諸事実を確証されたものとして受け入れることは、まったく理にかなったことではないだろうか[113]。

ウォレスが言うように、本当に科学はスピリチュアリズムの「諸事実」を証明し得たのか？　次章で見ていくように、一八七〇年代のイギリスでは、真実と詐欺の狭間で揺れるミディアムシップと霊の存在の証明へ、いよいよ科学者が本格的に介入していくようになる。それとともに、もはや科学者VSミディアムという明快な対立図式では収まらない複雑な様相へと事態は展開していく。

次章では、まずウォレスのような科学者がスピリチュアリズムに傾倒していく背景となったイギリスの状況を振り返り、そのあと、当時の科学がいかにして霊の領域へと踏み込んでいったのかを追う。

第5章

科学
霊の存在を証明しようとした科学者たち

メスメリズムからスピリチュアリズムへ

チャールズ・ダーウィンと同時期に自然選択の理論を研究し、『種の起源』発表にも大きく貢献したほどの生物学者アルフレッド・ラッセル・ウォレス（図5・1）が常識を超えた未知の領域に目を向けるようになったのは、まだ自然選択説で注目される十数年前、スピリチュアリズムに先んじて、すでに一八四〇年代のイギリスで広まっていたメスメリズムから受けた衝撃がきっかけだった。

一八四四年、当時バーミンガム郊外のレスターで教師をしていたウォレスは数人の生徒たちとともに、フレノメスメリストのスペンサー・ティモシー・ホールによる実演を目撃した。「披露されたその現象に大いに驚かされ、興味を掻き立てられた」。そしてホールが「ほとんどの人が他人をメスメライズする力をある程度は持っているということを、わたしたちに確信させた」とウォレスは自伝でそのときの衝撃を述懐している[1]。それ以降、ウォレスは生徒たち（十二〜十六歳）を被験者としてフレノメスメリズムの実験をみずから試み、驚くべき結果を目の当たりにする。そのときの

図5.1　アルフレッド・ラッセル・ウォレス

ことをウォレスは次のように述べている。

〔トランスに入った被験者の頭蓋に触れると〕数秒後、彼はその活性化された器官と対応したかたちで態度と顔の表情を変化させた。ほとんどの場合、その効果は疑う余地なく、申し分のない役者が同じ情熱と感情の表現を役柄に付与したそれよりも勝っていた。[2]

また、ウォレスはメスメリズムの被験者に生じる数々の不思議な現象もみずから実験で確認した。ピストルを背後で鳴らしても光を目の前で見せてもまったく何も感じないなどの「意志の欠如をともなう半無感覚」、また「手首にごくふつうの椅子」を数分間引っ掛けた状態のままでいられるほどの「手足、または全身の強硬症《カタレプシー》」が被験者の少年たちに見出された。また、「シリング硬貨に触れることができない」とウォレスに言われた少年は、テーブルの上にあるその場所まで手を動かせなかったり、ただの水をブランデーだと言って飲ませるとすぐに酩酊状態の症状を見せはじめたり、シャツが燃えていると言うとすぐにそれを脱ぎ捨てたりするなどのみごとな暗示効果も確認された。さらに、ウォレスが口のなかに入れたものはなんであれ、被験者の少年も同じ味を感じるといった感覚の共有も起こった。自分の名前を言えないほどまでに被験者の記憶を取り除いたり、それを戻したりすることもできた。[3]ウォレスはこうしたメスメリズムの実験を、「不明瞭な知識の分野を調査するための最初の重大なレッスン」だったと述べているが、同様の反応は当時のイギリスにおいて彼だけではなかった。[4]すでに見たアメリカと同様、イギリスでもスピリチュアリズム・ムーヴメントがはじまる以前に目撃されたメスメリズムやフレノメスメリズムにともなうさまざまな現象が、多くの人々の注意を不可視の領域に向かわせるきっかけとなっていたのだ。

その後、ウォレスは調査研究のためマレー諸島を訪れていた一八五四年のはじめから一八六二年にかけての八年のあいだ、遠く離れたアメリカやイギリスで流行している奇妙な霊現象について、新聞を通して知らされた。

「それが説明できないという理由で現代の科学が無視している人間の精神と関係した未解明な現象がそこにはある」。かつてのメスメリズムの体験からウォレスはそう考えた。そして「これらの現象を調べるために、帰国した際には、まずその最初の機会を得ようと決心した」[5]。

帰国して三年が過ぎた一八六五年夏、ウォレスははじめて交霊会に参加する機会を得た。さらには、前章の終わりで述べたように一八六六年十一月からアグネス・ニコルのミディアムシップを何度も目撃し、完全にスピリチュアリズムへの支持を表明することになった。同年、ウォレスはスピリチュアリズムについての見解を最初に公にした『超自然の科学的見地（*Science Aspect of the Supernatural*）』を出版し、そこで次のように述べている。「わたしたちの感覚によって直接認知できないが、物質に働きかけることのできる知的な何かが存在する可能性はある」。また、「オドの力」や「動物磁気」が、人間を「より高次の現象」へと導き、またそれらは「自然と超自然のあいだの大きな隔たりへの架橋を可能にする」と思われる[6]（「オド」については後述する）。

ウォレスの場合がまさにそうだが、メスメリズムに超感覚的能力を開示させる可能性があることを肯定した人にとって、ミディアムが引き起こす現象がいかに常識では説明できないものであったとしても、それを真面目に調査すべき対象だと考えるのは自然なことだと考えられた。ミディアム兼作家のエマ・ハーディングは、メスメリズムを「スピリチュアリズムが聳《そび》え立つ神殿の土台」であったと述べているが、実際これから見ていくように、スピリチュアリズムに深く関与する人物の多くが、それ以前にメスメリズムの熱心な支持者だった[7]。

すでに第1章において、アメリカにおけるスピリチュアリズム・ムーヴメント開花以前のメスメリズムについては概観した。だが、ふたたびここで少し時代を巻き戻し、イギリスでのその状況についても簡単に振り返っておく。それによって、本章の主題となるスピリチュアリズムと科学のあいだでくり広げられる錯綜した議論の背景を描き出してみたい。

イギリスにおけるメスメリズムの広がり

イギリスへのメスメリズムの流入は、アメリカと同じく十八世紀末までさかのぼるが、それが本格的な広がりを見せるようになるのは、やはりアメリカと同様一八三〇年代に入ってからのことだった。[8] それはアイルランド出身の化学者で王立協会会員のリチャード・チェネヴィックスが、パリ滞在中にメスメリズムを習得し、イギリスに戻ってきたことからはじまった。一八二九年五月、ロンドンのセント・トーマス病院で披露されたチェネヴィックスによるメスメリズムの実演には、王立協会会員で王立研究所の化学教授マイケル・ファラデー、王立協会会員の医師で生理学者のベンジャミン・コリンズ・ブロディとマーシャル・ホール、のちにユニヴァーシティ・カレッジ・ロンドンの医学教授となるジョン・エリオットソンらが集まった。チェネヴィックスは翌年パリで死去するので、彼自身によるイギリスへのメスメリズムの普及はそれまでとなる。しかし参加者のひとりジョン・エリオットソンこそが、一八三〇～四〇年代イギリスにおけるメスメリズムの主導者となっていく。[9]

チェネヴィックスの死後、燻《くすぶ》ったままの新たな科学への関心を大いに煽り立てたのは、ろくに英語もしゃべれない、ひとりの知り合いもいないままに一八三七年六月にフランスから単身でロンドンに乗り込んできたメスメリスト、シャルル・デュポテによる忍耐強い活動のおかげだった。滞在地としてロンドン市内のマドックス・ストリートに借りた部屋での実演会、医学ジャーナルへの寄稿、新聞への広告、これらを地道に継続することにより、デュポテの存在は次第に注目を集めはじめた。そして、その年の終わりには解剖学者ハーバート・メイヨーの招待により、ミドルセックス病院でのデモンストレーションにまで漕ぎつけた。さらにそのことを耳にした前述のエリオットソンが、デュポテをユニヴァーシティ・カレッジ病院に招くことになった。「あまりにも印象的で確かなものであるため、分別のあるどんな人にとっても、なんらかの特有な力の作用を疑うことはできない」。それがデュポテの実演を目撃したエリオットソンの感想だった。エリオットソンはそれ以降「二か月のあいだ、少なくとも週に三度はその力を目撃した」ことによってメスメリズムの力を確信し、その研究に熱意を傾けるようになった。[10]

エリオットソンは、ヒステリー性の癲癇《てんかん》を患っていたエリザベス・オーキーとジェーン・オーキーの姉妹を被験者として、メスメリズムによる治療、および実験を開始した。ユニヴァーシティ・カレッジ・ロンドンの医学教授であり、また医学界の刷新者として名を知られていたエリオットソンその人が、「新たな科学」に専心しはじめたことに注目が集まらないわけがなかった。その噂はすぐに医学界の外部にも広まっていった。そして一八三八年五月十日、エリオットソンは二〇〇名を収容できる病院の公開教室でメスメリズムの実演に乗り出した。一八三八年五月から同年七月のあいだに計七回にわたっておこなわれたその模様は、医学専門誌『ランセット』に掲載された。[11]

一方、同誌の創刊者であり編集者の外科医トーマス・ワクリーは、メスメリズムに対して懐疑的だった。同年八月、ワクリーは自宅に数人の目撃者を集め、公開実験を重ねた。その結果としてワクリーは、一七八四年にパリでメスメリズムを実験した王立科学アカデミーの委員会による報告と同じく、メスメリズムが仮定している「流体」なるものは存在しないと結論づけた。[12] 一八三八年九月八日付の『ランセット』誌で、ワクリーはこう述べている。「注意深い調査とすべての実験の結果は、その現象が本物ではなく、動物磁気は妄想だと確信させた」。[13]また、その翌週の十五日付の同誌において、ワクリーは嘲りを込めて次のようにも述べている。

占い《フォーチュン・テリング》の「科学」のように、メスメリズムの「科学」は、器用な少女たち、うぬぼれた放浪者たち、知力の足りない女たち、さらに知力の足りない男たちがいるところならばどこであれ、心もとないながらも存在し続けていくであろう。だが、それはもはや医学界の常識に立ち向かうことはできないし、最近ここまで暴露されておきながら、科学の学会でその見せかけを厚かましくも装うことはできないだろう。[14]

だが、このワクリーの思惑に現実は反した。その後もメスメリズムの「科学」は、ワクリーの言う「医学界の常識」に立ち向かい続ける。[15]

一八三八年十二月二十八日、エリオットソンはユニヴァーシティ・カレッジ病院を辞職したのち、自宅でのメスメリズムの実演を開始した。それによって、すでにかなり広まっていたメスメリズムの噂に興味を惹かれた多くの人々がそこを訪れ、エリオットソンの指揮のもとに発揮された「新たな科学」の力を体験することになった。

さらに一八四一年六月、フランスから来た新たなメスメリズムの実演者シャルル・ラフォンテーヌが、ロンドンのハノーバー・スクエアに部屋を借り、そこで定期的にメスメリズムの実演を開始する。この年を境として、もはや押しとどめられないメスメリズムの拡大にさらなる拍車がかかった。

ラフォンテーヌの実演会の模様が掲載された同年七月二十日の『タイムズ』紙の記事によると、ラフォンテーヌにメスメライズされた被験者は、頬をピンで刺されても、鼻の下で擦られたマッチにも、鼻の下に置かれたアンモニアにも、頭のすぐそばで鳴らされたピストルの音にも、体に強い電気ショックを与えられても、五感への刺激に対しては一様に無反応だった。[16]被験者をこうした身体的無感覚の状態と化する実演は、メスメリズムの持つ力を人々に納得させるためのラフォンテーヌの定番のレパートリーだった。同年十月、ラフォンテーヌはロンドンを離れ、地方巡業に乗り出し、バーミンガム、マンチェスター、リーズ、シェフィールド、ノッティンガム、レスター、リバプール、さらにアイルランド、スコットランドにまでおよぶ長いツアーを敢行し、数千人の前でその力を披露した。[17]

結果として、ラフォンテーヌの実演は、すぐにその模倣者を生み出した。そして模倣者たちがラフォンテーヌ同様に各地を巡回しながら、メスメリズムの実演を披露するようにもなっていった。こうしたなか、イギリス人の巡業メスメリストとして最も成功を収めたのは、詩人であり印刷業や書籍販売業もおこなっていた、スペンサー・T・ホールという人物だった。一八四二年にシェフィールドで見たラフォンテーヌの実演をきっかけにその道に開眼したのち、ホールはリバプール、ノッティンガム、レスター、ハリファックス、ノーサンプトン、ニューカッスル、エディンバラなどをツアーしてまわった。そして早くも同年十二月五日には、シェフィールドの円形劇場に三〇〇〇人を集めるほどにまで、そのキャリアを短期間で成長させた。[18]前述したとおりアルフレッド・

ラッセル・ウォレスもレスターで見たホールによるメスメリズムの実演で、その力を思い知らされた人物のひとりだった。

一八四三年、ホールは『フレノ＝マグネットと自然の鏡』という雑誌を創刊した。これは雑誌名からわかるようにフレノメスメリズムに関する定期刊行物だが、イギリスのメスメリズムもアメリカとほぼ同時期にフレノロジーと結びつくことで、さらに人々の関心を惹きつけていった。メスメライズされた被験者が頭蓋の特定の部位を刺激され、その部位に関連した性質や振る舞いを表現する。そんな「フレノメスメリズムの成功した実演は、フレノロジーあるいはメスメリズムどちらかだけの実演よりも、はるかに直接的な説得力があり、劇的なものだった」。そのため、イギリスでのメスメリストの実演者のほとんどはフレノメスメリストとなり、むしろ純粋なメスメリストにとどまり続けたのは明らかに少数派だった。[19] イギリスのメスメリズムをリードし続けたジョン・エリオットソンも、メスメリズムとフレノロジーをセットとして扱った。エリオットソンが一八四三年にウィリアム・コリンズ・エングルデューとの共同編集で開始し、この時代の最も権威あるメスメリズムに関する定期刊行物となる『ゾイスト』誌でもフレノメスメリズムがその中心に据えられた。

こうして広まっていったイギリスでのメスメリズムは、あくまで創始者メスメルが主張していた不可視の流体の存在に根拠を置いていた。そのため、前述の『ランセット』誌でのワクリーの主張のような、それを単なる想像にすぎないとみなす見解を退けるために、そこになんらかの未知の媒体が存在することを立証しなければならなかった。たとえば、オーギュスト・コントの実証哲学をイギリスにもたらしたひとりのハリエット・マーティノーは、一八五〇年八月十九日のエリオットソンへの手紙で、メスメリズムの効果を患者の「想像」に帰していた批判者たちへの反証として、それが人間だけではなく、動物にも効果をおよぼし得ると述べている。獣医が匙《さじ》を投げたほど深刻な病状だった牛が、メスメリズムによって翌日には元気を取り戻したという例をあげたうえで、マーティノーは次のように書いている。

このような話がどれほど冷笑を浴びるかは、容易に予想できます。しかし、わたしは動物に発揮されるメスメリズムの力についていくつかの事実を集めることがどれだけ重要かをわかっています。〔中略〕なぜなら、そのようないくつかの事実を立証することは、メスメリズムが「すべて想像」だという結論への異議を提供することになるからです。わたしは自分の牛を愛していますし、その良い性質を弁護しますが、彼女のなかに想像力が少しでもあるとまで豪語することはできません。[20]

たしかに、メスメリズムの効果が動物に現れれば、マーティノーが言うように、メスメリズムの作用は「すべて想像」だという否定論に対する有効な反証となるだろう。実際、マーティノーよりも先に、ミドルセックス病院の医師ジョン・ウィルソンも一八三九年の著書『獣類への動物磁気の試行(*Trials of Animal Magnetism of the Brute Creation*)』において、猫、アヒル、ガチョウ、魚、犬、ニワトリ、七面鳥、馬、コンゴウインコ、豚、子牛、豹、象、ライオンに至るまで、さまざまな動物を対象としたメスメリズムの実験を報告している。もちろん、ウィルソンのこの実験の目的は、動物がメスメライズされたという事実を示すことによって、当時投げかけられていたメスメリズムへの疑いや批判――「操作者と患者間の共謀」、あるいは患者の一部が「詐欺師」である――を払拭することだった。ウィルソンの報告によると、彼のメスメライズは効果を発揮し、動物たちに通常とは異なる動きをさせることに成功したという。[21]

しかしながら、こうした動物をメスメライズする研究は、メスメリズムの効果を証明しようとする研究の中心に置かれることはなかった。その代わりに、ドイツの科学者カール・フォン・ライヘンバッハによる「オド」の研究が、メスメリズムを流体論に根差した科学として成り立たせるための確かな基盤を与えるものとみなされ、一八四〇年代の終わりごろには、イギリスのメスメリストたちのあいだで大きな注目を集めることになった。

テーブル・ターニングとオド

ライヘンバッハによるオドの研究は、一八四五年にドイツの老舗学術誌『化学・薬学年報』で発表された。さまざまな結晶構造を持つ物質から発散されている未知の自然の力があると確信したライヘンバッハは、それを北欧の神オーディンにちなんでオドと名付けた。ライヘンバッハによれば、オドは質量も空間的な広がりも持っていないが、観察可能な物理的効果をおよぼす不可視の力である。しかもそれはメスメルの動物磁気のように、磁石などを通して伝導する。また、オドには極性があり、オドを発散している物体を敏感な被験者の肌に近づけると、マイナスの極は冷たく、プラスの極は温かく感じられる。そればかりか、敏感な被験者が一時間以上暗闇のなかにいれば、その両極から放出されるオドの光を見ることもできる。[22]

このライヘンバッハによるオドの研究をイギリスに紹介したのは、スペンサー・T・ホールの実演を目撃してメスメリズム支持者となった、エディンバラ大学の化学教授ウィリアム・グレゴリーだった。ドイツでオドの研究が発表された翌年、グレゴリーはライヘンバッハの論文の抜粋を英訳し、『ゾイスト』誌に寄稿した。グレゴリーのようなメスメリストたちからすると、オドの実験結果が示している性質と動物磁気とのあいだには明らかな類似性があったため、ライヘンバッハの実験結果は、メスメリズムに対する「最も成功した調査を提供している」と考えられるようになった。[23]

メスメリズムとオドが結びつけられていく一方、一八四四年と一八四九年には、フランスのメスメル的透視能力者、アレクシー・ディディエがイギリスにやって来た。エリオットソンは一八四四年に『ゾイスト』誌上で、「今年はじめてわたしは、最も高度な、このうえなくすばらしい透視能力者と出会った」とディディエを評している。[24] ディディエが発揮する能力のなかで最も衝撃的だったのが、次のような「移動する透視能力」だった。まず、ディディエは観衆から選ばれたひとりとラポール（相互の信頼）の関係を作り出すために手をつなぐ。次に、その人に特定のひとつの場所を心のなかに思い浮かべさせ、それに集中することを求める。もちろん、その場所のことは口に出さない。その後、ディディエの精神はその場所へと移動する。もしそれがその人の家であれば、ディディエは移動中に見えるその家のなかのようすや窓からの眺めなどを詳細に語る。また、ディディエは目隠しをされた状態でカード・ゲームをしたり、本を読んだり、また箱のなかに入っている物体などを言い当て、さらにその物体に関連する情報まで言うことができた。[25]

ディディエの二度目のイギリス訪問から二年後の一八五一年、もはや一般大衆のあいだでも広く認知されるようになったメスメリズムが、その流行のピークを迎えようとしていた。[26] エディンバラ大学の医学教授ジョン・ヒューズ・ベネットは『一八五一年のメスメル的熱狂（*The Mesmeric Mania of 1851*）』と題した著書で、その流行を危惧して次のように述べている。「目下、エディンバラの地域は、ある妄想によって大きく掻き回されている」。「流行のパーティーは精神機能の実験場と化してしまった」。そしてプライベートでも「貴族、教養のある専門職従事者、尊敬すべき市民」がそれを楽しみ、学校では「少年や少女たちが自分たちをトランスやエクスタシー状態に陥らせるか、眼球の固着や手足の硬直を見せる」。また、「繊細なご婦人方は感情の渦に耽溺《たんでき》」し、「パーティーのエンターテインメント」の見世物にみずからを供している。[27]

スピリチュアリズムがイギリスに持ち込まれたのは、まさにこの「メスメル的熱狂」の最中《さなか》だった。アメリカから来たマリア・B・ヘイデンが、一八五二年十月からロンドンで交霊会を開始する。さらに翌年のはじめには、「メスメル的熱狂」に取って代わって、当時の交霊会で「テーブル・ターニング」（あるいは「テーブル・ティッピング」）と呼ばれた次のような試みが、新たな流行として急速に広まっていく。数名の男女がテーブルのまわりに集まり、その上に両手を乗せる。そしてそれぞれの人物は、自分の小指を左側の人物の小指の上に重ね合わせる。こうすることで、参加者のあいだに「磁気的」あるいは「電気的」つながりが形成される。そのあとは、霊がテーブルを動かすのを待つのみである。もちろんテーブルは単に動くだけではなく、その動きによって、参加者の質問に対して「イエス」か「ノー」の答えを返してくる。こうしたごくふつうの家庭の応接室にあるテーブルを用いておこなわれる交霊会が、ロンドンをはじめとして、バース、マンチェスター、エディンバラなどの各地で、あらゆる社会階級の垣根を越えて流行した。[28]

メスメリズムが十分に浸透した状況下でのスピリチュアリズムの到来は、まさに絶好のタイミングだったと言えよう。ヴィクトリア時代のスピリチュアリズムを論じた著書で、ロナルド・ピアソルは次のように述べている。そこには「すでにメスメリズムと動物磁気に長けていた一連の従事者たち、そして奇跡と広大無辺の現象を受け入れる状態にあった彼らの信奉者たちがいた」[29]。実際、テーブル・ターニングが流行するなか、その不可解な現象を合理的に説明しようと試みる人々からは、その原因として「磁気」「電気」「オド」のような不可視の媒体の言葉が頻繁に持ち出されていた[30]。ただし、不可視の媒体でテーブル・ターニングを説明しようとする人々が、必ずしもスピリチュアリズムを支持していたとはかぎらない。むしろ、交霊会で見られる現象を霊に帰することを拒んだ人々にとって、それを唯一科学的に説明し得るものが、メスメリズムやオドの理論だと考えられていたのである。

たとえば、オハイオ州のオーバリン大学学長アサ・マハンは、一八五五年に出版した『現代の謎、説明と暴露(*Modern Mysteries, Explained and Exposed*)』において、いかなる意味でも霊の介入の可能性を排除したうえで、スピリチュアリズムと関連するさまざまな現象に対する納得できる説明――マハンの言いかたでは、「外部からの霊仮説」を退け、「この世的な仮説」にもとづく説明――を提示するため、ライヘンバッハのオドの力を頼りにした。マハンの考えでは、ラップ音やテーブル・ターニングなどの物理的現象は、ミディアムの神経系から発するオーディリック・フォースによって引き起こされる(マハンはオドを「オーディリック・フォース」と呼んでいる)。また、人から人へのオーディリック・フォースの伝達は、それにともない思考転移を引き起こす。したがって、交霊会の参加者のプライベートな質問に対しての答えも、霊から届くメッセージではなく、その質問者の思考がオーディリック・フォースを介してミディアムに転移したものでしかない。ちなみにマハンによれば、アンドルー・ジャクソン・デイヴィスの『自然の原理』の内容もオーディリック・フォースによって説明される。すなわち、その内容のほとんどは、オーディリック・フォースの伝達によって、デイヴィスが彼のまわりにいた人々の思考を読み取って語ったものでしかない。マハンにとって、自然のなかに存在するオーディリック・フォースこそが、

「すべてのメスメル的な現象や透視能力的な現象の原因」だった。加えてマハンは自信を持って次のようにも言う。それは「あらゆる時代における人類にとって驚異や恐怖であった妖術《ウィッチクラフト》、ネクロマンシー（死者の霊を召喚し、交信する魔術の実践）、占い《フォーチュン・テリング》など」への「満足のいく説明」となり得るだろう。[31]

しかし、こうした動物磁気やオドを前提とした説明に対して、依然として強い異議もあった。それどころか、すでに一八四三年にはスコットランド出身の医師ジェイムズ・ブレイドが、ヒプノティズムの理論を発表し、動物磁気やオドの実在自体を否定する証拠となる実験結果を提出していた（ヒプノティズムは「催眠術」と訳されることが多いが、本書ではそのままカタカナ表記で統一する）。ここでブレイドのヒプノティズムの理論が、どのように動物磁気やオドの実在を否定したのかを見ておきたい。

ヒプノティズムの誕生

ジェイムズ・ブレイドは、一八四一年十一月十三日にマンチェスターで開催された、前述のフランスから来たメスメリスト、シャルル・ラフォンテーヌの実演に参加した。当初、ブレイドはきわめて懐疑的な姿勢でその場に臨み、実演を見たあとも変わることはなかった。しかし、実演後にメスメライズされた少女を調べたブレイドは、看過できない事実に気がついた。少女の脈拍の上昇、目の瞳孔の収縮、それらがまちがいなく確認されたのである。ブレイドは試しに少女の指と爪のあいだにピンを刺してみたが、驚くべきことに少女からの反応はまったくなかった。こうしたことからブレイドは、それがなんであれ、そこで起こっていることは単なる不正では片づけられないと結論付けざるを得なかった。[32]

その一週間後、ブレイドはふたたびラフォンテーヌの実演に出向き、彼のメスメリズムによる誘導手続きを間近で観察した。ブレイドが見守るなか、ラフォンテーヌは被験者の頭を摑み、彼女の目をじっと見つめた。被験者がその凝視に持ちこたえられなくなり、最終的にその女性の頭がうなだれるまでラフォンテーヌはそれを続けた。ブレイドはこうした実演中の観察で、被験者の女性がまぶたを開けられなくなることに注目した。その結果、ブレイドは三度目のラフォンテーヌ訪問を経て、真の原因を発見したことを確信した。被験者に求められた「固定した凝視」を継続させていると、まぶたを開閉する筋肉が麻痺し、目を開けられなくなるのではないか。ブレイドはそう考えた。さらにブレイドは確信を深めるため、ディナー・パーティーで実験を試みた。ウォーカーという若い紳士がブレイド自身による実験の最初の被験者になった。ブレイドは被験者に、目線のいくぶん上に位置させたワインボトルの上部をしばらく凝視させた。ブレイドによると、「三分間で彼のまぶたは閉じられ、あふれ出る涙が頬を伝い、頭は下がり、顔はわずかに震え、彼はうめき声をあげた。そして即座に深い眠りのなかに落ちていった」。そして、ブレイドは四分間の眠りの状態のあとで被験者を目覚めさせた。[33]

こうした凝視のテクニックを用いた実験を何度もくり返しながら、ブレイドは新たな理論を作り上げていった。肉体の動きの休止、特定のものへの凝視による注意の固定、呼吸の抑制などに付随して、神経系、循環器、呼吸器、筋肉組織の混乱が導かれる。一方で、そこには操作者の側から発する動物磁気のような力の行使に帰されるものは何もない。すなわち、メスメリズムが引き起こしている効果は、被験者側の純粋な生理学的過程によって作り出されるものにすぎない。

実験の結果からみずからの理論に確信を持ったブレイドは、一八四三年に『ニューリプノロジー（*Neurypnology*）』と題した本を刊行する。ギリシア語の「神経（*neuron*）」と「睡眠（*hypnos*）」に由来する「神経睡眠学」とも訳されるこの本の書名につけられた造語ニューリプノロジーは、従来の流体論にもとづくメスメリズムを、新たな生理学的理論によって置き換えようとするブレイドの目論見を言い表していた。また、ブレイドはニューリプノロジーが作り出す被験者の状態を、「人工的な方法で誘導できる神経系に特有の状態」であり、そしてそれは「機能の活性化からではなく、ひとつの対象に対する精神と視覚の注意を固定し、〔機能を〕奪うことによって誘導される神経系のある特有の状態」であると定義した。同時にブレイドは、この神経睡眠学のために新たな専門用語をいくつか考案した。従来のメスメリズムで磁気睡眠に相当するものを、ブレイドは「ニューロヒプノティズム」と呼び、さらに簡潔にすべくその接頭辞のneuroを省いて「ヒプノティズム」と呼んだ。さらにブレイドは、そこから次のような派生語を生み出した。神経睡眠の状態や様子を「ヒプノティック」、神経睡眠を誘導することを「ヒプノタイズ」、神経睡眠の状態にされたことを「ヒプノタイズド」、神経睡眠の状態からから回復させることを「デヒプノタイズ」、神経睡眠の状態から回復させられたことを「デヒプノタイズド」、ヒプノティズムの実践者のことを「ヒプノティスト」と名付けた。[34]

こうしたブレイドの新たな理論に合わせた諸状態の命名は、従来のメスメリズムの理論と方法論からの完全な離別を意味していた。ブレイドは『ニューリプノロジー』で、被験者を神経睡眠に誘導するための新たなテクニックを次のように紹介している。

左手の親指と人差し指と中指で、光る物体（わたしは通常、自分のランセット〔外科手術用のメス〕のケースを使う）を持つ。両目からおよそ二〇から四〇センチメートルのところ、そして被験者にその対象をしっかりと凝視させたまま維持することができ、なおかつ目とまぶたに最も負担を強いる場所として、額の上のあたりの位置にそれを維持する。〔中略〕両目の共感性調整のため、瞳孔がはじめは収縮するが、すぐに拡張しはじめるのが観察されるであろう。そして〔瞳孔が〕大きく広がり不安定な動きをしたのちに、わずかに離した状態の右手の人差し指と中指を、その物体から両目へと動かしていけば、ほとんどまちがいなく〔被験者の〕まぶたは震えながら自然と閉じていくだろう。[35]

さらにブレイドは、メスメリズムの流体論を完全に否定する別の根拠として、ヒプノティストが不在の状態でも、被験者が自分自身をヒプノタイズできる事例をあげている。「わたしが定めたシンプルなルールに厳密に従えば、誰でも自分自身をヒプノタイズできる」とブレイドは自信を持って読者に告げている。[36]

こうしたブレイドの流体論に対する徹底的な否定は、メスメリズムのみならずライヘンバッハのオドに対しても向けられた。ブレイドは一八四六年に出版した『肉体を上回る精神の力（*The Power of the Mind Over the Body*）』で、オドの存在を否定する実験結果を次のように述べている。肌に磁石を近づけられた場合に、ライヘンバッハが報告したのと同様の典型的な身体的作用を報告した被験者の視野を遮った。そして実際には何もしていないにもかかわらず、被験者に磁石を近づけていると信じ込ませた。すると被験者は磁石を近づけられたときと同じ反応を示した。また、被験者たちに暗い部屋のなかで大きな馬蹄形の磁石を見つめさせた。そしてブレイドがその磁石が光を発していると説明すると、その何人かは磁石から発している赤い光や閃光などが見えると報告した。そこでブレイドは磁石を覆った。それでも被験者たちは、そこに光が見えると報告した。さらには磁石を部屋の外に持ち出した。もはやそこに磁石がないにもかかわらず、被験者たちはそこに光が見えると報告した。一方で磁石を置いてあっても被験者がそこにあると思っていない場合は、そこから光を発しているのを見ることができなかった。

これらの実験結果からブレイドは次のような結論を下した。ライヘンバッハがオドの存在の証明と考えた被験者たちの知覚したものは、すべて被験者に対する暗示や期待による結果にすぎない。被験者たちはその期待に従って、光を見たり、熱や冷たさを感じたりした。それは偽りではなく、その感覚は本物である。だが、それらは実際の外的な物理的刺激から来たものではなく、その期待に従って引き起こされた内的な神経の反応によるものだ。たとえ暗示や期待があからさまに与えられていなかったとしても、実験者の動きや声のトーンなどの聴覚的な手がかりによって、期待される反応を示す被験者もいる。それゆえ、オドなる未知の媒体が存在するという仮説は、もはや不要である。[37]

こうしたブレイドの実験結果は明快で、反論の余地を残さないほど説得力があるように思われる。だが、彼の提出した理論の影響力は、当時の主流派メスメリストたちの考えを変えさせるには至らなかった。『ゾイスト』誌でもブレイドの理論や実験が言及されることすらなく、エリオットソンをはじめとするメスメリストたちは、ただひたすらそれを黙殺し続けた。この革新的なブレイドの理論が真に脚光を浴びて見直されるまではしばらく年月がかかった。実際、それは一八八〇年に入るまで待たなければならなかった（第9章で述べる）。

テーブル・ターニングの原因

動物磁気やオドが存在することをブレイドが完全に否定し去った一方で、一八五〇年代初頭のイギリスで流行しはじめた前述のテーブル・ターニングに対しては、高名な科学者マイケル・ファラデーがその謎を一蹴する理論を発表し、その作用因としての霊の存在を不要にした。[38]

一八五三年六月三十日の『タイムズ』紙への寄稿で、ファラデーは次のように述べている。「テーブル・ターナーたちによって作り出されたその結果は、電気、磁気、引力、あるいは不活性の物質に対して影響をおよぼすことのできる、いくつかの知られていない、あるいはこれまで認知されていない物理的力――地球の回転、さらに悪魔的ないし超自然的な媒体――にまで帰されてきた」。だが、それらはいずれも真面目な考慮に値するものではなく、「軽信性ないしは迷信とあまりに強く関係している」[39]。ただしファラデーは、多くの人々によって報告されているテーブル・ターニングという現象自体の存在を否定したわけではない。実際に生じているその現象のメカニズムを、動物磁気やオドといった媒体に帰することなく、ましてや霊の介入を認めることもなく、それらとはまったく別の合理的な説明が可能であることをファラデーは示そうとしたのだ。

ファラデーの下した結論は、次のようにシンプル極まりないものだった。テーブルが動くのは、無自覚でテーブルに力を加えてしまうことになる「テーブル・ターナー」の「半無意識の筋肉反応」が原因となっている。同寄稿の終わりでファラデー自身が示唆しているように、「半無意識の筋肉反応」自体は、王立研究所の生理学教授ウィリアム・ベンジャミン・カーペンターが「観念運動作用」と呼んでいた、およそ次のような考えにもとづいている。観念は脳に刺激として作用する。その刺激は本人が意識することのない自動的な筋肉の運動を作り出す。言い換えるなら、本人の意志が引き起こす通常の身体運動とはまったく別に、頭のなかで考えたこと自体が本人には気づかれないまま体に反応を引き起こす。仮にこうした観念運動作用を認めるのであれば、交霊会でテーブルを囲んだ人々が、テーブルが動くことを頭のなかで考えたり、霊から尋ねられた質問に対する答えを考えたりすることから生じる無意識の手の動きによって、本人たち自身にはまったく身に覚えのないかたちでテーブルを動かしてしまうこともあり得るだろう。一八五二年三月十二日にロンドンの王立研究所でおこなわれた講演で、カーペンターは次のように述べている。

〔テーブル・ターニングが〕行為者《パフォーマー》の一部の人の期待を込めた注目の状態によるものであることは明らかだ。彼の精神が放心状態になることによって、彼の意志は筋肉に対する支配から一時的に撤退する。そして特定の結果の予期が刺激となり、直接的かつ無意識に筋肉運動をうながすことで、それ〔テーブル・ターニング〕を作り出すのである。[40]

このようなカーペンターの見解に対して、ファラデーはさらにそれを科学的な実験でより確かなものとして裏付けるべく、次のような方法を考案した。

二枚の薄い板が、ローラーとして水平に配置された四本のガラス製シリンダーをはさむことで、上下に分離されている。このシリンダーによって、上部の板は下部の板に対して左右どちらにも動くことが可能になっている。下部の板に垂直に固定された厚紙製の一本のピンが上部の板の中央の穴を通っている。それによって、上部の板が動くとピンはその動きの方向へと傾く。さらにピンには長く細い干し草の茎が取りつけられている。それによって、下部の板に対する上部の板の動きが増幅されて示される（図5・2）。

この装置を使った実験のあいだ、テーブル・ターナーの指先はテーブルの上ではなく、上部の板の上に置かれる。こうすることで、仮に干し草の茎が動きを見せれば、テーブル・ターナーの手が（本人にとっては無意識的であれ）力を加えているということがまちがいなく結論づけられる。実験の結果は明白だった。当人自身は力を加えていることをほとんど自覚しないまま、板に力を加えてしまっていることを装置の動きは示していた。すなわち、ファラデーの予想どおり、テーブル・ターナー自身の「半無意識の筋肉反応」によって加えられた力が、テーブル・ターニングの原因となり得ることは否定しようがなかった。[41]

こうしたファラデーの実験に対して、それ自体を否定する反論は起こらなかった。そもそもスピリチュアリストからしてみれば、どれだけファラデーの実験が巧みなものだったとしても、それによって自分たちが交霊会で目にしている現象が否定されるとは思いもよらなかった。というのも、強力なミディアムのいる交霊会では、誰もテーブルに触れていないときでさえテーブル・ターニングが起こっている。たしかにそういった場合は、「観念運動作用」による「半無意識の筋肉反応」では説明不可能である。ましてや交霊会で起こるその他のさまざまな不思議な現象に関して言えば、ファラデーの理論が何の役にも立たないことは明らかだった。だとすれば、当時のスピリチュアリストが次のように訴えたとしても不思議ではない。

> わたしはテーブルの数フィート内に誰もいないときに、それらが動くのを見ました。そしてそれらが音を立てるのを聞きました。この事実は、その力あるいは作用因が筋肉ではないことの確かな証拠です。〔中略〕もしファラデー教授の説明を退けるためにさらなる証拠が必要であれば、国中で起こっているさまざまな事実を大量に見つけられます。たとえば誰も触れていないのに楽器が演奏されたり、重い物体が動いたりしています。〔中略〕わたしは三年間この問題を注意深く調べてきましたが、満足する答えには至っていません。もしその力が筋肉によるものでないとしたら、そうでないことは確かですが、科学者がふたたび調査することを願っています。[42]

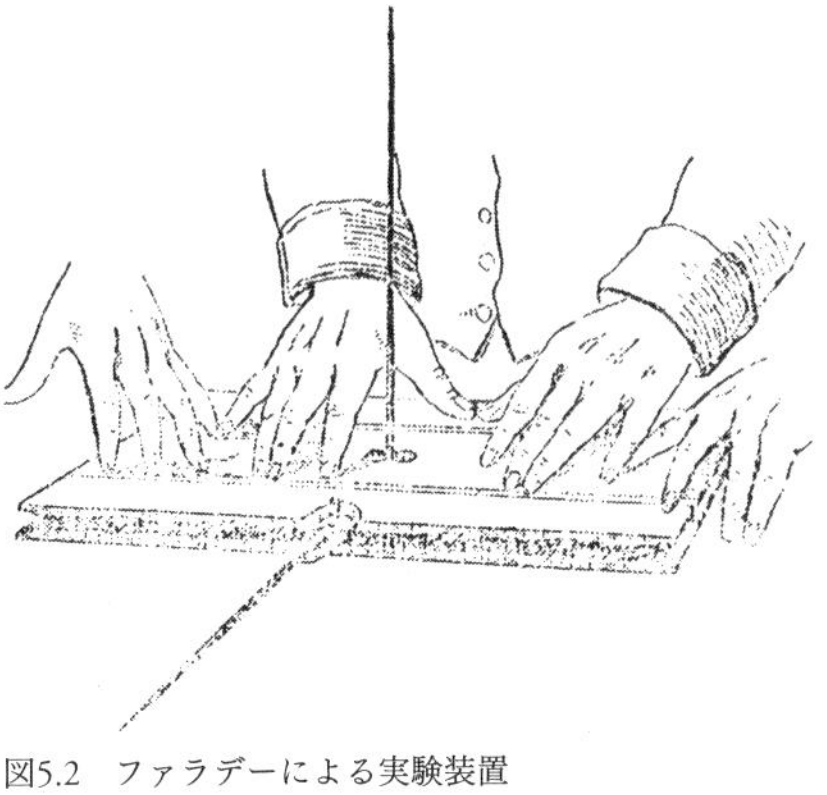

図5.2　ファラデーによる実験装置

これはアメリカ・ペンシルベニア大学の化学教授ロバート・ヘア（図5・3）が、ファラデーの実験が公表されたおよそ四か月後に、アマサ・ホールコムというスピリチュアリストから受け取った手紙である。そもそもこうした内容の手紙がヘアのもとに届いたのは、すでに彼が『フィラデルフィア・インクワイアラー』紙に送った一八五三年七月二十七日の寄稿で、交霊会でのテーブル・ターニングを「電気的」に説明しようとする考えを否定し、その真の原因として「われわれの尊敬すべき新聞で最近発表されたファラデーの観察と実験」を参照するようにと述べていたからだ。化学者のヘアにとって、テーブル・ターニングの原因を「電気」に帰するような説明は、まったくもって素人考えにすぎず、あり得ないものだった。ファラデーの説明で十分であり、そこに付け加えるものなどない。そう考えていたヘアにしてみれば、この件に関する問題はすでに解決済みも同然だった。[43] しかし「ファラデー教授の説明を退けるための多くの証拠」があり、「科学者がふたたび調査することを願っています」という手紙の訴えはヘアの心を動かし、みずから交霊会に足を運ぶようになる。そこでヘアが体験したのは、ラップ音が鳴り、テーブルが動くという当時としてはごくありふれた現象でしかなかった。だが、それはスピリチュアリズムのさらなる調査へと彼の興味を掻き立てるのに十分だった。

　これまで主流科学の道を着実に歩み、アメリカの実験化学のパイオニアとしてその名を広く知られていたヘアは当時七十二歳だったが、交霊会でのみずからの体験をきっかけとして、スピリチュアリズムにおける諸現象の解明というまったく新しい課題に挑むことになった。

図5.3　ロバート・ヘア

スピリットスコープ

ヘアのスピリチュアリズムに対する姿勢の本質は、トリックを暴くことを目的としたものでもなく、現象を説明するために不可視の媒体の仮説を立てることでもなく、ただ純粋に、ミディアムが引き起こしている現象が本物か否かを検証することを目的とした実験方法をデザインすることにあった。そのためヘアは、長年培ってきた実験化学者としての手腕を生かし、次のような「スピリットスコープ」と呼ばれる装置を考案した（図5・4）。

回転するようにテーブルに取りつけられた円盤の周辺部には、ランダムにアルファベットが刻まれ、その中心には選ばれた文字を示すための固定されたポインターが付いている。また、円盤の中央部にある車軸には帯状の紐が巻きつけられ、その一方の端は地面に錘《おもり》で固定されている。テーブルが傾くと、その程度に応じて円盤が回転する。なお、この装置の重要な点は、円盤の文字がミディアム（図の人物）からはまったく見えないようになっていることだ。仮にミディアムが自分でテーブルを傾けた場合、そこで示される文字はでたらめなものになるはずである。逆に、そこでポインターによって綴られた文字が質問に対して的確なメッセージだった場合、それはミディアム以外の何かによって動かされていると考えざるを得ない。

ヘアの最初の実験は、経験を積んだミディアムとともにおこなわれた。ヘアはそのときの模様を次のように記録している。

「もしそこに霊がいるなら、文字盤のYを指すようにポインターを動かして、肯定の返事を示してもらえるだろうか？」すると、

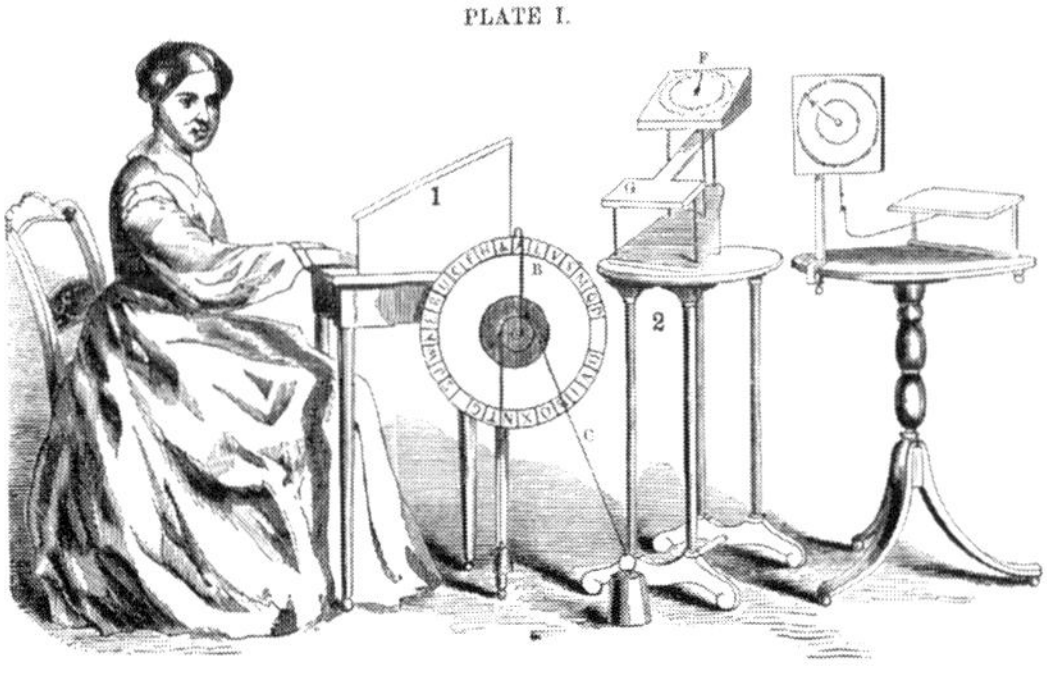

図5.4　ロバート・ヘアによる実験装置「スピリットスコープ」

すぐさまその文字が示された。

「その霊の名前のイニシャルをわたしたちに教えてもらえるだろうか？」ポインターにはＲＨという文字が続いて示された。

「尊敬するわたしの父なのか？」と尋ねると、Ｙの文字がふたたび示された。

「父なら、アルファベット順に文字を指し示してくれるだろうか？」望んだ結果を作り出すために、すぐに円盤はまわりはじめた。アルファベットの真んなかぐらいまで進んだあと、「同じ手続きでワシントンの名前を綴ること」をわたしは要求した。ほかのものと同様の動きで、この結果もしかるべくおこなわれた。[44]

ヘアはスピリットスコープを用いることによって、ミディアムの側に文字を選択するためのあらゆる意識的行為の可能性を封じたつもりだった。それにもかかわらず、円盤のポインターは的確な文字を示し続けた。これはいったいどういうことなのか？

ヘアはさらなる検証のため、もうひとつ別のスピリットスコープも考案した（図5・5）。テーブルの片側の二本の脚に取りつけられているキャスターと、テーブルの天板のすぐ下のフレームに取りつけられている文字が記された円盤の中央部にある車軸が、帯状の紐で結びつけられている。テーブルの水平移動によってキャスターが回転すると同時に円盤が回転し、ポインターが文字を示す。また、ミディアムの意図がテーブルの動きに反映できないように工夫され、ミディアムの手はテーブル上の真鍮の大きなボールの上の板に置かれた。

また、ヘアはさらに次のような別の装置も考案している（図5・6）。板の片側の端にフックでバネ秤《ばかり》をつけ、

図5.5　改良版「スピリットスコープ」

そこを吊り下げられている。さらに板の逆側の上には水の入った大きなボウルが置かれている。ミディアムはボウル自体に手を触れることなく、その水のなかに手を入れるよう指示される。板の上下によってバネ秤の針が回転するので、板にどれだけの力が加わっているかが計測できるようになっている。

後者の装置を使った実験のひとつでは、すでに当時、強力な物理現象を引き起こすことで知られていたミディアム、ヘンリー・C・ゴードンに実験の協力を要請した。そしてその結果は、驚くべきものだった。ゴードンが水で満たされたボウルのなかに固く握られた手を入れると、板の逆端がすぐに沈んだ。ヘアによれば、このとき「ミディアムは水をのぞいて、いかなるかたちでも板との接触はなかった」。すなわち、ミディアム自身の筋肉の力が伝わる可能性は完全に排除されているはずにもかかわらず、板はたしかに動いたのである。計測された結果では、そこに加えられている力が八キログラム重《じゅう》ほどだったことが判明した[45]。

こうした実験結果をどう考えるべきか。ついに、ミディアム自身の力以外のなんらかの力が板を動かしたことが証明されたと言うべきなのか？　ちなみに今回の実験以前の、一八五四年二月八日付のアマサ・ホールコム宛ての手紙において、ヘアは次のように書いている。「あなたはそれが動くのを見たという理由だけで、人間が触れずともテーブルが動くことを信じていらっしゃるようですが、わたしは懐疑的です。いくつかの交霊会に参加してきましたが、人間が触れずに物体が動くなんて見たことがありません[46]」。だが、今回のゴードンとの実験の結果からすると、明らかに板は「人間の接触なし」に動いているとしか思えなかった。

一八五四年、ニューヨーク州オールバニーで開催されたアメリカ科学振興協会（ＡＡＡＳ）の会合で、ヘアは今回の実験結果を

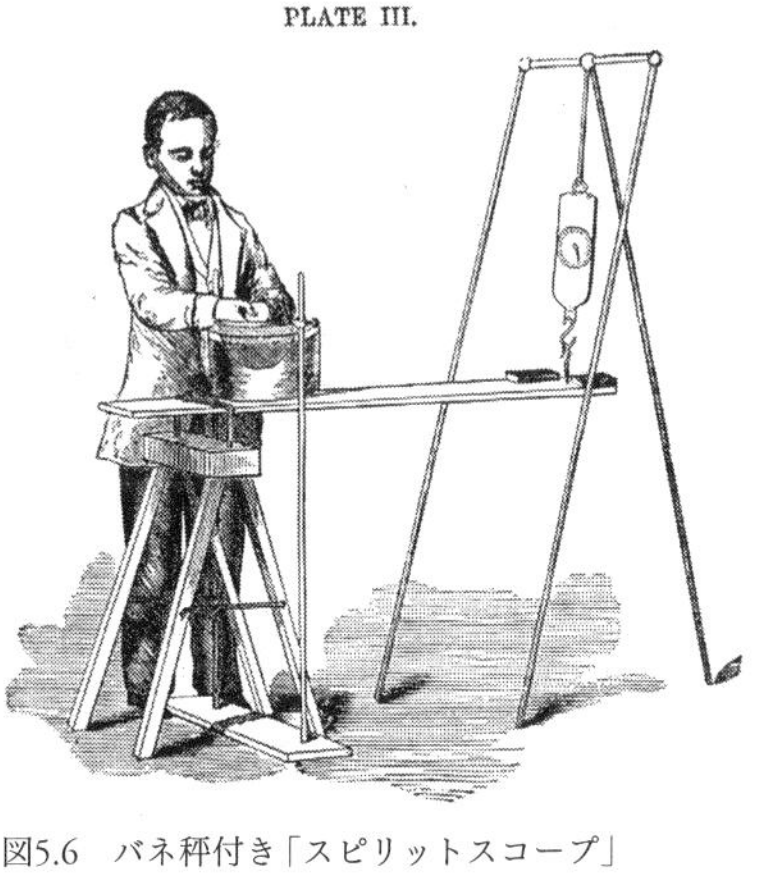

図5.6　バネ秤付き「スピリットスコープ」

発表した。そこでは、当初は懐疑的だったはずの実験化学者が、スピリチュアリズム信仰へ劇的に回心したあとの姿が見られた。しかし、霊の存在を証明したとヘアが信じた実験結果は、同僚の科学者たちから受け入れられることはなかった。ヘアは実験中にミディアムによって巧みに欺かれていたのだろう。これが同僚の科学者たちの見解だったようだ。[47]このことについてヘアは、翌年に刊行した『霊の発現の実験的研究（*Experimental Investigation of the Spirit Manifestations*）』という著書の序文で次のように述べている。

わたしのスピリチュアリズム研究のなかで作り出した最も綿密で労力を要する実験は、雇ったミディアムのペテンに引っ掛かっただけではないかと疑われ、ひどい蔑《さげす》みを含んだ忠告ならびに非難を受けている。わたしの結論は、その反対の種類のものだったこと、そしてそれが半世紀以上ものあいだ科学者として研究してきたわたしの経験にもとづいていることを、どれだけあきあきするほど強調してきたことか！　そしていまや、わたしの直接的な証拠が提示されたことで、最良の公正な結論から逃れる手段として、わたしが起こし得る不注意や軽率さに関するきわめて馬鹿げた憶測が示唆されている。[48]

はたしてヘアの実験結果は、本人自身が確信していたように、ミディアムの持つ真の力を証明するに足るものだったのだろうか。それとも単に、実験に参加したミディアムの巧妙な詐欺に彼が騙されただけなのか？　いまとなっては、その真偽を確かめるすべはない。[49]しかしここで注目すべき問題は、当時の科学者の誰ひとりとしてヘアの実験を追試しようとはしなかったことだ。大方の科学者たちのこうした態度は、このあとの時代においてもずっと続いていくことになる。

ここでスピリチュアリズムと主流の科学が決して相容れることのなかった当時の状況をさらに浮き彫りにするべく、スピリチュアリズムに傾倒していったアルフレッド・ラッセル・ウォレスと、それに対する同時代の科学者たちのさまざまな反応を見ていくとしよう。

科学的自然主義とXクラブ

一八六六年十一月二十二日、ウォレスは、友人の生物学者トーマス・ヘンリー・ハクスリー（図5・7）をスピリチュアリズム研究のための交霊会へと招待した手紙に、次のように書いている。「わたしたちのことを完全に気が狂ってしまったと決めつけられる前に、お見せすることのできるいくばくかの奇妙な現象を、あなたに見にきていただけることを望んでいます」

このウォレスからの誘いに対して、ハクスリーから届いたのは次のような断りの手紙だった。

> わたしが断じてその反対を確信しているにせよ、すべてが本当のことなのかもしれません。とはいえ実際のところ、わたしはその主題にまったく興味を持てないのです。生まれてこのかた世間話を気にしたこともありませんので、肉体から離脱した立派な幽霊たちが彼らの友人たちに提供する世間話は、わたしの興味を掻き立てるものではありません。その事象を研究することに関しても、それとは比べものにならないほど大きな関心のある半ダースもの研究がわたしにはあり、空いている時間はすべてそれらに費やしたいのです。わたしはチェスを控えているのと同様の理由で、それを断念いたします――それは偏見のない仕事とするにはあまりにも夢中にさせるものであると同時に、また夢中になるにはあまりにも厄介《やっかい》な仕事です。[50]

ウォレスの申し出をハクスリーが辞退したことは不思議ではない。まず、本人が述べているように、ハクスリーには時間を費やすべき生物学の研究があった。さらに

図5.7　トーマス・ヘンリー・ハクスリー（1890年）

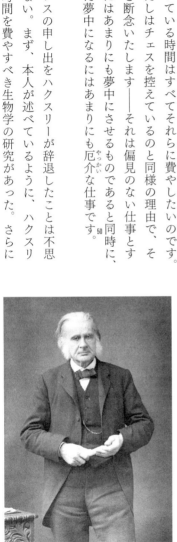

言えば、そもそもハクスリーは、本質的に確かめようも証明しようもないような形而上的な問題に対して独断的な真偽の判断を下すことを避け、それらと関わることを拒否する立場をはっきりと表明するために「不可知論（agnosticism）」という語をみずから生み出したばかりか、科学研究の領域を「自然」にのみ限定しようとする「科学的自然主義」の立場を強く推し進めていた人物でもあった。[51]

当時の科学的自然主義が「自然」という言葉で意味していたのは、あくまで数量化可能な物質的世界のことだった。したがって、そういった意味での「自然」を超えた神の領域や霊的世界などに関する問題は、科学的自然主義の立場からすれば、科学的な知の対象外として切り捨てられて当然だった。[52]しかも、こうした科学的自然主義への合意を推進し、ヴィクトリア時代の知的世界を席捲《せっけん》するイデオロギーにまでそれを高からしめるのに中心的役割を担ったのが、ハクスリーを主唱者として一八六四年にロンドンで結成された「Xクラブ」だった。

「宗教的ドグマによって制約されることのない純粋で自由な科学」の名のもとでの「一致した活動の実現」を理念として掲げたXクラブは、一八六四年十一月三日に第一回の会合が開かれ、ハクスリーをはじめ全部で九人の科学者たち——医師で古生物学者のジョージ・バスク、化学者のエドワード・フランクランド、数学者のトーマス・ハースト、植物学者のジョセフ・ダルトン・フッカー、考古学者のジョン・ラボック、哲学者のハーバート・スペンサー、数学者で物理学者のウィリアム・スポッティスウッド、物理学者のジョン・ティンダル——が集結した。こうしたXクラブのメンバーたちは、一八六〇年代後半から一八七〇年代にかけて専門分化していく科学の諸分野において、それぞれ傑出した地位を獲得していった。また、それと同時にハクスリーの『俗人の説教、講演、批評（*Lay Sermons, Addresses and Reviews*）』（一八七〇年）やティンダルの『科学断章（*Fragments of Science*）』（一八七一年）などの著作の出版は、Xクラブが推進するリベラルで非宗教的な見解を共有する定期刊行物の編集者たちにも歓迎され、さらに科学的自然主義に影響を受けた彼らの考えかたが、一般的な知的文化にまで大きく広がっていった。また、一八六九年十一月には、Xクラブの協議が発端となって『ネイチャー』誌が創刊された。その初期の記事のほとんどが同メンバーによって執筆されていたことからも明らかなように、同誌は彼らが科学的自然主義を先導していくのにきわめて重要な役割を果たす媒体となった[53]。

Xクラブの活動がはじまって間もないころ、メンバーのひとりのジョン・ティンダル（図5・8）は、スピリチュアリズムに対する批判的態度を明確に示す「科学と『霊』」と題した記事を『リーダー』誌に寄稿した。そのなかでティンダルは、一八五七年五月八日にニュートン・クロスランド家でおこなわれた交霊会に参加したときの体験を詳細に語っている[54]。ウォレスのようなスピリチュアリズムに傾いていった科学者と対照的に、反スピリチュアリズムの立場を取った科学者のティンダルが当時の交霊会でどのような体験をし、どのような見解に達したかをここで紹介しておきたい。

科学者は交霊会で何を見たか

交霊会に参加する前のティンダルは、死者の霊を前提とした話は信じる気になれなかったが、そこで普通では説明できない不可解な現象が起こっているという報告自体については疑うどころか、むしろ信じていた。

わたしのなかにはその事実を絶対に信じられないという思いなど決してなかった。それどころかスピリチュアリストたちに明らかとなっていない、なんらかの物理的原理がそれらの発現の根底にあるかもしれないとわたしは考えていた。〔中略〕それらの驚くべき現象を目撃したいというのがわたしの望みだった。それらが存在するであろうことは、目撃し、証言した人の周知の誠実さによって、疑う余地のないところに置かれていた[55]。

図5.8　ジョン・ティンダル

だが、ティンダルの「驚くべき現象を目撃したい」という望みは叶わなかった。結論から言うと、その日の交霊会に終始冷静な態度で臨んだティンダルは、わずかですら関心を惹きつけられるような現象を何ひとつ目撃できなかった。それどころか、そのときの交霊会の顚末は、ティンダルをうんざりさせるできごとの連続だった。

交霊会がはじまる前、ティンダルは参加者のある男性(主役のミディアムとは別の人物)が、自分は自動筆記で他人の思考を読み取れると話しているのを聞いた。そこでティンダルはその男性に向かって言った。「わたしがいま何を考えているかをおっしゃってください」。だが、その男性は何も答えられなかった。[56]

次にティンダルは、その日のミディアムである女性に対して、ライヘンバッハのオド、すなわち磁石や鉱物などから発散されている光を見ることができるのかと訊いてみた。以下に、ティンダルが記録しているそのときの会話を引用しておこう。

ミディアム ええ、もちろんです。でも、わたしはあらゆる物体のまわりに光が見えます。

ティンダル 真っ暗闇のなかでもですか？

ミディアム はい。わたしはすべての人々のまわりに輝く空気が見えます。R・C氏のまわりの空気は、輝きでこの部屋を満たしています。

ティンダル あなたはライヘンバッハ男爵が考えた磁石に関する効果に気づいているのですか？

ミディアム ええ。ただし磁石は、わたしの体調をひどく悪くさせます。

ティンダル つまり、仮にこの部屋が暗ければ、磁石がここにあるかどうかを知らされなくても、あなたはそれがどこにあるかわかると考えてよいというのでしょうか？

ミディアム 部屋に入るなり、わたしはその存在がわかります。

ティンダル それはどのようにしてですか？

ミディアム すぐに体調が悪くなるからです。

ティンダル　今日の体調はどんな感じですか？
ミディアム　ここ数か月、あまり良くなかったのですが、とっても良好です。
ティンダル　ではいま現在、わたしが磁石を持っているかどうかを尋ねてみてもいいですか？
（その若い女性はわたしを見つめ、顔を赤くし、口ごもった）
ミディアム　だめです。わたしはあなたとラポールされていません。[57]

じつは、このときティンダルのポケットのなかには磁石が入っていた。ティンダルは述べている。「わたしは彼女の右側に座っていて、彼女の一五センチメートル以内の左側のポケットに磁石を入れていた」[58]

このあともティンダルは、交霊会で起こる現象に対していくつかの疑わしい点を発見していった。たとえば、テーブルの下からノックする音が聞こえてきたとき、それがテーブルの特定の場所からだけ発していることに気がついた。そこで彼は、霊に対してテーブルの別の端から答えることを求めた。だが、それは応じられぬままノックは続いた。そこでその音の正体を探るべく、テーブル上のワイングラスをひっくり返し、耳を当てて聴診器のように用いた。それに対する反応について、ティンダルは「霊たちはその振る舞いに動揺したようだ。彼らは陽気さを失い、しばらくのあいだ、おとなしくなった」と述べている。また、ティンダルが自分の足で振動を起こしたり止めたりしてみたところ、参加者たちはすっかりそれを霊の仕業だと信じたのだ。[59]

ティンダルにとって、交霊会での疑わしさを見つけることはきわめて容易であり、そこで起こっていることを本物の現象だと主張するなど信じがたいことだった。[60]しかし同寄稿の最後でティンダルは、スピリチュアリズムとの闘いの虚しさを悲観的な口調で次のように述べている。「その〔スピリチュアリズムの〕犠牲者たちは信じることを好み、真実を悟ることを好まない。こういった精神構造の前では、科学はまったくの無力である」。また、「不正を暴露し、特定の悪霊を追い払っても無駄である」。なぜなら――

科学が斉一的な経験に訴えるときに、スピリチュアリストたちは次のように言う。「斉一的な経験が斉一的であり続けることをいかにして知ることができるのか？　あなたは太陽が六〇〇〇年のあいだ昇り続けていたとわたしに言うが、そのことはそれが明日も昇ってくることの保証とはならないだろう。次の一二時間のうちに全能の神によって太陽が吹き消されてしまう可能性だってあるではないか」。このような立場を取れば、世界中のすべての科学者の面前で「ジャックと豆の木」が実在した話だったと主張する人間も現れかねない。科学はわたしたちが現在持っている宇宙に関する知識をすべての人に与える一方で、スピリチュアリズムはその知識に対して何も付け加えることはないと力説しても無駄である。麻痺した魂は、理性の圏域を超えてしまっているのだ。[61]

霊現象を認めたファラデー

ところで、このティンダルの参加した交霊会には、当初、電気技師ジョサイア・ラティマー・クラークを介して、前述のテーブル・ターニングの種明かしをしたマイケル・ファラデーも招待されていた。クラーク自身は、ニュートン夫妻の家での交霊会に一度参加したことがあり、ラップ音や床から持ち上がるテーブルなどの現象を体験し、驚異の念に打たれていた。ファラデーに交霊会への参加を呼び掛けた一八五七年四月二十九日の手紙で、クラークはこう訴えている。「わたしは、あなたに少なくともひとつのことをお願いしなければなりません――わたしの正気が失われていたとか、欺かれていたとは考えないでください。わたしはその現象の本質をわかっていませんが、事実を疑う余地はないのです」

だが、過去にテーブル・ターニングの原因を無意識の筋肉反応であると論じて以来、スピリチュアリズムとのいっさいの関わりを断ち続けていたファラデーは、自分の代わりにティンダルを行かせることにした。ただし、その直後にクラークへ宛てたファラデーの手紙には次のように書かれている。「わたしはその主題について多くのことを耳にしてきました。そして過去長いあいだ、自己欺瞞もしくは故意のごまかしの山として、そのすべてを非難してきました。それゆえわたしは注意深い調査のあと、その事実が本当であると発見したときに大いに驚かされました」。そう、まったく意外なことにも、テーブル・ターニングの件を実験によって片づけたはずのファラデーが、その四年後には、かつて霊現象を否定した際の自説がもはや通用しないことを、この手紙では率直に認めているのである。

ファラデーは、テーブル・ターニングの一件で、イギリスの初期スピリチュアリズムに対して真っ先に批判した科学者であるため、今日では霊現象を全面的に否定した人物として言及されることが多い。だが、この手紙に綴られたファラデーの言葉からは、明らかにそれとはちがう彼の一面が窺える。ウォレスのように、その確信を公言しなかっただけで、ファラデーも結局のところ、交霊会での現象には詐欺や欺瞞だけでは片づけられない真実が含まれていると認めた科学者のひとりだったのだ。ファラデーは手紙の続きで、次のように述べている。

> 率直に言えば、わたしはその交信の多くが善良な霊からのものというよりも、邪悪な霊からのものだと思っています。それが脆弱な精神のなかに、精神病と類似した一定の精神の興奮を作り出すのでしょう。それゆえ、軽々しく扱ってはなりません。同時に、わたしはそのなかに多くの美しいもの、そして聖書の真実と驚くほど調和しているものを見つけています。[62]

このファラデーの言葉からは、科学者としての公の顔ではなく、彼が胸のうちに秘めていた宗教的信条が浮かび上がってくる。実際、サンデマン派という聖書の教えを文字どおり信じるキリスト教の集団に所属していたファラデーの宗教心は生涯にわたって篤く、科学への探究心がそれを揺るがすこともなく、けっして無神論者にも不可知論者にもならなかった。ハクスリーやティンダルよりも一世代上のファラデーにとって、キリスト教への信仰を持ち続けることと科学者としての道を歩むことは、けっして矛盾するものではなかったようだ。[63]

科学と宗教の分断

一方で、一八六〇年代後半から一八七〇年代にかけて、Xクラブを中心とする科学的自然主義の推進者たちは、科学と宗教の分断を強力に推し進めていた。実際のところ、十九世紀半ばまでの科学の進歩、そしてそのはっきりと目に見える実用的な分野での成功は科学の威信を高めていく一方で、同時にそれはキリスト教の世界観を根底から揺るがしつつあるように思われた。とくに、かつては自然神学を土台としながら発展を遂げていたはずの地質学の分野における新たな諸発見は、もはや「創世記」を拠りどころとするキリスト教の伝統的な世界観におさまりきらなくなりつつあった。[64] 科学が自然神学にもとづくかぎり、その進歩は信仰心をむしろ深めるものとなる。だが、科学はその存在理由を神の栄光の発見に求めることをやめ、それ自体の力と成果を誇るようになり、また真実の拠りどころを聖書や啓示ではなく、客観的な経験と観察による実証に基礎づけるように変化しているところだった。その過程において、科学はしだいに宗教の教義《ドグマ》を重荷に感じるようになっていった。その結果、科学者たちが取った態度は、かつての自然哲学者たちの使命――神の創造した秩序立った世界の法則を発見する――から身を引き離していくことだった。歴史家フランク・ミラー・ターナーの言いかたを借りるなら、「たとえ科学者たちがおおっぴらに否認したわけではないにしろ、彼らの仕事が自然のなかの神の栄光を発見することによって、聖職者のそれを補完することにあるという由緒ある信念を放棄」していくことになった。[65]

とくに一八七〇年以降、科学的自然主義が知的規範としてほぼ確立され、イデオロギー的合意が形成されていくにつれて、科学者は自分たちの知を、英国国教会の教義との妥協から縁を切り、それ独自の基盤に立脚させるようになっていく。前述のジョン・ティンダルは、一八七四年のベルファストでの英国科学振興協会（BAAS、現・英国学術協会＝BSA）の会合での代表演説の場で、いまや宗教から切り離された科学の立場を次のように公言している。「宇宙論に関する信念を奉じるか、あるいは科学の領域に手出しをしてくるかぎりにおいて、どんな宗教上の理論も構想も体系も科学の支配下に置かれるべきであり、科学を支配しようとする考えは完全に捨て去られるべきでしょう[66]」

ティンダルのこの言葉は、もはや単に宗教と科学の分離を告げるにとどまらず、宗教に対する科学の優位を高らかに宣言し、宗教側からの科学への口出しを断固として拒否せんとする科学者側の揺るぎない姿勢を示していた。

ただし、こうしたティンダルの姿勢とはまったく逆に、科学と宗教のあいだで深まっていく溝を懸念した科学者たちもいた。当然、彼らはティンダルの主張に強い不満を持った。たとえばオーウェンズ大学の物理学教授バルフォア・スチュワートと、スコットランドの数理物理学者で熱力学のパイオニアとしても知られるピーター・ガスリー・テイトは、ティンダルによるベルファスト演説の翌年に出版した共著で、科学と宗教は対立するものではないという反ティンダル的な見解を表明した。

ニュートンやファラデーのような知的巨人によって示された輝かしい模範を忘れ、そして近ごろは、宗教の正統的な教えが有害であるなどと述べる唯物論的な発言（しばしば科学の名においてと称されている）が許されていることは、まったくあきれ返ることだ。

そういったあまりの軽率さの当然の帰結として、現代の科学は、キリスト教の教義と両立しないという結論に至っている。キリスト教が科学それ自身に対して抗議の声をまったくと言っていいほどあげていないのにもかかわらず。このようなことは単に科学に対してだけでなく、宗教に対してもまちがいなく損害を与えるゆえ、この結果は二重に悲しむべきことである。

本書におけるわれわれの目的は、考えられているような科学と宗教の不一致は存在しないと示すよう努めることにある。〔中略〕

実際に、われわれはすべての現代科学の進歩の導きであり続けた原理、すなわち、（正しいとみなされている）連続性の原理と魂の不死が完全に一致していることを示そうと試みている。この試みの結果として、われわれは純粋な科学的見地にもとづいた厳密な推論によって、「生命は目に見えないものを目的として、また目に見えないものを通して、唯一の完全なものとしてみなされ得る」という蓋然的な結論に導かれるだろう。[67]

誤解のないようにつけ加えておくと、バルフォア・スチュワートもピーター・ガスリー・テイトもスピリチュアリズムに加担した科学者ではない。むしろ、とくにテイトはスピリチュアリズムに強く反対していた。一八七一年、エディンバラで開催された英国科学振興協会での数学・物理学分科会の講演で、スピリチュアリストを「円積法〔与えられた円と同面積の正方形を定規とコンパスによる操作で作図する方法で、不可能性が証明されている〕を求める者たち、永久運動を求める者たち、地球は平坦で月は周回していないと信じている者たち」といっしょくたにし、あからさまに侮蔑的な口調で次のように述べている。「たしかに彼らは、正真正銘の科学者以上に急激に繁殖している。これはすべての劣った種の特徴である。だが、それにもかかわらず、この手の者はすぐに消え去ると思っていれば大いに慰めとなろう。いかさま師たちの喚《わめ》きは余命いくばくもなく、古物収集家の関心をのぞいて、どこかへ消え去るはずだ[68]」

アルフレッド・ラッセル・ウォレスもスチュワートやテイトと同じように、Xクラブが推進するような知の対象を物質の領域に還元しようとする科学的自然主義には同意できなかった点において、明らかに同じ陣営にいた。だが、ウォレスがスピリチュアリズムにのめり込んでいったのに対して、スチュワートやテイトはそうならなかった。では、両者のちがいは何だったのか。

それは、彼らがキリスト教的な世界観への信頼を失うことなく、科学が描き出した世界と一致させる道を選んだのに対して、ウォレスはキリスト教自体にきっぱりと背を向けた点にあった。ウォレスの反キリスト教的な姿勢は、彼の自伝のなかに色濃く表れている。ウォレスによると、彼はロンドンで暮らしていた若いころに、キリスト教を批判していた社会主義者ロバート・オーウェンの講義に感銘を受けた。また、聖書の正当性に異議を申し立てて理神論を主張したトーマス・ペインの著作『理性の時代』に影響を受けて、伝統的なキリスト教に対する懐疑にも目覚めた。さらにはオーウェンの息子ロバート・デール・オーウェンが書いた「永遠の罰の恐ろしい教義」を非難する小冊子を読み、「その当時の伝統的な宗教は下劣で目も当てられないほど恐ろしいものだ。唯一の真実であり有益な宗教は人類の援助を吹き込むものであり、その唯一の教義は人類の兄弟愛である」という その結論に強く賛同した。[69] さらにイエスの聖性を否定する「歴史的イエス」を描き出し、物議を醸《かも》したダーフィト・シュトラウスの「イエスの生涯」についての講義の英訳版を読み、「福音書に述べられているすべての奇跡は単なる作り話である」という結論に納得した。ウォレスいわく、それは「いまだわたしのなかに残存していたすべての宗教的信念の破壊を仕上げることとなった」[70]。そして最終的にウォレスがキリスト教に背を向けることになったのは、科学への関心が増大していった結果だった。そのことをウォレスは次のように述べている。

物理科学の多方面の分野に膨らんだ関心と、日増しに成長する自然への愛から、伝統的な宗教の教義やしきたりに対する嫌悪感が湧いてきた。そのため成人に達するころまでにわたしは非宗教的な考えになり、それについて思考をめぐらせることもなくなった。そして現代の用語「不可知論者」という表現にふさわしい人間になったのである。[71]

こうして宗教から離れて科学に向かったはずのウォレスが、なぜティンダルやハクスリーらのXクラブの方向性とは異なり、スピリチュアリズムへと邁進《まいしん》することになったのか。

霊界での適者進化の法則

そもそもXクラブとスピリチュアリストのあいだには、「精神」に対する明白な見解のちがいがあった。「物質」「運動」「力」などの概念により、すべての自然現象を機械論的に説明する科学的自然主義の推進者たちにとって、物質から独立した実体としての「精神」はもはや不要な概念だった。彼らにとっての「精神」は、単に脳という物質のはたらきの随伴現象にすぎなかった。その一方でウォレスはちがった。脳と「精神」を同一のものとは考えなかったウォレスは、人間の精神作用について機械論的説明のみで満足する科学的自然主義には同意できなかったのだ。[72]

また、前節の最後に記した彼の自伝からの引用箇所に見られるように、ウォレスは自分のキリスト教への否定の身振りを「不可知論」と呼んでいるが、実際それはハクスリーが言うような意味での不可知論ではなかった。むしろウォレスは、不可知論が不問のままに放置した問いの空白を埋めることを求めていた。その結果、科学的自然主義と古びたキリスト教の教義のどちらによっても満足した答えが与えられることのない問いに対して、確かな基盤を与えてくれるとウォレスが信じたものこそがスピリチュアリズムの哲学だったのだ。一八六八年、ウォレスは次のように書いている。

わたしはルイス氏〔哲学者のジョージ・ヘンリー・ルイス〕、ハーバート・スペンサー、ジョン・スチュワート・ミルの哲学的著作を称賛し、高く評価している。しかし、わたしはスピリチュアリズムの哲学のなかに、それらすべての哲学的著作を上回るたいせつなもの――彼らが渡れない境界の裂け目に架橋する助けとなるもの――を、そして人間の歴史と人間の本質について彼らがわたしに与えることのできる以上の、より明瞭な光を投げかけるものを見出している。[73]

では、ウォレスがスピリチュアリズムのなかに見出した「ルイス氏、ハーバート・スペンサー、ジョン・スチュワート・ミル」を上回る重要なその哲学とはいったいどのようなものだったのか。一八七五年に刊行されたウォレスの著書『奇跡とモダン・スピリチュアリズム』にある「スピリチュアリズムにおける道徳的教示」と題した章では、彼の信じる「スピリチュアリズムの哲学」がじっくりと語られている。ここで彼の言葉に少々耳を傾けてみよう。

「死後、人間の霊（spirit）はエーテル体（ethereal body）のなかで存続する」。そこでは「新たな力が与えられるものの、精神的および道徳的には肉体を身につけていたときと同様の個性が存続している」。そして、肉体からエーテル体に引き継がれた霊は「終わりのない進化の道」を歩みはじめる。また、地上にいるあいだにその人の「精神的および道徳的能力」が高められた程度に応じて、進化の道を歩む速度は増す。さらに霊界での幸福および不幸は「自分自身」が左右する。すなわち、地上において「高次の人間的能力」が「その人の喜びに加わるのにまさに比例」して、霊界ではそれが「自由自在に行使できる存在の状態」となるため、「その人は満足と喜びを経験する」。だが、逆に「喜びを精神よりも肉体に求めていると」、その人の「知的および精神的本質」を発揮することが「自然かつ喜び」となるまで「ゆっくりと苦労しながら成長していかなければならない」。結局のところ、「罰も報酬も外的な力によって割り当てられることはなく」、それぞれの人の状態は地上での状態からの「自然で不可避な結果」である。すなわち、霊界でのはじまりは「地上にいるあいだ、自分自身を高めた道徳的および知的発達のレベルからの再スタート」となる。[74]

進化論の提唱者ウォレスは、こうした霊界における法則を「現代科学の学説に対する特筆すべき補完」であるとし、次のように述べる。

すべての多様な組織体に働いている「適者生存〔survival of the fittest〕」の大原則によって、有機体の世界は発達の高次の状態が継続され、外的自然の力との調和がつねに維持されている。霊界においては、「適者進化〔progression of the fittest〕」の法則がしかるべき位置を占め、ここ〔地上〕ではじまった人間の精神の発達が断絶されることなく継続しているのである。[75]

ウォレスにとって、科学者としての自分の学説、すなわち自然選択にもとづく進化論とスピリチュアリズムにもとづく霊界の法則とのあいだに矛盾はなく、むしろいささか奇妙なかたちではあるが、それらはキリスト教の伝統的な教義に対する反感に合致するかたちで、彼のなかではみごとな和解と調和が実現されているようだ。

さらにウォレスは続けて、スピリチュアリズムが教えるところの霊界の状況がどのようなものかを説明していく。霊と霊のあいだの交信は、「思考リーディングや共感」によっておこなわれている。そして「調和の関係にある霊同士」のそれは「完全」なものとなる。だが、大きく異なるもの同士のあいだでは交信の力が弱い。その結果、霊同士のあいだには「圏域」が作られる。それは「単なる空間的」なものではなく、「社会的および道徳的共感の組織」から作られる「区域」である。「より高次の霊たちの圏域」からは、「下位のものとの交信」がときどきおこなわれるが、逆に下位のものから上位のものへの方向では、意のままに交信できない。だが、霊性の発達に関しては「もっぱら意志の力」次第で、すべての者に対して「永遠の進化」の道は開かれている。ここには「悪霊も存在しないし、悪人の霊も存在しない」。そして「最も悪い者ですら、たとえゆっくりであれ確実に進化していく」[76]。そしてウォレスは、この進化の先にある高次の圏域での生活をいくぶん抽象的ながら次のように述べる。

高次の圏域での生活は、わたしたちが想像することもできない美と喜びにあふれている。美と力の観念は意志の力によって実現され、無限の宇宙は、最も高次の知性の発達が無限の知識の習得を探し求める場となる。[77]

こういったウォレスの語る「スピリチュアリズムの哲学」は、第1章で見たアンドルー・ジャクソン・デイヴィスが『自然の原理』で語った内容や、そののちにアメリカのスピリチュアリストたちによって受容されていった霊界の教義から強い影響を受けていることは明らかだ。実際、アメリカの最も有名なトランス・ミディアムのひとりであったエマ・ハーディングのことを、「最も才能に恵まれた『トランス・ミディアム』のひとり」であり、「これ以上に未来の状態のより完全な理想を自分自身で描くことのできる哲学者、ないしは科学者がいるだろうか」と絶賛している。そしてウォレスは、これまで自分が述べてきた教義の補足として、ハーディングの「死者の国」についての説教から抜粋した次のような文章を紹介している。[78]

わたしたちが霊であること、ならびにわたしたちが永遠のために生きていると知ること。その点を理解し、確かなものとすること。これこそ神がわたしたちに啓示した最高度の光り輝く頁なのですが、そうすることがスピリチュアリストにとって最も崇高なことなのではないでしょうか？　この頁を読み、理解することが、モダン・スピリチュアリズムにとっての真の使命なのではないでしょうか？　すべてほかのものは、単に霊が存続する確信をわたしたちに与えてくれる科学における現象的根拠にすぎません。霊が何であり、霊が何をなすべきかを知ること――すべての人間の罪と地上での無知を浄化する不死の純粋な白いローブで霊を正装することが確実にできるよう、いかに最も善く生きるか、これがモダン・スピリチュアリズムのひとつの偉大な目標であり、目的なのです。[79]

このハーディングの説教の核心、すなわち「いかに最も善く生きるか」こそが、スピリチュアリズムの最高の意義についてのウォレス自身の考えをまさしく代弁していた。

こうして見てみると、ウォレスにとってのスピリチュアリズムは、フレノメスメリズムが提供してくれた人間と社会の道徳的品性の向上をこの世を超えた霊界にまで延長した拡大版だったようにも思われる。ウォレスは、「スピリチュアリズムは何をもたらしたのか――どのような新しい事実が、いかに有益な情報が、霊と仮定されているものから人間に対してこれまで与えられてきたのか？」という問いに対して次のように答弁している。

わたしはスピリチュアリズムの主張を、道徳的用途にもとづかせることを好む。数千人の人間があの世の現実を確信したこと、その多くの人々が彼らの生活を慈善活動に捧げるよう導かれたこと、わたしたちに雄弁さと優雅さを与えてきたこと、それがつねに進化していく未来の状態の大いなる教義を教えていること、それをわたしは指摘したい。[80]

かつて研究旅行で南米やマレー諸島を訪れた際に、ウォレスは現地の人々との交流を通して次のように思い至った。「わたしは文明化されていない人を見れば見るほど、全体として見て人間の本質をより良いものと考えるようになり、いわゆる文明化された人間と野性の人間のあいだの本質的な差異は消えていくようにも思われる」[81]。この言葉からもわかるように、ウォレスはこの時代のヨーロッパ文明の優越性を主張する排外主義《ショーヴィニズム》（自身の国や人種が最も優れていて重要であるという熱狂的信念）とはまったく異なる見方を持っていた。むしろ一八六九年に刊行した『マレー諸島』では、ヨーロッパ文明と当時のイギリス社会に対する幻滅を語っている。「わたしたちの住民の大部分は、道徳の野蛮な作法を超える進歩をしていない。そして多くの場合、それ以下に落ち込んでしまっている」[82]

科学の進歩は人々にますます多くの恩恵を与え、輝かしい未来を約束する。ウォレスはそのような楽観的ヴィジョンを持つ科学者ではなかった。ウォレスは人間や社会の道徳的向上が、ヨーロッパにおける科学や産業テクノロジーの進歩に付随していくものとは考えず、むしろその現状を懸念し、次のように述べている。

> 自然の力へのわたしたちの支配は、急速な人口の増加や莫大な富の蓄積に導いてきた。だが、一方でこれらは貧困と犯罪の増加をもたらし、また、あまりにも多くの下劣な感情や攻撃的な激情の増加を誘発している。わたしたち住民の精神的および道徳的な状態は、平均的に低下しつつあるのではないか、そして悪は善を超過しているのではないか。そう問われるのももっともなことである。[83]

十九世紀における科学的達成とは裏腹に退廃していく人間と社会の道徳心《モラル》。それがしばらくのあいだヨーロッパを離れ、マレー諸島での調査研究を終えて帰国したウォレスの目に映った母国の姿だった。そしてそんなウォレスの心をとらえたものこそが、人々を道徳的高みへと誘《いざな》うスピリチュアリズムの哲学だった。

ウォレスは『奇跡とモダン・スピリチュアリズム』の末尾に近づいたところで、いかにスピリチュアリズムの哲学が「宗教体系あるいは哲学が提出してきたものの、どちらをもはるかに超えた力強さと効力を発揮する措置をともなう道徳の純然たる体系」に導くかを力説している。[84] ウォレスは次のように主張する。「あの世の状態に関するこれらの事実の絶対的な知識を得るスピリチュアリストたち」は、「宗教や哲学が提供するものよりさらに強い動機によって、清純で共感に満ちた理知的生活に駆り立てられる」。なぜなら、彼らは「情欲や欺瞞、身勝手、贅沢な物質的快楽」へ耽溺することの「自然で不可避な結果が、あの世の悲惨であること」を知っているからだ。[85]

要するに、ウォレスの信じたスピリチュアリズムの哲学の中心には、人を道徳的に律する、きわめて明瞭な因果の法則があった。この世の堕落は、あの世での生活を底辺からスタートさせ、下位から上位の圏域へと向かうためには大きな苦労をともなうが、一方、この世での道徳心と精神的品性を高める穢《けが》れのない生活は、あの世での優位性を与え、喜びと美に満ちた高次の圏域へと速やかに向かっていくことを可能にする。ここでは超越的な神の「裁き」は存在せず、それに代わってすべての結果を個人の生きかたという原因へ帰する「法則」のみが存在する。それは、ウォレスがキリスト教の正統派的信仰《オーソドキシー》にもはや見つけることのできなかった「道徳の純然たる体系」であり、科学的自然主義に背を向けることで見つけ出した、霊界の普遍的法則だった。

一八六五年夏の交霊会の体験以後、ウォレスは生涯にわたってスピリチュアリズムの熱烈な擁護者であり続けた。そんなウォレスの心を魅了し、虜《とりこ》としたのが、スピリチュアリズムの哲学が示す人間の精神性を高めるのに利する霊界の法則であった一方で、彼の信念をしっかりと支え続けたのは、実際に交霊会で体験し、疑い得ないと感じた諸現象の「事実」だった。実際、ウォレスは「事実は断固としている」「事実はわたしをうちのめした」などと、「事実」ということを至るところでくり返し強調している。「知識欲と真実への愛」によって「調査を続けることを余儀なくされた」が、その結果、「どうしても追い払うことのできなかった、事実に次ぐ事実の絶え間ない訴え」によってそれを確信させられた。それは「古い迷信の生き残り、あるいはその復活」ではなく、

「観察された事実」にもとづくものであり、「事実と実験にのみ訴えるものである」と。[86]こうして「事実」に裏付けられたスピリチュアリズムの未来にウォレスが夢見たものこそが、すべての宗教のあいだの対立と相違を超え、かつ科学とも調和した普遍宗教の確立だった。ウォレスは自信に満ちた口調で次のように述べている。

むしろそれ〔スピリチュアリズム〕は迷信の敵であり、そうあらねばならない。スピリチュアリズムは実験科学である。そして真の哲学と純粋な宗教のための確かな基盤を提供する。それは法則の範囲および自然の領域の拡張によって、「超自然」や「奇跡」といった用語を撤廃する。そしてそうするなかで、それは迷信に含まれる真実や、あらゆる時代の奇跡と呼ばれてきたどんなものも取り上げて説明する。それだけが矛盾する信条を調和させることができる。それは長きにわたって絶え間ない不和と数えきれない悪の源だった宗教の争点において、人類のあいだの意見の一致を最終的に導くにちがいない――それは信仰の代わりに証拠を要請し、意見の代わりに事実を据え置くがゆえに、疑いのないものになるだろう。[87]

「スピリチュアリズムは実験科学である」――そう言いきるウォレスの言葉は、当時としてはとりわけ目を惹くものではなく、そのころのスピリチュアリストの典型的な語り口だった。宇宙には、自然科学では到達できない神秘がある。そう主張することで、主流の科学からの介入を遠ざけ、形而上的な真理を聖域化しながら反科学の姿勢をあからさまにアピールするオカルティストたちの勢力が強まっていくのは、まだまだ先のことだ。むしろ、何が真実かを決定し得る至上の権威が、もはや宗教家ではなく科学者の手に渡ろうとしていたその時代、むしろ霊的現象は物理科学の経験主義的方法論で検証できるという考えかたこそが、当時のスピリチュアリストたちの主張の多くに含まれていた。[88]

では、本当にスピリチュアリズムは、科学によって証明された「事実」となったのだろうか。ウォレスが言うように、科学者たちによって承認されるに値《あたい》する「事実に次ぐ事実の絶え間ない訴え」が慎重な調査によって提示され得たのだろうか。ここでふたたび、その問題に目を向けていきたい。[89]

ロンドン弁証法協会

一八六九年一月、ウォレスの所属していた団体「ロンドン弁証法協会」は、「霊的顕現と主張されている現象を調査し、さらに報告すること」を目的とした調査委員会を選出した。[90] 同団体自体が設立されたのは二年前の一八六七年で、その中心となったのはXクラブ発足メンバーのひとりジョン・ラボックだった。その目的が「倫理、形而上学、神学の領域」のあらゆる問題に対する「哲学的論評をする場の提供」だったこと、また、広範囲におよぶ時事的な問題がすでに取り上げられていたことからすると、スピリチュアリズムをめぐる論題が上がってきたとしても、同団体がそれを否定する理由はなかった。[91]

まず委員会は、生物学者トーマス・ヘンリー・ハクスリーと哲学者ジョージ・ヘンリー・ルイスにも協力を求めた。ウォレスは、進化論反対派との論争の際に同じ陣営に立っていた盟友ハクスリーが協力してくれることを切望したにちがいない。しかし、ふたりから返ってきたのは辞退の手紙だった。とくにハクスリーの返信には、スピリチュアリズムへのあからさまな侮蔑を含んだ次のような言葉が最後につけ加えられていた。

スピリチュアリズムの真実を実証することにおいて、わたしが見出せる唯一の効用は、自殺反対への論拠を提供できることぐらいのものです。死後、一ギニーで交霊会に雇われた「ミディアム」によって戯言《たわごと》を語られるよりも、道路清掃人として生き続けたほうがましですから。[92]

ハクスリーやルイスは不参加になったが、調査委員会は最終的にロンドン弁証法協会の会員から選ばれた三三名で構成され、その調査報告書は翌年の一八七〇年七月二十日、ロンドン弁証法協会の評議会で発表された。さらにその翌年には、『ロンドン弁証法協会の委員会によるスピリチュアリズムについての報告書（*Report of Spiritual-*

ism, of the Committee of the London Dialectical Society)』と題して出版されることとなった。では、かつてない規模で実施されたスピリチュアリズムに関するこの調査プロジェクトが提出した結論とは、いかなるものだったのか。少々長くはなるが、ここで委員会による調査報告書のあらましを紹介しておきたい。

まず委員会は「一五回の会合」を開き、そこで霊的顕現に関する「各自の直接的な体験」について「三三人からの証言」を得た（そのうちの「三一人」からの体験は「文書による陳述」だった）。また、同報告書によると、「その現象の真正性に対して肯定的あるいは否定的な意見を公表している科学者たちを招待し、協力と助言を求め」、さらに「その現象を詐欺あるいは錯覚だ」とみなしている人々にはとくに参加を要請した。それにもかかわらず、「その現象およびそれらの原因を超自然的なものだと信じている人の証言を獲得できた」。だが、その一方で「それらを詐欺あるいは錯覚に帰することへの証言は、ほとんどまったく得られなかった」。こうしたことから、「直接的な実験とテストによって、問題のその現象を調査すべきである」と考えた委員会は、さらに六つの分科会に分かれて、直接的な調査に乗り出した。[93] それによって得られた調査報告書が持ち寄られ、最終的にはメンバー同士の「相互での十分な確認」のうえでまとめられた。結果は次のとおりである。

一、家具、部屋の床や壁から発生していると思われるさまざまな特徴の音――触ってみるとはっきりと感じられる振動をしばしばともなう――が、筋肉の動きや機械的仕掛けもなく発生する。

二、あらゆる種類の機械的仕掛け、あるいはそこにいる人たちによる筋肉の十分な力の行使もなく、そしてしばしば誰の接触や連携もなしに、重たい物体の動きが生じる。

三、これらの音や動きは、そこにいる人たちによって求められたとき、また求められた方法でしばしば起こる。そして単純な信号（イエスなら一度、ノーなら二度音を鳴らすなど）を用いて質問に答え、首尾一貫したコミュニケーションを綴り出す。

四、このように獲得されたその答えとコミュニケーションは、大部分、ありきたりのものである。だが、そこにいる人たちのなかのひとりしか知らない事柄がときどき伝えられる。

五、その現象が起こる環境は多様であり、最も注目すべき事実は、特定の人々の存在が現象の発生に対して必要であるように思われること。そしてほとんどの場合、逆に作用する人々がいるようにも思われること。だがこのちがいは、その現象を信じているか否かとは関係ないように思われる。

六、それにもかかわらず、そのような人々の参加を受け入れたり拒んだりすることによって、その現象の発生が保証されるわけではない。[94]

ご覧のとおり、調査結果のまとめからは、霊の存在を仄めかす言及は控えられているものの、少なくともその現象が単なる詐欺や錯覚に帰することのできない事実として受け止められていることがわかる。また、同報告書では、分科会による直接的な調査だけでなく、前述のように一五回の会合によって集められた口頭、もしくは書面による現象の証言を含めたかたちで、その全体の結論が次のように要約されている。

一、一三人の証言者は、重たいもの——ある場合は人間が空中にゆっくり上昇し、目に見える、あるいは触れることのできる支持物なしに、しばらくのあいだ、そこにとどまり続けるのを目撃したと証言している。

二、一四人の証言者は、どんな人間のものでもないが、その姿と動きにおいて、生きているような手あるいは指を見たこと、そしてそれらはときどき触れたり、握ったりさえしたため、詐欺あるいは幻覚ではないことを確信させられたと証言している。

三、五人の証言者が、すべての参加者の手が目に見えていたときに、なんらかの目に見えないものによって、体のさまざまな部分、またはしばしば要求した場所を触れられたと証言している。

四、一三人の証言者が、確認できる作用によって楽器が操作されずに楽曲が巧みに演奏されたのを聴いたと証言している。

五、五人の目撃者が、数名の参加者の頭あるいは手に、痛みや火傷を引き起こすことなく赤く燃えた石炭が置かれたと証言し、また三人の目撃者は、同じ実験が自分たち自身によっても再現できたと証言している。

六、八人の証言者が、ラップ音、書くこと、その他の方法で正確な情報を受け取ったと証言している。その正確さに関しては彼ら自身やほかの参加者も知らなかったことだが、その後の調べで正確だとわかったと証言している。

七、ひとりの証言者が、明確で詳細な言明を受け取ったが、それがまったくの誤りであることがわかったと主張している。

八、三人の証言者が、鉛筆、絵の具のどちらによる絵もかなりの短時間で描かれ、そのような条件のもとでは、人間の力で生み出すことが不可能なものを提示したと証言している。

九、六人の証言者が、未来のできごとの情報を受け取ったと証言しているが、いくつかのケースでは、数日、数週間前ですら、それらのできごとの時刻が正確に予告されたと証言している。[95]

こうして集められた証言をまとめたうえで、報告書には次のように記されている。

異常な諸事実の目撃者の多くは立派な品性と卓越した知性の持ち主であること、それらの証言が分科会の報告書によって支持されている度合いにあること、その現象の大部分に関して詐欺あるいは錯覚であるという証拠の欠如、これらを考慮に入れ、さらには文明化された世界中で社会のあらゆる階層の人々が、その現象の特別な性質から考えて、多かれ少なかれそれらの超自然的な起源への信仰によって影響を受けていること、そしてそれらの哲学的な説明がいまだ現れていない事実、それらにもとづき、この主題がこれまで受けてきた以上に慎重かつ注意深い調査の価値があるという確信を述べる義務があるとみなされる。[96]

すでにスピリチュアリズムに傾倒していたウォレスが、この調査結果に我が意を得たことは言うまでもない。[97]実際、ウォレスが参加した第一分科会は、最も熱心に調査を重ね、霊の顕現に関して最も成功を収めているが、彼らの報告書では次の三つのことが確証されたと主張している。

一、ひとりないし複数の参加者の、特定の肉体的あるいは精神的コンディションの下で、筋肉の力を使うことなく、参加者の体と物体とのあいだにいっさいの接触あるいは物理的連携なしに、重たい物体を動かすのに十分な、なんらかの力が発揮されること。

二、この力は、目に見えるものや物理的なつながり、そして参加者の体の接触なしに、固い物体から、すべての参加者にはっきり聞こえるほどの音を作り出せること。またその音は、触れた人が確実に感じられる振動によって、その物体から作り出されることが判明していること。

三、この力が知的存在によって指示されていること。[98]

このように、第一分科会は明らかに肯定的な結論に傾いている一方で、ほかの分科会のすべてが同様の結論に至ったわけではない。たとえば第四分科会の報告を見ると、「この分科会の面前では、記録すべきことは何も起こらなかった」とただ述べられている。[99]また第六分科会では、「四度の会議」があったものの「記録に値するどんな現象も得られなかった」とされ、そのなかの一回では、ミディアムであると申告されていた「見たところ八歳と十歳ぐらいのふたりの少女たち」を「小さなチェス・テーブルの上に置いた」ところ、子供たちは大喜びしながら「故意に前後に揺らし続けた」とも報告されている。そして結論として、その他のときはすべて「霊的現象の見せかけすら起こらなかった」と締め括られている。[100]

しかしながら、すべての調査のなかで、最も注目すべきは第五分科会の報告だろう。というのもそこでは第一級のミディアム、ダニエル・ダングラス・ヒュームの調査がおこなわれたからだ。前章で見てきたヒュームの活躍からすれば、そこでさぞや驚くべき能力を発揮したのだろうと期待したくなるが、そのときの彼は確かな結果を残せなかったようだ。報告書によれば、一八六九年の四月におこなわれた四回の交霊会で引き起こされたのは、テーブルのごくわずかな動きとかすかなラップ音ぐらいのもので、ほかに特筆すべき現象は起こらなかった。したがって、その報告書では、「超自然的原因に帰される現象」は何も起こらなかったと結論づけられている。[101]

ところで、第五分科会の報告書を読んでいて興味深いのは、肯定的な結果を残した別の分科会の報告書には見られない、とりわけ慎重な疑り深さを示す人物——分科会の議長を務めたジェイムズ・エドマンズ、および『無神論のための答弁（*A Plea for Atheism*）』（一八六四年）などの著作で知られる無神論者チャールズ・ブラッドロー——が参加していたことだ。たとえば、エドマンズは交霊会の終わりに、ごくわずかだけ揺れた大きなダイニングテーブルを、少しだけ力を加えるだけで容易に動くことを示してみせた。また、ブラッドローはラップ音がテーブルの脚から発生していることを疑い、床の上に座って観察した。[102] 同報告書によれば、ヒュームの病気という理由から、その後の実験を打ち切りにせざるを得なくなり、調査を終えている。

それにしても、ヒュームの生涯を追っていてどうしても気になるのは、しばしば突如として彼の力が喪失してしまうことだ。それはいったいなぜなのか？　反スピリチュアリズムの人からすれば、それに対しての答えは簡単だ。懐疑的な人々が注意深く見守る交霊会ではトリックやごまかしの余地がなくなり、ヒュームは能力を発揮できなくなる。一方で、みごとなパフォーマンスを発揮できるのは、たやすくトリックを弄することを可能にする場、すなわち信じやすい、あるいは信じたい人々のみが集まった馴れ合いの交霊会の場合だけだと。だが、もちろんスピリチュアリスト側の意見はまったく異なる。たとえば、ヒューム夫人の書いた夫の伝記では、今回の調査で霊の顕現が起こらなかった理由が次のように述べられている。

分科会に対して、四回ではなく、一四回ないしは二〇回のヒューム氏の交霊会が開催されることを状況が許さなかったのは残念だ。このような場合、霊の顕現を可能にする状況を作り出せるようにするためには、もっと数多くの交霊会が必要だっただろう。それを成立させる状況を作り出すことの困難さが何であるかを言うことはできないが、それが単に懐疑という状況から来るものではないことは、何度となく証明されている。[103]

要するに、ヒューム夫人の弁護によれば、懐疑の目に晒された不利な状況下であっても夫のミディアムシップは発揮される。実際、より厳しい懐疑に直面したほかのケースにおいても霊の顕現が無効化することはなかった。それゆえ、今回のケースにおいては、「その時点で、つねに一定ではない彼の力がほとんど失われていたか、あるいは力は存在していたが彼の健康状態が悪くて本来の力を発揮できなかったかのどちらか」だとヒューム夫人は述べている。[104]

その真実がいずれであれ、ヒュームの能力は今回の調査のあと、ふたたびみごとな復活を遂げる。翌年の一八七〇年四月から一八七一年五月までのあいだ、ヒュームは別の科学的な調査の被験者となった。そして、そこでは物理学的にあり得ない、あるいは物理学における新発見にもなりかねない不可解な現象が観察される結果となった。

何が可能で、何が不可能なのか

その事実をどう受け止めるべきなのか？　スピリチュアリズムの真実が科学的検証に堪《た》え、ついに証明され得たということなのだろうか？　タリウム元素発見の業績などによって、三十代ですでに化学者として確固たる地位を築いていたウィリアム・クルックス（図5・9）がおこなったヒュームのミディアムシップの実験は、ロンドン弁証法協会の第五分科会の調査とはまったく逆に、そこに作用する未知の力を確証する結果となった。

じつはクルックスもロンドン弁証法協会の委員会による調査に招待されていたものの、辞退した科学者のうちのひとりだった。ただし、正式の調査者ではなく参観者というかたちでは、何度か委員会による実験に参加している。

　そのときのことをクルックスがジョン・ティンダルに宛てて書いた一八六九年十二月二十二日付の手紙によると、その会議のほとんどにおいて「容易に説明できないことは何も起こらなかった」。だが、「一、二回ほど、あらゆる既知の物理的な力の範疇を超えているように思われるできごと」を目撃した。それが自分の「好奇心を掻き立て、調査に駆り立てる」きっかけになったとクルックスは述べている。さらに同手紙では、自分が実験に着手する旨を次のようにティンダルに伝えている。「最近、わたしはいくつかの検証実験を考案しました。成功するにせよそうでないにせよ、それらはなんらかの情報をまちがいなく与えてくれるでしょう」。ただし、クルックスは自分がスピリチュアリズムに傾倒していると誤解されたくなかったため、自分が英国王立協会においてきちんとした調査結果を発表できるときまで、この件については黙っていてほしいとティンダルに念を押している。また、同手紙の末尾では、自分の調査を目撃するために「友人として」「単にプライベートな立場として」、自分の実験室に来てもらいたいとティンダルを招待している。[105]

図5.9　ウィリアム・クルックス

　だが、こうしてクルックスが内密におこなおうとしていたスピリチュアリズムに関する実験は、実際に彼が結果を公表するよりも前の段階で、早くも公のものとなってしまった。一八七〇年三月二十三日の『アセニーアム』誌の「科学ゴシップ」欄に、クルックスが「スピリチュアリズムの調査に従事している」と書かれたため、彼はスピリチュアリズムへの関与について、その立場を弁明せざるを得なくなった。そして一八七〇年七月、「現代科学の光によって見られたスピリチュアリズム」と題した寄稿を、みずから編集を務めていた『クォータリー・ジャーナル・オブ・サイエンス』誌に掲載した。[106]

そこでクルックスは、まず科学者としてみずからスピリチュアリズムの調査に関わる姿勢を次のように明言している。「公衆の注意を惹きつけている現象を説明すること」、また「それらの真正さを確認すること、あるいはできれば誠実な人が陥っている思い込みを明らかにし、詐欺師のトリックを暴露すること」は、「研究の正しい手順を身につけた科学者の義務」である。そう述べたあとで、ユニヴァーシティ・カレッジ・ロンドンの数学教授オーガスタス・ド・モルガンの次のような文章を引用している。

> 合理的な人間が不信の念を持たないような方法の状況下で、わたしは霊的と呼ばれる事柄を見たり聞いたりした。それには詐欺、偶然の一致、思いちがいといった説明を適用できない。ここまでに関して、わたしは確信を持っている。だが、これらの現象の原因が何かといえば、わたしはいままでに示唆されたどんな説明も認められなくなる。〔中略〕わたしが知っている〔霊の顕現についての〕物理的説明は明快なものだが、どうしたって不十分だ。霊仮説は十分な説明となるが、重大な困難がある。[107]

これはC・Dという匿名で当初出版されていた彼の妻の著作『物質から霊へ（*From Matter to Spirit*）』のために、ド・モルガンが序文として書いた文章である。そもそもド・モルガン夫妻のスピリチュアリズムとの関与は、一八五三年に渡英中のマリア・B・ヘイデンの交霊会に参加し、ラップ音を使った霊との交信を体験したことにさかのぼる。そののち、彼の妻はジェーンという名の自分の使用人がミディアムとしての能力を持っていることを発見し、交霊会を何度も重ねた末、スピリチュアリズム支持者となった。[108] そして一八六三年、一〇年間にわたるさまざまな交霊会で得た霊からのメッセージやスウェーデンボルグ主義からの強い影響を混ぜ合わせて書かれた、『物質から霊へ』を出版した。一方、ド・モルガン自身は妻とは異なり、スピリチュアリズムに飛び込むことはせず、その前でひとたび立ち止まった。彼のその立場は、『物質から霊へ』の序文として書かれた四〇頁にわたる論において明瞭である。すなわち、交霊会で起こる諸現象に、いまのところ合理的な説明を与えることはできないが、詐欺やトリックなどではなく、たしかに事実として起こっている。科学者たちがその事実を認めないことはまちがっている。そしてクルックスによる引用ではちょうど中略とされた箇所で、ド・モルガンは次のように述べている。

宇宙には、いまだ人間に知られていない少しの媒体――仮に五〇万ぐらい――が含有されている可能性が高いことを考えるなら、これらの媒体のほんの一部――仮に五〇〇〇ぐらい――はその現象の産出に適したいくつかのものがあるかもしれない。あるいはそれらのあいだには、その役割に適したものがあるかもしれない。[109]

要するに、当時の物理学において発見されていないなんらかの媒体が、交霊会でのいまだ説明できない諸現象を引き起こしている可能性もあるのではないか。だとしたら、それを調査もせずに、それが不可能だと主張する科学者の態度はまちがっている。それがド・モルガンの意見であり、クルックスが概ね同意した立場だった。クルックスはド・モルガンの引用のあとで、次のように述べる。

物体の動き、電気の放電に似た音の産出のような特定の物理的現象が、現時点で知られているどんな物理的法則によっても説明できない状況下で起こっていることは、わたしが化学のなかで最も基本的な事実について確信しているのとまったく同様に事実である。〔中略〕しかし、わたしはいまのところ、その現象の原理として最も漠然とした仮説ですら、あえて立てる気にはならない。これまでのところ、「霊」仮説の真実をわたしに確信させるものは何も見ていない。[110]

たしかに、現象の原因を霊に求めるのは性急にすぎる。クルックスはそう主張する一方で、多くの人々によって報告されている交霊会での諸現象は、そもそも科学的観点から起こり得るはずがないという科学者たちによる決めつけに対しても苛立ちを感じていた。もしそれが起こっているのだとしたら、そこには必ず捏造がある。なぜなら、自然現象として何が起こり得ることで、何が起こり得ないことであるかを自分たちは知っている。クルックスはそのような科学者の態度の例として、マイケル・ファラデーの次のような発言を引用している。「物理的法則を含む問題の考察をはじめる前に、わたしたちは何が必然的に可能なことであり、不可能なことであるかの明瞭な観念とともに出発するべきである[111]」

これは循環論なのではないか。そう考えたクルックスは、ファラデーの発言を否定して次のように主張する。そもそも「純粋な数学以外においては、すべてを知り得るまで、何が不可能かを述べることはできない」。また実際に、「それが可能かを知り得るまで、なんら調査がおこなわれたわけではない」。こうしてクルックスは、交霊会で起こっている諸現象への調査を拒む科学者の態度を批判したうえで、自分が取った立場を次のように主張している。「何が可能であり、何が不可能かに関して、なんであれ、目下のところなんら先入観なく、その調査に着手することのほうをわたしは選ぶ[112]」

じつのところ、ファラデーの発言に対するこのような異議は、クルックスだけのものではなかった。ド・モルガンも一八五五年三月の『アセニーアム』誌で、次のように述べている。何が可能であり、可能ではないかについての「明瞭な観念は、最初からわたしたちの知性が所有しているものではなく、観察と結びついた研究と省察の最後に獲得されるものであるという認識を進めるために、わたしたちは苦闘してきた」のではなかったのか。「成熟した知性にとって可能と不可能の境界の知識は、わたしたちが近づいていくにつれてつねに後退していく蜃気楼にすぎない」と考えられていたのではなかったのか。可能と不可能の線引きはけっして不変なものではない。そのことを示すために、ド・モルガンは「ガリレオの最初の反対者たち」が論争の出発点に「根本前提」として「プラトン的な観念」を置き、「地球の運動を不可能だとする観念」を疑うことなく保持していたこと、すなわち不可能だと決めつけられていたことがあとになって可能であると判明し、そもそもの「根本前提」が誤りであった事例を喚起させた。[113] また、アルフレッド・ラッセル・ウォレスも同様に、ファラデーの発言への不満を口にしている。「この件に関して、彼〔ファラデー〕の観念がどれだけ『明瞭』であろうとも、それらが一様に正しいものであるという保証にはならない」。なぜなら、「大きな塔の頂上から重いものと軽いものが地面に同時に落下し得ることを、ピサの哲学者たちの頭脳はまさに『明瞭に不可能』」だと考えていた、とガリレオ・ガリレイによる実験の逸話を例に出している。[114]

ここでの対立は、交霊会における説明のできない現象に直面した当時の科学者たちの二通りの典型的な態度が見えてくる。すなわちファラデーの発言は、既知の物理法則に当てはまらない現象はそもそも不可能だという態度を代表している。一方、クルックス、ド・モルガン、ウォレスのほうは、現時点での科学的知識の堅固な前提に対して大胆にも疑問を投じる態度を代表している。いまだ科学によって知られていない領域がある。それを探究することは科学者の義務であり、その探究を通じて、科学はさらに新たな発見へと導かれていくのではないか。後者の科学者たちの主張の背後にあるのは、そのような未知への開かれた態度だった。

もちろん、こういった後者のような主張が、単に無知な大衆からの厚かましい意見であれば無視してやり過ごせただろう。しかしそれが尊敬すべき科学者仲間のクルックスの強い主張だったというところが、何よりも厄介な点だった。とはいえ、この時点でのクルックスの言い分に関してならば、「霊に帰されている現象を実験してみる」と宣言しているだけなので、さしあたって事態を静観しておけばすむだけの話だった。だが、ちょうどこの一年後に発表されたクルックスによるダニエル・ダングラス・ヒュームとの一連の実験の報告には、既存の物理学の基盤をくつがえしかねないほどの信じがたい結果が含まれていたのだ。

サイキック・フォースの発見

それは一八七一年七月一日の『クォータリー・ジャーナル・オブ・サイエンス』誌に、「新たな力の実験的調査」と題して発表された。ここでクルックスによる実験とその驚くべき結果を見ていくこととしよう。[115]

まずはヒュームの交霊会における定番パフォーマンスのひとつとなっていたアコーディオンの演奏を、クルックスは図5・10のような装置を用いて実験した。彼の説明によると、木材で上下が開いた状態のドラム型の枠《フレーム》を作り、絶縁された銅線を巻きつけて網目にし、そのなかにアコーディオンを設置した。網目の大きさは横幅二インチ弱、縦幅一インチ弱。別の部屋にはふたつのグローヴ電池（十九世紀に発明された初期の電池）があり、必要なときにはそのフレームを取り巻く銅線とつなげられるようにしてある。また、アコーディオンはクルックスが自分自身で新たに購入し、実験開始前の段階で、ヒュームには見ることも触れることも許されていない。したがって、ヒュームがそこになんらかの細工を仕込んでおく可能性は絶たれていた。

実験の監視役として、のちに英国王立協会の会長となる天文学者ウィリアム・ハギンズと、イングランド南西部トーントンの下院議員かつ上級法廷弁護士で『ロー・タイムズ』誌の編集者エドワード・コックスのふたりが立ち会った。[116]

また、実験がおこなわれた部屋は、ガス灯で明るく照らされていた。ヒュームはテーブルの片側の椅子に座った。ヒュームのすぐ左隣にはクルックスが、またすぐ右隣にはハギンズとコックスが座った。図5・11のように、ヒュームはテーブルの下に置かれたフレームのなかに片手を

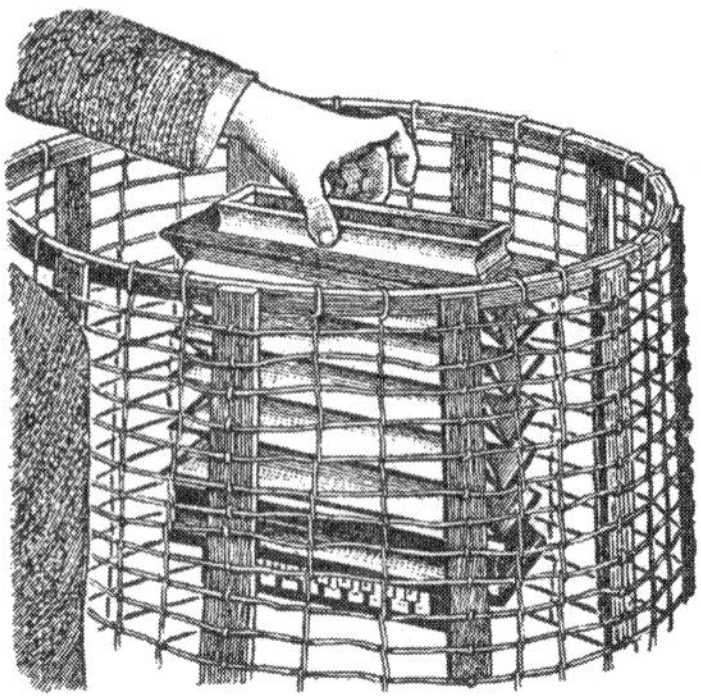

図5.10　ウィリアム・クルックスによる実験装置（1）

図5.11　ウィリアム・クルックスによる実験装置（2）

入れ、親指と中指でアコーディオンの鍵盤とは逆側のほうを摑んだ。その結果を、クルックスは次のように書いている。

すぐさまアコーディオンがいくぶん奇妙な動きをはじめた。次にそこから音が聞こえてきた。そして最後にいくつかの音が連続して演奏された。そのあいだ、わたしの助手がテーブルの下に行き、アコーディオンが膨らんだり縮んだりしていると報告した。同時に、アコーディオンを摑んでいることによってヒューム氏の手はまったく動いておらず、彼のもう一方の手はテーブルの上に置かれているのが見られた。[117]

この状態でアコーディオンが鳴り出すだけでも驚くべきことだが、次に起こった現象はさらに不可解だった。アコーディオンをフレームから取り出し、ヒュームの隣の人の手の上に置いた。このとき、ヒュームの両手はまったくアコーディオンに触れていなかったにもかかわらず、その楽器は音を発し続けた。

次にクルックスは、電気の流れがその現象にどのような作用があるかを試すために、フレームのまわりの銅線とふたつのグローヴ電池をつなぐよう指示した。そしてヒュームはふたたびアコーディオンをフレームのなかに入れ、以前と同様のやりかたで持った。ふたたび音が鳴り出し、アコーディオンは動いた。この実験からはあり得られるものはなく、クルックスは「フレームのまわりを通過する電気の流れが、内部の力の顕現を援助するものかどうかは何とも言えない」と述べている。

しかし、その次にはさらに驚くべきことが起こった。ヒュームの両手がフレームのなかのアコーディオンから離され、テーブルの上に置かれているにもかかわらず、「フレームのなかのアコーディオンは目に見える支えなしに、明らかに浮いているのが見えた」。これは短い合間を置いて二度くり返された。次にヒュームがふたたびフレームのなかに手を入れて以前と同様にアコーディオンを持つと、「よく知られている甘く哀しいメロディ」が流れ出し、「美しく完璧に演奏された」。この間《かん》、クルックスはヒュームの肘から下の腕を摑み、もう一方の手でアコーディオンの上に触れていた。クルックスによれば、ヒュームが筋肉を動かすことはなかった。しかも「彼の片方の手はテーブルの上にあり、全員に見られていた。そして彼の足は、彼の隣に座った人の足の下に置かれていた[118]」。

このアコーディオンの実験以外にも、前述のロバート・ヘアの装置と類似した実験をクルックスは試みている。長さ約九〇センチメートル、幅二四センチ、厚さ二・五センチのマホガニー板の、一方の端をしっかりとしたテーブルの上に載せ、もう片方の端は頑丈な三脚から吊るされたバネ秤によって支えた。その秤は自動記録をする計器が取りつけられ、ポインターによって示された最大値の重さが記録される仕組みだった（図5・12）。この装置を用いた実験は、次のようにおこなわれた。小さなハンドベルと小さな紙製のマッチ箱を板の上に置き、その上にヒュームの手が置かれた。このとき「ヒュームが言うには、下方への圧力は加えていない」とクルックスは述べている。それにもかかわらず、バネ秤のゆっくりとした動きが記録されていった。コックスが計器を見ると約二・九キログラム。ちなみにマホガニー板を水平にし、装置の脚を平面に置いた状態、すなわち装置の初期値では秤のポインターで示されていたのは約一・三キロ。したがって、それは下方へ約一・六キロの力がかかっていることを意味していた。そのあとすぐに自動記録された結果を見ると、そのポインターは最大約四キロまでの力が加わったことを示していた。すなわち、初期値の約一・三キロを引いた約二・七キロの力がそこに加わっていたことになる。

ヒュームがこっそり力を加えていたのではないのか？　少しでも懐疑的な人であれば誰しもそう思うはずだが、クルックスは次のように述べている。

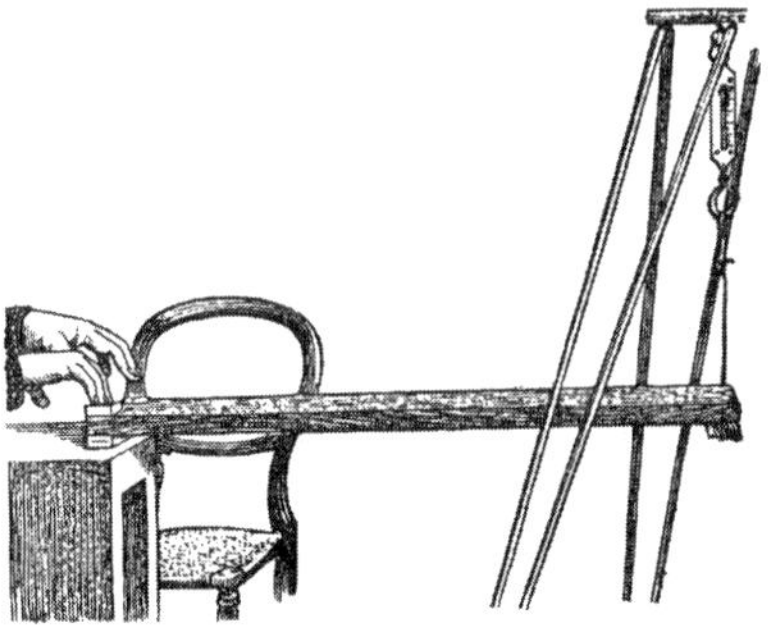

図5.12　ウィリアム・クルックスによる実験装置（3）

ヒューム氏の指があった場所でバネ秤に大きな圧力を与えることが可能かを調べるために、わたしはテーブルを踏みつけ、板の端に片足を乗せた。その秤を観察していたA・B博士〔エドワード・コックスのこと〕が言うには、上下にわたしが動いたとき、わたしの体全体の重さ（六四キログラム）は、指標をほんの〇・七〜〇・九キログラム動かしただけだった。ヒューム氏は低い安楽椅子に座っていたため、全力を込めることも、これらの結果へのいかなる物理的影響も行使できなかった。彼の両手と同様に両足も、部屋にいた全員から近くで監視されていたことは言い添えるまでもない。[119]

こうした実験結果から「信頼できる確かな結果に到達した」と考えたクルックスは、次のように結論づけた。「これらの実験は、未知のなんらかの方法で人体と関係する新たな力の存在を、最終的に確証しているように思われる」。そしてクルックスは便宜上、その新たな力のことを「サイキック・フォース（Psychic Force）」と呼んだ。[120]

このクルックスによる実験結果の発表は、これまで詐欺や錯覚に帰されていた交霊会での諸現象が、確かな地位のある科学者の実験下において本物だという保証が与えられた点で、スピリチュアリストにとってきわめて喜ばしい知らせであったことは言うまでもない。しかし同時にそれはスピリチュアリストにとって、もどかしさを残す発表でもあった。というのも、クルックスのここでの結論には、霊の存在を仄めかすことがいっさい述べられていなかったからだ。

ちなみに、このクルックスが用いた「サイキック・フォース」という語は、実験の監視役のひとりだったエドワード・コックスによって提案されたようだ。コックスは一八七一年六月八日のクルックス宛ての手紙で、次のように書いている。

わたしはいくつかのふさわしい名称の採用を推奨いたします。その力を「サイキック・フォース」、その特異なる力を顕現させる人たちのことを「サイキックス（Psychics）」、そして心理学の一部門であるものとして、それに関連する科学を「サイキズム（Psychism）」と名付けることを提案いたします。

また、コックスは同手紙で「あなたの実験はロンドン弁証法協会の委員会の調査において、四〇回以上の試験とテストで到達した結論をはっきりと裏付けています」と書いている。ただし、彼が提案した「サイキック・フォース」という概念は、あくまで「神経系から発する力」を示唆しているだけで、そこに霊の介入する余地はまったくなかった。コックスいわく、「わたしはこの力が、人体から、あるいはそこに直接的に由来して発生する力以外の、何か別のものであることを証明せんと思わせるほどの証拠」を、まったく見つけることはできない。それゆえ、「すべての自然の力と同様」に「厳密な科学的研究の領域内にある」と、コックスはクルックスへの同手紙で書いている。[121]

一方、もうひとりの監視役だったウィリアム・ハギンズは、一八七一年六月九日のクルックスへの手紙で、より慎重な態度を示している。そこで起こったことは認めるものの、自分の位置からは、ヒュームがアコーディオンから手を離したかどうかは見えなかった。そうハギンズは断ったうえで、さらにサイキック・フォースの存在の仮定を、自分としては主張するつもりはないとし、こう述べている。「その実験は、さらなる調査の重要性を示していると思われます。しかし、起こった現象の原因として、わたしがどんな意見も表明するつもりはないことをご理解いただきたいと望んでおります」[122]

クルックスが『クォータリー・ジャーナル・オブ・サイエンス』誌に掲載したこの論文は、すでに一八七一年六月十五日の時点で王立協会にも送られていた。また、同時にクルックスは、英国王立協会のふたりの会員、ユニヴァーシティ・カレッジ・ロンドンの解剖学および生理学教授ウィリアム・シャーピー、ケンブリッジ大学のルーカス教授職のジョージ・ガブリエル・ストークスを（「ルーカス教授職」とはケンブリッジ大学の数学関連の分野で与えられるきわめて名誉ある地位で、アイザック・ニュートンやスティーヴン・ホーキングも務めた）、ヒュームと会わせるためにモーニントン・ロードの自宅に招待した。だが、ハクスリーがウォレスの誘いを断ったのと同様に、シャーピーからは辞退の手紙が返ってきた。一方、ストークスからの手紙には、「わたしがロンドンへ行く際に時間があれば、あなたの家を訪ねてみましょう」と書かれていた。しかしその目的は、ヒュームに会うことでも交霊会に参加することでもなかった。同手紙でストークスは次のように書いている。「わたしは誰であれ会う気はありません。わたしの目的は、その結果を目撃することではなく、その装置を調べることにあります[123]」

結局、ストークスは実際にクルックスの自宅に足を運ばなかったにもかかわらず、同年六月三十日の手紙で、次のように実験装置の欠陥への疑いを書き送っている。図5・13においてe—f間のラインよりも手前のどこかに指の圧力が作用したと考えられるが、「実験中にテーブルに伝わったごくわずかな、感知できないその傾き」によって、dからcへと視点が移動した可能性があり、それによって手の重さが結果に影響を及ぼしたのではないか。また、別の実験装置についても次のように述べている。「容器のなかに手を入れたとき、水の重さを変動させるまで容器の底の圧力は増加し、それは当然のことながら秤を押し下げるだろう[124]」

こうした指摘に対して、クルックスは七月一日の手紙で、ストークスへの丁寧な回答を返している。まず、最初の装置の問題点についてのストークスの説明を考慮したうえで、装置の寸法とストークスが推定した「支点」をもとに計算している。それによると、実験で記録された二・七キログラムという結果を出すためには、三四キロもの重量が必要となる。さらにクルックスは、そのときの状況について次のように説明している。

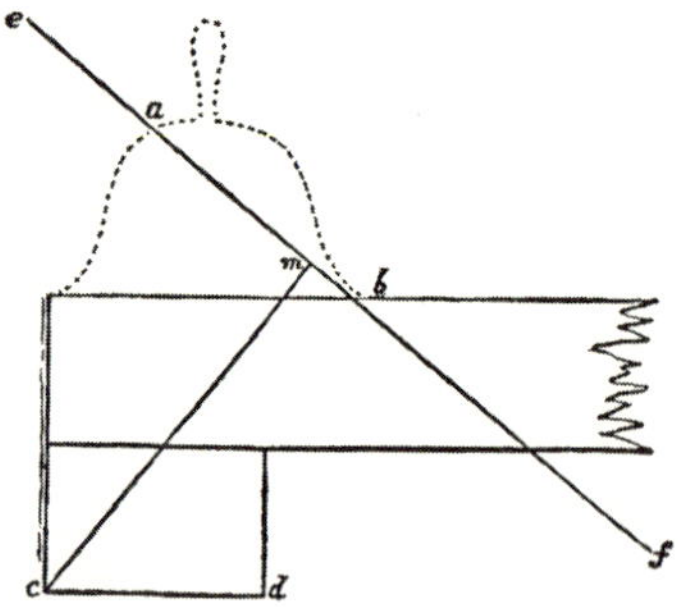

図5.13　ジョージ・ガブリエル・ストークスによるウィリアム・クルックスの実験への批判を示した図

彼〔ヒューム〕が低い安楽椅子に座っていたこと、その装置の上に彼の指先が軽く乗せられている以外にまったく力を加えていないようすを、四組〔クルックス、彼の助手、ハギンズ、コックス〕の疑り深い目でしっかり見ていたことを考慮すれば、この圧力の行使は不可能だったという十分な証拠となります。数キログラムの垂直の圧力が、彼のおよぼすことのできたすべてでしょう。

さらにもうひとつの装置への疑いに対して、クルックスは実験前に自分の手をなかに浸してみたが、水位の変化は秤の指標にまったく影響を与えなかったし、そもそも実験中、ヒュームは指先までしか入れていなかったと説明している[125]。

実験装置そのものに対するストークスによる批判とは別に、前述したオーウェンズ大学の物理学教授バルフォア・スチュワートからは、同年七月二十七日の『ネイチャー』誌で、証言自体に関する問題が次のように提出された。証言者がわたしたちを欺いていないと仮定し、また、証言者が自分自身を偽っていないと仮定しても、その証言が客観的な事実だという保証はない。なぜなら、その証言者の体験は、メスメリストによって引き起こされた単なる主観的な体験の可能性もある。すなわちスチュワートは、クルックスたちがヒュームによってメスメライズされていた可能性を疑ったのである。そのうえでスチュワートは、「その装置の技師が精神的な影響のもとに置かれているとの疑いがかけられるようであれば、その完璧な装置にどれだけの価値があるというのか？[126]」と述べている。

これと同じ路線の批判は、クルックスの実験に直接向けられたものではないものの、王立協会会員の人類学者エドワード・バーネット・タイラーからも発せられた。一八七二年二月二十九日の『ネイチャー』誌に掲載された「民族学とスピリチュアリズム」と題する寄稿で、「D・D・ヒューム氏は狼人間なのではないか？」とタイラーは問いかけた。これはもともと一八七一年に刊行されたタイラーの著書『原始文化』に対して、アルフレッド・ラッセル・ウォレスが一八七二年の『アカデミー』誌に書いた批判的書評への応答だった。ここで、交霊会における体験の主観性と客観性をめぐる、タイラーとウォレスのあいだの論争を見ておこう。

狼人間メスメリズム説

そもそもタイラーにとって、「モダン・スピリチュアリズム」は「未開人の哲学と農民の民間伝承のための宗教からの直接的な生き残り」であり、「高度な文化では衰退するが未熟な文化では重要であり、繁栄する哲学的＝宗教的教義」でしかなかった。そして昨今のスピリチュアリズムの流行を危惧したタイラーは『原始文化』において、次のように述べている。「世界はふたたび、知性と力を持ち肉体を持たない生き物で埋め尽くされようとしている[127]」

こうしたタイラーの見解に対して、スピリチュアリズム支持者のウォレスは、当然ながら強い反発を示した。『原始文化』への批判的書評を『アカデミー』誌に寄稿したウォレスは、人間が狼人間に変身するのを目撃したという未開社会の人々の報告を、単なる迷信や狂気の産物として片づけてしまおうとしていると、タイラーを非難した。ウォレスからすると、狼人間を目撃したという未開社会の人々の証言は、彼らの愚かさを示しているわけではなかった。むしろ彼らが述べていることは、じつのところ、メスメリズム的な体験として説明できるのではないか。すなわち、その変身の目撃者たちは、「狼人間」（に変身したと考えられている人）によってメスメリズム的な状態に誘導させられることでそう思わされたのではないか、というのがウォレスの考えだった。

だが逆にタイラーは、スピリチュアリズムの諸現象を事実だと主張するウォレスを批判するために、彼の「狼人間メスメリズム説」を逆手に取った。タイラーいわく、ならばヒュームのようなミディアムは「自分が見せたいと望んでいることを見たと信じ込ませるために、感受性の強い目撃者の精神に作用する力」を発揮したのではないか、と[128]。

それに対してウォレスは、同年三月七日の『ネイチャー』誌で、交霊会の参加者による報告と、メスメリズムの影響下にある人の主観的印象とのあいだには、「他方から一方を明確に区別するふたつの大きな特徴」があるとして、タイラーに反論している。ウォレスによると、そのひとつとして、メスメライズされた被験者は「けっして彼が見たこと、聞いたことに関してその現実性に疑い」を持たず、いわばつじつまの合わないことに対しても「不条理の観念」を持つことのない「夢を見ている人」のような状態である。また、彼らは「ほんのわずか前に自分がどこにいて何をしていたのかについての記憶を失っている」。だが、交霊会の参加者は、まったくそんな状態ではない。疑いも持つし、記憶を失うこともない。「彼らは批判し、分析し、ノートをつける」。さらに双方の異なるもうひとつの特徴として、ウォレスは次のように言う。メスメリズムは「『特定の感受性の強い個人』に作用する力を持っている」が、そのような感受性の強い人は比率的に多いわけではない。言い換えるなら、すべての人がすぐにメスメリズムの影響下に置かれるわけではない。また、メスメリズムの実験には「操作者に対して服従した状態で、事前操作がほとんどつねに必要」であり、「事前操作なしで反応を起こすケースはほとんどなく、おそらく一パーセント以下である」。一方で、事前の操作なしに「ミディアム的現象」を実際に目撃している人は、そのような少数には収まりきらないほどいる。こうしてウォレスは「ふたつの現象は根本的に異なる種類」のものだとし、次のように述べる。

それらのあいだの本当の関係は、まさしく反対の方向にある。「感受性が強い」のはミディアムである。参加者ではない。[129]

たしかにウォレスの言うとおりであろう。そもそも、交霊会で霊の顕現を目撃した人全員がメスメリズムの影響下にあって、客観的な現実ではない主観的世界を体験していたとはみなしがたい。また、クルックスが『クォータリー・ジャーナル・オブ・サイエンス』誌に投稿した論文を読むかぎり、実験中、彼をはじめ、そこに参加していたウィリアム・ハギンズとエドワード・コックスが、いずれもヒュームにメスメライズされ、主観的な印象を客観的な事実として認識したとはどうしても考えづらい。

不朽の誠実さ

一方でクルックスは、サイキック・フォースという未知の力の存在を検証した自分の実験結果を無視しようとする科学者たちの頑なな態度に不満を募らせ、同年十月一日の『クォータリー・ジャーナル・オブ・サイエンス』誌にさらなる実験結果を発表した。[130] そして「サイキック・フォースについての追加実験」と題したその論文の冒頭を、電気に関する発見のパイオニアとして名高い十八世紀の医師ルイージ・ガルヴァーニの次のような言葉で飾り、まさに目下の自分の境遇に重ね合わせた。

わたしは、ふたつの正反対の集団から攻撃されている――科学者たち、そして無知な人々から。両方ともわたしを笑う――「カエルのダンス教師」と呼ぶことで。しかしわたしは、自然のなかにある最も偉大な諸力のひとつを発見したことを知っている。[131]

クルックスによる今回の寄稿の目的は、「以前の結論を支持する実験的証拠の新たなもの」を提示することにあったのだが、その前半の大部分では、自分の実験結果を認めようとしない人々への批判が展開された。クルックスは次のように述べる。「わたしが十二か月前に、この論文でスピリチュアリズムと呼ばれる現象の調査に乗り出すことを述べたとき、広く賛同を呼び起こしたのではなかったか」。ある人はその声明を、「敬意を払うに値する」と述べ、ある人は「きわめて適任の男によって、その主題が調査されること」に深い満足を得たと述べていたのではなかったか。また、ある人は「いまや科学の世界で認められたポジションにある、冷静で頭脳明晰な男たちの注目を集めているその件が突き止められること」に期待をし、ある人は「厳格な哲学的公平さで調査にあたるクルックス氏の能力を疑う者はいない」と述べ、さらにある人は「もしクルックス氏のような男たちがその主題に取り組むのであれば、それが証明されるまで思い込みは避けるべきで、まもなくわたしたちは何を信じるべきかを必ずや知ることになるだろう」と言っていたのではなかったのか。

だが、実験結果が出たいま、そう述べていたはずの人たちの態度ですらまったく変わってしまった。なぜなら、スピリチュアリズムと呼ばれている諸現象に対して、否定的な見解が出てくるであろうとの期待を裏切る実験結果が提出されたからだ。すなわち「彼らが本当に望んでいたことは真実ではなく、自身の先立つ結論を支持する追加の証言だったのだ」。したがって「確証された調査が彼らの意見と一致しないという諸事実に気づいた」途端、彼らは態度を変えたのだ。[132]

次にクルックスは、批判の矛先を同僚の科学者たちに向ける。「わたしが述べていることが予想された自然の法則に従って説明できないとき、じつに反対者はその未解決の問いにはまったく答えず、科学を行き止まりに導いてしまう推論の方法を用いる」。すなわち、「それが自然の法則に従っていると判明するまで、事実だと主張してはならない」と述べながら、一方で「わたしたちの自然の法則の唯一の知識は、多数の事実の観察にもとづかなければならない」と主張する。明らかにそれは「悪循環」ではないか。そう述べたうえでクルックスは、次のように言う。「もし新しい事実が自然の法則と呼ばれる事象に対立するように思われるなら、それは主張された事実が誤りだと証明されるのではなく、単にわたしたちが自然の法則のすべてを解明していない、あるいはそれらを正しく理解していない」と考えるべきではないか。[133]

さらにクルックスは、自分がいかに揺るぎない科学的態度で問題に向き合っているかを主張するために、王立協会会員で熱力学第二法則を定式化したことでも高名な、物理学者のウィリアム・トムソン（のちのケルヴィン卿）がエディンバラで開催された英国科学振興協会（BAAS）の会合で述べた言葉、「科学は、適正に提出されているすべての問題に対して、恐れることなく向き合うという不朽の誠実さの行動基準によって制約されるべきだ」を引き合いに出す。そして自分がおこなった実験結果の記録は、科学が恐れることなく向き合わなければならない問題を提出している、という事実をクルックスは強調した。だとすれば、トムソンが言う「不朽の誠実さの行動基準」に従うのであれば、今回の実験結果を「単に否定することや、一笑に付してしまうこと」はできないはずだ。[134]こう述べてきたうえでクルックスは、科学者たちに次のような一撃を投じた。

わたしは批判者たちに言いたい。実験してみよ。わたしがやったのと同様の注意と忍耐でもって調査をしてみよ。仮に検査することで、あなたがたが不正や欺きを発見したなら、それを公表し、いかにそれがおこなわれたかを述べてほしい。だが、もしそれが事実だとわかったなら、あなたがたが制約されるべき「不朽の誠実さの法則」に則り、それを恐れることなく明言してほしい。[135]

転向者たち

「実験してみよ」——この挑発的なクルックスの言葉は、スピリチュアリズムに侮蔑の言葉を浴びせ、それとの関わりを拒否してきた科学者たちからの強い反発を招いた。同年十月の『ロンドン・クォータリー・レヴュー』誌に、「スピリチュアリズムとその最近の転向者たち」と題する寄稿が掲載された。それはクルックスの実験者としての「資格」を否定し、その実験の価値や有効性を貶めることをあからさまに意図して書かれていた。

その匿名で提出されたクルックスへの批判を書いたのは、じつのところ生理学者ウィリアム・カーペンターだった。マイケル・ファラデーの実験のところで先述したように、カーペンターはすでに一八五〇年代初頭に、テーブル・ターニングの原因を「観念運動作用」によって説明し、あらゆる超自然的な仮説を完全に退けていた。したがってカーペンターにしてみれば、スピリチュアリズムに関する諸々のことは、もうとっくに自分を含む「傑出した科学者たち」によって打ち捨てられた戯言《たわごと》でしかなかった。したがって、それを研究するに値するなどといういまさらの主張は、まったくもって「その主題に関する研究の歴史の無知」としか思えなかった。[136]

カーペンターによる批判は、クルックスおよびその実験に立ち会ったウィリアム・ハギンズとエドワード・コックスの実験者としての無能さをまくしたてることにおよんだ。カーペンターが言うには、クルックスが王立協会の会員に認められたのはタリウムの発見によるものだが、「この優遇はかなりの躊躇でもって贈られた」。そもそも、彼は「化学の哲学の知識が完全に欠如」していて「テクニカルな知識以上のものが求められる調査においては、まったく信頼を置けない」。また、ハギンズは「彼が専心している一分野の小さな部分以外のすべての科学分野」に無知であり、「一般的な科学的文化の広範な基礎」が欠如している「科学の未熟者」でしかなく、エドワード・コックスに関しては「最も騙されやすい人のうちのひとり」だと切って捨てている。[137]

　こうしてカーペンターは実験者たちの能力をこきおろしたうえで、さらにその実験自体に関しても無価値なものだと断じている。たとえば、最初の段階で板の上に置かれた「ヒュームの指の実際の下向きの圧力」が計測されていないため、その実験はまずもって無効である。また、「参加者の注意がポインターに釘付けになっていたあいだ」に、おそらくヒュームは板に力を加えていたはずだ。水を入れたボウルを用いた実験結果は、「実際のところ、クルックス氏の家の下を地下鉄が通過する際に起こった振動で作り出された」にすぎない。カーペンターによれば、それは「自分自身のでっちあげ」ではなく、「クルックス氏のある交霊会に参加した聡明な目撃者によって、わたしたちに伝えられた事実」だ。アコーディオンの演奏に関しては「田舎の縁日でしばしば見せられる曲芸のトリック」でしかない。[138]

　こうしたカーペンターからの批判に対して、クルックスは断固として応戦した。同年十二月の『クォータリー・ジャーナル・オブ・サイエンス』に掲載された「サイキック・フォースとモダン・スピリチュアリズム」と題する長文の寄稿で、クルックスはそれらの批判の一つひとつについて粘り強く反論を述べるとともに、いかにカーペンターの主張が不適切で大きな誤りを犯しているかを指摘した。[139]こうしたクルックスとカーペンターの対立のなかで、ふたりの関係を生き生きと伝えるものとして、同寄稿に収録されたエディンバラの英国科学振興協会の会合で実際に交わされた会話がある。それを読むと、十九歳年長のカーペンターが、いかに若いクルックスの無知と実験の不当さを一方的に決めつけていたかがわかる。たと

図5.14　ウィリアム・カーペンター

えば、カーペンターはクルックスに対して次のような言葉を発している。

君が見たすべてのことを、わたしが「無意識の思考」と「無意識の筋肉作用」によって説明していることを君は理解すべきだ。そこで、もしこれらのふたつのフレーズの正確な意味を君の頭のなかではっきり理解できたなら、すべてを説明するのにそれらで十分だということを、君も理解できるだろうに。〔中略〕ファラデーのみごとな測定器を君が知らなかったことは残念だ。だが、もちろんわたしの著作をまったく知らなかったのであれば、無意識の筋肉作用がこれらのすべての動きを説明するのに十分であることを、いかに示していたかなど知る由もなかっただろうがね。

クルックスにとって、カーペンターとの会話はうんざりさせられるものだった。クルックスいわく、「無意識の尊大さ」によって、口をはさむ余地なく一方的に語り続けるカーペンターに、聞く耳はまったくなかった[140]。実際、クルックスはカーペンターの理論もファラデーの実験も熟知していた。そもそもクルックスは一八五三年にファラデーと直接会い、彼のその装置を直《じか》に試してもいる[141]。そのことを告げるためにクルックスが口をはさもうとしても、カーペンター側の一方的な発言を中断させられなかったようだ。

たしかに、誰が見てもカーペンターの批判の多くは行きすぎだった。なんといっても、カーペンターが『ロンドン・クォータリー・レヴュー』誌の寄稿につけた題名「スピリチュアリズムとその最近の転向者たち」自体が彼の最大の失言だった。これについて、クルックスは次のように述べている。

その批評家〔カーペンター〕は、わたしをスピリチュアリズムへの最近の転向者に指名する理由を何か持っているのだろうか？　そのような根拠のない仮説を正当化するものを、わたしはかつて書いたことがない[142]。

このクルックスの言い分はもっともだった。これまでのクルックスの論文のなかには、霊の存在を認める発言などいっさい含まれていない。クルックスは、単にその現象を引き起こしている原因に対して、サイキック・フォースと呼ぶ未知の作用媒体の仮説を提出したにすぎず、むしろその仮説は、さしあたって霊の存在の仮定を不要にした。過去に自分が実際に発表したサイキック・フォースの仮説に関するいくつかの箇所を引用したあとで、クルックスはこう読者に問いかける。「これらの引用がスピリチュアリズムのように見えるだろうか?」[143]

同様の誤った批判は、カーペンターからだけではなかった。法律家でオックスフォード大学マートン・カレッジの特別研究員ジョン・パーソンズ・イアウェイカーも、一八七一年の『ポピュラー・サイエンス・レヴュー』誌で、クルックスの実験を「疑似科学的実験」だとこき下ろすだけでなく、クルックスとハギンズの肩書である王立協会会員(Fellows of the Royal Society)、すなわちF.R.S.の地位に対して次のような当てこすりを述べた。彼らのせいで「敬うべき『F.R.S.』の文字が、いまや『暴れまわるスピリチュアリズム信奉者(Followers of Rampagious Spiritualism)』と貶められるのを黙って見ていなければならないのか?」[144]

クルックスの実験に参加し、サイキック・フォースという言葉を考案したエドワード・コックスも、カーペンターからの批判に応戦した。一八七二年に出版した『科学によって答えられたスピリチュアリズム』のなかで、コックスは、「スピリチュアリズムとその最近の転向者たち」というカーペンターの言葉に対して異議を唱えた。

その事実はまさに正反対のものだ。それらの実験は、最終的に霊的なものだと多くの人によって考えられている力が、実際には人間の器官から発生するひとつの力であることを証明したのだ。

さらに「霊的という言いかたによってもったいづけられている力は、実際には人間の思考力によって導かれ、人体構造から発生するサイキック・フォースなのだ」と述べることで、コックスはきっぱりと霊仮説を退け、目下の問題の焦点を「サイキック・フォース」のさらなる研究だと主張した。それが発生するのが「人体構造のどの部分から」なのか、「神経、神経節、もしくは脳なのか」、それを解明するためには「厳密で辛抱強い広範囲な研究のための問題を残している」。コックスはそう述べることで、スピリチュアリズムとはまったく無縁となる方向で、この問題に対する今後の研究課題を定式化した[145]。

その後もクルックスは、スピリチュアリズムに関連する現象の調査を継続した。そして一八七四年一月の『クォータリー・ジャーナル・オブ・サイエンス』誌に、「霊的と呼ばれる現象の調査ノート」と題した論文を発表した。これは一八七〇年から一八七三年までのあいだ、クルックスが熱意を傾け続けた研究の総括となった[146]。

クルックスによる実験の結論

興味深いことにも、この時期のクルックスの実験には、かつてアメリカにおけるスピリチュアリズム・ムーヴメントの発端を作ったフォックス家の末娘ケイトも参加していた。

最初のラップ音がはじまった一八四八年から二〇年以上経ち、かつて幼い少女だったケイトも三十四歳になろうとしていた。一八七一年十月から当地を訪れていたケイトは、法廷弁護士ヘンリー・D・ジェンケン（ロンドン弁証法協会の委員会による調査にも参加している）と出会い、翌年十二月十四日、ロンドンの教会で結婚式を挙げることになっていた。クルックスによるケイトの実験は、そのロマンスから結婚に至る時期と重なる一八七二年から開始されている。では、ケイトはクルックスの調査の前で、なんらかの能力を発揮できたのだろうか[147]。

結論から言えば、ケイトのミディアムシップはかなりみごとなものだった。クルックスの立ち会いのもと、元祖ラッピング・ミディアムとしての威光を高めるにふさわしく、強力な打撃音を生じさせた。これについてクルックスはこう述べている。ラップ音の「力と確かさにおいて、わたしはケイト・フォックス嬢に匹敵する人物にこれまで出会ったことがない」。また、クルックスによると、通常はミディアムがなんらかの音を引き起こす前には「形式的な交霊会」のための準備を必要としたのだが、ケイトの場合はちがった。「彼女にとって必要なのは、なんらかの物体の上に手を置くことだけ」だった。その後、「生木のなか」「ガラスの薄板の上」「延ばされた鉄のワイヤーの上」「延ばされた薄皮の上」「タンバリン」「馬車の屋根」「劇場の床」といったさまざまな場所から音が聞こえてきた。しかもケイトが「手と足を押さえられていたとき」も、「椅子に座っていたとき」も、「天井から吊るされていたとき」も、「ステンレスのフレームのなかに囲われていたとき」も、「ソファの上で失神していたとき」も、「床や壁など」から音が発生した。[148]

こうしてケイトも含めヒュームらミディアムとの多数の実験で確認した現象を、クルックスは最終的に次のように分類している。

一、接触はあるが機械的作用なく起こる重たい物体の動き
二、衝撃音やその他の類似した音の現象
三、物体の重さの変化
四、ミディアムから離れているときの重たい物体の動き
五、いかなる人との接触もなく、テーブルおよび椅子が床から上昇する現象
六、人間の空中浮遊
七、いかなる人との接触もなく、さまざまな小さな物品が動く現象
八、光るものの出現
九、それ自体で光るか、もしくは通常の光によって目に見える手の出現
十、ダイレクト・ライティング（霊からのメッセージがミディアムの手を使わずに書かれること）
十一、幻像のかたちや外観の出現
十二、外部の知的存在の作用を示唆するように思われる特別な諸事例
十三、複合的な特徴からなる多様なできごと[149]

これらの項目から察せられるように、通常の交霊会での諸現象が列挙されているクルックスの報告は、以前の実験装置を使用して観察された結果ではなく、ほぼ通常の交霊会と変わらない条件下で、ミディアムへの調査に挑んだ結果だった。もちろんクルックスは、いかに自分が慎重に調査したかをくり返し力説している。光るものの出現などの暗闇でしか見ることのできない特別な現象をのぞいて、基本的にはすべての現象が十分に明るい光のなかで観察されたこと。トリックが仕掛けられる可能性のあるミディアムの部屋ではなく、「自分自身の家、自分自身で指定した時間、最も単純な補助装置の使用を絶対的に排除する環境のもと」でおこなわれたこと。参加者を選ぶのはミディアムではなく、「自分自身の知人仲間」から自分自身が選び、「信じていない頭の固い人」を積極的に参加させたこと。[150]

ただし、こうした条件が示されたとしても、クルックスによって発表された内容は、もはや科学的実験の報告からはほど遠く、ふつうの交霊会の体験報告となんら大差がないように思われる。しかも、調査によって確かめられた諸現象に対してのクルックスの解釈も、以前の慎重な姿勢からは明らかに遠ざかってしまっていると言わざるを得ない。たとえば、同論考でクルックスは、「観察された現象を説明するため」の次のような八つの理論を提示している。

第一理論――その現象はすべてトリック、巧みな機械装置、ごまかしの結果である。ミディアムは詐欺師で、参加者は愚か者だ。

第二理論――交霊会の参加者は、ある種の熱狂あるいは妄想の犠牲者であり、起こっている現象を想像していて、そこにはなんら真の客観的事実はない。

第三理論――すべては意識的もしくは無意識的な脳の作用の結果である。

第四理論――ミディアムの霊、ことによると参加者の何人か、あるいは全員の、霊との協力による結果。

第五理論――キリスト教信仰を弱体化し、人間の魂を荒廃させるため、彼らが気に入ること、あるいは気に入る人を人格化する悪霊、悪魔の作用。
第六理論――わたしたちに対しては目に見えず無形だが、この地上に生きているが隔てられた種類の存在。しかし、それらの存在はときどき現れることもある。それらはデーモン（必ずしも悪という意味ではない）、ノーム、フェアリー、コボルト、エルフ、ゴブリン、パックなどとして、ほとんどすべての国および時代に知られている。
第七理論――死んだ人間の作用。
第八理論――（サイキック・フォース理論）――これは、それ自身による理論というよりも、第四～七理論に本質的に付随する。[151]

第二理論には、メスメリズムと関連する「幻覚説」（操作者によって被験者が暗示をかけられ、実際にはないものを見ていると思い込んでしまうこと）が含まれる。また第三理論では、カーペンターに代表される説明を取り上げている。もちろん、これらのなかでクルックスが強く支持したのは、第八理論として提示された「サイキック・フォース理論」だった。ただし、ここでのクルックスの考えは、前述のエドワード・コックスの考えとは異なり、むしろ霊の存在を排除するものではなくなっている。というのもクルックスは、サイキック・フォースが「なんらかの知的存在によって、ときに占有され方向づけられる可能性」がないとは言い切れなくなっている。ただし、クルックスは自分の立場がスピリチュアリストとは異なっている点について、次のように強調している。サイキック・フォースの提唱者とスピリチュアリストのあいだのちがいは、前者が「死者の霊の媒介」は十分な証明がいまだなされていないと考えるのに対して、後者は「さらなる証拠を求めることなく、信条としてそれを保持している」。そして最後にクルックスは、この問題についての今後の展望を次のように述べる。

それゆえ論争は、純粋な事実の問題のなかで解決されるのであり、根気のいる長期にわたる実験をくり返すことと、心理学的事実の大規模な収集によって、結局は決定されることになる。それは現在、設立準備中の機関である心理学協会（Psychological Society）の最初の義務となるだろう。[152]

こうして、スピリチュアリストとの立場のちがいが強調されようとも、この段階でのクルックスが霊仮説のほうに大きく傾いていたことは疑い得ない。それどころか、翌年の四月三日に発表された新たな調査結果では、ついに一線を越えてしまったクルックスの姿が明らかなものとなる。

物質化し歩き回る霊

「霊の形態」と題されたその論考は、もはや科学系の論文誌ではなくスピリチュアリズムの定期刊行物『スピリチュアリスト』誌上での発表だった。そこでクルックスは、当時十七歳のフローレンス・エライザ・クックの強力なミディアムシップへの確信を、ほとんどためらうことなく公言した。[153]

それは霊がその体を物質化してその姿を現出させるという、あまりにも信じがたい驚異の現象だった。「全身物質化」とも呼ばれたその現象は、次章で見ていくように一八七〇年代の交霊会における最もスリリングな見世物となるが、クルックスに文字どおり寵愛されたフローレンスは、イギリスでのそれをリードするスター・ミディアムとして、その名を知られていくことになる。

全身物質化がおこなわれる交霊会では、通常、ダヴェンポート兄弟が用いたようなキャビネットが使われる。ミディアムはそのキャビネットのなかに入り、椅子に縛りつけられるなど、身動きができないようにされる。そしてしばらくすると、物質化した霊がキャビネットのなかから現れ、薄暗い部屋のなかを歩きまわる。しかも物質化した霊は、驚くべきことにも、参加者と握手をしたり、会話をしたりすることすらある。ちなみに、フローレンスの交霊会では、いつも「ケイティ・キング」という名の全身物質化された霊が出現した。クルックスは、フローレンスとのプライベートな交霊会での状況を次のように述べている。

三月十二日、ここ〔クルックスの家〕での交霊会でケイティは、しばらくわたしたちの周囲を歩き、会話をしたあと、わたしたちが座っていた研究室と、キャビネットとして臨時の役割を果たしたわたしの書庫とのあいだを区切るカーテンの背後に退いた。すぐに彼女はカーテンのところに出てきてこう言った。「部屋に入ってきて、わたしのミディアムの頭を持ち上げてください。彼女はずり落ちています」。そのときケイティは、いつもの白いローブとターバンのかぶりものを身に着けてわたしの前に立っていた。すぐにわたしは、クック嬢〔フローレンス・クック〕のいる書庫に入っていった。ケイティはわたしを通すために脇によけた。わたしはクック嬢がソファから半分ずり落ちて、頭が不恰好にうなだれるかたちとなっているのを見た。わたしは彼女をソファに持ち上げたが、そうしているあいだ、なかは暗いが、クック嬢は「ケイティ」の衣装を身に着けているわけではなく、いつもの黒いベルベットのドレスで深い恍惚状態になっているのをしっかりと確かめることができた。白いローブ姿のケイティがわたしの前に立っているのを見てから、ずり落ちていたクック嬢をソファに持ち上げるまでのあいだ、三秒も経過していない。[154]

この世とあの世のあわいで交わされる単なるメッセージのやり取りでなく、直接、その姿を見て語り合い、その体に触れることができる状況が、どれだけスピリチュアリストたちに強い衝撃を与えたかは容易に想像できる。一時的ではあれ死者をよみがえらせるに等しいそれは、この世をあとにした愛する人とのつながりを求める欲望の、このうえない実現のかたちであったことは言うまでもない。全身物質化した霊たちがこの地上を歩きまわりはじめる一八七〇年代の交霊会は、その極限へと向かって、もはや引き返すことができないまま進んでいかざるを得なくなる。

次章では、そうした状況のなか、引き続きクルックスのスピリチュアリズムとの関与を見ていくのと同時に、一八七〇年代に名声を獲得していく新たなスター・ミディアムたちの光と影を追う。

第6章

スター・ミディアムたちの光と影

全身物質化と劇場としての交霊会

モーゼスによる『霊の教え』

「アメリカン・インヴェイジョン」の時代が過ぎて一八七〇年代に入ると、ついにイギリスでも、アメリカの有名ミディアムたちに迫るほどのパフォーマンスを発揮する新世代のミディアムが台頭しはじめた。なかでもウィリアム・ステイントン・モーゼス（図6・1）という人物は、単にミディアムとしてだけではなく、ロンドンのスピリチュアリズム・シーンの中心において指導者的な役割を果たしたことで、当時の多くのスピリチュアリストたちから最も大きな尊敬を集めた。

一八七〇年代に台頭するスター・ミディアムの軌跡とともに、ムーヴメントの絶頂に至るまでの流れを追っていく本章のはじめに、まずはこのモーゼスについて少し紹介しておきたい。[1]

一八三九年十一月五日、イギリスのリンカンシャー州ドニントンで生まれる。一八五五年、ベッドフォードのグラマー・スクール（ラテン語の文法を教える学校）に入学。さらに一八五八年にはオックスフォード大学エクセター・カレッジに入学。一八六三年、古典語の学位を取得。さらに同年、マン島のモーホールドで副牧師の職に就く。一八六八年の春からはマン島のダグラスの聖ジョージ教会に移るが、一八七〇年、咽喉の疾患の急激な悪化で公共

図6.1　ウィリアム・ステイントン・モーゼス

での説教ができなくなり、聖職者としての勤めを断念する。その後は、友人のスピア夫妻のロンドンの家に滞在しながら彼らの息子の家庭教師を務め、翌年の一八七一年にユニヴァーシティ・カレッジ・スクールの英語教師の職を得る。

ここまでの経歴には、モーゼスとスピリチュアリズムの関わりを示すものはまったくない。だが、一八七二年の春、スピア夫人から勧められて読んだロバート・デール・オーウェンの『この世とあの世のあいだにある未解決の領域（*The Debatable Land Between this World and the Next*）』というスピリチュアリズムについての本をきっかけに、みずからも交霊会に足を運ぶようになる（オーウェンについては次章であらためて紹介する）。そして幾度かの交霊会の体験を経てすぐに、モーゼス自身もミディアムとしての能力を開花させる。[2]

当初のモーゼスのミディアムシップは、これまでの交霊会の定番とも言うべき、ラップ音とテーブル・ターニングとして表れたが、その年のうちに、さらに驚くべきさまざまな現象が起こるようになった。ここでモーゼスが引き起こした物理現象がどのようなものであったかを、彼の回顧録を書いたM・カールトン・スピアの証言をもとにまとめておく。[3]

一、ラップ音。指の爪の叩く音から部屋を揺るがすほどの歩きまわる音まで、さまざまな種類の音が、しばしば同時的に発生する。戸口、サイドボード、壁など、座っている場所から離れたところからもラップ音は聞こえてくる。

二、ラップ音は質問に対して明確に答えることができる。しばしば長いメッセージを告げることもある。こうしたとき、交信しているラップ音以外のラップ音は鳴りやむ。

三、すべての交霊会参加者に見えるおびただしい光の出現。光には「客観的」なものと「主観的」なものの二種類がある。前者は小さな光る球体で部屋中を素早く動く。後者は、部屋のあたりに浮かぶ光る蒸気の大きな塊《かたまり》で、モーゼスやほかの何人かには見えるが、見えない人もいる。

四、麝香《じゃこう》、バーベナ、刈りたての干し草など、「霊の香り」と呼ばれる香りが部屋に漂う。ときどき香りとともに風が吹き抜けていく。あるときは液体の麝香が参加者の手の上、またはハンカチーフの上にたらされる。「霊の香り」は、交霊会の終わりごろに、いつもミディアムの頭からにじみ出てくる。

五、さまざまな音楽が聞こえてくる。それらは大きくふたつの種類に分けられる。ひとつは部屋のなかに置かれているハルモニウム（リード・オルガン）から聞こえてくる音楽。もうひとつは、部屋のなかにはなんら楽器がなかったにもかかわらず聞こえてくる音楽。後者の場合、四種類の音が聞こえてくる。ひとつは「妖精のベル」と呼ばれている音で、それは小さなハンマーでグラスを軽く叩いた音に似ているが、「澄み切って明瞭で心地よい」。ベルの音は、音楽を演奏したことはないが、いつも完璧な調律で、音階を上ったり下りたりする。ふたつ目はチェロに似た力強く豊かな音。この楽器はひとつの音程だけしか聞かれていない。たいがい質問に答えるために用いられる。三つ目は、ふつうのハンドベルと同じ音。それは特定の霊の存在を示すときに激しく鳴る。それは壁の至るところや天井など、部屋のありとあらゆるところから聞こえてくる。四つ目は、クラリネットの柔らかな音からトランペットの音に匹敵するものまで、徐々に増大していき、だが最後には元のクラリネットの音にまで抑制され、長く続く物悲しい音で消えていく。この音もまたひとつの音程、よくても断片的な一節しか奏でられたことはないが、その理由を霊が説明しているところによれば、ミディアム自体に音楽の素養がないからだという。

六、ダイレクト・ライティング。交霊会の終わりになると、質問に対する霊からの答えがテーブルの中央ないしは参加者たちから離れた場所に置かれた紙に記されているのが見つかる。図6・2は、一八七二年九月十九日の交霊会でダイレクト・ライティングによって記された霊からのメッセージである。[4]

七、テーブルや椅子のような重たい物体の移動。テーブルは大きく傾き、参加者の座っている椅子は、テーブルから背後の壁に触れられるほどの距離まで強制的に押し離される。またはテーブルが参加者から離れていくこともある。堅いマホガニーで作られたダイニングテーブルでさえ、参加者たちが力を合わせて動かすよりも容易に動き、また参加者たちの力では、その動きを止めることができない。

八、物体を通過する物体。ドアは閉じられ、鍵がかけられているにもかかわらず、別の部屋から写真、写真の額縁、本などのさまざまな物品が運ばれてくる。

九、霊のダイレクト・ヴォイス。トランス状態になったモーゼスの口を使って霊が語るのではなく、霊の声が直に聞こえてくる。これは頻繁に起こったわけではないし、また鮮明ではっきりと聞き取れるものではなかった。だが、注意深く耳を傾けると、ハスキーな声による断片的な言葉がときどき識別できることもあった。こうした声はたいがい参加者たちの上方に聞こえた。

十、トランス状態のモーゼスを通して、さまざまな霊が告げるメッセージ。声はモーゼスの口から出ている。その声に表れている人格は普段の彼とは異なる。

列記したなかには含まれていないが、モーゼスもまたダニエル・ダングラス・ヒュームのように、頭が天井に届くほどの高さまで空中浮遊をおこなったという記録が残っている。たとえば、一八七二年八月三十日に起こった空中浮遊について、モーゼス自身が次のように記している。

　小さなオルガンが部屋の離れた隅に投げ出された。そして、わたしは自分の椅子がテーブルから後ろに引っ張られ

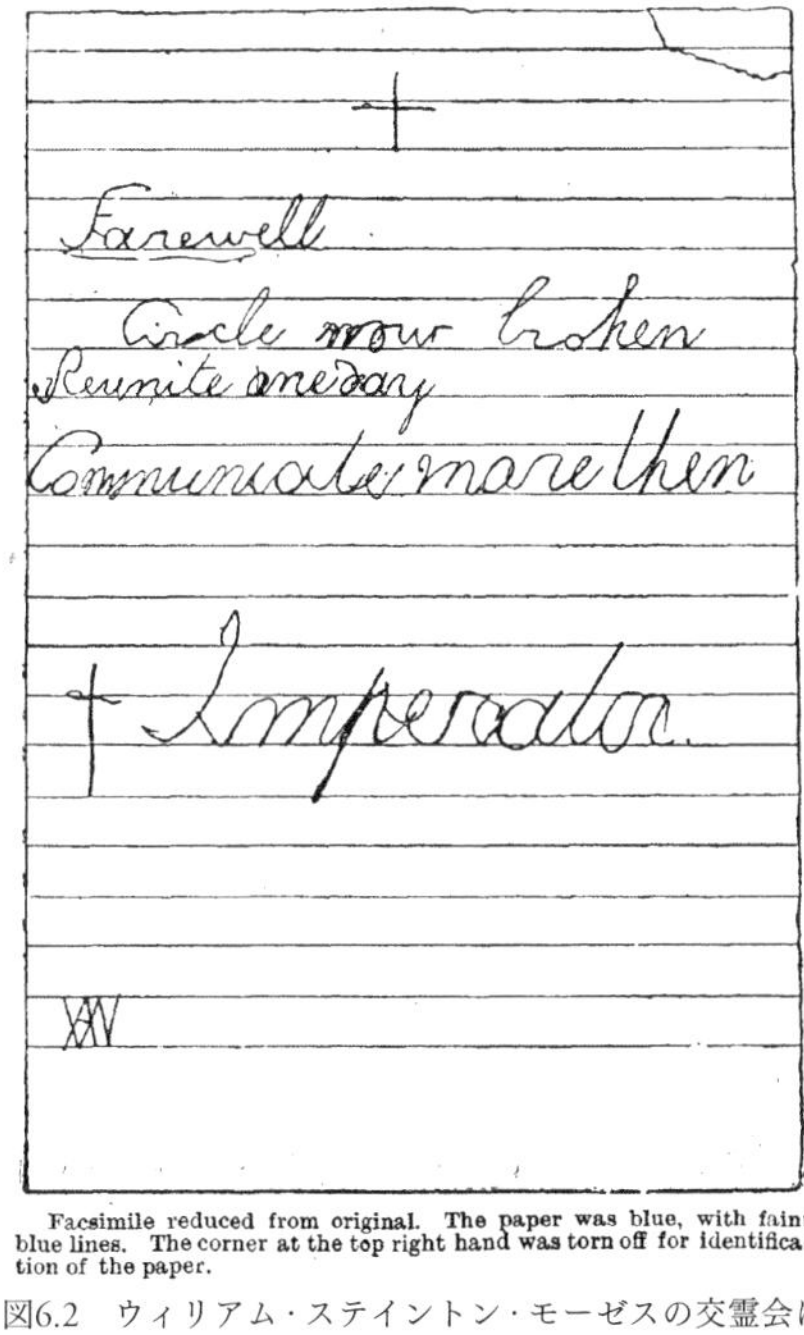

Facsimile reduced from original. The paper was blue, with faint blue lines. The corner at the top right hand was torn off for identification of the paper.

図6.2　ウィリアム・ステイントン・モーゼスの交霊会に現れたダイレクト・ライティング

> るのを感じた。そして、自分の座っていた近くの部屋の隅のほうに向けられた。わたしの顔は、人々の輪からふたつの壁によって作られた隅のほうへと向きを変えられた。この位置で、わたしが見たところ椅子が床から三〇～三五センチメートルほどの距離まで浮き上がった。わたしの足が〔室内の床と壁の境目の壁側にある〕幅木《はばき》（約三〇センチほどの高さだったと思われる）の上部に触れた。数分間、椅子はそのままの状態だった。次に椅子から離れたわたしは、自分自身がゆっくりと高く高く上っていくのを感じた。不快や不安といった感覚はまったくなかった。

モーゼスによれば、空中浮遊のあいだトランス状態に入ることもなく、「精神状態はきわめて明晰で、起こっていたことにははっきりと気づいていて、この興味深い現象を完全に意識していた」。また、空中浮遊の最中に鉛筆で壁紙に印をつけたが、それをあとで計測したところ床から一・八メートル以上の高さにあった。[5]

こうした初期の交霊会の記録からは、当時のモーゼスがヒュームのパフォーマンスに最も近いことをやってのけることのできるほどの強烈な物理ミディアムとして、その力を誇示していたことがわかる。

ところで、ミディアムとしていまだ駆け出しのころのモーゼスは、非常に興味深いことにも、ヒュームの交霊会に参加している。やはりモーゼスもヒュームの能力に感銘を受けたのだろうか。いや、まったくそうではなかったようだ。一八七二年十二月二十二日のヒュームによる交霊会の体験についてのモーゼスの記録を見ると、当時の第一級ミディアムであるヒュームへの称賛の言葉や敬意の念はまったく見られず、ただ次のように記されている。

> そこで起こった最良のできごとは、わたしが発揮したミディアムシップによるものであり、ヒューム氏のそれではない。彼は病気であり、彼のミディアムシップは不安定だった。わたしの椅子、そしてテーブルにラップ音が起こった。ヒューム氏が歌い、演奏したとき、ラップ音は拍子を合わせた。テーブルも二度動いた。

これがすべてだった。

さらにモーゼスは、ヒュームに対する印象を次のように記している。

> 彼は誠実で善良な人物という印象を与えたが、知性は高くない。わたしは彼と少し話をしたが、彼の知的能力にはそこまでの輝きはないとの印象を持った。〔中略〕彼は、亡くなった人がめったにないことではあるものの戻ってくるという考えを受け入れている。だが、わたしと同意見で、現象のほとんどは、地上の領域近くにうろつく低い次元の霊たちから発生すると信じている。彼はガッピー夫人の物体の通過を信じていないし、彼女の誠実さを疑っている。彼は定期的な現象は可能ではないと考えている。したがって、彼は公共のミディアムをほとんどの場合で疑っている。〔中略〕彼は王家や上流の人々からの贈り物であるいくつかのすばらしいダイヤモンドを身に着けていた。彼は善人ながらも意志薄弱で、虚栄心は強く、わずかな知性にしか恵まれておらず、自分の信念を論じたり防御したりする能力をまるで欠いている。[6]

こうした言葉からは、ヒュームを凌ぐほどの能力や知性を自分が備えているのだというモーゼスの強い自負が窺える。たしかに先ほどの空中浮遊を含むモーゼスが引き起こしたと伝えられる現象の数々からすれば、その能力の程度は一見ヒュームと匹敵するかのように思われなくもない。だが実際のところ、双方の記録の持つ重みを比較してみれば、物理ミディアムとしての頂点の座を占めると目されるのはヒュームであることに変わりはないだろう。というのも、ヒュームは数々の場で多くの人々を前に、くり返し驚くべき現象を生じさせることに成功しているが、一方でモーゼスが発揮したとされている物理現象は、ごくかぎられた親しい友人たちからの報告でしかない。そればかりか、ミディアムとしての評判が広がり、親しい友人以外の人間が交霊会に参加するようになると、デビュー当時に華々しい物理現象を引き起こしていたモーゼスの能力は、あっけなく影をひそめていく。

事実、モーゼスのミディアムシップに関する記録を追っていくと、その能力は一八七四年終わりごろまでは順調だったようだが、その後、月日とともに次第に弱まりながら、一八八〇年代には発揮されることがほぼなくなってしまった。[7]

ただしモーゼスの場合、物理ミディアムとしての能力の衰退はまったく問題ではなかった。というのも、スピリチュアリストたちからのモーゼスの高い評価は、初期に見せた派手な物理現象とはあまり関係なく、霊との交信によってもたらされたメッセージの内容の価値に由来しているからだ。

モーゼスが交信した霊はかなり多岐にわたるが、その特徴として歴史上の高名な人物たちの霊がそこに含まれている。たとえば、マラキ、エリヤ、エゼキエル、ダニエルといった旧約聖書に登場する預言者たち、イエス・キリストに洗礼を与えた聖ヨハネ、ギリシア最大の哲学者のプラトンやアリストテレス、作曲家のメンデルスゾーンやベートーヴェン、ベンジャミン・フランクリンや第二十代アメリカ合衆国大統領のジェイムズ・ガーフィールドといった有力な政治家、さらにはスウェーデンボルグに至るまで、モーゼスと交信した霊たちの顔触れはきわめて豪華だった。一八七二年三月にはじまった自動筆記によって記された霊からのメッセージは、M・A・オキソンというペンネームのもと、同年十月十五日の『スピリチュアリスト』誌で開始された連載によって、順次公表されていった。そこで啓示された道徳的な訓戒を基調としたあの世からの教えは、すぐに当時のスピリチュアリストたちから大きな注目を集めた。さらに、「インペレーター」「レクター」「ドクター」「プルーデンス」という仮名を名乗る霊たちがモーゼスの手を用いて書き記した教えは、最終的に二四冊のノートにもおよび、一八八三年にはそれらの素材《マテリアル》をまとめた本が、『霊の教え（*Spirit Teachings*）』と題されて刊行された[8]（邦題の多くは『霊訓』とされている。第6章註1参照）。

生命は永遠であり、無限なる宇宙を支配し導く神へと人は無限に向上進化していくことが説かれたその教えは、かつてモーゼスが副牧師を務めていた英国国教会の教義と一致するものではなかった。だが、インペレーターは「不純」な古き教義を捨て去り、新たな啓示へ心を開かせるべく、人間たちに対して次のように告げている。

啓示とは神からのものである。そして彼があるときに明かした啓示と別のときに明かした啓示が矛盾することはない。それぞれの本質が真実の啓示だとするならば。だが、それは人間の必要性に応じた、また人間の理解力に合ったものとなる。一見、矛盾するかのように思われるものは神の言葉のなかにあるのではなく、人間の精神のなかにある。人間はシンプルなメッセージで満足しない。人間はそれを自分の注釈で混同し、自分の推論や憶測で上塗りする。時が経過するにつれて、神からの啓示は本来のものとは似ても似つかぬものとなってしまう。それは矛盾した不純で世俗的なものとなる。さらなる啓示が来たとき、それを理屈で一致させようとする代わりに、古き土台の上に築かれた数多くの迷信を一掃しなければならない。追加の作業の前に破壊の作業が先立たなければならない。〔中略〕神は啓示する。だが受け入れることを押しつけはしない。神は啓示する。そして準備がある者は、そのメッセージを受け入れる。無知で不相応な者は拒絶する。[9]

さらにモーゼスは、あたかも新たな預言者の役割を担わされたかのごとく、インペレーターから次のように告げられている。

友よ、神が啓示を送る人々に授け得る有用性と利益に関して他者が汝に問うならば、それは無慈悲と残虐と熱情からの虚構の産物の代わりに、やさしさと慈悲と愛の神を啓示する福音であると告げよ。神への崇拝とともに、人間に対して愛と慈悲と哀れみと有益な援助に全生命を捧げる霊的存在を知らしめんがためだと告げよ。人間が己の過ちに気づき、己の気まぐれな意見を捨て去り、進歩に向かう己の知性をいかにして育むかを学び、みずからに恩恵を与える好機を活かし、死後の世界で出会うときに〔生前〕人々への妨げや害になっていたことを非難されることがなきよう同胞の人間にできるかぎりで奉仕するように告げよ。これこそがわれわれの名誉ある使命であると告げよ。[10]

かつてのアメリカでカルヴィニズムに幻滅した人々を覆っていた暗闇を照らす光となったのは、ユニヴァーサリズム的な霊界の法則を語ったアンドルー・ジャクソン・デイヴィスだった。一方、アメリカン・インヴェイジョン後の一八七〇年代後半から一八八〇年にかけてのイギリスで、そのあとの役割を担っていたのがモーゼスだった。だが、モーゼスはそれだけにとどまらなかった。『霊の教え』が「イギリス・スピリチュアリズムのバイブル」[11]として広く受け入れられていく一方で、彼はロンドンのスピリチュアリズム・ムーヴメント自体を現実に牽引していく重要な役割をも引き受けていった。一八七三年には、当時のイギリスを代表するスピリチュアリストの団体である英国スピリチュアリスト協会の設立に関わり、やがて実質的な主導権を掌握するに至る。さらに一八八四年、新たにロンドン・スピリチュアリスト連合を結成し、一八九二年に世を去るまで会長職を全うしている。また、スピリチュアリストの団体ではないが、霊的現象の実証的研究に挑んだふたつの団体——一八七五年設立の英国心理学協会〔これはエドワード・コックスが設立したPsychological Society of Great Britainのこと。現代に連なるイギリス（英国）心理学会 British Psychological Society はのちの一九〇一年に設立される〕、一八八二年設立のサイキカル・リサーチ協会（日本では「心霊現象研究協会」と訳されることも多い）——のいずれにおいても評議員のひとりとして名を連ねている（英国心理学協会については本章の終わりで、サイキカル・リサーチ協会は次章以降で詳しく紹介する）。

こうした活動からもわかるように、モーゼスは知人たちの小さな集まりのなかで、いまは亡き愛する人々からのメッセージを伝える役割だけにとどまるタイプではなかった。初期の物理的な現象を引き起こしていたころはともかくとしても、彼の熱意は単にヒュームのような有名ミディアムとして世に知られることではなく、より高《こう》邁《まい》な使命と目的に捧げられていたことは確かである。一八八〇年に出版された『スピリチュアリズムの高次の局面（*The Higher Aspects of Spiritualism*）』でモーゼスは次のように言う。「誤って正統的と呼ばれている偏狭なキリスト教」から離れていった人々のなかには、「より広大で謎に包まれた神学、あるいはさらに多くの謎に満ちた汎神論へ」と向かう者もいるが、彼らの「神の理解、神の人間との関係、人間の神に対する本質的な関係」についての考えは、まったくばらばらになってしまっている。だが、「それらの諸見解が調和するまで時が進むにつれ」、それらの混乱のなかから「未来の宗教」の「うっすらとした輪郭」が立ち現れてくるだろう。[12]

こうした言葉からは、彼が信仰を喪失した人々の心をふたたび束ね得る代替宗教としての役割をスピリチュアリズムに求めていたことは明らかだ。若き日、英国国教会への忠誠を誓い副牧師として説教していたモーゼスが伝統的なキリスト教の教義に背を向けたあと、スピリチュアリズムと出合ったことで夢見るようになったのは、肉体を超えた生存の教義によって拡張された神学を礎とした「未来の宗教」の創設だった。[13]

しかしながら、気高く美しい理想を掲げたモーゼスの「未来の宗教」以上に当時のロンドンのスピリチュアリズム・シーンで大きな話題をさらっていたのは、きわめて私的で完全に閉ざされた薄暗い部屋のなかでくり広げられる驚愕の見世物だった。かのダニエル・ダングラス・ヒュームですら到達することのなかった究極の霊の顕現。そう、前章の末尾で紹介した全身物質化である。

全身物質化を実現したという最初の記録は、じつのところスピリチュアリズム・ムーヴメントの原点となったフォックス家のケイトまでさかのぼる。前章で見たイギリスでのウィリアム・クルックスの実験に参加する十年以上前の一八六〇年代初頭、ケイトは前代未聞の全身物質化をみごとに成功させていた。ここで一八七〇年代のスター・ミディアムたちの活躍を追っていく前に、まずはケイトが全身物質化を果たした交霊会を見ておこう。

全身物質化のはじまり

一八六一年一月二十三日、ケイトはニューヨークの富裕な銀行家チャールズ・F・リヴァモアとのあいだで五年もの長期にわたる一連の交霊会を開始した。[14] 当時、リヴァモアは愛する妻エステルの死によって深い悲しみの真只中にいた。そんなリヴァモアはある日、友人でありエステルの侍医だったジョン・グレイに勧められ、ケイトの交霊会に参加することになった。

交霊会はケイトが滞在していたホーレス・グリーリーの家かリヴァモアの家のどちらかでおこなわれた。ラップ音が聞こえ、霊の手に触れられ、重たい物体が移動した。リヴァモアが体験したのは、いまや通常の交霊会における定番の現象だった。だが、一二回目の交霊会で、ある予告がなされた。忍耐強く続けていけば、霊の姿が見られるようになる。エステルからのメッセージとしてそう告げられたのだ。その後の交霊会では、その予兆とも言うべき現象——燐光《りんこう》が現れたり消えたりをくり返す——が見られた。そして三月十四日、二四回目の交霊会で、おぼろげな人間の輪郭が現れ、動きまわった。さらにその三日後の交霊会では、エステルから次のようなメッセージが届いた。

わたしはあなたがたに、自分を見えるようにできます。明日の夜、お会いしましょう。テストがすべての疑いを超えるものになることを望んでいますので、ドアと窓を閉めてください。あなたがたにとっても、そしてほかの方々にとっても価値あるものになりますように。[15]

次の夜の交霊会は、ケイトの滞在先でおこなわれた。窓は閉じられ、ドアには鍵がかけられ、重たい家具がその前に置かれた。部屋中を調査したあと、明かりは消された。すぐに言葉が聞こえた。「わたしは姿をともなってここにいます」。次にパチパチという音とともに球形の光が現れた。しばらくすると、その光はヴェールをかぶった頭となった。そしてリヴァモアはついにエステルの容貌をそこに認めた。

さらに四月十八日の四三回目の交霊会では、物質化がより完璧なかたちになった。リヴァモア自身の記録によれば、ドアと窓はしっかり閉められ、ふたりは「三〇分間、沈黙のなかで座り続けた」。するとマホガニーのセンターテーブルの上でものすごく大きなラップ音が鳴り、同時にテーブル自体が上昇したり下降したりした。ドアは激しく震え、窓は開いたり閉まったりした。リヴァモアによると、「部屋のなかの動かせるすべてのものが動いていたようだ。質問は、ドア、窓のガラス、天井、あらゆるところでの騒々しいノックによって答えられた」。そしてついに全身物質化が起こった。リヴァモアはそのときのことを次のように書いている。「光るガーゼのような物体が、わたしたちの背後の床から上がってきた。そして部屋のあちこちを動き、ついにわたしたちの前に来た。強烈で電気的な音が聞こえた」。リヴァモアいわく、「そのガーゼのような物体はヴェールで覆われた人間の頭のようだった」。しかもそれはリヴァモアに触れた。それは遠ざかったり近づいたりをくり返した。そして三度目に近づいてきたとき、その顔の下半分は隠されていたものの、その明かされていた上半分のところにリヴァモアは見た。「それはエステルの顔だった——完璧に目、額、表情が。その瞬間、わたしの心は確信に満ちた興奮に包まれた。それは部屋の至るところから聞こえてくる素早いラップ音の連続によって肯定された。あたかも目に見えない観衆が喝采を表現しているかのように」。三〇分にわたって、全身物質化は続いた。その間、エステルの姿は何度も現れたが、そのたびにより完全なものになっていった。「最終的に彼女の頭がわたしの頭の上に置かれ、髪がわたしの顔に垂れかかった」。そしてこのすべての過程のあいだ、リヴァモアはケイトの手を動かせないようにしていたと述べている。[16] また、交霊会の終盤では、次のような印象的なシーンが披露される。

次にメッセージが告げられた。「これからわたしが上昇していくのを見てください」

そして明るいなか、すぐにその姿は天井へと上昇していった。ほんの少しのあいだ、そこにそのままとまったあと、静かに降下しながら消えた。[17]

以後、くり返されるケイトとの交霊会に、エステルは何度も戻ってきた。暗闇のなか、興奮したリヴァモアの目に映る光に照らされた彼女の姿は、よりいっそうはっきりとしたものとなっていった。そして六月二日の交霊会でリヴァモアはこう尋ねた。「もしできるならば、キスをしてくれないか」と。そのときのことをリヴァモアは次のように記している。

片方の腕がわたしの首のあたりに置かれ、モスリンのようなものを通して、実際に本物のキスがわたしの唇に触れた。頭はわたしの頭上に置かれ、髪がたっぷりとわたしの顔にかかった。キスは何度もくり返され、その音は部屋中に聞こえた。[18]

リヴァモアは目を開けエステルの顔を注視した。するとふたりを背後から照らしていた光が「急速に振動した。この世の現象ではあり得ない、かくなる美のうえに光を断続的に投げかけながら」。このときケイトは「あまりにも興奮し、驚きと喜びを抑えきれない感嘆の声をあげた」。それは一時的に物質化を妨げ、エステルはケイトが穏やかになるまでしばらく消えていた。[19]

その後のリヴァモアによる交霊会の記録では、物質化したエステルの美しさを称える言葉がひたすら続いていく。たとえば六月四日の交霊会でリヴァモアは、エステルに手を上げられるかと尋ねたときのことを次のように記している。するとエステルは「言葉では言い表せない優美な姿」で手を上げた。「至上のすばらしさを、この夜に見せられたあらゆるものを超越した美を描写することはできない」[20]

リヴァモアとの交霊会は回を重ねるにつれ、ケイトの発揮する物質化の力がよりいっそう強まっていったようだ。そして驚くべきことにも、ついに第三の人物を出現させるまでに至った。八月二十九日の交霊会で、聖職者の黒い服のような外套を着た別の人物がエステルのすぐそばに現れた。リヴァモアいわく、ケイトが驚いて神経質になったためか、あるいはほかの理由のためにか、その姿はすぐに見えなくなり、消えた。だが十月四日の交霊会で、ついにその人物の正体が判明する。ラップ音は「フランクリン博士」だと告げた。そして十一月十一日の交霊会でリヴァモアはその人物の顔を見て、日記にこう書いている。「その男のもともとの肖像画から判断するなら、彼であることはまちがいようがない」（ベンジャミン・フランクリンのこと）。また、その人物は「昔のスタイルの茶色のコートを着て、白いスカーフをつけていた。彼の頭はとても大きく、耳の後ろの髪は白ないしはグレーで、知性、博愛心、霊性に満ち満ちた輝く顔」だった。その後の交霊会でも、フランクリンはエステルとともにしばしば現れるようになる。[21]

翌年一月二十四日の交霊会では、エステルが声を発する寸前までに至った。エステルの胸に着けられていた蝶結びの白いシルクのリボンをリヴァモアの指が確かめようとしたとき、彼は「蜂がブンブン飛ぶ音」のような「低くつぶやく音」を聞いた。リヴァモアはこう書いている。「注意深く耳を傾けると、それはエステルの唇から漏れていることにわたしは気がついた」[22]。こうしたエステルの霊の全身物質化を中心としたリヴァモアとケイトの交霊会は、一八六六年四月まで続けられた。

いまは亡き愛する人との再会を求める交霊会がついに行きついた、究極のかたち。それがケイトによって成し遂げられた全身物質化だった[23]。ダニエル・ダングラス・ヒューム、ダヴェンポート兄弟、チャールズ・H・フォスターなどのような並々ならぬパフォーマンスを見せつけた一八六〇年代の傑出したアメリカのミディアムたちにとって代わり、次世代のスター・ミディアムの玉座にまで上り詰めるためには、もはやラップ音やテーブル・ターニングだけではあまりにも平凡すぎる。そんな時代がやってきていた。

ケイティ・キングはフローレンス・クックの偽装なのか?

この新境地に挑んだイギリスのミディアムのなかでも最も広く知られるようになったのが、前章の最後に触れたウィリアム・クルックスとの交霊会で全身物質化をおこなったフローレンス・エライザ・クックだった(図6・3)。

当初、フローレンスのミディアムシップは、「霊の声」「霊の手」「霊の光」「花」などを出現させるイギリスのミディアム、フランク・ハーンとチャールズ・ウィリアムズとともに交霊会をたびたび開催するなかで成長していった。フローレンスの初期のころの物質化は、キャビネットの小窓から霊が顔だけを覗かせる部分的な物質化にすぎなかったが、

図6.3　フローレンス・クック(1874年)

それをみごとな全身物質化にまで短期間のうちに発展させ、同時代のミディアムたちからは抜きん出た存在となっていった。ただし、フローレンスの交霊会での全身物質化は、ケイト・フォックスがチャールズ・F・リヴァモアの妻を顕現させたのとは異なり、参加者の実際の知り合いの霊ではなく、「ケイティ・キング」という名の霊がいつも決まって現れた。[24]

ここで少々興味深いのは、フローレンスによって物質化されたケイティ・キングが、自分のことをジョン・キングの娘だと述べていた点である。ジョン・キングといえば、ダヴェンポート兄弟の交霊会を指揮した霊の名前である（また、クーンズ家に現れた霊たちのリーダーは、自分のことをキング・ナンバーワンとも名乗っていた）。しかも「ジョン・キング」を名乗る霊の存在は、このあと何度か見ていくように一八六〇年代から一八七〇年代にかけて開催された別のミディアムが主催する交霊会でも、しばしばその姿を現している。[25]

ここで、フローレンスの初期の交霊会において、ケイティ・キングのみごとな全身物質化が現れた興味深い報告をひとつ紹介しておきたい。一八七三年五月七日、フローレンスが家族とともに住んでいたロンドンのハックニーにある自宅でおこなわれた交霊会で、物質化されたケイティの写真を撮影することが試みられた。同年五月十五日の『スピリチュアリスト』誌に掲載された参加者たちの署名入りの報告では、そのときの交霊会が次のような「厳しい条件の下」でおこなわれたと記されている。[26]

まず交霊会がはじまる前、フローレンスは参加者のふたりの女性によってベッドルームに連れていかれて衣服を脱がされ、徹底的に調べられた。また、フローレンスが衣服を着るときにも、下着の上に身に着けたのはダークグレーの防水性の衣服だけであることが確認された。そのあとすぐにフローレンスは交霊会がおこなわれる予定の部屋に連れていかれ、紐で両手首をきつく縛られた。結び目は参加者たちそれぞれによって検査され、さらに印章指輪によって封をされた。あらかじめ調べられていたキャビネットのなかでは、フローレンスの手首を縛った紐が床の真鍮の金具を通され、キャビネットの外の椅子にしっかりと結びつけられた。こうしてフローレンスが体を少しでも動かせば、キャビネットの外の人たちにもすぐにわかるような仕掛けが作られた。また、結ばれたフローレンスの手の床までの距離は四五センチメートルだった。そのため、フローレンスがまっすぐ立ち上がることは不可能で、実際に彼女は座っていた椅子から、ほんのわずかしか体を持ち上げられなかった。

しかしこのような予防措置は、ケイティの出現に何ら妨げとはならなかった。キャビネットから出てきたケイティは数フィート歩いて振り返り、背を見せた。彼女の腕、手、足は剝き出しだったが紐は見られなかった。そして当初の目的どおり、そのケイティの姿は『スピリチュアリスト』誌の編集者ウィリアム・ヘンリー・ハリソンによって、暗い部屋で被写体を照らすマグネシウムライトを用いた写真に収められた。最終的に写真は四枚撮影されたそうだが、残念なことにそれらの写真は公表されていない。その代わりにこの記事には、その写真を忠実に木版で再現したとされるケイティの半身の姿が掲示されている（図6・4）。そしてこの木版の図像には、以下のようなキャプションが付されている。「写真にある姿はより細やかで美しく、その顔には威厳とこの世のものとは思えない優美さが表れている。それが彫刻のほうには完璧には再現されていないが、卓越した専門技術を備えるアーティストの手によって、可能なかぎりの科学的正確さで制作されている」[27]

また、「厳密な条件の下」でおこなわれたと称されているが、記事を読むかぎり、むしろいささか異様とも言えるほど寛いだ雰囲気で、ケイティと参加者のあいだには親密な交流もあった。たとえば写真撮影の合間、ケイティはキャンドルと小さなランプの光だけの暗い部屋のなかを自由に歩きまわり、参加者とおしゃべりし、しばしば参加者のひとりジョン・チャールズ・ラクスモアの肩にもたれかかったりもしている。さらに写真撮影担当のハリソンがプレートのひとつを現像のために部屋の外に持ち出していったとき、彼女はそれを見たいと言いながら、彼のあとを追ってキャビネットから六〇～九〇センチメートルほど離れたりもしている。戻ってきたハリソンが今度はケイティのすぐそばに立ち、プレートを見せながら彼女の

図6.4　1873年5月7日の交霊会で撮影されたケイティ・キングの写真をもとにした木版画

体に触れてもいる。[28]

こうしたフローレンスがおこなっていた全身物質化に対して、彼女自身がケイティに扮装して演じているのではないかと疑う人々も存在した。そもそもフローレンスのミディアムシップが全身物質化に到達する前の初期の交霊会のころから、キャビネットの上部の小窓に出現した「霊の顔」がフローレンスにそっくりであるとの指摘はあった。しかも、そういった意見は反スピリチュアリズムの立場の人々からだけでなく、フローレンスの交霊会に好意的だったスピリチュアリストからも寄せられた。たとえば、フローレンスの交霊会に定期的に参加していたスピリチュアリストのジョージ・フレイザーですら、一八七二年十二月十四日の『ソーシャル・レヴュー』誌への寄稿で、「そこにはいくぶん説明のできないちがいがある」と付け加えながらも、「疑いなくその霊は、彼女〔フローレンス〕にそっくりだった」と述べている。[29] ただしフローレンスの交霊会の「霊の顔」は、必ずしもフローレンスそっくりなものだけではなかった。英国国教会の牧師でスピリチュアリストのチャールズ・モーリス・デイヴィーズは、フローレンスの交霊会に出現した二種類の「霊の顔」を目撃し、ひとつ目は「霊的なものでなく、ミディアムの顔そのものだった」が、ふたつ目は「とても黒く、ミディアムにはまったく似ていなかった」と述べている。だが、そのふたつ目は奇妙なことにも、顔の下のほうが「まっすぐなラインで切断されていた」。そのためデイヴィーズは「わたしはそれが仮面だったと断言はしない」が、と一応の断りを入れながらも、次のように言わざるを得なかった。「それは仮面を思わせるものだった」[30]

そもそも物質化された「霊の顔」という現象自体に対して、疑いを捨てきれないスピリチュアリストもいた。たとえば、自分自身もスピリチュアル・ヒーラーとしての力を発達させていたキャサリン・ベリーは、すべての「霊の顔」が怪しいとまでは言わないまでも、多くはミディアム本人の自作自演ではないかという疑念を述べている。一八七三年三月二十八日の『ミディアム・アンド・デイブレイク』誌への寄稿で、キャサリン・ベリーは次のように書いている。

わたしは交霊会の多くに参加した。しかしこれらが本物か否か、わたしの心にはいつも疑いが残った。いま確信しているのは、そのいくつかが本物ではないということだ。これらの顕現を見に行くすべての人は、わたしの経験を採用することをお勧めする。そしてミディアムたちが現在従っている以上の、さらなる厳しいテストを通過させることをお勧めする。ミディアムたちが座るキャビネットや部屋を調べることは何の役にも立たない。〔中略〕わたしの助言は、彼らを縛るのに紐を用いる代わりに木綿の布を使うことだ。それで強く縛ってみてほしい。ミディアムたちはそれを破らないことには動けなくなるはずだ。だが紐の場合は、いかに多くの結び目を作ろうともミディアムたちは自分自身で脱出できる。重ねて助言しておくと、霊の顔がその開口部に現れて消えたその瞬間、すぐにキャビネットあるいは部屋のドアを開け放つべきである。[31]

スピリチュアリストのあいだですら存在したこのような霊の物質化に対する懐疑的な風潮は、フローレンスの前途がけっして安泰ではなさそうだと予感させた。そして実際、そのとおりだった。一八七三年十二月九日の交霊会において、敵意ある参加者の妨害工作により、フローレンスは大きな困難に直面する。

人間の手で捕まえられた霊

その日の交霊会で妨害工作を決行したのは、ゲストとして参加していたスピリチュアリストのウィリアム・ヴォルクマンだった。交霊会の最中、ヴォルクマンは白いローブを着て現れたケイティを「四〇分間、注意深く観察し、その体つき、容貌、身振り、サイズ、スタイル、話しかたの特性を精査」した。そこでヴォルクマンは、その物質化された霊が「あたかも身長を変えようとするかのよう」に「ときどきつま先で立っていること」に気がついた。ケイティは明らかにフローレンス本人だと考えたヴォルクマンは、それを確かめるべく彼女の腰に両手でがっしりと摑みかかった。フローレンスの熱心な信奉者だった交霊会の参加者たちは即座に反応した。G・R・タップとエドワード・エルジー・コーナー〔のちにフローレンスの夫となる〕が駆け寄り、ヴォルクマンをケイティから力ずくで引き離した。一方、ジョン・チャールズ・ラクスモアは、ケイティをキャビネットのなかに引き返させた。そのあと参加者たちは、指示があるまでキャビネットのなかを覗いてはいけないというケイティの命令に従った。そのため、キャビネットのなかは約五分後に確認された。するとそこには、黒いドレスとブーツを着たフローレンスが、交霊会のはじまりのときと同様に腰のまわりを紐できつく結ばれた状態の姿でいた。[32]

フローレンスの全身物質化を疑っている人々の側からすれば、今回の一件は、もはや完全に不信感を掻き立てるのに十分すぎるできごとだった。そもそもケイティが本当に霊であれば、なぜそこまで慌てなければならないのか。また、キャビネットのなかを確認するのになぜ五分も待たされる必要があるのか。いまやフローレンスは自分のミディアムシップにかけられた疑いを、なんとかして払拭しなければならなかった。フローレンスがウィリアム・クルックスに接近していったのは、まさしくこのタイミングでのことだった。ダニエル・ダングラス・ヒュームと同様の確証を科学者のクルックスから与えてもらえれば、傷つけられた自分のミディアムシップの真正性への何よりの信用証明になる。フローレンスはそう考えたのだろう。[33]

クルックスのほうは、フローレンスとの実験をすることに何の異論もなかった。それどころかクルックスは、最初からフローレンスを擁護する姿勢を公にした。一八七四年二月六日の『スピリチュアリスト』誌で、クルックスは次のように述べている。

この主題との関わりによって、自分に必然的に向けられる攻撃や偽りの陳述に対して、わたしは返答するつもりはない。

しかし、わたしの数行の文章が、ことによると他人に投げかけられている不当な嫌疑を取りのぞく助けとなるかもしれない場合は別だ。また、それが女性——まだ年ゆかず繊細で無垢な女性——の場合、不当に告発されていると思われる彼女を援助するよう自分の証言を強めることは、とりわけわたしにとっての責務となる。[34]

またクルックスは、前述のヴォルクマンによる暴挙がおこなわれた数日後、みずからフローレンスの交霊会に参加し、そこで実際にケイティの物質化を目撃したときのことも記している。「やや薄暗い光のなかで、わたしが見ることのできたかぎり、その姿〔ケイティの姿〕は驚くほど生き生きとして現実的だった」。そうクルックスは述べながらも、その特徴がたしかにフローレンスに似ていたことを認めている。だが、その一方でクルックスは、フローレンス＝ケイティ説に対しての反論となり得る自分自身の「感覚の疑いようのない証拠」として、ケイティの姿がキャビネットの外にいるあいだ、キャビネットのなかからはフローレンスのうめき声が聞こえ続けたのをたしかに耳にしたとも主張している。ただし、ここでクルックスはいくぶん慎重さを見せて、自分が十分な確証を得たと主張しているわけではないという断りも入れている。そして現在、フローレンスとプライベートな交霊会をおこなっていることを告げ、「この問題に決着をつけるのに十分であると考えられる確かな証拠をわたしが提示するまで、判断を停止させておくように」とクルックスは読者に訴えている。かくしてクルックスは、ふたたび新たなミディアムの調査に乗り出すことになった。[35]

写真に収められた物質化した霊

クルックス自身の調査の発表に先んじて、一八七四年三月二十日の『スピリチュアリスト』誌では、王立協会会員で電信技師のクロムウェル・フリートウッド・ヴァーリーによるフローレンスに対する実験結果が掲載された。今回の調査は、ヴァーリーが電信技師としての自身の知識や技能（大西洋を横断する電信ケーブル敷設に際して、一八五八年からアトランティック・テレグラフ・カンパニーの技術面でのアドバイザーにもなっている）を活かして考案した「電気検流計」が使用された。[36] また、実験の現場にはクルックスも立ち会った。

キャビネットのなかに座ったフローレンスに対して、キャビネットの外にある抵抗コイルと電気検流計につながっている電気回路を取りつけた。電極としてソブリン金貨（一ポンド金貨）がはんだ付けされたワイヤーの端の線とフローレンスの腕とのあいだには、接触を良くするために湿らせた吸取紙を入れ、輪ゴムで固定した。こうすることで、キャビネットの外にいる参加者たちは、外部の検流計の針さえ観察しておけば、ケイティがキャビネットの外に現れたとき、フローレンスが装置を取り外してその場を離れていないかどうかをチェックできる。その結果はどうだったのか。全身ではなく手と腕だけだったが、いつものようにケイティはたしかに現れ、ペンで紙にメッセージを書き残していった。それでも検流計の針は正常値を保ち続けていた。したがって、フローレンスは装置を取り外していなかったとみなされた。この実験からヴァーリーは、フローレンス＝ケイティ説は成立しないということを証明できたと確信した。[37]

このヴァーリーの実験から一か月も経たない一八七四年四月三日、クルックス自身による調査の結果が『スピリチュアリスト』誌に発表された。[38] 今回もまたクルックスは、ミディアムに対する完全な支持の側に回った。そして、フローレンス＝ケイティ説を否定することになったそのときの状況を次のように記している。彼が書庫に入ると、実験の最初のときと同じ黒いベルベットの服を着たフローレンスが体を丸めうずくまり、意識を失っていた。クルックスがフローレンスの手を取り、顔の近くに明かりを近づけても彼女は動かなかったが、呼吸は静かに続いていた。そしてクルックスがランプを持ち上げてあたりを見まわすと、フローレンスのすぐ後ろに白い優雅なローブを身に着けて立っているケイティが見えた。うずくまっているフローレンスとすぐそばにいるケイティが現実であることを三度確認した。また、クルックスはフローレンスとケイティのあいだに観察された次のようなちがいも指摘している。フローレンスよりケイティのほうが身長が高かった（ケイティは裸足で、つま先立ちをしていたわけでもなかった）。ケイティの首は見た目も、実際に触れても滑らかだったが、フローレンスの首には大きな発疹があった。ケイティの耳にピアスの穴は開いていなかったが、フローレンスはいつもピアスをしていた。ケイティの顔は色白だが、フローレンスは浅黒かった。ケイティの指はフローレンスよりかなり大きく、顔も大きかった。物腰、表情においても決定的なちがいがあった。[39]

クルックスによるフローレンスの調査は、このあとも継続された。そして、およそ二か月後となる六月五日の

『スピリチュアリスト』誌では、ケイティの写真の撮影に成功したことを発表した。[40] しかも「ケイティ・キングの最後」と題されたこの寄稿によると、この世にケイティが姿を現すのは今回かぎりであり、今後は二度と彼女に会えなくなるとのことだった。したがって今回の寄稿には、去りゆくケイティを見送るためのいわばお別れ交霊会のようすも記されていた。

写真については、撮影の結果、ケイティが写っている四四枚のネガフィルムが手に入った。そのなかには、フローレンスとケイティがいっしょに写っている写真もあった。また、クルックスがケイティと並んで写っている写真もあった。さらに、ケイティといっしょに撮影された場所で、同じ位置にある同じカメラを使って、同じライトで照らしてフローレンスといっしょにクルックスが撮影された写真もあった。クルックスによれば、この同一条件で撮影したケイティとフローレンスの写真を比較すると、明らかにケイティがフローレンスよりも頭半分ほど背が大きく、顔の大きさも異なり、その他の点でもいくつかちがいが示されていた[41]（図6・5）。

写真以外にも、クルックスはフローレンス＝ケイティ説の反証となり得る点を述べている。たとえば、フローレンスの髪がほとんど黒に近い濃い茶色であるのに対して、ケイティの髪は金褐色で、しかもそれが頭皮から生えていることを確認したこと（クルックスはケイティの髪の房を切ることを許され、入手したとも述べている）。また、ケイティの脈拍を計ると七五だったが、そのすぐあとにフローレンスを計ると九〇だったこと。ケイティの胸からは心臓の音を聞いたが、それは実験のあとのフローレンスのそれよりも安定したリズムだったこと。同様の方法でそれぞれの肺を検査したところ、そのときひどい咳で治療を受けていたフローレンスよりも、ケイティのほう

図6.5 ウィリアム・クルックスによって撮影されたケイティ・キングの写真

が健康そうだったこと。[42]

こうしたことからすると、たしかにクルックスの前に現れたフローレンスとケイティは別人だったのだろう。だとしても、懐疑的な人からすれば、そもそも単にフローレンスと共謀した何者かが、ケイティの役割を演じていたにちがいないと考えるのではないか。[43]だが、そのような反論を予想していたクルックスは次のように述べている。

この六か月のあいだ、ミス・クック〔フローレンス・クック〕は、わたしの家を再三訪れ、ときには一週間にわたって滞在した。彼女は、鍵をかけられていない小さなハンドバッグ以外、何も持ってきていない。日中の彼女は、わたしか妻あるいはほかの誰かの前につねにいるし、彼女がひとりで寝ることもない。そういった状態において、ケイティ・キングを演じるために必要となる人物を仕立てるための機会は、わずかですら絶対にない。[44]

今回の調査結果を語っているときのクルックスの言葉には、一八七〇年七月の『クォータリー・ジャーナル・オブ・サイエンス』誌で、みずからのスピリチュアリズムとの関与の弁明とその調査に入ることを宣言した際の科学者にふさわしい慎重な態度は、まったくと言っていいほど見られない。およそ四年間のミディアムたちとの実験の結果、クルックスがミディアムたちを擁護しようとする姿勢は、まさにスピリチュアリストになった人のそれとなんら変わるところがない。クルックスは次のように述べ、フローレンスへの絶対的な擁護を堂々と表明している。

十五歳の無邪気な女子生徒がこのように大仕掛けの詐欺を思いつき、それを三年にもわたってうまくやり続けられることなどあるだろうか。この間、彼女はあらゆる角度から調査され、厳重に監視され、交霊会の前後にあらゆる検査を受けているのだ。また、厳密な科学的調査を受けるという明白な目的で来ていることを知っている彼女は、両親の前でおこなわれる交霊会よりもいい成果を出さなければならない。わたしはこう言いたい。ケイティ・キング自身の主張を信じることが理性と常識に背くことであるとするならば、この三年間の彼女を詐欺の所産だと考えることは、もっと理性と常識に背くことだと。[45]

「厳密な科学的調査」──クルックスはそう述べているが、かつてのヒュームに対する初期の実験のころならまだしも、今回のフローレンスに対する一連の調査にかぎって言えば、そうではないだろう。なんといっても同寄稿でのクルックスは、ケイティの「完璧な美」を称えようとして感情を昂《たかぶ》らせ、バイロンの詩『ドン・ジュアン』の一節から引用までしてしまっている。[46]このことからしても、もはやクルックスがケイティに魅了され、入れ込んでいると言っても過言ではないだろう。しかも、クルックスが同寄稿に書いている次の言葉を読むと、ケイティによってふたりの信頼関係が巧みに利用されていたのではないか、とすら疑いたくなる。

わたしが交霊会に積極的な役割を務めるようになっていくと、ケイティはわたしが手はずを整えた交霊会以外は拒否するまでになり、ケイティのわたしに対する信頼の念は徐々に増していった。彼女はわたしに、いつもそばにいてもらいたい、キャビネットの近くにいてほしいと言った。この信頼関係ができあがり、わたしが約束を破らないことを彼女が納得して以降、現象は大いに力を増し、別の方法で取り組んでいたらできなかったと思われる調査が自由におこなえるようになった。彼女は交霊会の出席者やその人たちがどこに配置されるべきかについてもわたしにしばしば助言を求めた。[47]

さらに同寄稿によると、ケイティは今回のお別れ交霊会で、この世を去っていく前に次のように述べている。「クルックス氏は、最初から最後までとってもよく振る舞ってくれました。わたしは彼のことを最大限に信頼しているので、けっして裏切られることなどないと安心して、彼にフローレンスをゆだねられます」[48]
このケイティの言葉は、まるで今後もフローレンスを保護し続けるようクルックスに対して強く念押しするかのようでもある。さらにそのあと、ケイティはクルックスをキャビネットのなかに招待し、その最後を見届けることを許した。クルックスはそのときのことを次のように書いている。

カーテンが閉められたあと、彼女はわたしとしばらくのあいだ会話をし、そしてクック嬢が床の上に無感覚で横たわっている部屋を歩いていった。彼女の上で止まり、ケイティは彼女に触れて言った。「起きて、フローリー、目覚めるのよ！　もうあなたを残していかないと」。クック嬢は目覚めると、ケイティに涙ながらに訴えた。もう少しとどまってほしいと。「いとしい人よ、それはできません。わたしの任務は終わりました。神の祝福がありますように」とケイティは答えた。そして最後にクック嬢が涙にくれて話すことができなくなるまで、ふたりは数分間会話をしていた。ケイティの指導に従い、わたしはクック嬢を支えるべく前に進み出た。クック嬢はヒステリックにすすり泣きながら床に崩れ落ちた。わたしはあたりを見渡したが、白いローブに包まれたケイティの姿は消え去っていた。クック嬢が落ち着くと明かりが点けられ、わたしは彼女をキャビネットの外へ連れ出した。[49]

フローレンスの目論見は、ことのほか成功したと言っても差し支えないだろう。科学者クルックスの確証と信頼を獲得したことで、詐欺の疑いをはねつけたばかりか、イギリスでの全身物質化を代表するスター・ミディアムとして、彼女の名はスピリチュアリズムの歴史の一頁にしっかりと刻まれることになったのだから。

クルックスの隠された想い

このクルックスによる一連のフローレンスについての調査結果を読むと、もはや彼が正統的な科学の世界からはるか遠くに離れてしまっているかのようにも思える。だが、実際にはそうではない。ヒュームとの実験以降のクルックスは、スピリチュアリズムに深く関与しながらも科学界から脱落したわけではなく、依然として称賛されるべき科学者として活動を継続していた。

ヒュームとの実験を開始した一八七〇年十二月、クルックスとウィリアム・ハギンズ〔前述したとおり、ハギンズもクルックスによるヒュームの実験に参加している〕は、ジョン・ティンダルらとともに地中海東部における日食観測研究チームのメンバーに選ばれていた。このときクルックスは分光器の専門家として、三つに分けられたグループのひとつの責任者として参加した。[50] また、スピリチュアリストへと転身したかのように見えたクルックスは、一八七三年にラジオメーター〔ガラス管内の羽根の回転により、光の放射強度を測定する装置〕の考案を発表し、それによって一八七五年には王立協会から栄誉あるゴールド・メダルを授与されている。

こうした正統的な科学的研究の一方で、明らかに異端のスピリチュアリズム研究を同時におこなって見せたほうのクルックスは、まるで別人のようにも思われる。だが、クルックス自身にとって、それらふたつは別種のものではなかったようだ。彼のラジオメーターを用いた科学的研究による仮説として、真空に近いガラス管の内部で回転する羽根の動きの原因を未知の「放射物質」によるものと想定し、それを固体でも液体でもなく、気体ですらない、いまだ知られざる「第四の物質状態」とみなしたこと。その一方でミディアムの力による作用の媒体として「サイキック・フォース」の存在を仮定したこと。これら両者の研究を推し進めていく際の根底にある共通の動機は、つねにクルックスのなかに存在し続けた未知の新たな力の発見への情熱だったことはまちがいない。[51]

とはいえ、こうしたクルックスの科学者としての公的な姿の裏には、隠された別の姿があった事実もここで記しておくべきだろう。日食の観測のために家族から遠く離れた場所で過ごしていたクルックスが一八七〇年十二月三十一日の真夜中に書いた日記には、次のように彼の内心が吐露されている。

わたしの思いは去年のこのときに戻らずにはいられない。そのときネリー〔クルックスの妻〕とわたしはともに、たいせつな亡き友たちと交流していた。そして十二時になると、彼らは幸せな新年を願った。わたしは彼らがいまでも見守っているのを感じる。また、彼らにとって空間は障害にならないのだから、同時にわたしの愛するネリーのことも見守っているはずだ。〔中略〕三年以上前、船で航海中に境界を越えてしまった弟からの霊的交信を受け取り続けることを神が許してくださいますように。〔中略〕愛するネリーといとしい子供たち、アリス、ヘンリー、ジョー、ジャック、バーナード、ウォルター、小さな赤ちゃんのネリー、みんなにすばらしい良き新年を。この世での年月が終わったとき、わたしがときどき垣間見る霊の地で、わたしたちがさらに幸せな日々を過ごせますように。[52]

この日記にはっきり表れているのは、科学者としてのクルックスではなく、霊の世界に想いを馳せるもうひとりの彼のプライベートの姿だ。また、この日記の日付を見ると、少なくともクルックスがヒュームとの実験に入るころには、すでに霊の存在を信じる想いが胸中に秘められていたことがわかる。だとすると、当時のクルックスが実験を重ねながら観察された結果を提示していたことの背後には、すでに信じていた死者の霊の作用を確証したいという思いがそもそもの動機としてあったのではないだろうか。実際、同年四月十三日、ロシアのサンクトペテルブルク大学の化学教授アレクサンドル・フォン・ボートレロウへの手紙で、クルックスは次のように書いている。

〔一八七〇年六月の〕『クォータリー・ジャーナル・オブ・サイエンス』誌に記事を書いて以来、わたしにはあまり実験を先に進める機会がありませんでした。それからわたしが目にしてきたものすべては、わたしの意見をさらに進歩的なスピリチュアリストの意見への支持に向かわせました。ただし、なんらかのことを発表する前に、実験的証拠に訴えることによって自分の意見を裏付けておきたいと思っています。いま、ヒューム氏がロンドンに戻ってきていますので、多くの実験をすること、そして多くの科学者たちが自分の目で確かめる機会を設けてもらえるよう要望しているところです。[53]

少なくともこの手紙からは、一八七一年七月一日の『クォータリー・ジャーナル・オブ・サイエンス』誌でヒュームとの実験を発表する以前の段階で、すでにクルックスがスピリチュアリズムを支持していたことは疑いようがない。

だとしても、クルックスによる初期の実験の発表段階では、スピリチュアリズムへの傾倒は科学者としての抑制された口調の裏に隠されていた。したがって、あくまで表向きに見えていたのは、公正で偏りのない客観的事実にもとづいてミディアムの能力を検証しようとする真摯な科学者の姿だった。それに加えてクルックスは、スピリチュアリズムを無視し続ける科学者たちを挑発さえした。科学者として開かれた心を持っているというのなら、ただ否定するのではなく、自分と同じように実験してみよ、と。

ダーウィンの不安

こうして公の場でスピリチュアリズムへの支持をあからさまにしはじめたクルックスの姿を前にすると、これまでスピリチュアリズムに関心を持つことのなかった科学者たちも心穏やかではいられなかった。十九世紀最大の革命的な学説となる進化論を提唱したチャールズ・ダーウィンですら、一八七四年（日付不明）の手紙に次のように書いている。「その記事をわたしが読んだあとに、もしあなたがここに立ち寄ったなら、あなたは当惑した男を発見したことでしょう。わたしはクルックス氏の言葉を信じないわけにはいきませんが、彼の結果を信じることもできません」[54]

また、当時のダーウィンの心を騒がせていたのは、クルックスによる実験結果だけではなかった。ここ数年、彼の身近な人々のあいだにも、看過できないほどスピリチュアリズムの影響がおよんできていた。

まずは、進化論という共通の学説で歩調を合わせていたはずのアルフレッド・ラッセル・ウォレスが前述のようにスピリチュアリズムにはまり、おかしなことになっていた。ダーウィンがウォレスから受け取った一八六九年四月十八日の手紙には、次のように書かれていた。

人間に関するわたしの「非科学的」な意見に対して、あなたがどう感じていらっしゃるかはよくわかります。なぜなら、数年前ならわたし自身もそれらを馬鹿げていて話にならないものと思っていたでしょう。〔中略〕この主題についてのわたしの意見は、一連の驚くべき物理的および精神的現象の熟考によって、すっかり修正されました。わたしには、それらを完璧にテストするあらゆる機会がありました。そしてそれらは、科学によっていまだ認識されていない力や影響力の存在を実証するものでした。あなたはそれをなんらかの精神の幻覚のようなものととらえることでしょう。しかし何年ものあいだこの主題を調査してきたロバート・チェンバーズや、有名な生理学者であるバーミンガムのノリス博士、電気技師C・F・ヴァーリーとの個人的なやり取りを踏まえて、わたしはあなたに断言します。調査から導かれた事実やそのおもな推論の両方において、彼らがわたしと同意していることを。[55]

さらに、ダーウィンの妻の兄で語源学者のヘンズリー・ウェッジウッドもウォレスとともに交霊会に参加した結果、やはりスピリチュアリズムに傾倒していた。[56] また、ダーウィンの親類で、アフリカの探検や遺伝学に関する著作で知られるフランシス・ゴルトンも、いくつかの交霊会に参加したあげく、そこにトリックが見つけられなかったことを何度もダーウィンに宛てた手紙で報告している。たとえば、クルックスの家でおこなわれたケイト・フォックスの実験に参加したゴルトンは、一八七二年三月二十八日のダーウィンへの手紙で、そのときの感想を次のように打ち明けている。「いまのところわたしが言えるのは、その結果に当惑していること、そしてそれらを疑う気持ちにとてもなれないということです」。[57] さらに同年四月十二日にクルックスの家でおこなわれたダニエル・ダングラス・ヒュームとの実験で、アコーディオンによる演奏の「すばらしく甘美」な調べを堪能したあとのゴルトンからダーウィンへの手紙では、よりいっそう確信を増した口調になっている。ゴルトンいわく、ケイト・フォックスやヒュームが実験に挑む態度は「きわめて開放的」だった。また、クルックスの「手続きは最初から最後まで科学的」であり、そこで起こったことは「俗悪なごまかし」などではなかった。[58] そのうえ、別の手紙ではこともあろうに科学者の態度をけなし、ミディアムへの疑いを微塵も見せることなく次のように述べている。「科学者として臨む人々は、たいてい気むずかしくて意固地であり、また妨害的で忍耐力もないので、じっと待っていられません。そんな人々との交霊会が成功することはほとんどない、という彼らの主張に嘘偽りのないことを、わたしは実感しています」。そしてゴルトンは、交霊会への参加をダーウィンにうながすべく、「わたしたちふたりだけで、ヒュームとともに一ダースほどの交霊会を確保できれば」とまで書いている。[59]

ウォレスやクルックスといった名だたる科学者たちによる熱心なスピリチュアリズム擁護、さらにごく親しい知人たちにおよぼしている影響を考慮すれば、ダーウィンが落ち着かない気分になるのも当然であろう。こうした状況のなか、一八七四年一月十六日、ついにチャールズ・ダーウィンまでもが交霊会に参加することになった。[60]

ダーウィン家での交霊会

ダーウィンの兄、エラズマス・ダーウィンの家で開催された交霊会には、ヘンズリー・ウェッジウッドとフランシス・ゴルトン、哲学者のジョージ・ヘンリー・ルイス、作家のジョージ・エリオット（男性名のペンネームを持つ女性メアリー・アン・エヴァンズで、当時ルイスの恋人）、のちにサイキカル・リサーチ協会（ＳＰＲ）で中心人物のひとりとなるフレデリック・マイヤーズ（第2部で詳述する）、ダーウィンの息子ジョージ・ダーウィンが参加した。

ウェッジウッドやゴルトンがすでにスピリチュアリズムに傾倒していたのに対し、ルイスやエリオットは完全に懐疑的な立場に身を置いていた。まずルイスは、前述のとおり一八五〇年代初頭のマリア・B・ヘイデンの交霊会に参加し、その不正を『リーダー』誌上で暴露している。また、ロンドン弁証法協会の委員会による交霊会への参加要請に対してもあっさりと却下している。そして、エリオットもスピリチュアリズムにはきわめて否定的だった。ハリエット・ビーチャー・ストウ（アメリカの奴隷制度廃止論者であり、『アンクル・トムの小屋』の作者）へ宛てた一八七二年三月八日の手紙では、「どんな主題についてもわたしは心を開きたいと思っています」と述べながらも、自分のところに舞い込んできたスピリチュアリズムに関する報告や証言は、「最も低い次元のペテン師のひどいやりかた」ばかりだったと書いている。また、同手紙ではダニエル・ダングラス・ヒュームについても、次のようにかなり辛辣に批判している。

わたしが言いたいことの例としてＨ氏〔ヒューム〕を取り上げましょう。〔中略〕彼はわたしにとって、道徳的嫌悪の対象です。クルックス氏やリンゼイ卿による最近の報告についてはまったく価値がありませんし、その他のものはわたしの心に対してＨ氏が単に詐欺師だという確信をもたらすものです。彼の並外れた顕現と称しているものは、あたかも暇な金持ちのための陶器類やポマードとまったく同様で、新たな市場《マーケット》を作り出すため、流行に変化をもたらそうとしているようなものなのです。[61]

ところで、今回のダーウィン家での交霊会に招待されてやって来たミディアムは誰だったのか？　残念ながら、ゴルトンがダーウィンへの手紙で期待を込めていたヒュームではなかった。一八七〇年代に入ってから台頭してきた新世代ミディアムのひとり、チャールズ・ウィリアムズだった（前述のように、フローレンス・クックが初期のミディアムシップを発達させていったのは、ウィリアムズとフランク・ハーンとの共同の交霊会でのことだった）。ここでダーウィン家の交霊会の話に入る前に、ウィリアムズのミディアムシップがいかほどのものだったかを少し紹介しておこう。

ウィリアムズが初期に発揮したミディアムシップのなかでとりわけ目を引くパフォーマンスは、真っ暗な部屋の空中に現れる光の文字のメッセージだった。一八七二年五月十五日の『スピリチュアリスト』誌では、ウィリアムズがフランク・ハーンとの共同の交霊会で光の文字を出現させたときの状況が次のように報告されている。

ウィリアムズ氏のそばの空中に霊の名前が大きな燐光の文字で素早く書かれた。次に同様の素早さで霊たちは「God Blee ――」と書きはじめた。そのとき放電のようなパチッという音が鳴り、部屋全体を照らし出すほどの閃光が走った。[62]

また、一八七一年六月におこなわれたウィリアムズとハーンの交霊会では、驚くべきことにも霊によって人間が遠距離を瞬間的に運ばれたとする「トランスポーテーション」に関する報告もある。一八七一年六月八日の『エコー』誌の記事によると、その交霊会にはジョン・キングとケイティ・キングが出現した（物質化した姿を現したわけではなく声で）。そして参加者のひとりが、ケイティ・キングに対して、この場に何かを持ってくることができるかと尋ねると――

彼女は答えた。「はい、もちろんです」。すると参加者のひとりが冗談で言った。「わたしはガッピー夫人を運んできてほしいのだが」。それに対してほかの人が言うには、「おお、なんてことを！　それは無理だと思うよ。彼女はロンドンで最も大きな女性のひとりだからね」（ガッピー夫人はとても太った女性だった）。しかしケイティの声はすぐにこう応じた。「できます、できます、できます」。そしてジョン・キングのガラガラ声が叫んだ。「それは無理だよケイティ」。だが彼女はくすっと笑い、こうくり返したのだ。「できます、できます」[63]

そしてすぐこのあと、ガッピー夫人が人々の前に姿を現した。明かりを点けると、トランス状態で手にペンとメモ帳を持ったガッピー夫人が立っていた。トランス状態から回復したガッピー夫人が言うには、彼女はこの家から五キロメートルほど離れた自分の家で家計簿をつけていたところで、そこには新聞を読んでいたN嬢がいっしょにいたという。ガッピー夫人が家計簿に書いた最後の言葉は「玉ねぎ」だったが、そのインクはまだ乾いていなかった。すなわち、とても大きな体のガッピー夫人がケイティによって、インクが乾くより速く、瞬時に移動させられたわけだ。

では、このように派手な交霊会を成功させてきたウィリアムズは、ダーウィン家の交霊会でどれほどのパフォーマンスを発揮できたのか。残念なことにこの日の交霊会は、その全容についての記録が残されていないため、参加者の日記や手紙からその概要と断片的な状況を知るしかない。たとえば、ジョージ・ヘンリー・ルイスの日記には、ただ次のように記されている。「完全な暗闇が要求されたので、わたしたちはうんざりして立ち去った」[64]。だが、ウェッジウッド夫妻とともに参加したその娘のヘンリエッタ・リッチフィールドは、後日その交霊会のことを次のように回顧している。

わたしはルイス氏が厄介者だったことを覚えている。軽口を叩き、そのゲームをまともに扱うことも、黙って暗闇のなかで座っていることもなかった。お決まりの顕現である火花、吹いてくる風、ラップ音、家具の移動が起こった。スピリチュアリズムは、わたしの母の心に対してはほんの少ししか印象を残さなかった。彼女は信じるも信じないもなく、曖昧な態度を守っていた[65]。

一方、チャールズ・ダーウィンは、交霊会の二日後の一月十八日付の手紙で次のように書いている。

それは暗闇のなかでした。そのあいだずっとジョージ〔息子〕とヘンズリー・ウェッジウッドは、ミディアムの手と足を両側で押さえつけていました。あまりにも暑くて退屈してきたので、これらの驚くべき奇跡ないし手品がはじまる前に立ち去ろうかと思っていました。しかしながらいかにしてその男は、わたしの理解を超えることをなし得たのでしょう。わたしが階下に下りると、信じられない光景が目に入ってきました。すべての椅子、そしてテーブルの上のさまざまなものが、そのまわりに座っている人々の頭上まで浮かんでいたのです。

　仮にこのような馬鹿げたことを信じるはめになっても、神はわたしたちすべてに慈悲をお持ちでおられるでしょう。そこにいたF・ゴルトンは、すばらしい交霊会だったと言っていました。[66]

ウィリアムズは、ダーウィンたちを前にみごとにやってのけたのか？　そうかもしれない。少なくともこのダーウィンの手紙からは、ウィリアムズが引き起こした「理解を超えた」現象に対して、それを詐欺だと断じてはいない。

　こうした状況に対して、これまでウォレスから持ちかけられた調査への再三の誘いを断り続けていたトーマス・ヘンリー・ハクスリーも看過できなくなったようだ。今回のダーウィン家での交霊会の報告を受けて、ついにウィリアムズの交霊会へと足を運ぶことになった。

ハクスリーが交霊会で見たもの

ハクスリーは正体を隠し、ダーウィンの息子ジョージとともにウィリアムズの交霊会に臨んだ（今回、チャールズ・ダーウィンは参加していない）。この顛末については、一月二十七日付でハクスリー自身が書いた長文の詳細な報告書が残されているので、それをもとに描かれた交霊会の模様をたどってみよう。

　部屋の中央には、四本の脚とふたつの引き出しの付いた「不安定で動きやすい」小さな軽いテーブルが置かれていた。そのテーブルのまわりに五人が座り、その上に両手を置いた。ハクスリーとジョージ・ダーウィンは、ウィリアムズの両側からそれぞれ彼の小指をしっかりと摑み、彼の両足の上に、それぞれ自分たちの足を乗せた。テーブルの上には、ギター、アコーディオン、紙製の角笛《ペーパー・ホーン》、日本の扇子、マッチ箱、燭台があった。当初は窓から入ってくる光をそのままにしておいたので、部屋はやや暗い程度だった。その状態で三〇分経ったが、何も起こらなかった。

次に雨戸とカーテンが閉じられ、完全な暗闇に包まれた。だが、ハクスリーは「幸運なことにも、ドアの外の明かりのついた廊下から入ってくる三つの光の点を発見した」。それはハクスリーにとって、隣のウィリアムズの動きを見張るための目印になった。ハクスリーは次のように書いている。

さらに幸運なことにも、これら三つの光の点はわたしの目にとって参照すべき目印になった。すなわち、ミディアムが座っている場所を横切り、境界をつくる三つのまっすぐな光線を、わたしに授けてくれたのだ。そしてすぐにわたしは、仮にミディアムが体を前後に動かすと、三本の光線のひとつがまちがいなく隠されることに気がついた。それゆえ、彼の足を確かめ、手をしっかり握ることに注意する一方で、わたしは集中して自分の目をAとBの光線に固定した。[67]

しばらくは何も起こらなかった。だが、ついにハクスリーが触れているほうのウィリアムズの腕がビクビク動きだした。ハクスリーはAとBふたつの光線に注意を集中し続けた。ウィリアムズの腕の動きが止まった。そしてそのすぐあと、Aの光線が隠された。次にBの光線が見えなくなると同時にAの光線が見えるようになった。ハクスリーは、このときのことを次のように書いている。

「ふむふむ！」わたしは考えた。「さて、ミディアムの頭はテーブルの上にあるな。今度こそは、われわれもなんらかの顕現を経験するだろう[68]」

そのとおりになった。すぐにアコーディオンが音を鳴らし、ギターが移動し、かすかにその弦の鳴る音が聞こえた。そのあいだ、Bの光線は見えなかった。やがてAとBどちらの光線もふたたび見えるようになった。暗闇のなかで見えないウィリアムズの頭がテーブルの上の楽器に触れ、移動させたり音を出したりしていたにちがいない。それが、見え隠れする光線からウィリアムズの動きを察知したハクスリーの推測だった。実際、その光線のことをジョージ・ダーウィンが指摘したあと、何も現象は起こらなくなった。ハクスリーによれば、そのあとウィリアムズは、光が気を散らすので遮断すべきであると「それとなく巧みに」示唆した。ウィリアムズの指示に従うため、交霊会はひとまず一度中断されることになった。

交霊会が再開されるとき、席替えがおこなわれた。ジョージ・ダーウィンはウィリアムズの隣を離れてハクスリーの横に座った。ジョージのいた場所には交霊会のホストを務めたY氏が座った。すなわち、今度はハクスリーとY氏がウィリアムズの両側に着くこととなった。かくして部屋は真っ暗にされた。すぐにウィリアムズは断続的に激しく体を揺らした。すると、すぐに物体が引きずられる音が聞こえてきた。アームチェアはY氏のほうに動いていた。そして最後にそれはテーブルの上に載った。この間、ウィリアムズの隣にいたY氏はアームチェアの動きに気を取られ、ウィリアムズの動きにはほとんど注意を向けていなかったようだ。実際、のちにアームチェアが近づいてきたとき、ウィリアムズの腕に触れていたかどうかを尋ねられた際、離してしまっていたと本人が述べている。一方、ウィリアムズの左手に触れていたハクスリーは、そのときウィリアムズの右手の緊張に連動するように左手の筋肉に力が入っていたことを感じている。要するに、ウィリアムズがアームチェアを足でY氏のほうへ動かし、その驚きでY氏の注意はあっさりそらされた。その隙にウィリアムズはテーブルの上にそれを右手で持ち上げたのだとハクスリーは考えた。結論として、ハクスリーはなんらためらうことなく、ウィリアムズのことを「いかさま師であり詐欺師だ」と断じている。[69]

このハクスリーの報告は、チャールズ・ダーウィンを安心させたようだ。一月二十九日に、ダーウィンはハクスリーに感謝を込めた手紙で次のように書いている。「その交霊会にはうんざりしたとは思いますが、参加されたことには大きな価値がありました。〔中略〕わたしの考えでは、〔交霊会で起こる現象を〕単なるトリックを超えた何かであると信じさせようと思っても厖大な量の証拠が必要になるはずです」[70]

一方、ウィリアムズは、ハクスリーがどう思おうとも関係なく、その後も順調に交霊会を続けていく。だが、過去にウィリアムズのパートナーだったミディアム、フランク・ハーンは詐欺の証拠が発覚し、翌年十二月三十一日の『スピリチュアリスト』誌にその暴露記事が掲載された。それによると、全身物質化で現れたジョン・キングが参加者のひとりに捕まえられ、その正体が、一・八メートルほどの長さのターラタン地の布（吸湿性の高い綿）をターバンのように頭に巻きつけたハーンの変装であったことが明らかにされた。[71] それから六年ほど経過した一八七八年九月、ついにウィリアムズ自身も、オランダのアムステルダムでリタというイギリスのミディアムとともにおこなった交霊会で自作自演が暴露された。全身物質化された「チャーリー」なる霊が参加者のひとりによって捕まると、リタ本人がそれを演じていたことが判明したのだ。さらにその後、参加者たちが調べたところ、リタとウィリアムズのポケットからは、変装用のさまざまな小道具——髭、ハンカチーフ、小さな香水ボトルのなかに入った燐含有オイル、数メートルのモスリン綿など——が発見された。[72]

すでに述べたように、駆け出しのころのフローレンス・クックがウィリアムズとハーンとの共同で交霊会をおこなっていたという事実からすると、こうした彼らの失態は、彼女の真正性を疑わせるのに間接的とはいえ、十分な証拠になり得るのではないか。そればかりか、フローレンスの能力を確証したと称するウィリアム・クルックスやクロムウェル・フリートウッド・ヴァーリーによる科学的実験や調査、そしてその結果として霊現象を確証された事実として提示した彼らの主張の価値についても、あらためて疑問を投げかけざるを得ないのではないか。

ミディアムVSミディアム

一八七〇年代に進展した全身物質化という究極のミディアムシップは、ミディアムたちを一気にスターダムに押し上げたかと思うと、暴露によってその地位をあっけなく失墜させることもある危険を孕んだパフォーマンスだった。実際、不正の暴露はハーンやウィリアムズだけではなかった。一八七〇年代後半には、当時注目を集めていた有名ミディアムたちの暴露が相次いだ。しかも、それらは必ずしも反スピリチュアリズムの立場の人々からの攻撃による結果ではなく、逆にスピリチュアリズム信奉者たちからの告発や暴挙というかたちで生じることも珍しくなかった。このことは、さまざまな霊現象を強く信じていたスピリチュアリストたちのあいだですら、全身物質化に対する不信感が流れていたことを意味している。したがって、この時代のスピリチュアリズムの真偽をめぐる争いは、スピリチュアリストVS反スピリチュアリストという単純な図式では描ききれなくなっていた。また、さらに図式を複雑にする要因として、ライバル関係にあるミディアム間での争いもあった。この時代の交霊会のスキャンダラスな暴露のいくつかは、これが原因となっていた。

たとえば、前述のフローレンス・クックの交霊会におけるウィリアム・ヴォルクマンによる暴挙も、彼女のことを好ましく思っていなかったミディアム、ガッピー夫人の差し金であった可能性がかなり高い。そもそもヴォルクマンはガッピー夫人と親しい仲にあった（実際、ガッピー夫人は夫のサミュエル・ガッピーの死後、ヴォルクマンと結婚する）。さらに言えば、イギリスで物質化の先駆者として名を知られていたガッピー夫人は、若く美しいフローレンスの登場によって世間の注目が彼女に奪われていくことによる焦燥感があったにちがいない。一八七六年九月十日に書かれたミディアムのネルソン・ホームズ（この人物については後述する）からダニエル・ダングラス・ヒューム宛ての手紙で、ガッピー夫人がフローレンスに対して強い敵意を持っていること、さらにフローレンスの交霊会に人を仕向け、顔に酸をかける計画をしていたことを明かしている。[73] 結局、そこまでの暴行には至らなかったものの、ヴォルクマンがケイティに摑みかかったのは、フローレンスのトリックを暴露し、その人気を蹴落とすために、あらかじめ練られていた行動だったのだろう。

ガッピー夫人については本章で何度か言及してきたが、ここであらためて彼女がどのようなミディアムであったかをもう少し紹介しておきたい。

ガッピー夫人のミディアムシップは一八六六年ごろからはじまったが、前述のように、その初期の交霊会に足繁く通い、そこで起こる現象を熱心に観察し続けたのがアルフレッド・ラッセル・ウォレスだった。[74] 未婚だった当時の彼女の名前はアグネス・ニコルだったが、一八六七年にサミュエル・ガッピー氏と結婚して以来、ガッピー夫人という名で知られるようになる。サミュエル・ガッピーの死後は、フローレンスの交霊会を妨害したウィリアム・ヴォルクマンと再婚。その後は、ガッピー＝ヴォルクマン夫人と呼ばれるようになった。

初期のガッピー夫人による交霊会の定番のレパートリーは、テーブルや参加者の上にさまざまな物体を出現させる「アポート（apport）」と呼ばれる現象だった。だが、一八七〇年代に入ってからは、新たなレパートリーに踏み出し、部屋の隅に置かれた木製の食器棚の小さな窓から、霊の顔を出現させるようになった。一八七二年一月にガッピー夫人の自宅でおこなわれた交霊会では、食器棚の下の窓からミディアムの顔が突き出され、同時に上の窓から「石膏のように白い」小さな霊の顔が現れた。ただし、それらの顔は話すことはせず、ただ参加者の質問に対してうなずく以上の動きを見せることもなかった。十九世紀のイギリスで流行した人形劇「パンチとジュディ（Punch and Judy）」を連想させる霊の顔は、完成度としては高くなかったようだ。とはいえ歴史的に見ると、ガッピー夫人こそがイギリスで最初に霊の顔を出現させたミディアムであることはまちがいなく、その現象こそが一八七〇年代イギリスの交霊会を全身物質化に向かわせる出発点となった。そういう意味では、ガッピー夫人はこの時代の流行の先駆者だった。[75]

また、続いて霊の物質化をおこなうようになったフランク・ハーンやチャールズ・ウィリアムズの初期の交霊会も、ガッピー夫人によって仕切られていた。このことからも明らかなように、ガッピー夫人は当時新たに台頭してきたミディアムたちに対する指導的役割も果たしていた。そんな彼女にとって何より目障りだったのが、全身物質化を演じるフローレンスのような新たに進出してきた若い女性ミディアムの存在だったのだろう。

ガッピー夫人の攻撃の矛先はフローレンス以外にも向けられた。ホームズ夫人の交霊会も標的になったひとつだ。ホームズ夫人は夫のネルソン・ホームズとともにアメリカから一八七〇年代初頭にやって来て、ロンドンでもその名を知られるようになったミディアムだった。夫自身もミディアムだったため、交霊会は夫婦共同でおこなわれていた。[76]ガッピー夫人の暴露計画が決行されたのは、一八七三年二月二十七日、ホームズ夫人が単独でミディアムを務めた交霊会でのことだった。そこにはガッピー夫人の支持者であるジェイムズ・クラークが参加者として紛れ込んでいた。このときの交霊会に参加していたステイントン・モーゼズはガッピー夫人とジェイムズ・クラークに対する悪口を、個人的な手帳に書き留めている。

> J・C〔ジェイムズ・クラーク〕は危険で恥知らずな人間である。彼がホームズ夫人を悩ませるようG夫人〔ガッピー夫人〕によって唆《そそのか》されたとわたしは確信している。G夫人はいまやクック嬢とホームズ夫人の品性を貶めようという試みに手を染めている。彼女は嫉妬深い女なので、どんなことでもするだろう。J・Cは無節操な手先となっている。[77]

では、ガッピー夫人の「無節操な手先」ジェイムズ・クラークは、どのような手法でホームズ夫人の暴露を決行したのだろうか。

交霊会がはじまり、暗い部屋のなかでいつものようにギターやタンバリンが音を鳴らし出した。クラークは機を見計らって行動に出た。部屋の中央でマッチに火を点けて部屋を見渡すと、クラークにとっては予想どおりと言うべきか、椅子に座って縛られていたはずのホームズ夫人が自由な状態でギターを持ち踊っているのが見えた。要するに、霊によって鳴らされていると思われていたギターは、暗闇のなかでホームズ夫人が鳴らしていたのだ。次の瞬間、ホームズ夫人はすぐにギターを下ろし、二メートルほど離れていた彼女の本来の定位置に引き返した。そしてトランス状態の装いのなか、掠《かす》れた声で話しはじめた。「おお、悪党め、目の眩《くら》む光によって規約を破る悪党め――その悪党を追い出しなさい」[78]

こうしたできごとを見ると、ミディアムの不正の暴露はあっけないほど簡単だったとすら思われる。霊が全身物質化したのであれば捕まえて確かめればいいし、説明のつかない奇妙な現象が起これればマッチを擦って暗闇に光をもたらせばいい。だがそれにもかかわらず、ミディアムの暴露は頻繁に起きていたわけではないのはなぜなのか。そもそもこの時代の物質化をおこなう交霊会のほとんどは、基本的に無料のプライベートな交霊会であったため、ミディアムのほうに参加者を選ぶ権利があった。したがって、暴挙に出る可能性のある人物をあらかじめ排除しておくことも十分に可能だった。つまり、前述のダヴェンポート兄弟のように料金を取って参加者の間口を広げたパブリックな交霊会では、ミディアムが不特定多数の人々に晒されることになるが、逆にプライベートな交霊会ではミディアムが自分に親しみを持っている人だけを選ぶことができた。仮に疑わしい参加者が紛れ込んだと思われる場合ですら、最も信頼できる支持者を自分のまわりに配置することによって不測の事態に予防線を張っておくこともできた。

また、霊の顕現のために場の調和が不可欠であることを理由にして、ミディアムにとって有利な条件やルールを参加者に守らせることもできた。とくにフローレンス・クックのように強力な支持者を得た場合は、交霊会の手はずからその実際の過程に至るまでを取り仕切ったその主催者が、ミディアムに対して好都合な環境を整え、本番のあいだもミディアムの守護者となる役割を果たすことになった。先に一度引用したクルックス本人の言葉――「わたしが交霊会に積極的な役割を務めるようになっていくと、ケイティはわたしが手はずを整えた交霊会以外は拒否するまでになり、ケイティのわたしに対する信頼の念は徐々に増していった。彼女はわたしに、いつもそばにいてもらいたい、キャビネットの近くにいてほしいと言った」――が、何よりもそのことを明かしている。

ところで、ネルソン・ホームズからダニエル・ダングラス・ヒュームに宛てた前述の手紙は、ガッピー夫人の策略による妻の暴露のあとに書かれたものだが、その手紙にある次の言葉はなかなか興味深い。

物質化が進行しているなか、霊の顔に酸を投げかけること、それによってミス・フローリー〔フローレンス〕・クックの美貌を永久に破壊することを〔ガッピー夫人は〕願っていたのです。[79]

ここで当然のように述べられている霊の顔の損傷＝フローレンスの顔の損傷という点に注目してほしい。これはケイティがフローレンスと同一人物であることを前提とした発言であることは明らかだ。こうしてみると、物質化をレパートリーとするミディアムたちへの疑いは拭いがたくなる。おたがいの不正を知ったうえで、おたがいに沈黙を守り、各自それぞれが偽りの交霊会をおこなっていたのではないか。その可能性を十分に示唆している。

物質化された霊の不気味な姿

ケイティの霊を本物だと認めたウィリアム・クルックスが全身物質化の現象を実際に調査した対象は、フローレンス・クックだけではなかった。フローレンスと同じ年齢のメアリー・ロジーナ・シャワーズによる全身物質化の交霊会にもクルックスは積極的に参加していた。ここで全身物質化を中心とした交霊会の様相をさらに詳しく見るために、少々不気味で特異な現象が起こっていたメアリーの交霊会にも目を向けてみたい。

一八七二年春から地元のデボン州ティンマス（イングランド南西部）の交霊会でミディアムを務めていたメアリーは、一八七四年に両親にともなわれてロンドンに移住する。フローレンスの支持者であり、また家族とも古い付き合いのあったジョン・チャールズ・ラクスモアの世話のもと、手厚い交霊会が用意され、すぐにメアリーもロンドンのスピリチュアリズム界で、その名を知られるミディアムたちの仲間入りを果たした。[80]

メアリーとフローレンスは同い年の少女という点だけではなく、ともに有力なサポートをしてくれる男性のパトロンを見つけ、入場料を取らずに信頼のおける人々を中心にした閉鎖的な交霊会をおこなっていた点においても共通していた。フローレンスから見れば、後進のメアリーは強力なライバルとなり得たのだが、ふたりは反目し合うことなく良好な関係にあったようだ。クルックスの研究室ではメアリーとフローレンス共同の交霊会がおこなわれ、メアリーが全身物質化したフローレンス・メイプルの霊とフローレンスが物質化したケイティ・キングの霊が、「明るい光のもと、女子生徒がよくやるように腕を絡ませて」仲良く並んで歩きまわったことすらあった[81]（以降は混同を避けるため、フローレンス・クックをこれまでどおり「フローレンス」と呼び、メアリーが物質化した霊フローレンス・メイプルは「メイプル」と表記する）。

当時、フローレンスが物質化したのはケイティの霊だけだったが、メアリーはメイプルのほかにもレノーア、ロージー、サリー、ピーターなどさまざまな霊たちを同時に物質化した。しかも姿を現した霊たちは、その行動の大胆さという点に関しても目を見張るものがあった。たとえば、メアリーの交霊会に参加した小説家・劇作家で女優のフローレンス・マリアットによる報告によれば、メイプルは「惑星言語」と称した言葉で参加者たちを歌わせた。同時に、メイプル自身はピアノの前に座り伴奏さえした[82]。

ここで想像してみてほしい。堂々とピアノの演奏さえしてしまう、このあまりにも人間界に溶け込んでいる物質化された体を持つ霊の姿を。そして、そんな場面を目撃しつつも平然と過ごし、心温まる気持ちでともに声を合わせて歌い、最後には満ち足りた想いに包まれて家路につくような参加者とはいったいどんな人たちなのか。明らかに、メアリーのミディアムシップに対して微塵も疑いを持たずに交霊会に足繁く通う、常連の信奉者以外の何者でもないだろう。

マリアット自身も、メアリーや彼女の霊たちから相当の信頼を得ていたようだ。マリアットは次のように述べている。

> ピーター、フローレンス〔メイプル〕、レノーア、サリーは、わたしととても親しくなった。〔中略〕実際にひところは、わたしが交霊会に居合わすべきだといつも彼らは要求してきた。また、ここでこう言ってよければ、メアリー嬢とわたしのあいだにはきわめて強いラポールがあり、彼女の顕現はいつもわたしが居合わせることによって非常に強まった[83]。

このマリアットとメアリーの関係は、前述のクルックスとフローレンスのあいだに育まれた信頼関係を思い出させる。こうした間柄を築いたからこそ、マリアットは交霊会の最中にキャビネットのなかを覗くという貴重な機会を何度か許されている。そこでマリアットは、次のようなきわめて異様な舞台裏の光景を目撃している。

> メイプルの案内で応接室の奥に通されたわたしは、そこで肘掛け椅子で休んでいるメアリー嬢を発見した。最初に目に入った彼女の姿はわたしをゾッとさせた。〔中略〕彼女はいまやいつものサイズの半分に縮んでいるように見え、そのドレスは彼女からだらしなく垂れ下がっていた。彼女の両腕は見えなくなっていた。だが、わたしがドレスの袖の上に手を置いてみると、彼女の両腕が幼児サイズにまで縮んでいることがわかった――肘があった場所に指が位置しているほどまでに。同様の信じられないような事態は、彼女の足にも起こっていた。足の大きさは彼女のブーツの半分だけを占めるほどしかなかった。実際、彼女は四歳から六歳ぐらいの少女の干からびたミイラのように見えた。霊が彼女の顔に触ってみるように言った。額は乾燥しザラザラとし、かつ燃えるように熱かった。しかし、顎からは水が彼女のドレスの胸に大量に滴り落ちていた。メイプルはわたしにこう言った。「あなたに彼女を見てほしかったのは、見たことを人々に伝えるのに十分なほど勇敢な人であることを知っているからです」[84]

ミディアムの幼児化、あるいはミイラ化。こういった少々不気味な場面は、ほかの物質化交霊会の報告からは聞こえてこない。だが、マリアットが目撃した交霊会の不気味な現象はこれだけではなかった。マリアットによれば、レノーアはめったに完全なかたちを取ることがなく、その足は「固まっていない粘土のよう」に感じられ、「つま先はない」か、もしくは足指は「正常な数」に達していなかった。しかも「数週間埋められていたのちに掘り起こされた」かのように、レノーアのまわりには「遺体安置所の臭い」が漂っていたこともあった。しかもその臭いは強烈だった。腕でレノーアを支えて、彼女とともに部屋のなかを歩きまわったときは、「その強烈な臭いで気絶しそうになった」。そしてレノーアがキャビネットに戻ったあと部屋を出て嘔吐してしまった。

マリアットが目にした驚くべき現象はまだほかにもあった。とりわけ不可解なのは、次のようにレノーアが非物質化していく場面である。マリアットは、レノーアのスカートを持ち上げてみるように求められた。すると、下半身が消えていた。さらに脚に触れるようレノーアに言われたので手を伸ばしてみたが、そこに脚はなかった。レノーアは数分前までは部屋を歩きまわっていたにもかかわらず、いまや彼女の体を支えていたはずの下半身の部分には何もなかった。すなわち、レノーアは「地面から明らかに持ち上がっていた」。続いて起こったレノーアの完全な非物質化の過程をマリアットは次のように述べている。「彼女の声が消えていき、彼女の顔も識別できなくなり、次の瞬間に彼女は完全に消えていた」[85]

仮にこれらすべてがメアリーによって仕込まれたトリックだとしたら、かなりみごとな演出ではないだろうか。いや、ここでの「仮に」という言葉は余計なものだろう。というのも、メアリーもまた全身物質化のパフォーマンスで栄光と失墜の両極を一気に往来したスター・ミディアムのひとりだったからだ。

全身物質化のトリック

メアリーの詐欺が明るみに出たのは一八七四年四月三日、エドワード・コックスの自宅で開催された交霊会でのこと。それはなんともあっけないできごとだった。キャビネットから物質化されたメイプルがまさに顔を覗かせようとしていたとき、コックスの娘がルールを破って勝手にカーテンを開けてしまったのだ。それが暴露を意図した行動なのかどうかは定かではない。コックスの報告では、自分の娘が「その状況に関して無知」だったためにカーテンを開けてしまったと述べている（前述のようにコックスは、クルックスによるヒュームの実験に参加し、サイキック・フォースの存在を提唱した人物であり、ミディアムへの敵意を抱えていた人物ではない）。いずれにせよ、そこで参加者たちが目撃したのは、メイプルの定番の頭飾りを被ってはいるものの、交霊会のはじまりのときにメアリーが身に着けていた黒いガウンを着た女性、すなわち、メイプルに完全に変身する前のメアリー本人の姿だった。さらにメアリーの焦りが事態を悪化させた。メアリーがすぐにカーテンを閉めようとしてコックスの娘と争った際、彼女の頭飾りが落っこちてしまった。そのときの状況をコックスは次のように述べている。

わたしはそれをしっかりと目撃した。さらに、ただならぬ光景が続いた――「あなたはわたしのミディアムを殺してしまったのよ！」と泣き叫ぶ声が言った――ちなみに、彼女は殺されてもいなし、発見された悔しさ以上に傷つけられてはいないため、その心配はまったく不要だった。彼女は言い訳として、トランス状態だった自分の行動は、無意識のものだったと述べた。[86]

コックスはこのときの顚末を『スピリチュアリスト』誌に送ったが、メアリー支持側にいた編集長のウィリアム・ヘンリー・ハリソンは公表することを躊躇した。そんななか、『ミディアム・アンド・デイブレイク』誌はコックスの記事を五月八日号に掲載した。それを受けて、『スピリチュアリスト』誌のほうもコックスの寄稿を放置するわけにはいかなくなった。そのため五月十五日の同誌では、コックスの記事と併せてメアリーの母や支持者からのメアリーの擁護と弁解に努める証言を併載した。また、その後も『スピリチュアリスト』誌は支持者たちからのメアリー擁護を表明する寄稿を相次いで掲載し、彼女をあらゆる攻撃から守る構えを保持し続けた。[87]

たとえば、八月の『スピリチュアリスト』誌に掲載されたチャールズ・ブラックバーンの寄稿では、「若い淑女のミディアムシップの真実」を証明するとして三つの点があげられている。第一にメアリーの声ではない別の複数の霊の声が聞こえてきたこと。第二に霊の顔がカーテンから覗いたとき、メアリーは縛られていたため彼女自身が顔を出すということはそもそも不可能だったこと。第三にメアリーのピアスの穴のなかを四・五メートルの長さの糸を通し、その両端をドアに取りつけて動けないようにしていたにもかかわらず、レノーアが現れたこと。しかもレノーアは明らかにメアリーとは別人であったこと（レノーアの耳には穴がないこと、メアリーよりもさらに痩せていること、つま先が完全ではないことなど）。こうした状況説明を提示したあと、ブラックバーンは言う。「これほど卓越し、誠実で高貴なミディアムを中傷することが正しいことかどうかを、わたしは目下、公衆の判断にゆだねたい」[88]

ところで、すでに全身物質化を疑いのないものとして認めていたクルックスは、メアリーの暴露の件についてどう思っていたのだろうか。自分が擁護し続けていたフローレンスと共同で物質化をおこなっていたことすらあるメアリーの不正が暴露されたということになると心穏やかではいられないはずだ。

しかしながら、クルックスの当時の公の発言どころか私信においてすら、フローレンスに対して不信感を示す言葉はまったく見られない。ただ、メアリーについては表に出さなかったものの、プライベートな場では疑いを口にしていた。たとえば、王立協会会員の物理学者レーリー卿（第三代レーリー男爵、ジョン・ウィリアム・ストラット。のちにノーベル物理学賞を受賞）が母に宛てた一八七四年五月三日の手紙には、メアリーが実験で「すべて失敗した」とクルックスが語っていたと記されている。加えて、メアリーが失敗した同じテストで、フローレンスは自分がケイティではないことを証明したとクルックスが述べていたということも、レーリー卿は同手紙に書いている。[89]

さらにクルックスの胸のうちを伝えるものとして、ダニエル・ダングラス・ヒュームに宛てた一八七五年十一月三日の手紙がある。そこでクルックスは、メアリーがトリックを使っていたという事実を知ってしまったことを、ヒュームに対して次のように打ち明けている。

S嬢〔メアリー〕に関しては、ごく簡単な事実があります。彼女はフェイ夫人に自分の顕現がすべてトリックだったと告白したのです。そして、まさに適切にもフェイ夫人はわたしに教えてくれたのです。その後すぐに〔中略〕フェイ夫人の援助によって、S嬢の手書きによる完全な告白を入手しました。わたしはS嬢と何度か会話をし、彼女にトリックをやめるよう説きました。わたしは自分のプライベートな友人をのぞいて公に暴露をしないことを約束しています。ですから、この件については何も口外しないでください。[90]

クルックスがこの手紙で述べているメアリーの「手書きによる完全な告白」は残念ながら現存しないため、それが具体的にどのようなものだったかを知ることはできない。だがエドワード・コックスがヒュームに宛てた一八七六年三月八日の手紙を読むと、メアリー自身のトリックではないにせよ、当時の全身物質化の交霊会で実際にどのようなトリックが使われていたかを窺い知ることができる。なお、同手紙で説明されているその手口の詳細は、物質化の指導を求めてきたミディアムに対して、あるミディアムが明かした内容から得た情報であるとコックスは述べている。ここでコックスの手紙をもとに、そのおおよそのところを紹介しておこう。

ミディアム（女性）は、二、三分で簡単に脱ぐことのできるドレスを交霊会のために準備する。また、小さく圧縮できるモスリンのヴェールを下着のなかに忍ばせておく。スリップ以外のすべての服を脱いだあと、そのヴェールで全身を覆う。一方、脱ぎ捨てたガウンは、枕を重ねられたソファの上に注意深く広げておく。そして、ミディアムは「物質化した霊」としてカーテンから外に出て、参加者の前にその姿を現す。では、カーテンのなかに参加者が入ることを許される場合はどうなるのか？　それについてコックスは、なかで明かりを灯すことが禁じられていること、そしてカーテンの外からの薄暗いガスの明かりは遮断されていて、暗闇で見えるものは何もないことを指摘したうえで、次のように説明している。

これまで参加者の誰もミディアムの顔を見ることは許されてこなかったということを、わたしは指摘しておきます。それはいつも「ショールで覆われて」いました。〔参加者の〕手はドレスを感じ、それ以外は想像されたものです。上記の秘密の暴露者が言うことを参照するなら、彼女が白いヴェールを身に着けるためにガウンを脱いだときは、それをソファあるいは椅子の上に広げ、その下には枕あるいはなんらかのものをあてがいました。そして、これこそ彼らが彼女の肉体を感じ、そう思い込んだものなのです！[91]

このあまりにも単純なトリックが全身物質化の舞台裏の真実だったとすれば、逆に成功したスター・ミディアムたちには、参加者全員を虜《とりこ》にできるような筋立てを考案し、それを巧みに演出する才能があったと言うべきだろう。たとえば、一八七一年五月二十一日におこなわれたケイティ・キングのお別れ交霊会の参加者だったウィリアム・ヘンリー・ハリソンの体験談を読めば、その場がいかにケイティ・キングという主役によって仕立て上げられたみごとなドラマであったかが伝わってくる。

ケイティは自身の門出が迫っていることについて語った。そしてタップ氏が持ってきた花束とクルックス氏からの百合の花束を受け取った。

交霊会のすべての参加者たちは、彼女のまわりに近づいてひとまとまりとなった。〔中略〕次に彼女は各自のために花を束に分け、ブルーのリボンで括った。彼女は友人の何人かに別れの手紙を書いた。「アニー・オーウェン・モーガン」とサインされたそれは、彼女が地上にいたころの本当の名前だった。彼女はミディアムのためにも手紙を書いた。そして送別の贈り物として、ミディアムのためにすばらしい薔薇《ばら》の蕾《つぼみ》を選んだ。ケイティは参加者のすべてに自分の髪を好きなだけ与えるために鋏で切った。彼女は参加者それぞれと握手をするために、クルックス氏の腕を取り、部屋中を歩きまわった。彼女はふたたび座り、彼女の髪を分配した。また彼女のローブとヴェールもいくつかに切り分け配られた。〔中略〕

そのとき彼女は疲れてきていたようだった。そして彼女は行かなければならないことを仕方なく告げた。力が弱まっていきながらも、最も愛情のこもった別れの挨拶を告げた。〔中略〕友人たちをもう一度真剣に見つめると、彼女はカーテンを下ろし、そしてもはや彼女は見えなくなった。彼女がミディアムを起こしたのが聞こえてきた。ミディアムは彼女にもう少しのあいだとどまっているよう涙ながらに懇願した。だがケイティは言った。「愛しい人よ、そうはできないのです。わたしの務めは終わりました。神の祝福がありますように」。そして、彼女の別れのキスの音を聞いた。その後、ミディアムはひどく消耗し、深く困惑した姿でわたしたちの前に現れた。[92]

歴史家のアレックス・オーウェンが指摘しているように、全身物質化の交霊会とは、「特別な効果、哀愁、タイミングを満たす純然たる劇場」であり、とくに成功した場合は、参加者たちと「スターの役割を演じる若い少女たちとのドラマティックなオーケストレーションの傑作」だった。[93] たとえその顕現が本物だろうと偽物であろうとも、役者と観客のあいだの暗黙のルールと信頼関係にもとづく予定調和的なやり取りなくしては成立し得ない見世物であったことはまちがいない。

「言語に絶するできごと」

ミディアムたちに対する相次ぐ暴露のなか、スピリチュアリズムに肩入れするクルックスの立場はかなり厳しい状況に追い込まれていた。だが、エドワード・コックス家におけるメアリー・ロジーナ・シャワーズの暴露からおよそ一年後、クルックスはまったく懲りることなく、若く美しい女性ミディアム、アンナ・エヴァ・フェイ（図6・6）の調査に乗り出した。

一八七四年五月、アメリカからやって来たアンナは、「言語に絶するできごと」という謳い文句でショーを宣伝し、驚くべきパフォーマンスを見せつけていた。グラスゴーとエディンバラで交霊会を開始し、六月五日にはロンドンに進出。フローレンスやメアリーのようなプライベート・ミディアムではなかったアンナは、ダヴェンポート兄弟のように大勢の人々をホールに集め、入場料を取るプロフェッショナルなミディアムだった。また、そのパフォーマンスも次のようにダヴェンポート兄弟とそっくりだった。[94]

縛られて身動きできない状態のアンナの膝の上に助手が輪を置く。そしてキャビネットのカーテンが閉められ、すぐさ

図6.6　アンナ・エヴァ・フェイ（1882年）

まカーテンが開けられる。すると輪はアンナの首にかかっている。次にアンナの膝の上にギターが置かれる。ふたたびカーテンが閉められると、すぐさま弦が掻き鳴らされる音が聞こえてくる。カーテンがふたたび開かれるまで、かすかなギターの音がホールに響き渡る。助手が今度はギターを床の上に置く。カーテンが閉められるとハーモニカやほかの楽器が「霊の音楽《スピリット・ミュージック》」を演奏しはじめる。さらにキャビネットのなかから釘がコツン、コツンと打ち込まれる音も聞こえてくる。また、紙と鋏がアンナの膝の上に置かれてカーテンが閉められ、ふたたびカーテンが開くと霊が紙を切り、人形のかたちの連なりが作り出され、椅子のそばにあった手桶がアンナの首にぶらさがった状態となっている。最後にはアンナの膝の上にナイフが置かれ、カーテンが閉じられると、ほんの数秒後、縛っていた結び目が切断された状態の彼女がキャビネットから人々の前に登場する。このアンナによるパフォーマンスの驚くべきところは、そのカーテンが閉じてから開くまでのあいだが、ほんの瞬時のことだったところにある。

クルックスによるアンナの本格的な実験は、一八七五年二月のことだった。クルックスの自宅を訪れたアンナは、かつてフローレンス・クックも被験者となったクロムウェル・フリートウッド・ヴァーリーの考案した電気検流計の装置につながれた。実験は同月の五日、六日、十九日、二十五日の四回にわたって実施されたが、ここではそのなかでも最も詳細な記録が残っている十九日の実験を紹介しておこう。[95]

この日の実験には、ダニエル・ダングラス・ヒュームとの実験にも立ち会った天文学者のウィリアム・ハギンズとエドワード・コックス、さらにダーウィンに交霊会への参加を熱心に勧めたフランシス・ゴルトン、『スピリチュアリスト』誌の編集者ウィリアム・H・ハリソン、さらに実業家のコンスタンティン・イオニデス（のちにフランスの彫刻家オーギュスト・ロダンのイギリスにおける最初のパトロンとなる人物）が参加した。

実験室と書斎のあいだのドアはカーテンで仕切られた。そして書斎はアンナがひとりで閉じ籠もるための部屋として使われた。アンナは書斎のドアの仕切りのあたりにある椅子に座ったが、その場所はクルックスの机から約一・二メートル、バイオリンが置かれたテーブルからおよそ二・四メートル、本棚からはおよそ三・六メートル離れていた。また、アンナの手はブライン液（塩と砂糖を混ぜた水）に浸された。その後、同じくブライン液が染み込まされたリネン（麻の布）で覆われたふたつの真鍮の取っ手を握らせた。取っ手につながれたワイヤーは壁を伝い、クルックスをはじめとする実験者たちのいる部屋にある抵抗コイル、バッテリー、検流計につながっている。アンナが両手を取っ手から外せば、検流計の観察者には電流が途切れたことが一目瞭然となる。こうしたことからクルックスは、「この方法には絶対的な確かさという長所がある」と自信を持って述べている。

二十時五十五分、アンナが装置の取っ手を握っているのを確認したあと、書斎の照明が消され、実験が始まった。二十時五十六分、書斎のなかでハンドベルが鳴りはじめた。二十時五十七分、アンナから最も離れた場所──およそ九〇センチメートル離れているカーテンの仕切り──から手が出現した。二十時五十九分、アンナだとされる声が言った。「あなたに渡したいものがあります」。カーテンの隙間から出てきた手が、ウィリアム・H・ハリソンの編集している『スピリチュアリスト』誌をハリソン本人に渡した。二十一時、声はこう言った。「弁護士よ、わたしはあなたのために手に入れたものがあります。ここにいらっしゃい」。ふたたびカーテンから出てきた手は、法廷弁護士でもあるコックスに、自身の著書『わたしとは何か？──精神哲学・心理学入門（*What am I?: A Popular Introduction to Mental Philosophy and Psychology*）』を差し出した。その際にコックスは片足でカーテンを開け、なかを覗いた。そこで見たものをコックスは次のように述べている。

> そこにはサイキック（ミディアムのこと）、もしくはまさしく彼女の複製が立っているのが見えた──同じレースのついた同じサテンのドレス、同じく長いカールした髪だった。本が渡される際に手がわたしに触れた。それは温かく、湿っていて、肉付きがよかった。そして指には同じ指輪があった。[96]

しかもこのときコックスは、椅子の上に装置の取っ手を握ったままの人物がいるのも確認している。残念ながら暗がりのため、コックスはその椅子の人物がどんなドレスを着ていたかまでは確認できていない。

二十一時一分、声は言った。「ここにあなたのためのものがあります。天文学者よ」。今度は、ウィリアム・ハギンズの著書『スペクトル分析（*Spectrum Analysis*）』が本人に手渡された。二十一時二分、声は言った。「ここにいらっしゃい、旅行者よ。あなたにプレゼントがあります」。フランシス・ゴルトンがカーテンに近づくと、彼の著書『旅行術（*Art of Travel*）』が本人に渡された。二十一時三分、コンスタンティン・イオニデスが尋ねた。「あなたはわたしに何もお持ちではないのですか？」。声はこう言った。「ここには本よりも、もっとあなたが好むものがあります」。次の瞬間、煙草の箱がイオニデスに投げられた。それはクルックスの机の施錠された引き出しのなかに入っていたはずだった。二十一時四分、一・五メートル離れた戸棚の上の置時計が、カーテンを通して渡された。二十一時四分三十秒、検流計を見ていたクルックス以外の観察者たちはカーテンを開けて、立っている人間の姿を見た。二十一時五分、これまで異常を示すことのなかった検流計がついに電流の途切れたことを示した。クルックスをはじめ観察者たちはすぐに書斎に駆け込んだ。するとそこには頭をうなだれ、両手を垂らし、椅子に崩れ落ちたアンナの姿があった。クルックスいわく、アンナは「意識不明もしくはトランス」の状態だった。その後、アンナの意識が戻るまでに三十分を要した。意識を回復したあと、アンナはお茶を飲み、馬車を呼び、男性たちからのエスコートの申し出を断り、滞在先のブルームズベリー・スクエアのホテルに帰っていった。

実験自体はほんの十分程度のことだった。だが、そのあいだに起こった現象は、参加者たちに説明することのできない深い謎を残すものだった。検流計につながれた状態で、アンナはいかにしてさまざまなことをなし得たのか？　あるいは何か未知の力が介在したということなのか？

参加者たちは部屋を調査した。書斎の机の上に実験の開始前にはなかったはずの古い陶磁器が見つかった。クルックスによると、それは上の階の応接室の床から二・四メートルの高さにある飾り棚に置かれていた。交霊会がはじまる前、アンナはたしかに応接室にいた。とはいえ、ほかにも人がいる明るい部屋のなかで、アンナがその陶磁器を取るために高い位置までよじ登ったなどとは考えられない。

さらにクルックスたちを悩ませたのは、アンナがそれぞれの参加者にふさわしいものを渡したことだった。クルックスによれば、実験の前、アンナが知っていたのは参加者のうちのふたりの名前だけだった。それにもかかわらず、いかにして参加者それぞれに適した物を選べたのか。参加者それぞれの著書は、たしかにクルックスの書斎の本棚にあった。とはいえ、いかにしてそれをすぐに見つけられたのか。このことを、エドワード・コックスは次のように述べている。

完全な暗闇に覆われたその部屋で、本棚に並ぶ背表紙に記されたタイトルを読むことはどのような目にも不可能だったはずだ。蠟燭の光があったとしても、本棚の数百冊のなかからこれら三冊のいずれかを見つけるには長い時間がかかったことだろう。わたしの本のタイトルは背に印刷されているが、ハギンズ氏の本は背でなく表面だけにある。彼の本を発見することは、著者自身ですらまごつくことだろう。ゴルトン氏の著書に関しては、それを所蔵していたことをクルックス氏も忘れていたと述べている。[97]

ここで思い出していただきたいのは、コックスがけっしてスピリチュアリストではなく、そして前年にすでにメアリー・シャワーズの全身物質化の詐欺を見つけて公表した人物だったということだ。そんなコックスですらこう述べざるを得なくなった。「これらの現象は、詐欺の可能性を排除していたと思われる条件のもとで起こった」[98]

本当にそこに詐欺はなかったのだろうか？　ここでは、いまとなっては確かめようのないアンナのトリックを推測する代わりに、彼女の経歴をたどりながら、彼女が本物のミディアムではなかったという事実のほうに目を向けておきたい。[99]

出生時の本名はアン・エライザ・ヒースマン。一八五一年二月三日、オハイオ州サジントン生まれ。[100]十八歳のころからミディアムとしてプロフェッショナルの道を歩みはじめる。そして、のちに夫となるヘンリー・メルヴィル・カミングスと知り合いパートナーシップを結ぶ。このころから、彼女はアンナ・エヴァ・フェイというステージネームを名乗るようになった。じつのところ、カミングス自身もすでに十八歳のころからH・メルヴィル・フェイという名でミディアムを生業としていた。彼がそう名乗ることにしたのは、ダヴェンポート兄弟といっしょにツアーを回っていたウィリアム・マリオン・フェイと似せるためだった。しかもそうすることで、自身を偉大なるダヴェンポート兄弟の従兄ないしは兄弟、または彼らのマネージャーであるとしばしば称していた（これらは事実ではない）。だが、彼のミディアムとしての活動はそれほど順調に進まなかった。実際、その不正を疑われる、ないしは暴露されることすらあった。各地を転々とする巡業ミディアムを一〇年あまり続けたあと、おそらく自身がミディアムをやっていくことに限界を感じていたのだろう。そこで目を付けたのがアンナだった。すぐさま一線を退き、彼女のマネージャー兼ディレクターに専念するようになった。その後、ふたりはアメリカ各地での交霊会を成功させ、一八七四年の春、ついにイギリスに進出する。そして翌年、前述のクルックスとの実験に単独で挑んだアンナは、そこでみごとに成功を収め、名声を手に入れる。[101] さらにその後のアンナは、仲間の裏切りに遭いつつも（このエピソードについては第8章で紹介する）、一九二七年五月に亡くなる三年前まで、数々の「言語に絶するできごと」で会場に集まった大勢の観衆たちを魅了しながら華々しい活躍を続けていく。

さて、アンナが起こしていたのは本物の霊現象だったのだろうか？　彼女がパートナーシップを組んだ夫の怪しい経歴を見るかぎり、そうではないだろう。クルックスの自宅での実験に参加した人たちがどう思っていようとも、彼らはアンナの巧みな技によって出し抜かれたのだろう。実際、その証拠となる晩年のアンナ自身の発言がふたつ残っている。ひとつ目はマジシャンのハリー・フーディーニが、一九二四年七月九日にアンナのもとを訪問した際の会話がある。[102] ふたつ目はウォルター・フランクリン・プリンス（のちの一九二五年に超常現象を調査研究する団体、ボストン・サイキカル・リサーチ協会を設立する人物）にアンナが亡くなる前月の一九二七年四月に語った話がある。

いかにして「当時の第一線で活躍していた科学者を罠にかけたのか」というプリンスからの質問に対して、アンナは次のように語っている。

わたしは公共の注意を惹きつけるための威光が必要でした。だからクルックス教授に会いに行くつもりだと友人たちに言ってみました。彼女たちからは「でもそれって無理じゃない？　すごい有名人よ」って言われたのだけど、わたしは彼女たちにこう言い返しました（そしてここで彼女の顔から七十歳を超えた人の年輪は消えた。スレンダーな老婦人は魅惑的な若いセイレーン〔ギリシア神話の妖精〕のようなようすを取り戻した）。「でも、わたしだって若くて素敵なアメリカのレディーよ」ってね。そうして後日わたしは彼の家に立ち寄ってみたら、彼はいなかったのだけどクルックス夫人には会うことができました。最初はちょっと冷淡だったけど、話しているうちに打ち解けてきたので、わたしはこう言ってみました。「クルックス教授は現象にご興味があると聞きましたが、わたしは彼がまちがいなく興奮するはずのものを持っていますので、来週の木曜の夜、奥様と教授のおふたりでわたしのアパートメントにお越しくださりますか？」するとクルックス夫人はこうおっしゃってくださいました。「ええ、お伺いできると思います」。翌週ふたりは来てくれたのだけど、そのときは何も起きませんでした（ここで彼女はわたしに「この段階ではまだ彼を信頼させてしまってはだめなのよ！」と言わんばかりに、茶目っ気のあるウィンクをした）。なので、わたしはお詫びを述べて、もしおふたりがもう一度だけでもお越しくださるなら、わたしの霊たちがきっと現象を起こしてくれるにちがいないって伝えました。その後、霊たちはすばらしくたっぷりとやってくれました。それからですよ、クルックス教授がわたしの味方になってくれたのは。[103]

「史上最も才気に富んだミディアムのひとり」――フーディーニはアンナのことをそう評しているが、たしかに彼女はこの時代のスター・ミディアムたちのなかでも格別だった。[104]ほかのミディアムたちが失態を晒して表舞台から姿を消していくなか、アンナだけは劇場を観客で満杯にし、生涯のあいだ人々を魅了し続けた。そればかりか、一九一三年にアンナはロンドンの奇術師協会「ザ・マジック・サークル」（一九〇五年に結成された世界最古のマジシャンの団体）から初の女性名誉会員に選ばれている。[105] 恵まれた美貌と魅力、そして何よりもステージで映える彼女のパフォーマンスのすばらしさは、じつにミディアムの敵となりがちなマジシャンたちからも認められるほど卓越したものだった。

アンナの話題を締め括るにあたり、一九二四年七月九日、七十三歳になった晩年の彼女とはじめて会ったフーディーニの言葉を紹介しておきたい。

わたしは世界で最も偉大な科学者たちを欺いた女性の前に立っている。彼女の体重は四〇キログラムもないだろう。優美なドレスデンの陶器のような繊細さを感じる。皺も染みも傷もない彼女の顔。淡いダイヤモンドホワイトの髪。貫き通すような鋭い目。そして垣間見せる偉大な知性の閃き。彼女の存在感は力強く、その魅力によって当代の——わたしたちの時代だけでなく、いつの時代においても——偉大な精神の持ち主たちを欺くことができたのも納得できる。[106]

光と影

ところで、新たな世代のミディアムたちが儚《はかな》い栄光を味わっていたころ、ダニエル・ダングラス・ヒュームはいったい何をしていたのか。

スピリチュアリストたちのあいだでのヒュームの名声には、まったく陰りがなかった。最も信頼できるミディアムとして、彼を求める声はいまだ鳴りやまなかった。前述のダーウィンが参加した交霊会でも、本当はヒュームに来てもらいたかったにちがいない。ダーウィンに宛てて交霊会の関心を掻き立てる手紙を送っていたころのフランシス・ゴルトンは、ヒュームのミディアムシップに執心していた。一八七二年にクルックスとの実験に参加したあと、ヒュームに交霊会を要請する手紙を送ったゴルトンは、五月二十六日のダーウィンへの手紙にヒュームからの返事が来ないと書いている。[107] さらに六月七日のダーウィンへの手紙では、ヒュームから返事が届かないことで不安を感じ、次のように書いている。

わたしがヒュームに書いた最後の手紙の文面の何かで、彼の感情を害してしまったかとあれこれ考えてしまいます——彼はまったく返信してくれません。そして偶然にもまさに今夜、重要な交霊会があると聞きました。なんとも残念です！

そして五か月後のダーウィンへの手紙でゴルトンは、ヒュームがいまロシアにいて五月まで戻らないとクルックスから聞いたと伝えている。[108]「そういうわけで、わたしは待つことにします」と同手紙に書かれていることからも、ゴルトンがどれだけヒュームの交霊会を楽しみにしていたかが窺える。

実際、ゴルトンもダーウィンも待ったのだろう。だがヒュームからの連絡はついに来なかった。それにしても、なぜヒュームはゴルトンからの連絡を無視したのか。ゴルトンの伝記を書いたカール・ピアソンが言うように、ヒュームは科学者ゴルトンの鋭い観察眼を前に怖気《おじけ》づき、礼儀を忘れて逃げ出したのだろうか。[109]いずれにせよヒュームには、もはやリスクを冒す必要などなかった。そもそも彼はすでに、クルックスの実験で本物だと保証されていた。であれば、いまさら科学者の面倒な要求に応えて実験に挑む必要がどこにあるというのか。また、ヒュームにはロシアへ向かう理由もあった。それは一八六二年に亡くなった彼の妻の遺産相続権を手に入れるためだった。ヒュームはその目的を果たしたばかりか、さらにロシアの貴族の娘を新たな妻として迎え入れた。しかし帰国予定の五月になっても、ヒュームはイギリスに戻ってこなかった。では、ヒュームはいったい何をしていたのか。

一八七二年のはじめ、ヒュームは二冊目の自伝を出版したあと、再婚した妻とパリで過ごしていた（一冊目の自伝は一八六三年）。そこで悲劇が新婚夫婦を襲った。その年の夏に生まれた娘が秋に亡くなってしまったのだ。一方で、経済面においては非常に恵まれていた。先妻の遺産で裕福になったためパトロンは不要になり、気の赴くままにヨーロッパ各地を滞在してまわる自由な生活が送れるようになっていた。その年の冬はニースで過ごし、翌年にようやくイギリスをいったん訪れるもののゴルトンやダーウィンと接触することはなく、夏の暑さを避けるべくスイスに向かった。十二月にはニースに滞在し、翌年の夏はフィレンツェで過ごした。結局ヒュームはゴルトンからの誘いに応じることなく、事実上、ミディアムから引退しようとしていたようだ[110]。

だが、スピリチュアリストたちのあいだでは、ある噂が広まっていた。どうやらヒュームがミディアムの不正行為を暴露する本の出版に向けて準備を進めているらしい……。当然のことながら、自身が攻撃されるのではないかと不安に苛まれたミディアムたちもいたはずだ。たとえば前述のネルソン・ホームズは、ヒュームに取り入ろうとするかのように「わたしたちの敵」とガッピー夫人を名指しつつ、彼女の悪事に目を向けさせようとしていた[111]。クルックスですら、一八七六年六月二十一日のヒュームに宛てた手紙で「わたしはあなたが企画している本がよいものなのかどうか疑っています」と懸念を述べている[112]。

一方で、その出版を待望するスピリチュアリストたちからの賛同の声もあがった。たとえば、ヒュームの友人でスピリチュアリストのサミュエル・カーター・ホールは、一八七六年一月十一日の手紙で次のように書いている。

わたしはあなたがこの仕事を全うするべく召命されたことを祝福します。あなたはそれをできる唯一の人間です。神聖で善なる純粋なキリスト教の霊と天使によって護られるであろうすばらしい使命だと信じています。この聖なる仕事の成就を願い、心からの祈りを捧げます[113]。

こうした関係者たちのさまざまな思惑のなか、一八七七年、ついに『スピリチュアリズムの光と影（*Lights and Shadows of Spiritualism*）』と題されたヒュームの本が出版された。

暗闇のなかでこそ不正をはたらくミディアム。一方で、いっさいのトリックを隠せない明るい光のもとで堂々と真実の現象を引き起こすミディアム。その対比を際立たせ、そして我こそがスピリチュアリズムの真実の守護者であり審判者であることを強調するかのように、扉頁にはゲーテの言葉が誇らしげに引用された。「光を――もっと光を！」

ミディアムの不正を暴露し、糾弾するこの本の内容は、たしかにスピリチュアリストたちの多くを当惑させた。だが、それはけっしてスピリチュアリズム自体を否定するためではなく、むしろその真実を守るためであることを強調していた。ヒュームは言う。「泥に覆われた真珠のように、その原初の純粋さと美しさは、現在ほとんど隠されてしまっているように思われる」。ゆえに、ミディアムたちの腐敗を暴露し、その「真実の美と輝きが十分に深く論じられた」作品を書くことを決意した。それは「金銭上の動機」でもなく、「世間の注目を浴びよう」としたためでもない。己に課せられた「義務」として、ただその仕事に着手したのだ。不正をはたらくミディアムの増加は、本物の霊の顕現の価値までも貶めかねない。すべてのミディアムが偽者のわけではなく、本物もいる。だからこそしっかり真偽を見極めて、偽者を切り離さねばならない。それがヒュームの主張の要諦だった[114]。

ヒュームによる批判の多くは、その当時に暴露が相次いでいた全身物質化に向けられた。ただし、ヒュームは物質化自体が不可能だとか、すべて自作自演だと断じたわけではなかった。ヒュームいわく、たしかに「この顕現の発生の最初の局面」は、「自分〔ヒューム〕を通じて」起こったということが目撃されている。だが、自分の場合は「明るい部屋」で、キャビネットの背後に隠れることもなく、すべての参加者からしっかり見えるなかでおこなった。そう述べたあとで、ヒュームはライバルのミディアムたちを次のように挑発している。

物質化をおこなうミディアムたちがわたしと「同じようにやれる」なら、多かれ少なかれ狡猾に仕掛けられた詐欺の手段として彼らの交霊会を否定することを、わたしは当然やめなければならない[115]。

こうしてヒュームは、偽者のミディアムと一線を画するところに自分の立ち位置を定めることで、あらためて自分こそが確証済みの第一級ミディアムであることを際立たせた。また、泥沼化するであろう論争の行く末を見据えて、ヒュームは周到に次のように述べている。「真実を愛するすべての誠実で知的な人たちは、わたしの側に立つはずだ」。「すべての騙されやすい人と詐欺師」は、「わたしに対する怨嗟《えんさ》のコーラスに加わるだろう」[116]。

この暴露本の出版後の事態は、ある意味で皮肉な様相を呈した。生粋《きっすい》のスピリチュアリストたちがミディアムのトリックについてのヒュームの説明を拒否した一方で、ヒュームの敵対者だったはずの反スピリチュアリストたちはそれを即座に歓迎した。

スピリチュアリズムを攻撃し続けてきた科学者の筆頭ともいうべきウィリアム・カーペンターは、かつてクルックスのおこなったヒュームとの実験結果に対して誰よりも辛辣な批判と嘲笑を浴びせていたにもかかわらず、今回のヒュームの暴露本についてはなんのためらいもなく、むしろ喜んで受け容れた。そして同年十一月の文芸誌『フレイザーズ・マガジン』で、スピリチュアリズムを全面攻撃するみずからの主張を補強するために、ヒュームによる説明の多くを引用した[117]。

それにしても、いったいなぜ詐欺師同然にみなしていたヒュームの言葉を、いとも簡単にカーペンターは信頼してしまえるのか。カーペンターの立場上、たとえヒュームによるミディアムの告発が都合のいいものだったとしても、ここでのその身振りにはいささか矛盾を感じざるを得ない。実際、アルフレッド・ラッセル・ウォレスは、このカーペンターの豹変ぶりを翌月の『フレイザーズ・マガジン』誌上で指摘している。「カーペンター博士からヒュームはいつも詐欺師呼ばわりされていたにもかかわらず、いまやカーペンター博士はヒュームを信頼できる情報源として引用している」。またその一方でウォレスは、ヒュームによるミディアムたちへの告発のほとんどを「純粋な想像」だと述べて却下した[118]。

では、ヒュームの暴露本の出版に難色を示していたクルックスはどう反応したのか。クルックスは自身の思いを公にはしなかった。だが、クルックスの妻エレンからヒュームへ宛てた一八七八年二月四日の手紙では、その出版後に夫が不正な攻撃を受けていることに対する憤りが、ヒュームの本からの多くの引用とともに丁寧な口調ながらはっきりと述べられている。

彼〔クルックス〕は、あなたの本によって厄介な立場に置かれてしまったと感じています。カーペンター博士やその周辺の方々にとって、あなたの本がいままで手にした最大の武器となっているのです。それは当然ながら、最も有名な詐欺師によるスピリチュアリズムの暴露として見られているためです。あなたの友人たちにとって、あなたご自身の記述の悪影響を防ぐために発言することがどれだけ困難かは、あなたがご存じのとおりです[119]。

また、クルックス本人は、前述のメアリー・ロジーナ・シャワーズによる詐欺の告白を受けて高まらざるを得なかったミディアムに対する不信感と、本来の正統科学の分野の研究で多忙をきわめていたことが相まって、スピリチュアリズムの調査から身を引くことになった。一八七五年十一月二十四日にヒュームに宛てた手紙からは、さすがのクルックスも相当嫌気が差したことが伝わってくる。「すべてのことにうんざりしています。あなたへの敬意がなければ、すべての霊に関するつながりを断ち、もはやこのテーマに関して読むことも話すことも考えることもなくなるでしょう[120]」。さらにそのおよそ半月後の十二月八日のヒューム宛ての手紙で、クルックスは次のように書いている。「科学研究で多忙をきわめているので、もはや実りのない論争に割く時間はありません。したがって、この件については打ち切ることとします[121]」

実際にその後、クルックスは自説を覆すことこそなかったものの、かつてのように新たなミディアムとの実験に深入りしていくことは二度となかった。このクルックスからヒュームへの手紙は、スピリチュアリズム・シーンからの事実上の撤退声明となった。

英国心理学協会

一八七〇年代前半の数年間、クルックスが熱心に取り組み続けたミディアムとの実験が残したものとは何だったのか？　ミディアムと呼ばれる人々は信用の置けない詐欺師であり、科学者ですら簡単に騙されてしまうこともあり、しかもあらゆる霊現象は結局のところ低俗な捏造だった。こうしたことが明らかとなったいま、まともな人間であれば、もはやスピリチュアリズムなど相手にする必要はない。反スピリチュアリズムの立場の人々であれば、すみやかにそう片づけてしまいたくなるだろう。

だが、事態はそれほど単純ではなかった。現代の視点からクルックスの実験結果がどう評価されようとも、すでに高名な科学者として地位を確立していた人物による霊現象への本気の取り組みは、少なくとも当時の一部の知識人たちに大きな刺激を与え、後続する研究を促す動因になった。すでに一八六〇年代からスピリチュアリズムに関心を抱き続けていたものの、それから十年以上経ってもなお、それを肯定できる確証を見出せなかった哲学者のヘンリー・シジウィックにとっては、クルックスの実験結果が、その分野にふたたび目を向けていく際のいわば希望の光になった。シジウィックは、母親に宛てた一八七四年七月十一日の手紙で次のように書いている。

それはたしかに当惑させるテーマです。あまりにも多くの愚かな詐欺や軽信性がスピリチュアリズムに混在しているため、科学者たちがそれに背を向けるのも当然のことでしょう。その一方で、クルックスの『クォータリー・ジャーナル・オブ・サイエンス』誌の記事、あるいはいくつかの同様な記述を読んだことのない人は、その現象を支持する証拠から導かれる重要な考えを理解していないのです。[122]

実際、ポスト・クルックスの時代とでも言うべき一八七〇年代後半、イギリスにおいて霊をめぐる研究を最も積極的に推し進めていったのは、シジウィックを中心として組織されたケンブリッジ大学出身の優秀な若い知識人たちのグループだった（このシジウィックを中心としたグループの活動についてはのちの章で詳述する）。

一方、クルックスのダニエル・ダングラス・ヒュームとの初期の実験に立ち会い、サイキック・フォースの仮説を提唱したエドワード・コックスも引き続き研究を進めていた。たしかに、前述のメアリー・ロジーナ・シャワーズの交霊会での暴露によって、全身物質化をおこなうミディアムたちへのコックスの関心はほぼ消えていたにちがいない。だが、そもそもコックスは、交霊会で起こっていた不可解な現象を霊が起こしていると信じていたわけではないし、ましてやスピリチュアリズム自体を擁護していたわけでもない。むしろコックスが思うところのサイキック・フォースは、スピリチュアリズムの信仰とまったく関係がなかった。それどころか、サイキック・フォースを前提とした現象の説明では、その作用因としての霊の存在を完全に退けることすらできた。

じつのところ、サイキック・フォースの存在はクルックスとコックスがともに同意した仮説であったにせよ、そのとらえかたという点からすると、ふたりの考えかたはまるっきり異なっていた。クルックスは、あくまでそれを物理学的な意味で既存の科学では知られていない「未知の媒体」の発見になるはずだと期待していた。それに対してコックスは、サイキック・フォースを人間の心が持つ未知の潜在的な力の表出とみなしていた。したがって、その研究のためには心の領域をその研究の中心に据えること、すなわち心理学的なアプローチが必要だと考えていた。実際、すでにコックスは一八七三年に『わたしとは何か?』を刊行し、さらに一八七五年の二月二十二日には、英国心理学協会（The Psychological Society of Great Britain）を設立することによって、その方向性へ踏み出していた[123]。

ここでコックスの英国心理学協会の話に入りたいところだが、その前に注意点がふたつある。

ひとつ目に、当時のイギリスにおいて心理学が公式な学問分野として十分に確立されていなかったということがある。その基盤となるものは一八七〇年代から徐々に整えられていくが、そのために貢献したパイオニアたちの試みの多くは、ケンブリッジ大学のジェイムズ・ウォードやアバディーン大学のアレクサンダー・ベインのような例外をのぞいて、基本的に大学に拠点を置くものではなかった[124]。こうした制度化される前の段階で、心理学をひとつの学問分野として成立させるためには、研究対象の領域を隣接する周辺分野と差異化させていく必要があった。実際、今日であれば、心理学としてみなされるだろう人間の精神《マインド》の本質や構造に関する議論は、精神哲学（mental philosophy）あるいは精神科学（mental science）という語が用いられ、それらはしばしば人類学（anthropology）

の領域のなかに置かれていた[125]。

ふたつ目は、そもそも心理学という語の意味自体が当時は明確ではなかったため、その語の実際の用法を見ても、今日の高等教育機関での学究的な心理学が扱う範囲をはるかに超えた領域にまでおよんでいたことである。とくに「心理学（psychology）」という語を構成している「心（psyche《サイキ》）」という語には、その語源のギリシア語の「プシュケー」が持つ「魂」という意味が残響していたため、スピリチュアリストたち自身が自分たちの関係する領域を指すものとして「サイコロジー」あるいは「サイコロジカル」という語を使用することは珍しくなかった。例をあげると、一八七三年から一八八三年まで刊行されていたイギリスのスピリチュアリストによる定期刊行物も『サイコロジカル・レヴュー――スピリチュアリズムとサイコロジカル・リサーチの国際的機関誌（*Psychological Review: A Cosmopolitan Organ of Spiritualism and Psychological Research*）』と題されていた[126]。

こうした状況のなか、コックスにとっての喫緊の課題は、「心理学」をスピリチュアリズムから切り離すことで、科学として認められる正式な学問分野として定義し直すことだった。その際にコックスは、まず心理学を生理学とは明確に区別された対象を扱うものと定めることで、その領域を確定させようとした。

コックスによれば、生理学は「人間の目に見えて、触れることのできる機構全体」、すなわち「物質的構造」を扱う。一方で「心理学」は、人間の「物質的構造」を動かし、方向づける「潜在力（potencies）あるいは存在者（entities）」を扱う。もちろん、分子（ただし近代的な原子、分子の概念は、当時はまだ仮説的なものだった）から構成されるている物質は人間に認知可能な対象だが、心理学の扱う「潜在力」は非物質的――言い換えるなら非分子――であり、人間には認知不可能な対象だ。しかしながら、「サイキック・フォース」の「潜在力」は、「電気や磁気と同様」に「固体でも、物質でも、事物でもなく」、分子構造に対するそれらの作用を介してのみ知ることのできる「運動の状態」である。この点において「心理学の科学」は、「少なくとも電磁気学と同様に可能となる」[127]。そう述べながらコックスは、サイキック・フォースの研究に科学として認められる資格を与えようとした。ロジャー・ラックハーストの言葉を借りるなら、コックスは「『サイキック・フォース』を科学的自然主義の枠組みのなかに置き、正統な科学と関連するネットワークのなかに結びつけることで、その脱スピリチュアリズム化の過程を促進していった」[128]。また、その一方でコックスは、サイキック・フォースを「非物質」であり「非分子」であると主張することで、物質に還元されてしまうことのない「心《サイキ》」の領域を維持しようとしたのである。

コックスによる英国心理学協会の設立は、彼の目論見だった心理学の制度化を推し進めるための組織だった。『英国心霊主義の台頭』の著者で歴史家のジャネット・オッペンハイムは、「コックスが設立した協会は、この時代の典型的な『心理学』の団体からは逸脱していた」と述べているが、協会のメンバーによる論文や会合での議題などを実際に見てみると、必ずしもそうとは言い切れないことがわかる。今日「超常現象」と分類されそうな主題はそれほど多くなく、実際に提議されていた内容を見てみると、「記憶」「眠り」「才能や資質の継承」「機知とユーモア」「人間と動物の能力の比較」「筆記に表される性格」といった項目が並んでおり、逆に風変わりな項目を見つけるほうがむずかしい[129]。

一八七五年の設立当初は八人ではじまった英国心理学協会だが、一八七九年にはその会員数は一一三名にまで増加した。だが一八七九年、コックスの予期せぬ死によって英国心理学協会は活動を終了する。没した年に刊行されたコックスの『人間のメカニズム（*The Mechanism of Man*）』の第二巻を見ると、そこで述べられていた心の概念が、いくつかの点では時代を先取りしていたようにも思われる。実際にコックスは、「眠り」「夢」「幻覚」「夢遊病」などの現象に関する研究を通して、人間のなかにある通常の意識とは別のかたちでの知性の存在を論証しようとしていた。すなわち、のちのジークムント・フロイトによる精神分析の登場以降であれば、おそらく「無意識の思考」とでも呼ぶであろう心的過程の主体を、コックスは「自己（self）」ないし「魂（soul）」と呼び、その実体として存在する知的主体を、人間の内奥《ないおう》にある非物質の領域に想定した。そしてこのもうひとつの知性である「自己」ないし「魂」こそが、サイキック・フォースの出所だとコックスは考えていた[130]。

英国心理学協会の設立メンバーのひとりであり、のちにフロイトをイギリスで最初に紹介するフレデリック・マイヤーズは、コックスの死から三年後に結成されるサイキカル・リサーチ協会の主要メンバーになる。そして、彼がのちに理論化する「閾下自己《いきか》(subliminal self)」や「閾下行為(subliminal action)」といったアイデアは、コックスが構想した心理学の延長線上にまちがいなく位置づけられる。実際、このあとの一八八〇年代以降の霊をめぐる研究を追う過程で見ていくが、ポスト・クルックスの時代における霊現象を含めた超常的な現象の研究の方向性は、コックスが想定していた意識下の知性の存在をめぐる議論へと次第に移行していく。

クルックスとエリファス・レヴィ

本章では、全身物質化をめぐるスター・ミディアムたちの興亡を中心に、一八七〇年代イギリスのスピリチュアリズム・シーンを追ってきた。最後に、スピリチュアリズムから身を引いたあとのクルックスに関して言及している、きわめて興味深い手紙を紹介しておきたい。

わたしは先日の夜、ディナーの席でクルックスの隣に座り、彼ときわめて興味深い話をしました。ふたりとも、それ以外の話に逸れることはありませんでした。彼はオカルティストで、エリファス・レヴィとパリで出会い、弟子になっているのです。[131]

これは、十九世紀末から二十世紀初頭にかけて世界的に有名な秘教的結社へと成長していく神智学協会の初代会長に就任したばかりのヘンリー・スティール・オルコットに宛てて、イギリスの法廷弁護士チャールズ・C・マッシーが一八七五年十二月十七日に書いた手紙である(マッシーはこの手紙の三年後の一八七八年六月二十七日設立の同協会のロンドン・ロッジの初代会長となる)。なお、同手紙の文中に出てくるエリファス・レヴィは当時のフランスを代表するオカルティストであり、十九世紀末のイギリスのオカルティズムにも多大な影響を与えた人物である(オカルティズムについては次章で解説する)。

それにしてもクルックスが新たにオカルティズムへ関心を示すようになったのはなぜなのだろうか? よりに

よってエリファス・レヴィの弟子にまでなったというのは本当なのか？　ふたりのあいだの実際のやり取りについての詳細は定かではない。だが、一八七四年八月一日にクルックスがロシアのサンクトペテルブルクに住むある女性に宛てた手紙の内容は、彼が死者の霊との交信（スピリチュアリズム）に失望し、自身の関心を「目に見えない知的存在（オカルティズム）」へと移行させていたことを明示している。

あなたが望んでおられますひとつの証拠――死者が戻ってきて交信できるという証拠――を得ようとする情熱を、わたしは持ち続けていました。わたしはこれがその実例だと言える申し分のない証拠を、ただのひとつたりとも持ちあわせておりません。死んだ友人たちから来ていることを装う何百もの交信がありましたが、本当にその人だという証拠を得ようとしても、いつも失敗に終わってしまいました。〔中略〕わたしの求めたその証拠が手に入ったことはありませんでしたが、わたしは死者の霊であると装う目に見えない知的存在がいるだけで、満足しています。[132]

じつのところ、スピリチュアリズムからオカルティズムへの変節は、クルックスにかぎらず、当時のスピリチュアリストたちの一部のあいだでもはじまりかけていた流れだった。そう、一八七〇年代後半から一八八〇年代にかけて、ついにスピリチュアリズム・ムーヴメントの大きな波が弱まりはじめ、オカルティズム・ムーヴメントという新たな波が生まれ出ようとしていたのだ。

次章では、スピリチュアリズムからオカルティズムへと時代が移行していく背景となった状況を眺めるため、舞台の中心をふたたびアメリカへと移し、そこで新たなムーヴメントの源流となる神智学協会の設立へと至る過程をたどっていく。

第7章

変容するムーヴメント
スピリチュアリズムからオカルティズムへ

オカルティズムとエソテリシズム

本章では、十九世紀末から二十世紀はじめにかけてのオカルティズムに最も大きな影響力を持った神智学協会が、いかにして一八七〇年代後半のアメリカのスピリチュアリズム・ムーヴメントから派生し、分離していくことで形成されていったかを見ていく。だが、その前にオカルティズムという語自体について、ここで少々解説しておきたい。

一般的に日本では、オカルティズム（ないしはオカルト）という語はきわめて広い意味で用いられているようだ。たとえば、「超能力」「ＵＦＯおよび宇宙人」「心霊現象」「悪魔祓い」「占い」「魔術」「疑似科学」など、常識では説明できない怪しげだとみなされる事象に対して、それらすべてを包括する否定的なラベルとして使われることが多い。しかもその際に反オカルト的な立場の人々からは、「非合理」「非科学的」といった意味を内包する語として使われることも珍しくない。もちろん、当時のオカルティズムが担っていた歴史的な意味を追っていく本章では、こういったあまりにも拡張されすぎた意味でこの語を用いることはない。[1]

歴史的な観点から言えば、英語の名詞としてのオカルティズムという語は、フランスのエリファス・レヴィによる『高等魔術の教理と祭儀（*Dogme et Rituel de la Haute Magie*）』という二巻本（『教理』は一八五四年、『祭儀』は一八五六年に出版された）のなかで用いられたフランス語の「オキュルティスム（occultisme）」に由来する。ただし、レヴィが用いた「オキュルティスム」は、一五三三年に書かれたドイツの哲学者コルネリウス・アグリッパによる著書『オクルタ・ピロソピア（*De Occulta Philosophia*）』（日本語では『隠秘哲学』と訳されている）から発想され、造られた言葉だと思われる。そして英語の「オカルティズム（occultism）」という語は、一八七五年七月十五日と二十二日の二回にわたって『スピリチュアリスト』誌に掲載されたブラヴァツキー夫人の寄稿のなかに登場したのが、おそらく公の場での最初の使用例だと思われる[2]（ブラヴァツキー夫人および同寄稿については本章で後述する）。また、オカルティズムと類似した意味で使われる「エソテリシズム（esotericism）」という語がある。辞書を繙《ひもと》くと、形容詞のエソテリックには「秘教的」「秘伝の」という意味があり、名詞のエソテリシズムには、「秘匿された教え」というような意味がある。エソテリックという語の用例は古く、最も早いものでは一六六年ごろにサモサタのルキアノス（ギリシアの風刺詩人。「エソテリック」の語源となるギリシア語の「エソーテロー」という語を使った）によって使われていたようだが、名詞のエソテリシズムは十九世紀に入ってからで、とくにその用法が一般的になったのは、やはり前述のレヴィの書物で使われたフランス語の「エゾテリスム（ésotérisme）」からはじまった。そして、英語圏で「エソテリシズム」という語を大きく広めることに貢献したのは、本章の主題となる神智学協会のメンバーのひとり、アルフレッド・パーシー・シネットの一八八三年の著作『エソテリック・ブディズム（*Esoteric Buddhism*）』だった[3]。

ただし、「エゾテリスム」ないし「エソテリシズム」という語自体の普及がレヴィ以降のことだったとしても、その言葉が今日意味し得る思想や実践の源泉は、古代にさかのぼると考えられている。現代の本格的なエソテリシズム研究の先鞭をつけたアントワーヌ・フェーヴルは、その思想的ルーツをヘレニズムの哲学（とくにグノーシス主義）、アレクサンドリアのヘルメス文書に端を発するヘルメス主義、新プラトン主義、新ピュタゴラス主義などに位置付けている。それらの世界観や思想を背景とする錬金術、占星術、魔術などの実践がビザンチン帝国やイスラム文化を経由して中世ヨーロッパへと継承され、さらにルネサンス期にユダヤ教のカバラとも結びつけられていくことで、今日から見てエソテリシズムの伝統とも呼ばれるべきものが形作られていった[4]。

本書はエソテリシズムの研究書ではないため、その歴史的背景や思想の本質などについては深入りしない。さしあたって本書で「エソテリック」「エソテリシズム」を使う場合は、次のような意味で用いることとする。公に知られている知識とは異なる古代から密かに伝承されてきた知識の存在を信じている、あるいは知っていると称する人々を「エソテリシスト」、そして彼らがまさしくそれこそが「エソテリック」だとみなす思想や実践に対しては、それがいかなるものであれ「エソテリシズム」と呼ぶ。そういう意味では、仮に過去の時代において、公認の世界観と一致していた思想や実践であっても、近代のエソテリシストからエソテリックとみなされているものはエソテリシズムに含められる（占星術などがその例である）。一方、十九世紀後半に確立されていく科学的自然主義に反する思想や実践の拠りどころをエソテリックとみなされる過去の遺産へと求め、そこから新たに形作られた（あるいはそこから得たと称される）思想、および実践の総体を「オカルティズム」と呼ぶこととする。[5]

では、本題に戻し、まずは神智学協会の立役者となるふたりの人物、ヘンリー・スティール・オルコットとブラヴァツキー夫人の最初の出会いから見ていくこととしたい。

エディ兄弟と全身物質化

一八七四年の七月のある日、ニューヨークで弁護士をしていたヘンリー・スティール・オルコット（図7・1）は、職場の近所で買った『バナー・オブ・ライト』誌のある記事に強く心を奪われた。それはバーモント州チッテンデンのある農家で起こっている全身物質化に関する報告だった。もし死んだ人間が「一時的に固体化し、目に見え、触れることができるまでに肉体と衣服を再構成するための手段を発見」し、また「訪問者がそれを見て、触れて会話さえできるということが本当だとしたら」、それは「現代物理学における最も重要な事実」ではないか。そう考えたオルコットは、すぐにそこへ行き、自身の目で確かめようと決心した。[6]

図7.1　ヘンリー・スティール・オルコット

「新たな摂理の預言者たちや司祭たちというよりも、よく働く粗末な農民たち」。それがオルコットのエディ兄弟（図7・2）に対する最初の印象だった。だが、そこで実際に体験した交霊会でのできごとは、オルコットにとって強烈な衝撃だった。エディ兄弟の交霊会は、日曜をのぞく毎夜八時から、食糧庫の上にある一五×五メートルほどの広い長方形の部屋でおこなわれた。全身物質化が起こるまでの過程は、ミディアムがキャビネットのなかに入り、明かりを薄暗くすると、やがて物質化された霊がキャビネットから出てくるという流れである。これは前章まで見てきたロンドンで流行していた交霊会となんら変わらない。しかし、キャビネットから出てくる霊たちのヴァリエーションの多さには驚かされる。オルコットによると、五日間の滞在中に三度の交霊会に参加し、一夜につき平均一二、全部で三二もの物質化された霊たちがキャビネットのなかから続々と現れた。しかも、それぞれの霊たちは「性別、歩きかた、服装、肌の色、髪型とその長さ、背の高さと体格、見た目の年齢に明白なちがい」があった。このオルコットがエディ家で体験した交霊会の報告は、一八七四年九月五日付のニューヨークの新聞『サン』紙に、「霊たちの世界、信念をぐらつかせる驚異の奇跡」と題して掲載された。その結果、オルコットはその記事を読んだニューヨークの『デイリー・グラフィック』紙の記者から、エディ家の再調査とその詳細な報告書を記事にする依頼を受けた。それを受けてオルコットはオフィスを引き払い、九月十七日にエディ家へふたたび戻った。そして、さらなる本格的な調査を開始した。

オルコットによるエディ家の調査は、同年九月二十九日から十二月十一日までのあいだ、『デイリー・グラフィック』紙上に二〇回にわたって掲載された。また、この記事も含めた書籍『他界からの人々（*People From the Other World*）』が翌年の一八七五年に出版された。エディ家の滞在中にオルコットが見た霊たちのヴァリエーションは、初回のころにも増して、さらなる驚異的な数となっていった。図7・3は十月二十二日の交霊会に出現した霊たち

図7.2　エディ兄弟

の姿を描いたものだが、乳幼児も含め、その数はなんと総勢一七人にもおよんだ。オルコットは滞在中に見た霊の総数について、さまざまな服装の「三〇〇ないし四〇〇の異なる物質化された霊たち、あるいはそのように称されている何かを見た」とも述べている。[8] この『デイリー・グラフィック』紙に掲載されたオルコットによる一連の記事こそが、のちに神智学協会をともに設立することになるブラヴァツキー夫人の注意を強く惹きつけ、その結果、彼女に直接エディ家まで足を運ばせるきっかけになった。

同年十月十四日の正午少し前、ブラヴァツキー夫人（図7・4）はフランス系カナダ人の女性とともにエディ家に到着した。オルコットは、ブラヴァツキー夫人を一目見た瞬間から強烈な印象を受けたようだ。食事をともにしたあとでオルコットは、ブラヴァツキー夫人が紙に巻いた煙草に火を差し出した。オルコットが後年に書いた神智学協会の歴史は、この瞬間から物語がはじまっている。そこには次のように記されている。

> それはなんとも散文的なできごとだった。「お任せください、マダム」とわたしは述べ、彼女の煙草に火を点けた。わたしたちの出会いは、このように煙草の煙のなかではじまった。だがそれは、巨大な永続する火を引き起こした瞬間だった。[9]

図7.4　マダム・ヘレナ・ペトロブナ・ブラヴァツキー（1875年）

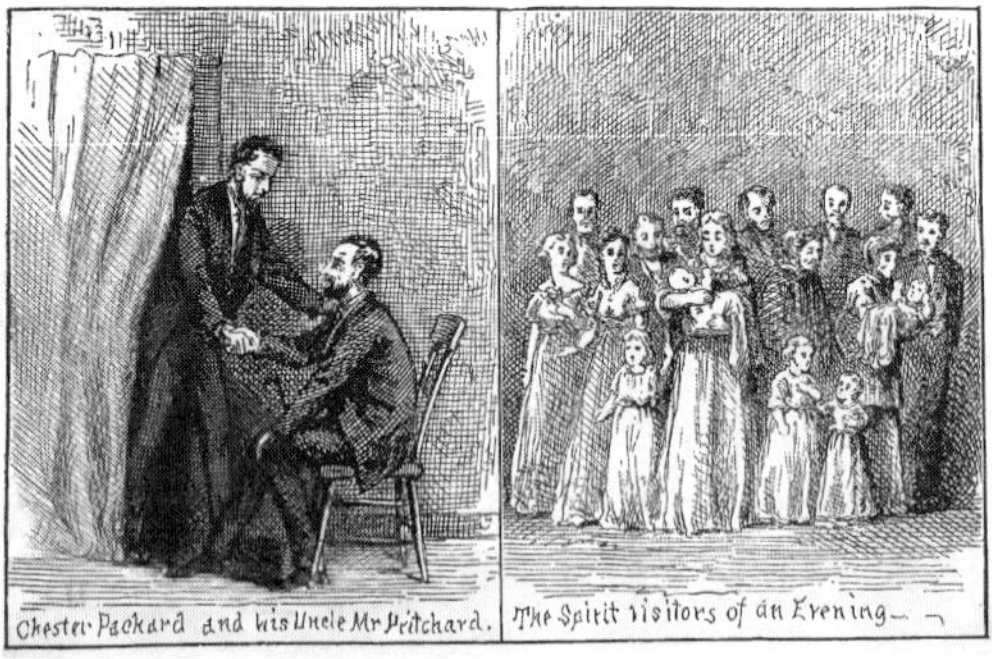

図7.3　エディ家の交霊会で物質化された17人の霊

懐疑派もゆらぐできごと

　ブラヴァツキー夫人は、あたかも霊たちを引き連れてきたかのようだった。というのも、彼女の到着以降の交霊会から、これまで彼女の人生に関わりのあったさまざまな人々の霊が姿を現すようになったのである。

　最初に登場したのは、グルジア（現・ジョージア）人の服装をした霊だった。オルコットによると、ブラヴァツキー夫人は、それを彼女の叔母の元使用人の霊だとすぐに認識した。二日目の夜には、グルジアのイスラム教徒の商人の霊、さらにはブラヴァツキー夫人がアルメニア（現在はトルコ領）のアララト山を旅したときにボディガードのひとりとして付き添ったクルド人の戦士の霊や中央アフリカの黒人奇術師の霊が現れた。図7・5～7は『デイリー・グラフィック』紙にオルコットが寄稿した記事に添えられ

図7.6　エディ家の交霊会で物質化されたクルド人の戦士の霊

図7.7　エディ家の交霊会で物質化された中央アフリカの奇術師の霊

図7.5　エディ家の交霊会で物質化されたブラヴァツキー夫人の叔母の使用人の霊（右）とグルジアのイスラム教徒の商人の霊

た、それら霊たちの姿を描いたとされる挿絵である。[10]

ブラヴァツキー夫人に多くの異国の知人がいたのは、彼女の人生の大部分を世界各地をめぐる旅に費やしていたからだった。ここで、ブラヴァツキー夫人の略歴をごく簡単に紹介しておこう。一八三一年八月十二日、ウクライナのエカチェリノスラフ(現・ドニプロペトロウシク)に生まれ、ヘレナ・ペトローヴナ・フォン・ハーンと名付けられる(「ブラヴァツキー」は結婚後の姓)。父はロシアの陸軍大佐でドイツの貴族の子孫、一方、母は小説家でロシア貴族の名門の出身だった。一八四九年、十七歳の誕生日の三週間前にアルメニアの首都エレバンの副総督ニキフォル・ブラヴァツキーと結婚。しかし、すぐに新婚生活から逃亡し、その後一八七三年までの二五年間、彼女は各地を転々とする旅を続けた。その間のできごとの大部分はブラヴァツキー夫人自身がのちに語ったことを頼りにするしかないが、いささか信じがたい冒険的なエピソードも散見され、どこまでが事実でどこからが作り話かを見分けることはむずかしい。いずれにせよ、中東、アジア、ヨーロッパ、北米、南米、アフリカを股にかける冒険的な旅行をしてきた彼女は、この時代の女性としては特異な存在であったことはまちがいない。[11] しかしながら、この各地を遍歴していた時代、ブラヴァツキー夫人の名はまだアメリカのスピリチュアリズム・シーンの表舞台にまったく現れていない。

ブラヴァツキー夫人がエディ家に滞在していたのは、十月二十四日までの一〇日間だった。オルコットの記録によると、その最後の夜の交霊会では、ブラヴァツキー夫人と関連する驚くべき次のようなできごとが起こっている。

ミディアムがキャビネットに入り、明かりが消された。するとすぐにジョージ・ディクスという霊が現れ、ブラヴァツキー夫人に次のように述べた。

マダム、この交霊会での顕現の真正性の試金石となるものを、あなたに授けるときが来ました。それはあなたのみならず、懐疑的な世間の人々をも納得させるものでしょう。あなたの勇敢な父が生前に身に着けていた、そしていまやロシアで彼の体とともに埋められている栄光のメダルのバックルをあなたの手にお渡ししましょう[12]。

次の瞬間、ブラヴァツキー夫人は驚きの声をあげた。明かりを点けて見ると、彼女の手には珍しいかたちのシルバーのバックルが握られていた。オルコットによれば、ブラヴァツキー夫人は「驚きで言葉を失い、それを見つめていた」。また、彼女が持っていた油絵で描かれた父の肖像画の写真には、メダルとリボンが取りつけられたまったく同じバックルが描かれていた（図7・8）。

いったいどのようにしてロシアから遠く離れたブラヴァツキー夫人のもとへ、亡き父親のバックルが届いたのか？　オルコットはこの不可解なできごとに対して、詐欺の可能性を疑うことはまったくなかった。ただひたすら驚異の念に打たれたオルコットは、次のように興奮した口調で語っている。

> これ以上の驚くべき「顕現」がこれまでにあっただろうか？　父の墓から未知の方法によって掘り出され、娘の手の上に置かれたその証拠は、五〇〇〇マイルも離れた海を渡ってきた！　ロシアの大地で死の眠りについていた戦士の胸に置かれていた貴重なものが、アメリカ・バーモント州の農家の薄暗い部屋で、キャンドルの明かりの下で輝いているのだ[13]！

図7.8　エディ家の交霊会に出現したバックル（上）とブラヴァツキー自身が持っていたバックルの写真をそれぞれ描いたもの

聖なる真実のための闘い

しかし、この「懐疑的な世間の人々をも納得させる」はずのできごとが起こったその同じ日、『サン』紙には、これまでのオルコットの肯定的な記事に水を差す、否定的な寄稿が掲載された。

それを書いたのは、「神経衰弱」という用語の提唱者としても知られるニューヨークの神経学者ジョージ・ビアードだった。十月に一度、エディ家の調査に訪れていたビアードは、こう断言した。「これら物質化がくり広げられる交霊会は、とんでもない世紀の詐欺だ」。さらにビアードは次のように読者に向かって語りかけ、オルコットを挑発した。「あなたがたの特派員〔オルコット〕がニューヨークに戻ってきたら、都合のいい夜があれば、その交霊会でエディ一家がやっていたことをすべて再現し、彼にわからせてあげよう[14]」

図7.9　ジョージ・ビアードの参加したエディ家の交霊会の様子

このビアードの記事に対して、ブラヴァツキー夫人はすぐに反論を書いた。一八七四年十月三十日付の『デイリー・グラフィック』紙への寄稿で、彼女は読者に向かって、ウィリアム・クルックス、アルフレッド・ラッセル・ウォレス、カミーユ・フラマリオン（天文学者）、クロムウェル・フリートウッド・ヴァーリーといった科学者たちも、物質化がトリックでないことをすでに証言しているという事実を訴えた。[15] さらに、ブラヴァツキー夫人はエディ家で体験した証拠の数々を列挙したあと、そのミディアムたちのみならず「自分の兄弟姉妹である数千人のスピリチュアリストたち」を弁護するため、ビアードによるオルコットへの挑発を逆手に取り、堂々たる挑戦を申し出た。「公衆の面前、かつ同じ条件下で」、ビアードが主張していることを実行して成功させれば、彼に五〇〇ドルを進呈しよう。[16]

この挑戦にビアードが直接応じることはなかった。だが、続く十一月九日付の『デイリー・グラフィック』紙には、ビアードによるエディ家の交霊会の詳細な報告が掲載された。そこでビアードは自分が見た霊の全身物質化を、「なんとも安っぽい衣装を着た」ミディアムの変装だと決めつけ、スピリチュアリストたちを騙されやすい単純な人々であると嘲笑した[17]（図7・9）。

それに対してブラヴァツキー夫人は、十一月十三日付の『デイリー・グラフィック』紙でビアードに反論した。その際、前述の霊によって手渡された父親のバックルの例をあげて次のように問いかけた。「ビアード博士に問う。わたしの父がスタブロポリに埋葬され、彼がかつてそのメダルを授けられたこと、もしくは一八二八年の戦争のときに彼がその任務に就いていた事実をエディ兄弟がいかにして知り得たと言うのか？」また、同日の同紙には、ビアードへの反論とともに、「スピリチュアリズムについて――ブラヴァツキー夫人の『デイリー・グラフィック』紙編集部訪問――並外れた人生――長期の旅――奇跡的な冒険と驚異の霊的体験」と題されたブラヴァツキー夫人へのインタビュー記事が掲載された。インタビュアーが伝えるところによれば、「極東の冒険」で手に入れた香水の「繊細で甘美な香り」を衣服から漂わせ、「すばらしくエレガントに着飾った」ブラヴァツキー夫人は、トルコ煙草をふかしながら、世界中のさまざまな土地を旅してきた過去の人生を語った[18]。

結局のところビアードとの一連の論争は、ブラヴァツキー夫人の表舞台での広報活動として有利にはたらくことになった。

実際、ボストンの『スピリチュアル・サイエンティスト』紙の編集長エルブリッジ・ゲリー・ブラウンは、ブラヴァツキー夫人のビアードに対する「力強い論破」を読み、「とても満足」し、一八七四年十一月十四日付の彼女に宛てた手紙で、次のように書いている。

懐疑的な世間の人々の目をふたたび見開かせることで、あなたがスピリチュアリズムに為した貢献へのわたしの称賛の気持ち、そして『スピリチュアル・サイエンティスト』紙の編集者として、あなたへの感謝の気持ちを伝えたくてたまりません[19]。

この手紙に対して、ブラヴァツキー夫人は長文の返事をブラウンに送った。その一部の抜粋は十二月三日付の『スピリチュアル・サイエンティスト』紙に、「ブラヴァツキー夫人、彼女の見聞――アメリカン・スピリチュアリズムと社会への提言」と題されて掲載された。そこでブラヴァツキー夫人は、次のように書いている。

わたしは一五年間、聖なる真実のために闘い続けてきました。わたしはけっして講演者になるべく生まれたわけではありませんが、カフカスの山々の雪で覆われた頂上からナイルの砂の谷に至るまで旅をし、説教を続けてきました。〔中略〕スピリチュアリズムのために、わたしは洗練された社会のなかで気楽な生活を送ることのできる家を離れ、この地球の放浪者となってきました。〔中略〕

現代のスピリチュアリズムの発祥の地であるこの国を知って、わたしは預言者生誕の地へ向かうイスラム教徒と変わらない気持ちで、フランスからここまでやって来たのです。[20]

ここにブラヴァツキー夫人がみずから示してみせたのは、スピリチュアリズムに身を捧げ、世界を股にかけた熱意あふれる説教者としての姿だった。かくして、これまで無名のまま異郷の地を放浪していた風変わりな女性は、ついにたどりついたスピリチュアリズム発祥の地アメリカで、「聖なる真実」の強力な擁護者として、その名声をすぐに急上昇させていく。[21]

ケイティ・キングふたたび

オルコットはバーモント州チッテンデンのエディ家にいるあいだ、ブラヴァツキー夫人と日ごとに親しくなっていった。ブラヴァツキー夫人がそこを離れるころには、オルコットが彼女を「ジャック」というニックネームで呼ぶほどの気さくな間柄となっていた。[22]

十一月、ニューヨークに戻ったオルコットは、アーヴィング・プレイス一六番地のブラヴァツキー夫人の宿を訪問し、ブラヴァツキー夫人が引き起こすラップ音やテーブルを動かすなどの霊現象を目撃した。また、霊からのメッセージも受け取られたが、興味深いことにも、その送り主はジョン・キングだった。[23] 前章で見てきたように、すでにロンドンのスピリチュアリストの交霊会にしばしば登場していたジョン・キングの霊が、今度はニューヨークのブラヴァツキー夫人に接触しはじめたのだ。

また、ちょうどその同じころ、しばらくロンドンで交霊会をおこなっていたホームズ夫妻もアメリカに帰国し、フィラデルフィアでケイティ・キングの霊を全身物質化する交霊会を開催するようになった[24]（ホームズの妻がロンドン滞在中、ガッピー夫人の陰謀による妨害工作を受け、失態を晒したことは前章で述べた）。エディ家での交霊会で全身物質化を真実だと確信したオルコットが、ホームズ夫妻の交霊会の話題に関心を惹かれないわけがなかった。年明け早々、オルコットはその現象を直接調査するため、ブラヴァツキー夫人をともないホームズ夫妻のもとを訪れた。

ここで、オルコットとブラヴァツキー夫人が調査に着手する以前の、ホームズ夫妻のフィラデルフィアにおける交霊会を取り巻く状況を少々詳しく説明しておきたい。

当時、ホームズ夫妻の熱烈な支持者のなかには、社会主義運動の指導者ロバート・オーウェンの息子ロバート・デール・オーウェンがいた（図7・10）。父ロバート・オーウェンが晩年にスピリチュアリズムに回心し、それをみずからの社会主義思想にもとづく共同体の実現と重ね合わせたことは第3章で見たとおりである。息子のロバート・デール・オーウェンのほうは父親とは異なり、もともとスピリチュアリズムに対して懐疑的だったようだ。本人によれば、「そのすべてを詐欺と」みなし、「いかなる信仰も持っていなかった」。だが、アメリカ大使とし

図7.10　ロバート・デール・オーウェン

てイタリアのナポリに滞在していたころから、オーウェンはスピリチュアリズムへの関心を高めていった。

オーウェンによれば、最初のきっかけは一八五六年三月四日、ブラジル大使のアパートメントで、「物理的作用を与えることなく生じた明らかな物理的動きを、驚きと不信の入り混じった思いで目撃した」ことだった。[25] さらに三週間後の三月二十五日の夜、ロシア大使邸の非公式な集まりで自動筆記の実験をした。質問をした当人以外誰も知らない内容に対して、参加者のある女性の手が自動的に動きだし、それに対する的確な答えとなるメッセージを紙に書き記した。それを「あの世の実験的証明になるかもしれない可能性」として感じたオーウェンは、それ以来、スピリチュアリズムの真実を証明するまで「休んでいる暇はない」という「誓いを心に刻んだ」。その後、ナポリに滞在していた一八五八年の春には、ダニエル・ダングラス・ヒュームの交霊会に参加し、テーブルの動きや霊の手の出現などを体験した。[26] さらにアメリカに帰国した翌年には、積極的にフォックス姉妹の交霊会に参加するようになり、スピリチュアリズムとの関わりを深めていった。

そして翌年の一八六〇年、『あの世との境界での足音（*Footfalls on the Boundary of Another World*）』を出版する。若いころからファニー（本名フランシス）・ライトとともに奴隷制度廃止を求めるなどの社会改革家《リフォーマー》として活動し、一八四二年には合衆国下院議員、一八五〇年にはインディアナ州法制定会議のメンバーに選出され、一八五三年には前述のようにアメリカ大使としてナポリに駐在。そんな公人としての立派な経歴の持ち主のオーウェンが、政治家としての現役を引退後、同書を通して訴えたのはスピリチュアリズムの真実を世に知らしめようとする強い思いだった。

さらに一八七二年、オーウェンは一〇年以上にわたるスピリチュアリズムへの調査の集大成とも言うべき五〇〇頁を超える著書『この世とあの世のあいだにある未解決の領域（*The Debatable Land between This World and the Next*）』を刊行する。その二年後の一八七四年五月二十九日、七十二歳のオーウェンは、フィラデルフィアの医師ヘンリー・チャイルドからホームズ夫妻の交霊会への招待状を受け取った。オーウェンとホームズ夫妻との関係は、ここからはじまった。[27]

オーウェンは、すぐにフィラデルフィアへ向かった。そして一八七四年六月五日、ホームズ夫妻の家の応接室で、これまでの交霊会では体験したことのない驚異、すなわち全身物質化をはじめて目の当たりにした[28]。六週間のフィラデルフィア滞在のあと、オーウェンはヘンリー・チャイルドへの手紙で次のように書いている。

スピリチュアリズムに関するすべてのわたしのこれまでの経験——わたしが支持していた経験は、先月のあいだに目撃した新たな顕現の前で色褪せていきました。〔中略〕ここにわたしはその現象が本物であるとの確信を明言します[29]。

オーウェンがホームズ夫妻の交霊会で目撃し、本物だと確信したものこそ、ケイティ・キングの全身物質化だった。ここで思い出していただきたいのは、前章で見たように、ケイティは一八七一年五月二十一日のロンドンでのお別れ交霊会を最後に、この世での役目を終えたはずだった。それにもかかわらず、フィラデルフィアで、ホームズ夫妻の応接室のキャビネットからケイティがふたたび姿を見せはじめたのだ。しかもそれは、ロンドンでのお別れ会からたった九日後だった。一八七四年十一月十六日の『デイリー・グラフィック』紙に掲載されたケイティの顔を描いた絵（図7・11）をご覧いただきたい。ここでのケイティの顔は、誰が見てもロンドンのころ（図6・4参照）とは変化していることがわかる。

ふたたび姿を現すようになったアメリカ版ケイティに対して、ロンドンでケイティの最後を見送ったウィリアム・クルックスが不審に思うのは当然である。クルックスは一八七四年十月二十三日のオーウェンへの手紙で、自分が撮ったケイ

図7.11　ホームズ夫妻の交霊会で物質化されたケイティ・キングの写真をもとに描かれたイラスト

ティの写真とオーウェンの持っている絵を見比べたいので、その絵を送ってほしいと丁寧に依頼している。しかもクルックスによれば、ケイティはフローレンスのもとを離れたのではなく、その姿こそ見せることはないものの、いまだしばしばメッセージを送ってきている。しかも、そこでケイティは強硬に主張している。アメリカのそれは自分ではないと。クルックスはそう述べたあとで、「わたしはいつも彼女にとても誠実さを感じていたので、この件については彼女の言葉を疑うことはできません」と述べ、アメリカでのケイティの出現に関して、控えめな口調ながらも明らかな不信感を伝えている。[30] それにもかかわらず、オーウェンの確信はまったく揺らぐことはなかった。

だが、クルックスの手紙から一か月ほど経った十二月三日、オーウェンを深く失望させる衝撃の事実が明るみに出た。ホームズ夫妻がフィラデルフィアで当初滞在していた下宿屋の家主エライザ・ホワイトが、ケイティの正体は自分だと暴露したのだ。ホームズ夫妻から雇われた自分が交霊会のたびに扮装し、ケイティを演じていたのだとエライザは告白した。

翌日、その衝撃のニュースがオーウェンの耳に届いた。それによって掻き立てられた疑惑が、ケイティを心底信じ切っていたオーウェンを激しく動揺させたのは言うまでもない。オーウェンはすぐにヘンリー・チャイルド（オーウェンをホームズ夫妻のもとに招待する手紙を書いた人物）とともに、その事実を自分たちの目で直接確かめるべく、十二月五日の夜、エライザによる疑似交霊会を開催した。その結果、十二月六日、オーウェンは『バナー・オブ・ライト』誌への投書で次のような無念の言葉を記さざるを得なかった。

いましがた、わたしが手に入れた状況証拠は、ネルソン・ホームズ夫妻を通してこの夏にわたしの前に現れた特定の顕現の信憑性に対し、わたしの信用をこれまで捧げてきた確約を取り下げさせる。[31]

アメリカでケイティへの最大の支持者だったオーウェンの失意の表明は、当然のことながら、その信憑性を大きく損なうことになった。そればかりかオーウェンの伝記作者の言葉を借りるなら、この一件によって「数週間にわたって、謎の存在として多くの国民を魅了してきたケイティは、いまや国民的なお笑い種《ぐさ》」となった。[32] 十二月十八日付の『フィラデルフィア・インクワイアラー』紙は、「ケイティ・キング、はじけた泡。救いようのない詐欺の全面的暴露」と題してこの一件を報じるとともに、交霊会用の歌を掲載し、ケイティ信奉者たちを嘲笑した。

さあ、みんな集まって歌いましょう
愛しいケイティ・キングの賛美の歌を
彼女は光り輝く幸せな世界から
死すべき人間であるわたしたちのもとへ
笑いながらやって来る
（コーラス）さあ、みんな喜びの声で歌いましょう
愛しいケイティ・キングの賛美の歌を[33]

この事件は、チッテンデンでのエディ家の調査を終え、ニューヨークに戻ったオルコットの耳にも届いた。だが、それ以前の段階で、すでにオルコットはホームズ夫妻の交霊会への招待をオーウェンから受け取っていた。そこでオルコットはオーウェンに手紙を書いた。自分が指示したテスト条件にホームズ夫妻が同意するのであれば、フィラデルフィアへ赴いて調査してみたいと思っていると。それに対するオーウェンからの返信には、オルコットによる調査の申し出に対する喜びを記した手紙とともに、ジェニー・ホームズ自身からも、テスト条件下での調査に協力することを記した十二月二十八日付の手紙が同封されていた。[34]

オルコットによるホームズ夫妻に対する調査は、周囲のスピリチュアリストからも大いに歓迎された。エディ

家の交霊会にオルコットやブラヴァツキー夫人と同席したこともあるスピリチュアリスト、ジェイムズ・マーティン・ピーブルズは、一八七五年一月七日のオルコットへの手紙で次のように書いている。

あなたがホームズ夫妻を訪問するということを間接的に知りました。もし可能であればそうしてください。どうにかして波立つ水面を鎮めてほしいのです。〔中略〕彼らに適切なテストを受けさせて、その件に決着をつけてください。人々は——懐疑的な人もスピリチュアリストも——大いにあなたを信頼しているのです。[35]

こうして、オルコットは関係者一同の期待を担い、ホームズ夫妻とケイティをめぐる鎮めがたい疑惑の渦中に身を投じることになった。

全身物質化の暴露とそれへの反論

一八七五年一月四日、オルコットとブラヴァツキー夫人はともにフィラデルフィアに到着した。その後、およそ一か月弱の調査を経て、この件に関して下したオルコットの結論からは、彼がいまやスピリチュアリズムへの絶対的な擁護者となっていたことが明らかになった。ケイティの熱烈な信奉者であったオーウェンにすら失望を与えたその件に対して、オルコットはその疑いを払拭すべく熱心に反論を展開した。

そのためにオルコットが何よりも先に潰しにかかったのは、ホームズ夫妻を裏切ったエライザ・ホワイトの発言の信憑性についてだった。エライザは自分が寡婦だと述べていたが、実際には彼女の夫は生きていたこと。また、エライザの昔の知人への聞き込みから彼女の過去のいかがわしい経歴が判明したこと。それらを列挙したうえでオルコットは、彼女の証言はまったく信用できないと主張した。またオルコット自身もホームズ夫人を袋のなかに入れてがんじがらめにするなど、トリックの可能性を封じるあらゆる予防措置のもとで交霊会をおこなった（夫は病気のため参加していなかった）。しかし、それでも物質化は起こった。しかもそこでオルコットが見たのは、いまやブラヴァツキー夫人の交霊会にもメッセージを送ってくるようになっていたジョン・キングの姿だった。オルコットを含め参加していた人々は、物質化されたジョン・キングの霊に近づき、握手をし、彼の顎鬚《あごひげ》を触ることまで許された[36]。

さらにオルコットは、一月二十五日におこなわれた彼が参加した最後の交霊会で、ついに娘のケイティを目撃し、それが不正ではないと結論づけた。オルコットは述べている。「彼女が誰で何であったかはわからない。だが、ひとつわかることがある——彼女がジェニー・ホームズではなく、また人形や共謀者でもなかったことだ[37]」

また、その日の交霊会でのケイティの出現の場面を、オルコットは次のように生き生きと描写している。

わたしたちは内部でかんぬきが引き抜かれるのを聞いた。そして息を押し殺した沈黙のなかで、キャビネットのドアがゆっくりと開かれるのを見守った。わたしは〔キャビネットの〕出入り口から一メートル以内の位置に座っていた。そしてわたしはその敷居のところに、頭の先からつま先まで白い衣服で覆われた小柄でほっそりとした少女のような姿をはっきりと見た。彼女はほんの束の間、動くことなくそこに立っていた。そして次に一歩か二歩、前にゆっくりと進み出た。薄暗い明かりを通して、彼女がミディアムよりも小柄で華奢《きゃしゃ》であること、そして裾のたなびくドレスと彼女の姿をすっかり覆う長いヴェールを、わたしたちは見ることができた[38]。

オルコットによるホームズ夫妻を弁護する文章は、同年三月初頭に刊行されたエディ家の全身物質化の調査をまとめた著書『他界からの人々』の第二部に含めるかたちで公表された[39]。

この本は、スピリチュアリストたちのあいだでのオルコットの認知度を著しく高め、イギリスにまでその名を知らしめた。一八七五年五月二日、ウィリアム・ラッセル・ウォレスからは、その著書がウィリアム・クルックスとともに自分にも捧げられたことへの感謝の意、およびその内容を「満腔の喜びをもって」読んだことを伝える手紙が送られてきた。[40] また、ウィリアム・ステイントン・モーゼスは、同年六月のロンドンの『ヒューマン・ネイチャー』誌で、オルコットを「本物の真実の導師」と称賛した。[41]

オーウェンのほうは、オルコットの躍進とは逆にいまやスピリチュアリズム・シーンから撤退しつつあった。同年七月、オーウェンは心身の衰弱でインディアナ精神病院に入院した。この悲しむべき知らせは、今回のケイティの件によってオーウェンが被った精神的ショック、およびそれによる長年にわたって信じ続けてきたスピリチュアリズムという信仰の崩壊に起因するものと噂された。だが、オーウェンの娘ロザモンド・デール・オーウェンは、七月二十日付のニューヨークの『イブニング・ポスト』紙への寄稿で、父の衰弱を「ケイティ」の件と結びつけることを否定した。そして、その原因を「脳の酷使」以外の何ものでもないと主張した。ロザモンドは次のように述べている。

彼にとってそれが屈辱であり、腹立たしく思っていたことは疑いのない事実です。そしてそのことが一週間から二週間、彼の快活さ、希望に満ちた性分を暗雲で覆いました。でも、ただそれだけのことです。ふたりの詐欺は父の信仰をわずかなりともぐらつかせていません。もしそうであれば、それは貧弱な信仰だったということでしょう。[42]

実際オーウェンは一八七七年に世を去るまで、けっしてスピリチュアリズムへの信仰を捨てなかった。ホームズ夫妻へのオーウェンの失望は、交霊会で過去に体験してきた数々の霊現象すべてを否定するものにはならなかったのだ。

一方、スピリチュアリストのスポークスマンとして頭角を現しつつあったオルコットとブラヴァツキー夫人のふたりは、なんら怯《ひる》むことなく前進し続けた。一点の曇りもない確信と勇敢さに満ちた彼らの主張は、全身物質化の醜聞《スキャンダル》で居心地の悪さを感じていたスピリチュアリストたちにとって、その一語一語が救いの言葉と感じられたにちがいない。しかしこの段階では、まだオルコットにははっきりと気がつかれていなかったが、すでにブラヴァツキー夫人はその行く先を、ふつうのスピリチュアリストたちが望まない方向へ転換させようとしていた。

スピリチュアリズムのリーダーたちはスクールボーイにすぎない

一八七五年二月、ブラヴァツキー夫人は、一月三十日の『バナー・オブ・ライト』誌に寄稿したホームズ夫妻の件に関する見解に対して、コーネル大学のアングロ・サクソン文学と修辞学の教授ハイラム・コーソンから賛意を示した手紙を受け取った。その後、ブラヴァツキー夫人とコーソンのあいだでやり取りされた手紙には、これまでの一般的なスピリチュアリストとはまったく異なるブラヴァツキー夫人の立場がはっきりと表明されていた。二月十六日のコーソンへの手紙でブラヴァツキー夫人は、自分がスピリチュアリストになったとき、その信念はミディアムたちが引き起こす現象を通して得たわけではないと主張し、その由来を次のように述べている。

わたしの信念はロチェスターのノッキングよりも古く、ラモン・リュイ〔カタルーニャ語。ラテン名はライムンドゥス・ルルス〕、ピコ・デッラ・ミランドラ、コルネリウス・アグリッパ、ロバート・フラッド、ヘンリー・モアらに用いられていたものと同じ情報源に由来しています。かつて彼らはみな、聖なる本質の「最も深遠な部分」を開示し、またすべてのものごとをひとつに結びつける本物の関係を示す、ある体系を探し求めました。[43]

では、探し求めた結果、それは見つかったのか？　どうやらブラヴァツキー夫人は、その体系を「何年も前に見つけたようだ。「精神の求める切望」は「天使たちによって教えられたこの神智学（theosophy）によって満たされた」と彼女はコーソンへの手紙のなかで述べている。しかも、それがどれほど卓越した体系であるかを伝えようとして、次のようにも述べている。「その法則、アイン・ソフ〔後述〕、あるいは一〇のセフィロト〔後述〕、あるいは流出をともなう無限と無境界」に関するわずかな知識でさえ、「スピリチュアリズムのリーダーたちのすべての仮説にもとづいた教えよりも、あなたを開眼させる助けとなるでしょう」。コーソンへの手紙のこうした文面は、このころのブラヴァツキー夫人のかなりの自信のほどを示しているが、そのなかでもきわめつけは、名だたるスピリチュアリストたちを見下す高みへと自身を位置付けようとするかのように豪語した次の言葉だろう。「わたしの見るところでは、アラン・カルデック、カミーユ・フラマリオン、アンドルー・ジャクソン・デイヴィス、エドモンズ判事は、それらのスペルを綴ろうとして、ときどき痛ましいまちがいをしでかすスクールボーイでしかありません[44]」

ブラヴァツキー夫人は、自分が何年も前に見つけた深遠な知識と「スピリチュアリズムのリーダーたちのすべての仮説にもとづいた教え」のあいだの開きは、まさしく『ゾハール（*Sohar*）』と『マソラー（*Massorah*）』の関係に等しいという。『ゾハール』は、「ダヴィデとソロモンから、シモン・ベン・ヨハイに口承によって伝えられたカバラの完璧な知識」にもとづくものだが、『マソラー』はそうではない。それは「直接的な伝承」ではなく「門外漢」に由来するがゆえ、そこに真実は認められない[45]。

こうしたブラヴァツキー夫人の発言のなかにいくつか聞き慣れない言葉があったとしても、とりあえず気にしないで読み進めていただきたい。むしろここで注目すべきは、当時のスピリチュアリストたちの語彙にはまったく含まれていなかった、ユダヤ教のカバラに関連する「アイン・ソフ」「セフィロト」「流出」といった概念を、ブラヴァツキー夫人が多用している点だ。あとから振り返ってみると、ブラヴァツキー夫人がエソテリックな伝統とも呼ぶべき古き水脈から掬《すく》いあげてきた不可解な言葉を誇らしげに使用しながら、スピリチュアリズムをめぐる議論のなかに混入させていったこの時期こそ、まさしくアメリカのオカルティズム・ムーヴメントの出発点とみなすことができるだろう。

ジョン・キングの自画像

一八七五年三月末、オルコットは「チュイティット・ベイ」と記されている手紙を受け取った。そのなかには「ルクソールの兄弟団《ブラザーフッド》」と名乗るグループへのオルコットの参入許可が、[46] 黒色の封筒に入った緑色の紙に金色のインクで記されていた。そしてその冒頭には、次のように書かれていた。

> 第五セクション、ルクソールのブラザーフッドからヘンリー・S・オルコットへ
>
> 新参者の兄弟よ。われわれは汝を歓迎する。われわれを探し求める者はわれわれを発見する。試してみよ。そなたの心を鎮めることを——すべての恥ずべき疑いを追放することを。

「新参者の兄弟よ」——そうオルコットに呼びかけるこの手紙こそ、スピリチュアリズムからオカルティズムへの転換を指示する最初の導きの光だった。

この「ルクソールのブラザーフッド」が何なのかはここでは措《お》いておくとして、同手紙にはブラヴァツキー夫人がすでにその一員であり、そのマスターたちから大きな信頼を得ていることが記されていた。そのため、「勇敢で信頼できるしもべ」であるブラヴァツキー夫人には、新参者のオルコットを直接指導し、「真実の黄金の門」へと連れていく役割が与えられていた。一方、同時期にオルコットが受け取ったブラヴァツキー夫人からの手紙には、次のように書いていた。

> 気をつけなさい、ヘンリー、そのなかに向こう見ずに飛び込んでしまう前に。〔中略〕まだ時間があります。いまのところ、あなたはそのつながりを辞退することもできます。でも、もしわたしが送ったその手紙をあなたがたいせつに受け止めて、新参者という言葉に同意するなら、あなたはわたしの見習いとさせられ、そ

こから引き返すことはできなくなります。まず何よりも、あなたの信仰への試練と誘惑があなたに降り注ぐことにもなるでしょう。〔中略〕一方、もしあなたが決心したなら、〔中略〕心配しないで、わたしの助言を思い出しなさい。〔中略〕従順さと沈黙を通して、けっして疑うことのない忍耐と信仰を。[47]

オルコットはその「つながり」を辞退することなく受け入れた。すると、それから数か月のあいだ、今度は「コプト人」の「セラピス・ベイ」というマスターから、さらなる手紙が送られてくるようになった。オルコットはのちに、このコプト人が「わたしの最初のグルになった」と述べている。[48]

こうしてブラザーフッドと関与していくことになったオルコットは、驚くべきことにもあのジョン・キングが、じつはブラザーフッドの一員であることを知らされた。そしてセラピス・ベイの指示によりオルコットは、「封筒にソロモンのカバラのサイン」を忘れることなく、「報告書と日々のノート」を「ブラザー・ジョンを通じてロッジに提出」することが義務づけられた。[49]

ここで、一八七五年四月初頭にブラヴァツキー夫人がフランシス・J・リピット（ホームズ夫妻の交霊会を調査したときに同席していた人物）に送った絵をご覧いただきたい（図7・12）。この絵の制作現場に立ち会ったオルコットによると、その絵に描かれている、頭にターバンを巻いて黒い髭を生やし、手に大きな本を持った人物こそがジョン・キングであり、しかもこれは本人によって描かれた自画像だという。

図7.12　ジョン・キングの自画像

四月二十日のオルコットからリピットへの手紙は、それが出来上がるまでの過程を次のように説明している。ジョン・キングの求めに応じて、ブラヴァツキー夫人は「上質なサテン」を買ってきた。それは画板の上に固定

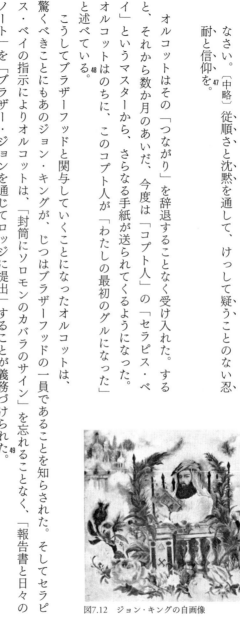

され、絵具、水、絵筆とともに布で覆われ、「霊たちに捧げられた部屋」のなかに放置された。すると朝には「絵の上部全体とジョンの顔がうっすらとした輪郭として描かれていた」。その後、ジョン・キングはブラヴァツキー夫人に花飾りとつる草を描くように命じた。だが、ブラヴァツキー夫人の作業に満足しなかったジョン・キングは、ふたたびサテンを布で覆わせた。その後、ジョン・キングに呼び戻されたブラヴァツキー夫人がその絵を見ると、垂直に伸びる葉の群れの輪郭が描かれていた。こうして絵は布に覆われたままの状態で、少しずつ完成に向かっていった。そして最後に「ギリシア語とヘブライ語とカバラのサイン」が付け加えられた。それらは「カバラを学ぶ者すべてに知られている」サインであり、またそれらとジョン・キングが胸に着けている宝石はすべて「薔薇十字団員」のシンボルでもある。それによってジョン・キングもその団員であることが示されている。[50]

さらに興味深いことにも、この絵のなかにはケイティ・キングの姿も見られる（右上の三人のなかで最も顔がはっきり見える女性）。この絵を受け取ったリピットは、四月二十九日の『スピリチュアル・サイエンティスト』紙への寄稿で、次のように述べている。「この世のものとは思えない掛け布」によって覆われた「きわめてすばらしく優美な姿」として描かれているケイティは、「けっして聖書の天使ではなく、美しい天女（houri）」とみなされる。また、リピットは同寄稿で、この絵の細部に関する解説も述べている。それによると、玄関のポーチの一方の装飾には、ギリシア語で「消すことのできない火」と記され、もう一方には「稲妻」もしくは「神の火」を意味するヘブライ語が記されている。また、ジョン・キングが手に持っている「深紅の表紙の大きな本」には、いくつかの文字が金色で記されていて、そこには「ΑΩ」、ヘブライ語で「神」を意味する語、「天秤座の記号」「エジプトのヒエログリフだと推定される」文字もある。さらにジョン・キングが立っているバルコニーの手すりの下には、「ソロモンの印章」を表す形と「古代スカンディナビアのトール神のハンマー」を表すかたち、さらにそれをはさんだかたちの二本の柱は「まさにメーソン（フリーメーソン）関係者にはよく親しまれているソロモンの寺院の二本の柱」を表し、そこにはヘブライ語で「ヤヒン（yachin）とボアズ（boaz）」と記されている。[51]

スピリチュアリズムに関与していたオルコットがエソテリックな方向へ移行していった過程をこうして追って

みると、いかにジョン・キングの存在が重要な役割を担っていたかがわかる。のちにオルコットは、この時期のことを次のように回顧している。

H・P・B〔ブラヴァツキー夫人のこと〕は、わたしに少しずつ東洋のアデプト〔文字どおりには「熟達者」「達人」の意だが、特別な秘教的知識や力を獲得した人を指すために、のちの神智学協会でも使用されるようになる語〕と彼らの力の存在を明かしていった。また、数多くの現象によって、彼女自身がオカルト的な自然の力を支配している証拠をわたしに与えていった。最初、〔中略〕彼女はそれらをジョン・キングに帰していたし、わたしがマスターたちと個人的に交信するようになったのも彼のいわゆる親切心からだった。〔中略〕ニューヨークを離れてインドへ向かうすぐ前までの数年間、わたしはオカルト・ブラザーフッドのアフリカ・セクションとの子弟関係にあった。[52]

一八七五年の春から夏にかけて、オルコットがブラザーフッドとの関与を深めていっているあいだ、一方のブラヴァツキー夫人の身には重大な危機が訪れていた。だが、それはオルコットいわく「驚くべき心理的かつ生理的変化」を彼女にもたらすことになった。[53] 四月三日、ブラヴァツキー夫人は三十三歳のアルメニア人男性ミヒャエル・ベタネリーとフィラデルフィアで結婚した。ベタネリーとブラヴァツキーが知り合ったのは、オルコットが調査していたエディ家の交霊会でのことだった。ふたりが結婚にまで至ったその過程はいまひとつ定かではないが、オルコットはその結婚にけっして賛成しなかったし、実際それは短命で、二か月ほどしか続かなかった。[54] だが、結婚から離婚へ急展開するこの時期に重なるかたちで、ブラヴァツキー夫人は歩けないほどの脚の怪我の悪化に悩まされることとなる。彼女に訪れる「驚くべき心理的かつ生理的変化」とは、まさにこの怪我の最中に起こったことだった。

オリエンタル・カバラ

一八七五年二月十三日のブラヴァツキー夫人からフランシス・J・リピットへの手紙によると、その年の一月末、ベッドを動かそうとしていたブラヴァツキー夫人の脚の上に、その重たいフレームが落ちてきた。それによって彼女は、歩けなくなるほどの深刻な怪我を負った。[55]

当時の夫ベタネリーは、ブラヴァツキー夫人のプライベートな人生にほんのわずかのあいだしか関わらなかったものの、この時期の彼女に起こったできごとの貴重な目撃者でもある。ベタネリーはオルコットに宛てた五月二十六日の手紙で、彼女の脚が麻痺し、切断しなければならない状態にまで悪化したと述べている。[56] ピークに達したのは六月三日のことだった。ブラヴァツキー夫人の傷ついた脚は冷たく硬直し、倍の大きさにまでなり、黒ずんできた。医師は脚を切断しないかぎり、彼女はこれ以上生きられないだろうと宣告した。しかし数時間後、奇跡的にも脚の腫れはおさまり、回復に向かっていった。[57] ベタネリーはリピットへ宛てた六月十八日の手紙で、この時期のブラヴァツキー夫人のことを次のように述べている。

これらの日々ずっと、マダム〔ブラヴァツキー〕はいつも同じでした。一日に三回ないし四回、力を喪失し、一回に二、三時間のあいだ、死者のように横たわっていました。脈と心臓は停止し、死者のように冷たく青ざめた状態でした。〔中略〕そのとき彼女の霊は旅をしているのだと述べる人もいますが、それに関してわたしは何もわかりません。[58]

ブラヴァツキー夫人にいったい何が起こっていたのか？　ブラヴァツキー夫人が回復後から間もない六月に書いた妹ヴェラに宛てた手紙によると、彼女は傷ついた脚が切断されようとしていたころから、自分のなかにいる第二人格のようなもの――これをブラヴァツキー夫人は「誰か」「ナンバー2」「サヒブ（Sahib）」などと呼んでいる――を感じはじめたという。

わたしは一日に何度か、自分のそばに誰かがいるのを感じています。それはわたしからはっきり分けられているのですが、わたしのなかに存在しています。わたしはけっして自分自身の人格《パーソナリティ》に対する意識を失ってはいません。あたかも自分が沈黙すれば、その誰か――自分のなかにいる誰か――が、わたしの舌で語っているかのように感じます。〔中略〕これはミディアムシップではありませんし、不純な力でもありません。〔中略〕これは結局のところ、より高次の指令によるものなのです。[59]

ブラヴァツキー夫人が自分のなかに第二人格を感じはじめたこの体験は、きわめて重要なものだと言えるだろう。なぜなら、のちにブラヴァツキー夫人が発表した神智学協会の礎《いしずえ》となる重要な著作は、（本人がのちに述べているところによれば）この二重意識の状態で、自分ではない誰かによって書かれたからだ。

この深刻な怪我からの回復後、ブラヴァツキー夫人はロングアイランドへ向かった。それは前年の七月に、この農地に投資した一〇〇〇ドルを共同経営者から取り返すためだった。[60]その訴訟の判決を待っているあいだ、ブラヴァツキー夫人が雇った弁護士ウィリアム・M・イヴィンズは、彼女にカバラをはじめとする諸々のオカルティズムに関する質問をした。ただし、イヴィンズはエソテリックなものを信じるタイプではなかった。その後、イヴィンズは知人たちとともに、オカルト文献（エドワード・ブルワー＝リットンの小説『ザノーニ（*Zanoni*）』、パラケルススの生涯、薔薇十字団についての本）から拾い集めた材料をもとに「薔薇十字主義」と題した論を合作した。七月一日と八日の『スピリチュアル・サイエンティスト』紙にも掲載された寄稿の作者名には「Hiraf」と記されていたが、それはアイヴィンスを含めた共同執筆者五人のイニシャルをとって作られた偽名だった。[61]

ブラヴァツキー夫人は、Hirafが誰なのか、それがどのようにして書かれたのかなどにはさして関心を向けなかったようだが、その寄稿の内容に大いに刺激されたことは確かである。すぐにブラヴァツキー夫人は「『薔薇十字主義』の論説の著者『Hiraf ＊＊＊』に対するわずかの疑義」と題した長文の寄稿を『スピリチュアル・サイエンティスト』紙に送った。七月十五日と二十二日の同紙に掲載されたそれは、スピリチュアリストとしてではなく、オカルティストとしての自分の立場を、はじめてブラヴァツキー夫人みずからが公に明示した論説だった。[62]

そもそもこの「秘密の科学の正規の集団」は、どこかに存在するのか？　そんなHirafの問いに対して、まずブラヴァツキー夫人はこう断言する。「わたしの個人的な知識からは、その場所は東洋にあると言える――インド、アジアやその周辺の国々に」。また、ブラヴァツキー夫人によると、その「秘密の科学」のルーツはカルデア人よりも先の古代の賢者たちにさかのぼり、代々伝えられてきた。また、薔薇十字団も長い歴史のあいだにその同じ木から派生した多くの枝のひとつだが、現在は存在しない。こうした古代から続くエソテリシズムの伝承の経緯を一つひとつ説明しながら、ブラヴァツキー夫人はHirafの論に見られるいくつもの誤った認識を訂正していく。またそのなかでも「オリエンタル・カバラ」なるものの存在を、とくに力を入れて主張する。

ブラヴァツキー夫人の説明によると、オリエンタル・カバラは「秘密の科学」が現在に至るまでそのままのかたちで伝承されてきた教えであり、それは一般的に知られているユダヤ教のカバラとは区別される。ブラヴァツキー夫人によると、後者のカバラは「欠点が多く」、しかも「故意に誤って解釈されている」。だが、前者のオリエンタル・カバラは「人間の最初の世代」から伝わる「偽りのない完全なカバラ」であり、それは「ごくわずかの東洋の哲学者たち」、すなわち「東洋のブラザーフッド」（ブラヴァツキー夫人によれば、その正式名称を明かすことを許されていない。そのため彼女はそれを「東洋の薔薇十字団員たち」と呼んでいる）によってのみ保持されている。

では、その東洋のブラザーフッドとはいったい何者たちで、そもそもどこにいるというのか？　それについて、ブラヴァツキー夫人は次のように述べる。

> 時がそれを示すことになるだろう。わたしが言える唯一のことは、そのような組織が存在するということだけだ。人間全体が霊的沈滞から目覚めて、その目を真実の輝かしい光に開くときまで、ブラザーフッドの所在が他の国々において明かされることはけっしてない。[63]

こうしてブラヴァツキー夫人は、自分がその分野にいかに深く精通しているかを、それればかりか「秘密の科学の正規の集団」である東洋のブラザーフッドと自分がつながっていることを明らかにしていった。

このブラヴァツキー夫人によるオカルティスト宣言とも言うべき記事の発表のあと、八月二十三日と三十日に発行された『ニューヨーク・トリビューン』紙に、今度はオルコットによる物議を醸す寄稿が掲載された。

そこには従来のスピリチュアリストたちからはとうてい受け入れがたい交霊会の現象の説明が含まれていた。オルコットによると、交霊会の現象のいくつかは亡くなった人間の霊が起こしているとしても、その大部分はそうではない。それらの多くは「元素霊（Elementary Spirits）」が起こしている。では、この元素霊とは何なのか？それは「最も崇高なものを作り出す母なる自然の結果のなかに、誤って産み出された物質の流出物」である「人間として生きたことのない」霊、すなわち「未発達あるいは原始的な人間」と言ってもいい。[64]

死者の霊ではなく、少々不気味な元素霊にその原因を帰するオルコットの主張は、スピリチュアリストからしてみれば、とうに追い払ったはずの昔の迷信以外の何ものでもなく、当然のことながら受け入れる余地などなかった。実際、サミュエル・B・ブリタンは、同年十月九日の『バナー・オブ・ライト』誌で、「元素霊」を「過去の暗い迷信を経て、中世の悪魔研究者」にまでさかのぼる概念だと嫌悪を露わにした。[65] また、同年の秋、アンドルー・ジャクソン・デイヴィスの妻メアリー・フェン・デイヴィスも、『危険なシグナル——モダン・スピリチュアリズムの効用と悪用』と題したパンフレットを刊行し、この種の考えかたを非難した。とりわけ出版社からの序文では、「秘められた魔術の一派」がおこなっている「元素霊を呼び集めること」や「現代のエソテリック魔術師」による「霊たちを誘い出し、支配し、解雇する指図を与えること」などは、本来のスピリチュアリズムとまったく相容れないとし、次のような警告が発せられた。

これらすべてが心からの誠実さや謙虚さのなかでの真実の純粋で簡素な探究から、どんなに離れてしまったことか！　真実のスピリチュアリストは、内なる生命からのきわめてすばらしい経験によるすぐれた作品によって認められた原理を保持し、見せかけの儀式や魔術から離れるように。[66]

つい先ごろまでスピリチュアリズムの絶対的な擁護者として、その名を記憶されていたはずのオルコットとブラヴァツキー夫人は、いまやスピリチュアリストたちが好む科学的な用語を捨て、エソテリックな隠語を駆使しながらオカルティズムを招き入れようとした結果、瞬時に一転して「危険なシグナル」を発する離反者として退けられるようになってしまった。

神智学協会の設立へ

だが、オルコットとブラヴァツキー夫人のスピリチュアリズムからオカルティズムへの軌道修正こそが、新たなムーヴメントの序章となった。ニューヨークのアーヴィング・プレイス四六番地のブラヴァツキー夫人の宿は、オルコットいわく「オカルトを学ぶ明晰で賢い多くの人々」の集まる拠点となりはじめていた。そう、まさに神智学協会設立への機は十分に熟しつつあった。[67]

一八七五年九月七日の夜、ブラヴァツキー夫人の部屋には、フリーメーソンのメンバーでカバリスト（カバラ主義者）のジョージ・ヘンリー・フェルトによる「エジプト人の失われた比率の法則」と題した講演を聴くために人々が集まっていた。「数々のみごとな製図」を準備したフェルトは、自分の発見した理論――いまや忘れられてしまっている比率の法則――によって、古代エジプトのさまざまな建造物が作られていることを明かしていった。だが講演のなかで、最も参加者たちの論議を呼んだのは、フェルトが発見したと主張する古代エジプトの神官たちの「魔術的科学」だった。その熟練者であった神官たちは元素霊を召喚し、従わせるための力を持っていた。しかも、そのための方法を解読し、試してみたら成功した。なんなら実践してみせてもいい。フェルトはそう主張した。このとき、オルコットの頭のなかに「このようなオカルト研究を促進し、探究するための結社を作ればよいのではないか」という構想が思い浮かんだ。[68]

フェルトの講演に刺激され、参加者たちのあいだで活発な議論が続いた。そのあいだ熟考の末、オルコットは紙切れに次のように記した。「この種の研究のための結社を作るにはいい機会ではないだろうか？」オルコットはそれを自分とブラヴァツキー夫人のあいだの席にいたウィリアム・クォン・ジャッジに手渡した。そしてジャッジからそれを受け取ったブラヴァツキー夫人は頷き、同意を示した。次の瞬間、オルコットは立ち上がり、参加者たちに向かって結社設立の旨を発議すると、すぐに満場一致の同意を得た。この日のことをオルコットは次のように述べている。「世界を覆うバニヤンツリー〔ベンガルボダイジュ、菩薩の菩提心を表す〕となる小さな種が肥沃な土壌に植えられ、芽生えた」[69]

この記念すべき日、ブラヴァツキー夫人の部屋には全部で一七人の男女が集まっていた。そのなかには、トランス・ミディアムとしてアメリカとイギリス両国を股にかけるスピリチュアリズム・ムーヴメントの牽引者エマ・ハーディング・ブリテンも含まれていた〔アルフレッド・ラッセル・ウォレスが自分の著書に彼女の教えを引用するほど絶賛していたミディアムで、一八七〇年十月にスピリチュアリストのウィリアム・ブリテンと結婚し、以後ブリテンの姓をつけた名前で活動するようになった。図7・13〕。オカルティズム・ムーヴメントの中心となる結社の出発点に、賛同者としてその名を連ねたブリテンは、この日のことを次のように書いている。

> 会話のちょうどよい中断のあいだに、オルコット大佐は立ち上がり、霊的ムーヴメントの現在の状態を簡潔にスケッチしたあと、〔中略〕彼はそのまわりに知識の集積と普及のためにともに進んで努力するべく、啓蒙された勇敢なすべての魂を集めることのできる核を形成することを提案した。彼の計画はオカルティストの

図7.13　エマ・ハーディング・ブリテン

結社を組織し、現代における科学の世界ではまったく知られていないが、カルデア人やエジプト人にまさに親しまれていた秘密の自然の法則に関する情報を、一刻も早くひとつのライブラリーに集め、そして普及することだった。〔中略〕現在の混沌とした状況から抜け出して秩序をもたらすよう、また霊との交流がもたらす本当の哲学をわたしたちに与え、教会と大学のうんざりする闘争が悲惨で不合理な衝突を招くのを抑止できる中立な立場を提供するものとして、わたしたちは大きな満足感を持ってそのムーヴメントを歓迎した。[70]

翌日の夜の会合で「オカルティズムやカバラなどの研究と解明をおこなう」ための結社の設立が正式に決議され、またオルコットがその会長として選出された。[71] しかしこの段階では新たな結社の名前がまだ決まっていなかった。

一八七五年九月十三日、ついにその結社は「神智学協会（Theosophical Society）」と名付けられた。オルコットによれば、そのとき「エジプトロジカル（エジプト学的）」「ハーメティック（ヘルメス主義的）」「薔薇十字」などが候補に挙がったが、設立メンバーのひとりチャールズ・サゼランが辞書の頁をめくりながら見つけた言葉「神智学（Theosophy）」が最終的に採用された。[72]

引き続いて、十月十六日と三十日にブリテン夫妻の家で会合が開催された。そこで神智学協会の役員が次のように決まった。[73]

会長	ヘンリー・オルコット
副会長	S・パンコースト、G・フェルト
通信担当	マダム・H・P・ブラヴァツキー
記録担当	ジョン・カッブ
会計係	ヘンリー・ニュートン

司書　　チャールズ・サゼラン
顧問　　J・H・ウィギン牧師、R・B・ウェストブルック牧師
　　　　ミセス・エマ・ブリテン、C・E・シモンズ、ハーバート・モナケージ
法律顧問　ウィリアム・Q・ジャッジ

神智学協会の歴史について書いたブルース・F・キャンベルは、設立時に神智学と関わったメンバーたちの特徴を次のように述べている。そのほとんどが「弁護士、医者、ジャーナリスト、実業家」を含む「専門的職業に就いている「中流階級」の人々であり、「いずれも宗教やスピリチュアリティの非伝統的なかたちをとった集まりで活動していた」。また、何人かは「傑出したスピリチュアリスト、もしくはオカルティストだった」[74]。

十月三十日、『神智学協会の前文と規約』が発行された。そして一八七五年十一月十七日、神智学協会の正式な会合の場所として選ばれたニューヨーク市のマディソン街六四番地のモット・メモリアル・ホールで、神智学協会の最初の定例会が開催され、会長のオルコットが就任演説をした。そしてまさしくこのときが、公式な神智学協会の発足日とされた[75]。

将来、偏見のない歴史家が今世紀の宗教観念の進歩の理由を書くとき、いまわたしたちが参加している神智学協会の設立の基本的な原理を宣言した、最初の会合を見過ごすことはできないでしょう[76]。

この就任演説のオルコットの言葉は、希望や願望の表明だったのか、それとも未来の成功を確信してのものだったのか。いずれであったとしても、のちにそれは真実のものとなり、十九世紀末から二十世紀にかけて、神智学協会は非常に大きな組織へと膨張していく。また、そのなかで形成されていったさまざまな教義や実践の多くは、神智学協会という組織の枠組みを超えて、二十世紀に誕生する新宗教の着想の源にもなっていく。そして二

十一世紀のいまなお、その影響は霊性を探求する人々の世界観や思想的背景のなかにしっかりと残り続けている。

調和哲学

神智学協会設立から二年後の一八七八年三月三十一日、アンドルー・ジャクソン・デイヴィスは、フォックス姉妹からはじまったスピリチュアリズム・ムーヴメントの三〇周年を祝うニューヨークのスピリチュアリストたちの集会に登壇した。そこでデイヴィスは、スピリチュアリズムを「自由な宗教の真の基礎であり、新たな共和国の確かな前触れ」と称える一方で、ブラヴァツキー夫人やオルコットの教義を「魔術的スピリチュアリズム」と呼び、警鐘を鳴らした。[77]

だが、同年十二月になると、デイヴィスは「わたしたちのムーヴメントの歴史のなかで、重大な転機が来た」と述べ、「調和協会」という新たな組織を設立することで、スピリチュアリズムから距離を置くと公言した。デイヴィスが言うには、スピリチュアリズムと彼の「調和哲学」は、「ひとつの神の摂理のふたつの翼」でもあり、「物質主義の落とし穴から人類を救う」という点で「両者は共通」している。しかし、いまやスピリチュアリズムの関心は、あまりにもミディアムシップや霊の「顕現」といった現象面のほうへと強く傾きすぎてしまっている。一方、「調和哲学」の使命は、個々人の霊性の開花と調和した「地上における天の王国の実現」にある。そのことをあらためて強調することで、ついにデイヴィスはスピリチュアリズム・ムーヴメントからの離脱をはっきりと宣言した。[78]

交霊会が派手な物理現象の見世物と化していった一八七〇年代前半は、たしかにスピリチュアリズム・ムーヴメントの絶頂期だった。だが同時に、あからさまな詐欺の暴露も相次ぎ、その自壊の兆候は至るところで目に見えはじめていた。スピリチュアリズムに見切りをつけたブラヴァツキー夫人やデイヴィスが、それを敏感に感じ取っていたであろうことはまちがいない。とりわけフォックス姉妹以前に霊界の真実を告知し、ムーヴメントの到来を予見した先駆者が示したこの身振りは、スピリチュアリズムがこのあとたどる展開を知っている立場から見れば、あたかもその終焉の最初の宣言であったかのようにも思われる。

「変容するムーヴメント」と題した本章では、スピリチュアリストとしてシーンに登場したブラヴァツキー夫人とオルコットが、スピリチュアリズムとは相反するオカルティズムに傾いていき、最終的に神智学協会の設立へと至るまでの過程を追ってきた。次章ではふたたび舞台をイギリスに移し、一八七〇年代後半から一八八〇年代初頭にかけて、ウィリアム・クルックスの実験に刺激された人々によって、スピリチュアリズムへのさらなる調査が推し進められていく状況を見ていきたい。

PSYCHICAL RESEARCH

第2部

サイキカル・リサーチ

第8章

不可知論を超えて

マインド・リーディングからSPRの設立まで

スレート・ライティング

本章では、ウィリアム・クルックスによるミディアムの調査のあと、一八七〇年代後半のイギリスでのスピリチュアリズムの真偽をめぐる新たな議論がはじまっていく状況を見ていく。まずは当時、第二のダニエル・ダングラス・ヒュームとの呼び声も高かったアメリカのミディアムに対して、ロンドンで巻き起こった論争に目を向けてみたい。

神智学協会設立の翌年となる一八七六年の春、スピリチュアリズムを科学的に調査してみたいというロシアのアレクサンドル・アクサコフからの要請に応えるため、ヘンリー・スティール・オルコットはアメリカの優秀なミディアム探しに明け暮れていた。人選をゆだねられたオルコットには、アクサコフの求めた「明るい場所で能力を発揮できる」という条件に応じられるミディアムを見つける必要があった。じつのところ、それはハードルの高い条件だった。なぜなら、当時の交霊会は薄暗がりのなかでの開催が通例だったからだ。そのため選択肢は、オルコットいわく「C・H・フォスターやスレイド博士あたりの二、三人に絞り込まれていた」。前者のC（チャールズ）・H・フォスターについては第4章で紹介した。後者のスレイド博士ことヘンリー・スレイド（図8・1）は、一八六〇年代からミシガン州のスピリチュアリストたちのあいだではよく知られていたが、まだその地域での名声にとどまっていた。

図8.1　ヘンリー・スレイド

だが、最終的にオルコットがアクサコフのために選抜したのは、後者のヘンリー・スレイドだった。[1]

フォスターを差し置いて選ばれたスレイドには、たしかに十分な実力があった。アメリカを出発してロシアに向かう道中の一八七六年七月十三日、ロンドンに立ち寄ったスレイドは、到着後まもなく開始した数回の交霊会で、多くのスピリチュアリストたちから称賛の声を浴びるようになった。同年十月、『スピリチュアル・マガジン』のとある記事では、ダニエル・ダングラス・ヒュームが第一線から身を引くことによって、「長らく空いていた地位」に、いまやスレイドが「取って代わろうとしている」と述べられ、「現代の最も卓越したミディアム」とまで絶賛された。[2] 一八七五年十月十四日、ニューヨークでオルコットとともにスレイドの交霊会に参加したチャールズ・C・マッシーは、その一〇年後にもなお次のような感嘆の言葉を残している。「わたしが目撃したミディアム的現象のなかで、これほど長きにわたって強烈な印象を与えたものはない」。[3] では、そんなスレイドの発揮するミディアムシップとは、いったいどのようなものだったのか。

スレイドの交霊会で多くの人の注目を集めたのは、「スレート・ライティング」と呼ばれる次のような現象だった。ひとつのやりかたは、スレート（石板）の上にスレート・ペンシル（石筆）を置き、その面を上にして、テーブルの裏側にぴったりと押しつける（図8・2）。するとスレートの上に、何かが書かれていることを示す、スレートが引っ掻かれる音が聞こえてくる。そのあとでスレートを確かめると、そこには霊からのメッセージと称される文章が書き記されている（図8・3、4）。第6章で述べた英国心理学協会の設立者エドワード・コックスも、ロンドンに来たスレイドの交霊会に参加したひとりだった。ここでコックスが体験したスレイドの交霊会のようすを紹介しておこう。

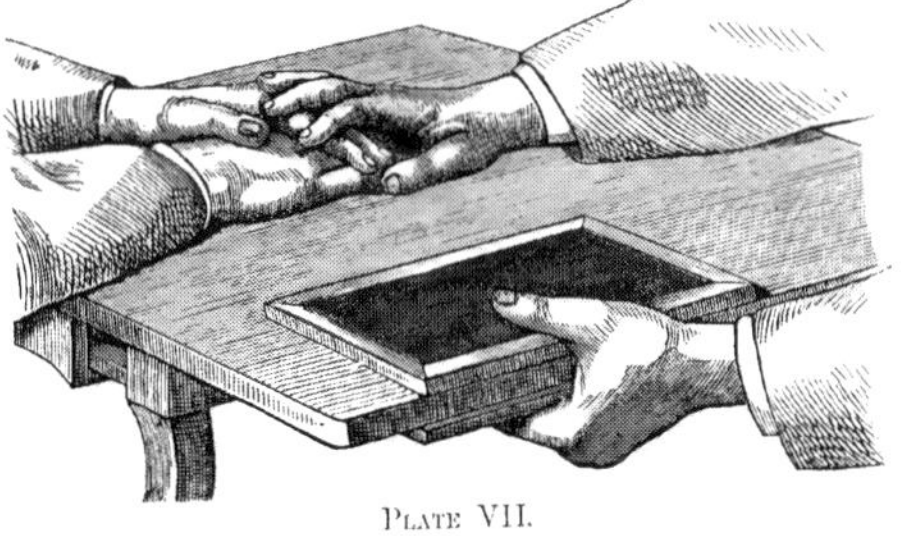

Plate VII.

図8.2　スレート・ライティングのときの様子（この絵では2枚のスレートがテーブルの上と下に押しつけられている）

一八七六年八月八日午後三時、部屋にいたのはコックスとスレイドだけだった。スレイドの交霊会に暗闇は必要なかった。この日も、部屋には明るい太陽の光が差し込んでいた。コックスとスレイドは、一・五×一・二メートルほどの四つ脚テーブルの前に座った。テーブルの下には出っ張りもなく、布も掛けられていない。スレイドは、テーブルの片側に横向きで座った。彼の足はテーブルの下に置かれていなかった。向き合って座ったコックスからは、スレイドの体全体が完全に見えており、頭をちょっと動かせばテーブルの下も見えた。テーブルから一五センチメートルほど離れたところに一般的な応接室の椅子があったが、それはテーブルの反対側にいるスレイドからは一・八メートルほど離れた位置にあった。また、重たいアームチェアが部屋の隅に置かれていた。

ふたりが着席すると、すぐにラップ音が床の下から聞こえてきた。次に、テーブル上への猛烈な打撃の連続が続いた。さらにテーブル上の指で触れたあらゆる位置に打撃がくり返し起こった。それは、「あたかも大きなハンマーで叩かれているような力強さ」だった。そのとき、スレイドの両手はテーブルの上にあった。スレイドの体全体もコックスの視野のなかにあったが、彼の筋肉になんら動きは見られなかった。

次に、スレートに何も書かれていないことをコックスが注意深く確認した。そしてスレイドは、スレートの上に小麦の粒ほどの小さなスレート・ペンシルを置いた。スレイドはスレートをテーブルの天板の下にきつく押し

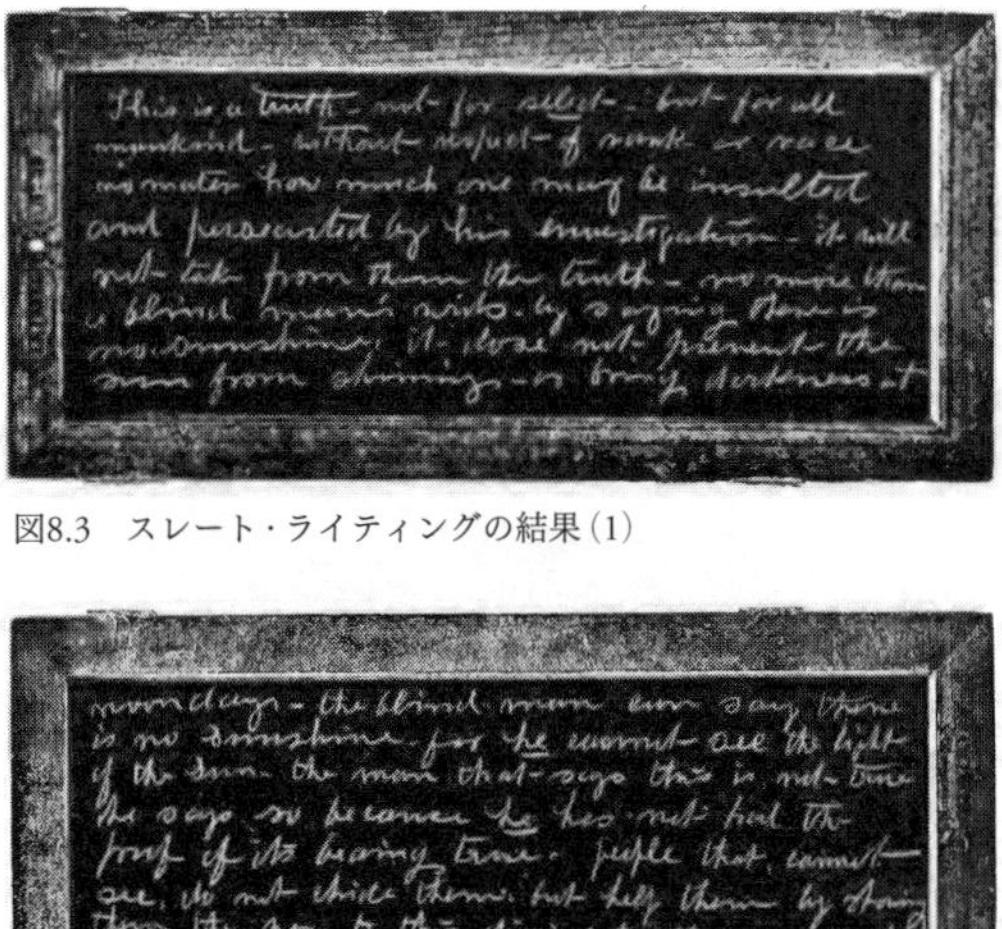

図8.3　スレート・ライティングの結果（1）

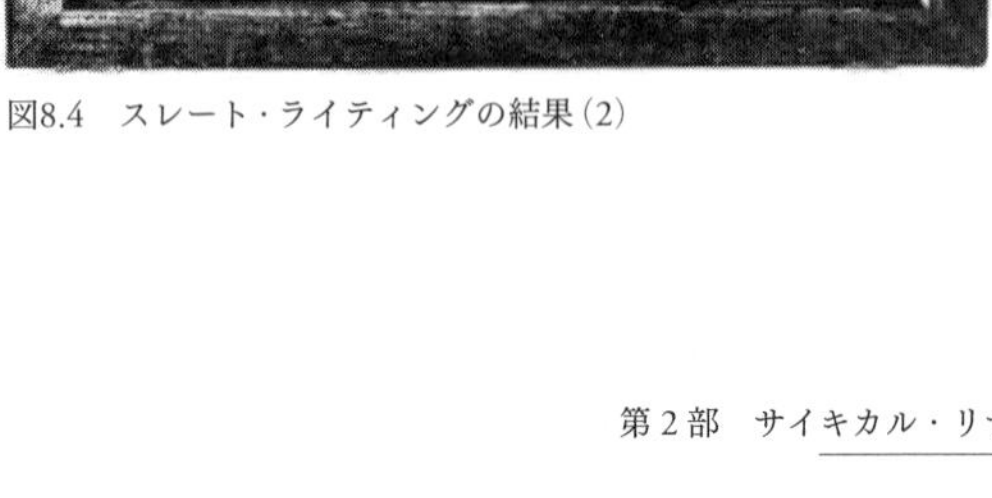

図8.4　スレート・ライティングの結果（2）

つけた。まもなくスレートの上で何かが書かれているような音が聞こえてきた。その後、スレートを見ると、そこには端から端までジグザグのラインが引かれていた。

さらに、テーブル上により穏やかな種類の打撃があった。スレイドによれば、それは彼の亡くなった妻の霊が来て、スレートを求める合図だという。ふたたびスレートが今度はテーブルの上に伏せられた。スレートの上には、スレイドの右手が置かれた。するとスレートの上に置かれたコックスの手には、その上に何かが書かれていることが感じられた。また、コックスの耳には何かが書かれている音も明確に聞こえた。それは途切れることなく長く続いたが、スレイドが自分の手をコックスから離すと止まった。そしてすぐにスレイドの手とコックスの手がふたたび接触すると、すぐに書かれている音がふたたび聞こえはじめた。この実験をコックスは何度もくり返してみたが、必ずそうなった。

ライティングが終わったことを示す急速なラップ音が鳴った。スレートを確認してみると、そこにはスレイドの妻の署名入りのメッセージが記されていた。

親愛なる法廷弁護士〔コックス〕様――いま、あなたが調査されていらっしゃる対象には、知性あるあなたのような方々がすべての時間を捧げる価値があります。この真実を信じ続けてきた人間は、必ずやより善い人間となることでしょう。人々をより善く、より賢く、より清らかにすること。それがわたしたちの地上に来る目的なのです――心より

A・W・スレイド

ふたたびまっさらにしたスレートがテーブルの上に置かれた。以前同様、その上にコックスの手が置かれた。すると数秒のうちにライティングがはじまった。コックスはスレートに文字が記されていく圧力を手にはっきりと感じた。その後スレートを見ると、そこには次のように記されていた。

わたしはジョン・フォーブズ、女王の医師である。神の祝福を。

J・フォーブズ〔一八六一年没。ヴィクトリア女王の主治医〕

ふたたびスレイドにより、テーブルの下にスレートが押しつけられた。だが、スレートはとても強い力でそこから引き離され、コックスの額の上に置かれた。この状態のなかで、コックスはライティングの音を耳にした。そしてスレートを見ると、次のように記されていた。

わたしたちがこのように来ることができるのだから、これ以上疑ってはならない。

J. E., M. D.

さらに驚くことに、このとき大きなアームチェアが部屋の隅からテーブルに向かって突進してきた。こうしたスレイドとの交霊会での体験に対して、コックスは次のような結論を述べている。

わたしに言えるのは、自分の感覚はたしかに正常であり、また目覚めていたこと。そしてそれは明るい光のもとでおこなわれたこと。すべての時間において、スレイド博士はわたしの観察下にあり、わたしの目を盗んで手や足を動かすのは不可能だったということだ。[4]

ここでスレイドの交霊会のより詳細な状況を伝えるものとして、ウィリアム・ステイントン・モーゼスによる報告についても紹介しておきたい。

まずは図8・5をご覧いただきたい。モーゼスによれば、スレイドが座ったのはＴＤの場所である。それに対してモーゼスは、その反対側に座った。スレイドは背中を「七月の太陽が差し込んでいる」窓に向けて座っていた。ブラインドは開けられ、部屋の隅々まで明るい光によって照らされていた。スレイドの親指がWのスレートの上側の面に置かれ、スレートはKの方向に押し入れられた。そしてすぐさまスレートが引っ張り出され、その盤の上を確認すると、走り書きされた霊からのメッセージが確認された。モーゼスは、その間の動きを「振り子のスウィングのように素早い」とも述べている。

別の場合は、モーゼスの右手がテーブルの上のスレイドの手を握り、左手はHの場所でスレートを持っているスレイドの手を摑んだ。このときスレートは、テーブルの上のHの場所に二枚重ねにされた状態だった。それでも重ねられたスレートの内側を見ると、そこにはメッセージが記されていた。さらにスレイドから最も遠く離れたEの場所でモーゼスにしか触れられていないスレートにもその内側にメッセージが記された。ちなみに、このときのスレートはスレイドのものではなく、モーゼス自身が持ってきたものだった。また、モーゼスによれば、そのときのメッセージは「最も長く最も凝った」文章だった。しかもその裏返しに重ねられたスレートの上に耳を近づけたとき、「進行中の書かれていく音がはっきり聞こえた」。また「その音はゆっくりと注意深くスレートの上を動いていくスレート・ペンシルの摩擦音だった。そしてかなりの時間、それは続いた」[5]。こうした交霊会の体験から、スレイドの能力を本物だと確信したモーゼスは、一八七六年八月十一日の『スピリチュアリスト』誌で次のように力強く宣言している。

わたしは言っておきたい。ハクスリー、ティンダル、カーペンター、クリフォード〔後出する数学者、ウィリアム・クリフォード〕の誰

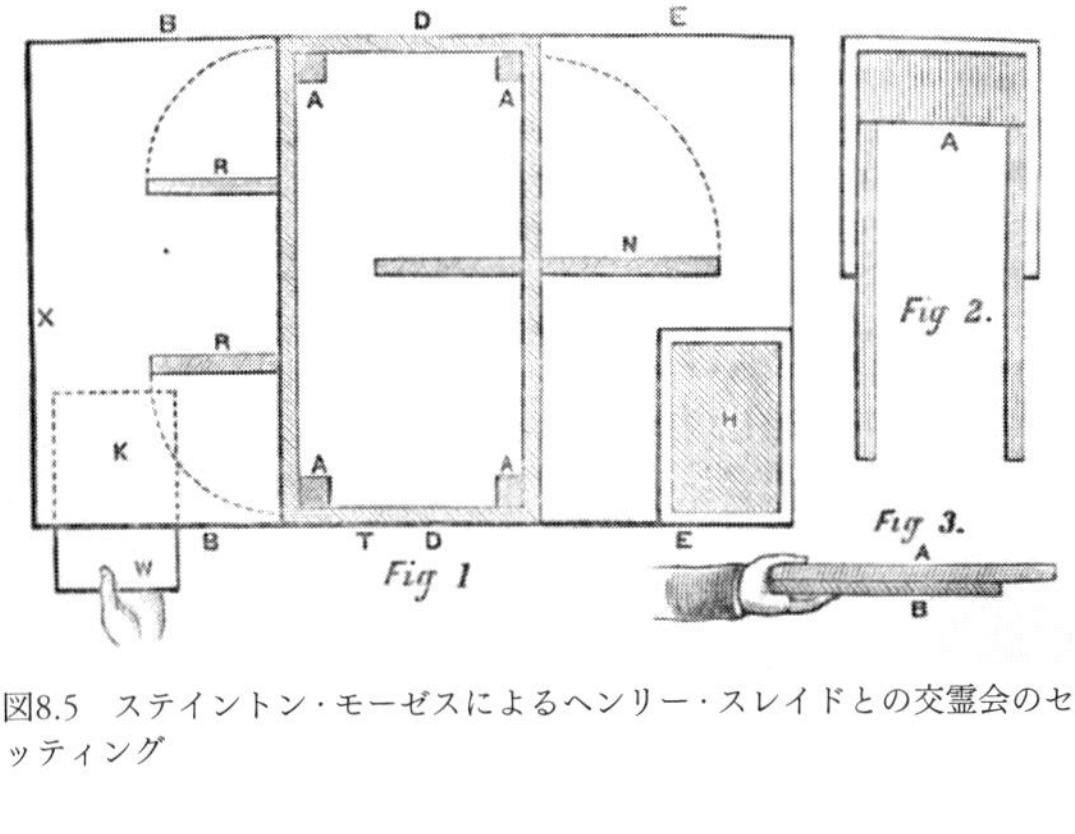

図8.5　ステイントン・モーゼスによるヘンリー・スレイドとの交霊会のセッティング

であろうと構わないが、スレイドと対面すれば、必ずやその科学者は打ち負かされるだろう。[6]

告発されたミディアム

ロンドンでのスレイドの交霊会が話題を呼んでいたころと同時期、グラスゴーで開催された英国科学振興協会（BAAS）に提出された、ダブリンの王立科学大学物理学教授ウィリアム・フレッチャー・バレット（図8・6）による「精神の異常《アブノーマル》な状態とそれに関連するいくつかの現象について」と題された論文が、物議を醸していた。

バレットはその論文で、みずからがおこなったメスメリズムの実験で、ふたりの人間のあいだの「思考伝達（thought transference）」、あるいは一方の人間が他方の人間の思考を読む「思考リーディング（thought-reading）」といった通常の感覚経路だけでは説明不可能な情報の伝達を確認したと主張した。また、その現象を説明するために、バレットは一方から他方の人間へ空間を超えて伝達される「神経エネルギー」仮説を提出した。[7] この仮説だけでも科学者たちの反論を呼ぶには十分だったが、バレットはこの論文でスピリチュアリズムに関する現象についても次のように言及した。薄暗がりのなかで体験される霊の顕現は、参加者の思い込みやミディアムによる暗示によって導かれる錯覚や幻覚で作り出されている可能性がある。だが、明るい光のもとで体験された現象は容易には説明できない。その場合に関しては、「この可視の宇宙に介入する超自然」という言い分も否定し去ることはできないのではないか。[8]

こうしたバレットの論調が、サイキック・フォースを発表したころのウィリアム・クルックスとほぼ同じ線上を歩んでいることは明らかである。かつてのクルックスの論文が王立協会で受理されなかったことからすれば、

図8.6　ウィリアム・バレット

バレットの論文の内容も英国科学振興協会の正式な会合の場にふさわしくないとあしらわれても不思議ではない。しかしこのバレット論文は、提出された当初は却下されたものの、協会の分科会の人類学部が受理した。なぜなら、この年にその学部長を務めていたのは、ほかでもないアルフレッド・ラッセル・ウォレスだったからだ。[9] だが、ウォレスの計《はか》らいで認められたバレット論文の英国科学振興協会での発表は、科学者たちからの不満の声を沸き上がらせた。

アルフレッド・ウォレス氏のまったく同意しかねる行為の結果、英国科学振興協会の討議はスピリチュアリズムに関する主題の発表で評判を貶められた。また、一般の人々は、この国やアメリカで蔓延している驚くべき軽信性から「科学者たち」が免除されていないことを思い知ることとなった。[10]

ユニヴァーシティ・カレッジ・ロンドンの動物学教授エドウィン・レイ・ランカスターは、一八七六年九月十六日の『タイムズ』紙への寄稿でそう不満を述べた。さらに続けてランカスターは、先ごろアメリカから来てロンドンのスピリチュアリストたちの注目を浴びているヘンリー・スレイドの詐欺を発見したことを同寄稿で主張した。ランカスターによると、前週の月曜日、スレイドのスレート・ライティングを間近で観察したのち、そのトリックに対する仮説を立てた。それはスレートがテーブルに伏せられ、霊が筆記していると称される前の段階で、すでにスレイド自身が密かにスレートにメッセージを書き記しているのではないか、というものだった。そこでランカスターは自分の仮説をテストするため、ウェストミンスター病院の医師ホレイショー・B・ドンキンとともにスレイドを再訪問したという。

今回の調査でランカスターは、「決定的な瞬間」、すなわち霊がライティングをする前、言い換えるならスレート上を引っ掻く音が聞こえてくる直前に、スレイドからスレートを奪取することを決めていた。ランカスターは言う。その瞬間、「もしすでに筆記がスレート上にあったなら、わたしが自分の仮説の真実の証明を得たと考えてもいいだろう。このことは理性を失ってしまっていない人に対して、その確信を与えられるだろう」[11]。

同日の『タイムズ』紙には、ランカスターとともにスレイドの交霊会に参加したドンキンの寄稿も並べて掲載された。ドンキンの報告によれば、テーブルの下でスレイドの左手がスレートを持っていたとき、それを引っ掻く音が聞こえてきた。同時にそのとき「手首の屈筋の腱のわずかの収縮とともに、腕が行き来するごくわずかの動きが見えた」。そのことからスレート上に書かれた文字は、「中指の爪の下に付けられたスレート・ペンシルの小さな破片」を使った結果だと考えられる。またドンキンによると、霊によるライティングの前に、ランカスターがスレートを引っ張り出すと、予想どおり、すでにそこにはメッセージが記されていた。すなわち、スレート上に現れた霊からのメッセージと称されているものは、交霊会の途中で、スレイド自身がこっそりと書き記したものであったことは否定しがたい。こうしたことからドンキンは、スレイドの交霊会の報告の結論を次のように結んだ。「誰がどう考えようとも、霊の媒介を信じさせるようなものではないことを、この交霊会の結果は十分に示している」[12]

このようなランカスターとドンキンの寄稿を見ると、スレイドはトリックをあっけなく暴露され、もはやミディアムとしてのキャリアも終わったかと思われるが、事態はそう簡単にはおさまらなかった。スレイドの支持者からすぐさま反論の声があがった。そして『タイムズ』紙には、アルフレッド・ラッセル・ウォレスやウィリアム・バレットのような科学者をはじめとする多くの人々から、ランカスターとドンキンの結論に対する異議を唱える寄稿が続々と送られてきた。

その結果、同紙ではしばらくのあいだ、スレイドのミディアムシップの真偽をめぐる議論が連日くり広げられることになった。たとえば翌々日、九月十八日の『タイムズ』紙に掲載されたチャールズ・C・マッシーによる寄稿では、ランカスターとドンキンによるトリックの説明がいかに不完全かを論じるべく、自分自身が実際に目撃した際のスレイドのスレート・ライティングの状況を報告した。マッシーによれば、「テーブルの上から一瞬たりとも動かされることなく、調査者の視界の外に動かされることもない、まっさらであることが確認されたスレートの上」に文字が書き記されていた。そして多くの場合、そこで使われたのは「調査者自身のスレート」であり、「買ったばかりのふたつ折りのスレート」だった。しかも「テーブルの上に置かれたスレートの表面の下」から書いている音が聞こえてきていたし、そのうちの何度かは、スレイドがそのスレートに触れることさえしてない。ゆえにマッシーは言う。「これらのことを目撃した人々の何人か、そしてそれゆえトリックを用いることと相反する条件下でおこなわれたことを知っている人は、何が起こったかについてのランカスター教授の説明に異議を唱えたくなるのが当然である」[13]

また、十九日の同紙に掲載されたジョージ・C・ジョードという人物からの寄稿では、スレイドの指を交霊会のはじまる前に調査した結果、「爪は短く切られていた」ため、爪の下にスレート・ペンシルを忍ばせ、スレートに文字を書くことなど明らかに不可能だったことが指摘されている。[14]

続いて二十日の同紙には、ランカスターとドンキンに対するスレイド自身による応答も掲載された。スレイドの言い分によれば、ランカスターがスレートを奪い取る前、実際には筆記する音は聞こえていて、まさに筆記中だった。また、自分はいつも爪を短く切っている。それらを調査する手間をかけた人がそれを証言している。したがって、そこにスレート・ペンシルを仕込むことは不可能だ。こうしてスレイドは自分の無実を主張し、その最後を次のように結んでいる。「ランカスター教授との交霊会でも、またミディアムとして人々の前にいた日々のあいだにおこなわれたどの交霊会でも、わたしは自分でそれを書いたことなどない」[15]

さらにウィリアム・バレットも二十二日の同紙で、次のようにスレイドを擁護する見解を表明している。「いまのところ、ランカスター教授の暴露は、わたし自身や何人かの科学者の友人たちがスレイドのパフォーマンスを目撃したことのすべてを調査したものであるとはとうてい思えない」[16]

その後も同紙において双方の立場からの意見のやり取りが続き、事態は収拾がつかなくなった。結果としてスレイドをめぐっての論争の場はついに法廷へと移った。

十月三日の『タイムズ』紙によれば、「昨日、女王陛下の特定の臣民たち、すなわちE・レイ・ランカスター、

T・J・オールドマン、ヘンリー・シジウィック、R・H・ハットン、エドマンド・ガーニー、W・B・カーペンターらを欺き騙すために、ある狡猾な技と策略と仕掛けの違法な利用」があったとの告発のため、ヘンリー・スレイドはボウストリート警察裁判所（軽犯罪の即決裁判、勾留などをおこなう）に出頭した。[17]「その不運な小さな法廷は、その日の早い時間から人々が押し寄せて大騒ぎになっていた。また通りの外も入廷しようとする群衆で身動きが取れなくなっていた」と十月十一日の同紙が報じていることからも、当時のロンドンでスレイドの裁判がどれほど注目を集めていたかが窺われる。[18]

この年の十月のあいだに継続された意見聴取では、弁護側にアルフレッド・ラッセル・ウォレス、エドワード・コックス、チャールズ・C・マッシー、英国心理学協会のメンバーであるF・K・マントン、ホメオパシー（十八世紀にドイツの医師ザムエル・ハーネマンによって考案された代替医療）の医師で英国スピリチュアリスト協会（「心霊主義英国協会」という訳語もある）の副会長ジョージ・ワイルドらが立ち、熱心にスレイドを擁護した。一方、奇術師のジョン・マスケリンは、スレイドの交霊会に一度も参加していないにもかかわらず、反スレイド側に参戦し、いかにしてそのトリックがおこなわれたかの自説を示して見せた。[19]そして十月最後の日、最終的な審判が下った。その結果、「女王陛下の臣民を欺き、かつ騙すため」に「手相術ないしは別の方法」で「狡猾な技と策略と仕掛けを用いること」を違法とする「流浪者取り締まり法」（巡業する手相術師や手品師から公衆を守るための法令）に照らし合わせて、スレイドに有罪判決が言い渡された。すなわち、法廷はランカスターとドンキンの陳述――スレイドが自分自身であらかじめメッセージをスレートに書いていた――を認め、そしてそのようなトリックは「占い《フォーチュン・テリング》と同種」の「狡猾な技と策略と仕掛け」だと判断した。そしてスレイドには重労働をともなう三か月間の拘禁刑が科せられた。[20]

だが、裁判にまで持ち込まれたこの騒動も、スレイドのミディアムとしてのキャリアへの致命傷にはならなかった。二か月後の再審で判決が覆されることによって危うく難を逃れたスレイドは、すぐさまイギリスを離れた。[21]そしてその後、一八七七年十一月と十二月、さらに翌年五月、ドイツのライプツィヒ大学の天文・物理学教授ヨハン・カール・フリードリヒ・ツェルナーによる調査に応じ、次節で見ていくように、そこで実力のほどをあらためて世間に知らしめることになる。

四次元空間の証明

スレイドの調査でツェルナーが体験したのは、まさしく驚くべき現象の連続だった。テーブルの上に置かれたガラスの容器に入れた方位コンパスの針が激しく動き、ポケットナイフが宙を舞い、誰も触れていない木のつい立てが上から下へと裂け、アコーディオンが勝手に演奏をはじめ、テーブルの下の床の上に置かれていたベルが音を鳴らし、煤《すす》のついた紙の上に霊が足跡を残した。[22] なかでもツェルナーがとくに興味を惹かれたのは次のような現象だった。図8・7のように紐の両端を封印し、ツェルナーが両方の親指でしっかりと押さえる。それにもかかわらず、どういうわけか紐に結び目が作られてしまう。同様の紐の実験は、何度かくり返されているが、ツェルナーの報告によると、いずれもそのときの実験は明るい光の下で、しかもスレイドの両手は確実に見えるところにある状態でおこなわれていた。

もちろん、スレート・ライティングも何度も実演された。たとえば一八七八年五月九日の実験では、二枚のスレートをツェルナーの左手の指が上下からはさみ、テーブルの表と裏にそれぞれ密着させた。一方で、スレイドの両手をツェルナーの右手が覆った。それにもかかわらず、すぐにスレートからは筆記する音が聞こえてきた。そしてスレートの表面を開けて見ると、そこには霊からのメッセージがぎっしりと書き記されていた。[23]

かつてウィリアム・クルックスがダニエル・ダングラ

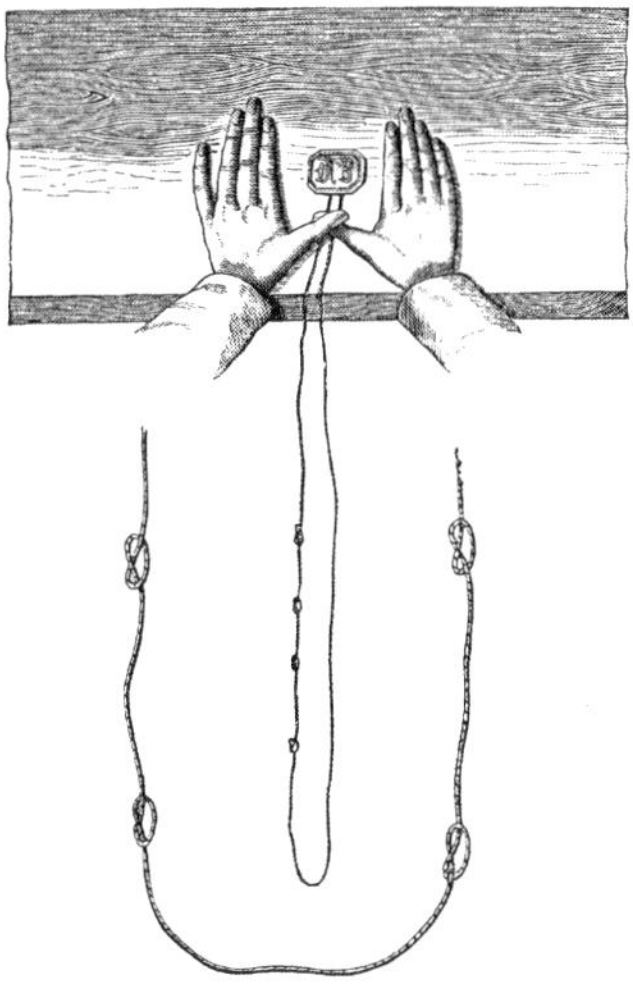

Plate I.

図8.7　ツェルナーによるスレイドの実験

ス・ヒュームに真の能力を認めたときのように、ツェルナーもまたスレイドが引き起こす現象をトリックではなく本物だとみなし、その結果は科学の新たな領域への道を指し示していると確信した。ツェルナーはスレイドのミディアムシップの調査報告をまとめた著書でクルックスへの献辞を捧げ、次のように書いている。

> 束の間の嵐と雲がめざしている山頂を覆っているとき、ふたりの孤独なさすらい人が高い山々の上で出会い、たがいに喜びあって挨拶を交わすように、わたしは怯むことのない勇者であるあなたと、この科学の新たな分野で出会えたことをうれしく思う。[24]

ただし、ツェルナーが示す「この科学の新たな分野」は、クルックスの信じたサイキック・フォースの存在ではなく、これまで自分が抱いていた「四次元空間」の実在をたしかに裏付けるための証拠だった。ツェルナーは言う。「一八七七年十二月にライプツィヒでおこなわれたアメリカのヘンリー・スレイド氏との実験」は、「ガウスとカントという卓越したふたりが想像した、三次元超（四次元以上）のものを含む可能性のある空間の理論に関する最良の実際の応用になった」。そのことを示すためにツェルナーは、まず一本の紐をたとえとしながら次元が異なるとはどういうことかを説明する。

それによると、たとえば二次元と三次元の世界のちがいは次のようになる。平面の上に置かれた細い一本の紐の中央部を重ねて輪を作ったとする。これを二次元（平面の世界）で元の直線状に伸ばすためには、紐の一端で三六〇度の軌道を描かせる必要がある。しかし三次元（高さのある世界）では、同じことをもっと簡単にすることができる。すなわち、紐の一部を裏返してから元の状態に戻せばよい（図8・8）。同様の類推を四次元に適用してみるとどうか。図8・9のような

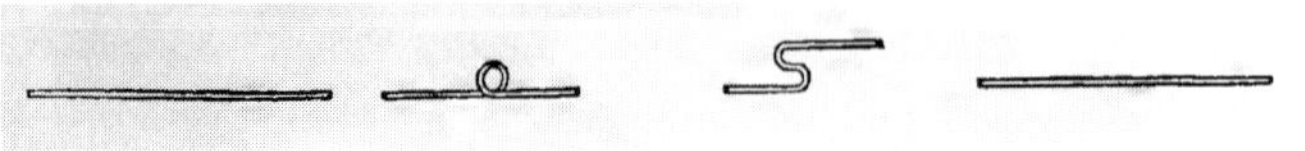
図8.8

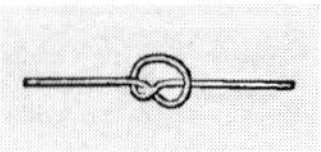
図8.9

かたちに紐を結んだり解いたりする場合、三次元ではその一方の端を三六〇度回転させなければならない。しかし、もし四次元でそれを動かせられれば、三次元よりもっと容易に結んだり解いたりできるはずだ。[25]

さらにツェルナーによれば、わたしたちが通常親しんでいる三次元の空間の概念とは、そもそも単に経験によって構成されたものにすぎない。すなわち、「習慣によって親しまれているわたしたちの現在の空間の概念は、経験から、言い換えるなら、わたしたちの知性のなかにアプリオリに存在する因果の原理による経験的事実から由来している」ものでしかなく、論理的には四次元空間の存在はあり得るものだと言っていい。だが、その実在については「経験によって、すなわち事実の観察によってのみ決めることができる」。そしてツェルナーにとって、その「事実の観察」の事例となる物理的現象こそが、スレイドによる前述の紐の結び目の現象だった。つまり三次元では不可能な状況で紐の結び目が作られたという事実は、四次元空間の実在の可能性を示唆している。そうツェルナーは考えたのである。[26]

ツェルナーによる四次元空間の証明云々についての妥当性は措いておくとしても、科学者として確固たる地位のある彼の実験結果が明白に肯定的なものだったことが、スレイドの支持者たちを大いに喜ばせたことは言うまでもない。[27]しかも、ツェルナーのスレイドとの一連の実験には、本人だけではなく確かな地位を築き上げてきたほかの学者たちが入れ替わり立ち会っていた。実験心理学のパイオニアのひとりグスタフ・フェヒナー、電磁気研究のパイオニアである物理学者ヴィルヘルム・エドゥアルト・ヴェーバー、ライプツィヒ大学の数学教授ヴィルヘルム・シャイブナー、ライプツィヒ大学哲学教授ヴィルヘルム・ヴントらが参加したが、それぞれスレイドの引き起こす現象に対していかなる印象を持ったにせよ、事実としてその場で誰ひとりトリックを見つけられなかった。[28]

今回のツェルナーによる実験の報告は、スレイド裁判で擁護にまわったチャールズ・C・マッシーによる英訳によって、一八八〇年に『超越物理学――ヨハン・カール・フリードリヒ・ツェルナーの科学論文に基づく実験調査報告』と題され、イギリスでも出版された。そこに収められたマッシーによる二五頁にわたる訳者序文には、イギリスでのスレイドの疑惑を晴らすべくおこなわれた熱心な弁護の陳述に並んで、裁判のときからその後のスレイドの動向も書かれている。それによるとスレイドは、上訴の前に保釈金に同意してイギリスを離れるべきという忠告を果敢に拒んだものの、そのときの彼の心身はかなりまいっていて脊髄炎の軽い発作があり、またしばしば譫妄《せんもう》状態になっていた。そして、ある程度回復して臨んだ法廷においても、「無表情で登場し、その訴訟のあいだ、ほとんど気を失いそうだった」[29]。また、イギリスを離れて数か月後、オランダのハーグにいたスレイドは、マネージャーのジェフリー・シモンズによる手紙を通じて、告発者であるランカスターに対しふたたび挑戦を申し出たことについてもマッシーは触れている。訳者序文にマッシーが引用した一八七七年五月七日のそのランカスター宛ての手紙には、次のように書かれている。

彼〔スレイド〕は、自分の前で起こっているスレート・ライティングが、どんなトリックによっても作り出せないことを示し、あなたに納得してもらうことだけを目的としてロンドンに戻るつもりでいます。この目的のために、彼はひとりであなたの家に出向き、あなた自身のスレートとペンシルを使い、あなた自身のテーブルであなたとともに座るつもりです。もしくはあなたが彼の部屋に来ることを好むならば、むしろ結構なことでしょう。〔中略〕もし最後にスレート・ライティングがトリックではないことにあなたが納得したら、わたしたちに対するさらなる訴訟は撤回していただきましょう。〔中略〕一方で、もしあなたがそれに納得しなければ、どうぞご自由に告発してください。〔中略〕この〔手紙の〕日付から一〇日以内にあなたからの返事がなければ、スレイドは自分の申し出が却下されたと結論づけるつもりです。[30]

そしてこの申し出に対して、ランカスターからの返事はなかったようだ。[31]

精神の直接作用と第六感

スレイドをめぐる論争が冷めやらぬころ、すでにウィリアム・バレットは前進していた。英国科学振興協会で発表した前述の論文で主張した思考伝達を立証すべく、新たな研究に足を踏み出していたのである。念のために言っておくと、バレットはいわゆる異端の科学者として、もともと主流から離れた立場に身を置いていたわけではない。むしろ逆である。一八六二年から一八六七年のあいだ、バレットは王立研究所でジョン・ティンダルの助手を務めていた。のちにバレットは、そのころの自分を取り巻く周囲の雰囲気を「サイキカルな現象へのいかなる信念にも反対するものだった」と述べているが、それもそのはずで、彼の指導者だったジョン・ティンダルと言えば、すでに第5章で述べたように、科学的自然主義を最も強力に推進した科学者のひとりである。バレットは、その当時の科学者仲間のことを次のように回顧している。

> ファラデーが王立研究所を去り、王配〔女王の夫〕によって彼に与えられたハンプトンコートのコテージへ移り住む前、わたしはほとんど毎日、彼を見かけていた。わたしのような若い無知な者に対する彼の惜しみない親切と指導のため、その有名な人にわたしが受けた恩義を忘れることなどあり得ない。ファラデーは一八五五年ごろ、テーブル・ターニングについての彼の有名な実験を発表し、そこでいかに無意識の筋肉の作用が彼の見たことの説明となるかを示した。その少しあと、彼はすでにそのような問題に関しては、あまりにも多くの時間を浪費したと述べることで、ミディアムであるヒュームと同席することを公に拒否した。ティンダルもスピリチュアリズムを詐欺として糾弾した。ハクスリーとハーバート・スペンサーは王立研究所の研究室への頻繁な訪問者だったが、これらの傑出した男たちは、〔スピリチュアリズムに関する〕すべての物理的現象を、軽蔑を含んだ無関心さであしらった。[32]

こうした環境で科学者としての訓練を積んだにもかかわらず、一八七〇年代半ばのころのウィリアム・バレットは、師のティンダルからは許しがたい領域、すなわち科学的自然主義を超えた領域に向かっていってしまった。バレットをそうさせた遠因のひとつは、アルフレッド・ラッセル・ウォレスと同様、過去のメスメリズム体験だった。

そもそもバレットにメスメリズムへの関心を掻き立てたのは、かつて動物をメスメライズする研究をおこなっていたジョン・ウィルソンだった。[33] バレットは一八六〇年代半ば、アイルランドのウェストミーズ州にあるウィルソン家を訪れ、メスメリズムの実演を何度も目撃し、メスメリストと被験者のあいだの「感覚の共有」、すなわちメスメリストの側の触感、味覚、臭覚、それればかりか観念や言葉さえ、被験者のほうに伝達されるという事実に強い衝撃を受けた。[34] その後、ロンドンに戻ったバレットは、数人の少年を対象としてさらなる実験をおこない、メスメライズされた被験者への「言語的あるいは無言の暗示」が、非常に強い影響力を持っていることを確信した。たとえば、バレットは自分がメスメライズした少年に対して、部屋を浮遊し、天井近くまで到達していると語り、そのような幻覚へと誘導した。バレットが手を叩いて目覚めさせると、その少年は驚きの目でバレットを見つめ、彼が部屋を実際に浮遊しているのを見たと言い張った。こうした経験からバレットは、交霊会の参加者によって報告されている不思議な体験が、参加者本人の「幻覚」――たとえば、「部屋から浮遊して出ていくことや、火のなかに手を入れるといったヒュームがおこなった現象」も、「実際には客観的ではなく主観的なもの」――にすぎないのではないかと考えるようになった。[35]

その後の一八七一年五月十四日、バレットはヒュームとの実験に着手することを公表したあとのクルックスから、スピリチュアリズム研究への協力を求める手紙を受け取っている。

わたしはこれらの不明瞭な現象に関心を持っているあなたと話し合いをしたくてたまりません。もしあなたが少しでも物理学的理論を作り上げるのに助力してくださるなら、どんなに喜ばしいことでしょう。現在、わたしが確信していることは、それらが客観的に真実だということだけです。

わたしは交霊会のとき、完全に覚醒していました。また、半意識の状態にあったように思われる人はミディアム自身だけです。このあいだの晩、ほぼオレンジのように赤くなっている熱い石炭をヒュームが握っているのを目撃しました。

わたしが戻ったとき、どこかの晩で一度こちらにいらしてくださるようあなたにお願いできればと思っています。いつかご都合のよいときはありますでしょうか？[36]

しかしバレットは、クルックスによるヒュームの実験に加わることなく、依然としてスピリチュアリズムの現象に対しては幻覚説を取り続けていた。[37]だが一八七四年の夏、実際の交霊会での現象をはじめて目の当たりにしたバレットは、これまでの考えをあらためざるを得なくなってしまった。ここで、バレットがスピリチュアリズムへ惹きつけられていくきっかけになった最初の交霊会の状況を、簡単に紹介しておこう。[38]

友人であるダブリンの事務弁護士の家でおこなわれたその交霊会は、その家の十歳の娘フローリー・クラークがミディアムを務めた。交霊会がはじまったのは、窓から明るい太陽の日差しが差し込む午前十時のことだった。参加者はクラーク夫妻とフローリーとバレットのみ。全員がクロスも何もかけられていない大きなダイニングテーブルの前に座った。擦《こす》れるような音がすぐにはじまり、次にテーブルの上や椅子の背でもラップ音が起こった。フローリーの手と足は間近で見ることができたが、音が鳴っているときも、彼女の手足はまったく動いていなかった。バレットは何度も何度も音が聞こえてくるテーブルの場所に自分の耳を当てた。だが、テーブルの上にも下にも、その音の原因となっているものを発見することはできなかった。ときどきラップ音は離れた場所へと移動し、誰もいない部屋の場所からも聞こえた。バレットがラップ音に対し、自分の近くの小さなテーブルに近づくよう頼むと、そこからも音は聞こえてきた。また、アルファベットを用いたラップ音の返答によって、霊の正体が「ウォルター・ハッシー」という少年だと明かされた。[39]こうした当時の交霊会の体験を経たのちに、バレットは向けられるであろう批判に予防線を張りながら次のように述べている。

もちろん懐疑的な人は、そのすべてのできごとが教授を騙すことを楽しむ賢い子供によっておこなわれているものだと言うだろう。〔中略〕わたしが言えるのは、わたし自身、そして懐疑的なわたしの友人――その何人かは調査に加わることが許可された――によって提案されたあらゆる理論にもとづく検査が数週間おこなわれたあと、わたしと同じく友人たちも、詐欺や幻覚や不完全な観察によるなど、あらかじめ考えられたすべての理論を放棄せざるを得なくなったということだ。その現象は、目に見えない知的存在のようなものを想定するか、実際に子供がおこなっているとみなすことをのぞいて、説明が不可能だった。だが、行使されたその力は子供ができる範囲をしばしば超えていた。ときどき家具が動いたが、ある場合は、十分な太陽光のもとで、ディナーで一二人が座るのに十分なほどの大きなマホガニーのテーブルの前にクラーク夫妻とフローリーが座り、なおかつわたしたち全員の指がテーブルの上に置かれているのが見えていたとき、突然、テーブルの三つの脚がゆっくりと床から持ち上がった。その高さは、キャスターの下にわたしの足を十分に置くことができる程度まで上がった。わたしがおこなったように、自分が持っているありったけの筋肉の力を用いることによって、これと同じことをやってみていただきたい。そうすれば、両手でしっかりとテーブルを摑んでも、〔中略〕強靱な男性ならかろうじてできる程度の重さだとわかるだろう。[40]

こうしてバレットは交霊会での驚くべき現象をみずからが体験することで、もはや幻覚説を捨てざるを得なくなった。のちにバレットは述べている。「次第にその説は払いのけられ、わたしはその客観的現実を確信するようになった[41]」

翌年の一八七五年九月の『ノンコンフォーミスト』紙には、「スピリチュアリズムの現象」と題したバレットによる寄稿が掲載された。そこでついにバレットは、スピリチュアリズムに関与した科学者たちへの賛意を表明し、交霊会の現象が単なる主観的な印象では説明できないと明言することになった[42]。もはやバレットは、クルックスのサイキック・フォースの仮説と同じ線に沿って、目に見えない未知の力の存在の可能性を考えざるを得なくなっていた。そして翌年の一八七六年、バレットは大いに物議を醸すことになる前述の論文「精神の異常《アブノーマル》な状態とそれに関連するいくつかの現象について」を、英国科学振興協会に提出した。

だがこの当時、バレットの関心の中心にあったのは、スピリチュアリズム自体の擁護ではなかった。まずは人間同士のあいだで起こる思考伝達の可能性を科学的に確証し、それによって霊仮説を用いることなく、交霊会やメスメリズムに関連するいくつかの現象を説明する理論を作り上げていくことだった。当初のバレットは、英国科学振興協会にそのための委員会を設置することを期待していたが、無駄だった。そこでバレットは独自に調査を進めるべく、ヘンリー・スレイドをめぐる論争の最中、九月二十二日の『タイムズ』紙への寄稿で次のように読者へ呼びかけた。「病気、あるいは『メスメル的トランス』として一般的に知られている状態で、極度に敏感にさせられた人」への「思考もしくは感情の確かな伝達」を生じさせる「精神の直接作用」の事例、もしくは「感覚の通常の経路とは関係を持たない第六感」に関連していると思われる事例、このふたつに関して「信頼できる証拠」を提供してくれる人と連絡を取ることを望んでいると。[43]

この広く一般の人々に向けられた告知の結果、バレットのもとには次から次へと届く「イギリス中からの手紙の洪水」が押し寄せてきた。そのなかには、その後のバレットによる思考伝達の研究を前進させるきっかけとなるバクストンのユニテリアンの牧師A・M・クリーリーからの手紙が含まれていた。同家の五人の子供たちが透視能力的な何かを発揮しているという報告の内容は、バレットが求めていた調査対象にぴったりだった。そして一八八一年のイースターのあいだにバレットはクリーリー家に足を運び、子供たちを被験者とした思考伝達に関する実験をおこなうことになった。[44]

マインド・リーディングVSマッスル・リーディング

ここでバレットによるクリーリー家での実験の説明をはじめる前に、ちょうど同じころイギリスに来たアメリカのマインド・リーディングの実演者、ワシントン・アーヴィング・ビショップについても触れておかねばならない。というのも、バレットによる思考伝達実験の結果は、このすぐあと、ビショップの発揮したマインド・リーディングの能力と対照するかたちで論じる必要のある問題になっていくからだ。

先に言っておくと、ビショップはミディアムや透視能力者ではなく、「マインド・リーディング」と称した技を人々の前で披露するエンターテイナーだった。だが、ロンドン到着後のビショップのまわりには、ウィリアム・カーペンター、トーマス・ヘンリー・ハクスリー、エドウィン・レイ・ランカスターなどの反スピリチュアリズム的立場を取る多くの科学者たちが、そのパフォーマンスを目撃するために続々と集まった。それにしてもなぜ、エンターテインメントとしてのビショップのマインド・リーディングが、それほどまでに科学者たちの関心を掻き立てたのか。ここでひとまず、ビショップがマインド・リーダーになるまでの過程を少し見ておきたい。

ビショップの人生は、スピリチュアリズムに取り囲まれた環境のなかではじまった。一八五六年、ニューヨーク生まれ。両親は熱心なスピリチュアリストだった。一八七〇年代初頭のころ、第6章で紹介したステージ・ミディアム、アンナ・エヴァ・フェイに見出され、アシスタント役を務めた。だが、ビショップとアンナの良好な関係は一八七六年で終わった。交霊会からの収益の分け前をめぐって対立したようだ。その後、アンナのもとを離れたビショップは、突如立場を一転させ、ミディアムの詐欺を暴くデバンカー（不正を暴く人）として、反スピリチュアリズムの側に立つこととなった。[45]

ビショップは同年四月十二日の『デイリー・グラフィック』紙に、自分の名前を伏せて、アンナを攻撃する暴露記事を書いた。「これまでの最大の詐欺――クルックス教授が才能を認めた驚くべきミディアム、アンナ・エヴァ・フェイが演じていたトリックの手法」と題されたその記事には、ビショップがアンナのアシスタントを務めながら学んだトリックの手口とそれを図解した八つのイラストが掲載された[46]（図8・10）。

さらに五月十八日、ビショップはニューヨークのチッカリング・ホールでみずからのショーを開催し、その舞台の上でアンナのパフォーマンスを再現してみせた。こうして反スピリチュアリズム陣営に完全に寝返ったビシヨップの標的は、もはやアンナだけにとどまらず、当時の有名な他のミディアムたちにもおよんだ。そうしたなかで起こった興味深いエピソードをひとつ、ここで紹介しておきたい。[47]

一八七七年二月、ニューヨークでビショップがステージに上がったときのこと。アンナへの攻撃をはじめてからのビショップは、ダヴェンポート兄弟、エディ兄弟、チャールズ・H・フォスターなど、アメリカの有名ミディアムたちの技を再現できると常々主張していたが、この日も舞台上で観客に向かってそう公言した。だが、そのとき思わぬ事態が起こった。なんと観客のなかに交じっていたフォスター本人が立ち上がり、ビショップと対決するため、ステージへと向かっていったのだ。

まずはフォスターが、ステージ上で得意のペレット・リーディングを披露した。観客のなかから選ばれた紳士が紙に質問を書き、それを小さく丸め、テーブルの上に置いた。フォスターはその丸められた紙の球を見ることも触れることもまったくなかったが、その紳士が紙に書いた亡くなった身内の名前をフォスターはみごとに言い当て、観客からは喝采の拍手が起こった。次はビショップの番だった。ビショップは明らかに焦っていた。

342 THE DAILY GRAPHIC: NEW YORK, WEDNESDAY, APRIL 12, 1876.

THE GREATEST HUMBUG YET.

PROFESSOR CROOKES'S ENDORSEMENT OF MRS. FAY'S MEDIUMSHIP

A COMPLETE EXPOSURE OF THE SO-CALLED SPIRITUAL MANIFESTATIONS OF MRS. ANNIE EVA FAY AND OTHER "MEDIUMS."

図8.10 『デイリー・グラフィック』紙でのワシントン・アーヴィング・ビショップによるアンナ・エヴァ・フェイの暴露

ステージに戻ったあとも、とりとめのないスピーチを続けるばかりで、十分以上経過してもビショップは何もしなかった。進行役を務めていた人物がビショップに催促した。するとビショップは強引にショーを打ち切るべく、「日曜日〔この日は日曜日だった〕は、そのような見世物のための正式な日ではない」と告げ、舞台裏に駆け込んだ。フォスターの完璧な勝利だった。[48] ここで特筆すべきは、この舞台を用意したのはフォスターではなく、ビショップのほうだったということだ。それにもかかわらず、大勢の観客の見守る前で、フォスターがペレット・リーディングを成功させたことからすれば、やはり彼の能力は卓越したものだったと言うべきだろう（ミディアムとして本物であるかどうかは別として）。

フォスターの挑戦を前に惨敗したビショップだったが、彼の本当の輝かしいキャリアは、このあとすぐにはじまる。そのきっかけは、同年十月、シカゴからボストンにやって来たマインド・リーダーのジェイコブ・ランダル・ブラウンが、チッカリング・ホールでおこなったパフォーマンスを目撃したことだった。[49]

当時、ブラウンが舞台で披露していたのは、「ウィリング・ゲーム」として知られている子供たちの娯楽と似たような出し物だった。ちなみに、当時おこなわれていたウィリング・ゲームというのは、およそ次のような遊びだった。ひとりが部屋から出る。そのあいだに、残りの人たちは部屋のなかの物をひとつ選ぶ。その後、部屋にいた人は、部屋に戻ってきた人がその場所に向かっていくよう、全員が心のなかでウィリングし（念じ）、その選ばれた物がどれかを当てさせる。こうした一般的な子供の遊びを、ショーとして見せられるほどのパフォーマンスにまで洗練させたブラウンの技術は、まさしくみごとなものだった。目隠しをされたブラウンは、隠された

図8.11　ジェイコブ・ランダル・ブラウンのマインド・リーディングの方法

物の場所を当てるために、その場所を知っている人の手の甲を自分の額に触れさせて自分の手で押さえ、その相手の手に自分のもう一方の手で触れるだけでよかった（図8・11）。あとはその状態のまま、その正確な場所まで、ブラウンはその相手を連れていくことができた。仮に隠された物が、別の部屋や会場の外にあったとしてもそれは可能だった。[50]

ビショップはこのようなブラウンのパフォーマンスを模倣し、自分のものとすることで新たな道に踏み出した。そして一八八〇年代に入るころのビショップは、このジャンルにおける最も有名なパフォーマーにまで上り詰めていた。

かつてエディ家の交霊会をめぐり、オルコットとブラヴァツキー夫人を相手に論争を闘わせたアメリカの神経学者ジョージ・ビアードは、ブラウンやビショップのマインド・リーディングに強く興味を惹かれたひとりだった。ビアードはニューヘイブンのミュージック・ホールでおこなわれたブラウンのパフォーマンスを目撃したあと、アマチュアのマインド・リーダーたちとも多くの実験を重ね、「マインド・リーディングの生理学」と題した論文を一八七七年二月の『ポピュラー・サイエンス・マンスリー』誌に発表した。そこでビアードは次のように述べている。

> 目隠しをされたオペレーター〔マインド・リーダー〕は、被験者〔マインド・リーディングされる側の人〕とともにひとつの部屋を歩きまわったり、複数の部屋を行き来したり、階段を上り下りしたり、ドアを抜けて通りへ出たりとしばしばとても速く歩きまわる。そして被験者が精神を集中させているその対象の場所の近くに来たとき、ごくわずかな力もしくは動きが、被験者の手によって彼の手に伝えられることになる。この力は被験者の側の不随意かつ無意識的なものだ。被験者は気づいていないし、第一に自分がそのような力を与えているとは信じないだろう。[51]

ビアードにとっては、どんなにマインド・リーディングがみごとな的中率を示したとしても、あくまでその現象は生理学的に説明可能だった。なぜなら、それは被験者が無意識に伝えてしまっている筋肉運動が示す合図をマインド・リーダーが察知しているにすぎないからだ。また、マインド・リーダーのなかには「振動もしくは震え」や「オーラやさまざまな種類の何とも言えない感覚」の体験を口にする者もいるが、「これらの多様な状態は肉体へ作用する精神の結果であり、純粋に主観的なもの」でしかないため、その原因を「動物磁気」「メスメリズム」「電気」に帰することはできない。結局のところ、マインド・リーダーが読んでいるのは、「被験者側の無意識の筋肉の緊張と弛緩」であり、それゆえ「いわゆるマインド・リーディングとは、実際にはマッスル・リーディング」以外の何ものでもない。こうしてビアードは、かつてウィリアム・カーペンターやマイケル・ファラデーらがテーブル・ターニングの原因に対して説明を与えたのと同様の生理学的な理論で、マインド・リーディングからいっさいの謎を退けていった。[52]

一方、ロンドン到着後のビショップのデモンストレーションを調査したイギリスの科学者たちの反応はどうだったのか。[53]

一八八一年五月十四日の『ブリティッシュ・メディカル・ジャーナル』誌には、ウィリアム・カーペンターが自宅でトーマス・ヘンリー・ハクスリーとともにおこなったビショップの実験についての見解が掲載された。それによると、ビショップとの実験結果は「精神と肉体の自動的な相互作用に関するわれわれの知識を拡大する」。だが、そこで起こっている過程には、被験者の無意識の筋肉の作用による指示以上のものは何もない。すなわち、カーペンターの結論もビアードと同様の見解に基づいていた。[54]

さらに同年六月二十三日の『ネイチャー』誌では、ユニヴァーシティ・カレッジ・ロンドンの哲学教授で『マインド』誌の編集者ジョージ・クルーム・ロバートソンの自宅でおこなわれたビショップのマインド・リーディングに対する実験結果が、王立協会会員で王立研究所の生理学教授ジョージ・ジョン・ロマーニズによって発表された。[55]

ロマーニズに関して言っておくと、一八七〇年代半ばごろの彼は、アルフレッド・ラッセル・ウォレスの影響から、スピリチュアリズムに強く惹かれていた。そして若きダーウィン主義者でもあったロマーニズは、尊敬するチャールズ・ダーウィンに宛てて一八七六年に送った二通の手紙のなかで、交霊会でみずからが体験したさまざまな現象について報告し、「それらが真実であり、知性ある霊の存在、脳なき精神の存在を確信した」ことを伝えている。[56]だが、こういった私信は別として公の場でのロマーニズは、けっして科学的自然主義から大きく足を踏み外すことはなかった。実際、今回の『ネイチャー』誌で発表した見解にも、超自然的なものへの言及はいっさい含まれていなかった。ロマーニズもビアードやカーペンターと同様、ビショップがおこなっているのはマインド・リーディングではなく単にマッスル・リーディングであるとして、あくまで生理学的にその説明をおこなった。ロマーニズいわく、ビショップのそれは「被験者の筋肉による無意識的で気づかれていない指示を、意識的であれ無意識的であれ解釈する過程に完全に負っている」。さらに付け加えてロマーニズは次のように述べる。

おもな特徴においてビショップ氏の実験は、しばしば応接室の娯楽としておこなわれる類いのものだ。また、それゆえわたしたちは、彼が触覚の過敏さ、もしくは圧力を評価する力に関して、ほかの人々以上の独特のすぐれた能力を持っているわけではなく、実験をおこなうなかでの彼のすばらしい成功は、単に被験者に対する極度の注意が払われていることによるものだと考えている。[57]

このように、科学者からマインド・リーディングを脱神秘化されることはビショップにとってなんら問題ではなかった。アンナ・エヴァ・フェイに背を向け、反スピリチュアリズムに寝返って以来、そもそもビショップはみずからの技に超自然的な装いを凝らすことはなかった。あくまでマインド・リーディングを実演する際のビショップは、ミディアムでも透視能力者でもなく、自分の立場をエンターテイナーとして表明していた。ただし、ビショップのパフォーマンスは、伝統的なマジシャンの技ともたしかに異なっていた。なぜなら、そこには従来の奇術のようにトリックがあるわけではなかった。すなわち、トリックではないが超自然的なものでもない。それにもかかわらず、みごとに披露された驚異。そうしたビショップのショーは、従来のマジックとは一線を画する新たな領域を開拓していったと言っていいだろう。一方で、科学者たちから注目された理由もそれが人間の精神と肉体のあいだの目下探究中の生理学的な関係を例証する事例となる自然的な驚異だったからだ。[58]

ロマーニズによるビショップの実験結果が発表されてからおよそ二週間後、『ネイチャー』誌には、「マインド・リーディングVSマッスル・リーディング」と題したウィリアム・バレットの論文が発表された。そこでバレットはクリーリー家でみずからがおこなった子供たちに対する「実験の注意深い観察」にもとづき、マインド・リーディングに対する「カーペンター博士の説明では不十分だというわたしの考えを裏付ける豊富な証拠が残っている」と主張した。さらにバレットによると、観察した多くの事例は、「これまでに認識されていない感覚器官の存在か、もしくはどんな感覚印象の介在もなしに、精神の上に精神の直接的な影響があり得るか、そのどちらか」を示唆していた。[59]

引き続く論争を予感させずにはいられないバレットの実験結果を、ここで簡潔に紹介しておく。

バレットが調査対象としたクリーリー家の子供たち――年齢は九歳から十四歳のあいだで四人は少女、ひとりは少年――の能力は、たしかに驚くべきものだった。バレットは自分が紙に書き記した物を別の部屋から持ってくるように指示したところ、子供たちはほぼまちがいなく正しい物を持ってくることに成功した。ヘアブラシ、オレンジ、ナイフ、アイロン、タンブラー、カップはみごとに正解。トースト用フォークは一度まちがったものの二度目は成功。ソーサーだけが失敗。また、町の名前を当てさせたところ、リバプール、ストックポート、ランカスター、ヨーク、マンチェスター、マックルズフィールドは正解。レスターをチェスターとまちがい失敗。ウィンザー、バーミンガム、カンタベリーは失敗。

こうしたウィリング・ゲームの実験では、ブラウンやビショップのパフォーマンスとは異なり、言い当てる側の子供とウィリングする子供とのあいだにいっさいの肉体的接触を必要としなかった。また、バレットによれば、

「同じ言葉を全員が熱心に念じたとき」、すなわち複数の精神がひとつに集中したときは、ひとりやふたりのときよりも、さらに実験は好ましい結果になった。バレットにとって、これらは明らかに精神同士が空間的隔たりを超えて影響をおよぼし得る十分な可能性を示唆するものと思われた。バレットは次のように述べている。

その子供の受動的な精神に対して、わたしたちの精神のなかの優勢な観念（dominant idea）の神経誘導（nervous induction）が起こったようだ。また、その実験はいくぶん電磁誘導との類似した現象を思い起こさせるものでもあった。そこには精神の紛れもない神経外作用があったように思われる。[60]

ここでバレットが用いている「神経誘導」という概念は、本人が「電磁誘導との類似した現象」と述べているように、物理学的な誘導現象のモデルから類推されたものだ。物理学において誘導（induciton）とは、たとえば電気が金属線のなかを通っていく伝導（conduction）とは異なり、空間を超えて近接した回路に電流を生じさせる現象である。すなわち、ここでの説明には、バレットが自身の専門分野のなかの既知の物理現象に類比させて、隔たれている人間同士のあいだで思考が伝達される場合の原理を考えていたことが表れている。

バレットの口調からは、マッスル・リーディングには還元できない思考伝達が存在することに対して、ほぼ確信に近づいていたことが窺える。その一方でバレットは、より確かな証拠、あるいは反証を得るために「有能で偏らない委員会」による調査をおこなうことを約束し、その結果が出るまでは「この問いについての判断を差し控える」よう読者に訴えている。[61]

その後、クリーリー家の子供たちの実験は、バレットの発表に興味を惹きつけられた人々も加わって、度重なる追試がおこなわれた。かつてジョン・ティンダルによる一八七四年の英国科学振興協会の講演に不満の声を漏らし、反ティンダル的な立場を唱えた『不可視の世界（*The Unseen Universe*）』の著者（共著）であるオーウェンズ大学物理学教授バルフォア・スチュワートも、バレットの発表後、すぐに実験の追試に加わった。さらにフレデリック・マイヤーズ、エドマンド・ガーニーといった一八八〇年代以降のこの分野の研究をリードしていく研究者たちも、バレットの実験に参加することとなった。[62]

サイキカル・リサーチ協会の設立

バレットにとっては、ついに機が熟したというべきか。クリーリー家での実験結果を公表したことが発端となり、いまや彼の周辺には志を同じくする優秀な研究者たちのネットワークが作られようとしていた。

一八八一年十二月にバレットは、ジャーナリストでスピリチュアリストのエドマンド・ドーソン・ロジャーズの家に招待された。そこでバレットはロジャーズから、スピリチュアリズムをはじめとする超自然的とみなされる現象を科学的に調査する組織を結成すべきではないかとの提案を持ちかけられた。たしかにそれはかねてからのバレット自身の願いでもあった。しかしロジャーズとのこの会話が最後のひと押しとなり、ついにバレットは、現代の科学で未解明のさまざまな事象を研究するための本格的な機関の設立に踏み切った。[63]

翌年の一八八二年一月五日と六日、ロンドンのグレートラッセルストリート三八番地にある「全英スピリチュアリスト協会(British National Association of Spiritualists)」の本部で、新たな機関の設立に向けたミーティングが開催された。バレットとロジャーズのほかに、ウィリアム・ステイントン・モーゼス、ヘンズリー・ウェッジウッド、チャールズ・マッシー、エドマンド・ガーニー、フレデリック・マイヤーズ、ジョージ・ロマーニズ、メアリー・エヴェレスト・ブール(数学者。ブール代数で知られる数学者・論理学者のジョージ・ブールの妻)らが集まった。さらにロンドンのウェッジウッドの自宅で七日と九日にミーティングが重ねられたのち、二月二十日、「サイキカル・リサーチ協会(The Society for Psychical Research)」(邦訳には「心霊現象研究協会」「心霊研究協会」もある)と名付けられた新たな組織が正式に発足した[64](以下、SPRと略す)。

SPRの最初の紀要に掲載された「協会の目的」は、次のようにはじまっている。ここでSPRという団体の性格とそのめざすところをおおまかに摑んでおいていただくために、少々長くなるがそのまま引用しておきたい。

メスメリック、サイキカル、スピリチュアリスティックといった用語によって示される多数の未解決の現象群を研究するべく、いまこそ組織的かつ体系的に試みるまたとない機会だと、多くの人々が感じるようになってきた。

さまざまな国の卓越した科学者たちによって最近おこなわれた観察を含む、過去そして現在における多くの優秀な目撃者の記録した証拠から、多くの錯覚や詐欺とは別に、一見したところ一般的に認められているどんな仮説においても説明できず、もしそれらが疑いなく立証されればきわめて価値の高い重要な現象が存在すると思われる。

このような未解決の現象を調査する研究は、しばしば個人の努力によって引き受けられてきた。だが、広範囲にわたって組織された科学的な団体による研究はこれまでなかった。

一八八二年一月六日、それを果たすための第一歩として、バレット教授によって会議が招集され、サイキカル・リサーチ協会が企図された。一八八二年二月二十日、最終的に協会は設立された。その際に任命された評議会は、未来の研究プログラムの概要を作り出した。[65]

さらに、その「未来の研究プログラム」として六つの課題を扱う専門の委員会を設置することが述べられている。その六つの課題とは次のとおり。

一、ある人の精神によって別の人の精神におよぼされる、一般的に認められている知覚のどんな様式とも異なる、あらゆる影響の本質とその範囲についての調査。

二、ヒプノティズム、そして痛みへの無感覚が主張されている、いわゆるメスメリック・トランスと呼ばれている種類の現象、および透視能力やそれに類する現象についての研究。

三、「敏感者《センシティヴ》」と呼ばれている人の特定の諸器官に関するライヘンバッハの研究の批判的見直し、およびそのような諸器官が、知られている感覚器官の高度に高められた感受能力を超えたなんらかの知覚能力を持っているかどうかの調査。

四、死の瞬間の「幻姿（apparition）」に関すること、もしくは一方で憑《つ》かれたと噂されている家のなかでの騒乱に関することで強い証拠にもとづいている諸報告の注意深い調査。

五、通常、霊的と呼ばれるさまざまな物理的現象の調査、またその原因と一般的な法則を発見するための試み。

六、これらの主題に関する歴史上に存在する資料の収集と照合。[66]

こうして研究プログラムが示されたのちに、協会の目的が次のように宣言されている。

協会の目的は、いかなる偏見あるいは先入観も持たずに、また、かつてこの件に劣らず不明瞭な課題、そして熱い論議が交わされた多くの課題を、科学が解決することを可能にさせたのと同じ厳密で冷静な調査の精神に則って、これら種々の課題に取り組んでいくことにある。協会の設立者たちは、この研究部門を取り巻いている予期される困難を十分に承知している。だが、それにもかかわらず、協会の設立者たちは忍耐と系統立った活動によって、恒久的な価値を持つなんらかの結果が達せられることを願うものである。[67]

こうして協会の目的などに目を通していると、SPRは中立的で冷静な研究者たちが集まって結成された団体だったかのように思える。実際、今日《こんにち》SPRの歴史が語られる場合、優秀な学者や科学者たちの集まりだったと強調されることも少なくない。だが、実情は必ずしもそうではなかった。

初期メンバーの履歴を追ってみるとわかるが、むしろその圧倒的多数は純然たるスピリチュアリストだった。

そもそもＳＰＲ創設の企画を最初にバレットと話し合ったのは、すでに述べたようにスピリチュアリストのドーソン・ロジャーズである。ＳＰＲ設立のための最初の会議が開催された場所も前述のとおり全英スピリチュアリスト協会の本部だった。また、ロジャーズは一八七三年の同協会設立以来そこで中心的な役割を果たしていたこともあって、彼のそこでの人脈の多くがＳＰＲ設立時に流れ込んできていた。[68]

初期ＳＰＲの構成メンバーについて、フレイザー・ニコルがまとめているところによると、ＳＰＲの最初の評議会に選ばれたメンバーのうち、六八パーセントがスピリチュアリストだった。また、評議会が選んだ書記のエドワード・Ｔ・ベネットと財務担当のモレル・シーアボールドはいずれもスピリチュアリストで、五人の副会長のうちの半分がスピリチュアリストだった。さらに前述の六つの研究プログラムのためのそれぞれの委員会のうち、四つがその責任者としてスピリチュアリストを任命していた。全体として見ても、ＳＰＲのオリジナル・メンバー一〇二名のうち、中立の「学者や科学者」は明らかに少数であり、こうした数の比率だけで見れば、圧倒的にスピリチュアリスト優位の協会であったことは明白である。とはいえ、その一方で実際の調査や研究を質・量ともにリードしたのは、たしかに非スピリチュアリストのメンバーだった。とくに、初代会長に選出されたヘンリー・シジウィックを中心とする、フレデリック・マイヤーズやエドマンド・ガーニーといったケンブリッジ大学トリニティ・カレッジ出身の研究者たちが、実質上、ＳＰＲの進路を決定した。その結果、設立後の数年が過ぎていくなかで、ＳＰＲの支配権は「ゆっくりではあるが確実に、スピリチュアリストから非スピリチュアリストへ移っていく」[69]。ウィリアム・バレットは、のちにＳＰＲの歩みを振り返って次のように述べている。

一八八二年にわれわれの協会が設立された際、たまたまわたしが主要な役割を担ったことは事実だが、〔中略〕ＳＰＲが勝ち取ったその高い地位と敬意は、おもにシジウィック、マイヤーズ、ガーニーに負っている。わたしたちの協会の建造物は、そもそもその三つの偉大な支柱の上に築き上げられたのだ。[70]

またバレットは続けて、三人それぞれを次のように称賛している。「信望、見識、慎重さが広く世に認められていた」シジウィックは「アカデミックな世界に強い影響を与え」、マイヤーズは「熱意、すばらしい才能、深い洞察力によってSPRの基盤を作り」、「勤勉さと広範な知識」を持つガーニーは「初期SPRの進歩と安定のため欠くことのできない人物だった」。[71]

では、これから初期SPRの歴史を追っていくなかで、欠かせない主要人物のひとりとなる、ヘンリー・シジウィック（図8・12）をまずは紹介しておきたい。

図8.12　ヘンリー・シジウィック

シジウィックとキリスト教への懐疑

一八三八年五月三十一日、ヨークシャー地方スキプトン生まれ。英国国教会の正統派の教えのもと、少年時代はキリスト教への信仰心を持って育った。[72] 一八五五年、ケンブリッジ大学トリニティ・カレッジに入学。あの世への関心をシジウィックが覚えたきっかけは、入学後に加入した「ゴースト・ソサエティ」と呼ばれるサークルにさかのぼる。ゴースト・ソサエティは、幽霊譚をはじめさまざまな超自然現象に関しての「信頼できる事例の収集と分類」を目的とした集団だった。もともとは一八五一年、のちにカンタベリーの大主教となるエドワード・ホワイト・ベンソン（のちにシジウィックの姉の夫ともなる）が、当時のケンブリッジの学生仲間数人――いずれものちに英国国教会の有力な人物となるフェントン・ジョン・アンソニー・ホート、ブルック・ウェストコット、ジョセフ・バーバー・ライトフットなど――とともに設立したサークルである。[73]

一八五七年、さらにシジウィックは、ゴースト・ソサエティとは別に「使徒会（Apostles）」に加入した。この会は、一八二〇年にケンブリッジ大学の学生たちによって設立されたサークルで、最初の人数が十二人だったことからキリストの十二使徒に掛けてその呼称になった。ただし誤解のないように言っておくと、ケンブリッジの使徒会は、その名から想像されるような熱心なキリスト教信者のサークルではない。週に一度、土曜日の夜に開かれる会合では、さまざまな議題に対して熱心な議論がおこなわれ、真理を求める真摯な思索と率直な意見が行き交う真面目な討論会だった。この使徒会に満ちていた雰囲気は、その後のシジウィックの知的姿勢に大きな影響をおよぼしたようである。のちにシジウィック自身、若き日の使徒会での体験を振り返りながら次のように述べている。「(使徒会は)実際にわたしの本性の最も深いところにある傾向が、思索の人生に向かうこと——とりわけ人の生命に関する重要な問題に思考をはたらかせること——を明らかなものとし、決定づけた」[74]

このころからシジウィックには、幼少期の環境で育まれた正統派のキリスト教信仰に対する疑念が芽生えはじめていた。それと同時に、使徒会を通じて開かれた真理の探究としての思索への道は、シジウィックの関心を必然的に哲学に向けさせることになった。のちにシジウィックは、一八六〇年代はじめに自分の考えかたを支配するようになった思想は、第一にジョン・スチュアート・ミル、そして部分的には「ミルの考えかたを通じて見た」オーギュスト・コントだったと述べている。[75]

同時代の知的な若者同様、ミルの論理学による洗礼を受けたシジウィックは、確かな裏付けのない宗教的教義をただ信じることは知的怠慢と感じるようになっていた。もはやキリスト教の教義は無前提で受け入れられるべきものではない。その神学への同意に至るには、「厳密な科学的公平さで、史実にもとづくキリスト教のための証拠を検証する責務と必要性」から逃れることはできず、「伝統的な決まり文句と意見から可能なかぎり離れ」、「あらゆる神学的問いの賛否を検討する努力」が求められるべきだ。これがシジウィックの基本の考えかたとなった。[76]

だが、使徒会やミルからの影響以上に、シジウィックにキリスト教の教義への懐疑を強く掻き立てたのは、当時のイギリスで論議を呼んでいた「高等批評(higher criticism)」と呼ばれる聖書解釈だった。高等批評では『聖書』が特別扱いされることなく、ギリシアやローマなどの古い時代の文献に対して厳密に歴史的検証をおこなっていく際の手法が、同様にそこにも適用された。それによって、これまで自明の真理とされていた聖書に関するさまざまな事柄——たとえば旧約聖書の「モーセ五書」の著者がモーセであること、新約聖書のイエスの物語がすべて文字どおり事実であること等々——に重大な疑義が差しはさまれた。もともと十八世紀末から十九世紀前半に、ドイツのテュービンゲン大学の学者たちによって本格的に着手された『聖書』に対するこのような研究は、とりわけジョージ・エリオットというペンネームのもとでメアリー・アン・エヴァンズが英訳したダーフィト・フリードリヒ・シュトラウスの『イエスの生涯』(一八三六年)やルートヴィヒ・フォイエルバッハの『キリスト教の本質』(一八四一年)などの著書を通じて、十九世紀半ばには英語圏にも大きな影響をおよぼしていた。[77]

しかしシジウィックは、こうした当時の批判的な聖書研究の潮流に積極的に身を任せつつも、キリスト教のすべてを否定するには至らなかった。たしかに、その教義の多くについては懐疑的にならざるを得なかったにせよ、神の存在への単なる「否定的な答え、あるいは不可知論的な答え」は、シジウィックの心を安らがせることにはならなかった。一八六二年、フランスのジョーゼフ・エルネスト・ルナンが書いた『宗教史の研究』(一八五七年)を読んだことが強い刺激となり、シジウィックは空き時間の多くをアラビア語やヘブライ語の学習に充てながら、歴史的宗教としてのキリスト教を真に理解するための研究を志すようになった。[78]だが結局のところ、それもシジウィックを真に満足させるものとはならなかった。しばらくのあいだは熱心に取り組んでいたシジウィックは、一八六四年の終わりごろまでにはキリスト教の歴史的研究に対して見切りをつけた。友人のヘンリー・グレアム・ダキンズへの同年十二月二十二日の手紙で、シジウィックは次のように書いている。「より求められるべきことは、倫理的および直観的な有神論における心理学実験です。わたしは目下のところ歴史にうんざりしています。わたしが思うに、それはあまりにも知力を消耗させるものでしかありません」[79]

その後のシジウィックは、一貫して情熱を持ち続けていた哲学の研究に専念し、一八六七年にはケンブリッジ大学の道徳哲学講座で教職を得た。だが一八六九年六月、熟考した末の決断として、シジウィックはトリニティ・カレッジのフェローシップの放棄を申し出る。それはフェローシップであることに使徒信条の同意が要求されることに対して、その「教義上の拘束」をもはや受け入れられないという思いからだった。シジウィックは、同年六月十三日のエドワード・W・ベンソンへの手紙でこう書いている。「イギリスの教会から離脱したいと思っているわけではありません。〔中略〕ただし、〔堅信式のなかで〕これまで表面上、受け入れるように課していた使徒信条の教義上の義務に、わたしは納得できなくなったのです[80]」。ただしこの件は、シジウィックとケンブリッジの関係を終わらせたわけではなかった。フェローシップの放棄にもかかわらず、ケンブリッジ側はシジウィックに対し、道徳哲学の講師の職を提案した。年間二〇〇ポンドという低い給与ではあったが、シジウィックは講師職を受諾し、大学に残ることにした。こうして、使徒信条に同意することなく講師としての在籍を認められた大学内でのシジウィックは、「教義上の拘束」を問われない自由な立場を確保することができた[81]。

こうしたキリスト教との乖離《かいり》が広がっていた時期、シジウィックはそれと並行するかたちで、交霊会に足を運ぶようになっていた。一八六〇年七月十九日の母に宛てた手紙で、シジウィックは次のように意気揚々と書いている。

あなたはどう思われますか？　今夜、わたしは霊のラップ音を目撃しに行きます。どんな現象を見るのかはほとんどわかっていません。でも、そのすべてが詐欺なのか否か、どちらかの疑いの余地のない証明を可能なかぎり手に入れるつもりです[82]。

だが、シジウィックはその結果にうんざりした。同年八月の姉への手紙で、友人のJ・J・カウルの家でおこなわれた交霊会に登場した女性ミディアムが「完全に詐欺師だった」ことを伝えている[83]。

その後のシジウィックがどれほどの頻度で交霊会に参加したかは不明だが、一八六三年五月二十二日にシジウィックは友人ダキンズへの手紙で「わたしがなんらかのことを明らかにしたら、あなたに伝えるつもりです」と書いているので、いまだスピリチュアリズムへの関心が失われていなかったことは確かである。[84]翌年の三月と四月の同じくダキンズ宛ての手紙では、スピリチュアリズムに関する調査をしていること、そして友人のJ・J・カウルがミディアムシップを発揮してラップ音が作り出され、自動筆記がおこなわれたことを伝えている。「小さなテーブルの前に座っているとき、自分たちによって行使された物理的力の結果では断じてないラップ音が、わたし自身とカウルの感覚器によって知覚されました」[85]

だが、こうした体験のあとも、シジウィックはスピリチュアリズムを完全に信じることはできなかった。一八六七年十月の母親への手紙で、シジウィックは次のように述べている。

> スピリチュアリズムをなんとかして解明するまで、もっと進んでいくべきかと考えてもみました。しかし、いまだ解決すべきそのような重大なひとつの問題が存在するということは、人生にさらなる好奇心を与えてくれるものです。それよりも、わたしはイギリスの歴史を学ぶことで、教会に関する問題に興味を持つようになりました。[86]

図8.13　フレデリック・マイヤーズ

ここには、シジウィックがいまだスピリチュアリズムへの結論を出せずにいること、また同時に、何よりも彼の関心がそこから遠のいていることが示されている。だが、この手紙から七年後の一八七四年、シジウィックは未知の不可解な現象の調査へと積極的に乗り出していく。そこに向かっていこうとする関心を再燃させるきっかけとなるのが、前述のウィリアム・クルックスが公表したミディアムシップに対する一連の実験結果だった。[87] さらにもうひとつ欠かせない直接的な動因となったのは、その後の生涯にわたってサイキカル・リサーチでの重要なパートナーとなるフレデリック・ウィリアム・ヘンリー・マイヤーズ（図8・13）からの誘いだった。

マイヤーズとスピリチュアリズムへの希望

一八四三年二月六日、イングランド北西部カンバーランド（現カンブリア）のケズウィックに生まれたマイヤーズは、少年時代から詩作の才能を発揮し、将来は偉大な詩人になるであろうと目されていた。一八六〇年十月、十七歳でケンブリッジのトリニティ・カレッジに入学。新入生マイヤーズの古典学の教師が、五歳年上のシジウィックだった。[88] のちに厚い信頼と友情で結ばれるシジウィックとマイヤーズだが、最初の出会いは好ましいものではなかった。とくにマイヤーズのシジウィックに対する印象はかなり悪かったようだ。同年十月十八日の手紙でマイヤーズは次のように述べている。「もちろん、彼〔シジウィック〕は立派な研究者だったが、非常な冷淡さで指導し、教え子に労を取ろうとしなかった。教え子たちに対する利己的な無関心さを、たいがいは非難されていた」。シジウィックの指導は翌年の二月まで続くものの、このころのふたりのあいだには、友人関係に成長するであろう兆しはいっさいなかった。[89]

一八六五年、マイヤーズはトリニティ・カレッジで古典学の講師となるが、一八六九年には「女性の高等教育のための新たな運動を開始するため」に講師職をやめる。[90] ちょうどそれは、シジウィックがトリニティ・カレッジのフェローシップを放棄したのと同年のことだった。そしてシジウィックとマイヤーズの仲は、ちょうどこのころから接近していった。[91]

マイヤーズもまたシジウィックと同様、キリスト教への信仰の喪失に直面していた。マイヤーズは、そのころの自分がキリスト教から乖離していった心境を、のちに次のように述べている。

多くのほかの人と同様に、歴史と科学の知識の増加から、世界に関する見解の広がりから、それはやって来た。証拠の不十分さの認識、増していく痛みに満たされるとともに、悲しみがゆっくりと訪れた。知らぬ間に天国のヴィジョンは消え、わたしは青ざめた絶望と冷たい静寂に置き去りにされた[92]。

「証拠の不十分さの認識、増していく痛み」。それはシジウィックと同様、聖書に対する高等批評、さらにはダーウィンの進化論からもたらされた。マイヤーズは当時のことを次のように振り返っている。

そのころは、唯物論と不可知論——機械論的宇宙と霊的な諸事実の生理学的現象への還元——のまさに満潮であったことを思い出すべきだ。知性だけでなく、人間の道徳的理想が否認の陣営へ移動してしまった時代だった。わたしたちの誰もが人間の想像をはるかに超える地上の進化が説明されたとき、すなわちダーウィニズムが勝利を収めたその最初の興奮の渦中にいた[93]。

こうした一八五〇年代から六〇年代のイギリスの知的潮流に押し流されたシジウィックとマイヤーズは、もはや取り返しのつかない地点にまでキリスト教の教義への幻滅が進んでしまいながらも、その一方で唯物論あるいは不可知論の立場に満足を見出せない点で共通していた。「わたしにとって不可知論の影響はきわめて有害だった。その時期のことでわたしが思い出せるのは、無気力と苦痛だけである」。マイヤーズは不可知論に傾いた時期のことをそう回顧している[94]。

シジウィックは、一八六〇年代の時点ですでに交霊会に参加しはじめたが、マイヤーズのスピリチュアリズムとの関与は一八七二年になってからのことだった。本人によると、一八七一年十二月三日の夜、シジウィックとのあいだで交わされた会話がそのきっかけとなった。星明かりの寒空の下をシジウィックとともに散歩しながら、マイヤーズはこう尋ねた。「伝統、直観、形而上学が宇宙の謎を解決し損なったいま、なんらかの実際に観察可能な現象――それが亡霊、霊、何であれ――から、不可視の世界に関するなんらかの妥当な知識を導き出せる見込み」はまだあるのだろうか。そのときのことをマイヤーズは次のように回顧している。

それは可能であると、かねてから彼〔シジウィック〕は考えていたようだった。自信に満ちたものではなかったものの、彼はその希望となる根拠をしっかりと述べた。そしてその夜から、わたしはそれが許されるのであれば、彼とともにこの探究を進めていこうと決心した。[95]

唯物論や不可知論に抗える証拠を求め、交霊会に足繁く通うようになったマイヤーズは、一八七三年の秋、その希望の兆しを見出した。「ジョン・キングが握手をする」。十一月二十日のマイヤーズの日記には、そう簡潔に記されている。それはマイヤーズにとって、「科学で判明できていない諸力についての最初の個人的な経験」だった。[96]

また、このころのマイヤーズは、シジウィックに共同で調査をしてみないかと誘いをかけていた。だが、シジウィックは同年十月三十日のマイヤーズへの手紙で、「都合のよいときに、喜んでごいっしょいたしましょう」と返答をしているものの、「わたしはそこに何かがあると信じていますが、何であるかはわかりません。なんとか発見しようとわたしは精いっぱい努めてきましたが、いつもその現象を駄目にしてしまう結果となってしまいました」と述べ、依然としてスピリチュアリズムに対して消極的な姿勢を見せていた。[97]

一八七四年五月九日、マイヤーズの初期のスピリチュアリズムとの関わりのなかで、最も重要なできごとが起こった。それは政治家のウィリアム・クーパー＝テンプルの自宅に招待されたときに出会ったステイントン・モーゼスとの会話だった。「それは、わたしの人生における画期的な一夜だった」とマイヤーズはのちに述べている。マイヤーズの目に映ったモーゼスは「健全さと誠実さ」を備えた信頼できる人物だった。そんなモーゼスによって引き起こされていた現象は、少なくとも次のようなことを証明しているように思われた。「科学に知られていないおもな三つの主張――（一）洞察力と交信に関する人間の精神のなかの隠された力の存在。（二）死者の人格の存続と臨在。（三）実質のある世界への未知の媒体による干渉」[98]

モーゼスとの出会いによって、スピリチュアリズムの調査への熱意を高めたマイヤーズは、その後すぐに「組織だった継続的な」調査のための「非公式な結社」を作ることをシジウィックに持ちかけた。結果としてそれは、シジウィックを中心とするケンブリッジのトリニティ・カレッジ出身者たちから構成された調査グループを生み出すことになった。[99]

「シジウィック・グループ」とも呼ばれるその集まりには、シジウィック、マイヤーズと並んで、のちのSPRで重要な役割を果たすトリニティ・カレッジの後輩エドマンド・ガーニー（図8・14）も加わった。そもそも前述のモーゼスとの出会いの場になったクーパー＝テンプル家にマイヤーズを案内したのはガーニーだった。その後、六年ほどの活動のあいだ、その調査に加わった人々のなかには、古典学者でのちに富裕な銀行家となるウォルター・リーフ、のちにノーベル物理学賞を受賞するレーリー卿、のちにイギリスの首相となるアーサー・バルフォア、その弟で同じく政治家となるジェラルド・バルフォア、さらにバルフォア家の姉妹エレノア（のちにシジウィックの妻になる）とイーヴリン（レーリー卿の妻となっていた）、そして法廷弁護士でのちにブライトン選出の下院議員となるジョン・ロバート・ホランドらの名が見られる。

では、SPR発足以前の段階でシジウィックとマイヤーズらがおこなっていたスピリチュアリズムの調査とはいかなるものだったのか。

図8.14　エドマンド・ガーニー

SPR以前のシジウィック・グループ

一八七四年から一八七八年にかけて、シジウィック・グループはじつに多くのミディアムを調査している。それらを追ってみるとわかるが、グループのなかで最も熱心であると同時に、しばしばミディアムに対する防御の甘さを露呈しがちなのはマイヤーズだった。たとえばシジウィック・グループが初期に取り組んだミディアムのひとりにアンナ・エヴァ・フェイがいるが、マイヤーズは交霊会に参加後、何度か彼女と接触しているうちに、その魅力の虜《とりこ》になってしまっている。一八七四年十一月二十六日のシジウィックに宛てた手紙で、マイヤーズは次のように書いている。「彼女の誠実さの証拠は、変わらぬまま増していっています。彼女との親密さが深まることによって、彼女の誠実さ、勇気、やさしさはさらに高まり、敬意も育まれていっています[100]」

シジウィックとマイヤーズがアンナの交霊会に参加したのは、クルックスが検流計を用いて彼女の実験をする(第6章参照)前年の、一八七四年六月十八日と十九日のことだった。アンナに対して一回につき五〇ポンドの料金を支払っておこなわれたそのときのプライベートな交霊会の模様に関しては、その内容の記録が残っていないため具体的なことはわからない。だが、同年秋のシジウィック・グループによるアンナの交霊会の調査では、彼女の両手をいっしょに縛るのではなく、それぞれの手首を別々に固定したところ、現象は何も起こらなかったことが、エレノア・バルフォアによって報告されている。ちなみにその後のアンナは、クルックスとの前述の実験にみずから望んで向かう一方で、シジウィック・グループに対してはいっさいの協力に応じていない[101]。

シジウィックは、マイヤーズとは対照的につねに冷静な態度を取り続けた。いついかなるときでもミディアムたちに対しての適切な距離感を失わず、懐疑的姿勢を崩すことはなかった。実際、シジウィックはマイヤーズとは異なり、早い時点からアンナに疑いを抱いていた。

図8.15　キャサリン・E. ウッド

日付が記されていないマイヤーズへの手紙（おそらく一八七四年の末）で、シジウィックはアンナとケイト・ジェンケン（結婚後のケイト・フォックス）を調査対象から差し当たり外すと告げている。[102] その一方で、当時のシジウィックには、目をつけていた有望な別のミディアムたちがいた。それはイングランド北東部のニューカッスル・アポン・タインで新たに台頭してきていたキャサリン・ウッド（図8・15）とアニー・フェアラムというふたり組の若い女性ミディアムだった。

翌年の一八七五年一月から三月にかけて、シジウィック・グループはニューカッスルを訪問し、ふたりの交霊会の調査を開始した。キャサリンとアニーは、一八七三年から地元のスピリチュアリストたちのグループ「スピリチュアリズムの調査のためのニューカッスル・ソサエティ」によって雇われ、その公認のミディアムを務めていた。ふたりが得意としたのは、ロンドンのフローレンス・クックやメアリー・シャワーズなどのスター・ミディアムたちと同じく、当時流行していた全身物質化だった。彼女らの共同の交霊会では、アフリカの少女「シシー」（前者による）やインドの少女「ポッキー」（後者による）など、さまざまな子供たちの霊が姿を現した。[103]

キャサリンとアニーの交霊会に登場するシシーやポッキーたちの振る舞いには、子供のいたずらと淫《みだ》らな性的表現が混在していた。薄暗がりのなかでキャビネットから出てきた少女たちの霊は、参加者の紳士たちに接近してブーツを脱がし、ネクタイを緩め、ポケットの中身を取り出し、さらには顔や体や手足を撫でまわし、抱擁やキスを連発した。それもときには濃厚なキスさえ惜しみなく与えた。[104] マイヤーズとガーニーが参加したニューカッスルの一八七五年二月十七日の交霊会でも、ポッキーはマイヤーズの背中に手をまわした。また、ガーニーに対して最初はヴェールの上から、最後には物質化した唇で直接キスをした。この交霊会は、少なくともマイヤーズに対して肯定的な印象を残したようだ。その最後にポッキーがみごとに非物質化をおこなったときのことを、マイヤーズは次のように報告している。ポッキーはキャビネット付近の場所に引き返すと、「三〇秒ほどで、床の上の小さな白い跡へ沈み込み」、そして「すぐにその跡も消えた」[105]。

こうしたマイヤーズの報告があったとしても、シジウィックが性急に結論を下すことはなかった。たしかにニューカッスルでの調査では、そこにはっきりとした詐欺の証拠を発見できなかったが、それを本物だと認めるためには、さらに厳密な条件を設定したうえで調査を進める必要がある。それがシジウィックの考えだった。同年三月二十三日の母への手紙で、シジウィックは次のように書いている。

わたしたちが目撃した現象は並外れたものでした。また、わたしたちが適用したテストは、いままでのところミディアムの側のどんな詐欺を示すことにも失敗しています。ただし、ロンドンにそのミディアムたちがやって来るとき、わたしたちはより厳密なテストを適用できるものと思っています。[106]

同年四月、シジウィックの交渉によってロンドンに招かれたキャサリンとアニーは、「より厳密なテスト」を受けた。ここで当時のシジウィックたちがどのような方法で実際のテストをおこなっていたのかを知るために、少々長くなるが、その調査の過程を順に追ってみたい。

最初の調査は、アーサー・バルフォアの自宅でおこなわれた。キャビネットとして使用した部屋のなかのミディアムたちの腰と足首のまわりを長い革紐を使って縛り、さらに文字合わせ錠を用いて固定した。文字合わせ錠が使われたのは、鍵の複製やこじ開けられる可能性を回避するためには通常の錠よりすぐれていると考えられたからだ。革紐のもう一方の端は、部屋のなかの暖炉を支えている大理石の柱に固定された。この部屋は、調査者たちがなかで座っていた応接室から通じる私室だった。別の人間の共謀の可能性を排除するため、この私室から踊り場のほうへ通じる戸口を固定する際は、革紐を鍵穴と戸口の側柱の穴に通し、文字合わせ錠を使った。文字合わせ錠に使われている文字はそれぞれ異なり、しかもそれを毎日変更した。こうしてミディアムの動きを完全に封じたうえで、四度のテストがおこなわれた。

最初のテストでは参加者たちのいる部屋にまでは出てこなかったものの、キャビネットの戸口に「ぼんやりとした白い姿」が現れた。二度目は完全な失敗。三度目は「小さなぼんやりとした姿」がふたたび現れ、ラップ音が聞こえてきた。また、テスト終了後も、キャサリンはトランス状態から長い時間目覚めることなく、自分が誰かを銃で撃ち、刑務所にいるという妄想を荒々しく語った。シジウィックたちは、キャサリンを二階のベッドに運ぼうとしたが、それをあきらめなければならないほど彼女は激しく抵抗した。翌日の朝六時十五分になって、ようやくキャサリンは彼女の滞在先に連れていかれた。四度目の交霊会はアニー単独でおこなわれた。今回は戸口に疑いなく物質的な人間の姿が現れた。参加者のうちのふたりがそれに近づき、触れることを許された。ただし、物質化の終了後に調べてみたところ、足首を縛っている革紐の長さは、彼女を戸口に立たせるのに可能な長さとなっていた。したがって、腰のまわりの革紐からアニーがこっそり抜け出せれば、戸口の前で本人が物質化された霊のふりをすることも可能だった。実際、腰をきつく締めすぎることによって被る不快さは、霊を顕現させる力を発揮できなくするというミディアム自身の主張のため、革紐を十分にきつく締めることはしなかった。そのため、ミディアムが腰の革紐から抜け出て詐欺をはたらいた可能性は十分に残されていた。

シジウィック・グループによるキャサリンとアニーに対するテストは、これで終わりではなかった。七月には三週間にわたり、異なる条件のもとで新たな実験がおこなわれた。今度は革紐で縛ることなく、天井に固定された滑車で吊り下げられたハンモックのなかにミディアムが横たわった。ロープの一方の端はバネ秤《ばかり》に取りつけられ、ハンモックとその中身の重さを計測できるようにし、それを調査者のひとりが監視した。この条件下でおこなわれた一一回のテストでは、一度も完全な物質化は起こらなかった。だが、一二回目の最後のテストでは、ついに物質化した霊が出現した。しかも、その体を包んでいた白いヴェールを通して、調査者のひとりのエレノアにキスまでした。ただし、その全身物質化が起こる前には、ハンモックが二七キログラムほど軽くなったことをバネ秤が示していた。さらにそれよりも疑わしい点がいくつかあった。交霊会の開始の時点では、アニーがハンモックに入り、キャサリンはキャビネットの外にいる状態でおこなわれたが、キャサリンは交霊会の最中に「力を与えるため」と称して、わずかのあいだ、キャビネットのなかに入っていた。また、全身物質化が終わると、アニーが目覚めるのを助けるためという理由で、ふたたびキャサリンがキャビネットのなかに入っていた。

さらに交霊会が終わったあと、アニーは検査されることを拒否した。こうしたことから、今回の調査をまとめたエレノアは、この結果に満足できなかった。むしろ、アニーがハンモックから離れたことに気づかれないように、キャビネットのなかに入ったキャサリンが共謀し、そこに何らかの方法で重さを加えていた可能性は否定できない。そうエレノアは疑った。

シジウィック・グループによる調査は、さらに粘り強く続けられた。八月と九月にもキャサリンとアニーに対する三週間にわたるテストがケンブリッジでふたたびおこなわれた。その結果、たしかにキャビネットから霊の姿は現れた。だが、霊が出現した場所は、ミディアムが縛られている状態のままで物理的に可能な範囲にかぎられていた。参加者たちの近くに接近するなどの大胆な行動を霊たちが取ることもなかった。だが結局のところ詐欺の証拠が見つかったわけではなく、「その結果は、いくつかの点で疑わしさがあり、ふたたびはっきりとは結論の出せないものとなった」[107]とエレノアは述べている。

とはいえ、こうしてくり返しおこなわれた調査は、キャサリンとアニーに対するシジウィック・グループの不信を募らせる一方だった[108]。だがマイヤーズだけは、キャサリンとアニーのミディアムシップを疑おうとしなかった。同年十月、マイヤーズはニューカッスルのスピリチュアリストたちとともにキャサリンとアニーの交霊会に参加した。そこで、物質化した霊とキャサリンの両方が参加者たちのあいだを歩きまわり、話すのを目撃したマイヤーズは、「わたしは両方に触れた。両方とも実体があった」と成功した交霊会のようすをシジウィックに手紙で伝えている[109]。

こうしたマイヤーズの肯定的な報告によって、一八七七年一月二日から十五日のあいだ、シジウィック・グループはニューカッスルでキャサリンとアニーのテストを再度おこなうことになった。ただし、このころのキャサリンとアニーは仲違いをしていて、別々に交霊会を開催していたため、それぞれ個別に調査することになった。

今回は予防措置として、ミディアムを頭からすっぽり包む白いネット状の長いバッグのなかに入れた。バッグの端はキャビネットの外で平らな紐でまとめ、さらにそれを壁に固定して封印をした。この状態でおこなわれた四回のテストでは、何も現象が起こらなかった。だが、次に平らな紐でキャサリンの首のまわりと足首のあたりを結んで封印し、紐の端はキャビネットの外の床の上の大きな白い紙のシートの上に釘で固定し、そのうえで封印した。すると今度は小さな白い人物のようなものがキャビネットの戸口に現れた（エレノアはそれをキャサリンの頭を置くために与えた枕だったのではないかと推測している）。この同じ顕現は続く三回のテストでも起こった。だが、四回目のテストでは、霊がラップ音を通して、ミディアムの息が詰まっていることを調査者たちに告げたため、エレノアが調べにいくと、結び目が封印から二・五センチメートル以上離れ、喉を詰まらせていることが発見された。キャサリンを通して語った霊は、それをふざけておこなったと述べている。そこで結び目を外すために紐を切断し、ミディアムの不正に対する唯一の防御策として足首の紐の束縛だけを残した。テストが再開されると、かなりの時間が経過したあとで、白い布に覆われた人物が姿を見せた。だが、薄暗いなか、その人物の輪郭以上は見分けられなかった。やがて霊がキャビネットのなかに戻り、テストの終了が告げられてから長時間が経過したあとで結び目を調べてみた。すると結び目の封印は引き裂かれ、これまでの実験ではほとんどそのままになっていた足首のまわりの紐に折り目がついていて、何度も引っ張られていた痕跡があった。この結果は、明らかに詐欺の証拠以外の何ものでもなかった[110]。

この時期のジウィック・グループは、キャサリンとアニー以外にも、これまで本書で紹介してきた当時の著名なミディアムたちも調査している。たとえば、一八七六年の七月から九月のはじめごろにかけては、ヘンリー・スレイドを対象とした調査がおこなわれている。シジウィックとともに一〇回にわたってスレイドの交霊会を調査したエレノアは、そのトリックの現場を直接とらえたわけではないが、スレイドがスレートをこっそり取り換えた可能性が残り続けていることから、スレート・ライティングを手品以上のものではないと結論づけている。しかし前述のとおりスレイドの技巧はみごとだったようで、エレノアは次のようにも述べている。「わたしたちの友人とともに彼〔スレイド〕を訪問したふたりの奇術師が、彼の手口を見抜けなかったことから、手品に親しんでいない目撃者が見破れなかったとしてもいたしかたない[111]」

そのほかにも、エレノアが報告している一八七四年から一八七八年にかけて調査されたさまざまなミディアムには、ニューカッスルの全身物質化を定番とするペティ家の交霊会、ベルやタンバリンが鳴り、物体が移動するエドワード・ブラックの交霊会、さらにダーウィン家の交霊会でミディアムを務めたチャールズ・ウィリアムズ、「トビー」や「アブドゥラ」といった霊を出現させるウィリアム・G・ハクスビー、スレイドと同じくスレート・ライティングを得意としたウィリアム・エグリントン等がいる。しかし結局のところ、これらいずれの調査も肯定的な結果を得るには至らなかった[112]。

不滅への願い

調査を進めていくたびに、シジウィック・グループは溜息をつかざるを得なかった。だが、そんななかでもマイヤーズだけは希望を失っていなかった。そして彼ひとりだけが、シジウィック・グループが手を引きはじめた一八七八年以降も引き続き、霊の存在の確かな証拠を求めて交霊会に足を運び続けていた。

それにしても、マイヤーズのその熱意を持続させていたものは何だったのか。そのひとつの理由は、幼いころから持ち続けていた死後の消滅に対する強い恐れが、彼の胸のうちに燻《くすぶ》り続けていたからであろう。後年マイヤーズは、五歳か六歳のころに人生で最初に体験した死の恐れとその悲しみを語っている。それはマイヤーズが馬車の車輪の下で押し潰されて死んだモグラを見たときのことだった。急いで母親のもとに戻った幼いマイヤーズは、そのモグラが天国へ行ったかどうかを尋ねた。それに対する母の答えは、「その小さなモグラには魂はなく、二度と生きることはない」というものだった。その体験から五〇年以上が経ったあとで、マイヤーズはそのときに受けた深い悲しみの感情を次のように書いている。

理解すらできない脅威によって押し潰され、その不当な一撃によって永遠にすべての喜びを失った毛皮で覆われたその無垢な生き物を思うことであふれ出た自分の涙を、いまでもわたしは思い出す。なんたる悲しみ！　なんたる悲しみ！　こうして復活のない死への最初の恐怖が、わたしの破裂しそうな心のなかで膨れ上がったのだ。[113]

無への恐怖。キリスト教に対する不信が育まれていたマイヤーズにとって、それを打ち消す唯一の方法は、霊の不滅を確信するに足る明白な証拠を手に入れること以外にはなかった。死後の世界の存在を信仰の問題とするのではなく、それが真実であると確かめること。それこそが本物の霊現象を期待しながら、来る日も来る日も交霊会の暗闇で息をひそめ続けたマイヤーズが真に求めていたものだったのだろう。

そんなマイヤーズにさらに襲いかかったのが、愛する女性アニー・マーシャルの突然の死だった。たとえけっして叶うことのない愛だったとしても、アニーへの想いは深く真剣なものだった。マイヤーズの抑えきれない情熱が向けられたアニーは、いとこのウォルター・マーシャルの妻だった。

アニーの夫のウォルターは激しい躁鬱病を患っており、彼との結婚生活は彼女に苦しみをもたらしていた。そんなアニーに対して、マイヤーズは誰よりも親身になり、献身的に彼女の心の支えにならんとしていた。だが一八七六年五月、夫が病状の悪化で保護施設に収容されたあと、ひとりになったアニーの心を覆いつくしたのは、もはや癒やされることのない絶望だった。そして悲劇が起こる。八月二十九日、喉を鋏で掻き切ろうとしたが死にきれず、そのまま湖に入って自殺したアニーの遺体が発見された。深い悲しみのなかに投げ込まれたマイヤーズは、死後のアニーの霊があの世で生き続けていることをどれだけ強く願ったことか。あの世の霊との交信があり得るならば、そして何よりも霊界でアニーと再会できるのであれば……。こうしてマイヤーズの死後の消滅への恐れと悲しみは、愛するアニーがあの世で生存していることへの願いと重なり合った。[114]

翌年の一八七七年七月三十日、パリを訪問していたマイヤーズは、地元のミディアム、ローア夫人を通して、アニー・マーシャルの霊から届いたと称されるメッセージを受け取った。ローア夫人の交霊会でのテーブルの傾きは、アニーと彼女の父親の名前をAnnie Hil（正確にはAnnieとHill）、マイヤーズがアニーと最後に会った月をJuiすなわち七月（フランス語でJuillet）、自分とアニーの関係をCoすなわちいとこ（cousin）であると示した。
さらに数日後、マイヤーズは、アルファベットを用いたラップ音によるメッセージを、パリの別のミディアム、ルディエル夫人を通して受け取った。ラップ音は次のように文字を示した。

AD HEMAR ADM AMR MARIEGAM ANNE ELISE MARSEH PAR MARSHELL

マイヤーズは、一連の文字のなかでくり返されるＭＡＲの文字だけは合っていることを告げてもう一度試させると、次のような文字が示された。

MARSHALL
HARRI
MON FRERRE ME REND MAL

たしかにラップ音が示した文章のなかに、ほかでもない愛する人「マーシャル」（MARSHALL）が含まれていた。[115]
不滅への願い。そして亡きアニーへの想い。それが狡猾なミディアムたちに付け込ませる隙を与えたのか？それとも、物質を超えた未知の世界についてのわずかながらも本物のあかしとなるものだったのか？
いずれにせよ、マイヤーズのこうした体験がシジウィックに伝えられても、もはやシジウィックの調査活動への熱意を再燃させることにはならなかった。振り返ってみれば、マイヤーズの呼びかけとともに一八七四年からはじまったその調査は、いつもマイヤーズの興奮した肯定的な報告からはじまり、その結末は、多かれ少なかれミディアムへの失望という同じパターンをくり返しながらも、根気強く続けられてきた。だが、それも一八七八年には、ほぼ実質上、幕が閉じられた。シジウィックは同年六月、トリニティ・カレッジ時代の親友で詩人のローデン・ノエルに宛てた手紙で次のように書いている。

わたしはそれ〔スピリチュアリズム〕を完全にあきらめたわけではありませんが、それに関するわたしの調査は、自分の人生のなかの退屈でつまらない一章にすぎません。[116]

事実の上に事実を、実験に次ぐ実験を

こうして一度スピリチュアリズムから手を引いたはずのシジウィックだが、ふたたび彼がその領域に舞い戻ってきたのは、前述したウィリアム・バレットが一八八一年七月の『ネイチャー』誌に報告したクリーリー家の子供たちとのマインド・リーディングの実験結果の公表以降のことだった。かつてクルックスによって提出されたサイキック・フォースの仮説がそうだったように、今回のバレットによる肉体の感覚器官から独立した精神作用の存在の可能性を示唆する発表が、シジウィックの関心をふたたびスピリチュアリズムへと引き戻すことになった。「スピリチュアリズムへの興味が復活したことは、自分に起こった重大なできごとです！」一八八一年九月四日、シジウィックは詩人で文芸批評家のジョン・アディントン・シモンズへの手紙にそう書いている。[117]そして、すでに述べたようにウィリアム・バレットの呼びかけにより、一八八二年二月二十日にSPRが正式に設立され、その初代会長をシジウィックが引き受けることとなった。

このシジウィックの会長就任には、きわめて大きな意味があった。一八七四年に『倫理学の方法』を出版後のシジウィックは、同時代の最もすぐれた哲学者のひとりと目されていた。そんなシジウィックが率いるSPRであるからこそ、単なるスピリチュアリズム信奉者の集団なのではなく、知的で誠実で信頼の置ける組織であることを世間に強く訴えることができたのだ。また、シジウィックが持っていた知識人や有力者たちとの広いネットワークも有益だった。SPR以前からシジウィックが、アーサー、ジェラルド、エレノア、イーヴリンらのバルフォア家の人々をはじめ、レーリー卿、ジョン・ロバート・ホランドといった知的・社会的エリート層の人々と

ともに交霊会を調査していたことについては前述のとおりだが、彼らはいずれも結成後数年のうちに順次ＳＰＲに加わっている。とくにアーサー・バルフォアとジョン・ロバート・ホランドはいずれも、第一期ＳＰＲの副会長の席に着いている。

さらにシジウィックが、ヴィクトリア時代の最も有名な討論クラブ「形而上学協会」のメンバーであったことも好印象をもたらした。この協会は一八六九年に、『十九世紀』誌の編集者で建築家のジェイムズ・ノールズと英国桂冠詩人アルフレッド・テニソンによって設立され、さまざまな思想的立場の錚々たるメンバーが名を連ねていた。たとえば、本書ですでに言及したトーマス・ヘンリー・ハクスリー、ジョン・ティンダル、ウィリアム・カーペンターをはじめ、数学者・哲学者のウィリアム・キングドン・クリフォード、作家・批評家のレスリー・スティーヴン、当時大きな影響力があった『フォートナイトリー・レヴュー』誌の編集長ジョン・モーリーといった科学的自然主義や不可知論を奉じる人々がいる一方で、カトリックのマニング大司教、英国国教会のトムソン大主教、カトリックの神学者で数学者のウィリアム・ジョージ・ウォード、『スペクテイター』誌の共同経営者であり編集長のリチャード・ホルト・ハットン、美術評論家・詩人・キリスト教社会主義者のジョン・ラスキン、詩人のローデン・ノエル、当時（一八六八〜七四年）の首相ウィリアム・ユワート・グラッドストン（このあとも三度首相に就任した）など、多様な分野で強い影響力を持つ人々が、そのクラブに集っていた[118]。

この形而上学協会で作られたシジウィックの人脈は、結成されたばかりのＳＰＲに有力者を流れ込ませた。たとえばローデン・ノエルとリチャード・ホルト・ハットンは、シジウィックを介して第一期ＳＰＲの副会長（八名いた）となり、さらにアルフレッド・テニソン、ジョン・ラスキン、ウィリアム・ユワート・グラッドストンは、一八八七年にＳＰＲの名誉会員となった。また、形而上学協会内での『十九世紀』をはじめとする有力誌の編集者たちとのつながりも非常に有益だった。それによって初期ＳＰＲの調査報告は、自分たちの会報誌だけでなく、ましてやスピリチュアリストたちによるマイナーな定期刊行物でもなく、世論の形成や、学術界にアピールするために力のあった誌面上でも、発表の機会を得ることができた。

こうしたかたちで展開されたSPRが一定の支持と賛同を獲得していったことは、その会員数の順調な伸びからも窺い知れる。設立された翌年の一八八三年初頭には一五〇人、一八九〇年一月には七〇七人、一九〇〇年一月には九四六人と、メンバーの数は十九世紀末に向かって着実に増えていった[119]。設立時にいた科学者はウィリアム・バレットとバルフォア・スチュワートのふたりだけだったが、早い段階からレーリー卿をはじめアルフレッド・ラッセル・ウォレスやウィリアム・クルックスが加わり、さらにその後、「genetics（遺伝子）」という言葉を創案したことで知られる遺伝学者のウィリアム・ベイトソン、海王星の発見に関する業績で知られる数学者・天文学者ジョン・クーチ・アダムズ、物理学者オリヴァー・ロッジ、ベン図で知られる論理学者・哲学者ジョン・ヴェン、のちにノーベル物理学賞を受賞するジョセフ・ジョン・トムソンもSPR会員として名を連ねていく。

伝統的なアカデミアから専門的な科学者、そして上流階級のエリート層にまで広がったネットワークは、SPRのプロジェクトへの有力な社会的支持基盤を準備するのと同時に、その公的イメージも大いに高めた。これはいかなるスピリチュアリストたちの団体にも不可能だったことはもちろんのこと、「サイキズム」を提唱しSPRの方向性を先取りしていた前述のエドワード・コックスの英国心理学協会ですら叶えられないことだった[120]。

こうした組織作りの面だけでなく、シジウィックがSPRの会長として、その調査研究の手続きや方法論を指示し、SPRの方向性の舵を取ったことが、これまでの霊現象の実験や研究と一線を画すうえで、どれほど重要であったかをここで強調しておくべきだろう。一八八二年七月十七日におこなわれた第一回総会での会長演説において、シジウィックはSPRの目的や方針とともに、研究に着手する際の基本姿勢をしっかりと明示した。

　わたしたちがおこなうどのような調査も、それらの本質に関するいかなる先立つ結論もなしに、その事実を解明することだけを目的として実行されなければならない[121]。

そう述べたあと、シジウィックは想定できる唯物論的な科学者たちからの攻撃に立ち向かうべく、調査研究に関する戦略的ガイドラインを提示した。まずシジウィックは、先行する研究者たちによる個別の調査や実験によってあげられてきた証拠だけでは、いまだ十分ではないと明言した。

科学の世界で揺るぎない名声を得た人々——クルックス氏やウォレス氏や故ド・モルガン教授のような人々によって世に示された証拠よりも質において優《まさ》る証拠を提示できる、とわたしがおこがましく考えているわけではない。しかし、わたしが明示した協会の目的として定めたことから、たとえそれらの証拠のいくつかが質の面ですぐれたものであろうとも、われわれがさらに大量の証拠を必要とするということは明らかであろう。〔中略〕この問題に多くの時間と思考を費やした多くの人々を含む教育程度の高い人々は、いまだに納得するに至っていない。それゆえ、われわれはいっそう多くの証拠を必要としている。[122]

シジウィックは、この分野を開拓した先人たちがいかに科学界から冷遇されてきたかを熟知しているのと同時に、当代一の哲学者として、また使徒会や形而上学協会での討論を通じて学んだ経験として、非物質的な領域への研究に対する科学的自然主義の唱導者たちの偏見を十分に理解していた。それゆえ、シジウィックが頼るべき戦略は、もはや敵対者たちとの無益な論争に時間を費やすことではなく、ただひたすら慎重に実験をくり返し、疑問の余地のないレベルにまで証拠を集積し、その事実に目を向けざるを得なくさせることだった。このことをシジウィックは会長演説の締め括りとして、次のように力説している。

科学的な不信は、長期間をかけて成長してきたため、きわめて根深い。仮にこの種の問題に関する不信を根絶できるとすれば、事実の堆積の下にそれを生き埋めにしてしまうことによってのみ可能であろう。リンカーンが言ったように「ひたすらがんばり続ける」しかない。わたしは言いたい。われわれは事実の上に事実を、実験に次ぐ実験を重ねていくべきだ。そしてあるひとつの結論に関して不信の念を持つ部外者との余計な論争などせず、説得のために大量の証拠に頼れ、と。〔中略〕批判する側が、その研究者はトリックに引っ掛かっているのだと主張する以外に何も言うべきことが残されていないとき、わたしたちは為し得るかぎりのことを為したことになる。言うべきことがほかに何も残されていないときの批判者は、そう主張しはじめるものだ。[123]

かくして初期SPRの活動は、シジウィックによる確固とした指揮下で、科学的自然主義の制度化にともない不当にも葬られてしまった物質を超える不可視の領域の探索へ向けて、慎重に歩みを進めていくことになる。次章では、「事実の上に事実」を求め、「実験に次ぐ実験」を重ねながら、未知の領域へと踏み込んでいくSPRの活動の軌跡をたどっていきたい。

第9章

サイキカル・リサーチのはじまり

テレパシーと生者の幻

テレパシーの誕生

一八八二年、SPRが結成された当時、会長のシジウィックには前途に希望を与える報告が届いていた。バレット、マイヤーズ、ガーニーによっておこなわれたクリーリー家の子供たちを対象とした追試により、「単なる偶然という考えが、事実上、除外されると言っても過言ではない」さらなる肯定的な結果が打ち出されていたのである。その実験の概要は、「思考リーディング」と題した三人の共著論文というかたちで同年六月の『十九世紀』誌に公表された。[1]

だが、それに対して翌月の同誌には、以前、エドウィン・レイ・ランカスターとともにヘンリー・スレイドの交霊会を詐欺だと断じたホレイショー・ドンキンの寄稿が掲載された。ドンキンは同寄稿のなかで実験方法の欠陥や状況の疑わしさを、思いつくかぎりで指摘した。たとえば、クリーリー家の子供たちが目隠しをされていたわけではないこと、会話を禁止されていたかどうかに疑問があること、子供たちの父親がいる場合には成功の割合が上がっていると思われること。そうしたことからドンキンは、実験結果自体を無効だと断じるばかりか、思考伝達が起こり得るそもそもの可能性自体を否定した。ドンキンは次のように言う。「そのようなものごとは、つねに共謀によってなされるものだ――これこそが本当の原因である。それを根拠のない仮説や未知の作用で置き換えてしまうのは馬鹿げた話だ」[2]

しかしバレット、マイヤーズ、ガーニーは、ドンキンのような批判に応戦する準備を十分に整えていた。彼らは同年七月十七日に開催されたSPRの第一回総会において、これまでのクリーリー家の子供たちとの実験結果の全貌を詳細にわたって発表した。そこでは実験の条件の不完全さへの批判を想定したうえで、自分たちの実験がいかに慎重になされたかを強調した。そして、発表の最後を次のような挑発的な言葉で締め括った。

ここで示された調査のガイドラインに沿ったさらなる進展は、わたしたちはそうなると信じているが、現代科学が長らく引っ張られていた物質に対する精神の関係についての一般的な見解の変更を、余儀なくさせる可能性がある。[3]

「わたしたちはそうなると信じているが」という発言からも、この時期の彼らが、実験によって獲得した結果から、よりいっそうの自信を深めていたことは明らかだ。彼らはその後もさらに多くの確かな証拠を積み上げていくことをめざし、思考伝達に関する実験を継続した。そして同年十二月九日のSPRの第二回総会では、三人がクリーリー家の子供たちの追試とは別に、新たな被験者としてブライトン在住のジャーナリスト、ダグラス・ブラックバーンと、メスメリストのジョージ・アルバート・スミスのふたりを対象とした実験によって、さらに驚くべき結果を手に入れたことが発表された。

最も瞠目《どうもく》すべき成功した結果は、それら以前に課された以上のかなり厳しい条件下で得られた。これらの結果を説明する義務は、思考伝達の可能性を否定する人々の上に置かれている。[4]

では、それほどまで彼らが強い確信を抱くに至ったその実験結果とは、いったいどのようなものだったのか。ここでそれを簡単に紹介しておきたい。

実験は同年十二月三日と四日、マイヤーズとガーニーのふたり（バレットは参加していない）によっておこなわれた。受信者の役割を果たすスミスは、集中力を高めるために目隠しすることをみずから望んだ。また、実験のあいだ、スミスはマイヤーズとガーニーに対して背を向けて座った。初日は、スミスに色を当てさせる実験をした。マイヤーズもしくはガーニーのどちらかが書いた色名を、送信者であるブラックバーンに見せる。次にブラックバーンはスミスの手を握り、その色を尋ねる。するとスミスはブラックバーンの思考をまるで受け取っているかのように、かなりの近似値でそれらを次々と的中させていった。たとえば、最初の色を当てる実験結果は次のとおりである。

選ばれた色	**答え**
ゴールド	金箔、写真のフレームの色
ライトウッド	ダーク・ブラウン、スレート色
クリムゾン（濃く明るい赤）	燃えているような感じ、レッド
ブラック	暗闇、ブラック
オックスフォード・ブルー	イエロー、グレー、ブルー
ホワイト	グリーン、ホワイト
オレンジ	赤みを帯びたブラウン
ブラック	疲れのため、何も見えない[5]

その後、休憩をはさみ、さらに同様のやりかたで数や名前を当てさせる実験がくり返されたが、スミスの的中率はもはや偶然の一致ではすませられない高さを示していた。

さらにブラックバーンの体の特定の場所をつねるなどして痛みを与えて、その場所を一方のスミスに当てさせるという実験もした。その際、目隠しをされたスミスの顔の前にはソファ用のクッションも置かれ、スミスからブラックバーンの姿がまったく見えない状態が作られた。ただし、ブラックバーンの手がスミスの手を握ることだけは許された。今度の実験もみごとな結果だった。ブラックバーンの「左の上腕」「右の耳たぶ」「頭のてっぺんの髪」「左の膝」の四か所を順に刺激していくと、スミスはそのすべての部位を的中させた。[6]

また、この日の最後には、マイヤーズもしくはガーニーが図形を描き、それを送信者のブラックバーンに見せて、受信者のスミスがそれを当てるという実験をした。たとえば図9・1の上からふたつ目に対して、スミスは「円のなかの三角形、そして下のほうを指すまっすぐな線」と述べ、実際とは上下さかさまではあるとはいえ、これまたみごとな正確さで言い当てた。[7]

この最後の実験は、翌日にも少しやりかたを変えて次のようにおこなわれた。前日と同様、適当に描いた図形をスミスに見られないようブラックバーンに見せる。次にしばらくのあいだ、ブラックバーンがスミスの手を握る。そしてブラックバーンが手を離すと、今回はスミスにそれを言い当てさせるのではなく、目隠しをされた状態のままで絵を描かせる。スミスが絵を描いているあいだは、ブラックバーンとのごくわずかな接触もない。またしても結果はきわめて肯定的なもので、スミスの描いた図形は送信されたものの完璧な再現ではないにせよ、そのみごとなまでの類似性の高さは一目瞭然となった[8](図9・2)。かくしてSPRの研究プログラムの六つの部

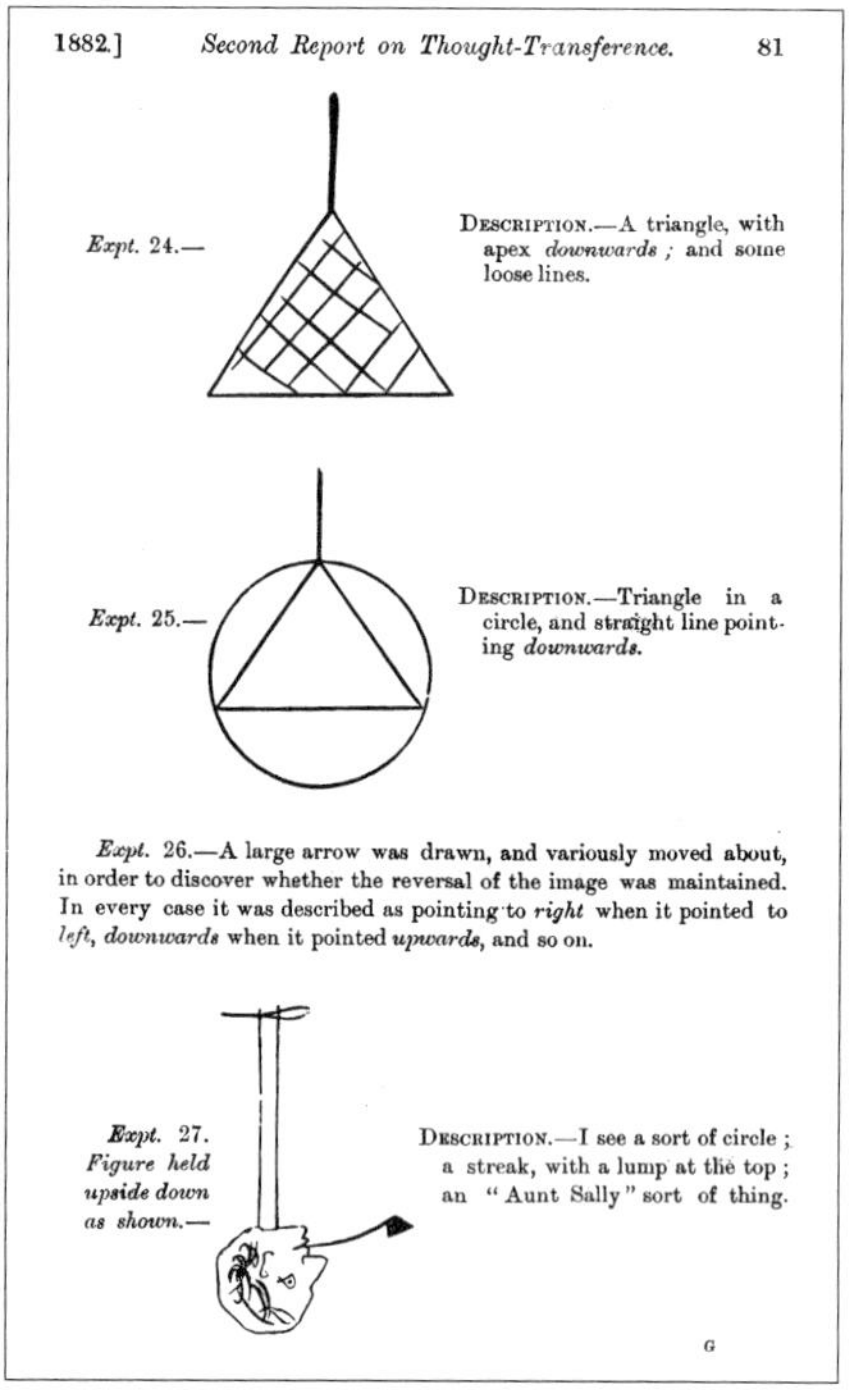
1882.] Second Report on Thought-Transference. 81

Expt. 24.— DESCRIPTION.—A triangle, with apex *downwards*; and some loose lines.

Expt. 25.— DESCRIPTION.—Triangle in a circle, and straight line pointing *downwards*.

Expt. 26.—A large arrow was drawn, and variously moved about, in order to discover whether the reversal of the image was maintained. In every case it was described as pointing to *right* when it pointed to *left*, *downwards* when it pointed *upwards*, and so on.

Expt. 27. *Figure held upside down as shown.*— DESCRIPTION.—I see a sort of circle; a streak, with a lump at the top; an "Aunt Sally" sort of thing.

G

図9.1 思考伝達実験で送信者に見せた図形

図9.2　思考伝達実験における元の図形と受信者によって描かれた図形

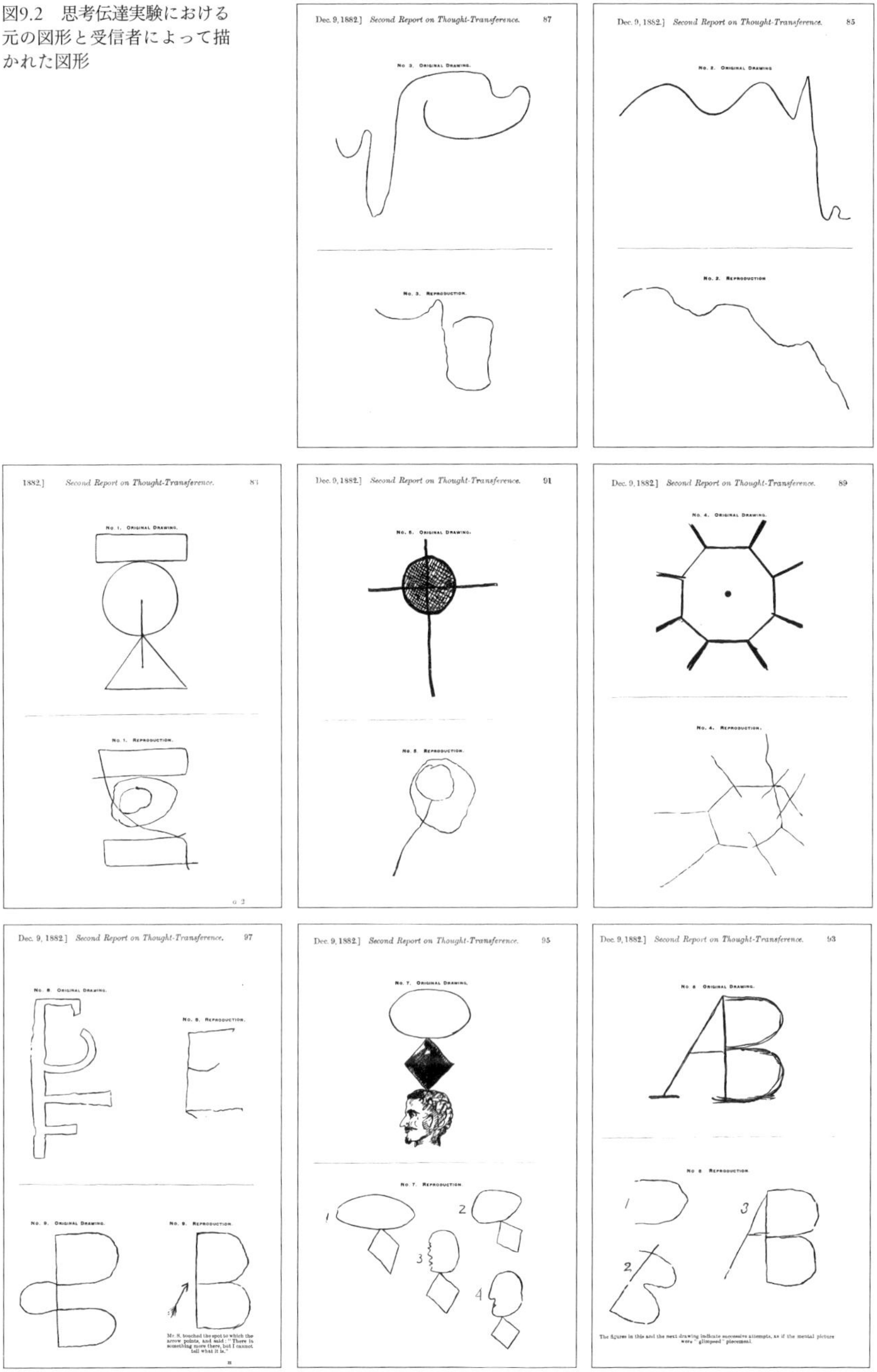

門のうち、思考伝達に関する調査からは、かなり期待できる成果が最も早く提出された。

さらに同総会では、マイヤーズとガーニーが責任者を務める「文献委員会」により、これまでの「思考リーディング」あるいは「思考伝達」という語の代わりに、ギリシア語の*tele*（遠隔）と*patheia*（印象または知覚）を合わせた「テレパシー（telepathy）」という造語が提案された。というのも、ブラックバーン＆スミスの実験結果を見てもわかるように、両者間で伝達される情報が、単に思考だけでなく絵やイメージを含んでいたため、思考リーディングや思考伝達という語が、それらの現象を表すのにもはや適切ではなくなったからだ。そのため「思考」に限定されることなく、「感覚器官による既知の通常のはたらきなしに、遠隔で受け取られた印象のすべての事例を対象」に含めることを可能にする新たな専門用語として、今日でも広く一般的に知られている「テレパシー」という語が使われるようになった。[9]

テレパシー仮説

テレパシーという語の採用は、初期ＳＰＲのめざす方向性を明確化するにあたって、きわめて重要な意味を持っていた。それによってＳＰＲは、霊の存在を前提とするスピリチュアリズムとは異なる立場を取っていることを強く訴えられるようになった。なぜなら、テレパシーの存在を主張することにおいては、死後の霊が存在するか否かの議論はさしあたって必要がないからだ。そればかりか、このあと見ていくように、テレパシーを仮説として置くことで、これまで霊によるものと考えられていたいくつかの現象を、霊に原因を帰することなく合理的に説明するための理論的枠組みが作り出されていった。すなわちＳＰＲの当初の目論見は、調査対象としたすべての現象を「テレパシーの一般的な概念のもとへ暫定的に結びつけること」により、それらを実証的な方法論に沿ったかたちで取り組める問題として定式化することにあった。[10]
そうしたなか、ＳＰＲがテレパシー仮説との関連において、まず最も積極的に取り上げたのは、「幻姿（apparitions）」と呼ばれる現象（親しい人が死に直面するなどの危機に陥ったとき、離れた場所にいてその状態を知らないはずの人の目の前にその姿が現れる）だった。SPRはテレパシー仮説のもと、迷信的な素朴な考えかた（実際に死に直面した人から霊が抜け出してきて他の人の目の前に現れる）を退け、それを「不在の作用主体者（agent）の精神から知覚者（percipient）の精神へのテレパシーの影響に起因する」現象とみなした。[11] こうした新たな仮説のもと、実際の具体的な幻姿の研究の準備段階として、多くの人々からその類いの無数の体験談を収集していく作業が進められていった。一八八三年のあいだだけでも、一万通もの幻姿に関する体験談が文献委員会に寄せられた。そしてそれらに対して、個々の事例にまつわる事実関係についての裏付けを一つひとつ取っていくという地道な作業が、細心の注意のもとで根気よく続けられた。[12] その結果、単なる主観的な夢や幻覚だと切り捨てられない客観的なできごとと一致している幻姿の報告、すなわち「真実に符合する幻（veridical hallucination）」と呼ばれるべき事例が次第に蓄積されていった。

こうした手法で幻姿体験談の調査に取り組んでいることを公表した一八八三年三月一日の『フォートナイトリー・レヴュー』誌でのガーニーとマイヤーズによる「伝達された印象とテレパシー」と題された寄稿では、その結果として得られた真実に符号する幻の多数の事例が、すでに実験によって得られたテレパシーの証拠を、さらに確かなものとするであろうという強い期待が語られた。[13] さらに一八八四年三月二十八日に開催されたSPRの総会において、文献委員会はテレパシー仮説にもとづいて作られた「幻姿の理論」の詳細を発表するとともに、いまや自分たちが到達しようとしている確信のほどを次のように述べた。

この理論が、それを扱う能力のある多数の人々によって、あらゆる方向で議論され、修正され、発展させられることをわたしたちは望んでいる。一方で、調査もせずにすべてのテレパシーの実験を詐欺だとし、真実に符合する幻のすべてを単なる偶然の一致だと説明するような、この理論がときどき直面している単なるアプリオリな否定からは何も得られない。実際、この純然たる否定の論拠は、実験の数が増え、死の間際の生《いき》霊《りょう》の話がくり返し出てくるにつれて、守り続けることが日増しに困難になってきている。[14]

しかしながら、こうしたテレパシー仮説のもとで進められたＳＰＲの研究の方向性は、ＳＰＲ内部のスピリチュアリストたちからは必ずしも賛同を得られるものではなかった。結成からわずか一年足らずの時点において、すでに協会内のスピリチュアリストたちからは、シジウィック・グループを中心とした調査のやりかたに対する不満の声があがりはじめていた。

一八八三年七月十八日に開催されたＳＰＲの第四回総会におけるシジウィックの会長演説では、スピリチュアリストたちの発する不協和音を抑えるべく、「科学的な協会」としてのＳＰＲは、「科学的精神と科学的方法によって研究を継続」すべきであることがあらためて強調された。[15] だが一八八四年には、協会内のスピリチュアリストたちの反感はさらに強まっていた。それをよりいっそう煽ってしまったのは、同年十一月二十八日のＳＰＲ総会で発表された「いわゆる霊的現象に対するテレパシーによる説明について」と題されたマイヤーズの論文だった。そこでマイヤーズは、スピリチュアリストたちによって霊からやってきたとして信じられてきた自動筆記によるメッセージが、交霊会の参加者とミディアムとのあいだにおいて、意識下のレベルで作用するテレパシーによって伝達されている可能性があると示唆することで、事実上、死者の霊の存在云々をいったん不問に付した。[16]

このマイヤーズが示した方向性は、ＳＰＲの研究をよりはっきりとしたかたちで心理学的な領域に定位させることになった。いまや明確に解明すべき課題は、通常の感覚を超えて精神間のコミュニケーションを可能にする人間の意識下にある未知の力の探究だった。一八八五年二月の『コンテンポラリー・レヴュー』誌に掲載された寄稿の末尾で、マイヤーズは次のように述べている。

少なくともこの分析が、わたしたちの意識的自己が持っていることに気づいていない力、および調査されていない能力の領域を解明する可能性はないだろうか？　一世代前、人間が猿から派生したという推測に憤慨した多くの人がいた。だが振り返ってみると、この反感が賢明な態度というよりも、むしろ自尊心から来ていたことを多くの人々が気づいている。〔中略〕そして、いまやわたしたちの精神構造のより綿密な分析は、制限された物質的なかたちを持っていない「人間のなかに折り畳まれて存在する力」を発展させ拡張させる見解を、わたしたちに明かす可能性がある。[17]

人間の精神のいまだ知られざる力を解明する可能性に向けたこのマイヤーズの希望に満ちた言葉は、逆にスピリチュアリストたちにしてみれば、自分たちの最大の関心事からSPRの進路がますます遠ざかっている証《あかし》としか思われなかった。スピリチュアリストたちにとっての最も重要な唯一の解決すべき問題、そして結成当時のSPRの研究に期待されたものは、死後も人間が人格を持った霊として存続していることの確かな証明だった。だが、その一方で実際にSPRの委員会が推し進めたのは、霊の存在の証拠となるべきものを、ことごとくテレパシーの概念の下へと縮減し、いっさいのあの世的なものの探究を棚上げしてしまうことだった。SPRの歴史を書いたジョン・チェルローが言うように、直接的に霊に向かっていくことのない初期SPRのめざした研究は、「精神のより深みへと向かう内向きの探査」であり、したがってその実際の調査結果は「スピリチュアリストたちの求めたことをまったく何も提供していなかった[18]」。

SPR内部のスピリチュアリストたちの苛立ちは、ステイントン・モーゼスの編集するスピリチュアリズムの定期刊行物『ライト（*Light*）』の誌面を公開討論の場として、続々と噴出し続けた。たとえば一八八五年三月十四日の『ライト』巻頭ページに掲載されたXという匿名スピリチュアリストの寄稿では、「もしテレパシー理論が本当であれば、そのとき協会の名前は、《遠隔脳研究協会（Society for Tele-Cerebral Research）》あるいは《オカルト生理学研究協会（Society for Occult Physiological Research）》とでも変更するべきだ」と皮肉が述べられた。また同寄稿では、テレパシーの作用を前提としたSPRのやりかたを唯物論的と位置付け、次のような強い反感と不満と非難を表明した。

霊の理論を無視する一方で、〔SPRは〕ギリシア語の同義語の偽装下での巧妙な試みにおいて、精神の問題のなかに唯物論の疑似科学的な形式をこっそり忍び込ませることに年間一〇〇〇ポンドも費やしている。[19]

こうしたSPR内部でのスピリチュアリストたちとシジウィックを中心とした非スピリチュアリストたちとのあいだで高まっていく緊張関係は、一八八六年六月、ウィリアム・エグリントンというミディアムの真偽をめぐる論争において、ついに最高潮に達した。

驚異の現象

まずはここで、信じがたいほど驚異の現象を続々と引き起こしていたウィリアム・エグリントン（図9・3）について簡単に紹介しておきたい。一八五七年七月十日、ロンドンのイズリントン生まれ。一八七〇年代半ばからプロフェッショナルのミディアムとしての活動を開始するが、その並外れたミディアムシップは、すぐにイギリスのスピリチュアリズム・シーンの大きな注目の的《まと》となった。[20] 一八七六年七月二十八日付の『ウェスタン・モーニング・ニュース』紙に掲載された次のような所感からは、当時十八歳のエグリントンが、いかに卓越したパフォーマンスを発揮していたかがわかる。

仮にエグリントン氏が奇術師であるなら、彼はまちがいなく最も巧妙な奇術師のひとりである。マスケリンとクックもエグリントン氏とは比べものにならない。彼らが披露したエジプシャン・ホールでのスピリチュアリズムは、わたしたちが目撃したものと比較すれば単なる子供の遊びでしかない。[21]

実際、エグリントンは、物理現象を引き起こすことに関しては、まさしく万能とも言うべきミディアムだった。ラップ音が鳴り、テーブルが傾き、物体が宙を舞い、そればかりかみずからも空中に浮かび上がった。[22] そんなかつてのダニエル・ダングラス・ヒュームを彷彿させる驚異の現象を見せつけながら、さらに当時流行の全身物質化までもみごとにやってのけていた。

エグリントンによる全身物質化に関する驚くべき報告は数多く残っているが、そのなかでもフローレンス・マリアットによって記されている一八八四年九月五日の交霊会は特筆に値するだろう。というのも、当時のミディアムたちがやっていたことは、ケイティ・キングに代表されるように、基本的には参加者たちと縁のない霊の物質化だったのに対して、エグリントンは驚くべきことにもマリアットの亡くなった娘の霊を出現させている。しかも、それがまちがいなく自分の娘の物質化であったことの保証として、マリアットは次のように述べている。「彼女はわたしに抱きしめられた状態で、わたし以外に誰にも知られていないことに関して、二、三の言葉を囁いた」。なお、同日の交霊会では、マリアットの娘だけでなく、オーストラリアから来ていたある紳士の亡くなった姪も現れ、彼に「囁きかけ、首に腕をまわし、愛情を込めてキスをした」と伝えられている。[23]

また、スピリチュアリズムの歴史からしても、最も並外れたもののひとつとも言うべき事例として、エグリントンは薄暗い室内ではなく、屋外で全身物質化をしたという報告すらある。アメリカのアーカンソー州マルバーンの医師T・L・ニコルズ（ダヴェンポート兄弟の伝記を書いた人物でもある）が伝えるところによれば、夏の夕暮れどき――まだ明るくはっきりとまわりが見える状態のとき、彼の自宅の庭でエグリントンによって物質化された霊たちが現れた。しかもそのとき、通常の全身物質化の小道具であるキャビネットや仕切り等は用いられることなく、エグリントンはただ庭のベンチに座っていた。ニコルズはこのときのできごとを、エペス・サージェント宛ての手紙で次のように書いている。

図9.3　ウィリアム・エグリントン

わたしたちが見た真っ白な掛け布で「覆われた幽霊」は、目の前で白い蒸気から作られました。そしてわたしの背後に来て、わたしの頭から帽子を取り、彼自身の頭の上にそれを置いたまま、ミディアムがいる場所まで歩き去りました。次に彼はまた来てわたしの上にそれをふたたび置きました。さらに芝生を横切り、バルコニーの下の砂利道まで歩み寄り、ニコラス夫人と話をしました。短い会話ののち、彼はミディアムのところへ戻り、次第に視界から消えていきました。[24]

この証言自体がどこまで信頼できるものかは別としても、確信しきっていた本人は手紙の末尾で次のように述べている。「スピリチュアリズムから霊たちを消去することを望んでいる人々の理論は、じつに巧妙かもしれません。でも彼らは、こういった現実に出合っていないのです[25]」

それにしてもエグリントンは、じつに多才なミディアムだった。こうした初期のころからおこなわれていたパフォーマンス以外にも、一八八四年ごろからはみごとなスレート・ライティングをも披露するようになった。実際、エグリントンのスレート・ライティングの能力は、かつてのヘンリー・スレイド以上だったと考える者も少なくなかった。エグリントンのスレート・ライティングを何度か体験したドーソン・ロジャーズは、次のように述べている。「このかたちでのコミュニケーションを獲得するスレイド博士のミディアム的な力も偉大ではあるが、エグリントン氏のほうが上まわっていると思う[26]」

ここで、SPRのメンバーでもあったヘンズリー・ウェッジウッドが一八八四年の春に体験したエグリントンによるスレート・ライティングを紹介しておきたい。

午前中の明るい状態のなか、ウェッジウッドとエグリントンはテーブルをはさんでおたがいに向かい合って座った。エグリントンはウェッジウッドに何も書かれていないカードを渡し、そこに印《しるし》を付けるよう求めた。ウェッジウッドは、そこに自分のイニシャルを記した。折り畳み式のスレートのフレームのなかに、そのカードと小さな黒鉛をいっしょに入れ、蓋を閉じ、鍵がウェッジウッドに渡された。そのスレートはテーブルの上に置かれた。そしてふたりの手がその上に置かれた。やがてエグリントンはトランス状態に入った。時間は一〇分とかからなかった。エグリントンはトランスから目覚めるとすぐに、ウェッジウッドのポケットに入れていた鍵でスレートのフレームを開け、そのなかからカードを取りだした。するとそこには、「両手で豊かな髪を押さえながら、あたかも空中に浮いているような」女性の姿の絵が描かれていた。ウェッジウッドはこの説明不可能な現象を目の当たりにして、次のように述べている。

こうした環境のもとで、わたしの監視をすり抜けながら、フレームをこっそり回収して開き、かくのごとき素早さでその人物を描くことができたと考えることは馬鹿げている。オカルト〔超自然的〕的な作用を認めること（それはわたしにとって等しく馬鹿げているように思われる）を回避する唯一の方法は、意のままにその作業を成し遂げるのに必要となる長い時間のあいだ、わたしを含む多くの目撃者が、気づかぬうちにトランス状態に入っていたと仮定するしかない。[27]

このようにエグリントンのスレート・ライティングでは、スレートに直接メッセージが記されるだけでなく、そのあいだにはさんだカードや紙片などに、文字だけでなく絵が描かれることも珍しくなかった。ちなみに図9・4は、一八八四年十二月八日のエグリントンの交霊会で、『ミディアム・アンド・デイブレイク』誌編集長の妻、バーンズ夫人に渡された絵である。[28]

図9.4　ウィリアム・エグリトンの交霊会でスレートのあいだの紙の上に霊が描いた絵

一八八〇年代半ば、SPR関係者でエグリントンのパフォーマンスに目を見開かされていたのは、ドーソン・

ロジャーズやヘンズリー・ウェッジウッドだけではなかった。ヘンリー・スレイド裁判で熱心に擁護側にまわったチャールズ・C・マッシーをはじめ、ローデン・ノエル、W・E・グラッドストン、ジョージ・ワイルド、パーシー・ウィンダムらも同様だった。

エグリントンを調査せよ。そうすればテレパシーなどでは説明できない強力な物理的現象によって霊の存在の確かな証拠が得られるはずだ。一八八五年八月のSPRの機関誌に掲載されたG・D・ホートンによる寄稿「協会が進めている研究の方法について」のなかでは、そういったスピリチュアリストたちの考えを代弁し、次のように述べられている。

ひとことで言えば、エグリントン氏の資格に関して到達された決定的な結論は、疑わしい事例の山、またはあなたがたの協会の紀要に書かれているさらに疑わしい解説よりも、もっと価値があるだろう。[29]

確実に挑発以外の何ものでもないこのホートンの言葉は、霊現象をことごとくテレパシーに還元し、幻姿の事例を地味に精査し続けるSPRのやりかたに対する強い不満の爆発だった。ホートンは言う。「わたしたちの多くは、それが見当ちがいの方向であると信じている」。なぜなら「より直接的に到達できる確かな結果は、別の方法によって手に入れられるだろう」からだ。さらにホートンは次のようにも疑問を投げかける。「何年も前に起こったことの曖昧な回想を引っ張り出そうとする代わりに、なぜ目下のできごとのなかで、申し立てられた霊的領域からの介入をテストしないのか?」そしてホートンは同寄稿の末尾を次のように結ぶ。

しばらくのあいだ、「テレパシーの影響」についての仮説をやめ、そしてそれに使っている彼ら〔マイヤーズとガーニー〕の努力をより高次の力へと、そして彼らの注意をより身近にある、より解決可能な問題に向けさせてほしい。〔中略〕最初に事実を手に入れ、そのあとで理論に向かおうではないか。[30]

かくしてSPR内部でのシジウィック・グループとスピリチュアリストたちとのあいだで生じていた緊張関係の収斂《しゅうれん》する先は、当時のロンドンで最高のミディアムといっても過言ではないエグリントンによるミディアムシップの真偽の検証に向かっていくこととなった。

SPRと神智学協会

ところで、エグリントン問題と並行するかたちで、この時期にSPR内部で沸き上がった問題がもうひとつあった。それは神智学協会のブラヴァツキー夫人に関する調査結果だった。

第7章で見たように、ヘンリー・オルコットとブラヴァツキー夫人は、一八七五年にニューヨークで神智学協会を結成した。その後の一八七七年、ブラヴァツキー夫人は二巻からなる大著『ベールをとったイシス』を出版。さらに翌年の六月二十七日には、イギリスに神智学協会のロンドン・ロッジ（英国神智学協会）を設立した。また同年から、ブラヴァツキー夫人とオルコットは普及活動のためインドに向かい、最終的に一八八二年、神智学協会の本部をマドラス（現・チェンナイ）のアディヤールに移した。加えて、インドの新聞社でジャーナリストとして働いていたアルフレッド・パーシー・シネットが、同地にいるブラヴァツキー夫人のまわりで起こっていた数々の超常的な現象の報告を含めた報告書『オカルト世界』を一八八一年に出版した。同書はイギリスにおける神智学協会の認知度向上に貢献した。[31]

当然のことながら、神智学協会の関連者が証言するブラヴァツキー夫人の引き起こす超自然的な現象の話題が、SPRの耳に届かないわけがなかった。それればかりかSPRの内部にも、すでにして神智学協会に魅了され、その信奉者となっていた人々が少なからず存在していた。そもそも前述の『オカルト世界』の著者アルフレッド・パーシー・シネットは、英国神智学協会の副会長であり、かつSPRのメンバーでもあった。また、英国神智学協会の初代会長は、かつてヘンリー・スレイド裁判のときに誰よりも熱心な擁護を展開し、さらに今回のエグリントン問題でも支持派にまわっていたSPRメンバーのチャールズ・C・マッシーだった。また同じくエグリントン支持派の側に立っているSPRメンバーでメスメリズム委員会のひとりにも名を連ねている医師ジョージ・ワイルドも、一八八〇年から一八八二年にかけて英国神智学協会の二代目会長を務めている。[32] また、ほかならぬマイヤーズも、シネットと一八八三年五月十六日、ディナーをともにしたあと、同年六月三日に神智学協会の会員となっていた。[33] こうしたことからもわかるように、もはやブラヴァツキー夫人と神智学協会は、SPR内部においても無視しておけない存在となっていたのである。

一八八四年五月二日、「神智学協会と関連して主張されている現象」に関する調査のための委員会設置が、SPRの評議会において決議された。[34] 委員会メンバーのひとりとなったフランク・ポドモアは、SPRが神智学協会の調査に向かった経緯をのちに振り返って、次のように述べている。

この調査への着手については、神秘主義への切望によって駆り立てられたのでもなく、また東洋の魔術の失われた秘密をヨーロッパに導かんとする思いで動かされたわけでもない。だが、すでにイギリスでのわたしたちの研究の主題となっていたものといくつかの点で類似していたインドでのできごとに関する証拠に直面したとき、またこれらのできごとのいくつかが他の事柄において高い信望とすばらしい知性を持った目撃者によって保証されていることを知ったとき、わたしたちはそれらの証拠を即座に却下することは不当だと考えたのである。[35]

ここでポドモアが「インドでのできごと」と述べているのは、当時の神智学協会の関係者たちによって信じられていた次のような信念や現象である。ふつうの人間の能力を超えた驚異を発揮させる超自然的な力を持った人々のブラザーフッド（兄弟団）がチベットに存在する。そしてブラヴァツキー夫人自身、「アデプト」または「マハトマ」と呼ばれている人々から「弟子」として認められている。マハトマたちは肉体をともなわずに、好きな場所に自分の姿を現し、そこにいる人々と接触することもできる。この肉体をともなわない姿の現れを、神智学者たちは「アストラル〔英語で「星の～」「星状の～」〕形態」と呼んでいる。また、アストラル形態として「クート・フーミ」と「モリヤ」というふたりのマハトマが、すでに神智学協会の関係者の前に出現したとされている。その他、ブラヴァツキー夫人のまわりで起こるとされている不思議な現象として、次のような体験談が報告されていた。手紙などの物体が固体の物質を通り抜けて転送される。遠く離れた場所にいるマハトマからの手紙がどこからともなく「降下」してくる。空白の紙の上に絵が現れる。物理的な方法ではなく、どこからともなく音が聞こえてくる。[36]

ごくふつうの人々の常識にはとうてい信じがたいこれらの現象に対して、SPRの調査委員会が、最初からなんら疑いを持たなかったわけではない。ポドモアはこう述べている。「実際のところ、わたしの周囲の何人かは、彼らが主張している物理的驚異は詐欺であろうと見ていた」[37]

しかし一方で、SPRのなかでもつねに冷静な懐疑的感覚の持ち主であるシジウィックが抱いたブラヴァツキー夫人に対する当初の印象は、いささか意外ながらも、けっして悪いものではなかった。一八八四年八月九日、歴史家のオスカー・ブラウニングの家で、ロンドンに来たブラヴァツキー夫人と会ったときのことを、シジウィックは日記に次のように書き留めている。

わたしは、全体的にはB夫人に好ましい印象を持った。彼女の答えの本質は、その最悪の特徴として『ベールをとったイシス』に似ていたことは確かである。ただ、たしかに彼女の態度は率直で正直だった――仮にそのすべてがトリックであればそうなるとはいえ、彼女が手の込んだことをおこなう詐欺師だとは考えにくい。[38]

翌日もシジウィックは、神智学協会のランチの席でブラヴァツキー夫人と会い、相変わらず感じられた好印象について日記に書いている。だが一方で、ブラヴァツキー夫人の話す内容自体に関しては明らかに疑っていた。その日記のなかでシジウィックは次のように記している。

もし彼女が詐欺師なら、彼女はきわめて有能な詐欺師である。彼女の見解が率直だとか、でたらめだとかではなく、ときどき滑稽で思慮のないものとなるとしても。たとえば、チベットのマハトマの説明の真最中に、これらの人々の崇高なる考えかたをわたしたちに伝えようとして、彼女は包み隠しのない印象をうっかり口走ってしまった。すべての最高位のマハトマたちが、彼女がかつて見たなかで最もひどくひからびた古いミイラだったと。[39]

その後、秋にまとめられたSPRの調査委員会による最初の報告書（「非公開で内密」として内輪だけに回覧された）を見ると、その時点において、すでに委員会がブラヴァツキー夫人および神智学協会に関連して報告されている超自然的な現象に対して、完全に疑っていたことがわかる。「神智学の驚異のための証拠を調査するなかで、神智学者たちの一部の人々に詐欺をはたらくための周到な共謀の可能性があり得ると仮定すること」が必要だとする報告書のなかの言葉からは、委員会の調査の意向が、もはや詐欺の暴露を目的としたものに向かっていたことが見て取れる。[40]そしてついに翌年の五月二十九日、委員会はブラヴァツキー夫人のまわりで生じている超自然的な現象が、まちがいなく詐欺だと断定する調査報告をSPR総会で発表した。そこで委員会は、次のように述べている。

わたしたちは、彼女を秘密の賢者の代弁人としても、がさつに名声を求める女性としてもみなしていない。史上最高に巧妙で興味深い詐欺師のひとりとして永久に記憶されるであろうと考えている。[41]

この結論は、委員会メンバーのひとりリチャード・ホジソン（図9・5）がインドへ旅立ち、一八八四年十二月からおよそ三か月のあいだ、神智学協会本部に出入りしながら現地調査をおこなった末に提出された。

そもそも委員会は、ホジソンが現地調査に乗り込む以前の段階から、チベットのマハトマから転送されてくると称されていた手紙が詐欺である可能性を強く疑っていた。というのも、すでに一八八四年九月と十月に、ブラヴァツキー夫人と仲違いした神智学協会の元メンバーだったクーロン夫妻から提出された証拠をもとに、マハトマからの手紙は偽造されたものだと告発した記事が、インドのマドラスで発行されていた雑誌『クリスチャン・カレッジ・マガジン』に掲載されていたからだ。調査開始後、ホジソンはマハトマからのものと称されている手紙と、まちがいなくブラヴァツキー夫人自身によって書かれたいくつかの手紙をイギリスへ送り、大英博物館のふたりの筆跡学の専門家それぞれに鑑定させた。いずれの鑑定結果も、マハトマの手紙と称されているものは、まちがいなくブラヴァツキー夫人自身によって書かれた文字であることを裏付けることになった。[42]

そこに詐欺があるという確信のもと、不正の証拠を執拗に見つけ出そうとする決意に満たされたホジソンの目には、そこにあるいっさいのものが疑わしく映った。「オカルト・ルーム」と呼ばれていた本部の部屋の聖堂でマハトマから転送されると称されていた手紙は、明らかに隣接したブラヴァツキー夫人のベッド・ルームから羽目板の隙間を通じてこっそりと差し入れられていた。信者たちによって目撃されたと証言されているマハトマのアストラル形態は、ブラヴァツキー夫人の共謀者による単なる変装であり、そもそもマハトマの存在自体が架空の作り話でしかない。そういった数々の詐欺を、ホジソンはみずからの現地調査をもとにまとめた二〇〇頁にもわたる詳細な報告書によって、白日の下にさらけ出した。ホジソンはみずからの調査に確信を持っ

図9.5　リチャード・ホジソン

て次のように述べている。

目撃者によって述べられた神智学に関する供述に対する十分な熟考と、主張された現象の多くが発生したマドラスにある神智学協会の現在の本部とボンベイ〔現・ムンバイ〕にある旧本部の両方の入念な査察を経て、神智学協会に関連する現象が、クーロン夫妻ほか数人の共謀者の手助けでブラヴァツキー夫人によって仕掛けられた巨大な組織的詐欺の一環だったということ、そしてそれらすべてのなかにただのひとつも本物の現象などないということに、わたしはついにいっさいの疑念を持たなくなった。[43]

また、すでに神智学協会の会員になっていたマイヤーズも、ホジソンによるブラヴァツキー夫人の暴露に対して、異議を発することができなかった。むしろ、のちに次のように書いている。

この詐欺が見破られず、暴露されず、その詐欺のうえに作られた信念体系が成長し広まっていたなら、懐疑論者が宗教の起源の典型的な例として言及したかもしれないものを、わたしたちは目の当たりにしていたにちがいない。[44]

じつのところ、このホジソンによるブラヴァツキー夫人の暴露は、神智学協会への単なる攻撃だけにとどまらず、前述のSPR内部で焦点となっていたウィリアム・エグリントンのミディアムシップの真正性への疑念にもつながっていくことになった。というのも、一八八二年にインドでエグリントンがブラヴァツキー夫人と共謀していたという事実があった。それゆえ、ブラヴァツキー夫人が詐欺師だとする委員会の結論は、エグリントンの経歴にも暗い影を投げかけざるを得なかった。[45]では、あらためてここで、エグリントンのスレート・ライティングをめぐる問題に話題を戻そう。

人間の観察力と記憶の不完全さ

わたし自身は、目下なんのためらいもなく、そのパフォーマンスを巧妙な奇術とみなしている。[46]

エグリントンの交霊会に参加したSPRのメンバーたちからの報告に目を通し、それを冷徹に分析したエレノア・シジウィック（図9・6）はこう言い切った（一八七六年、エレノア・バルフォアはシジウィックと結婚し、シジウィック夫人となっている）。エレノアといえば、一八七〇年代後半におこなわれたシジウィック・グループの調査のころから、仲間内で最も冷静な分析と懐疑的な姿勢を保持し続けていた人物である。論争を厭《いと》わない彼女のエグリントンに対する徹底した否定的評価は、一八八六年六月のSPRの機関誌に掲載された。

予想どおりそれは、エグリントンへの強い支持を表明する多数のSPRのメンバーから激しい反論を招くことになった。実際、エレノアが目を通したSPRのメンバーから寄せられたエグリントンとの交霊会についての報告は、彼のスレート・ライティングにトリックを見つけられなかったばかりか、強く感銘を受けているものがほとんどだった。それにもかかわらず、エレノアはエグリントンのミディアムシップを本物とは認めなかった。では、エレノアはいかなる論拠でエグリントンを却下したのか？　その最も決定的な問題点としてエレノアが指摘したのは、交霊会に参加する人間の「継続的な観察を行使する能力」の不十分さだった。エレノアは次のように述べている。

図9.6　エレノア・シジウィック

個人的な経験から言えば、奇術師、とくにミディアムとして振る舞う奇術師は、観察者を圧倒し得る優位な立場にあるとみなすべきで、またそのとき、わたし自身または他者が持っている継続的な観察能力は非常に低いと認識すべきだ。継続的な観察とは、特定の時間の間隔にわたる観察において、その正確さのみならず、絶対的に中断がないということだ。[47]

また、エレノアは「継続的な観察」の不完全さと並べて、人間の記憶に対する欠陥についても指摘している。

わたしたちの注意力は、単に気をそらされやすいだけでなく、気をそらされたこと、あるいは気をそらされるようなできごとが起こったことすら、すぐに忘れてしまいがちである。[48]

こうして人間の観察と記憶の能力への疑いを投じたエレノアは、結果として交霊会でのできごとに対する報告自体の価値を、事実上、無効であると宣言するまでに至った。このエレノアによって突きつけられた問題は、スピリチュアリストたちから受け入れられるわけがなかった。なぜならエレノアの見解に則るならば、これまで過去に交霊会で起こったと伝えられている驚くべき現象のすべては、たとえその証言がどれだけ誠実なものであったとしても、それを証拠となる事実として受け取れなくなるどころか、単なる奇術の類いに騙されているのではないかといった疑いを残し続けることになるからだ。だが、エレノアの疑いは、リチャード・ホジソンによるエグリントンの次のような調査報告によっても、さらに裏付けられていた。

一八八四年六月二十七日の正午、ホジソンは、ケンブリッジ大学セント・ジョンズ・カレッジのフェローだったロバート・ウォレス・ホッグとともにエグリントンとの交霊会に参加した。ホジソンによれば、そのときたしかにスレート・ライティングが起こった。そしてその現象によって、本人いわく「ごくわずかに驚かされた」。しかし熟考の結果ホジソンらは、それが人間の力を超えたものである可能性を否定した。ホジソンらが不審の目を向けたのは、エグリントンが交霊会のあいだに取った注意力をそらすためのいくつかの行動だった。たとえば、エグリントンは交霊会の最中にホジソンたちに話しかけたり、あるいは霊たちに呼びかけたりするよう求めた。それによってホジソンたちは、スレートを持ったあとのエグリントンの動きすべてを十全に観察することから気をそらされてしまった。さらにエグリントンは、スレートを床へ落としたり、手の疲れを理由にスレートを持つ手を替えたりもした。さらにはスレートを持ったエグリントンの手が、ときどきテーブルの下のまったく見えないところにあったこと、またエグリントンの左脚が見えないところにあったため、左の膝の上にスレートを置けたかもしれないことなどの不信な点もあった。これらの状況からホジソンは次のように述べている。

上記のような環境のもと、通常の方法でスレート上に筆跡を作り出すことは、熟練したやり手にとって容易なことだろうというのが、われわれの考えである。[49]

では、霊がスレートの上にメッセージを記しているときに実際に聞こえてくるライティングの音はどういうことなのか？　それについてもホジソンは言う。「実験の結果、スレートの上で何かが書かれているような音は、スレートあるいは手の位置のどちらも間近でいっさいの動きが見られることなく、スレートの下面に指の爪を使って十分に模倣できるというのがわれわれの見解である[50]」

こうしたエレノアやホジソンらのエグリントンへの否定的な評価に対して、すぐさま熱心な反論に打って出たのは、かつてのスレイドのスレート・ライティングの強力な擁護者チャールズ・C・マッシーだった。エレノアの否定論が提出された翌月の五日に開催されたSPRの総会では、マッシーが「スピリチュアリズム現象の証拠に関する不完全な観察の可能性」と題したエグリントンの擁護論を読み上げた。[51]

そこでマッシーは奇術とミディアムシップのちがいを強調しながら、前者に還元することのできないスレート・ライティングのいくつもの事例を列挙していくことで、エレノアの見解に対する執拗な反論を試みた。だが、エレノアの提議した人間の観察と記憶の不完全性に関する問題は、事例の列挙で解消できるものではなかった。なぜなら、そもそも事例を提出している目撃者の証言自体が証拠にならないというのが、その批判の焦点だったからだ。ジョン・チェルローが指摘しているように、もし交霊会での調査報告の証言が人間の知覚の不完全さのために、信頼の置けるものとして認められないのだとしたら、「その分野のなかでの人間の証言は、そもそも認められないということにもなるだろう」[52]。

ところで、スレイドの場合と同様、やはりエグリントンのスレート・ライティングも、そのパフォーマンス自体、それが本物であれ偽物であれ、目撃者を驚嘆させるに足るすぐれたものだったことが当時のさまざまな証言からわかる。マジシャンのハリー・ケラーですら、一八八二年、エグリントンの最初の交霊会を目撃したあと、次のような感想を残している。「もしわたしの感覚が確かなものだとすれば、それはトリック、あるいは奇術の結果では断じてない」[53]。しかしその後のスレート・ライティングをめぐる状況から見ると、ケラーのこの評価は誤っていたと言うべきだろう。というのも、ケラーには不可能だと思えたエグリントンの技を、手品として、みごとに模倣してみせるアマチュア・マジシャンが、すぐあとに登場することになったからだ。

完璧な疑似交霊会

エグリントンと匹敵するほどのみごとなスレート・ライティングを、マジシャンとして、披露してみせたのは、SPRメンバーのひとりS・J・デイヴィーだった。

一八八四年六月、デイヴィーはエグリントンの交霊会を初体験した。「霊仮説を立てる以外に、わたしはその現象を説明できなかった」と本人が述べているように、たしかに当初のデイヴィーは、エグリントンのスレート・ライティングのトリックがまったくわからなかった。その後もデイヴィーはエグリントンの交霊会への参加を重ねていくが、それが本物だと確信するには至らなかった。そんななか、あるときデイヴィーは「アメリカのミディアムから入手した」ある技の「秘密」を「売る」と称する人物と出会った。それを買ったデイヴィーは、その「秘密」をさっそく試してみた。それは焼いた紙で肌をこすると、そこに言葉などが浮かび上がるというトリックだった。じつのところ、これは紛れもなくエグリントンの交霊会で「霊的現象」として披露されていた現象のひとつでもあった。[54] デイヴィーはさっそく友人や知人たちの前でそれを実演しはじめたが、そのトリックは見破られなかった。デイヴィーはこう述べている。「練習をはじめた初期段階ですら、多くの人々が騙されることがわかった」[55]。これをきっかけとして、その後のデイヴィーは、あくまで手品としてスレート・ライティングの練習を積んでいった。そして一八八六年の秋には、前述のブラヴァツキー夫人の詐欺を暴露したリチャード・ホジソンとともに、疑似交霊会を試みられるほど上達した。

疑似交霊会でデイヴィーによって披露されたスレート・ライティングは、エグリントンに匹敵するほどみごとな技だった。実際、それに参加した人々の数々の証言を見ると、手品の素人からすれば、そこで起こったことは、どう考えても説明不可能なことばかりのように思われたであろう。たとえば、ネジで留めて封印され、また包装紙に包まれ紐で結ばれ、さらにスレートの蓋の鍵を参加者自身が所有しているにもかかわらず、そこにメッセージが書き記された。また、参加者のひとりが書棚のなかにある本から選んだ任意の文章（その当人以外には知られるはずのない文章）が、その後どういうわけかスレート上に正確に書き記された。参加者がドイツ語とスペイン語の研究者の場合、スレート上のメッセージはそれらの言葉で記されもした。そればかりか東洋人のためには、その人の名前をペルシャ語で綴り、日本人のためには長い日本語のメッセージも記された。また、ガス照明の明るい光のもとで、テーブルの上をタンブラーが横切り、小さなチョークが勝手に動き、参加者が心に思い描いた幾何学的なかたちや数字が描かれ、また参加者のプライベートな家族の詳細な経歴までもが記された。さらに言えば、交霊会における定番の現象の数々も、デイヴィーの疑似交霊会では再現された。たとえば、浮遊するオルゴールが部屋を周回し、ラップ音が聞こえ、冷たい「霊の手」が参加者に触れ、髭をはやしたターバンを巻いた男性と女性の姿までが現れて挨拶した。[56]

デイヴィーとホジソンによって催された疑似交霊会は、みごとなまでに完璧だった。およそ二〇回にわたるその疑似交霊会の参加者たちの証言のいずれを見ても、誰ひとりとして、そのトリックを見抜けなかった。そればかりか、その疑似交霊会を体験した人々は、エグリントンの交霊会と等しく驚かされた。デイヴィーは自分の疑似交霊会を体験した人々の証言を公表したうえで、次のようにはっきりと結論を述べている。

最近公表された膨大な量におよぶわたしが目にしたどんな証言によっても、この種類の霊的現象の真正性をわたしが確信させられることはない。それらはわたし自身の奇術パフォーマンスに対する報告と多くの類似点がある。[57]

このデイヴィーとホジソンによる疑似交霊会の成功の結果は、エレノアが主張した人間の観察と記憶の不完全さを現実に裏付けていた。実際に、参加者が報告したその場の観察記録に対して、デイヴィーがおこなっていたことを重ね合わせて比較すれば、いかに誠実な人による真面目で冷静な体験談や報告であったとしても、それがそこで実際に起こっていたできごとの真実を語っているとみなすことは、もはやできないと言わざるを得ない。[58]このことについて、アラン・ゴールドは次のように明快に述べている。「ホジソンやデイヴィーのふつうのアパートメントにおいて、目の前で起こったできごとに関する目撃者の証言がまったくもって信頼の置けないものであるのなら、高まる感情に満たされた暗闇の交霊会という環境において起こったできごとについての証言が、ましてやどれほど信頼できるものだというのか？」[59]

しかし、SPR内部の熱心なスピリチュアリストたちは、それでもなおエグリントンが本物であることを疑わなかった。手品で同じようなことができるからといっても、それはあくまで本物のミディアムの現象の単なる模倣でしかない。それゆえ、彼らにしてみれば、いかに手品で上手に現象を真似できたとしても、そのこと自体が本物のミディアムが本当の霊現象を引き起こしていないことの証明にはならない。それどころか、たとえばアルフレッド・ラッセル・ウォレスのような絶対不屈のスピリチュアリストからは、もはや奇妙としか言いようのない論理によって、デイヴィーやホジソンの主張への反論の声があがった。ウォレスはホジソンとデイヴィーによる疑似交霊会の結果の掲載を「非科学的で不公平」であるとSPR機関誌の編集部に不満を申し立てたうえで次のように言う。

〔デイヴィーの技の〕すべてが確実に説明できないかぎり、デイヴィー氏が奇術師でありながら実際にはミディアムなのだということ、またすべての自分のパフォーマンスを「トリック」のせいにすることで、彼は協会と世間を欺いているのだという考えを、わたしたちの多くが変えることはない。[60]

デイヴィー本人が手品だと言っているにもかかわらず、それを手品ではなく本物のミディアムシップだと信じて疑わないこのウォレスの主張に対しては、もはや返す言葉がないとしか言えないが、この手の主張はスピリチュアリズム信奉者たちのあいだにおいて、その後もたびたびくり返されていく。[61]

いずれにせよ、こうしたエグリントンをめぐる状況は、SPR内部におけるスピリチュアリストたちとシジウィック・グループとのあいだにある埋めがたい溝の存在をはっきりと浮き彫りにした。SPRの頑迷なスピリチュアリストたちに対してエレノアは心底うんざりしていたようで、夫のシジウィックへの手紙で次のように述べている。

スピリチュアリストは出ていったほうがいいとわたしは本気で思っています。スピリチュアリズムのなかに真実がもしあるとするなら、彼らの態度や精神状態は、疑いなくそれを解明する妨げになることでしょう。（……）彼らがいないほうが、わたしたちはより良く、より健全になります。ですから、彼らが出ていきたいなら、わたしはそれを止めようなんて思いません。（……）怒りに駆られるような人々には、もう本当にうんざりです。（……）彼らの精神は科学的ではなく神学的です。そして神学と科学をいっしょに結びつけるのは、あまりにも困難なことです。[62]

一八八六年のうちに、SPRの第一期副会長で評議会のメンバーでもあったスピリチュアリストのウィリアム・ステイントン・モーゼスが、ついに脱会するに至った。同年十一月十八日にモーゼスはSPRの機関誌に次のような文章を送っている。

わたしや多くの人々が疑いを超えて納得している本物の特徴を持った現象の証拠が、サイキカル・リサーチ協会によって適切に受け入れられることもなく、公正に扱われないことを考えたなら、スピリチュアリストの代表として、わたしが選んだ以外の道はなかった。[63]

また、かつてウィリアム・バレットとともにSPRの発起人だったスピリチュアリストのドーソン・ロジャーズも、協会自体から離れこそしなかったものの、評議会からは抜けることとなった。[64]

ガーニーと『生者の幻』

エグリントンをめぐってSPRが内部分裂していたころ、その発足当時から推し進められてきた研究成果の集大成とも言うべききわめて重要な本が出版された。『生者の幻（*Phantasms of the Living*）』と題されたそれは、フレデリック・マイヤーズ、フランク・ポドモアとエドマンド・ガーニーの共著として出版されたが、その仕事の大部分に貢献したのは、これまで文献委員会で幻姿の調査に対して最も熱心に取り組んできたガーニーだった。

前述のとおり、ガーニーはシジウィック、マイヤーズと並んで、初期SPRの歴史においてきわめて重要な役割を果たした人物である。彼の並々ならぬ熱意と献身の賜物『生者の幻』こそ、紛れもなく「SPRの最初の真の大事業」とも言うべき作品となった。[65]『生者の幻』が製本され、見本が新聞社に送られた一八八六年十月二十九日、シジウィックは日記にこう書き記している。「わたしたちは協会の歴史のなかで真に重大な岐路に到達した」[66]

ここで『生者の幻』の内容に踏み込む前に、その中心的な著者エドマンド・ガーニーのことをあらためて紹介しておきたい。[67]

一八四七年三月二十三日、サリー州ウォルトン・オン・テムズの南方に位置するハーシャムに英国国教会の聖職者の息子として生まれる。一八六六年十月、古典学の学位を取得するために、ケンブリッジのトリニティ・カレッジに入学。このとき四歳年上のマイヤーズは、すでに古典学の講師を務めていた。一九三センチメートルの長身でスリムな体型、運動能力抜群でハンサムな顔立ちの二十六歳のガーニーと一八七三年に出会ったジョージ・エリオット（男性の筆名で小説を書いた女性）は、その外見と内面両方の美しさに大いに魅了されたようで、一八七六年に出版された彼女の小説『ダニエル・デロンダ』の主人公は、ガーニーをモデルにしたとも考えられている。[68]

古典学で優秀な成績を収めたガーニーは、一八七二年にトリニティ・カレッジのフェローシップを授与された。学問の道に進むにふさわしい知性の持ち主であったにもかかわらず、ガーニーの最大の野心は音楽家として大成することだった。少年時代からバイオリンを学び、トリニティ・カレッジ在学中に最も多くの時間を費やしたのはピアノの練習だった。学位取得後はハロウに引っ越し、そこでの三年間は作曲家ジョン・ファーマーの指導を受けた。しかし、やがてガーニーは、演奏家の技能、作曲家としての独創性、どちらの面から見てもその世界での成功を収めることの困難さを自覚する。しかし音楽から離れられなかった彼の関心は、結果として音楽の心理学に向かう。一八七六年、『フォートナイトリー・レヴュー』誌において「音楽におけるいくつかの論点」と題した最初の音楽論を発表し、その後は『マインド』や『十九世紀』などの学術誌に次々と小説を寄稿。一八七七年にケイト・シブリーと出会い結婚。その年の十月からケンブリッジのユニヴァーシティ・カレッジで医学の道に進むものの、臨床現場に不向きだったため一八八〇年に断念。翌年からは一転して法律の勉強を開始する。だが、音楽の心理学に向けられていたガーニーの熱意は途切れることなく、その想いは一八八〇年に出版された『音の力（*The Power of Sound*）』と題された著書に結実する。

一方で、ガーニーのスピリチュアリズムとの関わり自体は、前章で述べた一八七四年五月にケンブリッジ出身のメンバーで結成されたシジウィック・グループに加わったことからはじまった。当初はその誘いに躊躇したが、マイヤーズに説得されるかたちで引き込まれていった。[69] そのことからもわかるように、この時期のガーニーはシジウィックやマイヤーズとは異なり、スピリチュアリズムへの関心はあまり高くなかったようだ。実際に一八七八年まで続くシジウィック・グループの調査活動のあいだ、幾度も交霊会に参加していたものの、ガーニーからの積極的な発言は見られない。また、その活動期間の一八七五年十二月、愛する三人の姉妹がエジプトで休暇を過ごしている最中、ナイル川でのボート事故で溺死するという深い悲しみを体験しているが、そのことが死者との交信の可能性へとガーニーの目を開かせたという証拠もない。さらに言えば、シジウィック・グループの調査がミディアムへの不信を募らせたまま いったん収束を迎えたあとは、ガーニーのスピリチュアリズムとの関わりを示唆するものは何も見当たらない。

しかし、そんなガーニーがその後の生涯をサイキカル・リサーチャーとして過ごすようになる重大な転機ともいうべききっかけとなったのは、前述のウィリアム・バレットが一八八一年からクリーリー家の子供たちとおこなった思考伝達実験に加わったことだった。そして一八八二年のSPRの発足以後は、前述のブラックバーン&スミスとの一連のテレパシーの実験、さらに文献委員会が課題とした幻姿の体験談の収集と整理の作業などを精力的にこなしていった。とはいえ、そうした仕事を進めていきながらも、ガーニーには依然として迷いが残っていたようだ。当時、親交を深めはじめたアメリカの哲学者であり心理学者のウィリアム・ジェイムズに宛てた一八八三年九月二十三日の手紙には、当時のガーニーの心情が次のように述べられている。「サイキカル・リサーチは大きな仕事です。それに対する自身の適性をわたしは疑っています。いずれにしても、混乱しやすい気質で疲れやすい頭、日々の堅い専門的職業を持っていて、すでにこの分野でかなり出遅れているなかで、成功のチャンスがあるかどうか」。だが、その一方で同手紙には、ためらいながらではあるもののガーニーのしっかりとした決意を見ることもできる。

そこにはさらにリスクがあります――一〇年経ってもその主題に目に見える進歩がなく、時が無駄に費やされてしまうのではないかということです。しかし、なんであろうともリスクには向き合わなければなりません。また、その努力こそが価値を作り出すこと、現在の機会がよきものであることに疑いはありません。[70]

『生者の幻』として結実した幻姿に関する本の基盤となる計画自体は、遅くとも一八八二年の終わりの段階で、すでにSPRの文献委員会によって構想されていた。[71] さらに一八八三年の八月二十日から二十七日にシジウィックの自宅で開催された文献委員会の会合では、すでに紙片に印刷された四〇〇もの体験談が検討され、それらが『生者の幻』と題される本として評議会の許可のもとで出版されること、そしてそれはガーニー、マイヤーズ、ポドモアにゆだねられるとの決議が通過していた。[72] だが、最終的にはシジウィックの判断により、本文の執筆のすべてはガーニーに一任され、マイヤーズは序文と結論の章のみを担当することとなった[73]（ポドモアは同書に収められた事例の一部の精査をおこなった）。

本の書名に用いられた「幻（phantasms）」という語については、マイヤーズが同書の序文で次のように述べている。

『生者の幻』と題する本でわたしたちが提議するのは、語られた言葉、書かれた言葉、また合図が用いられることなしに――すなわち、知られている感覚の経路とは異なる手段によって――人間が別の精神に影響を与えると仮定するための理由がある、すべての事例の分野を扱うことである。

さらに続けてマイヤーズが言うには、「幻（phantasms）」はこれまであまり使われていなかった単語だが、それを採用したのは、さまざまな特徴を持った幻姿の事例を「視覚的な現象」に限定することなく、「聴覚的、触覚的、あるいは純粋な観念的で感情的な印象でさえ」そこに含めるためだった。[74]

こうしたさまざまなタイプの「幻」に関する全部で七〇二件の体験談が収められた『生者の幻』は、当初の想定を上回る時間が費やされながらも、全二巻、およそ一三〇〇頁にわたる大著として刊行された。言うまでもなく、そこに含められた事例は、いずれも無反省に拾い集めたエピソードの単なる列挙ではない。体験者との直接的なインタビューを含め、その真正性を保証するための裏付けを取る作業が根気強くおこなわれたうえで、真実の体験と思われるものを選別し、さらにそれらを慎重に分類し分析した結果として残った事例だった。気の遠くなるような作業だったことは容易に想像がつくが、一八八二年から一八八六年にかけて、その大半を担ったのがガーニーだった。[75] 一八八六年四月十六日のウィリアム・ジェイムズに宛てた手紙にある次のような言葉からは、いかにガーニーがそこに多大な精力を注ぎ込んでいたかが窺える。

正直に言って、それをやり遂げたことはうれしいですし、そのあいだの時間、わたしにとっての時間ですが、このうえなく最善を尽くしていたことはまちがいありません。そして、ちょっとばかり熱に浮かされていた数か月間の生活も、これからはもっとありきたりな、溝に溜まった水のような状態になっていくことでしょう。[76]

ではひとまずここで、『生者の幻』に収められた事例として、「有名な風景画家アーサー・セヴァーン」の妻ジョアンによる体験を紹介しておきたい。

わたしは驚きで目覚めました。自分の口に強打を感じ、口が切れ、下唇の下に血が流れていくはっきりとした感覚を感じたのです。ベッドで上半身を起こしながらハンカチでその部分を押さえましたが、血が出ていないことに驚きました。そしてぶつかりそうなものなどなかったこと、ベッドのなかでぐっすり眠っていたことに気がつきました。そのため、単に夢を見ていたのだと考えたのです！——時計は七時を指していました。そして、アーサー（わたしの夫）が部屋にいないことに気がつきました。晴れていたので、アーサーは早朝帆走のために湖へ出かけたにちがいないとわたしは結論づけました。

　それから、わたしはまた眠りました。朝食時（九時三十分）、アーサーはいくぶん遅く入ってきました。そして、彼がいつもよりわたしから故意に離れて座っていることに気がつきました。また、わたしがまさにベッドでおこなったのと同じやりかたで、ときどきこそこそと唇にハンカチを当てていました。「アーサー、どうしてそんなことしてるの？　わたしはあなたが怪我したのを知ってるのよ。でもなぜかはあとで言うわ」とわたしが心配して聞くと、彼はこう言いました。「ええと、セーリングをしていたときなんだけど、突風で急に舵柄《かじづか》が回転してぼくの下唇のあたりに激しくぶつかったんだよ。それで血が大量に出ちゃってね、止まらないんだ」。そこでわたしは「それ、何時だった？」と聞くと、彼は「七時ごろかな」と答えました。

　そこで、わたしに起こったことを話すと、食卓をともにしていた一同の驚きといえばたいへんなものでした。

　これが、ブラントウッドで三年ほど前、わたしに起こったできごとです。[77]

『生者の幻』の頁の多くは、こうしたいわば不思議体験談で埋め尽くされている。数件ならともかく、どこかで聞いたことのあるようなこの手の話が次から次へと列挙されると、けっして楽しく読み続けられるものではない。実際、ガーニー自身も「その多くの事例を読み進めていくことは、魅力的な仕事からはほど遠く」、「熟読の途中でうたた寝を誘発する」ほど退屈だったと述べている。[78]しかし本質的な意味で、この本からそうした無数の体験談を省略することはできなかった。なぜなら、この本の中心命題は、精査されて真実だと確認された数多くの体験談を分析し、それらのできごとが起こり得る状況やその背後にある本質を解明していくことにあった。また、その真実の事例を数多く集めていくことによって、「真実を伝える幻」を単なる偶然ですませられないものとして提示すると同時に、これまで実験によって確立されてきたテレパシーの実在をさらに確かなものにするための証拠を蓄積することにあった。このことに関して、マイヤーズは序文で次のように述べている。第一に、「実験はテレパシー——精神から精神への思考や感情の伝達——が、自然界の事実であることを証明している」。第二に、集められた「証言は、なんらかの危機——とくに死——を経験している人の幻（印象、声、姿）が、単なる偶然では説明できない頻度で、友人たちや身内の人たちによって知覚されることを証明している」。そして「これらの現象は、精神に対する精神の超感覚的作用の事例である。したがって、第二の主張は第一の主張を裏付け、また第一の主張によって裏付けられる」[79]。

ところで、『生者の幻』に収められている体験談には、実験で得たテレパシーの概念のアナロジーにもとづいて説明することが比較的容易な事例もある一方で、なかなかそうもいかない困難な事例もある。たとえば、まず先ほどの体験談の場合であれば、実験上のテレパシーの概念をそのまま用いて説明するのに、それほど不都合はない。すなわち、作用主体者としての夫の痛みの感覚が、知覚者となった妻へとテレパシーによって伝達されたのだと。ただし、体験談と実験上のテレパシーのあいだには注意すべき相違点もある。それは実験上のテレパシーの場合は、作用主体者が意図的に知覚者へと観念やイメージを送っていた。一方、この夫婦の場合では作用主体者の夫にも知覚者の妻にも、メッセージをやり取りするための意識的な意図は存在しないまま、いわば無意識のままに伝達されてしまっている。『生者の幻』では、こうしたふたつのタイプのテレパシーを区別するため、後者の無意識的なテレパシーのタイプを、「自然発生的テレパシー（spontaneous telepathy）」と呼んでいる。

このような作用主体者と知覚者のいずれにおいても意識的努力を介さず、無意識ないしは意識下においてテレパシーが作用し得るということに関しては、『生者の幻』出版以前の段階から、すでにマイヤーズが注目していたことは前に少し触れたとおりである。マイヤーズは、そのような現象をかつてのマイケル・ファラデーやウィリアム・カーペンターが試みた霊現象に対する説明の延長線上に定位されるべき事例としてみなし、『生者の幻』の序文で次のように述べている。

ある意味、こういったひとつの精神へのもうひとつの精神の隠されている作用は、精神それ自身の内部での隠されている作用についてのサイキカルな発見の次に来ると言えるかもしれない。このことは、いわゆるスピリチュアリズムと呼ばれている現象を説明するための最も初期の科学的試みが、「無意識の脳作用」(カーペンター)、あるいは実質的には同じことだが「無意識の筋肉運動」(ファラデー)に帰されたことを想起させる。〔中略〕この精神の無意識の作用は、超自然的現象に接近していくなかで、げんに最初に考慮するべき必要があった。精神作用の隠されている過程のためのわたしたちの知識は、実際のところ、いまだ幼年期にあるとわたしは思っているし、伝統的な科学がいままで認めてきた精神の無意識的な作用以上のより広い範囲にそれを適用するようわたしは努めてきた。だが、このさらなる分析の結果は、標準的な生理学的考察が、かかるすべてのサイキカルな問題を説明するのに十分なもの(カーペンター博士はそう思っていた)にはならず、むしろ精神の無意識の作用が既知の経路だけをたどるのではなく、むしろ、そうしたこと自体が科学にとってのまったく新しい操作《オペレーション》の開路ないしは出発点になっている。[80]

ここでくり返し述べられている「精神の無意識の作用」は、のちに見ていくが、SPRの研究が進展していくにつれてきわめて重要なテーマとなっていく。とくにマイヤーズは、世紀末に向かって活気を帯びていくフランスでの心理学の新たな見解と歩調を合わせることで、意識下で作用する人間の無意識的な能力と多様なサイキカルな諸現象の関係を包括的に説明する壮大な理論を作り上げていくことになる。

近代化された幽霊譚

ここでふたたび、『生者の幻』に収められているもうひとつの体験談を紹介しておきたい。

一八七五年十二月十六日木曜日、わたしはロンドン近郊にある妹夫婦の家を訪れました。健康状態は良好でしたが、朝からずっと、どういうわけか憂鬱な気分でした。それをわたしは薄暗い天気のせいにしていました。昼食の少しあとの午後二時ごろ、わたしは託児所へ行こうとしていました。子供といると元気になるので、気分を直そうとしていたのです。しかしその試みはうまくいきませんでした。そしてダイニングルームに戻り、椅子に腰かけました。妹は出掛けていました。不意に××氏のことがわたしの思考のなかに現れると突然、部屋のなかに、小さなベッドに横たわる死んだ男が見えました。わたしは覚醒していて眠気もなかったので、自分の目で見たものを確信していますが、わたしはその顔がすぐに××氏だとわかりました。そして彼が単に眠っているのではなく、死んでいることを疑いなく感じました。部屋は空っぽで、カーペットも家具もないように見えました。その状況でどれぐらい時間が経ったのかもわかりません。そのときは、妹夫婦にはその不思議な体験を話しませんでした。もし××氏が死んでいるのなら、彼が空っぽで家具もない部屋にいる状況はまったくあり得ないということを根拠に、わたしは自分が見たことは何の意味もないものだと自分自身を納得させようとしていたのです。二日後の十二月十八日、わたしは妹の家を出て自宅へ帰りました。そのおよそ一週間後、わたしの別の妹が××氏の訃報を日刊紙から読み上げました。亡くなった日は十二月十六日、わたしがその光景を見た日だったのです。[81]

この種の体験談は、よくよく考えてみると、実験上のテレパシーのアナロジーを、そのまま当てはめることが少々むずかしい事例となってしまっている。その理由を少し説明してみよう。まずここでの知覚者は、ベッドに寝ている知人の幻覚を実際に自分にとって外在的な（自分の体の外にある）ものとして体験している。だが、実験でのテレパシーの場合は、知覚者の体験は、通常、外在的なものとして知覚されるわけではなく、あくまで内的な印象として、すなわち非外在的なものとして受け取られている。さらにもう一点注目すべきなのは、実験でのテレパシーの場合、知覚者に伝達されるのは、作用主体者の精神のなかで意識的にとらえられている対象――文字、図形、言葉等々――である。だが、ここでの知覚者の体験したものは、作用主体者の精神内に保持されていたものだと考えることはむずかしい。なぜなら、この体験談の場合、知覚者が見ているのはベッドに寝ている知人の姿であり、その姿はあくまで作用主体者の外部の視点から見られた視覚像であって、作用主体者本人の精神のなかに保持されたイメージではあり得ないからだ。[82]

しかし、こうした一見、実験上のテレパシーとはいくつかの点で異なるように思われる報告に対しても、あくまでガーニーはテレパシー理論の枠組みのなかでの解釈を試みている。ガーニーに従うなら、この体験談は次のように説明される。まず認めなければならないのは、知覚者が外在的に見た映像は、作用主体者の精神から送られてきたそのままではないということ。むしろ、その幻覚に対しての責任を知覚者の精神に移すべきであり、そこでは知覚者の無意識の創造的なプロセスが重要な役割を演じているということ。すなわち、作用主体者の精神からテレパシーによって知覚者に伝達されたもともとの印象（たとえば作用主体者が死に直面した恐怖）は、知覚者自身の精神のなかにある作用主体者に関する記憶などをもとに補われてひとつのイメージが形成される。そして、それが外部に投影されることで、外在的なものとして認識される知覚表象となり、先ほどのような体験が報告されることになる。[83]

仮にこうしたガーニーの仮説を受け入れるのであれば、たとえば瀕死の人物からテレパシーで送られてくる同一の内容が、複数の人々のあいだで、それぞれちがった形式で知覚される可能性も認められるはずだ。ガーニーは次のように述べている。

> ある知覚者は、父親の声を聞くかもしれず、別の人は、自分の頭の上に父親の手の感触を感じるかもしれない。三人目は、自分になじみのある衣服や容貌で父親を見るかもしれない。四人目は、死ぬ間際の姿で現れる父親を見るかもしれない。〔中略〕他の人々は、自分の精神の習慣的に備わったものやなじみのある日ごろの考えから由来するさまざまな明白な象徴で、心を掻き乱す観念を覆い隠すのかもしれない。[84]

さらにガーニーの仮説をもとにすると、古くからある一般的な幽霊譚や霊体験に対して、霊の存在に言及することなく、なおかつその現象面自体を否定せずに合理的に説明することが可能になるだろう。たとえば、祖父が死んだ瞬間に霊となって自分の部屋に来て挨拶をしていったというような、よくある体験談を考えてみよう。従来の素朴な見方では、祖父の霊が実際にその場に来たと語られて終わりになるが、ガーニーの仮説からすると、祖父の死の間際の思念がテレパシーで自分に伝わり、そこに自分の記憶のなかの祖父の姿が無意識に重ね合わされることで視覚的イメージが創り出され、それが外部に投影された結果、外在的な知覚表象として体験されると説明されるだろう。

ところで、文献委員会のところへイギリス中から集まってきた幻の体験談には、非常に目立ったひとつの特徴があった。それは幸せや喜びの感情を伝える事例は稀だったのに対し、死や病気、事故などの痛ましいできごとと関連している事例が圧倒的に多数を占めていたことだ。とくに遠距離から来た幻に関しては、なんらかのかたちで死の場面と関連した事例——作用主体者となる人物が臨死の状態のときか、あるいは死んだ瞬間か、あるいは死のすぐ直後に起こっているか——が多くを占めていた。実際、『生者の幻』に収められた自然発生的テレパシーの六八八のケースのうち、三九九は知覚者の体験が作用主体者の死と同時に起こっているか、あるいはまさにそのすぐあとに続いたかのどちらかだった。こうしたことからガーニーは述べている。「人の生命が出合う最も深い衝撃のなかで、これらの現象は最も頻繁に生じるように思われる」[85]。だとしても、『生者の幻』の前提は、その書名自体が示すように、あくまで作用主体者は死者ではなく生者だった。ガーニーは言う。「わたしたちの主題は生者の幻である。生命の終わりの地点での分割線のこちら側において、テレパシーの誘発要因の条件を探究しているのだ」[86]。したがって、たとえ自然発生的テレパシーの発動が作用主体者の死と関連した事例が多いとしても、それは死者あるいは死後のその人の霊が作用主体者となるのではなく、死に直面した危機の瞬間の「生者」こそが、作用主体者であることに変わりはなかった[87]。

その手紙はどこにあるのか

彼らは科学的精神に受け入れ可能なかたちで、それらの証拠を整理するべく最善を尽くしていることは明らかだ。

『生者の幻』刊行直後の一八八六年十月三十日、『タイムズ』紙に掲載された書評はこう述べたうえで、著者たちに対する一定の評価を与えた。また、テレパシーの存在の可能性に対しても、次のような好意的な意見が述べられた。テレパシーは「新しい用語」だが、その現象自体は「メスメリズムやヒプノティズム、また人間意識のその他アブノーマル、あるいはスーパーノーマルな状態」と関連しているため、「心理学者たちには以前から知られている」。そして、いまだテレパシーが「直接的な観察というより、推測や仮説によるもの」だとしても、「観察や実験」によって「合理的な確かさに移行することは可能である」。だが、一方で幻姿の事例に関しては、体験談の報告自体への信頼性に強い疑問が投げかけられた。その記事の書き手が言うには、テレパシーと幻姿のあいだには、それぞれを証明するための手続きという点において明白なちがいがある。テレパシーは科学的な調査に適しているが、「累積的な証拠」のみを頼りにするしかない幻姿の証明においては、「きっぱり実験をあきらめるしかないし、その言説は二次的なものでしかない」。そもそも幻姿の報告は、単にその人が「見たこと、あるいは見たと思っていること」以上のものではない。したがって、「わたしたちは科学的検証というよりも、その人を信じる前に、むしろ審問にかけなければならない」。また、体験談の語り手に対する「厳密な反対尋問」によって、「どれだけ彼が正確に覚えているか、またどれだけ彼が想像したものなのかを突き止めるべきである」[88]。

もちろんガーニーにしてみれば、このような体験談の信憑性への批判は想定内だった。『生者の幻』のなかの「自然発生的テレパシーの証拠のための一般的な批判」と題した第4章において、ガーニーは次のように述べている。「わたしたちの目的にとってきわめて重要なことは、この新たな証拠の分野に関して、誤りの危険性がある出典元の正否を正確に判断する手法の確立である」[89]。実際、ガーニーはその章すべてを、人間の観察、叙述、記憶に関する誤りが体験談に含まれる危険性を排除するための考察から、証言の信憑性を保証するために必要となるさまざまな批判的手続きを検討することに充てている。

だが、翌年の一八八七年八月の『十九世紀』誌では、さらに根強い疑いが投じられた。スコットランドの法律家A・テイラー・イネスが、「その手紙はどこにあるのか?」と題した寄稿において、『生者の幻』に収められた体験談の信憑性を裏付ける証拠の提示を要求した。

そもそも、イネスが最も決定的な証拠になり得るものと考えたのは、幻を体験した人が、その時点において、みずからの体験をほかの誰かに宛てて書いた手紙の存在だった。たしかに、消印と日付のついた手紙が存在すれば、知人の死の幻を体験する前に、知覚者がその死を知り得なかったという事実を保証することになる。それに基づき、イネスは『生者の幻』の著者たちに向かって次のような不信の念を投げかけた[90]。実際に『生者の幻』の体験談を寄せた人々の何人かは、そのときの体験を当時の手紙やメモのかたちで書き記したと主張しているにもかかわらず、同書の著者たちは、これまでのところ、それらを実際には公開していない。なぜそうしないのか? 七〇〇件も体験談が集められているのだから、そのうちの一〇〇件くらいには証拠となる手紙が残っていてもおかしくはないはずだ。仮にその手紙がもはや失われてしまっていると言うのだとしたら、それ自体が奇妙なことではないか? なぜなら、ふつうに考えて、そのような大事な手紙は捨てずにたいせつに保管しているはずではないか?

ガーニーは、同年十月の同誌にイネスの主張への反論を寄稿した。まずイネスの考えによれば、幻を体験した人の多くが、その内容を書いた手紙を知人に送ることは珍しくない。しかし逆にガーニーは、このイネスの主張に次のような疑問を投げ返す。

しかし、彼〔イネス〕はその見解を正当化するためになんらかの労を取ったのだろうか? 迷信だと思われることへの恐れによる抑止についてはいうまでもないが、この国の住民の何割が、自分たちに起こったふつうではないできごとの報告をすぐに書き送れる遠距離の友人を持っているのかを深く考えてみただろうか？いっしょに暮らしている人々、あるいは日ごろ、友人や隣人として交際している人々は、どんな印象的な個人的経験についても口頭で話題に出すのが自然なことだろう。[91]

そう述べたうえでガーニーは、イネスとはまったく逆に、そのような体験をすぐに手紙に書くタイプの人間のほうがきわめて少ないはずだと主張する。なぜなら、ガーニーが言うには、手紙を送る可能性があるのは、第一に「秘密を打ち明けられる親密な友人を、離れた場所に持っている人」であり、かつ「自分に大きな印象を与えたできごとについて、親しい知人に対する手紙を数時間以内に書くか、もしくはほぼ毎日書く習慣を持っている人」にかぎられる。また、ガーニーは付け加えて言う。「思い出していただきたいのは、その手紙は、死あるいはなんらかのできごとの知らせが、その書き手に届く前に書かなければならないということ。そして書くまでにきわめて短い時間しか残されていないということだ」。さらにガーニーが幻を体験した人に尋ねたところによると、その体験を同じ家あるいは地域に住んでいる人にすぐに語っている例はしばしばある一方で、離れたところに住んでいる人に宛ててその記録を書いた例は稀だった。[92]

もう一点、イネスが、そのような手紙なら捨てられずにたいせつに保存されているはずだとみなしていることに対しても、ガーニーはまったく逆の主張によって反論する。ガーニーによれば、仮に手紙が実際に書かれ送付されたとしても、それらが紛失したか破棄されていてもまったく不思議ではない。なぜなら、「テレパシーあるいはそれに関連した証拠という主題について、まったく考えもしない人」にとっては、「そのような手紙の知らせは、なんらかの重要性あるいは意味を持っているようには思われないだろう」。[93]

前述の『タイムズ』紙の書評、およびイネスによる疑念は、まだ理にかなったものだと言えるが、それとは別にそもそものサイキカル・リサーチ自体に対する辛辣な批判も続いた。同年十一月三日の『サタデー・レヴュー』紙には、SPRを「幽霊リサーチ協会（Society of Spookical Research）」、またその研究を「幽霊学（Spookology）」と皮肉ったうえで、幻姿の体験談に対する不信ばかりか、SPRの研究の基礎となっていた実験上のテレパシーですら、完全に否定する記事が掲載された。

カードを当てたり、だらしないかたちの菱形を描いたりすること自体にはなんら実害はないが、単にそれまでのことだ。〔中略〕総じて言えば、サイキカル・リサーチ協会によってこれまでに集められた膨大な量の「証拠」は、偏見を持たずに考えてみたとき、驚くべき結果と戯れても「思考伝達」として説明される応接室のトリック——ほとんどの人が以前から知っている——以上の何かを立証するものではない。[94]

一方、こうした侮蔑的な言葉とは正反対に、『生者の幻』に対する称賛の言葉に満ちた書評もあった。それは一八八七年一月七日の『サイエンス』誌に掲載された。書いたのはガーニーの友人、アメリカの心理学者ウィリアム・ジェイムズだった。

ジェイムズとASPRの設立

これは並外れた研究である——「啓蒙化された人々」の合意によって、ずっと以前に、くだらない迷信のごみの山に追いやられていたひとつの信念に対してふたたび足を踏み出していくため、最高の知的資質を持った人たちによって、四〇〇頁にもわたって綿密に書かれている。本書で示されているその質の高さは、尊敬すべきどんな科学の部門においても、このうえなくすばらしいものとみなされるであろう。[95]

ウィリアム・ジェイムズ（図9・7）が、このようなきわめて好意的な書評を書いたのは、もちろん単にガーニーが友人だったからではない。この時期、イギリスのSPRの方向性に共感していたジェイムズは、大西洋を隔てたアメリカで、みずからもサイキカルな現象の研究に身を乗り出していた。実際、すでに『生者の幻』が刊行される前の一八八五年から、ジェイムズはアメリカ版SPR、すなわち「アメリカン・サイキカル・リサーチ協会」（以下ASPR）設立の中心的な役割を果たしていた。ここで少しだけ時間をさかのぼり、ジェイムズが本格的にサイキカル・リサーチと関わるようになるASPR設立までの状況を見ておきたい。

一八八二年の夏、ハーバード大学の哲学教授だったジェイムズはアメリカを離れ、ドイツ、イタリア、フランスをめぐり、その後、冬にイギリスのロンドンを訪問した。その滞在中にガーニーと知り合い、友情で結ばれたことが、のちのジェイムズのSPRとの深い関わりにつながっていく。同年十二月十三日付のガーニーからジェイムズに宛てた手紙を見ると、そもそもふたりの縁は、ガーニーがジェイムズを「スクラッチ・エイト」の会合に招待したことがきっかけだったことがわかる。[96]

ガーニーもその一員だったスクラッチ・エイトとは、そのメンバーたちが月に一度の夕食をともにしながら、さまざまな哲学的問題を討論する集まりだった（この会合の名称は八人というメンバー数に由来する）。そこには、すでに一八六七年からジェイムズの親しい友人だったジョージ・クルーム・ロバートソン（『マインド』誌の編集者であり、ユニヴァーシティ・カレッジ・ロンドンの哲学と論理学の教授で、第6章でも見たように、ダーウィン家の交霊会にも参加した人物）もいた。[97]

ジェイムズはそこではじめてガーニーに会ったときから、彼に対する好印象を持ったようだ。スクラッチ・エイトの会合に初参加した翌日、十二月十六日付の妻に宛てた手紙で、ジェイムズは次のように書いている。

図9.7　ウィリアム・ジェイムズ

彼の『音の力』をちょうど半分ほど読み終えたところです。この本は当代一の知性の持ち主であることを証明していますが、ガーニー自身はと言えば、整った顔立ち、声、全体的な雰囲気が特徴的で、一九三センチという長身の驚くべき美青年です。[98]

のちの一八八八年八月二十二日付のジョージ・クルーム・ロバートソンへの手紙で、「わたしの精神と彼の精神のあいだには並外れた親和性があった」とジェイムズ本人が書いているように、当時、四十歳のジェイムズと三十五歳のガーニーのふたりのあいだには、すぐに強い共感と信頼関係が生まれたようだ。[99] ガーニーの伝記を書いたゴードン・エパーソンが言うには、「客観的な研究を進めるための能力をともなったうえでの情熱的な好奇心」と同時に、「偶像破壊的」な面を持った彼らは、みずからを「その当時の一般的に受け入れられていた規範のなかに制限しておくことはできなかった」。そして「彼らは自分たちの探究のいくつかが伝統的な思想への挑戦となることを十分にわかっていながら、思いとどまることはなかった」。こうしたふたりの知的関心の方向性や気質の共通点が、「彼らのラポール（心的つながり）に対して少なからずとも寄与した」[100]のだろう。

一八八三年三月、ジェイムズはアメリカに帰国するが、そのわずかなロンドン滞在中に育まれたふたりの交友関係はその後も続いていく。そして前述した同年九月二十三日付のジェイムズへの手紙に、ガーニーはSPRでの研究に本格的に乗り出した近況を綴っている。

そもそもジェイムズ自身のサイキカルな現象全般に対する態度は、頑強な科学者たちの拒否に対しても、熱狂的なスピリチュアリストたちの軽信性に対しても等しく距離があった。すなわち、現象に対して肯定か否定の即断をする前に、他分野の研究とまったく同様、まずはしっかり調査すべきだというのがジェイムズの考えだった。そのことは、スピリチュアリズムに対するジェイムズのはじめての公式な発言となる一八六九年三月十日の『ボストン・デイリー・アドバタイザー』紙に掲載された、エペス・サージェント著『プランシェット、あるいは科学の絶望（*Planchette, or the Despair of Science*）』への書評からも見てとれる。そこでジェイムズは、その本に収められている証言の持つ「弱さ」を指摘しつつも次のように述べ、スピリチュアリズムに関わる現象への開かれた姿勢を示した。

その現象は、現状において、ふつうの素人よりも、もっと公平無私な自然科学の研究者の領域において扱われるべきものと思われる。仮に〔現象が真実であると〕認められたとするなら、それらがわたしたちの物理的な世界の概念における大革命となることは確かである。[101]

この時期、ジェイムズがスピリチュアリズムの直接的な調査に足を運んでいたという記録はない。だが、同書評を発表した五年後の一八七四年、「昼の光のなかでピアノを浮遊させることができる」と称されていたボストンのミディアムの交霊会に参加したことを、ジェイムズは友人のキャサリン・ヘイヴンズに六月十四日付の手紙で伝えている。だが、結局そこでジェイムズが見たのは、明白なる詐欺でしかなかった。「彼女は驚くべき強さを持つ熟練した膝を用いることで妙技を演じる詐欺師でした」とジェイムズは書いている。しかし、同手紙を続けて読むと、この馬鹿げた一件のあとでさえ、ジェイムズはスピリチュアリズムの調査を続け、そこで未知の何かが発見されるかもしれないという希望を捨て去れていなかったことがわかる。

もしわたしが調査を続けるなら、いずれにしても必ずや重要な発見をすることになるでしょう。すなわち、わたしたちの哲学においては思いも寄らない何がしかの力（それが霊であれ、そうでないものであれ）が存在しているか――あるいは、信頼すべき情報源に含まれる大量の人々からの証言が、まさしく普遍的な人間の愚かさを明かすものとなるか。そして、わたしはこの最後の結論になることがいやでたまらないのです。[102]

しかしこのころのジェイムズは、いまだ本格的なサイキカル・リサーチに乗り出してはいない。前述のとおり、ガーニーとの親交がはじまったのは一八八二年末。その後、ガーニーとの往復書簡を通じて徐々にサイキカル・リサーチへの関心が高められていったのだと思われるが、最終的にジェイムズみずからが足を踏み入れたのは一八八四年八月末、ウィリアム・バレットがアメリカを訪れたあとのことだった。[103]

このバレットのアメリカ訪問は、そもそもカナダのモントリオールで開催される英国科学振興協会の会合のためだった。だが、バレットはそれに乗じて、モントリオールの会合のあと、フィラデルフィア、そしてボストンに向かい、アメリカにSPRの研究を紹介しようとした。イギリスでSPRの結成がバレットの呼びかけからはじまったように、アメリカのサイキカル・リサーチ協会の設立も、このバレットの訪問こそがその発端になった。ここでいったんジェイムズ個人の話から離れて、このバレットの渡米からASPRの誕生に至るまでの状況について簡単に見ておこう。[104]

フィラデルフィアでのアメリカ科学振興協会（AAAS）の年次会合の席において、バレットは思考伝達についての所見を述べる機会を得た。さらにその会合のあとバレットは、ラファイエット・ホテルの一室で、そこに集まったアメリカの学者たちとSPRでの研究について討論した。そこにはジョンズ・ホプキンス大学の数学および天文学教授のサイモン・ニューカム、ハーバード大学天文台の台長を務める天文学者エドワード・C・ピカリング、同じくハーバード大学天文台の天文学者ウィリアム・H・ピカリング（エドワードの弟）、アメリカ科学振興協会の副会長で動物学者のエドワード・S・モース、ハーバード医科大学院の解剖学者チャールズ・セジウィック・マイノット、ペンシルベニア大学で哲学の教鞭を執るジョージ・スチュワート・フラートン、金星の太陽面通過委員会の役員を務めていた天文学者ウィリアム・ハークネス、電話の発明者としても有名なアレクサンダー・グラハム・ベルなどが集まっていた。バレットによれば、その非公式な討論会において、参加者のなかからは、イギリスでのSPRの研究課題は見過ごしておけるものではなく、アメリカにおいても同様の研究協会、あるいはイギリスの支部を結成すべきではないかという意見も聞かれた。

さらにバレットは、フィラデルフィアの会合に集まったメンバーの求めに応じ、メスメリズムの実験を披露することになった。アメリカの傑出した学者たちが見守るなか、バレットは被験者の女性を一〇分足らずでメスメライズし、味覚の錯覚を作り出すことに成功した。バレットに塩だと告げられて渡された砂糖を口に入れたその女性は、それを食べるのに我慢できないほどのしょっぱい塩だと言い、逆に塩を砂糖だと告げられて渡されると、今度はそれを本当に甘くておいしい砂糖だと言った。同様の味覚の錯覚実験には、ほかにもマスタードとビスケット、ミルクとビネガーが用いられた。また、バレットは被験者に幻覚を作り出す実験もした。バレットが自分は空中を浮遊していると告げると、被験者はバレットが天井のあたりに水平に浮かんでいるのがはっきり見えると言った。こうしたメスメリズムによる実験を目撃したアメリカの科学者たちの反応を、バレットは次のように述べている。「これらの実験は最も初歩的でよく知られている典型的なものだったが、それにもかかわらず、彼らは特定の霊的現象の一部に関しては、疑いなくその可能な説明を与えるものとして、大きな興味を示して興奮していた[105]」

その後、フィラデルフィアからボストンへ向かったバレットは、前述のエドワード・C・ピカリングの助力を得て、SPRの研究の重要性をハーバード大学やアメリカ芸術科学アカデミーのメンバーに向けて訴えた。ウィリアム・ジェイムズもその集まりに参加したひとりだった。バレットは、そこに集まった人々に向けて次のように述べている。

> もちろん、この問題〔サイキカル・リサーチ〕に着手する人は、少なからぬ嘲り、またおそらく多少のいやがらせも覚悟しておかねばなりません。ですが、錬金術からは化学が、占星術からは天文学が生まれました。千里眼《セカンド・サイト》、思考リーディング、幻姿などの多くは、嘲るのにまさにうってつけなのかもしれません。しかし、もしその根底になんらかの真実があるのであれば、わたしたちはそれを発見したいのです[106]。

アメリカでのサイキカル・リサーチ協会結成に向けた本格的な動きは、このバレットのアメリカ訪問のすぐあとからはじまった。同年九月二十三日を皮切りに十月から十一月にかけて、九人のメンバーからなる委員会で予備会議が重ねられた。その顔触れはウィリアム・ジェイムズをはじめとして、前述したフィラデルフィアでのバレットの会合に参加していたピカリング、マイノットのほかに、ジョンズ・ホプキンス大学の実験心理学教授グランヴィル・スタンリー・ホール、ハーバード医科大学院の生理学教授ヘンリー・ピカリング・バウディッチ、ボストン自然史協会の会長サミュエル・H・スカダーおよび同協会のキュレーターで動物学者のアルフィアス・ハイアット、ハーバード大学のギリシア語教授ウィリアム・ワトソン・グッドウィン、一八八五年からアメリカ科学振興協会の機関誌『サイエンス』をグラハム・ベルから引き継ぐことになるN・D・C・ホッジスだった。さらに同年十二月十八日、アメリカ芸術科学アカデミーの会議室においてASPRの第一回目の予備会合が開催され、そしてついに翌年の一八八五年一月八日、ボストンで正式な発足に至った。[107]

ASPRの機関誌を見ると、初年度の人数は会員と準会員を合わせておよそ二五〇名。なかには多岐にわたる分野でそれぞれ卓越した業績を残すアメリカの学者たちが名を連ねている——その一部をあげてみると、古生物学者エドワード・ドリンカー・コープ、植物学者アーサ・グレイ、数学者ベンジャミン・オズグッド・パース、物理学者エドウィン・ハーバート・ホール、哲学者ジョサイア・ロイスなどがいる。[108] また、初代会長はジョンズ・ホプキンス大学の天文学者であり応用数学者のサイモン・ニューカム（図9・8）が務めた。

ジェイムズにとって、ニューカムのような広く世間に認められた社会的地位の高い科学者が会長職を承認してくれたことは、何よりも喜ばしいことだった。かつて『プランシェット』への書評でも書いていたように、ジェ

図9.8　サイモン・ニューカム

イムズがサイキカル・リサーチに取り組むのに適した人材と考えていたのは、科学的教育を受けた人間だった。哲学者トーマス・デイヴィッドソンに宛てたジェイムズからの一八八五年二月一日の手紙には、科学者と比較するなら「文学者、哲学者、聖職者の信用は、どれだけ簡単に傷つけられてしまうことでしょう！」と述べながら、続けてニューカムの影響力に対する期待を次のように述べている。「ニューカムの会長職の同意は、稀に見るヒットだったと思います――もし彼が信じるのであれば、彼はおそらくほかの人々をも従えることになるでしょうから[109]」

だが、この時点でのジェイムズの思惑とは異なり、このASPR会長にニューカムを選出したことは、必ずしも正解ではなかった。ニューカムの懐疑的な精神は、SPRやASPRがサイキカル・リサーチを進めていくにあたって、その妨げになるほどの頑強さをすぐさま見せるようになる。

そもそも幽霊の調査は可能なのか

そもそもニューカムは、バレットの来訪後、ASPRの設立に向かって進んでいたその最中の段階で、すでにロンドンのSPRの先駆的研究に対する辛辣な意見を公にしていた。一八八四年十月十七日の『サイエンス』誌に掲載された「サイキック・フォース」と題する寄稿でニューカムは、SPRのこれまでの研究の方法論では科学者を満足させるには不十分だと明言した。

そこでまずニューカムは、彼自身の専門でもある数学の確率論から、「実際の因果関係と、単なる偶然の一致のあいだをいかに区別するか」という問題を提起した。たしかにこれは、とくにSPRが調査していた「生者の幻」のような事例の集積結果を分析する際に避けては通れない問題である。ニューカムは確率の計算を示す前に、あくまで数に関する正確さは見込めないため、「わたしたちにできるかぎりのことは、あり得るべき真実から理不尽なほどかけ離れているものにはならない大まかな見積もりを作ることだ」と断ったうえで、「国の人口の一パーセントが、並外れて明晰な夢、幻想などに晒される」ものと仮定する。そして、それにもとづく計算から、知人の死の夢やヴィジョンなどというものは、「ほとんど毎日、国のどこかで起こっている」ものでしかないとニューカムは結論づける。この確率論を用いたニューカムの主張は、知人の死の間際の幻を体験したという逸話が単なる偶然でしかない可能性があるにもかかわらず、それらをテレパシーの証拠としてみなしてしまうことに対するSPRの姿勢への批判だった。ニューカムは言う。それは「確率論からわたしたちが知っていること、すなわち非常に頻繁に起こっているできごとにちがいないということの詳述以上の何ものでもない[110]」。

次にニューカムは、SPRの六つの調査部門のなかのひとつの幽霊屋敷委員会に関しても目を向ける。その部門の報告書は、ニューカムにとって、SPRの研究のなかでも最も価値がなかった。本書でこれまで触れてこなかったが、SPRでの幽霊屋敷委員会の調査結果は、実際には一八八二年十二月九日のSPRの第二回総会と一八八四年三月二十八日の第七回総会で発表された二回の報告書のみで、さしたる結論を残せぬまま終わっていた[111]。理由としては、幽霊屋敷委員会による調査対象となり得る実際の幽霊屋敷を見つけるのがむずかしいという問題があった。というのも、幽霊体験者がそれを公にすることで注目の的となることや嘲られることへの恐れ、またはその地所の所有者が次の借り手を見つけづらくなることへの懸念によって、そもそも調査対象にされることがいやがられた。また、仮に幽霊屋敷を実際に調査する場合にしても、幽霊の出現はつねに頻繁に起こるとはかぎらず、その遭遇のタイミングを特定できないがゆえの調査のむずかしさもあった。そのため、幽霊屋敷委員会の報告書の大部分を占めたのは、SPRのメンバー自身の調査結果ではなく、幽霊を見たことを語る人の体験談の分析に充てられていた[112]。こうした幽霊屋敷委員会の報告書に対してニューカムは、「第三者からすれば、まさしく科学の子供たちの幽霊譚以上のものとしてみなすことは、ほとんど不可能だ」と辛辣な意見を述べている[113]。また、ニューカムからすると、SPRの幽霊屋敷の調査に対する姿勢は、自然の原因で説明できないと思われるものをすぐさまサイキカルな現象としてしまう安易な態度にしか見えなかった。ニューカムはそれらの人々のことを「サイキストたち（psychists）」と呼び、その前提となっている考えを次のように批判する。「サイキストたちによって見たところ受け入れられている考え——自然による原因が見つけられるすべての状況を排除したあと、その残余のものは本物にちがいない――には、論理的根拠がない[114]」

こうしたニューカムの批判に対して、SPR側も黙っていなかった。同年十二月五日の同誌には、ガーニーによる反論が掲載された。そこでは、偶然の確率に関する計算がおもな論点となった。ガーニーはSPRが実際に収集した幻の事例の数のデータをもとにした計算を提示し、それが単なる偶然ではあり得ない確率だと主張した[115]。

さらに十二月十二日の同誌では、ふたたびニューカムからの批判が展開された。「幽霊を調査することは可能なのか?」と題したその論において、SPRが幻姿の事例を収集する際、いかにして偽りの体験談や錯覚や勘違いなどを排除し、真実の体験をより分けるのかという点に関して、ニューカムは根本的な疑問を投じてきた[116]。

ニューカムからのこうした批判は、『生者の幻』の出版を控えた前年のSPRにとって、ある意味、有益な指摘だったとも言えるだろう。というのも、『生者の幻』の第4章では事例の収集にまつわる問題に、さらに第13章では偶然の確率に関する統計的問題に充てられることで、ニューカムが提議した問題に取り組んでいるが、結果的にそのことが同書の価値を、よりいっそう高めることになった(『生者の幻』の第13章については後述する)。

また、ニューカムはSPRの研究結果に単に目を通して、それを批判しただけではなかった。会長就任後には、みずからミディアムの調査にも着手している。ジョンズ・ホプキンス大学の同僚でASPR設立者のひとりグランヴィル・スタンリー・ホールが言うには、ダニエル・ギルマン(同大学学長)とニューカムと自分は、「フィラデルフィアで広告を出しているすべてのミディアム」を訪問した。さらにギルマンが身を引いたあとも、ニューカムとふたりで「同様にニューヨーク中をまわった[117]」。

その結果、一八八五年二月六日の『サイエンス』誌には、ニューカムによるミディアムの調査報告が掲載された。ニューカムが調査したのは、「マグネティック少女」とも呼ばれていたルル・ハーストというジョージア州の若い女性ミディアムだった。ワシントンにやって来たルルは、その地の数名の科学者の前で、みごとなパフォーマンスを発揮した。そのときの報告によると、実験に参加した男性が座っている椅子の端にルルが軽く手を置いただけで、それが持ち上がるなど、明らかに彼女の筋肉の力ではない未知の力によって物体が動かされる現象が起こっている。だがその二日後、グラハム・ベルのボルタ研究室で、ニューカムはルルに対して再度調査をおこなった。ニューカムが見たところ、そこに驚くべきことはまったく何もなかった。調査結果のまとめとして、ニューカムは次のような結論を述べている。

そこにはなんら神秘も隠されたものもなく、また奇術のトリックを用いたものですらない。それは大部分、重大な瞬間に、散漫となってしまっている観察者の注意に存している。[118]

こうした経験が、ニューカムの疑いをより強固なものにしていったとしても不思議はない。のちにニューカムは回顧録で、過去のルルの調査について言及したうえで、次のように述べている。「すべての試験の結果は、ひとつの精神から別の精神への伝達のための未知の力や媒体に関するいっさいの理論に対して、わたしの懐疑主義を増加させただけだった[119]」

ニューカムのサイキカル・リサーチへの徹底した懐疑は、さらに一八八六年一月十二日にボストンでおこなわれたASPRの年次会合の会長演説において、より強く表明された（この会長演説は、本人欠席のなかで原稿が読み上げられた）。それはSPRのテレパシー仮説への批判ばかりか、SPRの研究方法そのものの科学的正当性への根本的な異議でもあった。少し長くなるが、ここで非常に重要な意味を持つニューカムの批判の論旨を追ってみたい。

思考伝達実験への批判

冒頭でニューカムは次のように述べる。SPRのこれまでの研究成果は、「結論の確証に導く申し分のない実験」ではなく、「予備的な取り組み、またさらなる研究のための準備」でしかない[120]。また、思考伝達やテレパシーと呼ばれている現象、すなわちサイキカル・リサーチが実証しようとしている物理的な媒体が介在することのない遠隔の精神同士のあいだで生じるなんらかの相互作用は、これまでの常識的な見地からすればあり得ない現象であるとあらためて強調する。だが、こうしたニューカムの主張の目的は、サイキカル・リサーチをただ単に否定することではなかった。その核心に置かれていたのは、既知の科学の法則とは合致しない現象があるとして、仮にそこから新しい科学の法則を確立できるとしたら、それはいかなる場合に可能なのかという方法論に関する問題意識だった。

まずニューカムは、精神と物質のあいだの基本相互作用として一般的に認められている事柄を明示する。なんらかの外的な原因から精神が影響を受けるためには必ず肉体を介さなければならず、一方でなんらかの外的なものへ精神が働きかけるためにも必ず肉体を介さなければならないということは、日常の経験から明らかだ。これはいずれも「純粋な物理法則に従うひとつの物理的な過程である」。それに対してサイキカル・リサーチが関心を持っているのは、こうした精神と物質のあいだの通常の相互作用には合致しないとみなされている現象である。したがって、ここで焦点となるのは、精神がこうした既知の相互作用に制約されることなく外的なものへ作用を及ぼし得るとみなさないかぎり、「思考伝達」「テレパシー」「マインド・リーディング」などと呼ばれる現象は認められないということだ。すなわち、サイキカル・リサーチの目下の重要な問いは、既知の物理的な作用を介することなく、精神が外的なものに影響を行使できるかどうかという点にある。こうしてサイキカル・リサーチの問いの方向をあらためて明確化したうえでニューカムは言う。「もしこの問いが肯定的に答えられるなら、そのときは単に研究のためだけでなく、哲学的思索、実際的な応用のための新たな領域を開く偉大な発見となるだろう[121]」

だが、ニューカムはそう言いながらも、その可能性へと希望に満ちて進んでいこうとするガーニーやマイヤーズのように楽観的な言葉を口にするわけではない。むしろニューカムは、その問いへの答えを見つけるためのサイキカル・リサーチの方法論に矛先を向け、次のような重大な疑問を投げかける。仮に既知の法則では説明困難な現象と出合ったとき、それが新たな法則を要求するものとしてみなされるべきものなのか、それとも新たな法則は必要とされず、「わたしたちの精査を回避している物理的な関連を通して」起こっている現象だとみなすべきなのか。「わたしたちがこれらふたつの仮説を、それによって決定できるなんらかの基準はあるのだろうか？」[122]

ここでの「わたしたちの精査を回避している物理的な関連を通して」という表現は一見わかりづらいが、ニューカムが言いたいことは、単に次のようなことである。わたしたちは日々のできごとにおいて、その瞬間に説明できない現象を経験することがあっても、そのことが新たな法則を要求するわけではない。たとえば、家の窓の外から何か大きな物音が聞こえたとしよう。そのとき窓の外を見ても、その音の由来となる原因を見つけられず、その時点でそれが何の音なのかを説明できない。このとき、その未知の音に対して、既知の物理的な原因と結果の法則で説明できない現象だと考えるだろうか。おそらくふつうはそうではなく、単に音の原因が特定できないがゆえにその時点では説明できないだけだとみなすはずで、それを説明するための新たな物理法則を考えようとはしないだろう。

こうした日常の経験に照らし合わせながら、ニューカムは次のように続ける。思考伝達のように既知の物理法則が適用できないような現象の際、それを説明するための新たな法則を求める以前に、既知の物理法則を使って原因や状況を分析しようと努めることは当然である。だが、それでも説明できない現象が残っていたらどうするか。そのときには、新しい法則を探し求めることが正当化されるのだろうか。実際に、SPRの研究自体がこうしたやりかたでテレパシー仮説を主張する方向に進んできた。だが、ニューカムはそのSPRのやりかたを否定する。ニューカムの考えでは、仮に調査を重ねて説明できない現象が残っている場合でさえ、そこで新しい法則を求めるべきではない。むしろ、単に自分たちがその現象を作り出している原因をいまだ特定できない状態にいるのではないかとみなすべきだ。なぜならニューカムが言うには、「実際のところ、それが日常生活のなかで、つねにわたしたちの採用している理にかなった方法」だからである。実際、日常生活のなかには、なぜそれが起こっているのか原因の特定できないできごとがあふれている。「一日のうちに見ることや聞くことのすべてを説明できる人など誰もいない」。そして先述のとおり、日常生活のなかでは説明できない現象があったとしても、単にそれはその瞬間に原因が特定できていないだけだとみなすのがふつうである。したがってニューカムは、これまでのＳＰＲの研究方法において説明できない現象が残っていることは、「真実の原因を発見するための無能力をはっきりと示しているだけであり、自然の新たな法則がはたらいているという結論を正当だと証明することはできない」と述べ、その無効をはっきりと断じた[123]。

こうしてＳＰＲの研究方法を否定したあと、ニューカムは「真実の研究方法」の例証は「物理学の全体の歴史」のなかにあると述べ、電気に関する現象がいかなる過程を経て科学的に認められるに至ったかを例としてあげる。電気の初期の実験は大きな困難があった。電気を随意に作り出すことができず、あるときは発現し、別のときは発現しなかった。またあるときは一方から他方へと伝導し、別のときは伝導しなかった。しかし研究の進展につれ、定まった実験のかたちが整えられ、電気は随意に発現させられるようになり、その現象を既知の物理法則によって説明できるようになっていった。ニューカムは言う。「わたしたちが自然の法則を推論するのは、同じ条件の下で同じ現象が何度も起こるときだ」。そしてそれこそが「すべての科学の進歩の特徴である[124]」。

では、サイキカル・リサーチは、こうした現象の再現性を求められる「真実の研究方法」を満たすことができるだろうか。ニューカムは言う。現時点において、それはできていないことを認めざるを得ないだろう。仮に、既知の物理的な原因の介在なしに思考伝達がしばしば起こっていることを認めたとしよう。そこでまず明白なのは、思考伝達が通常ではなく、例外的な「環境、条件、媒体」によって生じているということだ。というのも、思考伝達が普遍的で一般的な現象だとしたら、精神は日常生活において自分を取り巻く数千人の人々から思考が伝達されていることになるが、実際にはそうなってはいない。であれば問うべきは、いかなる特定の条件下で思考伝達が可能なのかという点になるはずだ。それを前提としてはじめて新たな法則を推定することが可能となる。しかし、ＳＰＲがこれまで進めてきた思考伝達実験のどれを見ても、この問いに対して答えようとしていない。ニューカムは次のように述べている。

この種のすべての研究は、わたしたちの観察している現象が特定の原因の結果であること、あるいは特定の条件と関係づけられること、またそれらの原因あるいは条件が再現されるときにその現象は再発するだろうことを、前提としておかなければならない。それらの原因あるいは条件が発見されるまでは、何も推定できない。[125]

また、続けてニューカムは、科学的研究とみなすために必要なもうひとつの要素である「原因と結果のあいだにある関係の本質」の解明もＳＰＲの研究に欠けていると指摘し、次のように言う。

わたしたちが知りたいことは、いかにそれが伝達されるかだ。この問いに答えらえるようになったとき、はじめてわたしたちは精神の新たな理論が確立されるかどうかを話題にできる。これが伝達の法則を実験で究明するためのはじめの一歩である。[126]

ニューカムは、そのはじめの一歩をＳＰＲの実験が踏んでいないことを指摘するため、ＳＰＲによるダグラス・ブラックバーンとジョージ・スミスのテレパシー実験を取り上げ、そのやりかたの不備を指摘する。十一回の実験をおこなったあと、観察者たちはブラックバーンとスミスを別々の部屋に配置した。その結果、思考伝達はうまくいかなかった。しかし、「なぜそれが失敗したか、またドアは開いていたか閉じていたか、あるいは実験が成功したときの参加者たちの位置よりもさらに距離が離れていたか、などの追究はなかった[127]」。

ここでニューカムは、科学の歴史における電気の例をふたたび取り上げる。二世紀前には謎だった電気の現象も、科学の進歩につれてそれを作り出す新たな方法が発見され、いまや誰もその現象を疑っていない。現象を研究すればするほど、わたしたちはそれを生じさせるための条件を発見することに近づいていく。わたしたちがそれらに関する事実に気がつけばつくほど、それを生じさせること、またその現象を再現するための方法を見つけ出すことは容易になっていく。これが「科学の進歩の必然的な結果」である。[128]仮に思考伝達が本物だとするなら、科学の歴史における電気の現象と同様の過程を経て、理論化されていくはずである。
たとえば、他のものよりも伝達しやすいなんらかの観念が存在することや、また他の条件下よりも、なんらかの特定の条件下で、思考伝達がより生じやすいことなどが発見されるかもしれない。こうした観念や条件の発見が、次に思考伝達実験の結果をいかにして確実にするかの指標となり、それによって研究は促進され、その結果、知識の量は増加し続けていくだろう。この知識が、さらなる別の法則の発見という結果に導き、また思考伝達の力を発揮できる人々の数を徐々に増加させていく。こうして思考伝達が起こり得るさまざまな条件が明らかになっていくことで、最後に研究者たちがその条件を作り出しさえすれば、電気現象と同様に、随意に思考伝達を観察できるようになるはずだ。では、SPRの過去三年間の思考伝達実験を振り返ってみるとどうだろう。ニューカムはその結果に対して、はっきりとした否定を宣告する。「三年間の最も注意深い観察と事実の集合は、伝達される観念のなんらかの共通の特徴を示すことに失敗し、またその下で現象が起きることを可能にする条件の問題になんら光を当ててもいない[129]」
以上のようなニューカムの会長演説に対し、同月二十九日の『サイエンス』誌では、その内容に対する同誌の編集者による所感が掲載された。それはニューカムに概ね同意し、さらにSPRの研究者たちの努力を一笑に付すかのような侮蔑的な意見が付け加えられた。

イギリスの協会の仕事への全面的な批判を通して見ると、それが素人かつ狂信的な人々の仕事であること、そしてとくにプロフェッショナルな生理学者や心理学者に見られるのと同様の厳密で熟練したかたちで問題を扱うことに失敗しているがゆえに、そのような素人仕事の特徴を持っていると率直に言えるだろう[130]。

この『サイエンス』誌の編集者の言葉に対し、即座に反応したのはウィリアム・ジェイムズだった。翌日、ジェイムズは同誌に対して強い抗議の手紙を書き、次のように述べた。「注意深い研究者であるイギリスの紳士たちに、騙されやすい、狂信的などという汚名を着せることは不当である」[131]

一方、当のSPRのメンバーたちは、同年の秋に出版されることになる『生者の幻』を、ニューカムの懐疑への返答だと考えた。シジウィックは二月三日、ニューカムに『生者の幻』の一部を抜粋したコピーを送り、その際に次の言葉を添えている。「この本自身が、あなたの異議へ与えられるわたしの最良の答えです」[132]

SPRの研究への協力が期待されたASPRの初代会長となったニューカムの懐疑は、結成後すぐに双方の熱意の温度差を明白にした。もちろん、ジェイムズはあくまでSPR擁護の側に立っていた。だが、ASPRのなかでSPRの研究を懐疑的に見たのはニューカムだけではなかった。『生者の幻』の出版後、ASPRの他のメンバーからも同書への強い批判がはっきりと表明されることとなった。

『生者の幻』に対する批判

『生者の幻』に対する最初のアメリカからの徹底的な批判は、一八八七年十二月のASPRの紀要に掲載された。それはハーバード大学の学生時代からウィリアム・ジェイムズの友人であり、今日ではプラグマティズムの創始者として知られている論理学者・哲学者のチャールズ・S・パースによるものだった[133]。

パースの批判の焦点は、『生者の幻』の第13章「偶然の一致に関する理論」での結論を覆すことだった。その章においてガーニーは、『生者の幻』に集められた幻姿の事例の数が、確率的に単なる「偶然の一致」という言葉で片づけられるものではないことを、統計学的手法を用いて導いていた[134]。それに対してパースはまず、そもそものガーニーの計算の前提となっている〝真実〟とみなされた三一の事例に対して疑いを投げかけた。その際にパースは、幻姿の体験談を真実のものとみなすためにクリアしなければならない一六の問題点を提示した。たとえば、体験談の報告者の意識は正常だったか、または健康だったか、不安に悩まされていなかったか、証言は正確だったか、第三者に体験を打ち明けていたかなどである。そしてパースは三一事例のいずれもが、それらの条件を満たしていないために、真実とみなせる事例はひとつもないことを指摘したうえで、次のように結論を述べた。

すべてのデータの明らかな不確実さを考慮すれば、なんらかの結論を導くことは性急すぎる。たしかに論旨は巧みに組み立てられているかもしれないが、このような集積にもとづいて「生者の幻」に関しての科学的事実を確証する大きな見込みがあるとは、わたしには思えない。[135]

さらにASPRのメンバーの哲学者ジョサイア・ロイスも、一八八八年四月の『マインド』誌で批判を展開した。まずロイスはテレパシーの証拠とされる幻姿に関する事例を調べた結果、それらが三つに分類されると述べる。

ひとつ目は、それがテレパシーによるものかどうかは別として、実際に手紙や日記などの当時の記録によって、幻を体験した人による報告の信憑性が確認できるタイプのもの。だが、ロイスによれば、これを仮説の基礎とするには目下のところ事例としてあまりにも少ない。したがって、「その種の記録されたすべての事例は、ほぼまちがいなく単なる偶然である」として退けられる。

ふたつ目は、量としてはかなり多いが、書かれた文書によって確認できず、口頭で報告された数十年前のできごとに関する事例群。ロイスによれば、これら昔の当てにならない逸話を仮説のための事例として用いることはできない。

三つ目は、「立派な人柄で記憶力もしっかりした人々によって語られた最近の話」で、また「その人たちのテレパシー的体験は頻発しているわけではなく、意図的あるいは迷信的な想像力のきらいがある人物によるものではない」。ロイスによれば、そのような体験談は比較的多く見られ、「単なる民間伝承、あるいは単なる迷信、あるいは単なる嘘として退けてしまうことはできない」。

そしてロイスはこの三つ目の種類に焦点を合わせ、次のような疑問を述べる。なぜテレパシーを信じているわけでもなく、あらゆる迷信をきらい、誠実さに疑いがなく、記憶は概して良好そうな人々が、そのような体験を報告するのか？　すなわちロイスは、体験の報告者自体の虚言の可能性を疑うのではなく、むしろその証言自体は誠実なものだと考えたうえで、なぜそのような体験が起こり得るのかを問題とした[136]。

とはいえ、ロイスにとって、テレパシーの可能性を前提とした説明は論外だった。そのため、ロイスはまったく異なる仮説を提唱した。それは人間の記憶の錯誤、ロイスの言葉によれば「なんらかの刺激的な経験のまさにその瞬間、その到来以前にそれを予期していたという空想から構成される記憶の瞬間的な幻覚」が、それらの体験を引き起こしているという仮説だった。もう少しわかりやすく言えば、たとえば愛する人の訃報が届いたとき、実際にはそれ以前にそのことを知っていたわけではないにもかかわらず、その瞬間、すでになんらかのかたちで見ていた、あるいは聞いていたなどと錯覚し、思い込むことが、幻の体験談を形成する原因ではないかということだ。だとすると、『生者の幻』に集められた数々の逸話は、テレパシーの証拠となる事例というよりも、「人間の記憶に関する特有の幻覚の存在を、むしろ証明するかもしれない[137]」。また、ロイスはこうした記憶の錯誤の類似した例として、すでに人間の記憶の幻覚の例としてよく知られている「二重記憶」による幻想、今日であればデジャヴュと呼ばれるような既視感の体験も示唆している。さらに、記憶の幻覚が起こり得る可能性を確証するための事実として、リヒャルト・フォン・クラフト＝エビングやエミール・クレペリンといったドイツの精神医学者の知見、および彼らが報告している保護施設にいる患者の症例をロイスは引き合いに出している[138]。

また、ＡＳＰＲ副会長の心理学者グランヴィル・スタンリー・ホールも、一八八七年十一月の『アメリカ心理学ジャーナル』誌上で断固たる批判を述べた。ホールはテレパシーの実在の可能性を主張しているＳＰＲメンバーたちの先入観を指摘し、彼らの研究を偏りのない厳格な科学的調査とはほど遠いものとみなした。また、これまでＳＰＲによってテレパシーを証明した実験として発表されてきたクリーリー家の姉妹たち、およびブラックバーン＆スミスの思考伝達に関しても、そのテスト条件の細部に不備があった可能性を詳細に指摘した。そればかりかＳＰＲの設立以来、シジウィックの指揮の下、地道に継続されてきた研究のやりかた、すなわちサイキカルな現象を証明するための大量に証拠を蓄積していくという試み自体に対してすら、ホールは次のように述べて切り捨てた。

ひとことで言えば協会〔SPR〕の証明の概念は量に関するものだ。〔中略〕七〇〇万の子供たちがユニオン・サンデー・スクール〔日曜学校〕の学科課程を受けていると言われたときに、熱狂的なスピリチュアリストたちが、この国のなかで自分たちの教義を信じる人の数はさらにそれ以上であるということを、教育上あるいは教義上のすばらしさの証明として主張するなら、わたしたちは答える。その証拠は熟考するべきものであって、量で評価するものではないと。サイキック・リサーチのような事象においては、量ではなく、第一に証拠の質が問われるべきだ。[139]

数年間、熱意を傾けた労作に対して、こうした手厳しい批判を受けたあとも、ガーニーの前途への希望は閉ざされることはなかった。ガーニーは、前述のチャールズ・S・パースの批判に対する返答で次のように書いている。

わたしは『生者の幻』ではっきりと述べた。たとえ、その本がテレパシーの証拠を提供するものとして正当に受け入れられる可能性があっても、その証拠がすべての誠実な知性の持ち主に受け入れられる見込みがあるわけではないと。必要とされているのは、さらなる事例、現代の事例である。そしてこのために、わたしたちは多くの国の学識ある人々による助力に大きく頼らなければならない。次の重要な一群の証拠が、アメリカ合衆国から届くであろうことをわたしたちは信じている。[140]

しかし、この「重要な一群の証拠」を求めるガーニーの想いとは逆に、飛び込んできた報告はSPRのテレパシー仮説を根本から揺るがしかねない不祥事だった。『生者の幻』の出版からおよそ一年も経たないころ、思考伝達実験の最初の確かな事例を提供したはずの、クリーリー家の子供たちによる不正が発覚した。

思考伝達実験での不正発覚

ここで思い出してほしい。スピリチュアリズムまたはミディアムへの失望からシジウィックをふたたび奮起させるきっかけを与えたものが、ウィリアム・バレットによるクリーリー家の子供たちの実験結果の発表だったことを。また、ガーニー自身もその実験への参加をきっかけにSPRの仕事に専心するようになったことを。そしていまやテレパシーと呼ばれることとなった現象の、最初の肯定的な実験結果がそこからきたものだったことを。実際、ガーニーは『生者の幻』で次のように書いている。「わたしはかなり長い時間、クリーリー家の人々との一連の試験について考えてきた。それらの試験によって、わたしたちはふつうの状態にある人々のあいだの正真正銘の思考伝達について可能性が存在すると確信を持っている[141]」

だが、クリーリー家の子供たちの不正は、もはや否定のしようがなかった。シジウィック夫妻とともにガーニー自身が立ち会ったケンブリッジでの実験中、クリーリー家のふたりの娘がサインを用いていたことが発覚したのだ。娘のひとりの告白によると、次のような手口だった。たがいに目視できる状態にあった場合、ハートならわずかに上方を、ダイヤモンドなら下、スペードは右、クラブは左を見てサインを送った。さらに、右手が顔の上方にあればキングを、顔の左側にあればクイーンを、両手を組んでいればジャックを示すというサインの決まりがあった。また、ふたりのあいだにスクリーンが置かれ、たがいを目視できない実験においては、音によるサインが使われた。カーペットの上を足でこすればハートを、ため息や咳、くしゃみ、あくびはダイヤモンドを意味していた[142]。

この突然の衝撃的な事実の発覚は、ガーニーみずからの言葉により、SPRの紀要において公表された。ガーニーは勇気ある誠実な態度を見せたと言うべきだろう。これまで自分が信じていたものが瓦解した事実を隠すことなく、そこで次のように述べている。「この最近の露見は、ひとりあるいは複数の姉妹たちが関わっていたこれまですべての試験結果に不信を投じなければならない[143]」

この事実は、バレットに対してもすぐさま知らされた。ガーニーの公式発表より前の一八八七年十月五日、シジウィックからバレットに宛てた手紙が送られた。そこでシジウィックは、今回の件に関する状況をバレットに対して次のように説明している。

> クリーリー家のふたりの少女たち――メアリーとアリス――が、偽りの「思考伝達」の現象を作り出すためにサインを用いていたという疑う余地のない事実を確認したことを、あなたに報告しなければならないのはとても残念です。〔中略〕ガーニーがマンチェスターに出向き――少女たちがケンブリッジから戻る前――、以前にも同様のサインが使われていたかどうかを調べてみることで、わたしたちは同意しました。彼はそうしました。その結果、モード・クリーリー〔娘のうちのひとり〕からの告白がありました。そのコピーを同封しておきます。彼女が説明しているサインは、わたしたちが発見したものとまったく同じものです。そのため、このサインが長く使われていたことを疑う余地はないと思われます。一方で、わたしたちは自分たちの発見に関して何も言わないまま、メアリーとアリスを出発前の夜までここに引き留め、そこでわたしの妻が、サインを用いていたことを、ふたりそれぞれとの面談で非難しました。彼女たちは当初、それを憤然として否定しました。しかし妻がサインを見抜いていることを彼女たちに伝えると、彼女たちはそれを認めました。ただし、それはここを訪問する前にはけっして用いてはいなかった、と彼女たちは言い張りました。残念ながらわたしは、モードの告白を聞いたあと、このことを信じるなどとうていできません。[144]

バレットは、このシジウィックからの報告をまったく受け入れられなかった。むしろ、今回の件から来る否定的な判断は、より初期の実験で出た結果に対しても不当な扱いとなるのではないか。そう考えたバレットは、十月三十一日のシジウィックへの返信で、自分が調査したクリーリー家での初期の実験は正当なものであったとし、次のように述べている。

わたし個人として確信しているのは、クリーリー家との信頼できる実験が存在しているため、それらすべての証拠を消し去るのは愚かな行為だということです。[145]

また、疑いの目が向けられたクリーリー家の子供たちの父親A・M・クリーリーも、同年十月十八日付のSPRの機関誌への寄稿で熱心に弁明した。そこでクリーリーは、「科学者や学者の前だけでなく、その件にわたしたちが興味を持っていた二、三年のあいだに夕べの娯楽として応接室でおこなった数千回におよぶ実験において、わたしがそれにまったく気づかなかったにせよ、一度もサインが使われなかったとまでは言えないだろう」と認めながらも、バレットと同様に初期の実験に関しては、あくまで潔白であることを強調した。「どんな種類のサインであれ」、それが「初期の実験において用いられたとは思っていない」[146]。

さらにクリーリーは、初期の実験の真正性を保持するため、その最大の論拠として、ダービーの新聞に掲載された最初期の実験における条件を持ち出した。クリーリーが言うには、その際の実験において「推測のために選ばれた対象」は、「人の名前、有名人の名前、町や国の名称、物など」の「かなり多様な種類」にわたっていた。したがって、その選択された対象の多様さゆえに、それが何であるかを「推測者に伝えるサインを仕込むのは不可能」だったはずだ。しかも推測のための対象は、「つねにまさにそのとき」に自分自身が選択していた[147]。

またクリーリーが言うには、その後の数年間、バレットをはじめとする数多くの科学者たちが訪れ、子供たちはその指示に従い、さまざまな条件の下で実験が進められたが、サインを用いている疑いが持たれたことはなかった。仮に子供たちがつねに不正をはたらいていたのだとしたら、「それをくり返すことによってサインがより正確になるに従い」、彼らの推測の精度は上がっていくはずではないか。だが、一八八二年の最初の実験以降、逆に彼らの能力は「次第に衰退していった」のが事実である。そこで自分は「その実験をあきらめることを決断した」。というのも、能力が衰退した状況のなかで実験が続けられたあとに来るのは、「もともとは自発的で自然にできたことを不正で模倣することへの誘惑」であり、それゆえ「いくぶん似た件が証明しているほとんど例外のない致命的な結果」も自分は知っていた。だが、そうした自分の「忠告や望みとは反対に、五年という時間が経ったあと、それは再開されてしまった」。そう述べたうえでクリーリーは、最後にSPRのメンバーたちに矛先を向け、次のような皮肉を言う。

この件について、わたしが言うべき最後の言葉はこうだ。もし、のちに「サイキカル・リサーチ協会」の卓越したメンバーになったすべての科学的調査者たちが、幼い子供たちの用いたサインで欺かれていたのであれば、彼らの洞察力の鋭さや観察能力は、わたしが想像していたより劣ることになる。[148]

その真実がいかなるものであれ、これ以後SPRは、初期の実験結果も含めたクリーリー家の子供たちの事例をほぼ完全に放棄することになった。

この事件がSPRにとって痛恨の打撃となったことは言うまでもない。しかしその翌年の一八八八年六月二十三日、それをはるかに上回る不幸がSPRに襲いかかってきた。

科学界の承認を勝ち取るために

ブライトンのロイヤル・アルビオン・ホテルの鍵のかかった部屋のベッドの上で、ガーニーはひとり息絶えていた。四十一歳だった。当初は自殺の疑いもあったが、検視および関係者の審問による最終的な結果は、クロロホルムの誤った過剰摂取による窒息死とされた。[149]

大西洋を隔てて文通を続けていたウィリアム・ジェイムズにとって、ガーニーの突然の死は思いも寄らぬ悲痛をもたらすできごとだった。弟の小説家ヘンリー・ジェイムズに宛てた一八八八年七月十一日の手紙で、大事な友を喪《うしな》った無念を次のように書いている。

それは死神からのこのうえなく酷い一撃だった。生涯の課題に広大な規模で挑んだ人物、または機が熟したら想定以上の豊かな実りを確実にもたらしてくれることを期待された人物を、わたしはほかに誰も知らない。とてもつらい喪失だ。イギリス再訪を検討するなかで、彼こそ、わたしが最も親密な交流を待ち望んでいたイギリス人だった。[150]

もちろん、長年にわたってサイキカル・リサーチの研究をともにしてきたシジウィックやマイヤーズらが受けたショックが並々ならぬものだったことは言うまでもない。ガーニーの死を知らされたシジウィックは、翌日の六月二十五日の日記でその悲しみを次のように記している。

わたしは今月、もうこれ以上日記をつける気力がない。……十九日火曜日、わたしたちは彼と最後に会った。彼は健康で元気そうだった。フレッド・マイヤーズは、ひどくつらい思いをしているが、わたしたち――ノラ〔シジウィックの妻エレノア〕とわたし――も彼なしでどうやっていけばいいのか。[151]

同年七月十六日、ガーニーの死後はじめてとなるSPRの総会が開催された。その会長演説においてシジウィックは、協会発足以来、六年間にわたるガーニーが残した業績により、SPRの研究はいまや「重大な転換点」に到達したと述べ、さらに今回の不幸の悲しみを乗り越えるべく、進むべき方向性を積極的に明示した。そこでシジウィックは、サイキカル・リサーチが扱おうとしている問題に対して、頑なな拒否反応を示す既存の科学界に見られる態度をあらためて俎上《そじょう》に載せた。

わたしたちは、なんら留保することなく現代科学の方法を信頼し、専門の研究者たちの同意で認められた論理的な結論なら従順に受け入れるつもりだった。ただし、科学者たちの単なる偏見に対しては、同等の従順さで服従するつもりはなかった。また、わたしたちにとって明らかなことは、現代科学が無知からくる蔑視で単に置き去りにしてきた重要な一群の証拠――魂あるいは霊が自律して存在することの証明へ進められるある程度の証拠――があったということ。また、それを置き去りにするなかで、現代科学はみずから教える方法に反し、その結果、早まった否定的な結論にたどりついたということだ[152]。

「現代科学」が「みずから教える方法に反し」ているのであれば、「科学的方法の規範に従っている」SPRの研究で提出してきた証拠が熟考されることなどあり得なかった。シジウィックいわく、「唯物論の立場」からは、「老婆のお話を集めた愚か者、または詐欺師のトリックを真面目に記録したすべての愚か者たちとまったく同種のもの」とされ、「この下等なナンセンスを生半可な専門用語で覆い隠し、科学的な協会の雰囲気を装うことによって、さらに馬鹿げたものとなっている」と言われてきた。しかしそれに対して「可能なかぎり科学的である」ことをめざしたSPRは、自然発生的テレパシーのための証拠となる事例を注意深く収集し、統計的研究をおこない、『生者の幻』の出版というかたちで、その結果を公表した。それによって「作業仮説としてテレパシーを受け入れること」になった人もいるが、一方で「その結論を支持するには、わたしたちの証拠が不十分だと考えている人たちもいる[153]」。もちろん、シジウィックは賛否両論のこの曖昧な状況にとどまることを良しとはしなかった。それゆえ『生者の幻』で提出した結論に対して、その真偽を決着させるべく議論を方向づけるために、シジウィックは次のように述べる。

疑い深い人たちの前に事例の山を積み重ねたあとですら、いまだその人たちが納得しないのだとしたら、もはやわたしたちが彼らに提供できる有効なものは何もない――げんに彼らはそれを断じて見ようとしないのだから。〔中略〕だが、わたしの言いたいことの核心は、仮にわたしたちの仮説が真実ならば、継続的に起こっているテレパシーの事例として最も上質の証拠を獲得できるはずだということ。また、わたしたちがそれを得られなければ、そのような証拠の欠如は、時間の経過とともにわたしたちの結論に反対する力を絶えず増加させる議論を生み出すものとなるだろう。〔中略〕それゆえ、わたしは全精力をかけて強く呼びかけたい。そうした新たな経験のための観察や記録を促進するべく、わたしたちの問題に関心があるすべての人々による結束した取り組みがおこなわれるようにと。わたしはそれら〔新たな証拠〕が発見されると確信している。そして発見されたらいつでも、機関誌の編集者のわたしか、文献委員会の主事マイヤーズ氏、もしくはポドモア氏に送っていただけることを期待している。[154]

最後に、シジウィックは会長演説の締め括りとして、テレパシー研究の前途を、力強い希望の言葉であらためて主張した。また、そこには同時に、旧世代の科学者たちへの失望と、新世代の科学者たちへの期待が込められていた。

わたしがとりわけテレパシー研究の完成を、協力し合って注力すべき主題として、あなたがたの前に提示するのは、しかるべく取り組むことができれば、この部門でなら、わたしたちが最初に科学界の承認を勝ち取れると確信しているからだ。また、わたしは科学界の同意を獲得したいと望んでいるが、それは名声への欲望からではなく、わたしたちの研究を軽んじている人間（どんな著名人でも）を気にしているためでもなく、わたしたちが科学的熱意と確かな能力を身につけた研究者たちを早急に必要としているからだ。もし、ひとたび『生者の幻』の結論が――全世界的にとは言わないまでも、科学界のより若く、より開かれた精神の持ち主たちによって――認められれば、未開拓の部門のあますところのない問題への熱心な研究者たちの急増が期待できる。わたしはなし得ると信じているし、それがうまくいかない理由などないと思っている。とはいえ、成し遂げられると言うのは、あまりにも楽観的すぎるであろう。そこには未知の至難の障害があるかもしれない。だが、少なくともわたしたちには、達成への希望と可能性がある。[155]

シジウィックのこの会長演説は、ガーニーの死を乗り越え、ガーニーが熱意を注いだ未完のプロジェクトを達成させるための決意表明となった。そして、翌年の一八八九年、その確かな第一歩として、シジウィック夫妻、およびマイヤーズは、パリで開催された国際生理学的心理学会議に参加し、SPRのテレパシー研究の完成に必要とされる新たな事例の収集を議題として提出した。その結果、幻姿の体験に関する統計的研究が、同会議で正式に承認された。それは『生者の幻』でのガーニーの試みが、国際的な広い規模で継続されることを意味していた。

ここで、この国際生理学的心理学会議の話題に進む前に、ひとまずSPRによって一八八二年の結成以来、積極的に進められてきたメスメリズムおよびヒプノティズムに関する研究成果についても少々触れておかねばならない。というのも、テレパシーの実験や『生者の幻』のための事例の収集と分析に並行して進められていたその研究こそが、同会議におけるもうひとつの重要な議題の焦点であり、かつSPRを他国の生理学者や心理学者たちと結びつけていく主題となったからだ。

ヒプノティズムとテレパシー

SPR結成時に決議された六つの委員会のうちのひとつ「メスメリズム委員会」は、思考伝達実験と同様、当初はウィリアム・バレットを中心としてはじまったが、次第にその主導権はガーニーとマイヤーズに移行していった。また、そこではマイヤーズの弟で医師のアーサー・T・マイヤーズも重要な役割を果たした。アーサー自身のSPRでの論文の数は多くないが、フランスのヒプノティズム研究に対する見識に関しては兄やガーニーに長じていた。実際にアーサーは、SPR結成以前の一八八一年の時点ですでに、ヒプノティズムの歴史に高名を残すフランスのジャン＝マルタン・シャルコーを訪れていた[156]。そして、ガーニーやマイヤーズを中心とするSPRのヒプノティズム研究は、この同時代のフランスでの研究成果と呼応するかたちで進められていった。

第5章で見たように、流体論を前提とするメスメリズムとは明確に区別された意味におけるヒプノティズムの理論化は、イギリスのジェイムズ・ブレイドからはじまった。だが、一八六〇年のブレイドの死後、その研究の意義は、イギリス本土よりも、まずはフランスの医学者たちを刺激した。ここで、SPRのこの分野への進路と切り離すことのできないフランスのヒプノティズム研究の流れについても簡単に説明しておきたい。

ブレイドのヒプノティズムをフランスに知らしめたきっかけは、ボルドーの医学校の助教授エティエンヌ・ウージェーヌ・アザンからはじまる。アザンは自分自身の患者の病理学的な状態とブレイドによって説明されたヒプノタイズされた被験者の状態のあいだにある類似性に注目し、一八五八年ごろ、みずからヒプノティズムの実験を開始した。すぐにアザンの友人でネッケル病院の外科医ポール・ブローカ（その障害が失語症の原因となる脳の「ブローカ野」と呼ばれる領域の発見者）も、そのあとに続いた。ブローカがヒプノタイズされた患者の無痛手術を成功させると、それは当時の最も有名な外科医のひとりA・A・L・M・ヴェルポー（ヴェルポー包帯やヴェルポー・ヘルニアといった医学用語にその名を残した人物）をはじめ、数多くの医師たちの関心を掻き立てた。

さらに、フランスのヒプノティズム隆盛に貢献したのは、のちにパリ大学の生理学教授となり、後年ノーベル生理学・医学賞を受賞するシャルル・リシェの研究だった。『ヒプノティズムの歴史（*A History of Hypnotism*）』を書いたアラン・ゴールドは、フランスでの本格的なヒプノティズム研究のはじまりを、リシェがみずからの実験結果を「引き起こされた夢遊病について」と題した論文で発表した一八七五年に位置づけている。このリシェの論文は、パリのサルペトリエール病院の医師であり、当代きっての神経学者だったジャン＝マルタン・シャルコーの注目を惹きつけたという意味においてもきわめて重要だった。

一八八二年二月十三日、パリの科学アカデミーの場で、シャルコーはヒステリー患者を対象としたヒプノティズムの実験結果を発表した。当時のシャルコーの神経学者としての名声とそれにともなう医学界への強い影響力によるところも大きかったと思われるが、これを境にフランスにおけるヒプノティズムは、「科学的な問いにおける正当な主題」としてあらためて定位された。[157]

一方、ブレイドの理論の影響が、リシェやシャルコーに波及していく流れとはまったく別に、フランス革命期以降に登場した第二世代のメスメリストからの影響の下、ヒプノティズム研究に向かうもうひとつの学派も存在した[158]。それは一八六〇年代、パリから三五〇キロメートルほど東に位置するナンシーの近郊のポン・サン＝ヴァンサンに住む医師アンブロワーズ＝オーギュスト・リエボーが、地元の農民たちに対しておこなっていた磁気睡眠による治療からはじまった。もはや動物磁気への関心が失われていた当時のフランスにおいて、田舎町でのリエボーの実践が大きな注目を浴びることはなかった。だが、シャルコーの論文が科学アカデミーで発表された同年の一八八二年、ナンシー大学医学部教授イポリット・ベルネームがリエボーの診療所を訪れたことによって、事態は劇的に変化する。当初は懐疑的だったベルネームだが、すぐにリエボーの治療が持つ可能性を感じ、ヒプノティズム研究に本格的に乗り出していった。さらにベルネームの影響の下、ナンシー大学の法律学教授ジュール・リエジョワ、同大学の生理学教授アンリ＝エティエンヌ・ボニも、すぐにヒプノティズム研究に向かった。だが、のちに「ナンシー学派」とも呼ばれるこのリエボーからはじまりベルネームを中心として広まっていくヒプノティズム研究は、前述のシャルコーを中心とした、いわゆる「サルペトリエール学派」とは考えかたが大きく異なるため、やがて両学派間での論争に発展していった[159]。

ここで注目すべきは、シャルコーが科学アカデミーでヒプノティズムの論文を読み、ベルネームがリエボーと出会いヒプノティズムの領域に歩みはじめた一八八二年は、ほかならぬＳＰＲ結成の年と重なっていたことだ。すなわち、思考伝達実験からテレパシーの定式化と並行しながら進められていたＳＰＲのメスメリズム委員会の研究は、フランスのヒプノティズム研究の進展とまさに同時代的な流れにあった。実際に、一八八三年四月二十四日に開催された第三回ＳＰＲ総会におけるメスメリズム委員会の第一回目の報告書、および同年七月十八日の第四回ＳＰＲ総会での第二回目の報告書、さらに一八八〇年代後半以降の同委員会が取り組んでいた研究の流れを時系列に沿って読み進めてみると、その現象に対する解釈の枠組みが、同時期のフランスでのヒプノティズム研究からの影響を受けることによって、物理学的なモデルを捨て、次第に心理学的なモデルにその重点を移行していったことがわかる。

　まず、物理学的なモデルを想定していたことが明らかなメスメリズム委員会の第一回目の報告書を見ると、被験者側の生理学的な状態によって説明可能だという前提にもとづくヒプノティズムがはっきりと拒否されている。メスメリズム委員会が言うには、ヒプノティズムとは「操作者から被験者に特別な影響力もしくは流出物なしに引き起こされる現象」であり、そもそも「影響力や流出物が存在する可能性を断固として否定する人々によって使われている用語である[160]」。それに対して、メスメリズム委員会が自分たちをヒプノティズム委員会とせずに、あえて「メスメリズム」という語を冠しているのは、旧来の「動物磁気」のような概念にこそ依拠することはないものの、いまだ知られていないなんらかの物理的な作用による説明の可能性を捨て去ることなく、その現象を研究していく構えのあることを示していた。実際にメスメリズム委員会は、「仮に『ヒプノティック』な仮説に当てはまることのないさらなる事実に出くわすなら、とりわけそれらを『メスメリック』として表現することはきわめて自然なことだ」と述べたうえで、自分たちの実験結果には、「操作者からのなんらかの特別な流出物の結果」としてみなされる「メスメリック」な現象の可能性を示唆するものがあったとさえ主張している[161]。

　また、メスメリズム委員会の実験で扱われたのは、「メスメリックな状態」で起こる三つの主要な現象――(一)暗示された観念による支配、(二)操作者から知覚者への感覚の伝達、(三)全体的あるいは部分的な感覚麻痺――だったが、なかでも(二)にあたる操作者から知覚者への「感覚の伝達」は、思考伝達実験の結果との強い関連を持つ可能性があることをメスメリズム委員会は強調している。ただし、思考伝達実験における知覚者が「通常の状態」であるのに対し、メスメリックな現象としての感覚の伝達の場合は、知覚者が「メスメリックな眠り」の状態にあるという点で、そのふたつの現象のあいだにはちがいがある[162]。そのことを認めつつも、メスメリズム委員会は次のように述べている。


　　このメスメリックな共感は、わたしたちが示唆したように、通常の状態における思考伝達実験との類似点がある。また、その主題の根本原理をさらに理解していくにつれて、そのふたつの問いが、相互補足的な光を投じることが期待されるかもしれない。[163]

この第一回目のメスメリズム委員会による報告書には、ウィリアム・バレットを筆頭とし、ガーニー、マイヤーズ、ヘンリー・N・リドリー、W・H・ストーン、ジョージ・ワイルド、フランク・ポドモアの連名が記されていた。ロジャー・ラックハーストが指摘しているように、「操作者から被験者への影響力や流出物」の存在の可能性を示唆するそこでの見解は、物理学者バレットの理論が優位であったことを反映したものだと言える。[164]

前章で見たように、バレットは一八八一年七月の『ネイチャー』誌の論文において、電磁気の誘導現象をアナロジーとして用いた「神経誘導」という概念を提出していた。また、一八八二年七月十七日にSPRで読み上げられた「思考リーディング」の報告書の補遺で、バレットはさらに次のように述べている。

神経線維に沿った伝導によるのと同様、空間を超える誘導によって作用する神経エネルギーを想定できるかもしれない。実際に、電気と神経刺激のあいだの多くのアナロジーが、そのような推測へと導くだろう。また、脳は放射エネルギーの座としてみなされるかもしれない。この場合、このエネルギーの受け取りは、同化していく物体の同期振動の可能性によるものとなるだろう。さらに言えば、それは不安定な平衡状態のなかでの感応炎《かんのうえん》に似た性質を持っているのかもしれない。[165]

ここでバレットがたとえとして用いている「同期振動」や「感応炎（sensitive flames）」といった語は、彼が専門とする物理学の用語である。同期振動は、バレットが王立研究所にいたころの師であったジョン・ティンダルによるふたつの音叉を用いた音の共鳴の実験に由来する。一方の感応炎とは、バレットが一八六七年に『フィロソフィカル・マガジン』に掲載された論文「感応炎についての記録」で述べた、ガスバーナーで作られた高圧の炎が離れた場所での微細な音に反応して動く現象のことを指している。すなわち、バレットは物理学における既知の遠隔作用（どちらも空気を媒介としたもので、なんらの媒質も介さない真の物理学的遠隔作用ではない）のアナロジーを用いることで、思考伝達という未知の領域を説明するための仮説を提出していた[166]。

続く第二回目のメスメリズム委員会による報告書においても、解釈の枠組みとしての物理学的モデルは維持されたままだった。彼らの実験で確かめられたメスメリストと被験者のあいだに見られる感覚の共有は、いかなる意味においてもヒプノティズムによる説明を拒む事例になるとみなされている。その代わりに、メスメリズム委員会は、なんらかの物理的な特別な力の作用によって二者間の感覚の共有が生じていることを示唆する「物理的ラポール」という語を用いた論を展開している[167]。

しかしながら、一八八三年十一月二十二日の第五回総会で読まれた思考伝達委員会による第四回目の報告書では、ついに物理学的なアナロジーが影をひそめるようになった。そこでは思考伝達に関する「物理学的な基礎をわたしたちは何もわかっていない。それよりわかっているのは、サイキカルな事実」であると単に述べられている[168]。さらにそのあと一八八四年に発表されたガーニー単独による三つの論文「ヒプノティズムの諸段階」「メスメリズムの実験に関する説明」「ヒプノティズムに関する問題」においては、ラポールに物理学的な基礎を求める解釈は消え去っていた[169]。そしてこうした流れのなか、その作用の過程がブラックボックスだったテレパシー仮説に対し、それを説明するための概念を提供してくれたのが、人間の未知の精神機能に光を当てはじめていたフランスのヒプノティズム研究だった。

一八八四年十二月、フランスのヒプノティズム研究の先鞭をつけた前述のシャルル・リシェによって試みられたSPRと同様の思考伝達実験の結果が「精神的暗示と確率の計算」と題した論文として発表された。そこでリシェはみずからの実験によって思考伝達が成功したと述べ、それに対して「精神的暗示」という用語を当てている。このリシェの用語は、既存の知られている感覚とは異なる未知の人間の精神機能を示唆するという点で、SPRのテレパシー仮説と同じ方向性を示していた。このリシェの論文は、ガーニーによってすぐさまイギリスに紹介された。同年十二月三十日に開催された第一一回目のSPR総会において、リシェの最新の研究の概略についての論文を読み上げるなかで、ガーニーは次のように述べている。

精神的暗示によって、彼〔リシェ〕がまさしく示したのは、わたしたちが思考伝達と呼んでいること——認識されている感覚の経路を通過するのとは別の仕方による、一方の精神から他方の精神への観念の伝達——である。[170]

テレパシー理論を確立しようとしていたSPRにとって、いまや目を向けるべきは国内ではなく、リシェのような開かれた姿勢で未知の領域を探索していたフランスの研究であることは明白だった。なぜなら、人間の精神に対する当時のイギリスでの研究は、科学的自然主義に寄り添った生理学的心理学、すなわち、精神の働きをすべて生理学的な作用に還元して説明する方向をめざしていたからだ。[171]当然のことながら、そこには精神同士のあいだで起こるテレパシーの存在を許す余地などなかった。

件《くだん》のリシェによる論文の翌年、一八八五年の八月から九月にかけて、ガーニー、そしてフレデリックとアーサーのマイヤーズ兄弟は、パリとナンシーを訪問した。そして同年十月二十九日の第一七回目のSPR総会の場で、フレデリック・マイヤーズは、フランスで目にしてきた実験結果をもとにして書いた「ヒプノティックな暗示における人間のパーソナリティ」と題した論文を読み上げた。[172]

また、その同年、フランスのル・アーブル高校《リセ》の哲学教授ピエール・ジャネと同地の医師ジョゼフ・ジベールが九月二十四日から十月十四日にかけておこなった実験の結果が、十一月三十日にパリの生理学的心理学会で公表された（生理学的心理学会は、前述のシャルル・リシェを中心に一八八五年に設立された）。ジャネがまとめたその実験結果の論文には、距離の離れた場所から被験者をヒプノタイズすることに成功したことが述べられていた。まさしくその事例は自分たちが確証を求めているテレパシー理論と重要な関係を持っているのではないか。SPRにそう受け止められたことは言うまでもない。
翌年の一八八六年四月二十日から二十四日、マイヤーズ兄弟は、ジャネの実験を観察するためにル・アーブルへと足を運んだ。そして同年のＳＰＲの紀要で、そのときの実験の詳細がふたたびフレデリック・マイヤーズによって報告された。マイヤーズは次のように述べている。

この事例における最も驚くべき特徴は、遠隔睡眠、あるいは、仮にそれをわたしが名付けるとするなら、テレパシー的ヒプノティズム——すなわち、被験者から離れた場所にいる人の意志あるいは精神的暗示による眠りやその他のヒプノティックな現象の発生——だった[173]。

マイヤーズが目撃したジャネの実験は、たしかに驚異的だった。操作者のジベールは、精神的な暗示、すなわちヒプノタイズするための言葉の暗示なしに、単にそれを意志するだけで、被験者をヒプノタイズした。そればかりか、操作者と被験者が同じ部屋にいる場合だけでなく、隣接した部屋、さらには一マイルの遠距離にいる場合ですら、被験者はヒプノタイズされた。マイヤーズはこうしたジャネの実験結果を詳細に伝えるなかで、同時に従来のメスメリストたちの流体論が、テレパシー的ヒプノティズムのメカニズムに対する説明として不適当だと断言した[174]。こうしていまや物理学的モデルを完全に排除したマイヤーズにとって、「テレパシー的ヒプノティズム」の探究は、科学的自然主義自体への積極的な挑戦を意味することになった。マイヤーズは次のようにも述べている。それは「精神と物質に関する明瞭に定義された区別」に本質的な見直しを迫るものであり、「身体＝精神の共存関係に関するわたしたちの概念を拡張することを余儀なくさせる[175]」。
このマイヤーズが示唆した方向性は、先ほども述べたように、イギリスの生理学的心理学の傾向とはけっして相容れるものではなかった。だが、身体の生理学に還元されることのない独立した精神機能の存在へのマイヤーズの着目自体（仮に今日から見て、テレパシー的ヒプノティズムという概念が突飛なものに思われたとしても）は、十九世紀末のジャネからジークムント・フロイトに至る人間の意識下の領域に焦点を当てた精神力動的な心理学の流れと、むしろ歩調を合わせていた[176]。

前述の一八八六年四月二十日から二十四日にマイヤーズ兄弟が訪れたジャネの実験には、ポーランド出身の心理学者ジュリアン・オホロヴィッチも参加していた。その後、オホロヴィッチもまたジャネの実験と同様、遠隔によるヒプノティズムの実験結果で出た作用を確信し、翌年、シャルル・リシェによる序文が付された『精神的暗示』をパリで出版した[177]。かくして精神間の遠隔作用に関する問題は、単にSPRでの思考伝達実験やテレパシー理論にとどまらず、一八八〇年代後半のフランスでのヒプノティズムに関する実験のなかでも、けっして無視できない問題となっていった。

国際生理学的心理学会議

こうした状況を踏まえてみると、一八八九年にパリで開催された国際生理学的心理学会議において、ガーニーの遺志を継ぐべくSPRが提案した幻の体験に関する統計的調査が、議題のひとつに取り上げられたこともけっして不思議ではない。

そもそも国際的な心理学の会議に関する最初の企画を提案したのは、前述のオホロヴィッチだった。一八八一年、オホロヴィッチは、のちにコレージュ・ド・フランスの実験心理学と比較心理学教授となるテオデュール＝アルマン・リボーの編集する『哲学評論』誌に「国際心理学会議のための企画」と題した記事を書いた。まさしくこれこそが国際生理学的心理学会議の実現に向かう最初の呼びかけになった。その後、フランスの生理学的心理学会によって会議の準備は進められ、一八八九年、ちょうどフランス革命一〇〇周年と重ねられたパリの万国博覧会の最中の八月六日から十日にかけて、第一回目の国際生理学的心理学会議が開催されることになった[178]。

本会議の議長として選出されたのは、先に紹介したルイ＝マルタン・シャルコーだった。副議長は前述のテオデュール＝アルマン・リボーに加え、パリのサンタンヌ病院の精神科医ヴァランタン・マニャンと批評家・文学史家として著名なイポリット・テーヌの三人、事務局長はシャルル・リシェが務めた。リシェの誘いにより、SPRからはシジウィック夫妻、マイヤーズ兄弟を含めた六名が参加。ASPRからもウィリアム・ジェイムズ、ウィスコンシン大学の心理学教授ジョセフ・ジャストロー、今回の博覧会のアメリカ使節でもあり、昆虫学者として有名なチャールズ・ヴァレンタイン・ライリーが参加した。会議には、フランス、イギリス、アメリカからだけではなく、ドイツ、ロシア、オーストリア、ベルギー、ブラジル、チリ、オランダ、イタリア、メキシコ、ルーマニア、スウェーデン、スイスなど、さまざまな国から研究者たちが集まった。

初日の開会挨拶は、議長のシャルコーが不参加になったため、副議長のリボーが代役を務めた。さらにシャルル・リシェによって、会議で取り上げられる議題の概略が示された。当初、会議は「幻覚」「遺伝」「ヒプノティズム」「筋感覚」という四つの分科会に分けられていたが、会議の進行の過程において、「色のついた聴覚」（今日では「共感覚」と呼ばれる音の認識に色がともなう現象）に関する議題が新たに追加され、五つの分科会となった。[179] ここでは、なかでもSPRの研究と直接的に関連すると思われる「幻覚」と「ヒプノティズム」の分科会での議論を取り上げたい。

幻覚分科会の議長はシジウィックだった。そして七日の同分科会においては、『生者の幻』としてSPRが発表した幻の研究の線上で、さらなる統計的調査を進め、その問題を解決することが同意された。同じく七日に開催されたヒプノティズム分科会では、ヒプノティックな現象に関連する用語の定義をめぐる議論のなかで、とくに「動物磁気」と「ヒプノティズム」のあいだに明確な線を引くべきであることが合意された。こうして「動物磁気」という語が「かつての誤解にもとづく用語」とされ、正確な議論のなかで用いるには不適切なものとして棄却された。[180]

八日のヒプノティズム分科会では、マイヤーズが通常の暗示だけでは説明できないヒプノティズムにともなう現象が存在することの証拠として、SPRのメスメリズム委員会でおこなわれた実験結果を伝えた。この実験では、ジョージ・アルバート・スミス（本章の最初のほうで見た思考伝達実験の受信者として驚くべき結果を残した人物）がヒプノタイザーを務め、ブライトンのフレッド・ウェルズという少年が被験者になった[181]。実験の観察者たちから、なんらかの情報が読み取られることを遮断するため、ウェルズはスクリーンで隔てられた場所に座らされた。そしてウェルズの手だけが、スクリーンの開口部を通して観察者たちの側のテーブルの上に広げられた。実験のあいだはいっさいの直接的な接触も会話も許されなかった。スミスの手は被験者のひとつの指の二・五センチメートルないしそれより少し離れた場所に置かれた。同時に、まったく同じやりかたで、別の観察者の手も、被験者の他の指の上に置かれた。その結果、ほとんどすべての場合で、スミスの手が近くに置かれている指のみに知覚麻痺と硬直が作り出された。メスメリズム委員会からすると、暗示の影響を遮断したうえでのこの実験結果は、未知の方法によってヒプノタイザーから被験者に与えられる影響の存在を示唆していると考えられた。だが、それに対してリエージュ大学（ベルギー）の心理学者ジョゼフ・デルブーフらは、それをヒプノタイズされた被験者によく見られる知覚過敏、すなわち通常よりも触覚が高められた状態が、その原因ではないかと反論した。また、暗示なのか、それともそれ以外に遠隔でなんらかの未知の影響が伝達されているのかという問題に関しては、引き続き九日のヒプノティズム分科会でも話題になった。オホロヴィッチは幼児や動物に対してもヒプノタイズが可能であるとの実験結果を例にあげ、ヒプノティズムの現象を暗示だけで説明することは不可能だと主張した[182]。

さらに十日のヒプノティズム分科会では、シャルコーを中心とするサルペトリエール学派とベルネームを中心とするナンシー学派のあいだの論争が話題になった。前にも述べたように、サルペトリエールの重鎮シャルコーは、ヒプノティズムをフランスの医学界で研究すべき正当な課題として認めさせるのに貢献した人物だった。当初からシャルコーは、彼の専門であるヒステリー患者の治療という文脈でヒプノティズム研究を開始していたため、ヒステリー性癲癇《てんかん》患者をヒプノタイズされる人間の典型だと考えていた。それに対して、ベルネームを中心とするナンシー学派は、ヒプノティズムを病理学的な症状との関連から切り離し、精神的に健康な人間においてもふつうに起こり得る現象だとする立場を取った。同分科会において、ピエール・ジャネがサルペトリエール学派の立場を擁護したとはいえ、全体的な同意はナンシー学派の見解に傾いていたのは明白だった。同年の『マインド』誌で、国際生理学的心理学会議の全体の概要を報告したウィリアム・ジェイムズは、ナンシー学派の支持者たちが「明らかに多数を占めていた」こと、そしてサルペトリエール学派のヒプノティズムの理論が参加者たちにとっては「もはや過去のものに思われた」ことを伝えている。[183]

最終日の夜、万博の美しいイルミネーションの下、エッフェル塔の麓《ふもと》のレストランで催された閉会の祝宴とともに国際生理学的心理学会議は幕を閉じた。今回の国際会議は、「国際実験心理学会議」に名称を変更し、一八九二年八月初旬、ロンドンで第二回目が開催されることが決定された。SPRにとってはとても喜ばしいことに、次回の議長にはシジウィック、第一書記にはマイヤーズが選出された。しかも幻覚統計調査は、次回までのあいだに新たな事例の収集を進めたうえで、三年後の国際会議においてふたたび論じられる課題として選ばれた。パリの国際会議は、まちがいなくシジウィック夫妻やマイヤーズにとって大きな収穫だった。各国の研究者たちとの緊密なネットワークの形成ばかりか、ガーニーが求めていた大規模な幻覚統計調査という研究課題をその真只中に投じることで、いよいよその実現に向かって大きく踏み出していくことになった。

ウィリアム・ジェイムズは、かつてASPRの会長サイモン・ニューカムやスタンリー・ホールの批判に抗《あらが》うなか、一八八七年一月七日の『サイエンス』誌において、『生者の幻』を擁護するべく次のように書いていた。

彼ら以前においては、科学的な精神の持ち主たちの注意を引き寄せるに足ることもなく、いい加減に扱われていたものを、著者たちは無視することが不可能な問題として提示した。控えめに言っても、彼らは、無効か確証かどちらかになる統計的調査を必要とする仮説を提出したのだ。同時に彼らは、さらなる統計的調査をやりやすいものとした。というのも、彼らの著書によって、これまでプライベートなままにとどまっていたごく最近の幻覚の事例（真実のものも偶然のものも両方）の記録や公表が大規模に促進されることは確実だからだ。その結果、あと四半世紀もあれば、その問題はほぼまちがいなく決着がつくだろう。[184]

幻覚の統計調査が国際的な心理学会議の舞台に提出されたいま、このジェイムズによって二年前に述べられた言葉が予見していた方向へと、事態は動きはじめていた。

本章では、スピリチュアリズムから距離を置いたSPRが、エグリントンのスレート・ライティングをめぐる問題を転回点として、一八八〇年代末に至るまでのあいだ、テレパシー仮説に対する確信を深めながら、その理論を洗練させていく過程を見てきた。また、それはガーニーとマイヤーズが中心となり、同時代のフランスのヒプノティズムの研究の進展と歩調を合わせることで、サイキカル・リサーチの科学的な正当性を確立しようとする試みでもあった。さらに、十九世紀末に差し掛かり、人間の意識下に注目が集まっていくなかで、そこから生まれてきた心理学の理論とSPRが対象とする問題領域が密接に絡み合っていく。その結果については、最終章で触れる。その前に次章では、ついにスピリチュアリズム・ムーヴメントの終焉ともいうべき事態を迎える、一八八〇年代後半の状況を見ていきたい。

第10章

終焉
スピリチュアリズムを死に至らしめる一撃

第一級ミディアムの死

一八八六年六月二十一日、ダニエル・ダングラス・ヒュームがこの世を去った。ちょうどウィリアム・エグリントンのスレート・ライティングをめぐる論争によってSPR内部で緊張が高まっていたころであり、そしてSPRの研究の集大成『生者の幻』が出版された年のことだった。

結核による苦しみのなか、ヒュームは妻に見守られながらこの世の生を終えた。五十三歳だった。本人の望みで、幼くして亡くなった娘が眠るフランスのサン＝ジェルマン＝アン＝レーにある墓地に埋葬された。のちにヒュームの妻は、あの世へ旅立つ間際の夫を、まさしく偉大なるミディアムの最期にふさわしい姿として次のように記している。

最後の三日間、わたしたちにとっての地上での生活がすべて終わりとなることを、ふたりともわかっていた。彼は最期まで意識を保っていた。そして諦念――えも言われぬ諦念が、彼の顔に浮かんできた。それと同時に、肉体に霊をつなぎとめている細い糸がゆっくりと離れていった。〔中略〕彼は神の偉大なる善性、また天界の友人たちに関して多くのことをわたしに語ってくれた。それらの人々は彼のまわりにいた。彼はそれらの人々を見て、それらの人々の名前を呼び、喜びとともにそれらの人々へ向かって両手を伸ばした。死は痛みなしにやって来るだろうと彼が予言したとおり、苦しみがやみ、死が訪れた。こうした最後の数時間、彼はすでにこの世にいなかったように思われた。物質的なものすべてから解放された魂は、至高の存在、そして永遠の命との結合をすでに期待していたかのようだった。彼にとってそれは夢でも希望でもなく、この人生、すなわち地上での彼の人生によって、みずから準備してきたことだった。そしていまやこの気高く静穏なる死の瞬間、痛むこともなく、霊と肉体の最後の結合が穏やかにゆっくりと離れていくなか、彼は自分の前に輝かしく広がったそれを見たのである。[1]

ヒュームは本物のミディアムだったのか、それとも飛び抜けた奇術の技能を持った詐欺師だったのか？　一八五〇年代から七〇年代はじめにかけて、ヨーロッパを駆けめぐり、各地のセレブリティたちの祝福を受け、栄光と名声を一身に受けたミディアムは、いまだ解かれることのない謎を残したままこの世を去った。もちろん、ヒュームを本物のミディアムだと信じるのであれば、そこに謎などない。それは霊の力なのだから。しかし懐疑論者がヒュームの能力を詐欺だとするならば、いかにしてその謎の現象が引き起こされたのか、その未解明のトリックが残ることは確かである。

その真実がどうであれ、今日から振り返ってみれば、この第一級のミディアムの死は、スピリチュアリストたちにとっての受難の時代の幕開けを象徴するかのように思われる。というのも、あたかもヒュームの死がきっかけになったかのように、翌年の一八八七年から一八八八年にかけて、スピリチュアリズムへの否定的な材料が次から次へと押し寄せてくるからだ。

まず最初にやって来たものは、ペンシルベニア大学の教授たちを中心に発足したスピリチュアリズムの調査委員会が提出した、ミディアムたちについての調査結果だった。

セイバート委員会

一八八四年秋、ウィリアム・バレットが大西洋を渡り、アメリカでの本格的なサイキカル・リサーチのための組織としてＡＳＰＲの発足をうながしたことは前章で見たとおりである。ちょうどその少し前、ＡＳＰＲとはまったく別のところで、ペンシルベニア大学の教授陣を中心としたメンバーからなる「セイバート委員会」が、アメリカでのスピリチュアリズムの本格的な調査に向かって動きはじめていた。

一八八四年の春から一八八七年の春にかけて実施された彼らによる調査の結果は、一八八七年五月に「現代のスピリチュアリズムを調査するためのセイバート委員会の予備報告」と題され、公表された。ロンドンのSPRがミディアムを直接対象とした調査に重きを置かなかったのに対して、セイバート委員会は積極的に交霊会に参加し、そこでの現象の真偽を見極めるというかたちで調査を進めていった。では、セイバート委員会は、いかなる結論に到達したのか。ミディアムシップの問題がふたたび中心となる本章の幕開けとして、まずはその調査の模様を追ってみたい。

そもそもセイバート委員会は、SPRやASPRのようにメンバーが自発的に集まって作られたわけではなかった。それは、生前に熱心なスピリチュアリストだったフィラデルフィアの資産家ヘンリー・セイバートが、ペンシルベニア大学に対して道徳哲学の教授職を設置するためにと六万ドルを寄付するとともに、「真実を表明していると思われるすべての道徳、宗教、哲学の体系、とくに現代のスピリチュアリズム」の真実を明らかにするための調査を委任したことがきっかけとなった。[2] 結果として、セイバート委員会という名称の下、ペンシルベニア大学の教授陣を中心としたスピリチュアリズム調査団が設立された。

メンバーは以下のとおり。ペンシルベニア大学学長であり医師のウィリアム・ペッパー、古生物学者ジョゼフ・ライディ、鉱物学者ジョージ・A・ケイニッグ、社会学者ロバート・エリス・トンプソン、哲学者ジョージ・S・フラートン（フラートンはASPRの第一期メンバーでもある）、シェイクスピアの研究者ホーレス・ハワード・ファーネス、工学者で数学者のコールマン・セラーズ、歯科医ジェイムズ・W・ホワイト、医師カルヴィン・B・ネア、医師サイラス・ウィアー・ミッチェル。さらに、調査対象とすべき現象の選択やミディアムを手配するため、故セイバートの友人でありスピリチュアリストのトーマス・ハザードも加わった。[3]

セイバート委員会の報告書に目を通してみると、まず調査に協力的なミディアムを見つけること自体に苦労していたことがわかる。委員会は調査に応じるミディアムを探すため、一八八五年三月にシカゴの『宗教哲学ジャーナル』、ボストンの『バナー・オブ・ライト』、フィラデルフィアの日刊紙『パブリック・レッジャー』に募集広告を掲載したが、ミディアムからの反応はたった三通しか来なかった。[4]結局、プライベート・ミディアムの協力を得ることはままならず、プロフェッショナルのミディアムを調査対象とせざるを得なかった。

だが、プロフェッショナルのミディアムを選出する際にも、別の問題が立ち上がった。それはなんらかの詐欺の疑いを受けることなく、すべてのスピリチュアリストたちに受け入れられているプロフェッショナルのミディアムの数がきわめて少ないという事実だった。また、その数少ないミディアムのなかには、調査に応じる姿勢を見せつつも、セイバート委員会に対して法外な要求を突きつける者もいた。たとえば、霊の写真を写すことのできるスピリチュアル・フォトグラファーとして当地で名を知られていたウィリアム・M・キーラーは、三回の交霊会に対して計三〇〇ドルもの報酬とともに、「暗い部屋」と「自分専用の装置」を使用すること、さらに「その信念に共鳴できない人々が作り出し得る敵対的な要素を調和に導くため」に、必要とあらば、交霊会に参加する委員会のメンバーと同数の人を、自分の側も招待する権利を持つことを要求した。ちなみにキーラーが通常の交霊会で徴収する額は一回あたり二ドルだった。このことからすると、委員会に対してキーラーが要求した三〇〇ドルがいかに法外な金額だったかがわかるだろう。結局、キーラーとの交霊会は実現されなかったが、セイバート委員会は苛立ちとともに、霊の写真に関する調査を次のように述べて切り捨てている。[5]

ミディアムが要求した「条件」では、どんな調査をしようと単なる時間の浪費となるだろう。そのうえ、交換条件としての報酬は先述のとおりひどく高額で、委員会の前での交霊会に乗り気ではないことを示唆している。昨今の「合成写真」技術があれば初心者ですら簡単に得られる結果のため、それを霊が原因だと主張することは、子供じみているどころか愚かである。[6]

結果として、セイバート委員会の調査対象として最初に選ばれたのは、スレート・ライティングを得意とするフィラデルフィアの女性ミディアム、S・E・パターソンだった。だが二度の交霊会で、セイバート委員会のメンバーが辛抱強く見守ったものの、パターソンの能力はなんら発揮されず、スレート上に霊からのメッセージが現れることはなかった。[7]

さらにセイバート委員会は、同じくスレート・ライティングの達人ヘンリー・スレイドの調査にも乗り出した。スレイドは第8章で見たように、ダニエル・ダングラス・ヒュームの再来とも称されるほど一世を風靡したミディアムである。だが、その彼のスレート・ライティングの妙技も、セイバート委員会の観察下では、「無邪気で素直な人々」を欺く「手品の初歩的なトリック」でしかなかった。参加者の注意をそらし、あらかじめメッセージを書いてあった別のスレートと取り換えるか、そうでなければミディアム本人がスレートを膝の上に置いているあいだに、自分でメッセージを密かに殴り書きする。それが数度の交霊会のあと、スレイドの手口としてセイバート委員会がたどりついた結論だった。[8]

また、セイバート委員会はスレート・ライティングに関して、SPRのエレノア・シジウィックとリチャード・ホジソンが提出したのと同様の見解、すなわち人間の観察力の不完全性という観点から、支持者たちによる驚異の報告を「不正確かつ不十分」だとし、そのまま受け入れることはとうていできないと述べている。その理由として、まずセイバート委員会が指摘したのは「観察者の精神状態」だった。もし観察者が「深く心を動かされている」ならば、その説明は不完全なものとなり、その全体にわたる細部の描写はまちがいなく歪められる。さらにもうひとつの理由として、できごとの詳細を正確に記録することの困難さを指摘する。「どんなありきたりな日常のできごとでも、完全な記録を取ることがむずかしい」ことを考慮すると、それが驚異的な体験であれば、「そのむずかしさは著しく増加することだろう」。そしてセイバート委員会は、奇術とミディアムシップを並列させることで、交霊会における参加者の観察がいかに不十分なものとなり得るかを強調する。奇術師のトリックに関して、十全な説明を与えることはできるだろうか。それができないのだとすれば、奇術師のトリックに欺かれてしまうのと同様の事態が、スピリチュアリズムの驚くべき現象のほとんどの事例において起こっていることと仮定することのほうが合理的だ。そもそもスレート・ライティングに関して言えば、ミディアムによるパフォーマンスと同様の結果は、奇術師によっても実現可能だ。もちろん、スレート・ライティングのすべてが詐欺かどうかは意見の分かれるところだろう。だが、「わたしたちの前に来たすべての事例が、霊的な現象ではないということに関しては、委員会によって満場一致で到達した確信である」とセイバート委員会は述べている。[9]

実際にセイバート委員会は、プロのマジシャンのハリー・ケラーを招き、スレート・ライティングを実演する疑似交霊会も試みている。ケラーといえば、一八八二年にウィリアム・エグリントンのスレート・ライティングを前に、事実上の敗北宣言をしたはずだが、今回はセイバート委員会のメンバーを前に、みごとなパフォーマンスを披露したようだ。セイバート委員会によれば、ケラーのスレート・ライティングは、スレイドが見せたそれよりも、さらに驚くべき出来映えだった。セイバート委員会はケラーが披露したスレート・ライティングの模様を次のように述べている。

白昼のなか、両面ともまっさらなスレートは、小さなスレート・ペンシルのかけらとともに、わたしたちがそのまわりに座っている小さなふつうのテーブルのリーフ〔テーブル・トップの蝶番で動く部分〕の下に置かれた。手品師の右手の指は、リーフの下面に対してスレートをしっかりと押さえつけた。一方で、その親指はテーブルのリーフをはさんだ状態で上から力を加え、はっきり見える状態に置かれた。わたしたちの目はほんの一瞬たりとも、その親指から目を離してはいない。それはけっして動かなかった。それにもかかわらず、数分のうちにスレートが両面を文字で覆われる結果となった。それはフランス語、スペイン語、オランダ語、中国語、日本語、グジャラート語で書かれ、そして最後にドイツ語で、「わたしは霊である。そしてわがラガービールを愛するものである（Ich bin ein Geist, und liebe mein Lagerbier）」というメッセージが記されていた。[10]

ミディアムを凌ぐケラーの卓越したスレート・ライティングは、SPRのS・J・デイヴィーが見せた実演と同じく、セイバート委員会のメンバーにとっては、交霊会での驚異の現象の信憑性を疑わせるのに十分だった。

さらに同委員会は、かつてスレイドとの実験の結果から、その能力を本物だと断定する結果を発表したライプツィヒ大学のヨハン・カール・フリードリヒ・ツェルナーの実験に対する再検証もおこなっている。イギリスでの裁判のあと、ツェルナーとの実験の成功は、スレイドの名声の起死回生の原動力となった。セイバート委員会が、今回あらためてその実験を俎上に載せたのは、それから一〇年後のことだった。

調査は当時の関係者へのインタビューというかたちでおこなわれた。一八八六年の六月と七月、委員会のジョージ・S・フラートンは直接ドイツに赴き、当時ツェルナーの実験に参加した大御所学者たちの自宅を訪問した。ツェルナー自身はすでに一八八二年に亡くなってしまっていたが、ヴィルヘルム・ヴント、グスタフ・テオドール・フェヒナー、ヴィルヘルム・シャイブナー、ヴィルヘルム・エドゥアルト・ヴェーバーは、いまだ存命だった。フラートンは個々それぞれに対する事情聴取を試みた結果から、当時の状況に関して、いくつかのことを明らかにしていった。そのおおよそのところをまとめると、次のようになる。ヴェーバーをのぞくヴント、フェヒナー、シャイブナーの主張によれば、老齢のツェルナーはそのころから精神異常の兆候があった。また、すでにツェルナーは、強く信じていた四次元世界に関する自分の仮説の確証となる実験結果を切望していた。フェヒナーは白内障を患っていたため現象を観察するための能力が不適切であり、ツェルナーによる現象の観察を信頼していた。シャイブナーも近視で、十分な観察ができなかった。さらに彼らの四人の誰も、この種のミディアムの実験についての問題を、それ以前に熟知していなかった。そのため詐欺がおこなわれる可能性を真剣に考慮しなかった。また、誰もが奇術のトリックに関する知識に関しては皆無であった。フラートンは、こうしたことから次のように結論づけている。「これらすべての状況を考慮すると、わたしにとって、この有名な調査はいくぶん新たな光の下に置かれるように思われる。そして、ツェルナーの証言のどんな評価であれ、この種の研究に対する彼と彼の協力者たちの不適格さに注意が払われることなく、彼らの科学の分野での名声のみに基づいているため、公正で真実の評価にはなり得ない」[11]
セイバート委員会が調査対象としたミディアムシップは、もちろんスレート・ライティングだけではなかった。たとえば、霊の右手を物質化することを得意とするピエール・L・O・A・キーラー（前述の調査を断念したスピリチュアル・フォトグラファー、ウィリアム・M・キーラーの兄弟）をはじめ、さまざまな能力を発揮する数人のミディアムを調査対象とした。そのなかでも、キーラー、ロザメルとパウエル、モード・E・ロードに関しては、トリック以上のものを見出すには至らなかったことがはっきりと述べられている。[12]
また、セイバート委員会はスピリチュアリズム・ムーヴメントの原点になった、あのフォックス姉妹のマギーを対象とした霊のラッピングの調査にも乗り出している。実験はマギーが四つのガラスのタンブラーの上に乗った――左右それぞれの靴のつま先と踵がそれぞれのタンブラーの上に置かれた――状態でおこなわれた。実験中、たしかにラップ音は、幾度となくはっきりと聞こえてきた。セイバート委員会は、マギーが体のどこかを用いて鳴らしている音だという疑念を捨て去れなかった。だが、最終的にマギーとの実験は、結論の出ないまま打ち切らざるを得なかった。というのも二回目の交霊会のあと、健康状態がすぐれないという理由でマギーが辞退したので、実験は中断せざるを得なかったからだ。明確な結論を断定することは差し控えながらも、その原因を霊ではなく、マギー自身の肉体によって作られているものとの疑いを保持しながら、セイバート委員会は次のように述べている。

「霊のラップ音」という主題に対して、わたしたちの調査は、目下、なんらかの肯定的な結論を提出することにおいて、正当な根拠とできるほど十分におこなわれてはいない。霊的現象のこの様態の調査に乗り出す困難さは、生理学者にはよく知られていることだが、自発的な筋肉の動きによって人間の体のほとんどすべての場所で、多様な強度の音が作り出される可能性にある。筋肉の活動の正確な位置を測定することは、ときにデリカシーに関わる問題となる。[13]

「デリカシーに関わる問題」と述べるセイバート委員会の発言からは、かつて若き日のフォックス姉妹に対して身体検査が実施された際にもそうだったように、女性ミディアムへの精査がときとして陥らざるを得ない困難が窺える。

今回の調査全体を通して、セイバート委員会は、確かな肯定的結果をまったく見出せなかったにもかかわらず、交霊会での現象が霊の現れだとみなすスピリチュアリストたちの見解に対して、最終的に完全な否定を明言したわけではない。むしろ穏当にも、委員会は次のように述べている。「わたしたちはこの報告書が予備的なものであり、この部門のなかでの自分たちの調査を完全に終了したものとは考えていないこと、むしろ有益な証拠が現れるときは、いつでも調査を継続する準備を保持していることを、全関係者に留意していただけるよう求める」[14]とはいえ、全体的な報告書の口調を見れば、セイバート委員会メンバーたちの内心は、スピリチュアリズムの真実性をほぼ全面的に却下する方向に傾いていたことは明らかだった。

当然のことながら、委員会の否定的な報告は、熱心なスピリチュアリストたちに強い反感を掻き立てた。セイバートの友人で、今回の調査に協力したトーマス・ハザードも、そもそもの委員会のやりかたが、調査の初期段階から故ヘンリー・セイバートの求めた公正な調査からはほど遠いという大きな不満を持ち続けていた。[15]また、スピリチュアリストたちが調査者に抱いた典型的な不満は、同年の『ライト』誌に掲載された寄稿のなかの次のような発言に表れている。この種の「困難をともなう不明瞭な現象」を調査するためには、「適切に準備された交霊会で、長く忍耐強い実験が必須条件であること」をセイバート委員会はわかっていない。「個人的な実験を続ける前に、ミディアムシップのさまざまな特徴に関するスピリチュアリズムの文献を研究してもらいたい」。すなわち、交霊会を成功させるために必要となる知識をまったく持ち合わせていない者たちがいくら調査しても、そのやりかたでは否定的な結果となって当然である。こうした主張は、当時のスピリチュアリズムの定期刊行物を見ると、擁護者たちが弁明の際に頻繁に用い続ける言いまわしの基本パターンだということがわかる。[16]

セイバート委員会の否定的な調査結果の公表は、その資金の贈与者である故ヘンリー・セイバートが熱心なスピリチュアリストであり、その真実性を希求していたがゆえの遺言であったことからすれば、なんとも皮肉な結果だった。翌年の一八八八年に出版された、スピリチュアリストのアルモン・ベンソン・リッチモンドによる著書『わたしがカッサダガ湖で見たこと――セイバート委員会の報告に関する論評（*What I Saw at Cassadaga Lake: A Review of the Seybert Commissioners' Report*）』では、今回の調査が故ヘンリー・セイバートの求めていたことに反しているという非難が次のように述べられている。

遺産贈与者が彼の六万ドルの返礼として求めたことのすべては、調査を徹底して偏見のないものとしなければならないということだった。では、はたしてそういう調査であっただろうか？〔中略〕彼らはやり遂げたのだろうか？ 遺産贈与の求めるものに彼らは従ってきただろうか？ もし彼らがそうしていないのだとしたら、彼らの義務はいまだ終わっていない。〔中略〕ヘンリー・セイバートが胸のうちに抱いていた信念への不人情な冷笑や嘲りは、気前のいい贈与に見合わない恥知らずな返答である。[17]

「予備的報告」と題されたことからもわかるように、そもそも今回の報告はさらなる調査への足がかりであることを仄《ほの》めかしていた。だが、リッチモンドのようなスピリチュアリストたちが望んだ「徹底して偏見のない」さらなる調査が、以後、セイバート委員会によって実施されることはなかった。事実上、セイバート委員会による調査は、今回の「予備的報告」が最初で最後となった。

こうした今回のセイバート委員会の調査結果がスピリチュアリストにとってどれほど苦々しいものであったとしても、その翌年に起こったできごとと比べればささいなものだったと言えよう。一八八八年秋、近代スピリチュアリズム史上、最も衝撃的なできごとが彼らを襲った。

スピリチュアリズムを死に至らしめる打撃

ムーヴメントの出発点をフォックス姉妹の周囲で起こったラップ音とするなら、すべては詐欺からはじまったのかと問わずにはいられない記事が、一八八八年九月二十四日の『ニューヨーク・ヘラルド』紙に掲載された。「神はそれを命じていない。霊たちはけっして戻ることはない、と世に知られたミディアムが語る」と題されたそれは、いまや五十代半ばを迎えていたマギー・フォックスが同紙の記者に語ったみずからの詐欺の告白だった。

そうよ、わたしはスピリチュアリズムを、その根本から暴露しようとしているの。何年ものあいだ、ずっとこの考えが頭のなかから離れなかったけど、どうしても決心がつかなかった。四六時中、そのことばかり考えていたわ。自分がやっていたことに嫌気がさしたの。わたしに交霊会を求める人たちによく言ったものよ。「あなたがたは、わたしを地獄へ追いやろうとしているのよ」って。交霊会の翌日には、良心の呵責《かしゃく》をワインで紛らわしていたわ。ミディアムであり続けるには、わたしはあまりにも真面目すぎだったのね。だからよ、交霊会をやめたのは。

スピリチュアリズムが最初にはじまったとき、ケイトとわたしは小さな子供で、大人だった姉が、わたしたちを彼女の道具にした。母は単純で、熱狂的な人だった。わたしが彼女のことをそう言うのは、彼女には偽りがなかったからよ。こういったことを信じていたわ。

「大人だった姉が、わたしたちを彼女の道具にした」。そう述べるマギーの言葉からは、スピリチュアリズムの詐欺の暴露を決意した彼女の心を、長女リアへの強い憎しみと復讐心があふれんばかりに満たしていたことが伝わってくる。さらにマギーは、リアに対して次のような激しい悪態すらついている。「彼女はわたしの最悪の敵よ。憎んでいるわ。なんてことかしら！　彼女に毒を盛ってやりたいけど、そんなことはしない。言葉で彼女を殴ることにするわ」

また、マギーはインタビューのあいだに、記者の前でみごとにラップ音を引き起こしてみせたようだ。同記事には、そのときのようすが次のように記されている。「わたしは最初、自分の足元の近くの床の下にラップ音を聞いた。次にわたしが座っていた椅子の下に、さらにテーブルの下にラップ音が鳴った。彼女がわたしをドアに連れていったが、そのドアの反対側に同じ音を聞いた。次に彼女がピアノの椅子に座ったとき、ピアノの脚が大きな音で鳴り響き、またコツ、コツという音がピアノの内部の至るところで鳴り響いた」[18]

今回のマギーの告白が、スピリチュアリストやミディアムたちをどれほど狼狽させたかは想像に難《かた》くない。九月二十五日の『ニューヨーク・ヘラルド』は、そのようすを次のように伝えている。

ミディアムの何人かは、マーガレット《ママ》・フォックス・ケインの決意を読んだとき、我が目を疑ったと述べ、また「彼女が正気だったのなら、そんなことはできなかったはずだ」と満場一致で主張した。そして彼女が過度の酒浸りだったことから、彼女の言葉は信用できないと仄《ほの》めかした[19]〔マギー（＝マーガレッタ）に付されている「ケイン」は一八五六年にマギーが結婚した冒険家エリシャ・ケント・ケインの姓。ケインは一八五七年に死去している〕。

さらに九月三十日の同紙には、実際のスピリチュアリストたちの反応を伝えるべく、ニューヨーク・サークルのミディアムであるE・A・ウェルズと、ボストンのミディアムであるヘレン・フェアチャイルドのインタビューが掲載された。そこでウェルズ夫人は、「もし彼女が言うように、足でそのような騒音を作れるのなら、それらがときに部屋の天井から聞こえたなんてことが信じられますか？　いいえ、その本質が腹話術と同じだと述べることは説明になどなりません。彼女が詐欺によってラップ音を作り出していたと熱心なスピリチュアリストを納得させることなんて、けっして、絶対にできません」とマギーを擁護したうえで次のように述べている。「彼女が詐欺を暴露できるなんてわたしには信じられません。ただし、詐欺は存在します。もちろん、そのときは、露呈させるにまかせておけばいいのです。それは早ければ早いほどいいでしょう。わたしに関して言えば詐欺などありません。それは本当に確かなことです。〔中略〕あなたに言っておきたいことがあります！　わたしはフォックス姉妹がひどいアルコール中毒だと聞いています。それがどの程度まで真実かはわかりません。ただ、このたびの暴露に関する彼女の言葉は信じられません」

　ところで、マギーから敵意を向けられた姉のリアは、今回の暴露に対して、どのように反応したのだろうか。同日の同紙には、リアに代わって夫のダニエル・アンダーヒルのインタビューも掲載されている。

彼女〔マギー〕が正気だとは思えません。わたしはこれまで彼女のことを支えてきたのですが、ひどい仕打ちが返ってきましたので、もう彼女をあきらめていますし、今後も彼女を助けるつもりはありません。彼女は講演をすると言っています。ですよね？　でも講演なんて無理だと思います。そんな能力はないのです。[20]

マギーがスピリチュアリズムを放棄し、みずからの詐欺を暴露したニュースはアメリカ全土に伝わり、スピリチュアリスト、反スピリチュアリストの双方に激震が走った。アメリカ各地の新聞が『ニューヨーク・ヘラルド』で公表されたマギーの告白を取り上げると、今回の件に対してマギーからの回答を要求する手紙が押し寄せてきた。手紙の多くは、長年にわたってスピリチュアリズムを信奉していた人々によるものだった。たとえば十月二日のE・F・ブネルという人物からの手紙には、マギーに対する切実な訴えが次のように記されている。

スピリチュアリズムに関するあなたのインタビューと称されている、わたしの地元の新聞からの切り抜きを同封します。勝手ながら、その主張のどこまでが真実なのかをあなたに尋ねさせてください。わたしはあなたがた姉妹を通じて、その話題が広まった初期のころから、その現象の信奉者になりました。そのとき以来、真実であると信じています。わたしはいまや八十一歳であり、言うまでもなく、この世にいる時間はわずかしかありません。ですから、このきわめて重大な問題に関して、これまで自分が騙されていたのかどうかをあなたにお尋ねしたいと、わたしは強く切望しているのです。[21]

さらに十月一日の『ニューヨーク・ヘラルド』には、マギーの告白に対するスピリチュアリストたちの反応をふたたび伝えるべく、ニューヨークでおこなわれた「ファースト・ソサエティ・オブ・スピリチュアリスツ」の会合の模様が掲載された。取材した記者によれば、会場には六五人ほど集まっていたが、「参加者の大多数は、予想以上に沈鬱な表情に見えた」。そこで会長のヘンリー・J・ニュートンは、マギーの告白を退けるべく集まった人々に向かって次のように述べた。

見えない世界のラップ音が足の関節で作り出せるという考えを主張するなんて！　彼女がそう言うのなら、たとえ彼女自身の顕現に関してのことだとしても、彼女は嘘をついているのです！　わたしや誠実で地位のある人たちが、ごくわずかな詐欺であったとしても絶対に不可能だった環境の下で、彼女自身や彼女の妹の顕現を何度も目撃しました。

彼女がどんなことを言ったとしても、その件についてはわたしの意見をごくわずかでも変えられることはないでしょうし、目に見えない世界とわれわれを結びつけている隠された作用が存在すると深く確信している人もそうでしょう。わたしは、マーガレッタ・フォックス・ケイン自身が病でベッドから置き上がれないときにも、彼女がいた部屋のさまざまな場所、彼女から数フィート離れた天井の上、ドア、窓からラップ音を聞いたことがあります。前後不覚になるほど酩酊していた彼女が同じ音を作り出していたことも見ています。[22]

だが、こうしたスピリチュアリストたちによるマギーの告白への必死の反論が続いたとしても、事態はもはや収拾がつかなくなっていった。というのも、マギーの告白に続いて妹のケイトまでもが、ついに反スピリチュアリストになったのだ。十月十日の『ニューヨーク・ヘラルド』によれば、記者がケイトに「ジェンケン夫人、スピリチュアリズムの本当の手口を暴露するあなたの姉に加わるつもりはありますか」と尋ねると、彼女からは次のような返答があった。

わたしはスピリチュアリズムがどうなってもかまわないわ。〔中略〕言わせてもらえれば、わたしが知るかぎりで最も忌むべきもののひとつとして、それをみなしているのよ。〔中略〕
スピリチュアリズムは、はじめから終わりまで戯言《ざれごと》ね。それは世紀の最も大きな戯言よ。マギーがあなたにこれを言ったかは知らないけど、彼女とわたしは、自分たちがしていることが何かを理解するにはあまりにも若く、あまりにも無垢だった幼いころにそれをはじめたのよ。わたしたちの姉リアは二十三歳以上年上だった〔マギーの二十三、ケイトの二十七歳上〕。〔中略〕不品行を恥じるのに十分な年の人たちが、わたしたちをこの世界に連れ出したのよ。[23]

同記事から五日後の十月十五日、マギーとケイトは『ニューヨーク・ヘラルド』の記者ルーベン・ブリッグス・ダヴェンポートに、今回の一連のインタビューを含めた自分たちの詐欺の暴露本を『スピリチュアリズムを死に至らしめる打撃（*The Death-Blow to Spiritualism*）』と題して出版することに同意し、次のような文章にサインした。「スピリチュアリズムの起源の真実の説明、またそれとともにわたしたちの関与を書くというルーベン・B・ダヴェンポート氏の企画を、わたしたちはこれによって認める。また、わたしたちが彼に提供したすべての情報と資料を適切に使用する許可を彼に与える」[24]
そして十月二十一日の夜、ついにフォックス姉妹はニューヨーク・アカデミー・オブ・ミュージックの舞台に上がった。かつてはスピリチュアリズムが真実であることを証明するために、コリンシアン・ホールの舞台で大勢の観衆を前にラップ音を鳴り響かせたマギーだったが、今回はまったくその逆で、スピリチュアリズムが詐欺であることを暴露し、そのいっさいに死の一撃を与えるための登壇だった。

ムーヴメントの終焉

三〇〇〇席もある大きなホールは興奮した観衆で埋め尽くされ、熱気に包まれていた。四〇年ほど前におこなわれた実演とはまったく逆の行為の舞台で、マギーは何を思い、どう感じていたのか？　残念ながら、マギーの内心を伝える記録は残っていない。わたしたちが知り得るのは、ホールでのできごとを報じた新聞記事に描写されている彼女の言動だけだ。[25]

マギーとケイトが姿を見せる前、まずはショーの進行を務めるカシアス・M・リッチモンドが舞台に上がった。リッチモンドは、スレート・ライティングやマインド・リーディングが詐欺であることを詳細に説明し、実演もした。すると観客のひとりのドイツ訛りの外国人が立ち上がり、リッチモンドを非難した。交霊会ではそれらが霊によって作り出される。自分が舞台に上がれるのであれば、それを証明できるだろうと。それに対してリッチモンドは次のように宣言した。「この観衆のなかにフィラデルフィアのある紳士がいる。その人物はわたしに次のように言う権限を与えてくれている。人間の手を用いることなく、スレートに一インチの長さのマークを作り出せる人に対して、彼が五〇〇〇ドル支払うと」。さらに続けてリッチモンドは次のように述べた。「わたしは詐欺行為だけを非難しているのです。スウェーデンボルグの美しいスピリチュアリズム理論を攻撃してはいません。しかし、ここで今夜わたしが実演していることを霊の力によるものだと主張する人々は、悔いあらためなければなりません[26]」

このリッチモンドによるショーの前座が終わると、喝采と非難の声が渦巻くなか、マギーが舞台に登場した。黒い目と黒髪のマギーは、「黒い服を着て、黒い紐のついた太い黒縁の眼鏡」をかけていた。[27]妹のケイトは、マギーの言動に同意を示す目撃者として、ステージのボックス席に座った。マギーは観客へおじぎをすると、興奮で声を震わせながら、ゆっくりと告白しはじめた。『ニューヨーク・ヘラルド』は、その場面を次のように伝えている。

「つま先によるスピリチュアリズムの詐欺にわたしが主犯として関与していたと公に打ち明けたことは、多くの方々がすでにご存じでしょう。これは、わたしの人生における最大の後悔なのです。いまさらではありますが、わたしは真実を語る覚悟があります。真実、完全な真実、真実だけを、神にかけて誓います！」

ここでケイン夫人〔マギー〕は、印象的な仕草で両手を上方に伸ばした。

「ここにいる多くの人は、わたしを蔑むことでしょう。でもわたしの人生の過去の悲しみを知っていただければ、咎《とが》めるより、哀れに思ってくださることでしょう〔喝采と非難が起こる〕。この詐欺をはじめたとき、わたしは過ちと正しいことの分別をつけるには、あまりにも幼かったのです。そんなわたしやスピリチュアリズムを信じる愚かな人々を、全能の神がお許しくださいますように[28]」

その後、リッチモンドは今回のショーのために任命されていた医師たちを舞台に呼んだ。マギーは椅子に座り、靴を脱ぎ、ストッキングだけになった足を板の上に置いた。医師たちは彼女の前にひざまずき、彼女のつま先を摑んだ。そしてその状態で医師たちは、たしかにラップ音が聞こえたことを観客に伝えた。次にマギーは立ち上がり、観客たちにその音を聞かせた。「トン、トン、トン、トン、トン」と小さな音から次第に大きくなっていく連続するラップ音を観客たちは耳にした。

会場には静寂が訪れた。もはやマギーこそが「スピリチュアリズムのための責任を第一に負うべき人物」だと観客の誰もが理解した[29]。マギーは小さなパイン材のテーブルの上に立った。そして身動きひとつせず、大きくはっきりとしたラップ音を鳴り響かせた。その次のできごとを『ニューヨーク・ヘラルド』は次のように記している。

ケイン夫人は興奮していた。彼女は手を叩き、踊りまわり、叫んだ——

「詐欺よ！　スピリチュアリズムは最初から最後まで詐欺！　すべてトリックなの！　そこに真実なんて何もないわ！」

拍手の嵐が続いた。次にケイン夫人は観衆のほうに下り、名の通ったある紳士の足の上に彼女自身の足を置いて、ひと続きの鋭い小さなラップ音を作り出した。[30]

同紙はこの夜のできごとについての記事を、次のように述べて締め括っている。「スピリチュアリズムのふたりの創始者の告白とミディアムのトリックの暴露が、この詐欺の形態を終わらせたこと。またこの痛烈な打撃から回復できないということ。それが昨夜のアカデミーにいた人々の一般的な意見だった。客席にいたスピリチュアリストたちはホールを出たあと、怒りでほとんど口から泡を吹きそうなほどだった。そして彼らの敵に対し、呪詛《じゅそ》の言葉を口にしていた[31]」

同年末に出版された『スピリチュアリズムを死に至らしめる打撃』の序文で、著者のダヴェンポートは次のように書いている。「幻想のための幻想を愛する人ではないのであれば――言い換えるなら、真実を愛する以上に幻想を愛する人でないのであれば――、この本を読んだあとでも、スピリチュアリズムの支持者あるいはその偽善の賛同者であり続けられる人など、ひとりもいない[32]」

ニューヨーク・アカデミーでの実演後、マギーとケイトは、アメリカのいくつかの主要都市をまわるツアーを開始した。そして十一月、彼女たちが交霊会を最初に開始したロチェスターに張り出されたポスターには、このような言葉が記された。

一八四八年三月三十一日、ニューヨークのハイズビルにてモダン・スピリチュアリズム誕生。

一八八八年十一月十五日、ニューヨークのロチェスターにて死去。

四十歳七か月十五日。いたずらから生まれ、いたずらに返った。[33]

交霊会を成功させるには

一八八〇年代、アメリカでもイギリスでも、ムーヴメントとしてのスピリチュアリズムが急激な下降線をたどっていくことは目に見えていた。セイバート委員会の結論やフォックス姉妹の告白だけでなく、すでにミディアムの相次ぐ暴露がスピリチュアリズムへの信頼を大いに揺らがせていた。全身物質化でウィリアム・クルックスの信頼を勝ち取り、一八七〇年代のロンドンのスター・ミディアムだったフローレンス・クックでさえも一八八〇年一月九日の交霊会ですでに完全に暴露されていた。同年一月十二日の『タイムズ』紙に掲載された寄稿によれば、交霊会で物質化された十二歳の少女「メアリー」が捕まえられ、それが本人の変装であることが判明したようだ。[34]

こうした状況のなか、結成されたばかりのASPRはどうしていたのか。発足からほぼ一年後の一八八六年一月一日の時点では、ウィリアム・ジェイムズはまだ希望を失っていなかった。ドイツの心理学者・哲学者のカール・シュトゥンプに宛てたその日の手紙で、次のようなサイキカル・リサーチに対する前向きな思いを語ることができた。

ロンドンの「サイキカル・リサーチ協会」を、あなたが耳にしたことがあるかどうかわかりませんが、彼らは透視能力や幻姿等のあらゆる「超自然的」な事柄について、労力をかけて真剣に調査しています。〔中略〕昨年、わたしたちはここで同様の協会を結成しました――わたしたちの何人かは、ロンドンの協会の発表を少なくとも実験で検証する価値があると考えました。また、多忙なメンバーたちのなかの一部の者によるごくわずかな自由時間に負っているため、研究はとてもゆっくりとした進展ですが、わたしたちはそこから何かが判明する可能性を持った、いくばくかの説明できない事実にすでにめぐり合っています。[35]

だが、ASPRの先行きに対し、こうしてジェイムズが期待を抱き続けていられたのも束の間のことだった。

活動を開始してから二年も経たないうちにジェイムズは、ASPRの活動が停滞していることに不安を感じるようになった。前章で見たようなSPRの研究結果に対する、会長のサイモン・ニューカムをはじめとしたメンバーたちの懐疑的な姿勢もさることながら、さらに浮上してきた別の問題があった。一八八六年八月二十九日のジョージ・クルーム・ロバートソンに宛てた手紙で、ジェイムズはそのことを次のように述べている。「わたしたちの小さな『協会』には、それに対する時間を捧げるガーニーやマイヤーズのような人物が欠けているため、ほぼまちがいなく衰退していくでしょう」。さらにジェイムズは十月四日のロバートソンへの手紙でも、ふたたび同じ懸念を漏らしている。「協会のなかで、それに時間を充てられる人は誰もいません。そのため、新年までには、それ〔ASPR〕が消滅してしまうのではないかと懸念を感じはじめています」[36]

とはいえ、ASPRの活動が、最初からまったくの機能不全の状態にあったわけではなかった。セイバート委員会が調査していたころと同時期、ASPR自身もミディアムの調査に乗り出し、一八八五年四月九日の『ボストン・デイリー・アドバタイザー』紙と十八日の『バナー・オブ・ライト』誌でミディアムを公募している[37]。だが、ここでもセイバート委員会が直面したのと同様に、ミディアムあるいはその擁護者となっているスピリチュアリストが事前に突きつけてくる交霊会の条件によって、徹底した調査の遂行が阻まれてしまうという問題があった。一八八六年六月一日、ジェイムズが受け取ったアルフレッド・ラッセル・ウォレスから交霊会への誘いの手紙の内容は、まさにそれだった。その手紙でウォレスは、自分が信奉する女性ミディアム、ハナ・V・ロスの交霊会にジェイムズを招待しながらも、「成功を確かにするための提案」という名目で、交霊会での禁止事項を次のように述べている。

友人の家であり得ない振る舞いをしそうな、激情的なまでに懐疑的な人たちを招待しないようにしてください。また、もし可能なら半分を女性とし、さらになんらかのミディアムの力を持っている人、あるいはその主題に関して心得がある人を同数、招待してください。もしあなたが、わたしたちのなかにブラケット氏を加えてもよいと言うなら、それは利点となるでしょう。ロス嬢に関する個人的な調査を持ちかけることはどうぞおやめください。それは価値がないし、まったく無益なことです。[38]

〔文中の「ブラケット氏」は詩人で彫刻家のエドワード・A・ブラケットのこと。彼は一八八五年に物質化の驚異を報告した著書『物質化された亡霊（*Materialized Apparitions*）』を出版したほどの熱心なスピリチュアリストでもあった[39]〕

ジェイムズにとって、こうした交霊会に対するスピリチュアリストたちからの事前勧告は、ミディアムへの不信と苛立ちを募らせるだけだった。一八八六年八月二十四日の手紙に、ジェイムズは次のように書いている。「敬虔な信者としてのスピリチュアリストは、防御のための堅固な軍隊を形成し、想定できるあらゆる詐欺の種《たね》を育て繁殖させているのです[40]」

とはいえ、ジェイムズはウォレスが薦めるハナ・V・ロスの交霊会に三度実際に参加している。だが、ジェイムズからすると、そこで目にした現象は「まちがいなく詐欺」以外の何ものでもなかった。一八八七年二月十二日の『バナー・オブ・ライト』誌に掲載された自身の体験報告のなかで、ジェイムズは「彼女の家でのパフォーマンスにこれ以上時間を費やす必要はないと判断した」と記している[41]。

実際、ハナのミディアムシップは、このようなジェイムズからの否定的な寄稿が公表されていなかったとしても、暴露から無傷ではいられなかった。ジェイムズが『バナー・オブ・ライト』にコメントを寄せる直前の同年一月三十一日、ハナは言い逃れられないほどの失態を晒していた。同年二月四日の『ニューヨーク・タイムズ』の記事によると、交霊会の最中に物質化された霊たちの体が、敵意に満ちた参加者の一団に取り押さえられた。結果、霊たちの物質化の正体はハナとその夫、さらに四人の少年とひとりの少女による扮装だったことが明かされた[42]。そう、これまで何度も見てきた暴露のくり返しだった。

だが、ハナの信奉者だったエドワード・A・ブラケットは同年二月二十六日の『バナー・オブ・ライト』誌上で、すぐさま彼女の防御にまわった。そればかりか、ハナへの否定的な見解を公表したジェイムズに対しても、悪意を込めた個人攻撃に打って出た。ブラケットによれば、ジェイムズはミディアムのような「きわめてデリケートな対象を調査するのには明らかに適していない」。なぜなら、過去の交霊会ではつねに「ミディアムたち、そしていわゆる物質化された者たちの両方が、彼に対して決定的な嫌悪を露《あら》わにしていた」からだ。さらにブラケットは、ジェイムズが否定的な見解を明らかにしたのが『ニューヨーク・タイムズ』での暴露記事の公表後だったため、あたかもそれが日和見的な寝返りだったと言わんばかりに、次のような当て擦りの言葉すら投げつけている。「文明の進歩とともに、能力の矮小化の結果、知性の一部を高めている専門家として知られている類いの人々が頭角を現してきている。さまざまな事柄において、彼らは死すべき人間のなかで最弱である。公共の意見に立ち向かう力を持たず、膝をガクガクさせ、吹きつける最初の逆風で降参してしまうのだ」[43]

また、ウォレスもロスの擁護のため、一八八七年三月五日の『バナー・オブ・ライト』でみずからの交霊会での豊富な経験を裏付けとして、ジェイムズによる否定的な見解は完全に無効だと強く訴えている。

わたし自身の物質化の経験は、さまざまな条件とテストの下、五人の異なるミディアムとおよそ二〇回の交霊会にまでおよんでいる。そのことから、わたしはジェイムズ教授があげているような疑いは、証拠としてまったく価値がないと確信している。かくのごとき「疑い」から、彼が「詐欺であったことはまちがいない」という結論――それは証明とはかなり異なる――に到達しているとき、別な面では持っている彼の意見の価値を奪うほど、彼がじつに非哲学的な精神の持ちようを示しているものとわたしには思われる。[44]

このころ、ジェイムズが失望したミディアムはハナだけではなかった。ＡＳＰＲが発足した一八八五年の冬のあいだ、ジェイムズは数多くの交霊会に積極的に足を運んでみたが、そのたび、彼の目に映ったのは、暗闇のなかで仕組まれたミディアムの詐欺行為以外の何ものでもなかった。ジェイムズとともに物質化の交霊会に通ったハーバード大学の教授でＡＳＰＲのメンバーでもあった哲学者ジョージ・ハーバート・パーマーは、のちにその当時のことを振り返って次のように述べている。「彼〔ジェイムズ〕とわたしは、サイキカル・リサーチ協会の委員会のメンバーとして、冬のあいだじゅう、日曜日ごとに〈キャビネット交霊会〉に参加した。その結果、それらすべての物質化現象は詐欺行為だというのが最終的な報告のなかでのわたしたちの見解だった[45]」

また、ジェイムズとともにＡＳＰＲの「ミディアム的現象についての委員会」の一員として調査していた医師ジョセフ・Ｗ・ウォーレンも、「さまざまな力を持った」ミディアムを訪れ、「オカルト現象を目撃した」ものの、結果として調査すべき対象が見出せなくなってしまったことを、一八八九年三月に提出した報告で次のように記している。

かなりの名声のある五人ほどの人も、最近になって暴露されるか、あるいは「疑い」をかけられている。また、少なくとも七人の物質化またはエーテル化をおこなうミディアム（そのほとんどすべての人が、格別に注意を向けるよう大いに推薦されていた）が、過去二、三年のあいだに、このボストンにおいて哀れむべき結果となっている〔中略〕。かかる事態において、この分野の現象のための積極的な研究に委員会を向かわせることがむずかしくなってしまっている。[46]

このような状況であれば、もはやジェイムズがうんざりした思いでこの件から完全に身を引いたとしてもまったく不思議ではないだろう。しかし実際には、そうはならなかった。この実りのない時期においても、ジェイムズは調査を断念することなく、とある交霊会に粘り強く足を運び続けていた。もちろん、ジェイムズをそうさせたことには理由があった。それは彼がこの時期に出会ったミディアムのなかにたったひとりだけ、単なる詐欺として片づけてしまうことができない特別な女性がいたからだ。

ジェイムズが衝撃を受けたミディアム

「P夫人」――一八八六年、ジェイムズはASPRに提出した調査報告に、そのミディアムの名を伏せてそう記した。P夫人は全身物質化や物体の移動などをやってみせる物理ミディアムのように、目を瞠《みは》るような物理現象を引き起こしていたわけではなく、いわゆるトランス・ミディアムとして霊にみずからの体を支配させた状態で、ただ話をするだけだった。しかも、アンドルー・ジャクソン・デイヴィスやウィリアム・ステイントン・モーゼスのように、霊界の法則や高次の霊からの宗教的・哲学的なメッセージを含む高尚な内容を語ることもなかった。彼女が口走るのは、交霊会の参加者自身に関する日常の世俗的な話題でしかなかった。だが、むしろそれこそが真に衝撃的だった。というのも、そこで告げられる個々の具体的内容には、当事者以外、通常の手段では知りようがないきわめてプライベートな情報が仔細に含まれていたからだ。

ジェイムズが報告書で彼女の名を伏せたのは、彼女自身が人前に出ることを望まず、匿名で活動し、ごく身近な人々だけの交霊会をおこなうプライベート・ミディアムだったからだ。だが、ジェイムズの調査結果の公表をきっかけとして、彼女の名レオノーラ・エヴェリナ・パイパー（図10・1、通例で「パイパー夫人」と呼ばれる）は、その驚くべき能力を長きにわたって発揮し続けた記録とともに、サイキカル・リサーチの歴史に深く刻み込まれている。

これから見ていくように、スピリチュアリズム史の全体を見渡しても、パイパー夫人ほど厳しい条件下で何度も何度も調査に応じ続けたミディアムはいない。しかもその結果は、懐疑的な調査者たちすらもまごつかせるほどの多くの謎を突きつけてくる。そのため、後世のスピリチュアリストたちからは、パイパー夫人の逸話がダニ

図10.1　レオノーラ・パイパー

エル・ダングラス・ヒュームの伝説化された奇跡譚と等しく重要視され、スピリチュアリズムの栄光と真実と勝利の証として頻繁に引き合いに出されている。

そもそもジェイムズがパイパー夫人の存在を知ったのは、妻アリスの母イライザ・ギベンズから聞いた交霊会の体験談だった。一八八五年の夏、イライザはボストンの知人の家でパイパー夫人のミディアムシップの噂を耳にした。好奇心に駆られたイライザはビーコンヒルにあるパイパー夫人の自宅で開催される交霊会に足を運んだ。すると、トランス状態に入ったパイパー夫人が、まったく面識もなく素姓も知らないはずのイライザの家族の名前を次々と語りだした。「そのほとんどには洗礼名〔ミドル・ネーム〕も含まれていた」ばかりか、驚くべきことにも、「その人たちに関する事実や相互の間柄」といったふつうには知り得ない情報も含まれていた。翌日、イライザは娘にイタリア語で書かれたある一通の手紙を渡し、パイパー夫人の交霊会に参加させた。ふたたび驚くべきことにも、パイパー夫人はその手紙を額に当てると、その書き手に関する素姓を正確に描写した。[47]

当初、ジェイムズは懐疑的だった。親類の女性たちが持ち帰ってきたできごとがどれだけ驚くべきことのように思われたとしても、ちょっとした単純なからくりで説明できるはずだ。そう高《たか》を括っていた。数日後、ジェイムズは妻アリスとともにパイパー夫人の自宅を訪問した。ジェイムズと妻は名前を伏せ、先に訪れたイライザたちとの関係も隠していた。それにもかかわらず、トランス状態になったパイパー夫人は、イライザたちに告げたときとまさに同じく家族の名前を次から次へと語りだした。さらにジェイムズの妻の父「ギブンス（Gibbens）」の名前を、最初は「ニブリン（Niblin）」、その後「ギブリン（Giblin）」と、さらに同年七月九日に亡くなったばかりのジェイムズ夫妻の息子ハーマン（Herman）の名前を「ハーリン（Herrin）」と綴った。[48]

このパイパー夫人との最初の出会いに驚かされたジェイムズは、その年の冬のあいだ、何度も彼女の交霊会に足を運んだ。ひとりのときもあれば、妻が同行することもあった。さらにジェイムズは、「初回の交霊会の結果を可能なかぎり多く獲得したかった」ため、パイパー夫人の交霊会に次々と人を派遣した。[49] その結果、トランス状態のパイパー夫人から初回の交霊会で伝えられた名前や事実によって、二五人中一五人の参加者が驚かされた。

ジェイムズの知っているかぎり、いずれのケースも参加者が何者かについての手がかりをパイパー夫人は持っていなかった。それにもかかわらず、彼女が告げたのは「ふつうの手段ではミディアムに知られるはずのない」事実だった。[50] 翌年の一八八六年、ジェイムズはパイパー夫人の調査報告書をＡＳＰＲに提出し、そこで彼女に対して次のような肯定的な評価を下している。

わたしはミディアムの誠実さ、彼女のトランスが本物であることに納得させられている。当初は、彼女が出した「当たり」がラッキーな偶然か、参加者に関する彼女が持っていた知識の結果か、そのどちらかであろうと考えようとしていたが、いまやわたしが信じているのは、彼女はいまだ解明されていない力を所有しているのではないか、ということだ。[51]

同報告書では、パイパー夫人の同意のもと、彼女が能力を発揮するときに見せるトランス——ジェイムズの言いかたでは「ミディアム・トランス」——が、通常のヒプノティズムによるトランス、すなわち「ヒプノティック・トランス」と共通したものかどうかを調べるために、彼女をヒプノタイズする実験をしたことも述べられている。それによると、ジェイムズは五回目の試みで、ようやくパイパー夫人をなんとかヒプノタイズすることに成功した。その結果、パイパー夫人のミディアム・トランスが通常のヒプノティック・トランスとは明らかに異なっているとジェイムズは判断した。ジェイムズによれば、通常のヒプノティック・トランスの際は、筋肉の弛緩や弱さを特徴とするのに対して、ミディアム・トランスでは、筋肉の動きは落ち着きがなく、とくに彼女の両耳は、「目覚めている状態では不可能なやりかた」で活発に動き、彼女の瞳孔が収縮することもなかった。また、起こったできごとを目覚めたあとで思いだすよう暗示をかけても効果はなく、パイパー夫人は自分が語ったことを思いだせなかった。さらにジェイムズは、思考伝達、ウィリング・ゲーム、自動筆記に関する実験もしているが、ヒプノティック・トランス、ミディアム・トランス、ノーマルな状態のいずれにおいても、それらからはすべて否定的な結果しか得られなかった。これらのことから、「証拠が示すかぎり、彼女のミディアム・トランスは、彼女の心理状態という点において、類のない特徴に思われる」[52]とジェイムズは述べている。

この時期、ASPRのメンバーであり、ユニテリアンの牧師マイノット・ジャドソン・サヴェージも、ジェイムズとともに、パイパー夫人の交霊会に足を運び、彼女の能力に強烈な印象を受けている。それについても紹介しておきたい。

パイパー夫人とのはじめての交霊会のとき、サヴェージが最初に告げられたのは、亡くなった彼の父についてだった。サヴェージによると、メイン州で亡くなった彼の父は、パイパー夫人のいるボストンに住んだこともなければ、かなり長いあいだ、ボストンを訪れたことさえなかった。そのため、パイパー夫人が自分の父のことを知る可能性はあり得なかったはずだとサヴェージには思われた。それにもかかわらず、パイパー夫人によって語られる情報は正確だった。それについてサヴェージはこう述べている。「すぐに彼女は、彼〔サヴェージの父〕のある特徴を指摘することで正確に描写した。仮に人が彼を見たことがあったとしても、それはふつうの観察では気づきにくいであろう特徴である」[53]。さらに、パイパー夫人は、彼の父が彼のことを「ジャドソン」と呼んでいたことを指摘した。「ジャドソン」はサヴェージのミドルネームだが、彼をそう呼んでいたのは、彼が少年時代のころに亡くなった彼の父と異母兄弟のふたりだけだった。さらにパイパー夫人は、サヴェージを「ジャドソン」と呼んでいた異母兄弟についても語りだした。「ここには、あなたの父のそばにもうひとりほかの誰かがいる。それはあなたの兄弟、いや、あなたの異母兄弟、そう彼は自分の名前をジョンだと言っている」。パイパー夫人はそう述べたあと、ジョンが亡くなったときのようすを身振りを交えながら描写し、こう言った。「亡くなられたとき、彼がどれほど自分の母に会いたがっていたことか！」[54] このときの経験について、のちにサヴェージは次のように述べている。

ところで、この義母兄弟のジョンも、ずいぶん昔、わたしを決まってジャドソンと呼んでいた。わたしが彼と会っていたころから何年も経っている。彼はボストンに住んだことはなかった。そのため、パイパー夫人が彼について何かを知ることができたはずはない。彼のことはわたしの意識にもなかったし、彼から知らせを受けるとは予測すらしていなかった。ミディアムがその事実を記述したまさにそのとおりに、この一年ないし二年前、彼はミシガン州で亡くなっていた。彼の母についての説明に関して言えば、彼はよくある「お母さん子」だったから、それがとくに個人的でかつ適切な表現として納得できるものだった。[55]

こうして、ジェイムズやサヴェージがパイパー夫人の驚くべき能力を目の当たりにした当時、彼女は二十六歳、プライベートの交霊会を開催するようになってからちょうど一年ほど経ったころだった。

パイパー夫人の初期の交霊会

ここで、パイパー夫人がミディアムになるまでの生い立ちについても簡単に紹介しておこう。

一八五九年六月二十七日、ニューハンプシャー州ナシュア生まれ。出生時の名前はレオノーラ・エヴェリナ・シモンズで、[56]パイパーは一八八一年のウィリアム・R・パイパーとの結婚後の姓である。

ミディアムの多くの伝記と同様、レオノーラも幼いころからその能力の兆しを発揮していたことが伝えられている。[57]レオノーラの母が書き留めていた日記によると、彼女のミディアムシップの最初の発現は八歳のときのことだった。庭で遊んでいたレオノーラは突然、右耳に鋭い衝撃が走り、次にシーッという長い歯擦音《しさつおん》が聞こえてきた。やがてその音は、次第に「s」の音に変化し、そして最後に次のような言葉になった。「サラ叔母さんは亡くなったのではなく、いまもなお、あなたとともにいるのですよ」。数日後、叔母の夫から、彼女の訃報が届いた。すると驚くべきことにも、レオノーラが言葉を聞いたのは、遠く離れた場所に住んでいた叔母に訪れた突然の死の、まさにその日その時間のことだった。[58]

こうした幼いころのできごとは別として、レオノーラがより本格的なミディアムシップを発揮するようになるのは、結婚して三年が経った一八八四年六月下旬に参加したボストンのJ・R・コークというミディアムの交霊会だった。当時二十一歳だったコークは全盲だった。しかしトランス状態に入ると、ヨハン・セバスチャン・バッハの霊の支配下での音楽の演奏、フィニィー（Finny）という名のフランス人医師の霊の支配下における医学的診断、磁気治療、髪の毛の同封された手紙のリーディング、その人がミディアムになれるか否かの無料診断などもおこなっていた。[59]

パイパー夫人がコークのもとを訪れたそもそもの理由は、当時彼女が患っていた腫瘍を霊的に診断してもらうよう夫の父と母に勧められたことだった。[60] その目的で、一八八四年六月二十九日にパイパー夫人はコークを初訪問した。そして翌日には、コークの家での交霊会に参加した。コークの交霊会は、病気の診断や治療と同時に参加者の持つ潜在的なミディアムシップの促進を目的として開催していた。パイパー夫人の長女アルタ・パイパーによる伝記によれば、そのとき次のようなできごとが起こったという。

参加者たちは、コークを中心に円形で座った。交霊会がはじまると、コークは参加者たちの頭の上に、両手を順々に置いていった。やがてコークがパイパー夫人に近づき、彼女の頭の上に手を置いた。するとパイパー夫人は冷気のようなものを感じた直後、自分の顔の前をひとつの手が行ったり来たりしているのを感じながら、目の前に「多くの見知らぬ顔が見える光の洪水」を見た。そしてトランス状態になり椅子から立ち上がると、筆記具が置かれていた部屋の中央のテーブルまで歩いた。そして鉛筆と紙を手に取り、数分間、急速に何かを書き記した。次に交霊会のひとりの参加者にその書いた紙を手渡すと自分の席に戻った。メモを渡された人物は、そこに書かれていた内容に衝撃を受けた。それは紛れもなく、亡くなった彼の息子からのメッセージであるとしか思えない内容だった。[61]

この日をきっかけにミディアムシップを開花させたパイパー夫人は、自宅でプライベートな交霊会を開くようになった。パイパー夫人のミディアムシップも、コークと同様、トランス状態のなかで霊に支配されるかたちで発揮された。身内や友人だけを集めた最初のプライベートな交霊会でパイパー夫人を支配したのは、フィニュイ

（Phinuit）と名乗るフランスの医師の霊だった。またこのころのパイパー夫人はコークと同様、ヨハン・セバスチャン・バッハに支配されることもあった。さらにそれだけではなく、ウェールズの女優サラ・シドンズ、アメリカ合衆国の詩人ヘンリー・ワズワース・ロングフェロー、鉄道や海運業への投資で大資産家になった合衆国のコーネリアス・〝コモドール〟・ヴァンダービルトといった誰もが知る有名人の霊から、無名のネイティヴ・アメリカンの少女クローリン（先述のコークによる交霊会で自動筆記をおこなったレオノーラを支配していたのもクローリンだった）、イタリアの少女ロレッタ・ポンチーニの霊にも支配された。また、サラ・シドンズの霊はシェイクスピアの『マクベス』の一節を朗読した。さらにロングフェローの霊はいくつかの詩を書き記し、ロレッタ・ポンチーニの霊はいくつかの絵を描いたとされている。だが残念なことにも、それらの成果物は現存していない。[62]

パイパー夫人を調査せよ

一八八七年四月八日、SPRのリチャード・ホジソンがロンドンを出発した。同月十五日、ニューヨークに到着し、ウィリアム・ジェイムズが待つボストンへ向かった。ホジソンといえば、前章で見たように、すでにブラヴァツキー夫人の周囲で起こっていた超常的な現象を詐欺だと断定していた報告書を公表し、さらにウィリアム・エグリントンのスレート・ライティングを単なる手品にすぎないと否定し去った人物である。そう、SPRきってのデバンカーとも言うべきサイキカル・リサーチャーがはるばる大西洋を渡り、ボストンでウィリアム・ジェイムズの関心を惹きつけていたミディアム、パイパー夫人を調査することになったのだ。

「いまだ解明されていない力を所有しているのではないか」――そうジェイムズに言わしめたパイパー夫人のミディアムシップに対して、ホジソンはいかなる解答を見出したのか。先へ進む前に、ひとまずここで、このあとしばらくパイパー夫人問題で中心人物として立ちまわるリチャード・ホジソンの経歴についても簡単に触れておきたい。

一八五五年、オーストラリアのメルボルン生まれ。メルボルン大学で法律学の博士号を取得したのちの一八七八年、二十三歳のときに道徳哲学を学ぶべく渡英し、ケンブリッジ大学でシジウィックの講義を受ける。ホジソンのサイキカル・リサーチへの関心は、師となったシジウィックからの影響だった。一方で、いまだ学部生だった一八八〇年には、イギリス理想主義の哲学者トーマス・ヒル・グリーンに対抗したハーバート・スペンサーの進化論を擁護する論を『コンテンポラリー・レヴュー』誌に発表している。このころのホジソンは、懐疑的ではありながらも、スピリチュアリズムの完全な否定論者ではなかったようだ。オーストラリアの友人ジェイムズ・T・ハケットに宛てた一八七九年三月三十日の手紙で、「スピリチュアリズムに関して、その現象のなかにいくらかの真実があることを否定はしない」と述べている。[63] 一八八二年のSPR設立時には第一期メンバーとして名を連ね、一八八四年十二月からは前述のようにシジウィックの指示のもと、インドでの神智学協会の調査を開始した。そして翌年五月にSPRで発表したその報告書によって、実務面できわめて優秀なサイキカル・リサーチャーとして認知されるようになった。[64]

実際、ホジソンがボストンでの調査にはるばる向かうことになったのは、デバンカーとしての彼の力量に注目したASPRの評議会のメンバーであるロバート・ピアソール・スミスからの要請だった。ウィリアム・ジェイムズが懸念していたとおり、当時のASPRはサイキカル・リサーチに時間を割ける人材の欠如から、永続が危ぶまれていた。そんななか、ASPR再建のために幹事を務めるとともに、優秀なサイキカル・リサーチャーとしての手腕を発揮してもらいたいとの期待が、ホジソンへと寄せられてきたのだ。イギリスから離れることに乗り気ではなかったホジソンは、スミスからの要求を当初は辞退したものの、最終的には年間三〇〇ポンドの給料で、その役目を引き受けることとなった。[65]

ボストン到着後まもなく、ホジソンはジェイムズの手配によってパイパー夫人のミディアムシップの調査を開始した。一八八七年五月四日に実施された初回の結果は、ジェイムズの報告同様、驚きの結果だった。例によってホジソンの名は伏せられていたにもかかわらず、パイパー夫人は彼の身内や友人の名前、そしてその人間関係について次々と語った。[66] ここで、ホジソンがパイパー夫人との初対面でどれだけ個人的な情報を告げられたのかを具体的に見ていただくと、その驚きのほどが伝わるだろう。彼女の支配霊フィニュイが語った内容を列挙していく〔以下〔 〕で括った部分は、フィニュイの語った内容に対する事実の正否〕。

・ホジソンの母は生きているが、父と弟が亡くなっていること〔正解〕。

・詳細と言えるほどではないものの、父と母のことが正確に述べられた。家族のなかのRからはじまる名前をフィニュイは正確に述べられなかった〔ホジソンが十八歳になる前に亡くなった妹の名前はレベッカ（Rebecca）である〕。

・家族の四人は母のそばで生活している〔正解〕。

・フィニュイは、ホジソンの幼いころに亡くなった従兄弟の「フレッド」の名前を告げるとともに次のように語った。フレッドとホジソンがいっしょに学校に行っていたこと。フレッドが片足跳びで遊ぶのが好きで、ホジソンよりも上手だったこと。彼がひきつけで苦しんで亡くなったこと。その場にホジソンは居合わせなかったこと〔ホジソンによれば、彼の従兄弟のフレッドは、片足跳びのゲームが誰よりも得意だった。一八七一年、メルボルンの体育館で脊椎を傷めたフレッドは、運ばれた病院でときおりひきつけを起こしながら、二週間後に亡くなった〕。

・誰よりもホジソンと親しかった女性のことが次のように語られた。彼女は黒髪で黒い瞳だった。彼女が死んだとき、残念なことにもホジソンは彼女といっしょにいられなかった。そのときホジソンは遠く離れていた。そこにホジソンがいなかったことはふたりにとって大きな不幸だった。彼女はふたつの指輪を持っていた。ひとつは彼女の亡骸《なきがら》とともに埋葬され、もうひとつはホジソンに与えられるはずだった。彼女のファーストネームは、――― sicである〔指輪に関すること以外は、すべて正解。指輪に関しては、それについての正確な情報を得られないため真偽をつけられないとホジソンは述べている。その女性は一八七九年にオーストラリアで亡くなった。一八七五年以降、彼女の家族と自分の家族のあいだに関係はない。彼女の名前の最初の部分を、はっきりと聞きとろうとしたができなかった。なお、ホジソンは公的な報告書でこの女性の名前を明かすことはなく、単にQと記している〕。

・フィニュイに兄弟の名前を尋ねられ、ホジソンは「トム」だと答えた。それに対して、フィニュイはふたりのトムがいて、両方とも兄弟で、ひとりは亡くなっていると述べた〔正解〕。

・ホジソンの母の父の名前をジョンと告げた〔まちがい〕。

・亡くなった知り合いの名前が次々と告げられた――ウィリアム、ロバート、アルフレッド、アリス、アーサー、チャーリー、エレン、ジェイムズ、リジー、メアリー〔そのなかの「メアリー」という名前だけをホジソンは思い出せなかった。また、「チャーリー」という名前は、それを告げられたときは生きている友人の名前だとホジソンは考えたが、あとになって、オックスフォード大学時代の亡くなった友人の名前であること、さらにチャーリーがメアリーというファーストネームの若い女性に魅了されていたことを思い出した〕。

・フィニュイはホジソンの妹が結婚していて、三人の子供がいること、さらに彼女はすぐにもうひとり男の子を授かるであろうと告げた[67]〔正解。同じ五月中にオーストラリアに住んでいるホジソンの妹は男の子を出産した〕。

このフィニュイによって詳細に語られた内容のほとんどが、無気味なほどに当たっていたという事実を、いったいどう考えるべきなのか。ここであらためて思い出してほしい。この報告が、ミディアムを心の底から完璧に信じきっている熱心なスピリチュアリストによるものではなく、優秀なデバンカーとして名を馳せたホジソンによるものだということを。

もちろん、かつてブラヴァツキー夫人やエグリントンを徹底的に暴露したホジソンが、たかだか一回の交霊会の体験で、あっさりとパイパー夫人を信じてしまったわけではない。同年十一月十八日、十一月二十九日、十二月四日、十二月二十三日、翌年の一月二十日、ホジソンはパイパー夫人とさらなる交霊会を重ねている。十一月二十九日におこなわれた三回目の交霊会ではほとんど失敗に終わったが、それ以外の交霊会では、初回の交霊会で名前があがったQという女性についての話題を中心として、パイパー夫人には知り得ないはずの数々のプライベートな情報がフィニュイを通して語られた[68]。こうした一連の調査を終えた一八八八年三月三十一日、友人のジミー・ハケットへの私信で、パイパー夫人に対する見解をホジソンは次のように書いている。

彼女の状態は、おそらく自己誘導のヒプノティック・トランスと同種のもので、彼女のふつうに目覚めている状態からはまるっきり異なる人格に変わります――それは死んだフランスの医師の人格だと主張されています。わたしが思うに、このことを彼女は信じきっています。とはいえ、霊の理論は、完全にとまではいかないまでも、少なくとも部分的にはまちがっているでしょう。いずれにせよ、さまざまな様相、そして超常的な「能力」を持ったこの奇妙な人格の潜在的能力や限界を解明するのは、長い時間がかかりそうです。[69]

この手紙からは、すでにこの時期のホジソンが、パイパー夫人の能力自体を単なる不正で片づけられず、解明すべき何かがあるとみなしていたことが窺える。

その後、ホジソンもジェイムズ同様、多くの人々をパイパー夫人の交霊会に送り込んだ。もちろん、全員が夫人とまったく面識がなかった。その結果、きわめて正確な情報を受け取った人もいれば、多くの誤情報を受け取った人もいた。そのため、交霊会後の参加者たちのパイパー夫人への評価はまちまちで、文字どおりに霊からのメッセージを受け取ったと信じる人もいれば、パイパー夫人を狡猾な詐欺師とみなす人もいた。[70]

当然ながら、ホジソンはパイパー夫人に情報を事前に伝える共謀者の存在がいる可能性も疑った。そこでホジソンは探偵を雇い、彼女本人だけでなく夫や関係のある人々を監視させた。それにもかかわらず、疑惑の種はいっさい見つからなかった。[71]この当時のホジソンが、パイパー夫人の詐欺を阻止するためにどれほど神経を尖らせていたかを示すエピソードを、パイパー夫人の長女アルタ・パイパーが次のように語っている。

ある雨降りの朝、ホジソンと交霊会参加者の婦人がパイパー夫人の家に入った。その婦人は戸口のそばに準備してあったスタンドに、彼女の濡れた傘を置いた。するとすぐに、階段の途中まで上りかけていたホジソンが、彼女の行為に気づいて駆け下りてきて彼女の腕を摑み、ぶっきらぼうに戒めた。「なんて間抜けなことを！　良識というものがないのですか。あなたが傘をそこに残していったらパイパー夫人の共謀者だと告発されかねないことがわからないのですか？　たとえば彼女の娘たちのひとりを通して、あなたが覚え書きやらその他の情報を〔傘に隠して〕パイパー夫人に運んだと考えられてしまうかもしれませんよ。さあ、濡れていようが傘は持っていってください。自分が何をしようとしているのか、この先は頭に入れておいてください[72]」

参加者についての情報漏洩のあらゆる可能性を封じる予防措置を取ったにもかかわらず、詐欺のわずかな兆候すら見つけ出せなかったとしたら、そこに最後に残るものとは何か。ホジソンは一連の調査でたどりついた結論を、のちに次のように述べている。「偶然の一致やすぐれた推理能力」、交霊会の参加者たちによる「意識的あるいは無意識的に与えられた手掛かり」、トランス状態によって「高められた知覚」などのさまざまな可能性を最大限に考慮に入れたとしても、パイパー夫人が交霊会で告げる情報にはどうしても説明のつかない内容が含まれていた。それゆえ、「彼女がなんらかの超自然的な力を持っているという仮説をのぞいて説明不可能だった[73]」。

ついに一点の曇りもない本物のミディアムが登場したと言うべきなのか。いまやウィリアム・ジェイムズばかりか、強力なデバンカーのホジソンまでもが、パイパー夫人の能力を前に、彼女が何か特別な力の保持者なのではないかと考えざるを得なくなっていた。

思考伝達だけで説明できるか

ホジソンから肯定的な評価を受けたパイパー夫人のミディアムシップが、ロンドンのＳＰＲで大きな関心事にならないわけがなかった。ＳＰＲはさらなる調査をおこなうため、パイパー夫人にイギリスへ来てもらうことを求めた。パイパー夫人の本拠地から物理的に離れた場所での交霊会は、仮に彼女が共謀者から情報を提供されているのであれば、明らかに不利な条件となる。
パイパー夫人はイギリスでの調査をいやがっていたが、最終的には一八八九年十一月九日、ふたりの子供を同伴し、イギリスに向かって出発した。SPR側の特別調査委員会のメンバーとして立ち会ったのは、フレデリック・マイヤーズ、リバプール総合大学の物理学教授オリヴァー・ロッジ、古典学者ウォルター・リーフだった。
十一月十九日、蒸気船に乗ったパイパー夫人とふたりの子供たちが、リバプールの桟橋に到着した。オリヴァー・ロッジが彼女たちを出迎え、ホテルまで同行した。その間、ロッジは自分も多くの子供がいること、リバプールの大学で教授を務めていることを告げたが、自分自身についてそれ以上の情報は与えなかった。その日の夜、マイヤーズもリバプールに到着し、ホテルで合流した。さらに翌日、マイヤーズは彼女たちをケンブリッジに連れていき、自宅に滞在させた。[74]
マイヤーズは、パイパー夫人が事前に情報を入手する可能性を排除するためにさまざまな予防策を取った。彼女たちの世話をする使用人は、マイヤーズが選んで田舎から連れてきた若い女性だった。マイヤーズいわく「信頼できる人物で、かつわたし自身あるいはわたしの友人に関してまったく何も知らないと確信を持てる人物」だった。マイヤーズが募った参加者たちは無作為に選んだ。さらに、交霊会のほとんどの場合で、マイヤーズは参加者たちを偽名でパイパー夫人に紹介した。SPRの記録によれば、翌年の二月三日まで八十三回の交霊会がイギリスで実施されたが、その間、パイパー夫人はケンブリッジ、ロンドン、リバプールにそれぞれ二度ずつ滞在した。その際、ケンブリッジではマイヤーズ、もしくはシジウィックの自宅、ロンドンではマイヤーズらが選んだ滞在場所にいた。[75]
一方でオリヴァー・ロッジも、彼女がリバプールの彼の家に滞在していた一八八九年十二月十八日から二十七日、および翌年の一月三十日から二月五日のあいだ、不正な手段を防ぐべくあらゆる対策を講じた。パイパー夫人宛てに届く一週間に三通ほどの手紙は、ほぼ必ずロッジのチェックを受けてから渡された。そして家族関係をまったく知らない新たな使用人たちを雇った。家族の誕生、死亡、結婚などを記録する頁がついている家庭用聖書や写真アルバムは、パイパー夫人が到着した翌日の朝に隠された。パイパー夫人の手荷物すべてを徹底的に点検したが、人名録や伝記などに類するものはいっさい見つからなかった。また、ロッジは交霊会の参加者たちを、いずれも仮名で紹介した。[76]

結局のところ、各都市での滞在中、宿主ないしその家族の誰もが、パイパー夫人の行動に疑わしさの兆候すら見つけられなかった。逆に、「彼女はすべての監視者に、正直で誠実な印象を残した」とマイヤーズが述べているように、日常のパイパー夫人の人柄は、むしろ周囲に対して好印象を与えていた。[77]

イギリスで最初にパイパー夫人と交霊会をおこなったのはマイヤーズだった。十一月後半の三回の交霊会で、例によってマイヤーズの家族に関することが次々と告げられ、そのほとんどが正確だった。ただし、一八九〇年五月九日のSPR総会で発表されたパイパー夫人の調査報告書で述べられているように、それらがどれほど正確であったとしても、「アメリカにいるあいだに事前に仕入れた情報である可能性」がないとは言いきれないだろう。[78]とはいえ、実際にその後のパイパー夫人の交霊会の記録に目を通してみれば、そうした可能性を疑うことはかなりむずかしい。わずか二か月ちょっとのあいだに八三回もの交霊会がおこなわれており、その実施された日付を追っていくと、ごくたまに滞在先の移動日などで丸一日の休みがはさまっていることはあるものの、ほぼ毎日続けられていた。また、同じ人物が別の日にふたたび参加者として訪れた交霊会もあるが、その延べ人数はかなりの数となった。数回の交霊会、そして数人の参加者に関してであれば、抜け目ない詐欺師にとって、なんらかの方法により、気づかれぬまま事前に情報を入手することも可能であろう。だが、パイパー夫人が詐欺師だった場合、イギリス滞在時のスケジュールの過密さを考慮すると、彼女がいったいいかなる手段で膨大な量の事前の情報収集をなし得たのかという謎が逆に残ってしまう。

前述の調査委員会の報告書でマイヤーズが言うには、彼女を十分に調査したアメリカとイギリスのいずれの研究者もまちがいなく同意するであろう三つのポイントがある。ひとつ目、参加者たちがパイパー夫人から「伝えられた事実の多くは、熟練した探偵でさえ得られなかったこと」。ふたつ目、「仮にその他の事実が取得可能だとしても、時間と同様に金銭の出費が必要となり、パイパー夫人がそれをやりくりできたと仮定することは無理がある」こと。三つ目、「詐欺あるいはトリックだと仮定しても、彼女の行為には、なんらそれを示すものが見つからない」こと。[79]

仮に事前の情報収集が不可能だとして却下されたとしても、いまだ疑うべき点として、交霊会の最中に参加者から情報を釣り上げる巧妙な会話〔フィッシング〕がなされた可能性が残されている。すなわち、参加者がまったく意図していないにもかかわらず、会話のなかのちょっとした言葉、無意識に見せてしまう表情、筋肉運動などによって、正解の手掛かりとなるヒントが読み取られているのではという疑惑である。その可能性があり得ることを考慮に入れつつも、委員会の報告書では、交霊会で語られたすべての情報をフィッシングで入手することは不可能だという点が強調されている。そのことをロッジは次のように述べている。

用心し、ほとんど沈黙し、しばしばいっさいの接触を持たない参加者に対して与えられる名前、身の上、できごとからなる詳述に対して、それ〔フィッシング〕では説明にならない。また、それが説明できない最も強固な事例をあげると、交霊会の参加者およびそこにいる人の意識的知識にない事実についての話がある。[80]

ここで述べられている「最も強固な事例」というのは、交霊会に参加した人々自身にも知られていなかった事実が語られ、あとで調べてみるとそれが正解だったというような場合のことだ。たとえば、ロッジが交霊会で告げられた内容を例として紹介してみよう。

ロッジには、ロンドンに住んでいる年老いたロバートという伯父がいた。その伯父には双子の兄弟がいたが、二〇年前に亡くなっていた。ロッジはその伯父に、亡くなった双子の兄弟の遺品を借りたいと手紙を書いたところ、伯父から朝の郵便で古い金の時計が届いた。ロッジはその時計を誰にも見られないように隠して、パイパー夫人の交霊会に臨んだ。パイパー夫人がトランス状態になってから、ロッジはその時計を取り出し、彼女に渡した。するとフィニュイは、それがロッジの亡くなった伯父の持ち物であり、いまはロバート伯父のものとなっていると述べた。亡くなった伯父の名前は、何度かまちがったあと、正しくジェレマイアの省略形の「ジェリー」だと述べた。この交霊会には、ロッジ以外に、今回はじめて参加した速記者しかいなかった。フィニュイは、ロッジの知る由もないジェリー伯父の子供のころの思い出を語り出した。小川で泳いでいて溺れそうになったこと。スミス家の庭で猫を殺したこと。小さなライフルを持っていたこと。長い蛇の皮を持っていたこと。それはいま、ロバート伯父が所有していること。スミス家の野原で遊んだこと。それらをのちにロバート伯父に尋ねてみると、すべてを思い出すことはできなかった。彼は蛇の皮を箱のなかに入れていたことは思い出したが、どこにあるかはわからなかった。また、彼は猫を殺したことを否定し、スミス家の野原のことも思い出せなかった。だが、ロッジがコーンウォール州に住んでいるロバート伯父の別の兄弟のフランクに手紙で尋ねたところ、スミス家の野原は彼らの家の近くの場所で、彼らはそこで遊んでいたことがわかった。また、猫を殺したことも小川で泳いだことも詳細に彼は覚えていた。[81]

　こうしたロッジの言う「強固な事例」は、いったい何を意味しているのか。スピリチュアリストたちが主張し続けてきた霊の存在を証明することに、ついに近づいたということなのか。いや、まったく近づいてはいなかった。むしろ、これまでSPRがそうしてきたように、やはりロッジも霊の存在をひとまず退け、その代わりに思考伝達およびテレパシー仮説を採用した。

　そもそもロッジは、トランス状態になったパイパー夫人を支配するフィニュイなる存在を亡くなったフランス人の医師の霊であるとは考えなかった。むしろ、それをパイパー夫人自身のなかに潜在する別人格だと推定した。そして、思考伝達こそがパイパー夫人と参加者のあいだで起こっていることに対する最も妥当な説明になるということを確信して、ロッジは次のように述べている。

　思考伝達が訴えることの可能な最も常識的な説明である、と確信を持って主張することに、わたしはなんのためらいもない。

わたしはそれ〔思考伝達〕を、これまでに厳密に証明されてきたとみなしているし、またそれゆえ、新たな裏付けを要しないとみなしている。だが、この件についての実験をしたことのない多くの人々にとって、そのため当然のことながら、思考伝達に関して懐疑的に思っている人々にとってさえ、フィニュイの交霊会の記録は非物質的なコミュニケーションという形式――精神への精神の直接的な作用――を確信するための確実な基礎を提供するとわたしは考えている。[82]

前章で見たように、思考伝達はSPR発足時からウィリアム・バレットを中心として熱心に実験がくり返され、肯定的な結果を得ていた。また、すでにロッジ本人も、リバプールの織物業者マルコム・ガスリーによるレルフ嬢とエドワーズ嬢との思考伝達実験に参加し、その肯定的な結果を一八八四年六月三十日のSPR総会で発表していた。[83] したがってロッジにとって、思考伝達はもはや疑う余地なく、ほぼ実証されたと言っていい現象だった。

しかしながら、仮に思考伝達が起こっていると認めたとしても、ひとつ問題があった。まずロッジ自身が述べているように、パイパー夫人の事例は、実験で確かめられた思考伝達と一致しない特徴があった。たとえば、思考伝達実験の場合、作用主体者はある特定の物体なり観念なりに意識を集中しなければならなかったが、フィニュイが告げた情報には、作用主体者となったはずの参加者が意識的に考えてもいなかったこと、あるいはそのときまったく忘れていたことなども含まれていた。そのためロッジは、パイパー夫人の場合の思考伝達を、これまでの実験で確認されてきた思考伝達とは別種であり、「この種のものは、いまだまったく実験によって証明されていない」と認めざるを得なかった。しかしながら、フィニュイが語る情報が参加者の意識にのぼっていなかった内容であったとしても、その人の「意識下」もしくは「無意識の脳の一部」からそれが伝達されたと仮定すれば、その多くの事例は説明できる。それゆえ、ロッジはこう主張している。送信者となる側の意識的な活動をともなわないこの種の思考伝達は、実験で証明できるものではないにせよ、それは「それ以外の説明が論外であれば、訴えられる唯一の仮説である」[84]。

では、そもそも参加者自身の見たことも聞いたこともない情報が、フィニュイの語る内容に含まれている事例をどう説明するのか？　この場合、参加者の意識下から情報が伝達されたとはみなせない。ロッジはそのような事例を、今回のパイパー夫人のイギリス訪問での全交霊会から拾い上げた。その結果、四二件がそれに該当した。だとすれば、ここでふたたび問わなければならない。これは交霊会の参加者からではなく、遠距離の人とのあいだに生じたテレパシーだと考えるべきなのか。あるいはロッジいわく「最後の頼み」として、亡くなった人、つまり霊とのあいだに生じたテレパシーなのだろうか。報告書でのロッジは、それに対する自分自身の見解を明らかにはせず、疑問を残して終わっている[85]。

意識下の記憶

一方で、マイヤーズは今回の調査を通して、誰よりも明らかにスピリチュアリズムへ傾倒していったようだ。というのも、マイヤーズはフィニュイの語る情報がパイパー夫人のなかに「潜在しているテレパシー的な能力から由来する」と述べながらも、通常のテレパシー仮説をはみ出していく次のような発言をしている。「いくつかは死者の生存する人格の介入を確かに示しているように思われる」[86]

もちろん、パイパー夫人の交霊会に参加した他のSPR関係者たちが、マイヤーズの霊仮説への接近に同調したわけではない。特別調査委員会がSPRに提出した報告書は、序文をマイヤーズ、第一部をロッジ、第二部をウォルター・リーフ、さらに第三部としてボストンでの調査をもとにしたウィリアム・ジェイムズからの寄稿が付されるかたちで構成されているが、それらを読み比べると、彼らの見解はそれぞれ微妙に異なっているのがわかる。なかでもリーフの報告はマイヤーズよりも冷静で、あくまでこれまでの思考伝達の可能性の範囲のなかでパイパー夫人の事例を説明しようとしている。では、リーフが自身の調査をどのように報告しているのかを見てみよう。

リーフが調査したのは、パイパー夫人がロンドンに滞在していたときの交霊会だった。リーフもまた、事前の情報収集ができないように防御したが、パイパー夫人の日常の行動になんら不審な点はなかったという点ではマイヤーズやロッジと同意見だった[87]。さらに、「パイパー夫人に何度も接したすべての人と共通して、彼女がきわめて誠実な人物だという印象が強い」と述べ、リーフも彼女の普段の人柄に対して好評価を与えている[88]。

一方で、リーフはフィニュイが告げて正解だった情報を、超自然的な方法で獲得されたと見る前に、通常の手段で得られる可能性がないか、さまざまな角度から分析している。たとえば、そもそも当たる確率の多い情報を語ること（年配の人に対して「あなたの両親はふたりとも、すでに亡くなっている」と告げたり、または「あなたにはウィリアムという知り合いがいる」といったありふれた名前をあげるなど）。曖昧な言いかたで正解率を上げること（「あなたにはエドという知り合いがいる」といったように人の名前を省略して述べる――その場合、エドワード、エドウィン、エドガー、エドモンド等はいずれも正解となる）。参加者が気づかぬうちに情報を読み取られている可能性（参加者の手を握ったり、体に触れたりすることで相手の筋肉の動きを読むなどのマッスル・リーディングの可能性）。こうしたことを検討したのちに、リーフはそれらのやりかたでフィニュイが語る詳細な情報すべての出所を跡づけることはできないとし、最後に残る説明として思考伝達の可能性へと移っていく[89]。

たしかに、思考伝達の可能性を前提としているという点では三者とも共通している。また、ロッジのところで見たように、パイパー夫人の事例で起こっている思考伝達は、これまで実験をくり返してきた思考伝達とは異なる種類の現象であり、そこでは交霊会参加者の意識が集中している対象ではなく、むしろ意識下の情報が伝達されているという点についても同意している。さらにフィニュイの存在を、パイパー夫人の潜在的なもうひとつの人格、リーフの言いかたでは「第二人格」とみなす点でもまったく異論はない。では、何が見解の相違を生み出したのか。

まずリーフは次の点を疑った。そもそも本人の知るはずもない事実とみなしていた情報は、本当に知るはずもない事実だったのか。リーフは前述したロッジの伯父のエピソードを例として、次のように問いかけている。

たとえば、ジェリー伯父がロッジ教授に送ったメッセージを取り上げてみよう。小川を泳いでいたという話は十分に印象的だが、ジェリー伯父自身もしくは彼の兄弟によって、子供のころのロッジ教授に対してそのことが語られることがなかったかどうかを、どうすれば証明できるというのか[90]？

要するに、リーフの考えでは、本人が意識している記憶は、意識下に記憶されているものと同一ではない。言い換えるなら、本人が意識的に思い出せなくても、意識下にはそれが記憶されている可能性がある。したがって、人は意識的には覚えていない情報であっても、自分が過去にそれを聞いていなかったと断言することはできない。したがって、ロッジのあげている事例の場合も、彼が子供のころに聞いた話を、本人が意識上で単に忘れてしまっているだけで、彼の意識下では記憶されている可能性がある。だとするなら、フィニュイによってロッジに語られた内容も、彼本人の意識下から、ある種の思考伝達が起こった結果としての情報である可能性は残り、それを死後も霊として生きているジェリー伯父から得た情報である、とあえて仮定する必要もなくなる。こうしてリーフは、フィニュイが語る情報に驚くべき内容が含まれていたとしても、あくまでその出所を参加者の意識下へと帰し、霊仮説を完全に却下している。マイヤーズやロッジのような曖昧さを残すことなく、リーフは次のようにきっぱりと言いきっている。「それでは、わたしたちが扱わなければならない不可解な事実の全体を、思考伝達で十分に説明し得るだろうか？　わたしの意見では、そうなるだろう[91]」

しかしそれは、本当に思考伝達だけで説明し得るものなのか？　すでにイギリスに来る前のパイパー夫人を調査していたホジソンは、その疑問を払拭しきれない何かを感じ続けていた。一八九〇年二月、帰国後のパイパー夫人に対して、ホジソンは引き続き調査を再開するが、それはいまだ確証の得られていない、そこにあるかもしれない何かを突き止めるためだった。

霊との間接的な交信

一八八六年の時点でウィリアム・ジェイムズが懸念していたとおり、やはりＡＳＰＲの存続には困難があった。一八九〇年一月、ＡＳＰＲは独立した組織であることをやめて、イギリスのＳＰＲの支部として併合されるかたちとなった。[92] 一方、当初の予定では一年でアメリカ滞在を終えるつもりだったホジソンだが、結局のところ、そのままＳＰＲアメリカ支部での調査を続けざるを得なかった。なんといっても、ボストンに来てから三年目を迎えてもパイパー夫人のミディアムシップに最終判断を下せなかったため、ホジソンはイギリスへ帰るわけにはいかなかった。

同年二月、パイパー夫人がボストンに戻ってくると、ホジソンはすぐに彼女の交霊会の調査を再開した。そしてＳＰＲからは、パイパー夫人に対して年間二〇〇ポンドの支払いが約束された。[93] それによって、パイパー夫人の交霊会はホジソンの裁量で思うがままに仕切られるようになった。だが、かつてブラヴァツキー夫人のときは、あっさりそのトリックを暴き、難なくはっきり結論を下すことができたホジソンも、今回はそうできなかった。何度も何度も交霊会をおこない調査や検討を重ねていったあと、ようやくホジソンが報告書をＳＰＲに提出し、その見解が公開されたのは、最初にボストンに来てから五年の月日が流れた一八九二年六月のこと。では、その結果はいかなるものだったか。

ホジソンによる痛快な詐欺の完全暴露を待ち望んでいた反スピリチュアリストたちにとって、その報告書は大いに不満を残す結果となった。というのも、霊仮説を認めるとまではいかないまでも、すでに見たＳＰＲのマイヤーズ、ロッジ、リーフらによって主張された内容に概ね同意するかたちで、パイパー夫人の能力が本物だと結論づけられていた。

まずホジソンが報告書で明言したのは、長らくパイパー夫人のトランス状態を観察した結果、まちがいなくそれが演技ではなく本物であるという確信だった。ホジソンによれば、トランス状態にいるパイパー夫人は、部分的な無感覚状態になる。強いアンモニアを吸入してもまったく不快さを示すことなく、口にスプーン一杯の塩を含ませても、まったく気づいていないように見える。だが、肉体の感覚がすべて失われているわけではない。体をつねればフィニュイはその場所を特定できたし、火のついたマッチを近づけると、彼女の腕はゆっくりと遠ざけられていくなどの反応があった。[94]

さらにホジソンもまた、パイパー夫人による事前の情報収集、共謀者の可能性をあらためて強く否定している。ホジソンは「フィニュイの知識が、このやりかたで獲得されたと仮定しづらいのは、多くの異なる参加者に関連して伝えられた多くの数の事実があり、また、事前にそれらの人々に関することをパイパー夫人に知られないよう格別な注意が払われていたことによる[95]」と述べている。

長期にわたる調査の末、パイパー夫人の詐欺の可能性がないのだとすれば、次にホジソンが考えざるを得なかったのは、マイヤーズ、ロッジ、リーフの報告と同様、参加者からの思考伝達によって、それがうまく説明できるかどうかだった。すでに述べたように、通常の思考伝達において作用主体者は、その対象に意識を集中する必要があるが、ホジソンの観察によると、フィニュイの思考伝達においては、参加者がその事柄に関して「明晰な意識的思考」を持つことはなんら助けにならない。むしろ逆に、参加者がそれを意識的に考えていないときに、フィニュイは参加者の潜在意識からの情報を獲得できる。したがって、フィニュイは参加者の意識している内容を読むのではなく、参加者によってその瞬間に意識されていない情報を読んでいるのではないか[96]。このようにホジソンはパイパー夫人に起こっている思考伝達の特異な点を指摘している。また一方で、ホジソンは霊仮説をそのまま採用することが難しいことも承知していた。というのも、ある亡くなった人物の霊から情報を得ているとフィニュイが主張しているときに、その亡くなった人物が生前によく知っていたはずのことを質問しても、フィニュイがそれに答えられないこともあったからだ。このことから、ホジソンは次のように言う。

「死んだ友人」に尋ねた多くの質問に対して、十分な返答を入手することへのフィニュイによる疑う余地のない失敗は、「霊仮説」に対する最大の異議となることは疑いない。[97]

こうしていったん霊仮説を退けたということは、思考伝達ですべてが説明できるとホジソンは考えていたのだろうか。いや、明らかにそうではなかった。実際、ホジソンは思考伝達だけでは説明できない次のような事例についても言及している。ある男性の参加者は、フィニュイの能力の実験のために、彼本人が中身を何も知らない箱を持参してきた。それに対してフィニュイは、その箱を参加者に提供した人物X氏のことを語った。さらに実験のために箱のなかの物体をX氏に提供したY氏のことも語った。さらにもともとY氏にその物体を与えたQ氏についても語った。フィニュイは箱のなかの物体を「お守り」で「きらきら光るもの」、そして「海を超えたはるか彼方から」やって来たものだと述べた。実際のところ、それは日本製の「彫刻が施されたボタン」であり、「最近は、黄金の留め具でお守りとして身に着けていた」[98]。このような場合、その男性の参加者の潜在意識から、思考伝達がなされた可能性は考えづらい。なぜなら、その男性参加者は、そもそもY氏のこともQ氏のことも知らなかったばかりか、その箱の中身が何か、さらにはその来歴に至っては知り得なかったはずだ。だとすれば、フィニュイはその物体から情報を読み取ったのだろうか。ホジソンはこの種の事例をほかにもあげながら、次のように述べている。「参加者がその物体の思い出を知っていることは必要ではなく、参加者とは関係なく、物体それ自身との接触が、なんらかの手段でその思い出に関連する正確な情報をフィニュイに獲得することを可能にしている」ように思われる場合もある[99]。

それにしてもホジソンは、フランスの医師の霊だとみずからを名乗るフィニュイのことをどう考えていたのか？　興味深いことにも、ホジソンはフィニュイに質問を投げかけて、彼自身の略歴を語らせている。

フィニュイがホジソンに語ったところによると、彼自身の本名はジャン・フィニュイ・シルヴァイユ。生没年についてフィニュイは述べていないが、ホジソンによれば、彼が語った内容の情報から判断して一七九〇年ごろに生まれ、一八六〇年ごろに死んだと考えられる。また、生まれたのはマルセイユで、二十五歳から二十八歳までパリの大学で医学を学び、その後さらにフランス北東部のメッスという町でも学び、三十五歳で結婚し、子供はいなかった。一見、みずからが実在していたことを証明するかのように語られたこれらの経歴は、結果的に逆効果だった。というのも、ホジソンが実際にフランス医学界の記録を調べてみると、フィニュイの述べたような人物は見当たらず、彼が実在していた証拠もなんら発見できなかったからだ[100]。

フィニュイが実在の人物であったことを信じられない理由は、ほかにも多数あった。たとえば、フィニュイはフランス人を称していたにもかかわらず、フランス語を話せなかった。そのことについてフィニュイは、人生の多くの部分をメッスで過ごしたが、周囲の人の多くがイギリス人であったため、英語での生活を余儀なくされた結果、フランス語を忘れてしまったという言い訳をした。それに対してホジソンは、フィニュイがフランス語を話すことのできない理由を逆に次のように示唆してみた。フィニュイがフランス語で話すためにはミディアムの脳を使用しなければならないため、ミディアム自身が持っているフランス語の知識以上には表現できないからなのではないかと。すると驚くことにも、数日後の別の交霊会で、フィニュイはとある参加者に、自分がフランス語での会話ができない理由として、ホジソンが示唆した理由をそのまま説明として使っていた。さらに医師だったと称するフィニュイの医学的知識もきわめて怪しかった。ホジソンが友人の薬剤師に、自分のまったく知らない三つのハーブの見本を持ってきてもらって試したところ、フィニュイは時間をかけて考えたあげく、その答えは全部まちがえていた。また、パイパー夫人の読んでいた『家庭の医学』以上の医学的知識をフィニュイが持っているかどうかを試すために、ある医師が簡単な質問をしたときにも、フィニュイは答えられなかった[101]。

こうしたことから、フィニュイ自身がなんと言おうとも、彼を実在していた人物の霊であるという可能性は、ひとまず除外しておいたほうがよさそうに思える。だとしても、しばしばフィニュイが不気味なほどの詳細な情報を参加者に告げられるのはなぜなのか、という問題は依然として残る。それゆえ、同論考の終わり付近で「フィニュイが、『死んだ』人たちと直接交信している、あるいは彼が主張しているように、彼自身が『死んだ』人なのかどうかを結論づけられる十分な根拠はあるのか?」とホジソンは問いかけたあと、次のように述べている。「以前に発表された証拠と併せてここで示された証拠は、そのような結論を確証する十全さからはまったくもって遠く離れている」。そればかりかさまざまな事例は、「『死んだ』人たちが、フィニュイと直接交信しているという仮定へのほとんど抗うことのできない反論を形成している」[102]。こうした言葉を読むと、結局のところホジソンは霊の存在を完全に退け、スピリチュアリストたちを失望させるに十分な最終結論に達したのかと思われる。だが、そのつもりでそのすぐあとにホジソンが続けて述べた言葉を読むと、誰もが困惑させられてしまうのではないだろうか。

フィニュイが『死んだ』人たちとなんらかの間接的な交信――実際、たとえ一部であり断片的なものだとしても――をしているかどうかは決めがたい問いであるため、わたしはこの仮説を、心のなかにとどめ続けるべきひとつだととらえておきたい[103]。

「間接的」――その言葉で何を意味しているのかをホジソンはこれ以上明らかにしていないが、少なくともこの文章からは、彼が霊仮説を完全に却下していないということが確実に示されている。さらにホジソンは、みずからの見解をより曖昧にする発言を続ける。しばらくのあいだは、「オート・ヒプノティック・トランスのなかでパイパー夫人の第二人格」が、死んだ人間の「霊」だと「まちがって」信じているか、もしくは「意識的にまたは偽って」死んだ人間の「霊」であるふりをしているというのが「最も満足できる仮説」だった。だが、「こうした説明のなかでのわたしの確信は、フィニュイの人格、およびパイパー夫人のトランス状態における他の同類の『現れ』をさらに熟知していくにつれて振り落とされた。そのため、わたしは提示されているうちのどれが本当に正しい理論なのかについて、疑う余地のない確信を持っていない[104]」。

ここでホジソンが述べているのは、要するにパイパー夫人のトランス状態で現れたフィニュイではない別の人格との接触によって、それが本物の「霊」ではないと言い切れなくなったということだ。しかもそれだけではない。この報告書の末尾に付された「追記」には、ホジソンの立場をよりいっそう微妙なものとする次のような文章が掲載されている。

追記　一八九二年五月

前述の報告書は、一八九一年より前の交霊会にもとづいている。ごく最近、参加者からの思考伝達を超えるなんらかの能力の存在のための証拠を実質的に強化してくれるいくつかの交霊会をパイパー夫人が提供してくれた。またそれらはたしかに見たところ、「霊の」仮説のいくつかの形態をより理にかなったものと思わせる。今後の論考のほかの結果のなかで、これらを議論したいとわたしは思っている。[105]

この「ごく最近」の交霊会とはいったいどのようなものだったか？　その公表をしばらく差し控えたまま、ホジソンはパイパー夫人の調査を、この先もしばらく忍耐強く継続していくことになる。

国際実験心理学会議と幻覚統計調査

ホジソンがパイパー夫人についての調査報告書を発表したころ、前章の最後に触れた一八八九年のパリでおこなわれた国際生理学的心理学会議に引き続き、一八九一年八月にロンドンでの開催が決まっていた国際実験心理学会議が目前にまで迫っていた。ここで、パイパー夫人の話題からいったん外れて、前回の会議で課題とされた幻覚統計調査が最終的にどのような結果になったかを見ておきたい。

前回の会議の終了後、ＳＰＲはシジウィックの指揮のもと、休むことなく幻覚統計調査のための事例収集と整理を進めていった。ガーニー亡きあと、実務の中心を担ったのはエレノア・シジウィックとアリス・ジョンソン（一八九〇年からエレノアの秘書を務め、一九〇三年からはＳＰＲの書記になる人物）だった。さらにフレデリック・マイヤーズとフランク・ポドモアが全体に目を通し、事例の精査を担当した。また、医師のアーサー・Ｔ・マイヤーズも、幻覚を引き起こす原因となる健康障害という観点から事例の査定にあたった。[106]

SPRは新たな事例の収集のため、「調査質問」と題した以下のような文章を、「二十一歳以上の人々に対して、偏りがなく無差別」に、委員会メンバーの友人や知り合いを中心として構成された四一〇名の収集者を通じて配布し、可能なかぎり多くの回答を求めた。[107]

自分が目覚めていることを確信しているときに、自分がわかっているかぎりでなんらかの外的な物理的要因ではなく、生物あるいは無生物を見たり、あるいは触れたり、あるいは声を聞いたりしたという鮮明な印象を受けたことがありますか[108]？

その結果、一八八九年十月二十四日までに二九二八件の回答を得た。だが、国際実験心理学会議までには五万件を集めたいと考えていたシジウィックにとっては、はるかに少ない数だった。[109]さらにシジウィックは、一八九〇年七月十一日の第四〇回総会での会長演説の場で六四八一件の回答を得たことを報告しながらも、それが目標にはほど遠いことを冒頭から強く訴えた。

わたしが幻覚の統計についての最新の中間報告をおこなってから一年ほど経った。これまでの合間に作られた進展は、わたしの期待をまったく実現していない。とりわけ、協会の会員および準会員による作業結果が示している関心の低さによって、わたしは少しばかり失望させられている。いまやわたしたちの協会（アメリカの協会を含めずに）は会員と準会員でおよそ七〇〇名いる。そしてわたしが以前に指摘したように、もしそれらすべての人々が二五の回答を集め、そして同じことをひとりの友人に依頼したら——それは概して、それほどむずかしいことではない——、三万五〇〇〇の回答を得られるはずだ。そしてこの数は、わたしが望んでいるほど多くはないとはいえ、偶然の幻と非偶然の幻の割合を、確度に十分な近似値で、その調査自体から計算できるだろう。[110]

SPRは事例の収集の拡大を図り、『マインド』『十九世紀』『ニュー・レヴュー』『マレーズ・マガジン』『レヴュー・オヴ・レヴューズ』といった外部の定期刊行物にも、幻覚統計調査の趣旨を訴えた[111]。

その一方で、シジウィックとマイヤーズは、国際実験心理学会議の準備にも注力しなければならなかった。会議の準備を進めるにあたり、議長のシジウィックにはある懸念があった。開催をおよそ半年後に控えた二月十六日、シジウィックはローデン・ノエルへの手紙で次のように述べている。「わたしが腐心している微妙で困難な課題は、実験心理学の正式な部門としてサイキカル・リサーチを評価するよう、伝統的な心理学者を説得することです[112]」。この課題は、ドイツの実験心理学者や生理学的心理学者たちとのあいだに、とりわけ大きな溝として横たわっていた。そのことをシジウィックは、一八九二年三月二十六日の日記で次のように書いている。「彼らのほとんどは感覚器官における精神物理学的な実験にしか興味がない頑固な唯物論者たちだ。対するわたしのほうは、テレパシー以外になんら実験をしたためしがなかった。水と火、油と酢ですら、双方の敵意の表現としては物足りない[113]!」

こうした状況において、シジウィックは努めて冷静に立ちまわったと言える。というのも、シジウィックは自分たちが関心を持っているサイキカルな現象を中心には置かず、伝統的な実験心理学や生理学的心理学に関するさまざまな主題の脇にまわした。さらに、ドイツの心理学者たちの参加を取りつけるために、マイヤーズ以外のもうひとりの事務担当者として、ユニヴァーシティ・カレッジ・ロンドンの哲学教授ジェイムズ・サリーを指名した。ゲオルク・アウグスト大学ゲッティンゲン（通称ゲッティンゲン大学）およびベルリンのフンボルト大学での学位を持つサリーは、生理学的心理学の教科書の著者として、ドイツの学者のあいだでも知られていたイギリスの研究者だった。すなわち、実績のあるサリーの賛同を得ていることを示しながら、今回の会議のプログラムが通常の実験心理学に沿ったかたちで組織されていることを、シジウィックはあらためて強く訴えた。同時にシジウィックは、一八九二年三月末から四月初旬にかけて、ベルリン、ウィーン、ミュンヘンにみずから赴き、当地の実験心理学者たちを訪問し、会議への参加をうながした。[114]

シジウィックの努力が実り、一八九二年四月一日から四日にかけてユニヴァーシティ・カレッジ・ロンドンで開催された会議には、三〇〇名以上が（うち約一〇〇名が海外から）参加した。[115] 副議長は一一名で、さまざまな国および専門領域から集まった以下の学者で構成された。アバディーン大学の論理学教授アレクサンダー・ベイン、カナダのトロント大学の心理学研究所の設立者ジェイムズ・M・ボールドウィン、前述のイポリット・ベルネーム（第9章）、記憶に関する実験心理学のパイオニアとして知られるドイツのヘルマン・エビングハウス、ベルギーのリエージュ大学心理学研究所の創設者ジョゼフ・デルブーフ、動物の大脳皮質の感覚野を特定したことで知られるスコットランドの神経生理学者デイヴィッド・フェリアー、動物の大脳皮質への電気刺激をはじめて実験したドイツの神経学者エドゥアルト・ヒツィッヒ、ナンシー学派のヒプノティズム研究者ジュール・リエジョワ、ベルリン大学の生理学者ヴィルヘルム・プライヤー、前述のシャルル・リシェ、脳機能の局在論を研究したドイツの神経学者エトヴァルト・A・シェーファー。

提出された四二の論文は、次のふたつのセクション――（A）神経学と精神物理学を扱う論文。（B）ヒプノティズムおよびそれと関連する同種の現象を扱う論文――に分けられた。SPRにとって重大な議題である幻覚統計調査は、後者のセクションBに含まれた。また、テレパシーについての研究は、四日木曜日のセクションBの会議において、エレノア・シジウィックによって読み上げられる論文のみとした。また、肝心のSPRの幻覚統計調査の論文は、会議の三日目となった水曜日の午後、シジウィックによって読み上げられた。

この国際実験心理学会議で発表されたSPRの幻覚統計調査の論文は、あくまで予備報告だった。その完全なかたちでの論文は、二年後の一八九四年、SPRの紀要で公表された。それを見ると、そこには収集された事例の詳細で丁寧な分類・分析と統計結果が掲載されているだけでなく、それらに対して想定されるさまざまな批判を予期したうえで、方法論上の問題についての綿密な考察も付されているきわめて用意周到なものだったことがわかる。ここでは一八九四年のSPRの紀要での最終報告において、幻覚統計調査がたどりついた結論のみを、まずは簡潔にまとめてみよう。

ＳＰＲに集まった最終的な回答数は、一万七〇〇〇件（一八八九年四月から一八九二年五月のあいだに収集された）。そのうち、質問に対して肯定の回答を示しているのが二二七二件。さらにそれらの回答から、夢のなかのイメージ、精神錯乱を誘発する可能性のある病気（たとえば猩紅熱《しょうこうねつ》や腸チフスなど）を患っている場合、直接の視野ではなく目の端から見えただけのような単なる錯覚の可能性のある場合などを排除したうえで、正常な状態で起こった本物の幻覚の報告者として認めた数は一六八四件、すなわち全体の九・九パーセントとなった[116]。またそのうち、死に関する幻姿の事例は一二八八件であり、その人の死の一二時間以内に体験された幻覚に限定した場合、その事例は八〇件となり、さらにそのなかから、高齢者や病人、証言した人が幻覚体験した本人だけの場合などを除外することによって、最終的に強い証拠を持った事例として残ったのは三〇件となった。そしてこの三〇という数をもとに、それが単なる偶然の一致かどうかについて確率計算がおこなわれた[117]。

ここでその計算方法を説明すると非常に長くなるので省略するが、そこで出てきた数字はＳＰＲにとって十分に有意な結果であると思われた。結論としてＳＰＲは次のように述べている。「仮にこうした試算が正しいものとして見積もられるなら、わたしたちの収集した死と同時発生の数が偶然によるものではないとの判断が下されることになる[118]」

ガーニーの遺志を引き継いだ幻覚統計調査は、今回の国際実験心理学会議を通じて、ひとまず完了した。

ＳＰＲにとって、この幻覚統計調査は、サイキカル・リサーチという分野を正式な科学の領域に位置づけるための最も重要な試みだった。そのため、方法論上の問題を十分に吟味し、厳密な統計学的な手法を可能なかぎり用いることで、そこに非科学的だとみなされる余地を完全に排除しようとした。実際、一八九五年一月の『サイコロジカル・レヴュー』誌に幻覚統計調査の批評を書いたウィリアム・ジェイムズは、そのことを強調したうえで、ＳＰＲの今回の結果がもたらした重要性を、同業の心理学者たちに向けて次のように訴えた。

これまでのところで、筆者の意見において言える最大のことは、真実の幻覚が偶然以上の何かによるものだということを、シジウィックの報告書が侮ることのできない最上の仮定として提出しているという点だ。いまやこのことはテレパシー理論、または別のオカルト理論が提出するものがなんであれ、科学の法廷の前で、忍耐強く、また敬意を表して耳を傾けられる権利を、正当な手段で勝ち取ったことを意味している。そして、「科学」という言葉が意味することの本質的な理解を持っている人であれば、このような事実に含まれている可能性のある深遠な問題に気づかずにはいられないだろう。[119]

しかし、この確信に満ちたジェイムズの肯定的な言葉にもかかわらず、その後の歴史を見ると、SPRの幻覚統計調査の結果によって、サイキカル・リサーチを科学の正式な分野として確立するという目的は果たせなかった。[120] ジェイムズの主張に反して、主流派の科学者たちの多くはサイキカル・リサーチが扱っている問題自体をそもそも無視しようとした。次章では、サイキカル・リサーチを批判するアメリカの心理学者たちとジェイムズのあいだの対立にあらためて目を向けることで、この両者のあいだにある深い溝をより明瞭に見ていきたい。

撤回された詐欺の告白

ここで本章の最後に、スピリチュアリズム・ムーヴメントの発動者でありながら破壊者となってしまったフォックス姉妹のその後について簡単に触れておきたい。ニューヨーク・アカデミー・オブ・ミュージックでの劇的な告白からおよそ一年後、驚くべきことにも、マギーはその告白の言葉を撤回した。一八八九年十一月十六日、ニューヨークのファースト・ソサエティ・オブ・スピリチュアリスツの会長ヘンリー・J・ニュートンとその妻、その他数名のゲストと速記者がいる前でマギーは次のように語った。

過去数か月間、わたしは言葉では言い表せない苦悩を経験していました。そしていま、わたしが歩みはじめた破滅的な方向を選んだことに対し、とても大きな後悔の念を感じています。あのときの言葉は、あらゆる点で誤ったものでした。そう述べることになんらの迷いもありません[121]。

このときのマギーの話は、一八八九年十一月二十日の『バナー・オブ・ライト』誌に掲載された。だが、もはや一年前にはじめて詐欺を告白したときのような大反響は聞こえてこなかった。マギーの生涯を描いた本『不本意な霊能者——マギー・フォックスの生涯（*The Reluctant Spiritualist: The Life of Maggie Fox*）』の著者ナンシー・ルービン・スチュワートは、次のように述べている。それは「熱気の失せた関心だけで受け取られた」。それればかりか「どちらかと言えば、もはや砕け散っていた彼女の名声をさらに貶めたかのようだった[122]」。

スピリチュアリスト側に出戻って身を寄せたあとのマギーは、スピリチュアリズム四二周年の記念日となる翌年の三月三十一日、ボストンのウェルズ・メモリアル・ホールの演壇で、ふたたび霊の存在を示すラップ音を作り出した。同席して間近に見ていたスピリチュアリストのメアリー・T・ロングリーは、次のようにマギーの印象を述べている。「彼女は健康状態がとても悪そうだったけど、尊大さやうぬぼれはまったく感じさせない謙虚な小柄の女性だった[123]」

さらに、ケイトもふたたびミディアムの道に戻ってきた。マンハッタンで暮らし、一八九〇年四月から、ときおり旧友のテイラー夫妻と交霊会を開くようになった。だが、過剰な飲酒がケイトの肉体を蝕《むしば》んでいた。一八九二年六月一日のテイラー夫妻との交霊会が、彼女にとって最後の霊との交信になった。七月二日午後三時半ごろ、ケイトの容態は悪化し、息子のフェルディナンドが医者を呼んで戻ってきた数分後、彼女はこの世を去った。死因は慢性のびまん性腎炎で、享年五十五歳だった[124]。その翌日の『ニューヨーク・ヘラルド』紙は、ケイトの死を次のように報じた。「ミディアムのケイト・フォックス、突然の死。何年も昔、霊的世界の人々を驚かせた悪名高きフォックス姉妹のひとり[125]」

ところで、マギーとケイトから憎悪されていた長女のリアはどうしていたのか。すでに七十代半ばを迎えていたリアは、若いころの闘志を失っていたようだ。マギーの告白後、結局、公の場で反論に打って出ることもなく、一八九〇年十一月一日、ニューヨークの自宅で亡くなった。死亡診断書によれば、晩年のリアは精神的な消耗で悪化した心臓病を患っていた[126]。

最後に残ったマギーもアルコールの過剰摂取で体調を崩し、一八九三年三月七日に五十九歳でこの世を去った。十日の葬儀には少なくとも二〇〇人が集まり、過去のスピリチュアリズムへの裏切りの一件はほぼ忘れ去られていたかのようだった。そのようすを伝えている三月十一日の『ニューヨーク・ヘラルド』によると、葬儀に参列したミディアムたちによって、霊界にいる長女リアとホーレス・グリーリーの霊から受け取ったとされるメッセージが読み上げられた。さらにJ・クレッグ・ライトというスピリチュアリストは、ベンジャミン・フランクリンの霊の指示のもと、目を閉じ、力強く手を動かしながら、生前のマギーを次のように高らかに称賛した。「プラトン、シーザー、ジョージ・ワシントンよりも偉大であった[127]」

本章では、一八八〇年代に起こったミディアムたちの信用の失墜とともに低迷していくスピリチュアリズム・ムーヴメントに反し、ただひとり、詐欺とは無縁のまま謎の能力を発揮し続けるミディアム、パイパー夫人に対する調査とその結果を見てきた。次章では、その後もリチャード・ホジソンによって継続されるパイパー夫人のさらなる徹底的な調査とともに、SPR初期の研究がいよいよひとつの最終局面に向かっていく様相を追う。

第11章

白いカラスを求めて
レオノーラ・パイパーの謎

モーゼスの能力は本物だったか

一八九二年九月五日、ミディアムでありながら、ロンドン・スピリチュアリスト連合の会長としてイギリスのスピリチュアリズム・ムーヴメントを牽引していたウィリアム・ステイントン・モーゼスが、この世を去った。第9章で見たように、一八八六年にエグリントン問題をめぐってSPRをすでに脱退していたとはいえ、かつて副会長であり評議会の一員でもあったモーゼスの訃報は、同年のSPRの紀要にマイヤーズによる追悼の辞とともに掲載された。[1]

前述のとおり、もともとモーゼスは、絶頂期のダニエル・ダングラス・ヒュームを彷彿させる空中浮遊や霊による楽器の演奏などを含む驚異の物理現象を引き起こすミディアムだった。しかも、ヒュームと同様に詐欺を暴露されることとは無縁であり続け、その経歴にいっさいの傷のない数少ないミディアムのひとりだった。であれば、SPRにとっては調査対象として申し分のないミディアムだったはずだ。それにもかかわらず、モーゼスのミディアムシップはSPRの公式な実験や調査を受けたことはなく、またマイヤーズ自身すら、たとえ個人的なレベルでも、モーゼスの交霊会に一度も参加したことがなかった。一見、このことは奇妙にも思われるが、単にそれはモーゼスの物理ミディアムとしての能力が、一八八二年のSPR設立の前年あたりにはほぼ失われてしまっていたからだ。[2]

結局のところ、モーゼスのミディアムシップは本物だったのか？　熱心なモーゼス信奉者でないかぎり、それはスピリチュアリズムの調査に関わっていた多くの人が胸中に抱いていた疑問だった。だが本人の死によって、その答えは永遠に封印されてしまった。そんななかで、これまでSPRでは本格的に論じられなかったモーゼスのミディアムシップへの正当な評価を与えるべく筆を執ったのがマイヤーズだった。それは一八九三年十月二十七日に開催されたSPRの第六一回総会で読み上げられた「モーゼスの体験」と題された論文になった。そこでマイヤーズは、モーゼスの遺言執行人チャールズ・C・マッシーとアラーリック・A・ワッツから託されたモーゼス自身の未発表の手記、および生前の親友たちによるモーゼスとのプライベートな交霊会の未公開記録をもとにしながら、モーゼスのミディアムシップの真正性を支持する立場を明確にした。

それにしても、マイヤーズはなぜ調査したことも垣間見たことすらないモーゼスのミディアムシップを支持したのか。ミディアムが引き起こす物理現象に対して懐疑的な人間であれば、誰しもそう思わざるを得ない。そこでマイヤーズが頼りとしたのは、ひとえに知人たちのあいだにおける彼の人柄への高評価だった。マイヤーズは次のように言う。「モーゼス氏の個人的な品行」に関する「健全さと誠実さ」については、「知るかぎり、わたしだけではなく、モーゼスと知り合いのどんな人も、なんら疑いを心に抱いていない」。したがって、個人的にもよく知っている道徳的な見地から見て申し分のない人物が、友人や社会に対して、計画的な詐欺を生涯にわたってはたらくことなど考えられない。[3]

実際にマイヤーズは、モーゼスの「健全さと誠実さ」の保証として、モーゼスをよく知っている友人たちからの証言を集め、論文中にそれらを引用している。たとえばそのなかのひとつ、モーゼスが勤めていたロンドンのユニヴァーサル・カレッジ・スクールのある教師からマイヤーズに宛てた手紙には、次のようにモーゼスの人柄への肯定的な評価が述べられている。

故W・ステイントン・モーゼスとは、彼がここで教師になった一八七一年に出会いました。〔中略〕彼に対してつねに感じていたのは、ひたむきで実直という印象です。彼の述べることは信用できると確信しています。[4]

モーゼスのミディアムシップが本物であることの保証として彼の誠実な人柄の評判を持ち出してくるのは、マイヤーズにかぎらず、スピリチュアリストたちの書いた本を読んでいてもよく見かけられる。だが、実際のところモーゼスに対して誰もが本当に好印象を持っていたのかと問うならば、けっしてそうではなかった。もちろん、有名になればなるほどなんらかの悪評から完全に逃れられる人間などそうそういないことを考慮すれば、モーゼスの人間性への否定的コメントをあえて取り沙汰する必要もないとも思われる。だが、モーゼスの人柄を根拠として彼のミディアムシップの真正性を支持したマイヤーズにとって、その点はどうしても気に留めずにいられなかったようだ。マイヤーズはモーゼスの人柄を擁護するため、次のように述べている。モーゼスに対して「敵対する意見を持つ人々」が、彼のことを「頑固で混乱し怒りっぽい論客」だとか「謙虚さという品位に欠けている」などと言っているのを耳にすることがあるが、彼を「ごくわずかでも知っている人」からは「彼の健全さや誠実さ、彼の正直さや高潔さ」に異議が差しはさまれるのを聞いたことがない。[5]

実際のモーゼスの人格がどうであれ、マイヤーズの人を見る目はあまりあてにならないと言わざるを得ない。第8章で見たアンナ・エヴァ・フェイの場合でもそうだったが、調査対象のミディアムにすぐ好印象を抱き、過剰に入れ込んでしまうのは、サイキカル・リサーチャーとしてのマイヤーズの活動のなかで珍しいことではない。そもそも人柄の評価をもとにミディアムの真贋を論じてしまうこと自体に問題はないのだろうか。世のなかには明らかに胡散臭《うさんくさ》い詐欺師もいれば、人に対して誠実な印象を与える詐欺師もいる。もっと言えば、成功した詐欺師とは、誠実な印象を与えられる人間なのではないだろうか。もちろんこうした意見に対しては、次のような反論があるだろう。詐欺師には人を騙すことで利益を得るという明白な動機があるが、金銭のやり取りのないプライベートな交霊会を催していたモーゼスには、ミディアムを演じることで人を騙しても金銭的な利益はない。したがって、そんなモーゼスが人を騙すはずはない、と。

しかし、それだけの理由でミディアムへの懐疑を晴らせるものだろうか。たとえば、人を騙して得る金銭的な利益とは別の隠された動機はないか。そう疑問を投ぜずにいられなかったのは、つねにミディアムに対して冷静な態度を保ち続けていたヘンリー・シジウィックだった。

マイヤーズのモーゼス論が発表された翌年の一八九四年七月十三日に開催された第六七回総会において、シジウィックは「私欲のない詐欺」という論文を読み上げた。そこでは、マイヤーズのモーゼス論が孕む問題、すなわちミディアムの人柄を根拠として、そのミディアムシップの真正性を擁護しようとすることにともなう問題が指摘された。ミディアムシップの真偽をめぐってサイキカル・リサーチャー同士の対立が生まれてくる本章の入り口として、まずはシジウィックが「私欲のない詐欺」という言いかたで提起した問題を見ていきたい。

私欲のない詐欺

まずシジウィックは、モーゼスが引き起こしたと伝えられている物理現象に対して、次のような三つの説明が可能だと述べる。

一、語られているとおりに、その驚異は実際に起こった。
二、発生したことが、すべての参加者によってかなり大げさに、かつつねに誇張されて伝わっている。
三、ステイントン・モーゼス氏が、一見、個人的な利益に関係なく、彼の親しい友人からはじめ、公《おおやけ》に至るまで終生にわたって、労力をいとわず詐欺を計画的に続けた。[6]

シジウィックが焦点を合わせたのは、これらのなかの三つ目の可能性である。シジウィックによれば、何年もの調査のあいだ、ミディアムと称する人々が「金銭上の利益の動機」を持たずに詐欺をはたらいた「半ダースもの事実」が発見されている。とはいえ、これらのほとんどは、幼い少年や少女か、あるいは満足な教育を受けていない人々だった。そういう点においては、確かな社会的地位を持つモーゼスの場合とは明らかに異なる。だが、「金銭上の利益の動機」を持たない詐欺が発覚した事例のなかに、ひとつだけモーゼスとの類似性がみられるものがあった。[7]

それは数年前にシジウィック夫妻が実際に会ったことのあるミディアムの事例で、そのミディアムはシジウィックの友人の親類（男性）だった。友人いわく、そのミディアムはテーブルの上面に触れるだけでそれを持ち上げて運ぶことができた。シジウィックはその男性ミディアムをZ氏と呼んでいるが、彼は「社会的地位の高い専門職」に就いていただけでなく、余暇にはある学問分野の研究において、少なくともその分野の関係者からは尊敬されていた人物だった。シジウィックと妻のエレノアは、おもに彼の親類や親しい友人たちが集うプライベートな交霊会に参加した。すると、シジウィックとエレノアが見守るなか、たしかにZ氏がその表面に触れるだけでテーブルは床から浮かび、持ち運ばれた。この現象を目撃した当初のシジウィックは、詐欺の可能性を疑うことができなかった。だが、一八九一年二月にZ氏の交霊会に参加していたある女性からエレノア宛てに手紙が届いた。そこには、Z氏が「袖の下に長く細いグレーの物体」を隠し持っていて、それを用いて詐欺をはたらいていたのを目撃したと書かれていた。ところがシジウィックとエレノアは、こうした手紙が届いたにもかかわらず、その時点では、Z氏が詐欺をはたらいているとは思えなかった。その数か月後、今度は腕を袖に隠すことなく剝き出しのままのZ氏が、テーブルを浮かび上がらせた。その交霊会を観察していたエレノアは、前述の手紙に書かれていたような装置は見当たらず、詐欺の形跡を発見できなかった。

ところがしばらくのちに、この交霊会でエレノアを欺くために、Z氏から詐欺をはたらく手助けを頼まれた女性からの手紙が届いた。詐欺の共謀に対してためらいつつも断りきれなかったこの女性は、交霊会でZ氏に指示されたとおり、自分がテーブルをこっそり動かしたことを、エレノア宛ての手紙で告白した。[8] シジウィックは、この事例に関して次のように述べている。

わたしが述べた体験は、社会的地位と知的影響力のある専門職に就く人物が、欺いた友人たちの驚嘆の念を引き起こすことの喜び、または彼らの軽信性をほくそ笑む楽しみ以外に、一見したところなんら動機がないまま、何年ものあいだ、計画的な詐欺を継続する可能性があることをまちがいなく示している。[9]

すなわち、この「私欲のない詐欺」という事例の存在は、金銭的な収入や世間の注目を集めるといった目に見える利益を目的とするわけではなく、単に人を騙したり驚かせたりすることの喜び以外になんら目的を持たず、長期にわたって不正をはたらき続ける自称ミディアムがほかにもいる可能性を示唆していた。しかも、詐欺をはたらく動機が見当たらないことに加えて、その人物が社会的に申し分のない身分であれば、人々はまさかこの人が自分を騙すわけはないと考え、疑いの念を持つことがますますむずかしくなる。

たしかに、Z氏とモーゼスのあいだには類似点がある。双方とも金銭目当てで交霊会を開いていたわけではなく、物理現象を引き起こすことが、なんら直接的な利益に結びつくこともなかった。さらにふたりとも、社会的にしっかりとした地位がある。だとしたら、利益を目的とする詐欺の動機がモーゼスに見当たらないとしても、彼の現象が本物であるという保証にはならないだろう。むしろZ氏の例を見た以上、私欲のない詐欺の可能性を疑う必要がある。

こうしたシジウィックの論文「私欲のない詐欺」が読み上げられたあとで、参加者たちからそれをめぐる意見交換がなされたが、その議事録からは、このころのSPR内部に存在したミディアム擁護派と懐疑派の考えかたや姿勢の明らかなちがいが浮かび上がってくる。マイヤーズと並んで、この日の議長を務めていたウィリアム・クルックスが強い擁護派の立場を固持し続けたのに対し、強い懐疑派の立場を取ったのがフランク・ポドモア（図11・1）だった。一方、つねに変わらず中立の立場を維持していたのはシジウィックだった。では、マイヤーズ、

図11.1　フランク・ポドモア（1895年頃）

クルックス、ポドモアがどのような意見を述べたのかをざっと見てみよう。

まずマイヤーズは、モーゼスを擁護すべく、モーゼスとZ氏とのあいだにある相違点を次のように述べた[10]。Z氏の誠実さは、「外的な環境にもっぱらもとづいている」ものでしかなく、彼そのものの「個人的な印象」によって作られたものではない。つまりZ氏のほうはおもに彼の職業や社会的地位を基準とした人物評価であるのに対して、モーゼスのほうは個人的に長い付き合いのある人物によるまちがいのない評価である。マイヤーズ自身もモーゼスと個人的な友人関係にあったことから、「彼の生涯にわたる真理の探究への熱心なひたむきさを疑うことは不可能だ」と主張する。さらにマイヤーズは、ミディアムの人柄に関する問題を離れて、モーゼスだけでなくダニエル・ダングラス・ヒュームのようなミディアムが引き起こしたとされる物理現象自体が、けっして物理学的にも非合理なものではないと述べ、「マクスウェルの魔」（熱力学第二法則に挑む思考実験）をたとえに持ち出している[11]。

マイヤーズの発言のあとで口を開いたのは、かつてヒュームとの実験によって、そのミディアムシップを本物だと確信したウィリアム・クルックスだった。モーゼスに対する個人的な印象について、クルックスはマイヤーズに強く同意した。さらにクルックスは、ヒュームとの実験の事例を持ち出しながら、それは「科学によって現在のところ知られていない物理的な力の作用」であると主張した[12]。

クルックスの発言のあたりで「私欲のない詐欺」という本題から逸れはじめたせいで、このあとも別の参加者たちとのとりとめのないやり取りが続いていく。それに対して、本来の問題へと議論の方向性を軌道修正すべく発言したのはフランク・ポドモアだった。

ポドモアは、モーゼスの問題に対して次のように述べる。仮にモーゼスが「計画的に生涯にわたる詐欺」をはたらいていたとしても、それに「ふさわしい利益」を獲得しなかったことはまちがいない。しかし目を向けるべき大事なことは、「実際に何を獲得したかではなく、社会的地位や名声の方向において何を求めていたかを見なければならない」[13]。ここでポドモア自身は明言することを差し控えているものの、彼の発言が示唆しているのは次のようなことだ。モーゼスの場合、それに見合う経済的な面での利益を獲得していないということから、彼が詐欺をはたらいていたわけがないと判断するのは早計である。むしろ詐欺をはたらくことで「社会的地位や名声」を手に入れられるとするなら、それが彼の詐欺の動機となり得る。すなわち、第6章で述べたように「未来の宗教」の創設を、モーゼスが誠実な熱意を胸に生涯をかけて思い描いていたがゆえに、その基盤となる霊界の存在を前提とした神学に人々の目を向けさせることを切実に求めていたとしたら、そして奇跡としての物理現象がその役に立つのだとすれば、彼が交霊会の奇跡をでっちあげることもあり得るのではないか。もしそうだとすれば、モーゼスのようなミディアムたちの行為や発言を前にしたとき、誠実さと詐欺を交わることのない対立項としてみる素朴な図式は捨てなければならない。もちろん、ここでモーゼスが詐欺をはたらいていたと断定を下しているわけではない。ただ、質《たち》の悪いミディアムではなく、一見、無垢であるかのようなミディアムたちを査定する場合、その人物がみずからの高尚な理念を実現するという誠実な意図を持つがゆえに、人々を欺き、ときには自分自身に対してさえ嘘をつき、本人自身も気づかぬうちに自己欺瞞に陥っている可能性を疑ってしかるべきではないか。

ここで見てきた「私欲のない詐欺」をめぐるSPR内部のモーゼス擁護派と懐疑派の対立図式は、このあとも別のミディアムの能力や調査結果を評価する際、つねに明確な見解の相違を生むこととなる。

リシェを確信させた物理ミディアム

「私欲のない詐欺」についての議論が交わされた翌月の八日、シジウィックは「内密に」と記した手紙を友人のジェイムズ・ブライスに宛てて書いている。そこには驚くべきことに、マイヤーズばかりか、物理学者オリヴァー・ロッジと生理学者シャルル・リシェのような各分野で確固たる地位にいる科学者までもが、本物だと認めるミディアムを発見したと述べられていた。

わたしたちの研究グループの三人の主要なメンバー、F・マイヤーズ、O・J・ロッジ、そしてシャルル・リシェ〔パリ大学の生理学教授〕が、スピリチュアリズムの物理現象に関する事実を確信しているのです！　彼らはイタリアのミディアム、エウザピア・パラディーノとの実験を、リシェの私有地であるイエールの近くの地中海の小さな島〔ルボー島〕でおこないました。〔中略〕わたしたちはその実験に関して日ごとに記されたノートを読んでいますが、確かなことは、その記録された結果を通常の物理的な手段でどうすれば作り出せるのか、それを見つけ出すのが困難だということです。

図11.2　エウザピア・パラディーノ

しかしながら、シジウィックは懐疑心をどうしても捨て去れなかったようだ。同手紙でシジウィックは、続けて次のように書いている。

SPRはこれまで何年ものあいだ、ミディアムたちの詐欺を見破り暴露することによって、相対的に、健全かつ有能との評判を獲得しています。エウザピアの「現象」が、わたしたちの暴露してきた詐欺と同じ種類のものだった場合、SPRの中核メンバーたちが信奉者として名乗り出ていたら、わたしたちの経歴がかなり急旋回することでしょう。というわけでわたしと妻は、リシェの招待を受け入れ、十日ないし二週間のあいだルボー島に滞在し、可能なら個人的な体験を得てこなければならないと感じているのです。どちらかと言えば退屈なものとなるでしょう。妻はうんざりするかもしれません。それでも、わたしたちふたりは行かねばならないと感じています。[14]

ひとまずここで、エウザピアに対するＳＰＲの調査がはじまるまでの状況を、彼女の過去の経歴を含めて追っておきたい。

一八五四年一月二十一日、イタリア南部のミネルヴィーノ・ムルジェで生まれる。エウザピアの幼少時代は恵まれない境遇で、生まれてすぐに母を失い、十二歳で父も亡くなり、ナポリのとある家族に引き取られた。そして彼女のミディアムシップは、そのすぐあとの十三歳ごろからはじまった。[15] ピストルの発射音、閃光、空中に持ち上がるテーブル、またガッピー夫人やモーゼスなどの物理ミディアムと同じように、戸口や窓が閉まっているにもかかわらず、外から部屋のなかに物体が運ばれてくるなどの現象自体は、これまでのミディアムたちのパフォーマンスをさんざん見てきたいまとなっては、取り立てて注目すべきほどのことではない。だが、エウザピアの交霊会には、その初期のころから、他のミディアムには見られないさまざまないかがわしさがつきまとっていた。たとえば、物体がテーブルの上に現れたあとに、それを見るために明かりを点けると、テーブルの上にはきれいな小包があった。だが、参加者たちが包装を解いてなかを見ると、そこに入っていたのは鼠《ねずみ》の死骸だった。また、エウザピアに窃盗の疑いすら抱かせかねない現象として、交霊会の最中、閉ざされた部屋から訪問者たちの持ち物が消え失せることがしばしばあった。参加者の男性たちは帽子や財布を、女性たちは外套や時計をなくし、苛立ちとともに家路につくこともあった。だが、交霊会のあとでエウザピアが自分のアパートメントに帰ってみると、なぜかそれらの品物はベッドの上に置いてあった。だが、それらの品物は、ふたたび彼女の目の前で突然消えてしまい、どこへ行ったかは不明のまま永遠に戻ってこなかったという。[16]

また、エウザピアの比類のなさは、彼女の見せる態度の悪さにもあった。純粋さ、無垢さ、誠実さなどを訴えてみずからの潔白を誇示しようとするミディアムが多いなか、エウザピアにはそういったことを装う素振りすらなかった。もっと言うなら、ブラヴァツキー夫人のようなエソテリックな叡智を身に纏《まと》うこともなく、ダニエル・ダングラス・ヒュームのような上流階級たらんとする華麗な自己演出もまったく見せず、モーゼスのような人々から寄せられる厚い信望とも無縁だった。むしろ、露悪的な態度という点においては、当時のミディアムたちのなかで右に出る者はないと言っても過言ではない。それにもかかわらず、エウザピアは多くのサイキカル・リサーチャーたちの前で、ひたすら不可解な物理現象を連発し続け、十九世紀の最後の十年ばかりか、二十世紀に入ってからもなお注目に値するミディアムとして生き延びていくのである。

それにしてもナポリの一介のミディアムとして交霊会を催していたエウザピアが、いかにして国際的な知名度を高めるまでに至ったのか。そのきっかけは、彼女の熱心な支持者となったオカルティズム研究者エルコレ・キアイアからトリノの高名な精神鑑定医で犯罪学者のチェーザレ・ロンブローゾに対して、エウザピアのミディアムシップの調査を熱心に呼びかける公開書簡が、一八八八年八月九日のローマの雑誌『ファンフッラ・デッラ・ドメーニカ』に掲載されたことだった。当初ロンブローゾはその申し出に応じなかった。だが、一八九一年三月、ロンブローゾはついにナポリへ向かい、滞在したホテルの明るい光が差し込む部屋でエウザピアとの交霊会をおこなった。完全に疑ってかかっていたロンブローゾだったが、そこで目の当たりにしたのは常識では説明不可能な驚くべき現象だった。のちにロンブローゾは、エウザピアとの最初の交霊会のことを次のように述べている。

わたしはその場ですぐに、いっさい触れられていないとても重たい物体が空中を通って運ばれるのを見た。そのときから、わたしはその現象を調査の主要テーマとすることに納得した。[17]

このロンブローゾによる驚異体験の発表こそが、名だたる科学者たちをエウザピアの実験に誘う嚆矢《こうし》となった。翌年の九月末から十月にかけて、ロンブローゾを含む科学者たちによって構成された調査団がミラノで結成された。そして一七回にわたるエウザピアとの実験の結果は、ミラノの調査団をうろたえさせた。たとえば、エウザピアの両手は両隣の人の手でそれぞれ握られ、また彼女の両足も同じく両隣の人の足の下に置かれていたにもかかわらず、数分後、テーブルは水平方向に動きはじめ、右に左にと持ち上がり、ついには浮上した。ロンブローゾによれば、テーブルの浮遊は、たいてい一〇センチから二〇センチぐらいだったが、ときには六〇センチから七〇センチぐらいにまで持ち上がり、数秒間、空中にとどまることもあった。[18]

さらに、より強烈な衝撃をもたらしたものが、シャルル・リシェも参加した九月二十八日のエウザピアの交霊会で起こった次のような現象だった。ロンブローゾとリシェによってエウザピアの両手はそれぞれ握られた。エウザピアはトランス状態になると、普段とは異なる声（ジョン・キングの霊がエウザピアの口を使って語っていると称される声）で言った。「これからわたしは、テーブルの上へとわたしのミディアムを持ち上げてみせよう」。二、三秒後、エウザピアとともに椅子がテーブルの上に持ち上がった。そしてしばらくして、ふたたびトランス状態のエウザピアがテーブルから降りることを宣言すると、昇ったときとまったく同じように床の上に降りた。すなわち、トランス状態のエウザピアは椅子ごと、テーブルの上の高さまで浮かび上がったかと思うと、ふたたび降りてきたのである。[19]

しかし、こうした驚くべき現象が目撃される一方で、たしかにエウザピアの交霊会の状況には疑わしい点もあった。たとえば、テーブルの浮遊が起こるに先んじて、エウザピアのドレスがテーブルの片方の脚を隠すほど膨れ上がった。だが、テーブルにドレスが触れることを防いだ場合、実験は失敗した。また、エウザピアと実験者たちが直立していたときも、実験は失敗した。さらにエウザピアは長方形のテーブルの短辺の側につねに座り、長辺の側に座って実験をおこなうことを拒否した。また、エウザピアのドレスのまわりに厚紙でスクリーンを張り、テーブルと接触することを防ごうとしたことも拒否された。[20] このようにエウザピアの態度からは、何らかのトリックがあり得なくもないことが仄めかされていた。とはいえ、一連の現象に対して、ミラノの調査団のメンバー誰ひとりとして、いかなる種類のどんなトリックも見つけられなかった。シャルル・リシェは、一八九三年にパリで刊行された『精神科学年報』でエウザピアとの実験の詳細を報告したうえで、次のように述べている。

その現象が意識的であれ無意識的であれ、詐欺によって、あるいはさまざまな手口によって作り出された結果とすることは受け入れがたい。それにもかかわらず、エウザピアの側に詐欺がなかったこと、あるいはわたしたちの側の錯覚ではなかったことの決定的で疑う余地のない証明が求められるだろう――したがってわれわれは、そのような証明を獲得するべく努力を再開する必要がある。[21]

しかしながら、ミディアムのさまざまな詐欺の手口を熟知している懐疑的な研究者にしてみれば、ロンブローゾやリシェがどれほどエウザピアの起こす現象に圧倒されていたとしても、その報告は単純なトリックを憶測させるものでしかなかった。前節のモーゼスのミディアムシップをめぐる議論でもそうだったように、フランク・ポドモアは、リシェの報告を読んだあともいっこうに心を動かされることはなく、強固な懐疑主義の立場を維持し続けた。むしろポドモアは、一八九三年四月二十一日の第五一回SPR総会で提出したその実験についての批評で、実験報告に含まれる「多くの疑わしい特徴」を列挙した。たとえば「エウザピアのドレスの動き」「彼女の手や体全体の震えや激しい痙攣」「刺激的な現象が暗闇で生じるときに彼女が発するうめき声」、詐欺を防ぐために考えられた条件に対する彼女からの度重なる拒否、あるいは逆にそれを受け入れた場合には結果を出せなかったこと。また、報告されている現象の数々が、かつて「詐欺を見破られた人」によって作り出された類のものと酷似していること。暗闇のなかでの実験はエウザピアが詐欺をはたらく余地のある環境を作り出してしまっていること。こうしたことからポドモアは、ミラノでの実験に対して次のような結論を下した。

要するにエウザピアは、直接的あるいは間接的に、その条件についての自由な拒否権を事実上は持っていたように思われる。そのことは、委員会によって記録された結果を正確な意味で実験として語れなくしている。[22]

ポドモアからすると、まったく正当な実験に値しない調査であったにもかかわらず、その後のエウザピアに対する調査はさらに熱を帯びていった。しかも、それがロンブローゾやリシェのような名の通った学者たちによる調査だったせいで、彼女との実験の追試に対して、イタリア、ロシア、フランス、ドイツの学者たちが次々に名乗りをあげてきた。
まずミラノの実験のあと、その年のうちに、サンクトペテルブルク大学の動物学教授ニコライ・ペトロヴィチ・ヴァーグナーが、エウザピアとの実験をナポリとサンクトペテルブルクでおこなった。また、同年と翌年、ローマでもエウザピアの実験は実施されたが、そこではロンブローゾ、リシェ、そして第9章で見たパリの国際生理学的心理学会議の最初の提唱者になったジュリアン・オホロヴィッチ、ミュンヘンの医師アルベルト・フォン・シュレンク＝ノッツィングらも参加している。[23]
こうしてついに国際的なレベルにまでエウザピアへの関心が広がるなか、一八九四年夏、リシェはルボー島にある別荘で彼女の実験を集中的におこなうことに決めた。そしてその実験には、リシェからの招待を受けたマイヤーズとロッジも参加することになった。

パラディーノの実験

一八九四年七月二十一日、マイヤーズとロッジはルボー島に到着した。また、今回の実験には、マイヤーズとロッジのほかにオホロヴィッチも加わり、リシェの秘書が記録係を務めた。ルボー島には、リシェの別荘以外、遠く離れたところに灯台の守衛の小屋がひとつあるだけだった。関係者しかいないこの島でおこなわれる実験は、エウザピアの共犯者の可能性を排除するには絶好の条件だった。

ロッジの記録によると、リシェの別荘は全員を収容するほどの広さがなかったため、参加者たちは快適とは言いがたい共同生活を強いられた。ロッジは二階の部屋の大きなベッドをリシェと共有しなければならなかった。マイヤーズは一部屋を独占できたものの、数えきれないほどの書類の山と同居しなければならず、窓が西側に面していたため、午後はオーブンのなかにいるかのような暑さだった。一方、オホロヴィッチが寝泊まりしたのは陽のあたる側とは逆に位置していたため、ほかの部屋よりはやや涼しかったとはいえ窓のない納屋だった。ダイニングルームは交霊会のための部屋として整えられていたので、食事はベランダの下の戸外で取った。実験は夜におこなわれたため、昼はそれぞれ自由に時間を過ごせたものの、ロッジが言うには、「何かをするにはあまりにも暑すぎた」ため、「マイヤーズとわたしはパジャマで島を歩きまわり、しばしば海水浴場に行っては岩の上から飛び込んでいた」。とはいえ、この島での実験の日々は「窮屈ながらとても楽しかった」ともロッジは回顧している。[24]

七月二十一日、二十三日、二十五日、二十六日の計四回、それぞれ平均三時間から四時間にわたる実験がおこなわれた。ここで、初日の実験の状況とそこで起こったできごとの一部を紹介しておく。

実験者たちは、図11・3の配置でテーブルに座った（E＝パラディーノ、L＝ロンブローゾ、R＝リシェ、M＝マイヤーズ、O＝オホロヴィッチ）。シェードのついた石油ランプに明かりが灯され、テーブルの上に置かれた。エウザピアは靴を履かず、両足はペダルのついた木の装置の上に置かれた。ペダルがちょっとでも持ち上がると通電し、大きなベルの音が鳴る仕組みだった。また、エウザピアの両手はリシェとオホロヴィッチによって握られた。

午後九時三十六分、石油ランプのもと、マイヤーズとロッジからはすべてを見渡せる状態で実験がはじまった。テーブルがエウザピアのほうに傾き、床から軽く持ち上がった。それが何度もくり返された。このときロッジはエウザピアの左足の近くのドレスが膨らんでいることに気がついた。ロッジが手を伸ばして触れると、エウザピアはかすかに不平の声をあげた。すると、すぐにその膨らみは引っ込み、ロッジは手ごたえのあるものになんら触れることができなかった。

午後十時十四分、テーブルの上からラップ音が聞こえ、テーブルが傾いた。次に図11・4のように実験者たちは配置を変え、設定を変更した。エウザピアの足は機械から離され、それぞれの足をロッジの足の上とマイヤーズの足の上に置かせた。またロッジがエウザピアの左手を、マイヤーズが右手を握った。エウザピアは裸足で、

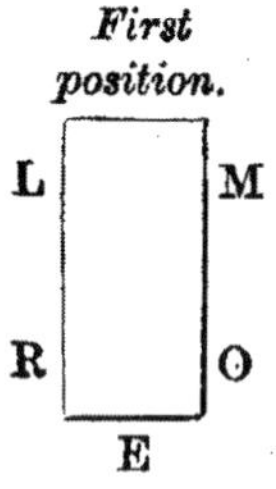

図11.3　パラディーノの実験における配置（1）

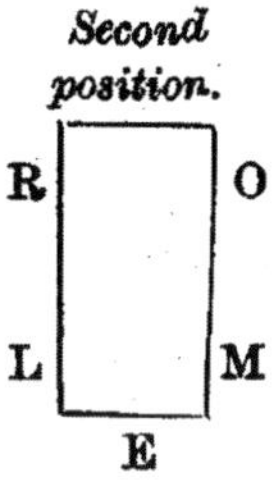

図11.4　パラディーノの実験における配置（2）

マイヤーズとロッジは柔らかいスリッパを履いていたため、実際に彼女の足を感じ取ることができた。ランプの明かりは弱められた。

午後十時二十一分、マイヤーズは背中に軽く何度か、何かに触れられた。

午後十時二十四分、ランプの明かりがさらに弱められた。マイヤーズは背中をはっきりとふたたび触られた。次にランプの明かりが消された。

午後十時三十分、マイヤーズの髭が引っ張られ、肩に触れられ、背中を強く叩かれた。こうしてこのあとも、マイヤーズとロッジがたしかにエウザピアの両手両足を押さえていたにもかかわらず、テーブルが浮かび上がったり、霊の手と称されるものによって実験者たちの頭、髭、肩、背中などが、触れられたり、叩かれたり、引っ張られたり、つねられたりなどの事態が二時間ほど続いた。

午前十二時三十五分、実験者たちは図11・5のように位置を変更した。リシェがエウザピアの両腕と片手を摑み、マイヤーズが彼女の両膝、そしてもう片方の手を摑んだ。それにもかかわらず、リシェは頭頂部を手で触れられ、そして数秒間、彼の口元に手が置かれた。近くの丸テーブルが近づいてきた。リシェの後頭部が撫でられた。リシェはエウザピアの手を摑んだまま、もう片方の手で彼女の両膝を押さえた。彼女の逆の手はマイヤーズが握ったままだった。その状態で、丸テーブルは近づき続けた。

午前十二時四十九分、小さなシガーボックスがテーブル上に落ちてきた。そして空中でガタガタと何かの物音が聞こえた。このときリシェはエウザピアの右手と頭を押さえていた。そしてマイヤーズは彼女の左手を握りながらも、その何かをつまもうともう片方の手を持ち上げた。するとマイヤーズは指先で小皿を摑んだ。それは部屋の別のところにあったはずだった。さらに電気のバッテリーのワイヤーがテーブルにまで伸びてきて、リシェとエウザピアの両手のまわりをひとつに結んだ。エウザピアが叫ぶまで、ワイヤーによって引っ張られ続けた。リシェはエウザピアの

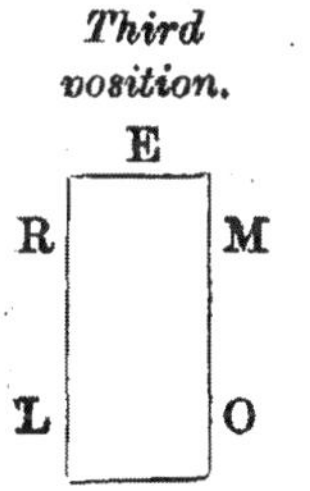

図11.5　パラディーノの実験における配置(3)

頭と体を押さえ、マイヤーズは彼女の片方の手と両足を押さえ、さらにロッジが彼女のもう片方の手を押さえた。この状況のなか、彼女が痙攣性の動きを示すと、近くの丸テーブルの激しい動きが付随して起こった。

午前十二時五十七分、丸テーブルの上にあったアコーディオンが、どういうわけか床に置かれていて、単音を鳴らした。アコーディオンの音とともに、マイヤーズとロッジの手に握られていたエウザピアの手の指は、あたかも彼女が離れている場所にあるそれを演奏しているかのように、その音と連動して動いていた。[25]

リボー島滞在の七日間にくり返された同様の実験により、リシェ、マイヤーズ、ロッジ、オホロヴィッチの四人には、もはやエウザピアの能力を疑うことができなくなってしまった。そしてSPRに提出したエウザピアの実験報告で、ロッジはついに次のように述べた。

> 明らかな接触がないなかで作り出される物理的運動の現実に対して、わたしは懐疑的な態度で臨んだ。だが、この懐疑的な態度は事実によって圧倒され、押し潰された。[26]

マイヤーズとロッジが参加したリボー島での実験結果が届いたシジウィックは、前述の手紙を友人のブライスに書いた。その後、妻のエレノアとともにエウザピアの実験に立ち会うべく、フランスへ向かう。

同年八月終わりから九月はじめにかけて、フランス南東部のトゥーロン近郊にあるカルクイランヌのリシェの邸宅で実施されたエウザピアの実験に、シジウィック夫妻は参加した。今回の一連の実験には、リシェ、マイヤーズ、ロッジ、オホロヴィッチ以外に、シュレンク＝ノッツィングとフランス軍の地中海艦隊軍医シャルル・セガールも参加した。ブライスへの手紙でシジウィックは、「どちらかと言えば退屈なものとなるでしょう。妻はうんざりするかもしれません」と強い懐疑の念を漏らしていたにもかかわらず、実験に参加したあとの感想はまったく逆になった。当初の予想に反し、シジウィック夫妻もルボー島での実験者たちの見解に概ね同意せざるを得なくなったのだ。八月三十日のブライスに宛てた手紙で、シジウィックは次のように書いている。

手短に言えば、わたしたちがロッジ、マイヤーズ、リシェの経験を追認していることは確かです。すなわち、暗闇のなかでミディアムの手を握っていたかどうかについてのわたし自身、およびわたしの妻の識別が信頼できるものであれば、手が使えない状態のときに、人間の手に似た何かが作り出される状況だったことはまちがいありません。その結果は単純な種類――触れる、握る、あるいは物体の移動、たとえばビリヤードの球やメロンなど――のものですが、それらは暗闇または薄暗い光のなかで起こりました。[27]

物理現象を引き起こすミディアムに対して、これまでシジウィック夫妻が肯定的な評価をまったくと言っていいほど下していなかったことを考慮すると、いまだ控えめな口調だったとはいえ、このシジウィックの手紙での発言には着目すべきであろう。

一八九四年十月二十六日に開催されたSPRの第六八回総会では、ロッジによってエウザピアとの実験が報告された。そこでロッジは、エウザピアの能力に対して肯定的な見解を公表した。「わたしはこの種類の現象が、特定の条件の下、現実的で客観的に存在する可能性があるという自分の確信をいまやはっきりと述べる状態にある」[28]。マイヤーズもまた「わたしは彼が述べたことすべてを承認する」と述べ、ロッジの発表に全面的な賛意を表明した。[29]

ロッジ、マイヤーズだけでなく、この日の総会で発言したSPRメンバーたちの基調は、エウザピアの実験に概ね肯定的な評価を下していた。エグリントン問題のときにきわめて懐疑的な姿勢で挑んでいたエレノアですら、夫のシジウィックとともに体験したエウザピアの実験での状況を簡潔に説明したあとで、次のように述べた。「ロッジ教授とマイヤーズ氏の経験をしかと確認し、これまでのところ、共謀者や共犯の存在はないと言わざるを得ないと感じている」[30]

また、ウィリアム・クルックスは、またしてもダニエル・ダングラス・ヒュームとのかつての実験を長々と述べ、エウザピアとのちがい――たとえば、ヒュームとの交霊会はつねに明るい場所でおこなわれたこと、実験のときにヒュームは自分を疑って調査するようにと求め、実験者側に課せられるあらゆる条件を受け入れることを辞さなかったこと――を強調し、いかにヒュームが「本物で高潔であることに疑いを差しはさむ余地がない」人物だったかを強く訴えた。そのうえで次のように述べ、満足の意を表明した。「ロッジ教授のような優秀な科学者が、何年も前の時点で自分が到達していた結論を裏付けてくれるはずだ[31]」

最後にシジウィックの口からも慎重な表現ではあるが、エウザピアの実験に対して次のように肯定的な評価が語られた。「エウザピアが、手を握っていなくても手を握っているような『錯覚の信念』を作り出す方法を使っている可能性はある。しかし、その方法は不明のままだ。そのため目下のところ、ロッジとマイヤーズによって得られた結果を支持する方向に傾いている[32]」

こうして、シジウィック夫妻も含めてSPRの主要メンバーたちのあいだでは、エウザピアの実験結果を概して肯定的に受け入れていく流れができつつあった。だが、大西洋をはさんだアメリカでパイパー夫人をいまだ調査中だったリチャード・ホジソンは、このエウザピアをめぐる状況に強い不満を感じていた。

詐欺だとしても本物の能力がある?

ホジソンが、ポドモアと同様にエウザピアの実験結果を無価値と考えていたばかりか、そもそも彼女のことを完全に詐欺師だと確信していたことはまちがいない。現にホジソンは、エウザピアを本物と認めることがどれほど馬鹿げたことであり、そしてそれを公表してしまうと彼女の詐欺が発覚した場合にSPRが世間の笑い物になってしまいかねないことを恐れていた。一八九四年十一月二十三日、ホジソンは、マイヤーズに対して「ロッジにエウザピアの件を出版させてはならない[33]」と断固とした抗議の電報を送った。また、一八九五年二月一日のエレノアに宛てた手紙でも、ロッジとマイヤーズの軽信性について次のように不満を漏らしている。

ロッジの確信に、わたしはなんら特別な価値があるとは思っていません。なぜなら、わたしの記憶によれば、彼はエグリントンに感銘を受けていたからです〔まちがっていなければ〕。けれども、おもな理由はその詳細な記録のためです。〔中略〕マイヤーズ〔彼の愛すべき魂に祝福を！〕は、何人かの人物やいくつかの事象に対しては、人並みに懐疑的になることもできますが、もし彼が一度、対象に共感を覚えてしまったらどうでしょう——彼の証拠は、ますますなんの価値もなくなります。これは彼の高潔な詩人としての天賦の純粋な魂の本質的な部分であり、彼はそれをどうすることもできないのです！[34]

さらにホジソンは一八九五年の春、これまでのエウザピアの実験に関する報告書を精査したうえで、その細部にまでおよぶ徹底的な批判をSPRに提出した。そこでホジソンが執拗に疑ったのは、エウザピアの手や足が参加者たちからきちんと押さえつけられていたかどうかだった。たとえば、ホジソンは実験中のエウザピアが示したとされている激しく痙攣する動きをとりわけ問題視した。その動きによって彼女は手を振りほどき、そのあとで両隣の実験者たちに自分の片方の同じ手を掴ませるか、あるいは実験者同士の手を握り合わせるように仕向けたか、あるいはダミーの手や足に置き換えていた可能性もある。こうして自由になったエウザピアが、実験者の顔、頭、背中などに触れたり、押したり、つねったりしていたのではないか。また、テーブルの浮遊に関しても、エウザピアがブラウスの下の彼女の胸と肩のまわりに巻かれた革紐につけられたフックをテーブルに引っ掛け、背後にのけぞることで持ち上げていた可能性もある。エウザピアから離れた場所での手の出現も、その先端にダミーの手を取りつけた棒を隠し持っていれば、なんてことはない。また、同じく遠隔の物体の動きも、紐やより糸などを事前に物体に取りつけておいて、あとは薄暗い明かりのなかで気づかれることなく引っ張るだけでいい。[35]

こうしたホジソンからの批判に対して、エウザピアの能力を確信していたルボー島での実験の参加者たちが黙っていられるわけがなかった。同年四月のSPRの機関誌において、マイヤーズ、ロッジ、リシェ、オホロヴィッチによる反論が、ホジソンの批判と並んで掲載された。[36] とりわけマイヤーズは、苛立ちを隠しきれない口調でこう反論している。「手」のトリックの可能性を含めたあらゆる詐欺の可能性があり得ることぐらい、ホジソンに指摘されるまでもなく十分に疑ったうえでの実験だった。また、仮にホジソンが言うように、自分がエウザピアではなくロッジの手を握らされていたのだとしたら、「とても大きくて冷たく、硬く引き締まってがっしりとした」彼の手の特徴からして、そうだと気づかないわけがない。[37] さらにマイヤーズは、自身のサイキカル・リサーチャーとしてのそもそもの適性や能力にかけて、次のように述べている。

ＳＰＲが結成される以前でさえ、わたしはすでに三六七回の交霊会を手帳に記録してきた。これまでの経験を踏まえて、それでも自分の隣人の手を握っていることに確信を持てないようであれば、わたしは「参加者になること」をやめたほうがよい――いずれにせよ、目立たない後ろの席に座っていたほうがよい。[38]

一方でロッジは、自分の書いた実験の報告書に対して、さまざまな細部についての批判がホジソン以外の懐疑論者たちからもあり得ることを見越したうえで、次のように述べている。

わたしは現在、または未来において、あら探しをする人に言いたい。ナポリに行き、自分自身でその件を調査してみよと。さもなければ、家の近くで才能のある似た人を見つけるまで待つか、でなければ、なんら個人的な経験を持たないまま、この主題についての自分の考えを結論づけないでいただきたい。[39]

いまや、サイキカル・リサーチャーたちのあいだでの意見は完全に分裂していた。はたしてエウザピアは、リシェ、ロッジ、マイヤーズ、オホロヴィッチらが確信したように、疑う余地のない本物の能力を持つ物理ミディアムなのか。それともホジソンが指摘したようなやりかたで、抜け目なくトリックをはたらく詐欺師なのか。その真偽をめぐる論争の決着は、同年夏、ケンブリッジで開催が決まったさらなる実験の場に持ち込まれた。

一八九五年七月三十日、エウザピアはケンブリッジに到着した。翌日には、さっそく滞在先のマイヤーズの自宅で、彼の妻や息子らとともに非公式の交霊会が開催された。エウザピアの能力は好調だった。数日後、マイヤーズはロッジに、「昨夜は島のときよりも全体的にかなり良い現象」だったと告げている。[40]

とはいえ、公式の実験がはじまると、エウザピアの振る舞いには、いくつかの疑わしい点が浮上してきた。たとえば、エウザピアはふたりの参加者にそれぞれの手を摑まれることを認める一方で、ひとりの参加者に両手で摑まれることを拒んだ。このことは、ホジソンが疑っていた手の差し替えのトリックの可能性を疑わせた。また、彼女はどんなやりかたであれ、縛られることを拒んだ。また、足を摑まれることにも、ときどき異議を唱えた。

その一方で、手の差し替えのような単純なトリックでは説明のつかない現象もたしかに起こっていた。そのひとつは、複数の参加者に目撃された、エウザピアの体から出ている奇妙な突起物である。たとえば八月四日におこなわれた三回目の実験では、床に座りエウザピアの足を摑んでいたマイヤーズの妻イヴリーンが下から見上げると、交霊会のあと、イヴリーンはエウザピアの体から数種類の突起物が出ていて、それらのひとつがマイヤーズの背中を突いていた。しかし交霊会のあと、エウザピアの服を脱がせるのを手伝って服を畳んだが、そこになんらかの機械装置の類いは見つけられなかった。さらに、もうひとつ奇妙なのは、エウザピアの背後にある大きな窓のカーテンが動く現象だった。窓は閉められていたため、風でカーテンが動くことはあり得なかったが、参加者がエウザピアとカーテンのあいだの空間や床を手で触ってみても何も見つけられなかった。それにもかかわらず、なぜかカーテンが風に吹かれているかのように何度も大きく膨らんだ。[41]

五回の実験を終えた段階での判断は微妙だった。疑わしさはありながらも、詐欺の確固たる証拠が見つかったわけでもなく、説明不可能な現象も依然としてあった。そんななか、八月七日、シジウィックとマイヤーズは、ボストン滞在中のホジソンにケンブリッジまでの旅費として四〇ポンドを送金した。そう、答えの出ないエウザピアの実験に決着をつけるべく、ついにＳＰＲ最強のデバンカー、リチャード・ホジソンに実験への参加を要請したのである。

八月二十九日、ホジソンはケンブリッジに到着し、さっそく翌日の夜からエウザピアの交霊会に参加した。シジウィックは、H・G・ダキンズへの八月三十一日の手紙で次のように書いている。「エウザピアに関して、いまのところ言うべきことは何もありません。ホジソンはここにいます。わたしたちは、なんとしても真実を究明しようと決意しています[42]」

では、ホジソンはいかにしてエウザピアの調査に挑んだのか。最初からエウザピアのミディアムシップを詐欺だと決めてかかっていたホジソンは、これまでの調査者たちによる実験とは正反対の条件を設定した。これまでの実験では、エウザピアの詐欺防止のために手や足をしっかり押さえることに注力していたが、ホジソンはそれとは逆に、彼女の手足の制御をわざと甘くし、彼女が望むとおりに手足を動かせるようにした。さらにホジソンはエウザピアに対して愛想よく振る舞って、観察力の鈍い無能な参加者のように見せかけた。そうすることで、エウザピアに詐欺のできる隙を存分に与えた。

その結果、ホジソンの思惑どおりになった。エウザピアは隣に座ったホジソンからやすやすと手を振りほどき、その自由になった手で詐欺をはたらいたのだ。そのやりかたも、ホジソンの予想どおり、エウザピアは巧みな手法で両側の参加者に自分の同じ片方の手を握らせていたので、もう片方の手は自由に使えていた[43]。

これまで実験者たちを、みごとに驚嘆させ続けてきたエウザピアだったが、今回に関してはホジソンの仕掛けた罠に引っ掛かり、トリックをあっけなく暴露されてしまった。それを受けて、同年十一月十一日に開催された第七五回SPR総会では、エウザピアに対する最終結論がシジウィックによって表明された。「意図的な詐欺が、最初から最後まで用いられていた。また、そこにはなんであれどんな超自然的な作用も仮定すべき適切な理由がなかった[44]」

しかしSPRの内部には、ホジソンによるエウザピアの詐欺の暴露に納得のいかない人々もいた。SPRのメンバーでユニテリアンの牧師J・ペイジ・ホップスは、エウザピアに対する不公平な扱いを非難する寄稿をSPRの機関誌に提出した。「十一日の協会の会合でのそれ〔エウザピアの暴露〕を遺憾に思った多くの人々がいる。

そこでは釈明や疑問を差しはさむ余地がなかった」。そう述べたうえで、ホップスは次のように主張する。ルボー島の実験の内容とケンブリッジでの実験の内容を比較すると、手足をしっかり握っておこなわれた前者のほうが、ケンブリッジのものよりも、厳しい条件下での実験となっている。したがって、前者のより厳密な実験の際に、説明のできない現象が起こっているという事実からすれば、「その証拠は決定的」なのではないか。さらにホップスは、エウザピアがホジソンによって詐欺をはたらくことを唆《そそのか》された犠牲者であるかのように、次のように述べる。「その哀れな女性は、なんとかしなければと大きな不安に襲われて、意図的に彼女の前に差し出されたちっぽけな罠に引っ掛かったのではないか」[45]

その一方で、マイヤーズはエウザピアが詐欺をはたらいたことをもはや認めざるを得なかった。そのためマイヤーズは次のようにきっぱりと述べた。

計画的な策略がはじめから終わりまで用いられていたこと、またこれらの交霊会で起こっている現象のいくつかを、超自然の原因に帰し得るに足る理由が何もなかったことを、わたしはシジウィック教授やシジウィック夫人と同様にまったく疑う余地もない。[46]

ただし、このようにマイヤーズはエウザピアの詐欺を認めながらも、いささか奇妙なことにも彼女の能力自体を完全に否定したわけではなかった。というのも、マイヤーズがエウザピアの詐欺を認めたのは「ケンブリッジでの交霊会だけ」に関してであり、それ以前のルボー島を含む実験の肯定的な結果自体に対して考えを変えたわけではなかった。それはマイヤーズだけでなく、リシェやロッジも同様だった。むしろ彼らは今回の暴露を突きつけられ、次のように考えた。エウザピアがしばしば実際に詐欺をはたらいていたのだとしても、それは隙があったからこそ、そうしただけであり、彼女の引き起こす現象のなかには詐欺ではない本物の現象も混じっていた、と。

だが、エウザピアの擁護者たちが何を言おうとも、SPRの公式な調査としての彼女の実験は、今回のホジソンの暴露をもって一応の終止符が打たれた。クリーリー姉妹のときもそうだったが、SPRでは、明白な詐欺が一度でも暴露されたミディアムは調査対象から外すことが慣習だった。一八九六年四月の機関誌で、シジウィックはそのことを強調したうえで、「今後、彼女のパフォーマンスを取り上げないことを提言する」とし、公式にエウザピア・パラディーノの調査を打ち切ることを宣言した。[47]

わたし自身の白いカラスはパイパー夫人だ

エウザピア問題において、ロッジの報告書が公表されることを危惧していたのはホジソンだけでなく、ウィリアム・ジェイムズも同様だった。しかもジェイムズの場合、一八九四年からシジウィックに代わってSPRの会長を引き受けていたため、詐欺をはたらくミディアムをSPRが肯定したとなれば、自分の立場さえも貶めることになる。同年九月十八日にはマイヤーズに宛てて、十月四日にはロッジに宛てて手紙を書き、報告書の公表を控えるよう強く訴えていた。すでに過去、物理的な現象を引き起こすというミディアムへの交霊会での失望を何度も味わった経験からしても、彼はエウザピアの引き起こす物理現象などまったく信じられなかったようだ。[48]

一八九五年末、ジェイムズはSPRの会長を退き、ウィリアム・クルックスがあとを継いだ。そして翌年の一月三十一日、第七七回SPR総会で、ジェイムズのSPR会長としての最後の演説がマイヤーズによって読み上げられた。これまでのSPRの成果について述べるなか、ジェイムズが最も強調したのは、やはりパイパー夫人の件だった。ジェイムズいわく、これまでの彼女の調査結果は、決定的な答えが出ないまま「曖昧な暗闇」となっていた状況を「明るく照らし出す事実の稲妻」だった。さらにジェイムズは、自分にとってのサイキカル・リサーチの唯一の希望として、パイパー夫人を「白いカラス」にたとえて次のように述べた。

専門的な論理学の言葉を用いて言えば、全称命題は、個々の事実によって真実ではなくなる可能性がある。もしすべてのカラスが黒いという法則を覆すことを望むのであれば、そうではないカラスがいることを示すために探し求めなければならない。すなわち、それを満たすためには、一羽の白いカラスの存在を証明するだけでいい。わたし自身の白いカラスはパイパー夫人だ。[49]

一八九六年九月、このジェイムズの会長演説の内容に対して、アメリカ心理学会（ＡＰＡ）の会長でコロンビア大学の心理学教授ジェイムズ・マッキーン・キャッテルが、みずから編集に携わる『サイコロジカル・レヴュー』誌上で辛辣に批判した。キャッテルの言葉に表れているのは、彼にとっていかがわしいもの以外の何ものでもないサイキカル・リサーチという分野が、ジェイムズやシジウィックのような影響力のある学者たちの関与によって、あたかもその正当性が保証されているかのように見えてしまうことへの苛立ちだった。キャッテルは、ジェイムズやシジウィックへの当て擦りを込めて次のように言う。「最も能力のある男たちが錬金術や占星術につき従い、奇妙な神を崇拝し、魔女に助言を求め、また彼女たちを火刑にもした。これまでもガチョウは白鳥とまちがわれてきたが、その手の勘ちがいを起こしたのは、しばしば名声のある人々でもあった」[50]

さらにキャッテルは、「白いカラス」の比喩を用いて、逆に次のような批判を述べた。

わたしたちが膨大な事例を手にし、かつそれらすべてのあいだで決定的なものとなる事例がひとつも発見できないとき、事例の多さ自体が証拠の弱さの指標として解釈され得る。灰色のカラスが大量に発見されても、白いカラスがいることの証明にはならないし、むしろ多くのカラスを調べて黒や灰色のカラスが見つかれば見つかるほど、白いカラスを見つける期待はどんどん小さくなっていくだろう。[51]

ジェイムズにとって、こうしたキャッテルのサイキカル・リサーチに対する強い反発は、偏見に凝り固まった科学者の典型的な態度でしかなかった。それればかりか、ジェイムズからしてみれば、キャッテルがほとんどまともにＳＰＲの報告書を読みもせず、頭ごなしに批判していることは明白だった。

「わたしたちの報告書は灰色のカラスではない」と述べるジェイムズの反論が、同年十一月の『サイコロジカル・レヴュー』に掲載された。そこでジェイムズは、サイキカル・リサーチに対するキャッテルのような科学者たちの偏見を次のように指摘する。知られている「自然の通常の法則」がまちがいないという「仮定を基準にする科学者」は、「オカルト」現象が不可能であることを絶対化する。その結果、特定の事例において、どこがまちがっているかを示せないにもかかわらず、自分たちの都合に合わせて、その証拠を不確かなものとして退けようとしてしまっている。「わたしはあなたがたが正しいと信じることはできない」と科学者は言うが、「その反面、わたしたちがどこでまちがっているかを示していないし、あるいはひとつかふたつの事例をのぞいて、誤りが起こっていた可能性が十分にあったという指摘すらできていない[52]」。

当時のジェイムズにとって、パイパー夫人を白いカラスとみなす確信は、調査を継続していたホジソンから上がってくる報告によって、よりいっそう強く裏付けられていったことはまちがいない。エウザピアの詐欺をあっけなく暴露したホジソンだが、パイパー夫人に関しては、最初に調査を開始してからすでに九年以上が経過してもなお、明白な詐欺をいっさい発見できていなかった。むしろ逆に、パイパー夫人の能力を肯定せざるを得ない証拠は、日増しに蓄積されていた。

最強のデバンカーの転向

一八九七年十二月十日、SPRの第八九回総会において、ついにリチャード・ホジソンがパイパー夫人に関する新たな報告を発表した。曖昧な表現で終わった最初の報告書とは異なり、ホジソンは今回の結論として、長い調査の末にたどりついた確信を次のように明確に述べた。

わたしの信念がこの先どうなるかはわからない。〔中略〕また、以前の調査の進路におけるさらなる実験が、わたしの見解を変化させるかもしれない。だが、現在のところ、先に言及した主要な「交信者たち」に関しては、その彼らが主張する人格が本当に存在すること、わたしたちが死と呼ぶ変化を彼らが生き延びたこと、トランス状態になったパイパー夫人の生きた体を通じて、わたしたちが生者と呼ぶ人と彼らが直接交信していることに疑いがあると明言することはできない。[53]

このホジソンの言葉は、かつてブラヴァツキー夫人、エグリントン、エウザピアを切り捨てたときの彼を知っている人からすれば驚き以外の何ものでもないだろう。だが、驚くべきは、ホジソンの確信が一線を越えたことだけではない。パイパー夫人の調査をはじめてから十年。そして、前回の報告から七年のあいだに実施された交霊会が延べ五〇〇回以上。その継続的な調査を続けていくために、忍耐力や労力がどれくらいかかったか。ここで、あらためて考えてみてほしい。かつてスピリチュアリズムの真偽をめぐる結論を公表するまでに、これだけの長期にわたって粘り強く、その証拠を検証し続けた人物がいただろうか。アルフレッド・ラッセル・ウォレスは言うにおよばず、ロバート・ヘア、ウィリアム・クルックス、ヨハン・フリードリヒ・ツェルナーのような、これまで本書で見てきた科学者たちと比較してみるといい。わずか数回の実験でほぼ確信してしまった彼らとは桁ちがいの時間をホジソンは捧げてきた。ホジソンの伝記を書いたアレックス・T・ベアードの言葉を借りれば、「死後の生の存続に関する彼の確信は、理論、信仰、信念によるものではなく、七年間の我慢強い研究による堅固な事実に基礎づけられた」ものだった。[54]では、ホジソンの確信を支えている「堅固な事実」とはどのようなものであったかを見ていくとしよう。

先述したように今回の報告は、前回以降の五〇〇回以上の交霊会の結果を基礎にしている。また、そのうちの一三〇回あまりは、パイパー夫人と初対面の参加者でおこなわれた。調査のほとんどは、速記者がその場にいた場合をのぞき、ホジソン自身ないし彼のアシスタントの手によって記録された。ただし報告書のなかには、それらすべての記録が記載されているわけではない。そこに含まれる情報がプライベートな内容であることから、公表を拒んだ参加者もいた。そのため最良の記録ながら公表できないものも数多くあるとホジソンは述べている。

また、調査期間のあいだには、パイパー夫人の二度の手術のため、交霊会が中断した時期もあった。最初は一八九三年三月の終わり、腫瘍摘出手術を受けたとき、次に一八九五年にはパイパー夫人のヘルニアが交霊会を妨げるほどひどくなったため、一八九六年二月に手術を受け、同年の十月まで交霊会はおこなわれていない。[55]

ところで、今回報告されているパイパー夫人のミディアムシップには、以前見られなかった特筆すべき新たな要素がある。それはフィニュイ以外の別の人格が登場し、パイパー夫人の腕を使ってメッセージを残すというかたちで頻発するようになった自動筆記である。

その現象を最初にホジソン自身が目撃したのは、一八九二年三月十二日のことだった。このときのパイパー夫人の支配霊はお決まりのフィニュイだったが、交霊会の終了間際に、突如自動筆記がはじまった。まずパイパー夫人の右手が、彼女の頭の上までゆっくりと持ち上がった。彼女の腕は、突発的に筋収縮したかのように、その位置で堅く固定されたかのように見えたが、彼女の手は非常にすばやく震えていた。そのときフィニュイが、パイパー夫人の口を通じて何度も次のように叫んだ。「彼女はわたしの手を持ち上げた」「彼女はわたしに書くことを求めている」。ホジソンはパイパー夫人の指のあいだに鉛筆をはさみ、その下に位置する彼女の頭上に本を置いてみた。なんら動きはなかった。だが、フィニュイが「手を摑むように」と命じたので、ホジソンはパイパー夫人の手首をしっかりと握った。すると震えと揺れはおさまったが、パイパー夫人の手が次のように筆記しはじめた。「わたしはアニーD――……わたしは死んではいない……わたしは死んでいるのではなく生きている……わたしは死んでいない……わたしは生命のない……世界にいるのではない……さようなら……わたしはアニーD――」。その後、鉛筆を握る力は弱まり、フィニュイはつぶやきはじめた。「わたしの手を返してくれ。わたしの手を返してくれ」。少しのあいだ、腕はその位置から動かなかったが、最終的に、あたかも動かすのに困難があるかのように、ゆっくりと横に下りていった。[56]

ここで注目すべきは、もはやひとつの人格がひとつの体を支配するという単純な事態ではなく、フィニュイというひとつの人格がパイパー夫人を支配しているのと同時に、アニーDと名乗る別の人格がパイパー夫人の腕を使って文字を書かせるという特異な現象が起こっていることだ。念のために言っておくと、自動筆記自体は、パイパー夫人が発現した能力として、これがはじめてのことではない。そもそもパイパー夫人が最初にミディアムシップを目覚めさせたときの現象が自動筆記だったことは、すでに述べたとおりである[57]。だが、フィニュイが支配しているときに、同時に別の霊が自動筆記をするという、いわば二重支配がパイパー夫人に起きるのをホジソンが目撃したのは、これがはじめてだった。これ以後、パイパー夫人の交霊会では、こうしたかたちでの自動筆記が定番になっていった[58]。

さらに今回の報告では、パイパー夫人のトランス状態中に、フィニュイ以外にも亡くなった人間の霊と称する人格が、より本物らしさを増して登場してきている。もちろん、以前にもそういう事例はわずかながらあったが、それらの人格を本当に亡くなった人間の霊だとみなさなければならないほどの強い証拠が得られることはなかった[59]。だが、今回の報告書には、いまや生前の本人の性質を備えていると思われる人格が現れてきた事例も記されている。なかでも最重要の事例が、生前にホジソンと友人関係にあったジョージ・ペリューを名乗る人格の出現だった。じつのところ、この人格の本物らしさこそが、前回の報告書の最後で、霊仮説を仄めかす追記をホジソンに書かせる要因だったのだ[60]。

では、その人格はどのように現れ、いったい何を実際に語ったのか？　次に見ていく最強のデバンカーを転向させるほどのその驚きのできごとは、反スピリチュアリスト側の人々に対して突きつけられる最大の難問となることはまちがいない。

それは死んだ友人の霊なのか？

現実のジョージ・ペリューは、一八九二年二月の落馬事故によって三十二歳の若さでこの世を去った。ペリューは法律を学んでいたが、文学と哲学に強い関心を持ち、ホジソンの言いかたでは「同時代の作家たちから高い評価を得た二冊の本」を出版している人物だった。ホジソンとの関係は、心を許し合った親友というよりは、哲学的な話題を議論し合う仲で、とりわけ「あの世の生」の可能性について長い議論を交わしていた。また、ASPRの準会員でもあったペリューは、ASPRが企画した一八八八年三月七日のパイパー夫人の交霊会に出席したこともあった。だが、その際にも「ミディアム側の高められた感覚以上のものを認められない」と結論を下し、そもそも肉体の死後の生存の可能性については懐疑的だった。とはいえ、ペリューはホジソンに次のようにも語っていた。仮に自分が先にこの世を去り、なおかつ自分が肉体の死後も存続していることがわかったら、死後の生が事実であることを証明するために「はっきりとした状況を示してみせる」。そしてペリューの死の数週間後、実際に彼を名乗る人格が、パイパー夫人の交霊会に現れるようになった[61]（パイパー夫人の交霊会に現れるペリューを名乗る人格のことを、ホジソンの報告書ではG．P．ないしジョージ・ペラムと仮名で表記している。本書では以下、GPと記す）。

ホジソンの報告によれば、GPが最初にはっきり登場したのは一八九二年三月二十二日、GPの親しい旧友だったジョン・ハート（仮名）が参加した交霊会のことだった。最初の段階ではフィニュイがいつものようにパイパー夫人を支配していたが、途中からフィニュイを仲介としてGPがみずからの名前を告げて登場し、さらにハートを含む彼の最も親しい友人たち数名の名前——洗礼名やあだ名を含む——を述べた。そこでハートは自分が身に着けていた飾りボタンを見せ、それを自分が誰からもらったかを質問した。その後、ハートとGPのあいだで次のような応答が交わされた。

GP　わたしがそれを君に与えた。わたしが君に贈ったものだ。
ハート　いつ？
GP　わたしがここに来る前だ。それはわたしのものだ。母が君にそれを与えた。
ハート　いやちがう。
GP　いや、そのとき父が、父と母がいっしょにいた。わたしがこの世を去ったあと、君はそれを手に入れた。母がそれを手に取り、そしてそれを父に渡し、父が君に与えた。それを君に持っていてほしい。持っていてもらいたいのだ。[62]

ハートによれば、実際のところ、その飾りボタンは、GPの父から息子の思い出として贈られたものだった。また、その後、ハートが確認したところ、GPが言うとおり、最初にGPの体から飾りボタンを手に取ったのはGPの継母であり、そして彼女がそれをハートに贈ることを提案したというのが事実だった。

さらに、その日の交霊会で最も印象的だったのは、その場にはいないハワード夫妻に関連するプライベートな内容とともに、彼らの娘キャサリンの名前を告げたGPが、次のように述べたことだった。「彼女に伝えてくれ。彼女ならわかるはずだ。その問題を解決するだろう」。参加者のハートは、生前のGPがハワード夫妻の娘のキャサリンと面識があったことは知っていたが、「その問題を解決するだろう」というメッセージが何を意味しているかまったくわからなかった。

翌日、ハートはキャサリンの父ジェイムズ・ハワードに交霊会の詳細を説明し、キャサリンに宛てられた「その問題を解決するだろう」というメッセージを伝えた。ハワードはその言葉にはっとした。というのも、ハワードによれば、GPがハワード家に滞在したとき、当時十五歳だったキャサリンとしばしば会話を交わしていた。なかでもGPが生前の最後にハワード家に滞在した際、ふたりは「時間、空間、神、永遠」といったテーマについて会話をしていた。そしてGPはそれらのテーマについて、「一般に受容されている解答がいかに満足のいかない代物か」を述べ、いつか自分がその問題を解決して彼女に知らせると付け加えた。しかも、そのときにGPの語った言葉こそが、まさに「その問題を解決するだろう」だったという。[63]

その後、GPは交霊会に現れるたびに、ハワードと会うことを強く何度も望んだ。ハワードは当初乗り気ではなかったが、およそ三週間後の四月十一日、ホジソンが企画した交霊会に参加することになった。いつものように、パイパー夫人に対してハワードの名前は伏せたまま、交霊会ははじまった。交霊会の最初に登場したフィニユイは、ごくわずかの言葉を述べただけで、残りのほとんどの時間はＧＰがパイパー夫人の声を支配した。少々長くなるが、ハワードとＧＰの会話の記録の一部をそのまま紹介しておこう。

ＧＰ　ジム〔ジェイムズ〕、君なのか？　早く何か言ってくれ。わたしは死んでいない。死んでいると思わないでくれ。会えてとてもうれしい。君はわたしの姿が見えないのか？　声も聞こえないのか？　わたしからの愛を父に伝えてほしい。そして彼にわたしが会いたいと思っていることを。わたしはここで幸せにしているし、君と交信できることがわかって以来、さらに幸せに感じている。話すことができない人を気の毒に思う。……わたしは君を忘れたことなどないと信じてほしい。わたしはジョン〔・ハート〕に書いて話しかけた。わたしは本や論文を散らかしたままにしてきてしまった。君は許してくれるだろうか？

ハワード　君は何をしているんだ、ジョージ、どこにいる？

ＧＰ　わたしは、まだほとんど何もしていない。死後の生の現実に目覚めたばかりだ。暗闇にいるかのように、最初は何も見分けられなかった。夜明け前の暗闇の時間、わかってくれるよな、ジム、わたしは当惑し、混乱していたんだ。でもすぐにそれも終わり、いまやわたしは、友人である君と会える。君の声が聞こえる。君の声、ジム、君のアクセントや発音がはっきりわかるよ。ただし、バスドラムのように聞こえるが。わたしの声は、かすかな囁きのように君には聞こえるだろう。

ハワード　では、この会話は電話で話しているようなものなのか？

ＧＰ　そうだ。

ハワード　長距離通話で。

ＧＰ　（笑う）

ハワード　君は生きている自分を発見して驚かなかったのか？
GP　もちろん驚いた。大いに驚いたよ。わたしはあの世の人生を信じていなかった。それはわたしの推論能力を超えていた。いまとなっては、真昼の陽光のごとく明白だ。わたしたちは物質的体のアストラルな複製〔astral facsimile〕を持っているんだ。……ジム、君はいま何を書いているんだい？
ハワード　重要なものはとくに何も。
GP　こうしたことについて書いてみてはどうだ？
ハワード　そうしてみたいが、わたしの意見として言いたいことは何もない。わたしは事実を知りたい。
GP　わたしは君とホジソンに、こうしたことを提供できる。もし彼がまだ、こうしたことに興味を持っていればだが。
ハワード　人々はこの交信の可能性を、現実のものと思うだろうか？
GP　結局は確信するだろう。物質的体のなかにいる人々が、こうしたことについてすべてを知ることとなり、すべての人が交信できるようになるのは時間の問題だ。わたしはすべての仲間に、自分について知ってもらいたい。……ロジャースは何を書いているんだい？
ハワード　小説だよ。
GP　いや、そうじゃない。わたしについてのことを書いていないのか？
ハワード　ああ、彼は君の回顧録を準備しているよ。
GP　それはよかった。思い出してくれていてうれしいよ。それがまさに彼のやさしさだ。わたしが生きていたとき、彼はいつも親切にしてくれた。マーサ・ロジャースはここにいるよ。彼女と何度か話をした。彼女は病気の末期に食事をチューブで摂っていたことを忘れられないでいる。早く忘れたほうがいいと彼女に告げると、彼女もいくぶんよくなったよ。でも長患いだったからね。君が彼女を知っていたとき、彼女はまだ可愛らしい少女だった。本人はそのころのことを自覚していないけれど。彼女は美しい小さな魂だ。彼女は父親に愛を送っているよ。……ベリックは元気かい？　わたしの愛を彼に伝えてくれ。彼はいい奴だった。誠実で尊敬すべき人物だと、いつも思っていたよ。オレンバーグは元気か？　彼はわたしの手紙をいくつか持っているよ。彼にわたしからの心のこもった愛を伝えてくれ。彼は友人のなかで、最もわたしのことを理解してくれていなかったのだけど、いつも好意を持ってくれていた。以前、わたしは抑鬱の発作を抱えていたが、もはやまったくない。いまは幸せだ。このことを父に知ってほしい。わたしたちは霊的な話題についてよく話をしたが、彼はなかなか納得してくれないだろう。母はわかってくれるはずだが[64]……。

GPによって述べられた人物の名前や関連するできごとなどは、すべてまちがっていなかった。また、ハワードにとって、GPとの会話自体も何年も知り合いだった友人の人格を感じさせた。

だが、ハワードはGPが本物だとすぐに確信したわけではない。このあとハワードは、一八九二年十一月から一八九三年一月のあいだに一三回、GPが本物か否かを確かめるべく交霊会に参加している。なかでもとくに、ハワードが自分とGPのふたりだけしか知らない何かを言ってもらうことを強く要求した一一回目の十二月二十二日の交霊会は衝撃的だった。GPがパイパー夫人の手を用いて書き記したメッセージは、ホジソンには読ませられないほどのきわめてプライベートな内容で、それまで疑いを拭い去れていなかったハワードを、十分に納得させた[65]。

ここではハワードの一例だけにとどめておくが、実際の報告書では、ほかにも多数の生前の知り合いがパイパー夫人の交霊会に参加し、GPと対話している。もちろん参加者たちはすべて名前を伏せるか、仮名で交霊会に参加している。その際、GPは一五〇人の参加者のうちの三〇人を知り合いだと認識し、その名前やその人に関連する情報を告げたが、まさしくその三〇人だけが実際に生前のGPの知り合いだった。すなわち、参加者が知り合いの場合、GPはそれをすべてまちがえずに認識できたのだ。

では、こうした結果を目の当たりにしたホジソンはどう考えたのか。まず、パイパー夫人の詐欺の疑いに関して言えば、前回の報告ですでに検討済みの問題として、今回の報告書ではあっさり却下された。したがって今回の議論は、あくまでパイパー夫人になんらかの能力があることを前提としたうえで、前回の報告書で示唆されていたふたつの仮説、すなわち生者とのあいだのテレパシーか、もしくは死者の霊との交信のどちらかだという問題に焦点は絞られた。そして、ホジソンが最終的な結論として支持したのは、すでに述べたように後者だった。では、いかなる根拠でホジソンは、生者とのテレパシーの可能性を退け、死者の霊との交信であると結論づけたのか。次にその論証の過程を追ってみたい。

生者とのテレパシーか、霊との交信か

ここで念のために言っておくと、GPの告げたメッセージは、つねに正しかったわけではない。たしかに、度重なる交霊会で語られたメッセージの多くは驚くべき正確さを示し、しかもそれらはパイパー夫人にはけっして知り得ないはずの情報だった。だが、GPの語る内容には、ときにいくつかの誤り、あるいは意味を成さない言葉もあった。

このことからは、必然的に次のような疑問が浮かんでくる。そもそもGPであると称する人格が本物のGPの霊であれば、なぜまちがうはずのないことをまちがえることがあるのか。この問題に関しては、前回のホジソンによる報告書でも言及されていたように、その人格が本物であることに対する反証となり得る証拠だった。したがって、今回の報告書でホジソンが霊仮説の真正性を主張するためには、GPがまちがえてしまう場合に対して、その理由の説明が必要だった。

まずホジソンは、霊仮説に対する想定内の反論を次のように列挙していく。

一、本当に霊との交信であれば、霊たちがもっと多くの証拠を提示しないのはなぜか。
二、ほとんどの霊たちが、ＧＰと同程度の証拠を示してこないのはなぜか。
三、どの交信にも、支離滅裂、混乱、見当ちがいが起こるのはなぜか。
四、その霊が本物であるように思われる事例の場合ですら、本人であればあり得ないような誤りやまちがいが起こるのはなぜか。
五、交霊会の参加者によって、正解がほとんど何も得られないことがあるのはなぜか。[66]

これらに対してホジソンは、次のように答えている。霊との交信において、誤り、混乱、曖昧さなどの交信内容の不完全さがともなうことは、むしろ必然的に予測される事態である。その理由として、霊と交信する能力自体が、そもそもこの世の肉体を持った人間であれ、あの世の霊であれ、万人に備わっているものではない可能性がある。ホジソンは次のように言う。「明瞭な交信のための適性は、偉大な芸術家や数学者、哲学者になる才能と同じぐらい稀だという可能性もある」。だとすれば、「〈他界〉からの明瞭な意見を運ぶための能力」という点で、すべての人が同程度のものを持っているというのは、「まちがった前提である可能性がある」。さらにホジソンは、死という事態を通過することによって生じる霊の混乱の可能性も指摘する。ホジソンによれば、その混乱は肉体を離れた当初の段階だけでなく、そのあとも長く続くことが考えられる。しかも、「霊が新たな環境に親しんだあと」でさえ、霊がこの世との交信のために、以前の自分の体とは異なる「生きている別の人間の器官との関わり」を持つことで混乱をきたすことも考えられる。ホジソンいわく、「その状態は無意識の長く続いた期間から、見知らぬ環境のなかで目覚めるようなものかもしれない」。仮に「数日、あるいは数か月、あるいは数年のあいだ」自分の体を離れ、ふたたび自分の体に戻れるのだとすれば、戻った「当初はかなり混乱し、支離滅裂な発言をすることは十分にあり得る」。では、それが別の人の体に戻るとすれば、どれほどの混乱となるだろうか。「失語症」や「失書症」になったり、身体の機能障害を被ったり、「憂鬱や消耗」、また精神状態が「無意識的でおぼろげ」になったりしても不思議はない。したがって、パイパー夫人のトランスのなかで登場する交信者の霊たちがときに混乱や支離滅裂さを示すのは、彼らが本物の霊であれば、むしろ然るべき事態なのではないか。[67] こうしたことからホジソンは、交信の不完全さが霊仮説の反証にはならないことを次のように述べる。

仮に「死亡した」友人たちの「霊」が、主張されているとおり肉体を持った人の器官を通じて交信しているのであれば、生きていた際に彼らが示していたものと同じ明瞭な意識で、自分自身を表現することを求めるのは正当ではない。それどころか、その最良の交信でさえ、次のおもなふたつの理由から、不十分なものになると予期しておくべきである。（一）用いられる粗雑な肉体の器官の条件にまったく不慣れであること――水の外の魚、あるいは水中の鳥たちに似た状態と考えるべき。（二）彼らが用いることを余儀なくされている特定の粗雑な物質的器官を正確に制御できないこと。彼らは生きているあいだ、話し書くための非常に複雑な機構を利用することを学んだが、突然気がつくと、別の型の機構を利用する状態に置かれてしまっている。[68]

じつはここでひとつ注意すべき点がある。それはここでのホジソンの主張が、霊とミディアムのあいだのテレパシー的な交信ではなく、霊がミディアムの肉体を直接操作していることを前提とした説明になっているということだ。このことについては、のちにあらためて詳述する。

続けてホジソンは、霊とミディアムとのあいだに起こっている交信が、テレパシー的な仕組みで起こっていると仮定した場合について、まずは次のように考察を進めている。もし霊が直接的にミディアムの肉体を動かしているのではなく、霊の影響がミディアムの「意識」へとおよんでいる――すなわち、霊との交信がテレパシー的な過程で起こっている――のだとしたら、トランス状態のパイパー夫人が告げる内容の不完全さも必然的なものとみなされるだろう。まず、そもそも通常のテレパシー実験において、これまで獲得された結果を考えてみるとどうか。そこに『生者の幻』で書かれたような自然発生的テレパシーの事例を含めてみたとしても、そこで作用主体者からの情報を、つねに完璧なかたちで受信できる知覚者がいないことは明らかだ。実際、これまでのテレパシー実験で得られた結果には、パイパー夫人のトランス状態で獲得される一般的な結果以下の「不完全で断片的な特徴」が見られる。また、通常のテレパシー実験において、成功とともに失敗が見られること。すぐれた知覚者であったとしても、作用主体者によって、その結果の成功の度合いが変わってくること。これらを考慮すると、仮に霊との交信がテレパシー的なものだと仮定した場合、その結果に正解と誤りが混在したとしても、まったく不思議はない。したがって、霊がミディアムの精神に影響を与えているにせよ、あるいはミディアムの意識が失われ、彼女の「神経機構」が霊によって道具として使われているにせよ、その交信内容が「不明瞭で不完全なものとなることは想定しておくべきである」[69]。

たしかに、こうしたホジソンの説明を受け入れるのであれば、霊が告げる内容の誤りや混乱といった問題は霊仮説における必然的な現象となり、霊仮説の反証とはならない。しかし、ここまでのホジソンの論証では、いまだ霊仮説を選択すべき積極的な理由が見当たらない。単に霊仮説への反論の根拠となる疑問が退けられただけで、生者とのテレパシー仮説が無効であることが示されたわけではない。したがってホジソンは次の段階として、テレパシー仮説と霊仮説を比較しながら、そのどちらがこれまで収集してきたさまざまな事例に対して、より包括的な説明となり得るか、というかたちで議論を展開していく。

まずホジソンは、テレパシー仮説と霊仮説のどちらでも説明できる中立《ニュートラル》な事例として、交信が失敗した事例を取り上げる。たとえば、通常のテレパシー実験においても、作用主体者が知覚者に印象を送ろうとせず、別のことに関心が向かっていれば思考伝達は成功しない。したがって、交霊会の参加者（この場合、作用主体者として機能する）の意識が亡くなった友人の記憶に積極的に関心を持っていないかぎり、ミディアム（知覚者として機能する）によってそれらが告げられることはないだろう。一方、霊仮説としてみても、送信者である霊がみずからの思考や感情を参加者に向けないかぎり、どれほど交霊会の参加者が交信を待ち望んでいたとしても、何も得られないだろう。ホジソンいわく、「『別の世界』で生きている友人の霊」が交信を求めていても、彼らが「つねに生者を待っていると考えるのは合理的ではない」。また、「なんらかの人間の精神状態は、亡くなった友人が交信しようとする努力に対して、それを寄せ付けないようにすることさえあるかもしれない」[70]。

では、トランス状態のパイパー夫人に現れた人格に関することが、交霊会に参加した人の意識になんら思い浮かべられていなかった場合はどうか。これはすでにオリヴァー・ロッジやウォルター・リーフらも言及していた事例だが、ここでテレパシー仮説を採用しようとすれば、実験で確認されている事実以上にテレパシーの概念を拡張しなければならなくなる。すなわち、これまでのSPRのテレパシー実験の条件では、作用主体者が物体なり観念なりを意識的に思い浮かべることが必要とされ、また作用主体者と受信者（知覚者）の精神同士は近距離にいた。だが一方で、交霊会参加者の意識内にまったく上がっていなかった情報がパイパー夫人に伝わっているのだとすると、「閾上《いきじょう》の意識」に直接頼ることなく、「閾下《いきか》の意識」や「遠距離の生者の精神」とのあいだにおいてもテレパシーは起こり得るという仮定を新たに認めなければならなくなる[71]。

では、次のような事例はどうか。亡くなった友人の霊と称する人格が、彼と交霊会参加者の当人以外、ほかの誰も知らないはずの内容を告げられる一方で、その同じ人格が参加者の知っていることであるにもかかわらず、返答できないことがあるという場合。ここでホジソンは、テレパシー仮説よりも霊仮説が優位になると主張する。というのも、仮にトランス状態のパイパー夫人から告げられた情報すべてが、参加者自身の精神からテレパシーによって獲得されたものだとするなら、なぜ参加者が熟知している事柄であるにもかかわらず、返答できない情報があるのかという疑問が残る。だが一方で、霊仮説を採用する場合、その情報の欠落は、霊の側の混乱にあると考えることができる。その理由のひとつとして、ホジソンは自分自身が生前をよく知っている人物Aの霊との交信の例をあげている。ホジソンによれば、Aの霊と称する人格の示した特徴は、明らかに生前のAを示唆していた。だがその一方で、その交信の内容には欠陥があった。このことに対してホジソンは、死の前の数年間、実際の精神障害にまでは至らなかったものの、Aが頭痛や精神的消耗で苦しんでいた事実があったことを指摘したうえで、死の前の精神状態の極度な悪化は交信内容の欠陥と相関関係があるのではないかと主張する。実際にホジソンの交霊会の記録には、生前、長期にわたる肉体の衰弱、とくにそれが精神的に大きな障害と関連していた人々の場合、その交信の内容に精神障害の支離滅裂さが示されている事例も複数存在する。[72]

さらにホジソンは、霊仮説の優位を示す事例としてGPの交信で見られるさまざまな特徴を取り上げる。そのなかでもとくに次の場合は、テレパシー仮説での説明が困難になるのではないだろうか。パイパー夫人の能力がテレパシーだとしよう。では、なぜ彼女のテレパシーの力は、GPが生前に知っていた人が参加者のときだけ、異様に強まっているように思われる結果になるのか（すなわち、その場合だけなぜ正解が多くなるのか）？　この場合、GPの霊と称する人格を本物のGPと仮定すれば、その状況はなんら不可解ではなく、単に知っている人のことだから、GPは容易に答えられるということで説明がつく。だが、GPが本物の霊ではなく、トランス状態のパイパー夫人の第二人格であり、そこで告げられる情報が参加者からのテレパシーによるものだとした場合、どうしても次のような仮説を作らなければならなくなる。GPの友人すべてが抜群にすぐれたテレパシーの作用主体者であり、さらに普段は発揮されることのないその能力が、なぜかGPとの関係のときだけ強く発揮されたのだろう。だが、これだとあまりにも突飛でほとんどあり得ない仮説になっているのではないか。[73]

またホジソンは、テレパシー仮説では説明できない例として、霊の告げる情報が、生前のころの本人自身が知っていたことに限定されている場合を指摘している。テレパシー仮説の場合、参加者から情報を拾い上げるため、トランス状態のパイパー夫人が取得できる情報は、生前のその人が知っていた範囲を超えた内容にもなり得るはずだ。したがって、パイパー夫人の第二人格が語っているのだとしたら、なぜその人が生前に知っていたことと知らなかったことを選別できるのかが説明できない。[74] さらにホジソンによれば、霊の告げる情報は、交霊会の参加者自身の持っている知識に制限されない。参加者が知らない情報が告げられた事実をテレパシーによって説明するためには、意識的に送信されていない情報が送られる可能性や参加者ではない遠距離にいる別の人間の精神とのあいだで生じる情報伝達といった、いまだ実験的に基礎づけられていない仮定の導入が必要になる。したがって、これまで述べてきたようなさまざまな事例をすべてテレパシー仮説で説明するためには、これまで想定されてきたテレパシーの概念を拡張し、多くの恣意的な仮定をそこに付け加えていかなければならなくなる。[75]

このようにふたつの仮説を競合させた結果として、ホジソンが最終的にたどりついたのは、ミディアムと参加者のあいだで生じるテレパシーではなく、霊との交信を前提にしたほうがパイパー夫人の現象に関してより合理的で一貫した説明が可能になるという結論だった。

今回のホジソンの報告書は、あらゆる反論を予想しながら、論理的で冷静な筆致で書かれている。しかも全体を通して読んでも、スピリチュアリズムへの無批判な信仰心のようなものはまったく感じられない。だとしても、デバンカーだったホジソンがついにスピリチュアリズムへと傾いてしまったのだということから伝わってくる事実の衝撃がなんら弱まるわけではない。いや、むしろ徹底的な懐疑論者が長年の調査結果をもとに考え抜いた末の結論なのだと受け止めた場合、今回のホジソンの結果は相当な重みを持って伝わってくるのではないだろうか。

『霊の教え』はまちがっていた?

ところで、この時期のパイパー夫人の交霊会では、もうひとつとても興味深いことが起こっていた。三年前にこの世を去った大物スピリチュアリスト、ウィリアム・ステイントン・モーゼスを名乗る人格までもが、トランス状態のパイパー夫人を通じて登場するようになったのだ。第6章で見たように、モーゼスは自動筆記によって霊からのメッセージを書き記し、イギリスのスピリチュアリストたちのバイブルともなった『霊の教え』を世に送り出した人物である。仮にそのモーゼスの霊が本物だとして、パイパー夫人を通じてこの世に何かを語り出したのだとすれば、じつに興味深いことではないか。ここで、モーゼスを名乗る人格が、パイパー夫人の交霊会に登場するに至った経緯から紹介しておこう。

一八九五年六月十九日、ペンシルベニア大学の古典学者ウィリアム・ロメイン・ニューボールドは、パイパー夫人の交霊会の参加者となり、ＧＰとのあいだで人間の死後の状態について対話した。このときニューボールドにとって、どうしても気になる問題が浮上してきた。それはＧＰが語る死後の世界とモーゼスの『霊の教え』に書かれている内容が一致しないという点だった。そのことを追及すべくニューボールドは、モーゼスの著書が「魂がその熱情と欲求のすべてをみずからとともに運び、そこからさまざまなものがきわめてゆっくり純化されていく」と述べていることをＧＰに伝えた。それに対してＧＰは、「そんなまさか、実際にはまったくそうではない」ときっぱり否定した。さらにニューボールドが、『霊の教え』では「悪い魂は、罪人たちをみずから破滅に向かわせるためにこの世の上を漂う」と書かれていると述べると、それに対してもＧＰは、完全なまちがいだと強く否定してきた。[76]

ここでニューボールドが問題として取り上げていたのは、『霊の教え』にあるインペレーターという仮名の霊が告げた悪についての教義だった。インペレーターの教えでは、「地上において低俗なる趣味と不純なる習性を持っていた魂は、地上の圏域から離れてもその本性は変化しない」とされる。[77] さらに、人間の堕落には、かつての肉体的欲望が消えない悪い霊たちが関与しているとしてインペレーターは次のようにも述べている。

これらの地上に縛られた霊たちは、地上にいたころの熱情と性癖の多くを持ち続ける。肉体の欲望は消滅しないが、それらを満足させるための力は取り上げられる。大酒呑みはかつての渇望を持ち続けるばかりか、ますます激しさを増す。それを満たせないことによって、さらに悪化していきさえする。それは人のなかで消すことのできない欲望が燃え盛り、彼のかつての悪徳のたまり場に人を何度も急き立て、彼自身のような悪党をさらなる悪事に駆り立てるのだ。[78]

だがＧＰのほうは、「罪を犯すのは肉体だけであり、魂ではない」と述べ、生前のさまざまな欲望や性向が死後に持ち込まれるという考えかた自体を強く否定してる。[79] こうした見解の不一致は、霊界の真実に強い関心を持つ真面目なスピリチュアリストにとっては大問題になるはずだ。なんといっても、仮にGPが本当に霊界の住人だとすればGPの主張は無視できず、ことによっては、モーゼスの『霊の教え』に書かれている内容が真実ではなかったと認めざるを得なくなる。こうした問題を前に、ニューボールドはそれについての説明を霊界にいるはずのモーゼスに直接尋ねてみるというじつに興味深い解決策を思いついた。

翌日の二十日に開催された交霊会でニューボールドは、モーゼスをこの交信の場に連れてくることができるかとGPに尋ねてみた。すると、GPは最善を尽くすと答えた。次の二十一日の交霊会では、モーゼスを連れてくることはできないと返答してきた。[80] だがその次の日、パイパー夫人を通してフィニュイが語っているなか、GPに支配されたパイパー夫人の手が次のように書き記した。「ここにステイントン・モーゼスがいる。君は彼に会うことを望むか?」ニューボールドはイエスと答え、GPにこう言った。「彼の本『霊の教え』を読んだが、そこに書かれていることと君が言っていることには矛盾がある。わたしはその事実に関して彼の弁明に興味があると彼に伝えてほしい」。するとこのニューボールドの問いかけに対して、モーゼスを名乗る人格がついに登場した。その際に、ニューボールドとモーゼスの人格のあいだで交わされた会話は、次のようにいささかちぐはぐなものではあった。だが、そこでモーゼスの人格は、『霊の教え』にある記述の誤りを認めた。

モーゼス　君はわたしを信用していないのか、わたしの教えを信じていないのか?

ニューボールド　あなたの教えには強く感銘を受けています、モーゼスさん。とくに、あなたの述べていることとペラム氏〔GP〕が大部分で一致していることに関しては。ただ、不一致の箇所についてはどうお考えなのでしょうか?

モーゼス　わたしたちの友人による誠実な発言が矛盾しているということか。わたしは彼に会えてうれしい。

ニューボールド　わたしは矛盾とまでは言っていません。仮に、そう思えたのであれば、そのことについてご説明いただけますでしょうか。

モーゼス　わたしはあなたの質問が理解できていない。

ニューボールド　矛盾に思われるそれらのことをご説明いただけますか？

モーゼス　それらとは何かを教えてほしい。

ニューボールド　あなたは悪い霊たちが罪人たちを滅びの道に唆《そそのか》すと教えておられた。

モーゼス　わたしはここに来てから、そうではなかったことがわかった。わたしが肉体のなかにいたとき、友人たちがミディアムとしてのわたしに与えたこの特定の所説は、真実ではない。

ニューボールド　魂はみずからとともに激情や欲求を運んでいくというふたつ目の点はどうでしょう。

モーゼス　物質的な激情。真実ではない。そうはならない。わたしはそうではなかったことを発見した。[81]

このあとニューボールドは、ほかに『霊の教え』の記述で訂正したいところがあるかをモーゼスの人格に尋ねた。するとモーゼスの人格は、『霊の教え』で誤っていた点を次のように述べた。思考は肉体のなかにいたと同様に、ここでも実質的に同じであり、また肉体のなかにいたときと同様にあらゆる欲望を持っていると、かつて述べていたことはまちがっていた。そういったことすべては、地上に置き去ってしまっている。言い換えるなら、それは肉体とともに滅んでしまう。[82]

さらにニューボールドは、インペレーター、レクター、ドクター、プルーデンスと仮名で呼ばれていたかつてのモーゼスの支配霊に関する話題に移った。ちなみに、彼らが霊界でどのような役割を持っている者なのかは、インペレーター自身の言葉によって、およそ次のように説明されている。インペレーターは、「四九名からなる霊団のリーダー」であり、「監督と統率」の役目を担い、その他すべての霊は彼の「指導と指令」に従って任務にあたっている。インペレーターは全知全能の神の意志を成就するために「第七界」から来て、使命が終わると二度と地上には戻ることのできない「至福の天球」へと上昇していく。レクターはインペレーターの「代理」であり「副官」であり、とりわけ「物理的顕現」に関与する霊たちを統率している。さらにレクターを補佐するのが、ドクター・ザ・ティーチャーである。ドクターはミディアムの思想を指導し、言葉に影響を与え、ペンを操る。さらに、このドクターの統率下に、知恵と知識を担当する一団がいる。地上の悪影響を遠ざけ、危険なものを追い払う役目を担うふたりの霊、さらに霊界の悪の勢力である低級霊の誘惑から保護する役目を持ったふたりの霊、計四名が直接ミディアムに付き添う。彼らを含め、全部で七人がひとつの霊のサークルを構成する。[83]

たしかに、彼らの霊界での役割や働きについては、こうしていちおうは明らかなものとされている。だがその一方で、彼らが過去に地上で肉体を持っていたときの名前や身元については、生前のモーゼスは固く口を閉ざしたままで、けっして明かされなかった。そこでニューボールドは、これまで秘密とされていたその霊たちの本名をモーゼスの人格に尋ねてみた。するとモーゼスの人格は、パイパー夫人の手を使って「レクター」と「ドクター」の名前を書き記した（これらの状況を記録したニューボールドの報告書のなかでは、その名前の部分だけ字が伏せてあるため、モーゼスの人格が実際にその名前を何と書き記したのかは不明である）。さらにニューボールドはインペレーターの名前を尋ねた。すると、モーゼスの人格は「おお、わたしは誰にもその名前を漏らしたことはない。このことはよく考えたうえで君に知らせたい」と返答しただけで、結果、インペレーターの名前は明かされずじまいとなった。[84]

この日の交霊会の残りでニューボールドは、モーゼスの人格が本物かどうかを見極める簡単なテストとなる友人たちについての意見を求めた。「友人たちに何か送るべきメッセージはありますか？」というニューボールドの問いに対し、モーゼスの人格は「Spear」と綴った。ニューボールドがそれを「音楽家のチャールトン・T・スピア（Speer）」のことかと尋ねると、モーゼスはそうだと答えた。さらにニューボールドは「あなたはF・W・H・マイヤーズ氏を覚えていますか？」と尋ねた。するとモーゼスの人格は「覚えている。君は彼か？」と問いを返してきた。さらにニューボールドは「リチャード・ホジソンは覚えていますか？」と尋ねた。モーゼスの人格からの返答は、「いや、覚えていない。君は彼か?」と返答した。それに対してニューボールドは言い返した。「いいえ、ちがいます。だが、彼はあなたがいたころ、サイキカル・リサーチ協会の評議会のメンバーでした」。するとモーゼスの人格は、「もちろん、わたしは彼を覚えている」と答えを返してきた。[85] 言うまでもなく、この対話に見られるモーゼスの人格の返答は、それがモーゼス本人の霊だとすれば、どうにも奇妙で不可解としか言いようがない。

さらに六月二十四日のパイパー夫人の交霊会には、ニューボールドとともにホジソンも参加した。この日のモーゼスの人格は、まず自分のほうから生前の友人の名前を告げてきた。

モーゼス わたしたちの友人で仕事仲間のひとり、ウォレス博士を覚えているか?
ホジソン あなたが言っているのは、アルフレッド・R・ウォレスのことですか?
モーゼス そのとおり、まさしく。わたしの友人ウォレスだ。
ホジソン 肉体のなかにいる?
モーゼス そうだ。彼にわたしの愛を伝えてくれ。
ホジソン わかりました。
モーゼス マイヤーズにも。
ホジソン わかりました。伝えます。
モーゼス 彼のことはよく覚えている。
ホジソン わかりました。たしかに彼に伝えておきます。[86]

このあと、生前のモーゼスのガイド(支配霊)たちの名前についての話題に移った。

ホジソン　マイヤーズはあなたの体験記を出版し、レクター、ドクター、インペレーターに言及しました。ですが、それらの仮名で表されている人々について語ることができないと弁明しています。

モーゼス　内密のことだからだ。

ホジソン　ですが、わたしはマイヤーズが〔彼らの名前を〕知っているということを聞いて知っています。

モーゼス　然り。彼は知っている。

ホジソン　わたしたちはそれらを公表するつもりはありません。

モーゼス　してはならない。

ホジソン　とはいえ、もしわたしたちがインペレーターが誰かをマイヤーズに伝えたら、それはあなたがあなたであることの強い証拠になるのはおわかりだと思いますが。[87]

ここで、マイヤーズが支配霊たちの名前を知っているということを、ホジソンが述べていることについて補足しておきたい。先述のとおり、モーゼスの支配霊たちの名前はけっして公表されなかった。だが、モーゼスの死後、彼個人の手帳は、本章の最初で見たように、遺言執行人からマイヤーズに託された。そしてそこにこそ、公表されなかった支配霊たちの名前が記されていたため、マイヤーズはその秘密を知ることとなった。ゆえに、モーゼスの人格からガイドたちの名前を聞き出し、マイヤーズに確認してもらうことは、モーゼスの人格が本物だという確証を得るためにとても重要なことだった。仮にモーゼスの人格が告げた支配霊たちの名前とマイヤーズの手元にあるモーゼスの手帳にあるその名前が一致するのであれば、それはモーゼス本人以外には知られていない情報なので、モーゼスの人格が本物であることの強い証拠のひとつとなる。

ホジソン　内密にしておけば、インペレーターが誰かを教えていただけるのでしょうか?

モーゼス　わたしもそうしたい。質問がある。わたしはあなたの言っていることが聞こえなかった。

ホジソン インペレーターが誰なのかを教えてもらえますか？

モーゼス いいとも、わたしの若い女性の友人だ。

ホジソン 確かですか？ わたしが言っているのは、インペレーターとしてあなたが語った霊界からの有名な交信者のことですが。

モーゼス おお、なんということか。彼女はわたしの『霊の教え』のなかで言及されているのだぞ。

ホジソン わたしが言っているのは、あなたの『霊の教え』で言及されているインペレーターのことです。

モーゼス わかった。わかった。それが誰なのかを、ここで告げなければならないのか。

ホジソン 説明させてください。わたしは、あなた自身の情報を手に入れたいんです。マイヤーズ氏は知っていて――

モーゼス 彼は知っている。

ホジソン そして、わたしたちは知らない。アメリカ合衆国では知っている者はいません。もしあなたが教えてくれるなら、わたしたちは海のこちら側で誰も持っていないその情報を、公にならないように気をつけてマイヤーズに送ります。このことはあなたの存在を証明する恰好のテストになるはずです。[88]

会話のなかでは奇妙な支離滅裂さを感じさせたものの、このあとでモーゼスの人格は、たしかにインペレーターの名前をはっきりと書き記した（このときの交霊会の記録でもインペレーターの名前は伏字になっていたため、モーゼスの人格が実際にその名前を何と書き記したのかは不明）。では、ニューボールドとホジソンが参加した交霊会で、モーゼスの人格が告げたインペレーター、レクター、ドクターらの名前は、モーゼスの手帳の名前と一致していたのだろうか。残念ながら、それらはまったく異なる名前だった。本物のモーゼスなら忘れるはずのないその三人の名前には、ひとつも正しいものはなく、手帳に記された名前と似てすらいなかった。ホジソンとともにこの日の交霊会の一部始終を見守っていたニューボールドは次のように述べている。「わたしの考えでは、モーゼスと称された人格のこの誤りは、霊仮説の受容に障害となる」[89]。すなわち、この段階の結論からすれば、モーゼスを名乗る人格は、自分が本物であることを証明できる最良のテストだったにもかかわらず、それに合格できなかったのだ。

しかし、このモーゼスを名乗る人格の登場は、パイパー夫人の交霊会を新たな局面に向かわせるきっかけになった。翌年の一月、モーゼスの人格の要求により、パイパー夫人は、インペレーター、ドクター、レクターらの支配下に置かれた。そしてインペレーターは、次のように主張した。自分たち以外の劣った交信者との見境のない実験はやめるべきだ。それは「機械を打ち壊し、使い潰す」ようなもので、「多くの修理が必要となる」（ここで「機械」とインペレーターが述べているのはパイパー夫人の肉体のことを指す）。かくして、かつてモーゼスを指導していたと称する人格たちが、いまやパイパー夫人の肉体への独裁的な支配を確立していくことになった[90]。

一方、長らくパイパー夫人の交霊会の主役を務めていたフィニュイは、新たに登場したインペレーターから、その役割を剝奪されるかたちとなった。一八九七年一月二十六日、フィニュイは最後の別れを告げ、二度と戻ってくることはなかった。

懐疑派でも否定できない現象

ついにホジソンまでもが、霊の存在を確信する側に転向していく状況のなか、懐疑派の砦を頑なに守っていたのは、モーゼスやエウザピアに対してもつねに冷徹な視線を投げかけていたフランク・ポドモアだった。一八九八年三月十一日、第九一回ＳＰＲ総会で、ポドモアは「パイパー夫人のトランス現象についての考察」と題した論文を読み上げた。その冒頭でポドモアは、はっきりと次のように言いきった。

パイパー夫人のトランス状態によって生じる現象を考えるにあたり、わたしは根本的にホジソン博士の論理に従わない。[91]

ここでポドモアが述べた「ホジソン博士の論理」とは、ホジソンが霊仮説の結論に至った論理のことを指している。そう、ホジソンによるパイパー夫人の徹底的な調査報告を読んでもなお、ポドモアは霊仮説を受け入れる気になれなかったのだ。

ただし誤解のないように言っておくと、ポドモアは霊仮説に同意することはなかったとはいえ、ホジソンの長年にわたる調査自体を軽視したわけでも、パイパー夫人の能力を偽物だと安易に否定しようとしたわけでもない。むしろ逆で、ポドモアはパイパー夫人の真偽を論じる前段階として、メスメルの時代から存在する過去の「クレアヴォヤント（透視能力者）・ミディアムたち」の事例を詳細に分析し比較したうえで、パイパー夫人に関する調査報告の重要性を強調している。たとえば、エマヌエル・スウェーデンボルグやアンドルー・ジャクソン・デイヴィスのような人々の霊界の記録の場合、彼らにより語られた内容の「哲学的あるいは神学的価値がなんであれ」、それらは本物であるための「外的な証拠をほとんど提供していない」。また、ウィリアム・ステイントン・モーゼズやアレクシー・ディディエなど、その種のどんな以前のものと比較しても、パイパー夫人の調査結果は、事例の多さや記録の完全さ、語られた情報の正確さ、さらに過去数年のあいだ注意深く監視されてきたという状況からしても、圧倒的に価値があるとポドモアは言う。[92]

またポドモアは、交霊会に参加する人物が誰かをパイパー夫人があらかじめ知り、事前にその人物の情報を収集していた可能性についてもホジソンの調査報告をもとにあらためて検討している。

まずホジソンは、パイパー夫人に対して事前に参加者となる人物の情報をけっして与えなかったし、実際の交霊会の場では、参加者を偽名で紹介することを原則にしていた。参加者となる人物はホジソンが手配し、手紙、あるいは直接、口頭での本人とのやり取りで決めた。そうした手紙やホジソンの日記は、ホジソンの事務所の机の引き出しに施錠して保管されていた。仮にホジソンのアシスタントや速記者がパイパー夫人から賄賂を受け取って、参加者名の情報を漏らしていたと仮定しても、参加者の決定が告げられるのは交霊会の二、三日前であるため、その参加者の詳細情報の入手は困難だった。参加者はアメリカ各地からばかりか外国からも来ていた。また、プロフェッショナルのミディアム同士のあいだでの「相互援助」、すなわち同業者同士がそれぞれ獲得した情報を共有している可能性を考慮に入れたとしても、ホジソンによって送り込まれた数多くの参加者たちすべてを網羅することはむずかしい。仮にパイパー夫人が参加者の名前と住所を事前に入手可能だったとしよう。そして、交霊会の当日までのわずか二、三日のあいだに、パイパー夫人に雇われた諜報員が、それをもとに情報を収集していたとしよう。諜報員は、その家の場所のような外的な事実、何の仕事をしているか、社会的立場などを突き止めることは当然可能であろう。さらに百科事典の訪問販売員というかたちなどで、諜報員は家のなかに入り、応接室に足を踏み入れ、使用人たちと会話し、こっそり手紙を読んだり机の引き出しを漁ったり、場合によって使用人を買収するなどして、その家で亡くなった子供、あるいは親戚や友人たちなどの名前、年齢、容姿、気質を知ることも可能であろう。だが、諜報員がつねにそのような方法で情報を収集していたと仮定することは、その露見のリスク、かかるコストの大きさなどからしても現実的とは思えない。そもそもパイパー夫人が交霊会で語る内容は、家や応接室の外観などの外的なものではなく、その多くは情報収集が困難な死者の個人的な事柄に関連している。仮に諜報員が、いくつかの事例でたまたまそのような情報を獲得できたとしても、数多くの交霊会で語られた内容すべての情報を入手することは不可能に思われる。[93]

こうしてポドモアは、およそ懐疑論者が思いつきそうな情報を事前に収集するためのあらゆる手口に関する疑いを検討していった。その結果、こういった類いの詐欺によって、彼女の件を簡単に片づけてしまうことはできないというのが、ポドモアの出した結論だった。徹底的な懐疑論者であるポドモアですら、パイパー夫人の詐欺の可能性を指摘できないという状況は、もはやＳＰＲにとって、その点をめぐる議論については、事実上ほぼ終了したと言ってまちがいない。

実際、ポドモアの論考の発表後に開催された一八九八年三月十一日のＳＰＲ総会では、参加者たちからの意見が交わされたが、まずもってそこでのシジウィックの見解がまさにそれだった。詐欺の疑いが十分に熟考されたいま、「その現象はなんらかの超自然的な性質があるという仮定」を前提とし、「それらが生者からのテレパシーによって説明できるのか、あるいはいわゆる〈霊的〉な起源なのか」という問題にいまや注意を向けてもよいのではないか。もし適切な条件の下で、その証拠が数多く獲得されれば、「作業仮説」としての霊仮説の採用もあり得ることをシジウィックは示唆していた。[94]

こうしたパイパー夫人をめぐるSPR内部の動向を見ると、シジウィックが慎重な態度でいまだ結論を保留してはいるものの、その議論の方向性自体は、初期SPRがサイキカルな現象を包括する解釈のパラダイムとして設定した生者間のテレパシー理論を超え、ついに霊の存在をめぐる問題に開かれはじめていたことがわかる。

新心理学VSサイキカル・リサーチ

とはいえ、サイキカル・リサーチの前向きな展開を予感していたのは、あくまでもSPR内部のことでしかなかった。SPRがどれだけ根気強く証拠を積み上げていっても、そもそもサイキカル・リサーチという研究分野そのものを認めようとしない科学者たちの心を動かすことにはならなかった。そればかりか、SPRが実証的な手続きを採用した研究成果についての論文を発表すればするほど、彼らの反発は高まっていくかのようだった。とくに、ドイツの実験心理学の影響を強く受けたアメリカの心理学界を代表する者たちのなかには、SPRの論文を黙って無視するだけではおさまらず、しばしば辛辣な批判を浴びせかける人物もいた。先に触れたウィリアム・ジェイムズの「白いカラス」発言を『サイエンス』誌上で痛烈に批判した心理学者、J・マッキーン・キャッテルもそのひとりだった。

キャッテルの反サイキカル・リサーチの姿勢はその後も頑《かたく》なだった。キャッテルにとって、スピリチュアリストの証言はもちろんのこと、SPRの調査結果ですら、手品のトリックか、人間の錯覚に帰されるもの程度としか考えられなかった。たとえばキャッテルは一八九九年の『サイコロジカル・レヴュー』誌上で、スレート・ライティングなどを含むさまざまなトリックを解説した二冊の本についての書評を書き、そこにサイキカル・リサーチへの嘲りを含めている。

> これらの本は、まずもって一般向けに書かれており、教育や気晴らしにぴったりだ。十四歳でこれらのトリックを学ぶ少年は、スピリチュアリストやクリスチャン・サイエンティスト〔一八七九年にボストンで創設されたキリスト教系の新宗教団体クリスチャン・サイエンスの信者〕になることなどなく、まともで有益な職業に就くことになり、一〇年後には物理学や心理学の真面目な研究者になる可能性も高い。
> だが、これらの本は心理学の論文誌や心理学の蔵書として扱われるに足る価値がある。手品師の繰り出すトリックや幻影は、知覚の心理学の研究にとって恰好の題材になる。被暗示性や群集の心理学は、そのような見世物の成功のための重要な要素である。また、こうした点から、それらは研究に値するものを提供している。サイキカル・リサーチに興味のある人には必読の書である。[95]

かつてASPRのオリジナル・メンバーだったウィスコンシン大学の実験心理学者ジョセフ・ジャストローも、一八八〇年代の終わりごろから、サイキカル・リサーチに対する批判的な記事を書き続けていた。たとえば、一八九五年十一月の『スクリブナーズ・マガジン』誌への寄稿「精神の電信の論理」で、人々がテレパシーを信じたがる理由を、啓蒙以前の人類の原始的な未発達の「哲学」と並べ、その根底には非合理的な魔術的世界観があるとジャストローは論じている。

> テレパシーを信じる自然な傾向に関して言えば、それは宇宙とそこで起こるできごとに対する人類中心的で自己中心的な見方の一環として、また世俗のできごとの神秘的な見方への固執の例証としてみなせるかもしれない――そうした両方の見方は、原始の未発達な哲学で支配的であり、迷信がいまだ残っている場所や疑

似科学や秘教的カルトが栄える場所であればどこであれ、目立って残存して、そうした場所ではおそらく完全に廃棄されることはないだろう。「共感魔術（sympathetic magic）」に潜在する一般概念に関するクロッド氏〔英国の銀行家・人類学者エドワード・クロッド〕の見解は、テレパシー理論を好む偏見に応用することが可能かもしれない。[96]

さらにコーネル大学の心理学教授エドワード・ブラッドフォード・ティチェナーも、一八九八年十二月二十三日の『サイエンス』誌で、「科学的精神を持った心理学者にテレパシーを信じる者などいない。しかし、ある主張のなかでのそれ〔テレパシー〕への反証は研究者を科学の正しい方角へ進められるし、テレパシー研究で浪費する時間があれば、科学に何百倍もの成果がもたらされるはずだ[97]」と、誰よりも断固とした口調で反サイキカル・リサーチの立場を公表している。

このティチェナーの発言は、ウィリアム・ジェイムズを名指ししてはいないものの、彼に対する非難を込めていたことは明白だった。

そもそもティチェナーの表明していた心理学の立場である「構成主義（structuralism）」の観点からすれば、サイキカル・リサーチの方法論や研究対象などは、まともな心理学として認められるわけがなかった。だが、ウィリアム・ジェイムズのような有力者がサイキカル・リサーチを正当な心理学の研究対象だと主張すれば、心理学全体がティチェナーの求めるものとはまったく別の方向に転がりかねない。それがティチェナーの苛立ちの最大の要因だった。[98] 実際、ティチェナーのこの懸念は、当時のアメリカにおけるジェイムズの心理学者としてのきわめて大きな影響力からすれば、まったくの杞憂ではなかった。すでに一八七三年から、ハーバード大学でドイツの最新の研究成果を盛り込んだ心理学を教えはじめていたジェイムズは、のちに同大学の実験心理学の実験室に発展する最初の研究室を一八七五年に創設していた。また、一八九〇年には、心理学の教科書の古典中の古典として広く認められることになる大著『心理学の原理（*The Principles of Psychology*）』を出版。さらに一八九四年にはアメリカ心理学会の会長を務め、この分野での最も傑出した人物としての認識が、心理学者のあいだにおいても大きく広がっていた。[99] こうしたことからすれば、ティチェナーが一八九八年十一月のキャッテルに宛てた手紙で、次のような不満をぶちまけている気持ちも理解できる。

哲学と心理学のいずれに対しても、ジェイムズの影響は確実に不健全さを増してきています。彼の軽信性と感情に訴える手法は、疑いなく科学的な性質と正反対のものです。[100]

このようにサイキカル・リサーチに対する強い批判を発したのが、おもにキャッテル、ジャストロー、ティチェナーのような心理学者だったということは、当時のアメリカにおける心理学の情勢が、まさに科学の一部門としての基盤の構築途上にあったことから考えると理解できる。そもそもアメリカの心理学は、グスタフ・フェヒナーやヘルマン・フォン・ヘルムホルツ（物理学者・生理学者として有名だが、実験心理学の祖ともされる）といった十九世紀半ばのドイツの実験科学としての心理学からの影響を基礎に発展してきた。この流れのなかで十九世紀末に向かい、アメリカの科学的心理学者たちは、自分たちの心理学を「新心理学（New Psychology）」と呼び、すでに確立された科学の分野として存在していた物理学、化学、天文学、生理学などと同様の基盤を築き、その上に精神の研究を位置づけることを求めていた。そのため心理学者たちは、ほかの科学分野に倣い、ジャーナル（学術誌）の刊行、実験室の設置、専門家間の組織作りなどを通して、その制度化を着実に推し進めていた。デボラ・J・クーンが言うには、これは「知的で学問上の生存のための闘い」であり、心理学者たちはそのことに「意識的に従事していたのだと言っても大げさではない」。そして実際にこの闘いのなかで、スピリチュアリズムやサイキカル・リサーチとの混同から「新心理学」を引き離すことは、なんとしてでも必要だと考えられていた。[101]

第6章で、英国心理学協会との関連から十九世紀後半のイギリスにおける心理学の状況を見たときにも同様のことを述べたが、当時のアメリカでも一般の人々のあいだでの心理学という用語の意味するところは、スピリチュアリズムやサイキカル・リサーチとの境界領域が曖昧だった。たとえば、『生者の幻』への批判を書いた心理学者グランヴィル・スタンリー・ホールが、一八八七年に『アメリカ心理学ジャーナル』を創刊する際、その後援者たちの何人かは、それをサイキックな事柄に関する雑誌と勘ちがいして寄付していたという事実もある。[102] また、アメリカ心理学会をホールとともに共同設立したイエール大学の実験心理学者エドワード・ホイーラー・スクリプチャーが一八九七年に刊行した『新心理学』の序文の冒頭を読めば、「新心理学」がいかにさまざまなかたちで誤解されてきたかがわかる。

一部の人々は、その新たな科学〔新心理学〕を、思考伝達やクレアヴォヤンスの実験と関連するものだと考えてきた。〔中略〕そのような混乱のなかで、人々が次のように尋ねたとしても無理はない。「新心理学とは何なのか？　脳の生理学なのかスピリチュアリズムなのか、あるいは新種の形而上学なのか？」と。[103]

また、前述のジョセフ・ジャストローも、一八八九年の『ハーパーズ・ニュー・マンスリー・マガジン』誌上で、直接ＳＰＲを名指し、彼らの活動が心理学にとっていかに有害かを強い口調で次のように訴えている。ＳＰＲは「心理学の目的と方法に関する歪められた考え」をまき散らしてきた。そのため心理学の「科学としての地位」は傷つけられ、誤解されてきた。したがって、最も望まれることはと言えば、「サイキカル・リサーチに含まれる好ましくない見当ちがいの意味から、『心理学』という語を切り離すこと」だ。[104]

こうした反サイキカル・リサーチ側の心理学者にしてみれば、ＳＰＲのように科学的自然主義を超えた領域を研究対象とすることは、「発芽しかけた学問分野に対して、みずから災難を招くように思われた」。[105] こうして科学的自然主義の枠組みのなかで心理学の制度化が進んでいく過程で、反サイキカル・リサーチ側が支持する新心理学の陣営とサイキカル・リサーチを擁護するジェイムズのあいだにあった溝は、もはや埋められなくなっていった。

ここで、十九世紀後半の心理学が科学の分野として確立されていく際、どのようなかたちで自己を定義し研究領域を設定していったかについて、もう少し具体的に触れておきたい[106]。それによって、サイキカル・リサーチが、なぜかくのごとく心理学者たちからの強い拒絶反応を受けたのかが、より明瞭に理解できるだろう。

まず十九世紀後半において、科学としての心理学を確立するためには、物質とは別のものとして存在する精神、さらにそこから由来する人間が行使する意志の作用を消し去ることが必要だった。なぜなら、実体としての精神やその力を認めることは、当時の機械論的で原子論的な枠組みで形作られていた科学の領域から完全にはみ出すことを意味していた。たとえば、ヘルマン・フォン・ヘルムホルツらによって提唱された物理学におけるエネルギー保存の法則、すなわちエネルギーは失われることも増えることもなく、別のものに変換されるだけで、宇宙全体において、その総量は変わらないという考えに対して、精神の力、言い換えるなら意志が作用因となって物質の世界に影響をおよぼすことができるという主張は明らかに反していた。というのも、後者の考えかたを前提とすると、閉じられた系《システム》のなかに新たなエネルギーが追加されることを意味することとなり、エネルギー保存の法則が成立しなくなるからだ。また、精神と物質の二元論を前提とした場合、物質ではない意志が、そもそもいかにして物質に影響をおよぼすのかという説明困難な問題もあった。科学的自然主義の絶対的な守護者であったユニヴァーシティ・カレッジ・ロンドンの数学教授ウィリアム・クリフォードは、一八七四年の『フォートナイトリー・レヴュー』での「肉体と精神」と題した論考のなかで、そのことに関して次のように述べている。

もし意志が物質に影響をおよぼすことができると誰かが言うのであれば、その意見はまちがっているばかりか、まったく意味をなしていない。意志は物体ではない。それは物質の運動の様態でもない。そのような主張は、未開の粗雑な唯物論に属している。ところで、物質に影響をおよぼす唯一のものは、物質を取り巻く位置、または物質を取り囲む動きである。意志が行使されるごとに、同時に物理的な法則の攪乱があると思われるかもしれない。だが、この攪乱は、意志に随伴する物理的な事実として知覚されるものであり、意志それ自身が知覚されることはない[107]。

クリフォードにとって、あくまで肉体は「物理的機械」であり、精神はその作用に随伴して生じるものでしかなかった。クリフォードは次のようにも述べる。「精神は肉体の作用の特定の部位、すなわち、大脳と知覚路が励起されるなかでの脳の作用の特定の部位と並行し、同時に存在する感覚の流れとしてみなされるべきである」[108]

こうした精神を非実体化する見かたは、十七世紀から十八世紀にかけての経験論哲学の連合主義《アソシエーショニズム》――すべての精神現象は個々の知覚経験によって作られるもので、複合的な観念はそれらが結びつけられた結果であるという考え――からはじまっていたものの、さらに脳と神経系の機能の局在化や感覚運動の過程を刺激に対する反射モデルとする記述を可能にした十九世紀後半の生理学の進展が、決定的な後押しとなっていた。すでに一八三〇年代、ドイツの生理学者エドゥアルト・プフリューゲルの実験によって、頭部を切除されたカエルが刺激に反応し、目的を持っているかのような行動を取れるという事実が発見されていた。脊髄反射活動と呼ばれたこの刺激と反応のモデルは、これまで不可解とされてきた人間の意識や意志をともなわない夢遊病のような行動の説明に応用された。たとえば、エディンバラ大学の医学教授トーマス・レイコックは、カエルの脊髄反射活動のように、人間が意識することなく、脳は刺激に対する反射によって意味のある行動を引き起こすことができるばかりか、「知的能力の最も高度な作業」すら可能にするということから、人間を外的世界にそれ自身を適合させ得る「自動装置《オートマトン》」であると考えた[109]。本書で何度か触れたウィリアム・カーペンターの「無意識の脳作用」という考えかたが、こうしたレイコックの考えと同一線上にあることは明らかだろう。またトーマス・ハクスリーもレイコックの考えと基本線では同調し、精神は脳という物質の状態に付随する現象としてみなすべきだとの見解を明言している。たとえば一八七四年の『フォートナイトリー・レヴュー』で、ハクスリーは次のように述べている。

わたしたちの精神の状態は、単に有機体のなかで自動的に起こる変化に関する意識の状態の表象である。また極端な見方を取るなら、わたしたちが意志と呼んでいる感覚は、自発的な行為の原因ではなく、むしろその行為の直接の原因である脳の状態の表象である。わたしたちは、意識のある自動装置なのだ[110]。

こうした精神を物質的な肉体の機能に還元していく考えかたは、科学としての心理学を確立しようとした最初の世代が積極的に取り入れていった前提だった。また、それにもとづき、心理学という分野の研究領域と方向性も定式化されていった。その結果、科学的自然主義の枠組みに適合しない古い心理学の概念――精神、意志、意図、目的など――は、真っ先に捨て去るべき対象とされた。

一方で、サイキカル・リサーチが向かったのは、まさにその逆だった。非物質的なものとして存在する精神の力を確証すること。それればかりか、科学的自然主義ではタブー視された「霊」や「魂」といった宗教的な含みを持つ概念でさえ、科学の正当な研究対象として再定義し得るとすら考えていた。すなわち、ジョン・J・チェルローの言いかたを借りれば、サイキカル・リサーチが作り上げようとしていたのは、いわば「非宗教化された魂」の概念だった[111]。

要するに、両者間の対立は、科学的自然主義の基準にみずからを適合させていこうとしたか、そうしなかったかにあった。新心理学はそうしたが、SPRはそうしなかった。したがって、SPRが公にした研究成果を熟考した結果、非物質的なかたちでの精神の力の存在の可能性がほんの少しでも認められることになるとすれば、それはその時点で、既存の科学のなかにみずからを定位させた新心理学にとっては否定すべき対象になった。だとすれば、どれだけSPRが可能なかぎり厳密な実験を重ね、徹底した経験主義を貫き、慎重に調査結果をまとめ上げたとしても、新心理学側が強い拒絶反応を示したのは当然のことだった。

これまで見てきたように、二十世紀を目前に控えた時点でのSPRは、非物質的な領域の存在を主張するに足る多くの確かな証拠を獲得したと考えていた。したがって、あとに残された課題は、それら個々の事例を統合し説明するための、なんらかの理論を作り上げることだった。たとえ科学的自然主義や新心理学の大きな流れに抗うことになったとしても、それこそがSPRにとってめざすべき最終目的地だった。

第12章

人間の人格と肉体の死後のその存続

フレデリック・マイヤーズと非宗教化された魂

シジウィックとマイヤーズの死

十九世紀の最後の年となる一九〇〇年、SPRは発足から一八年が経過していた。ついに不可知論の霧を抜け、不可視の世界に向けられた形而上的な問いに対する究極の答えに近づいている予感を抱かせるのに十分な強い証拠を入手した。SPRがそう信じていたことはまちがいない。とくに当初から、中心的な課題として設定されたテレパシーの存在に関して言えば、もはやSPR全体の合意として、ほぼ疑いのない確信に達していた。初期の思考伝達実験だけでなく、自然発生的テレパシーの存在についても、幻覚統計調査の結果から、単なる偶然ではすませられない確かな結果がすでに導き出されていた。さらに、ホジソンによるパイパー夫人についての一〇年以上もの調査の末、SPR内の議論の範囲は生者間のテレパシーを超え、死後の人格の存続の可能性にまでおよびはじめていた。だが、こうした希望の光が見えはじめた新世紀の目前に、SPRの偉大なる知性のひとりが人生の終わりを迎えようとしていた。これまでSPRの舵を取り、サイキカル・リサーチが向かうべき未来を見据え続けてきたシジウィックに、最期のときが訪れようとしていたのだ。

五月初旬に医者からがんの宣告を受けたシジウィックは、すぐにでも手術が必要な状態だった。およそ二週間、彼は妻のエレノアをのぞいて、ごく親しい友人たちにさえ、その事実を隠しておいたままだった。だが五月二十四日、シジウィックはもはや避けられぬ死の自覚のもと、マイヤーズに別れの手紙を書いた。[1]

君に直接会って厄介ごとを頼もうと午後にレックハンプトンへ向かったが、君はいなかったので、こうして手紙を書いている。

二週間以上前、専門家が述べたところによると、わたしは器質性障害を患っていて、すぐに手術をする必要に迫られている。ケンブリッジのわたしの医師のアドバイスに従って、わたしは明日、ふたたび彼に診てもらうつもりだ。彼は「一刻も早く」と言うかもしれない。総合的な判断では、手術に勝算の見込みはあると思っている。ここでわたしが言っているのは、その手術で死ぬことはないという見込みのことだ。だが、その後のわたしが、どれだけの期間生きていられるかは定かではない。いずれにせよ、病人として生きるのはほんの束の間程度のことだろう。〔中略〕

いまや、生きることがまったくよそよそしく、ひどく不快だ。だが、わたしは雄々しくそれに応じていくつもりだ。愛する妻はわたしを支えてくれている。わたしは義務と愛を手放さない――手放さないように努めるつもりだ。そして愛を通じて、大きな希望に触れられるように。

これが別れの言葉となるかもしれないが、できればもっと前に君に伝えておくべきだった。わたしの人生において、君との友情はとても大きな場所を占めていた。わたしは死の影の谷を通りながら、君の親愛の情を感じている。わたしのために祈っていてほしい。

これが別れの言葉となるかもしれない。だが、そうではないことを願っている。[2]

手術は、シジウィックの六十二歳の誕生日である五月三十一日に決まった。当初、手術はシジウィックに勝利をもたらしたと思われた。少なくとも、残された仕事を片づけるだけの時間が与えられたかのように思われた。七月三日のマイヤーズへの手紙に、シジウィックは次のように書いている。

振り返ってみると、わたしの六十二歳の誕生日におこなわれた手術によって、わたしの〔肉体的な〕ふつうの生活が終わってから、ずいぶん長かったように思う。実際にはわずか三十三日しか経っていないのだが、

痛みからは完全に解放され、不快からもほとんど解放され、友人たちや知人たちの思いやりで満ち足りている。〔中略〕

わたしの未来はいまだ不透明だが、残されている人生の断片がどうなるか、そしてあとどれくらい生きられるかを予見できる人など誰もいないことはわかっている。しかし、医者や看護師たちは、いままでのところ、回復期を順調に進んでいると請け合い、わたしを元気づけようとしてくれている。[3]

実際、死の手綱が緩まったように思えたのは、ほんのわずかの期間だった。八月に入るとシジウィックの病状はふたたび悪化した。八月二十日、シジウィックの弟アーサーは、政治家のジョージ・トレヴェリアンに宛てた手紙で次のように書いている。

今度こそヘンリーに期待が持てないことを伝えるべく短信をお送りします。彼は失われることのない忍耐力と純然たる無私の自制心で耐え続けていますが、衰弱していく状態は、彼が求めている起こるべくして起こる自然な終焉にまもなく到達することでしょう。[4]

一九〇〇年八月二十八日午後三時、ヘンリー・シジウィックは息を引き取った。葬儀は同月三十一日にエセックス州ターリングでおこなわれた。若き日に英国国教会に背を向けたシジウィックにはふさわしくないことを妻のエレノアはわかっていたが、教会の墓地での伝統的な葬儀をおこなった。[5]

シジウィックの死は、宗教の教義《ドグマ》と科学的自然主義の両方に抗して、つねにサイキカル・リサーチの進むべき道を照らし続けた光の喪失を意味していた。しかしシジウィックの死から半年も経たないうちに、今度はマイヤーズがこの世を去る。

マイヤーズの健康面の不調は、一八九八年三月にインフルエンザにかかり肺炎を併発したときから続いていた。

一八九九年二月にふたたびインフルエンザにかかると、同年十一月にはブライト病〔腎臓炎〕であることがわかり、イタリアのリビエーラで長い休養を取った。二十世紀が幕を開けた一九〇一年一月一日、マイヤーズ夫妻はローマに到着し、その翌日にクリニックで診察を受けた。そこはウィリアム・ジェイムズに薦められた病院で、ジェイムズ自身もそのとき患者として治療を受けにきていた。

一月三日、マイヤーズは山羊の睾丸やその他の腺からの分泌液から調合された漿液《しょうえき》を注射された。一時は元気を取り戻したかのようにも思われたが、一月八日に肺炎がはじまった。[6] マイヤーズの死に立ち会ったスウェーデンの精神科医アクセル・ムンテ〔かつてのジャン＝マルタン・シャルコーの弟子〕は、そのときのことを次のように記している。

ウィリアム・ジェイムズは、彼と友人〔マイヤーズ〕のあいだの厳粛な約束を、わたしに語った。それは彼らのどちらか先に死んだほうが未知の領域に向かったら、もう一方にメッセージを送るということだった――彼らふたりとも、そのような交信の可能性を信じていた。彼はあまりにも大きな悲しみのため、部屋に入れなかった。開け放たれたドアの近くの椅子に身を沈めていた。彼のいつもの几帳面さでメッセージを書き記すつもりで、膝にノート・ブックを置き、手にはペンを持っていた。午後に呼吸が荒くなった。死に向かう痛ましい兆候だった。死にゆく男は、わたしに話しかけるよう求めた。彼の目は穏やかで澄んでいた。[7]

「わたしはとても疲れているが、とても幸せだ」。それがマイヤーズの最後の言葉となった。[8] 一月十七日二十一時三十分、フレデリック・マイヤーズの魂はこの世をあとにした。五十七歳だった。ジェイムズは同月二十日のエレノアへの手紙で、死に向き合ったマイヤーズの姿を次のように書いている。

死の苦悶がはじまったまさにそのときまで、そしてその最中でさえも、彼の静穏さ、実際は〔この世を〕去ることへの切望でしたが、それに並外れた知的活力はすばらしく目を瞠《みは》らせ、医者たちだけでなく私たちをも深く感動させました。それは未来の生存への信念を、実際にみごとに体現していました。[9]

死は終わりではない。その確信は死を前にしても揺らぐことなく、マイヤーズは最期の瞬間を静かに迎え入れた。以前に見たように、マイヤーズの根底には、幼いころからつねに不滅への切望があった。だが、マイヤーズが真にそれを確信するためには、SPRでの研究を通して、その否定できない証拠を見つけ出す必要があった。その間、マイヤーズはつねに希望を持ちながらも、その真実の答えを求め続けていた。人間の死後生存への希望について、マイヤーズは一八八五年に次のように語っている。

わたし自身の確信は、わたしたちがある種の魂、霊、超越的な自己を持っていて、それはこの世にあっても、物質的な器官を超えた力をときに明白に示し、また、それはまちがいなく墓を超えて存続する――そしてそれがほんのもう少しで証明できる――ということだ。[10]

マイヤーズにとって、こうした希望に強い光を灯すことになったのが、第10章で見たロンドンでのパイパー夫人の調査結果だった。そのときのSPRの公式な報告書では、その詳細は伏せられているため具体的な内容はわからないが、参加者だったマイヤーズは、ガーニーの霊、さらに彼がかつて愛した女性アニー・マーシャルの霊からのメッセージを受け取っていた。[11] これを境に、死後生存の可能性が、単なる願望を超えてマイヤーズのなかでの強い確信になっていったことは疑いない。同年六月二十日のJ・A・シモンズへの手紙で、マイヤーズは次のように書いている。

わたしたちが死を生き延びることに対して、いまやわたしはごくわずかの疑いも感じていない。また、紀元二〇〇〇年を迎える前に、科学界全体がこのことを受け入れるだろうと、わたしは強く確信している。[12]

さらに言えば、マイヤーズの確信の拠りどころとなったミディアムはパイパー夫人以外にもいた。マイヤーズは、それ以上の確かな証拠をロジーナ・トンプソンから与えられたことを、一八九九年三月一日の手紙でロッジに伝えている。

今年、一八九九年――かくなる努力の二三年後――、わたしに確実さがもたらされました――最終的にパイパー夫人よりもトンプソン夫人から、わたしのそばにひとりの霊がいるという確信を得たのです。彼女がわたしの宗教を形成し、わたしの天国を作り出すことになるでしょう。[13]

マイヤーズを確信させたトンプソン夫人もまた、パイパー夫人と同様に、支配霊を通じて亡くなった霊たちからのメッセージを語るトランス・ミディアムだった（支配霊は、おもに幼くして亡くなった娘のネリーだった）。一八九八年九月二日、マイヤーズはトンプソン夫人のもとをはじめて訪れるが、それから一九〇〇年十二月までのあいだに一五〇回以上もの交霊会をおこなっている。そして、なかでもマイヤーズに最も強い印象を与えたのは、愛するアニー・マーシャルの霊からのメッセージだった。一八九九年十月二十四日、マイヤーズはウィリアム・ジェイムズへの手紙で次のように書いている。

トンプソン夫人とのわたしの最初の数回の交霊会は、けっして驚くようなものではなく、交信には詳細な情報は含まれていませんでした。また、夫人は意識が戻ると、いつもトランス状態の体験を覚えていませんでした。ところがある日、ネリーが「神様みたいにまぶしい」霊が近づいてくると告げました――とにかくこれまで見たどんな霊よりも明るく上級だと述べました。その霊は敏感な器官〔トンプソン夫人の体〕を所有《ポゼッション》する状態へと入っていくまで非常に苦労して降りてきました――そして、まちがいなく彼女〔アニー・マーシャル〕にしか知り得ない言葉を語ったのです。[14]

サイキカル・リサーチャーとしての活動期間中、誰よりも熱心に死後生存の証拠を求め続けたマイヤーズの胸のうちに秘められていたのは、先にこの世を去ったアニーの霊が生存し続けていることへの切なる願いだった。同手紙で、マイヤーズは次のように書いている。「この愛慕の思いが受け入れられ、わたしの祈りを聞いて答えてくれる霊とまちがいなく結ばれている、そう思ってはならないのでしょうか?[15]」

一九〇〇年春、マイヤーズはトンプソン夫人から、一九〇二年の彼の誕生日である二月六日に、アニーの腕のなかで目覚めるだろうと告げられていた。マイヤーズはこれを、みずからの死の予言だと受け止めて、それに合わせて死の準備を進めていた。後年（一九二八〜一九二九）にSPRの会長を務めたローレンス・ジョーンズは、生前のマイヤーズと交わした次のような会話を回顧している。

わたしはマイヤーズと散歩に出かけたときのことをよく思い出す。彼が道の曲がり角で立ち止まり、こう言った。「生きていられるのはあと四一四日です」。驚いたわたしに対してこう続けた。「そう、わたしの死は一九〇二年のある日だということが、はっきりと予言されているのです。これを基準に、すべての準備をしています。わたしの本は、一二の部で分けました。そして一か月ごとに一部ずつ書いています。その結果、わたしの最期が訪れる二、三週間前にその本は書き上げられるでしょう[16]」

しかしマイヤーズに死が訪れたのは、前述のとおり一九〇一年一月十七日だった。そう、最期のときはトンプソン夫人の予言よりも一年以上早かった。結果的に、来《きた》るべき死の二、三週間前の完成をめざして準備していたマイヤーズの著書は、未完の遺稿として残されることになった。

マイヤーズの死後、ウィリアム・ジェイムズが書いた「フレデリック・マイヤーズの心理学への貢献」と題した追悼文が、一九〇一年のSPRの紀要に掲載された。ジェイムズはマイヤーズの大きな功績を称え、次のように書いている。

果てしなく広がる精神の荒野に杭を打ち、そのうえに正真正銘の科学の旗を立てたパイオニアとして、心理学の世界でフレデリック・マイヤーズはつねに思い出されるであろうし、そうなるとわたしは考えている。〔中略〕フレデリック・マイヤーズが、彼の聖なる直観によって正しい道にたどりつくであろうこと、名だたる賢人たちのように、彼の名前が科学史上に名誉ある場所を守り続けることはまちがいないだろう。[17]

マイヤーズの死から二年後の一九〇三年、彼の遺稿はリチャード・ホジソンとSPRの書記アリス・ジョンソンが編集と校正を担い、『人間の人格と肉体の死後のその存続（*Human Personality and Its Survival of Bodily Death*）』という書名で出版された[18]（『人間個性とその死後存続』という邦題も使われている）。全二巻合わせて一三〇〇頁以上になるこの大著は、これまでのサイキカル・リサーチの全領域を包括し、その多様な現象を網羅し、それらをひとつの理論に統合しようとする試みだった。ここで、このマイヤーズの遺作の内容を中心に、彼の業績に目を向け、二十世紀の幕開けにおいてSPRが到達した最終的な結論とは何だったのかを見ていきたい。

閾下自己

まず、『人間の人格と肉体の死後のその存続』という書名からは、このマイヤーズの苦労の果ての著書が、この世を去った人間の人格が死後にも存続している可能性を真っ向から論じた本だと期待されるかもしれないが、実際はそうではない。そもそも生前のマイヤーズが想定していたこの本の書名は、単に『最近の研究に照らした人間の人格（*Human Personality in the Light of Recent Research*）』だった。そこには、実際に出版された本の書名に含まれている「死後存続」という言葉はない。ただこの本を読むと、マイヤーズが生前に想定していた書名のほうが内容に沿ったものであることがわかる。というのも、まずこの本は死後の存続の証拠を単に積み上げていくという論の運びかたではない。むしろ、そこでのマイヤーズの主張や見解は、あくまで生理学、神経学、精神病理学、心理学などの「最近の研究」を、つねに参照するかたちで組み立てられ、そこからの必然的な延長線上で、死後の存続の可能性が暗示されていくにすぎない。[19]『人間の人格と肉体の死後のその存続』の序盤で、マイヤーズ自身が次のように述べている。「あの世からの影響をまちがいなく仄めかすものとして、一群の現象に堂々と印をつけていけるようになる前」に、「心理学者たちがそこに価値づけている以上」のものとして、「肉体を持った個としての人間の能力のさらなる綿密な見直しの必要性があることが、わたしにとって次第に明らかとなった」[20]。詳しくはこのあとで見ていくが、死後存続の可能性をめぐる正当な議論は、まず心理学の領域の主題として位置づけられてこそ、適切なかたちで展開し得るというのがマイヤーズの考えだった。

ただし、マイヤーズが構想した心理学は、前章の終わりで見た「新心理学」とは方向性がまったく異なっていた。新心理学の主導者たちが科学的自然主義の立場にとどまり、精神を肉体の状態から生じる現象に還元する方向で自分たちの研究を形成していったのに対し、マイヤーズがめざしたのは、それとは正反対の方向性、すなわち、肉体とは独立した精神の存在を前提とする心理学だった。この精神の独立性を主張しようとするマイヤーズの方向性は、当時の心理学の一般的な傾向に反する時代錯誤な形而上学を復活させようとする無謀な試みのように思える。だが、そもそも精神を徹底的に排除しようとする主流の心理学の立場にも、なんら問題がなかったわけではない。むしろ、そこには次のような解決されざる矛盾があったことも事実である。

まず素朴に考えて、普段わたしたちが何かを意志し、主体的に行為しているという疑いのない感覚を持っていることから考えれば、精神の存在、または精神の作用や意志の力を否定することは、人間の日々の経験と矛盾するようにも思われる。また、仮に自由意志が存在しないということを認めたら、ある人間がなんらかの反社会的な行為をはたらいても、本人がそれを意志したわけではないという理由から、行為の責任をその人間に問うことができなくなる。さらに厄介なのは、経験論哲学が言うように、精神とは単一の実体として存在しているのではなく、人間が何かを知覚し、経験し、感じ、考えたりするときに生じるそのつどの意識の寄せ集めにすぎないとみなすのであれば、いったい何がそれらの複数の意識を統合し、単一のわたしという意識を作り上げているのかという疑問が生まれてくる。意識とは肉体器官の特定の神経状態に付随するかたちで、そのつど生じてくる現象だとする生理学的な説明においても、同様の疑問——すなわち、それらを統合し、まとめ上げているものはいったい何なのか、言い換えるなら、生理学的に複数のものから心理学的に単一のものがいかにして生み出されるのか——に直面せざるを得ない。

こうした問題に対して、科学的自然主義の内部にとどまろうとした大多数の心理学者たちは、精神が脳に付随する現象であるという考えを固持しつつ、その両者の関係については、単に並行論を採用することでやり過ごそうとした。並行論の立場では、特定の精神の状態と対応するかのように思われる特定の脳の状態が示唆できたとしても、ただ両者は並行して起こる現象だという以上の説明を求めず、それらの相関関係については不問のままにする。たとえば、科学的自然主義の主導者ジョン・ティンダルは、科学的自然主義を前提とすれば、意識と脳の相互影響はどちらからの方向性であっても認めることができず、不可知論的な並行論の立場にとどまらざるを得なくなると考えていた。そのことをティンダルは次のように述べている。

> わたし自身の考えを言えば、脳の分子同士のあいだに干渉し、分子間の作用の伝達に影響を与えるという意識の状態などは、まったく考えられないことは確かである。〔中略〕意識の状態が脳の分子の配列によって作り出されることは、〔脳の〕自動装置理論を採用する人々によって認められているようだが、この分子の作用による意識の産出は、わたしからすると意識によって分子の作用が作り出されるのとまったく同様、物理学的な原理において考えられないことだ。[21]

こうした精神と肉体のあいだの問題に対して、ティンダルのような不可知論にとどまることで、心理学者たちは精神が物質とは別個に存続するかどうかといった存在論的な問いを置き去りにした、また、そのあいだにあるさまざまな未解決の問題については、形而上学的な問題というラベルを貼って科学の対象外としておくことができた。これは科学的自然主義に沿わせたかたちで、研究プログラムを遂行しようとする心理学者にとって、必要不可欠な対処策だった。

その一方、マイヤーズにとって、精神と肉体の相互関係は、けっして無視できない何よりも重要な問いであり続けた。なぜなら、マイヤーズが人間の死後の存続を論じる際に敷いた問題設定においては、およそ次のようなかたちでの論証の展開が期待されたからだ。仮に精神と肉体の相互関係を研究するなかで、前者が後者から独立して存在することを、従来の科学によって認められてきた知見と矛盾することなく十分に満足のいくかたちで立証できたとする。そうなれば、肉体の器官が崩壊したあとも精神が存続する可能性が、ひいては死後における個の人格の存続の可能性を含めた問いまでもが、正当にも開かれていくことになる。では、いかにしてマイヤーズは不可知論的な並行論、あるいは物質への還元論に対抗し、精神と肉体の問題に切り込んでいったのか。

そのためにマイヤーズが、何度もくり返し取り上げたのは、精神状態の変化が生理学的な変化を作り出していると解釈される可能性のある数多くの現象が、げんに精神病理学、神経学、心理学などの研究を通して報告されているという事実だった。しかもとくにそれらは、ヒステリー患者の症例やヒプノティズムの被験者の事例で見られるように、人間の通常の意識の気づきの外、すなわち「閾下《サブリミナル》」の現象として見られることをマイヤーズは強調した。

ここで、マイヤーズの使う「閾下《いきか》」という言葉について、少々気をつけておく必要がある。というのも、フロイト的な「無意識」と同義にとらえられてしまうおそれがあるからだ。そもそもマイヤーズ自身は「無意識」という言葉の使用を避けていた。一八九二年のSPRの紀要に掲載されている「閾下意識（The Subliminal Consciousness）」と題した論考で、マイヤーズは次のように述べている。「その敷居（閾《しきい》）の下にあるものすべてにとって、閾下は最も適切な言葉であるように思われる。〈無意識（unconscious）〉、あるいは〈意識下（subconscious）〉でさえ、誤解を招くおそれがある」[22]。ここでマイヤーズが「誤解を招くおそれ」と述べているのは、まず何よりも閾下の現象というものが、ウィリアム・カーペンターが述べている「無意識の脳作用」のような、単に当人の意識外で生じる生理学的反射と混同されるおそれがあったからだ。一方、マイヤーズの考えでは、ヒプノティズムや自動筆記などで報告されている被験者自身の意識的な意志や意図がいっさい関与せずに生じてくる現象の多くは、単に被験者の気づきの外で生じているがゆえに、単に「無意識」という語が使われてしまいがちだが、実際には被験者の通常の自己とは異なる別の自己による意識的な行為の結果だとみなすべきだった。そして、この「わたし」の気づきの外、すなわち「閾下」にある通常とは異なる自己のことを「閾下自己（subliminal self）」、逆に「わたし」の気づきのなか、すなわち「閾上」にある通常の自己のことを「閾上自己（supraliminal self）」とマイヤーズは呼んだ。

ここで「閾下自己」という語が意味すること、またそれを用いることでマイヤーズが何を意図していたのかを正確に理解するために、それが一八八〇年代から一八九〇年代にかけての彼の自動筆記の実験やヒプノティズムの研究を通して、次第に形成されていった概念であることにあらためて注意を向けてみる必要がある。

そもそもマイヤーズにとって、自動筆記やヒプノティズムに関連して見られる多くの現象は、カーペンターの「無意識の脳作用」に単純に帰することのできないそれ以上の何かが、その背後にあることを示唆しているように思われた。自動筆記に関する初期の実験を報告した一八八四年の論文で、マイヤーズはそれを人間のなかにある「より高次の無意識の知性、あるいは能力」だと述べている[23]。たしかに、この段階でのマイヤーズは名詞の「無意識（unconsciousness）」や形容詞の「無意識的（unconscious）」という語を用いているが、早くも翌年の論文では、「無意識の脳作用」という概念による説明がそもそも不適切であるとし、被験者の意志や意識的行為の介在なしに生じるその現象の主体として、日常の自己とは異なるもうひとつの自己の存在を主張するために「第二自己（secondary self）」という語を用いるようになる[24]。

このマイヤーズの第二自己の概念は、当時ガーニーが進めていたヒプノティズムの実験結果、とくに次のようなポスト・ヒプノティック現象によっても強く支持されていた。ヒプノタイズされた状態にある被験者に対して、特定の時間になったら特定の行為を実行するよう指示する。目覚めたあとの被験者自身はその指示をまったく覚えていないにもかかわらず、ヒプノタイズされている状態のときに告げられた特定の時間になると、指示されていた行為を実行する。このことは被験者が目覚め、通常の活動中の状態であっても、自己の気づきの外に存在する第二自己が行為の指示を記憶し続け、それを意識的に遂行した事例として解釈できる。[25]

こうした第二自己の存在を想定することは、当然のことながら、精神を単一で不可分な自己としてみなす伝統的な見解を拒否することを意味した。この従来の精神観を代表するものとして、十八世紀の哲学者トマス・リードの『人間の知的能力に関する試論』にある次の文章を、マイヤーズは『人間の人格と肉体の死後のその存続』で引用している。

> わたし個人のアイデンティティは、わたしが自分自身と呼んでいる分割できないものの継続する存在を意味している。この自己が何であれ、それは思考し、意図し、決意し、行為し、苦痛を感じる何かである。わたしとは思考ではなく、行為ではなく、感情ではない。わたしは考え、行為し、苦痛を感じている何かである、わたしの思考と行為と感情は、すべての瞬間、変化する。だが、自己あるいはわたしは不変である〔中略〕。人間は単子（モナド）であり、諸要素に分割されるものではない。[26]

たとえリードが言うような不変の自己あるいはわたしがたしかに存在するという常識的な主張が、日常の素朴な直感に訴える自明なものだったとしても、マイヤーズにとって、もはやそれは「実験心理学者のあいだに広まっている見解」と矛盾していた。マイヤーズは言う。その旧式の考えを保持するためには、最近の研究における「反論することのできない観察や推論」を「無視する」以外にはない。[27] 実際、一八八〇年代からマイヤーズが目の当たりにしてきた自動筆記やヒプノティズムにおいて生じるさまざまな現象を説明するためには、通常の自己の閾下において、相互に独立した複数の自己が、それぞれ第一人称として存在するという多重人格的な精神のモデルを採用する以外はないように思われた。とくに、同時代のフランスで進められていたヒステリー患者の症例と関連したヒプノティズムの研究には、マイヤーズの想定した第二自己の概念を拡張させるに足る多数の事例を見つけることができた。

一八八〇年代後半にフランスを訪れたマイヤーズが、ヒプノティズムの実験を直接自分の目で見てきたことは、すでに第9章で見たとおりである。そのときマイヤーズの交流したフランスの神経学者、医師、心理学者たちのあいだで、患者の症状を解釈するための支配的な言説となっていたのは、まさしく精神の多重人格的なモデルだった。ウジェーヌ・アザンによって「人格の二分化」として報告されたフェリーダ・Xをはじめ、ジュール・ヴォワザンらの医師による治療を受けた「最初の多重人格者」とも言うべきルイ・ヴィーヴ、さらにピエール・ジャネによってヒプノティズムや自動筆記を用いた治療が施された患者レオニーなど、今日でも多重人格の病理を扱った文献の初期の臨床例として紹介される有名な報告が、数多く登場してきたときだった。[28] なかでもとりわけピエール・ジャネの研究は、ヒステリー患者の治療とその臨床例を通して、通常の自己とは別に、観念、思考、感情、記憶などを独立して持つ人格が存在すること、またそれがどのような過程で形成されていくのかについて、生理学や神経学としてではなく、心理学的な手法による説明を提示していた。

ジャネは、ヒステリー患者が見せる腕や脚あるいは肉体全体の麻痺、視力の喪失、難聴、皮膚の無感覚など、器質的な障害に要因を帰することのできないさまざまな肉体の症状は、すべて患者の意識の外部、すなわち「意識下」で病原的なものとなった「固定観念」から生じていると考えた。このジャネの言う固定観念は、しばしばトラウマ的なできごとから由来し、通常、記憶や感覚が統合されるはずの意識の領野から「解離」していくことで生まれてくる。しかもそれは意識下のレベルにおいて、しばしば通常の自己とは別に、自立して存在する人格としての持続したアイデンティティを形成していく要因ともなる。そうした意識下にひそむ固定観念、および人格の断片は、通常の自己への気づきにもたらされることはない。だが、ヒプノタイズされた状態での自動筆記によって、それらを表出させることも可能である。[29]

同時代のジャネによるこのような研究を見てみると明らかなように、マイヤーズの言う第二自己は突飛な発想ではまったくなく、むしろフランスでの最新の研究の方向性と沿った考えかただった。実際、マイヤーズの精神の理論は、閾下現象を説明するために自己の複数性から精神をとらえるという点において、ジャネがヒステリー患者の病因論として、通常の自己とは別に意識下に独立して存在する人格の断片を想定したことと矛盾していない。マイヤーズ自身、フランスのヒプノティズム研究をイギリスに紹介した一八八八年の論文で、ジャネの「論文のなかで述べられたみごとな技能を駆使した実験」は、これまで自分が「くり返し提示してきた人格の理論をまさに適切に説明している」と述べている。[30]

ただし、マイヤーズの閾下自己をもとにした精神の理論とフランスのヒステリー研究のあいだには共通性だけではなく、いくつかの大きな相違もあった。なかでも両者が相容れない点は、通常の自己が果たす機能や役割をどう評価するか、またそれと関連して、通常の自己を精神の序列のどこに位置づけるかにあった。

たとえば、ヒステリー患者を対象として研究を重ねたジャネにとって、意識下の人格の断片は、あくまで日常の意識の領野に統合されなければならないものだった。ジャネの考えでは、「現実機能（fonction du réel）」――すなわち現実の生活のなかでのさまざまな行為を遂行するのに欠かせない機能――と関連する通常の自己こそが、あくまで精神全体を支配するべく序列の頂点に位置づけられていた。それ以外の意識下の人格に由来する行為は、精神のアブノーマルで病理学的な現象としてみなされた。したがって、自動筆記で見られるような意識の解離は、病的あるいは退行的な兆候としてみなされた。

たしかにマイヤーズも、閾上自己の果たす役割を、ジャネが精神の機能の最上位に位置づけた「現実機能」とほぼ同様に、基本的に現実の世界を生きることと関連した能力とみなしていた。それにもかかわらず、閾上自己を閾下自己よりもすぐれたものだとはみなさなかった。逆にマイヤーズは、くり返し報告されているヒプノティズムの実験結果——ヒプノタイズされた状態に入った被験者が、知覚力や記憶力の向上を示したり、通常の意識の状態を超えた肉体の機能へのより強い影響力を発揮したりすることなど——から閾下自己が閾上自己にはとてもなし得ないすぐれた能力を発揮しているという事実があることを強調した。マイヤーズの考えでは、一般的に閾上自己が他の閾下自己よりも特権的な地位を獲得しているのは、人間が現実の世界のなかで生存することに関心を向けているかぎり、人間は現実に適応する能力を持った閾上自己と自分自身を同一化しているからにすぎない。したがって、マイヤーズは「潜在的な自己たちのあいだで、日常的な生活の必要性に応じる最適さを示す」という点をのぞいて、閾上自己に特別な重要性を認めなかった。[31]

こうしてマイヤーズは、精神を単一で不可分な自己とする伝統的な見解を退け、日常の意識の閾下において、相互に独立した複数の自己が、それぞれ第一人称として存在するという多重人格的な精神のモデルを構想した。だがその一方で、彼は精神を単に分離した要素の集合体だとみなす考えにも異議があった。というのもマイヤーズは、閾下に存在する自己の多数性を認めながらも、その背後に「永続する単一性」の存在を想定していたからだ。[32]

マイヤーズはこの「永続する単一性」を維持するものとして、閾上自己と閾下自己が形作られる以前に存在するいわば根源的な母体のようなものが、閾上の意識からは隠されたかたちで閾下に潜在し、それが閾上自己と複数の閾下自己からなる精神内部の多数性を結びつける原理となっていると考えた。それをマイヤーズは個々の閾下自己に備わった「人格（personality）」とは区別する意味において、「個体性（individuality）」と呼び、また複数の閾下自己と区別する意味において、大文字で綴った「自己（Self）」ないし「閾下自己（Subliminal Self）」とも呼んだ[33]（以下、大文字の自己、閾下自己は、通常のものと区別するため〈自己〉、〈閾下自己〉と記す）。

この個体性ないし〈閾下自己〉の存在を示唆するものとして、マイヤーズはふたたび多重人格の症例を持ちだしている。たとえば、ジャネの患者レオニーの第二人格は、第一人格であるレオニーの意識が知らないものを覚えている。第二人格は第三人格が記憶している事物を知らないが、第三人格は第一人格のレオニーの記憶も、第二人格の記憶も両方保持している。こうしたことからマイヤーズは、閾上自己やその他の複数の閾下自己の存在すべてに気づいている、より包括的なひとつの存在、すなわち〈閾下自己〉が存在する可能性は十分にあり得るものと考えた。そして、それは心理学の研究のさらなる進展によって、人間の精神がより深く分析されていくことで、やがて解明されるものと信じていた[34]。

では、こうした閾上と閾下という対比の概念をもとに構想されたマイヤーズの理論が、いかに人間の精神の多様な能力を包括的に説明しようとしたか、そして肉体や脳に還元されることのない精神の作用の仕組みを理論化しようとしたのか。それを次に見ていくこととしよう。

精神の進化

マイヤーズと同時代のヒステリー患者を扱った臨床医たちのほとんどは、通常《ノーマル》とは異なる精神の現象をすべて退行的で病理学的な異常《アブノーマル》として扱っていた。また、彼らの目的は、患者の精神の機能を現実への適応に向けたかたちで通常のレベルに戻すことだった。しかし、健康な被験者を対象に実験していたマイヤーズは、それとはまったく対照的に、通常ではない閾下の現象すべてを、単に病的な意味の異常として扱うのではなく、精神の未知の能力を示すものとして、純粋な心理学的観点から見るべきだと考えた。マイヤーズは次のように述べている。精神の「分裂を回避するため」に「退化に注意して目を向けることが医師の仕事」であることと同様に、精神の「進化を認識するため」には、「能力の拡張に注意して目を向けることを心理学者の仕事とすべきだ[35]」。

ここでマイヤーズが使っている「進化」という言葉は、彼の精神の見方を特徴づけている重要な考えかたを示していた。先ほど見たように、閾上自己をマイヤーズが最上位に位置づけなかった理由も、彼の考えのなかに精神の進化という観点が含まれていたからだ。だが、この精神の進化という考えかたは、マイヤーズによる独自のものではなかった。それはイギリスの神経学者ジョン・ヒューリングス・ジャクソンが作った次のような神経系の階層モデルが基になっていた。ジャクソンは神経系を、最下層にある最も古く最も低次の生化学的な過程から、中間層の感覚運動の機能へ、さらに最上層の大脳中枢における高次の精神の機能へと段階的な進化によって形成されたものと考えた。それらの進化は基本的に、次のように起こる。低次の神経系が進化の過程において、その過程を反復することで、次第にその機能が自動化されるよう組織化されていく。言い換えるなら、その機能の過程が無意識的なものとなっていく。そして、その安定した自動化状態が、より高次の神経系の進化の基礎となる。そのあとで進化する新たな高次の機能は、いまだ自動化されず、その組織化も不安定であり、その過程に対して、より意識的な注意を向けることが必要とされる。神経系に障害をおよぼす病気などによって、最初に影響がおよぶのは高次の機能であり、それが損なわれると、低次の機能がふたたび浮上してくる。したがってジャクソンの考えでは、精神の病理も、高次のレベルの神経系の機能が損なわれたときに生じてくる低次の神経系の過程だということになる。[36]

こうしたジャクソンの神経系の進化のモデルを応用し、精神の進化論を組み立てていったマイヤーズにとって、そこから必然的に導かれる推論は次のような考えだった。「人間の発達のための広い見識を持つ人にとって、その発達が、この特定の瞬間に、その最後の時期に到達したにちがいないということは、まったくあり得ないと思われるはずだ」。そう、マイヤーズは現在の閾上自己の段階を超えた、さらなる進化の可能性までも包含する精神の理論を構想していたのである。[37]

しかもマイヤーズの考える進化とは、イギリスの哲学者および社会学者のハーバート・スペンサーが用いていた「エボリューション（evolution）」としての進化――そのもともとの語義が示唆している意味での進化だった。つまり、未来の可能性がすべて原初の状態のなかに含み込まれていて、あたかも巻物が開かれていくかのように、それが次第に展開されていくというのがマイヤーズの思い描いていた進化のイメージだった。したがって、スペンサーが宇宙の万物の進化を、のちに発達していくすべての潜在的な状態として含まれる原初の「無定形な同質性」から、すべての生命の複雑な形態が生まれてくると考えたように、マイヤーズも精神の最初の潜在的な単一性を持った状態を「原初の単純な刺激感受性」として想定し、そこから進化の過程を経た結果、さまざまな高度な感覚能力などが発達していったと考えた。[38]そして、こうした進化の方向性は、さらに現在ある状態以上の精神の能力を作り出していく可能性にいまだ開かれている。「わたしの視覚が牡蠣《オイスター》にとって考えもつかないのと同様に、現在のわたしたちの精神の能力は、考えもつかない方向で、いまだ変形可能なことは疑いない」[39]

こうした精神の進化を積極的に主張しながらも、その一方で、マイヤーズは心理学的に異常な精神の状態の多くが、退行的で有害であることも認めていた。マイヤーズいわく、「わたしたちという存在の深みのなかに秘められているのは、宝の家と同様にがらくたの山――高次の発達のはじまりであると同様に悪化と狂気」である。[40]すなわち、通常《ノーマル》な精神の状態からの逸脱は、病的な異常《アブノーマル》にもなり得るが、その一方で進化に向かう超常《スーパーノーマル》にもなり得るという意味で、両方向のベクトルを持っている。このことをマイヤーズは次のように述べている。

> あらゆる生理学的な活動同様に、わたしはすべてのサイキカルな活動を、本質的に進化あるいは退化の傾向に向かっていくものとみなしている。〔中略〕わたしたちの問い――超常《スーパーノーマル》か異常《アブノーマル》か？――は、次のように表現してもいいだろう。進化なのか退化なのか？　そして、次に個々のサイキカルな現象の研究のなかで、それが既知の力の単なる退化を示しているのか、あるいはその一方で、実際に獲得していないにせよ、いまだ認められていない未知の力の「気配や可能性」を示しているのかどうかを、わたしたちは問わねばならない。[41]〔ここで使われている「超常《スーパーノーマル》」という語については後述する〕

進化か退化か。こうした観点からマイヤーズは、一見したところ相容れない別のもののように思われる現象も、精神の同一の心理学的メカニズムから生じているはずだと考えた。たとえば、ヒステリー患者の症状と天才が発揮する創造的な能力を比較して、前者のほとんどを退化とし、後者は本質的に進化を意味するものとして解釈した。また、マイヤーズはヒステリーの要因を、閾上の自己に受け入れられないトラウマ的な体験が、閾下に「降下（down-draught）」し、そこで通常の意識の届かない分離された固定観念となり、それが本人には制御できないさまざまな身体症状を作り出すとみなすことで、ジャネの考えにも同意していた。[42]その一方でマイヤーズの考えでは、天才が発揮する創造的な能力とは、本人が「意識的に作り出した」のではなく、本人の「意志を超えて」、閾下の深い領域での精神作用によって形作られた着想が、閾上へと「上昇（uprush）」してくることで生み出される。この閾下のはたらきは、異常なものではなく、閾下に秘められたより高次の潜在的な能力であり、「進化的な発達の高度な段階がより初期の段階を超えていく」過程としてみなすことができる。[43]

さらに、マイヤーズは精神の進化という観点から、目覚めている意識の状態が、環境に適応しながら生存していくために進化した機能とみなされるのに対して、その逆の睡眠状態は、精神の発達の、より初期の段階への逆戻りであると考えた。ただし、睡眠状態は単に目覚めという高次の機能の喪失を意味するのではなく、それを引き継ぐかたちで生じる低次の精神の機能であり、それ自体、有機体を回復させるという目的を持っている。睡眠状態と関連する夢——とくに入眠時や半分眠っている状態に生じる明瞭な内的映像に関していえば、それもまたふつうに目覚めている意識ではなし得ない、閾下による高次の視覚化能力を示しているとマイヤーズは考えた。[44]

以上のようなヒステリー、天才の創造的な能力、睡眠および夢が、いずれも閾下の自動発生的な現象であるのに対し、ヒプノティズムは意図的に閾下自己に接近するための実験的な方法として活用できるとマイヤーズは考えた。そうであれば、ヒプノタイズされた被験者に生じる多くの状態を説明するために通常用いられている「暗示」も、閾下の精神の機能を活発化させるための手続きだということになる。[45]

マイヤーズにとって、ヒプノティズムの本質は、精神の機能を抑制するのではなく、むしろ増強させるという点にあった。たとえば、ヒプノタイズされた被験者が暗示によって幻覚を生じさせられた状態も、単に閾上の意識の機能が抑制されたためだけでなく、閾下の意識の能力が高められることによって生じている。なぜなら、そもそも被験者がふつうの状態のときには、意志で幻覚を見ることはできない。幻覚を見るのは、精神の閾下の機能が活性化しているときだからだ。マイヤーズは次のように述べている。「単なる抑制が幻覚を作り出すのではなく、現象の本当の核心は、抑制ではなく動力発生、すなわち他のトピックからの注意や想像力の放心ではなく、想像力が暗示のもとで増加する力」にある。[46] 同様に、ヒプノティズムと関連して報告されている「知覚過敏（hyperesthesia）」と呼ばれる被験者の通常の五感の能力が高められた状態、また被験者に生じるテレパシーあるいはクレアヴォヤンスと呼ばれる透視能力のような知覚の状態も、マイヤーズは閾下の機能の活性化によってもたらされる現象としてみなしている。[47] 加えて言えば、マイヤーズは幻覚を作り出す方法として、被験者に水晶を見つめさせる実験もおこなった結果、心理学実験の手法としての有効性を認めている。[48]

また、マイヤーズは閾下の精神の能力が発動し、幻覚のように外的刺激をともなわずに知覚表象——マイヤーズの言いかたでは「疑似知覚表象へ外面化された内的視覚もしくは内的聴覚」——が生じる場合、それを「感覚オートマティズム（sensory automatisms）」と呼び、自動筆記のような本人の意志をともなわずに手が自動的に動かされるなどの場合を「運動オートマティズム（motor automatisms）」と呼んでいる。たとえばヒプノティズムによって人工的に生じさせられる幻覚や自然発生的に生じる幻姿の例などは前者に属する。一方で「意識的意志を超えた内的な運動衝動《インパルス》によって起動させられる脚、手、舌の動きによって運ばれるメッセージ」と定義された後者の運動オートマティズムには、トランス状態での発話も含まれる。いずれの場合も、通常の目覚めている意識では到達できない閾下の精神の思考やイメージを、閾上自己にもたらすものであることに変わりない。[49]

マイヤーズは、こうした閾上自己の意識から隔てられた閾下の次元を説明するために、プリズムを通過した光線が波長のちがいに応じて連続的に分布した色のスペクトルにたとえている。まず、わたしたちの通常の自己の意識を、肉眼で見ることのできるスペクトルの範囲に相当すると見立てる。光線のスペクトルでは可視領域の外側の両方向に不可視領域が広がっているように、人間の意識にも不可視（認識できない）領域が存在する。マイヤーズのたとえでは、スペクトルの一方の端の「赤外線」の領域には、無意識的で自動的な生理学的過程がある。一方で、スペクトルの逆の端の「紫外線」の領域には、「超常《スーパーノーマル》」的な現象と関連した意識の領域がある。[50]

ここで使われている「超常《スーパーノーマル》」という語には、マイヤーズのサイキカル・リサーチに対する根本的な考えかたが表されていると言っていいだろう。今日ではとくに珍しくない語のように思われたとしても、当時はまだ一般的ではなく、新たにマイヤーズ自身が考案したばかりの造語だった。では、なぜマイヤーズは「超常」という新語を必要としたのか。それはサイキカルな現象を語る際に使われがちな「超自然《スーパーナチュラル》」という語を、マイヤーズが使用したくなかったからだ。[51]というのも、「超自然」の力という言いかたをした場合、どうしても自然の法則や秩序に反する奇跡的な現象を起こす力を連想させてしまうおそれがある。だが、そもそもテレパシーのような能力と関連するできごとは、マイヤーズの考えによると、たとえ常識を超えているように思えたとしても、実際のところ自然の法則を侵犯しているわけでも、それに矛盾しているわけでもない。だとしたら、「超自然」という反自然的な含みを持つ語を使うことは、不必要な誤解を招くことになりかねない。マイヤーズは「超常」という自身の造語について説明しながら、次のように述べている。

> わたしは思い切って、ふつうに起こることを超えた現象に合わせるため「超常《スーパーノーマル》」という語を造ってみたい——超えるというのは、すなわち、それが未知のサイキカルな法則を示唆するという意味においてである。それゆえ、それは「異常《アブノーマル》」のアナロジーにおいて形成される。わたしたちがアブノーマルな現象を語るとき、ふつうではない、あるいは説明できないかたちで現れるものを指しているが、そのことによってわたしたちは自然の法則に矛盾するものを示唆しているわけではない。同様に、スーパーノーマルな現象によって意味するのは、日常生活における作用として理解されるものというよりも、サイキカルな状況でのより高次の法則の作用を示している。それは自然の法則を覆すものではない。わたしはそのような現象が存在するとは思わない。[52]

マイヤーズによる「超常」という語の選択的使用は、サイキカルな現象を科学の正当な研究対象として位置づけるための戦略だったようにも思われる。サイキカルな現象を、「超自然」的ではなく「超常」的だと言い換えることによってマイヤーズが意図したのは、それが既知の自然の法則に反するわけではなく、単にそれだけではいまのところ説明できない現象が存在すると示唆することだった。実際、『人間の人格と肉体の死後のその存続』のなかでの超常的な現象の説明では、同時代の神経学・生理学・心理学などの研究によって認められた事例の説明やそれと関連する理論から逸脱することなく、そこから連続する延長線上に議論の場を設定したうえで自論が展開されている。

だが、問題となるのは、その延長線上を進んでいった先の結果だった。そう、そこでは科学的自然主義の自然の概念（すなわち自然＝物質）を超えた領域へと足を踏み入れざるを得なくなることに気づかされる。すなわち、マイヤーズが「超常」という言葉で設定しようとしたサイキカル・リサーチは、科学的な知の対象として受け入れられるべき権利を主張しただけでなく、同時に十九世紀後半の科学において暗黙の前提となっていた自然の概念の見直しさえも要求する、その確固たる研究結果とそれにともなう包括的な理論を突きつけようとしていたのだ。[53]

マイヤーズ問題

マイヤーズの『人間の人格と肉体の死後のその存続』はかなりの注目を集め、肯定的なものから否定的なものまで、すぐに多くの書評が発表された。[54] なかでも一九〇四年の『ヒバート・ジャーナル』誌に掲載されたセント・アンドリューズ大学の哲学者であり心理学者のジョージ・フレデリック・スタウトによる書評では、次のように全面的な否定の言葉が述べられた。

マイヤーズ氏によって提出された理論は、心理学者のあいだでこれまで受け入れられてきた意識下ないし無意識の精神状態や行為に関するさまざまな学説すべてから、あり得ない方向に逸れてしまっている。[55]

こう述べたスタウトがとくに問題視したのは、マイヤーズの理論の核心を成していた〈閾下自己〉という概念だった。まずスタウトにとって、夢、天才の創造力、ヒプノティズムなどを説明するにあたっては、マイヤーズの〈閾下自己〉の概念はまったく不要なものに思われた。ただし、スタウトは通常の意識が介在しない閾下で起こっている作用が存在すること自体を否定しているわけではない。スタウトは次のように述べる。

現代の心理学者たちも、同一の有機体と結びつく非連続で分離した人格あるいは疑似人格の意識の流れが生じる場合があることを認識している。だが、彼らが閾下という用語に帰属させている意味は異なる。また彼らは、意識の相対的に独立した流れの存在と関連した事実を、異なるやりかたで解釈している。[56]

このことをスタウトは、次のようなたとえで説明する。ある名前を思い出そうとするが、どうしてもそれが思い出せず、しばらくほかのことをしていたあとや眠ったあとに突然思い出されることがある。たしかにそうした場合、思い出そうとする意識的努力とは別の因子として、すなわち意識的努力をやめたあとでも継続している閾下の過程があるとみなされる。スタウトによれば、こうしたことは「難題への解答」「物語の創案」「チェスの問題の解決」などの場合でも同様である。だが、こうした閾下で生じている精神の活動の因子として、「第二自己ないしなんらかのその他の自己」を想定する必要はまったくなく、それらは単に「相対的に独立して同時に処理を実行するための機能的に分離した系統」によっておこなわれていると考えればいい。ましてや閾下の諸意識の根底にある究極の源とも言うべき〈閾下自己〉のようなものを仮定する必要などはまったくない。そう論じたうえで、スタウトは嘲りを込めて次のように言う。「〈閾下自己〉の理論は、守護精霊や守護天使の概念と密接な関係を持っている」[57]

一方、同年六月にSPRの紀要に掲載されたウィリアム・ジェイムズによる『人間の人格と肉体の死後のその存続』への書評では、スタウトとは正反対に、〈閾下自己〉に対するきわめて肯定的な評価が述べられた。そこでジェイムズは、マイヤーズの提出した〈閾下自己〉の概念が、これまで個々ばらばらのものとみなされていたさまざまな心理学的な現象を、ひとつの統一された枠組みのなかで理解される可能性を開くことになるとの認識を示し、次のように述べている。

マイヤーズの試みを成功しているとみなすならば、彼に新しい科学の創設者たる資格を与えるものは、〈閾下自己〉の概念である。それによって彼は、従来にはけっして関連づけられていなかった多くの現象を結びつけ、統合した。そしてそれゆえ、これまでの科学的精神が考察する対象とせず、あるいはそれをほとんど偽物だと言い捨て、事象とはまったく想定されていなかったものに、客観性のある連続的なつながりを生み出したのだ。[58]

またジェイムズは、マイヤーズの『人間の人格と肉体の死後のその存続』を「整合《コーディネーション》と統合《ユニフィケーション》の最高傑作である」と述べ、「『事例』の膨大な集積のための記憶力」や「事実をひと続きに分類し、分類表の空白を埋める必要がある事例をつねに見つける鋭い能力」を称賛し、同書の成果をダーウィンに匹敵する偉業としてきわめて高く評価している。[59]

人間の精神の機能を生理学に還元しようとする風潮に抵抗し続けてきたジェイムズにとって、マイヤーズによる閾下の理論は、心理学が進むべき未来を明瞭に照らし出しているように思われた。とはいえ、マイヤーズの〈閾下自己〉が公認のものとなるには時期尚早であることもジェイムズは理解していた。一九〇一年のＳＰＲの紀要に掲載された前述の寄稿「フレデリック・マイヤーズの心理学への貢献」で、ジェイムズは次のように述べている。「〈閾下〉の遍在性と大きな広がりについてのマイヤーズの信念が、次世代の心理学者たちを納得させられるまでには、彼を納得させるに十分だったもの以上のはるかに多くの事実が必要とされるだろう」。とはいえ、閾下の精神の領域の存在自体は、「ここ半世紀のあいだ、心理学者たちが閾下の精神という領域の存在を、無意識の脳の作用あるいは不随意の活力のどちらかの名称のもとで認めてきた」。だが、彼らは「けっしてこの領域を厳密に取り上げて検討してこなかったし、それを正確に描き出そうと探究してこなかった」。それに対してマイヤーズは、この問題に真剣に取り組み、その探究のための「的確な方法」を提示してきた。したがって、マイヤーズによる研究が発表されたいま、もはやそれを無視し続けることは不可能である。[60] さらにジェイムズは、その方向での心理学的探究として提議されるべき問題設定を「マイヤーズ問題」と呼び、次のように述べた。

閾下《サブリミナル》は正確にはどのような構造なのか――これはこれから科学の世界において、マイヤーズ問題として取り上げる価値のある問題である。また、探究はいやおうなしに、この開いた道をたどらなければならない。だが、マイヤーズはその課題を明確に提出しただけでなく、その解決のための確かな方法も考案した。ポスト・ヒプノティック〔ヒプノタイズから覚めた被験者がヒプノタイズ中に命じられたことを実行するようにかけられた暗示〕、水晶凝視、自動筆記、トランス・スピーチ、ウィリング・ゲームなどによる彼が考案した手法は、いまやリトマス試験紙や検流計のように、隠されたものを明らかにするための装置である。閾下領域に接触するためには多くの手法がある。もちろん同時代の他者が各々で着手したヒプノティズムやヒステリーについての仕事なくして、マイヤーズの業績は推進されなかったはずだ。だが、彼は課題を統合した唯一の人物であり、さまざまな手法を用いた唯一の人物だ。仮に〈閾下〉の領域に関する彼の理論が覆されたとしてさえ、その定式化は、科学史において重要なできごととして刻み込まれるであろうと、わたしは確信している。[61]

マイヤーズの死の翌年、ジェイムズの代表作のひとつとなる『宗教的経験の諸相』が出版された。この本はマイヤーズによる閾下の理論を前提として、さまざまな宗教的経験の本質を心理学的に解明することを意図していた。そこでジェイムズは、マイヤーズが心理学にもたらした問題設定について、次のようにも述べている。「この探究がどれほど重要かは、マイヤーズが開拓した道をたどる将来の研究だけが示すことになるだろう[62]」

テレパシーVSポゼッション

それにしても、閾下《サブリミナル》という概念によって、通常《ノーマル》から異常《アブノーマル》、そして超常《スーパーノーマル》までの現象を包括する理論を提出したマイヤーズは、最終的にそれによって死後の人間の霊の存在を証明し得たのだろうか？　彼は、自動筆記や自動発話のような「運動オートマティズム」と呼んだ現象との関連において、その核心に最も接近していった。

マイヤーズの理論では、たとえそれが霊との交信の結果だと主張される場合であっても、その現象が起こる過程は閾下から閾上に表出する運動オートマティズムによって説明される。すなわち、仮にそれが霊から受け取ったメッセージであったとしても、閾下のレベルで受け取られたものが閾上に向かっていく過程を通るという意味において、それが表出されるまでの心理学的な過程は、霊とは関係のない閾下自己による現象とまったく同一だとみなされている。だとすると、受け取ったメッセージが単に閾下自己によって作り出されたものか、本物の霊からのものなのかを見極める唯一の要点は、やはりメッセージの内容自体に頼るしかなくなる。つまり結局のところ、すでにＳＰＲの報告書で議論された問題――そのメッセージが通常には知り得ない情報かどうか、さらに言えば生者同士のテレパシーによってすら説明不可能な情報かどうか――に収斂していく。

マイヤーズは、霊仮説を確証するための証拠が、すでに十分に存在すると信じていた。だが同時に彼は、たとえその証拠を提出したとしても、すべての人を確信させることはむずかしいとも感じていた。マイヤーズは次のように述べている。

> 本書で説明したこれらの証拠、わたしたちの紀要のなかでいまや入手可能な別の証拠との関連において考えられたときですら、この画期的な発見が読者の多くをすぐに確信させられるとは思わない。[63]

思い返してみれば、ＳＰＲの発足以来たゆまず継続されてきたのが、確かな証拠となる「事実」の蓄積だった。ここで『人間の人格と肉体の死後のその存続』の刊行から二一年前、一八八二年におこなわれた記念すべき

SPRの第一回総会での会長演説において、シジウィックが協会の方針として明示した次の言葉を思い出していただきたい。「われわれは事実の上に事実を、実験に次ぐ実験を重ねていくべきだ。〔中略〕批判する側が、その研究者はトリックに引っ掛かっているのだと主張する以外に何も言うべきことが残されていないとき、わたしたちはなし得るかぎりのことをなしたことになる。言うべきことがほかに何も残されていないときの批判者は、そう主張しはじめるものだ」。げんにSPRは、このシジウィックの言葉に従って、思考伝達実験、幻覚統計調査、そして何よりもパイパー夫人の調査を通じて、証拠となり得る多くの事実を獲得してきた。そういう意味において、SPRはいまや「なし得るかぎりのことをなした」と言っていいだろう。

SPRのなかでもつねに懐疑的な立場を維持してきたエレノア・シジウィックですら、もはや霊仮説は無視できないと感じはじめていた。一九〇〇年のSPRの紀要に掲載された「パイパー夫人のトランス現象に関する考察」において、エレノアは霊仮説に対して「ひとりのミディアムの観察だけにもとづいているため、あまりにも行きすぎた結論に思われる」としながらも、次のように述べている。だが、「無視できない証拠があることをわたしはたしかに認める。そして本論文の目的のために、それを作業仮説として採用することを提議する」[64]。そしてここでエレノアがついに命題として掲げたのは、SPR初期から包括的な理論としての役割を果たしてきたテレパシーの概念と新たに作業仮説として採用した霊仮説を、いかにすれば矛盾することなく統合し得るかの概略を描くことだった。ここで本章を締め括るにあたって、同論文でのエレノアの見解を最後に見ておきたい。

前章で見たように、ホジソンはパイパー夫人の調査を進めていくなかで、テレパシー仮説と霊仮説を対立するものとみなしていた。そして、パイパー夫人の現象は前者で説明できないため、後者の説を採用するしかないというかたちで結論が導かれた。だがエレノアは、テレパシー仮説と霊仮説を対立するものとはみなしていなかった。エレノアの考えでは、その対立は次のように解消されることになる。

まずエレノアは、パイパー夫人の現象に対する自分の解釈とホジソンの解釈を比較し、そのちがいを「テレパシーVSポゼッション」というかたちで定式化した[65]。ここでエレノアが言うポゼッション〔所有〕とは、霊がミディアムの体を直接所有し、口や手をコントロールする状態のことである。前章で見たホジソンによるパイパー夫人の報告書を見るかぎり、本人自身が明瞭に理論化するに至ってないにしてもポゼッションをモデルに想定していたことは明らかだ。ホジソンは、彼女の口が語ったり手が書いたりするとき、彼女の器官が、死者の霊によって直接、用いられていることを疑っていない。一方エレノアは、パイパー夫人の現象をポゼッションではなく、肉体を持たない死者の霊とのあいだにおけるテレパシーによってあくまで説明しようとした。

　この議論の前提として、エレノアは次のことを指摘する。実験上のもの、自然発生的なものどちらにおいても、生者間でのテレパシーが起こっていることに関するかなりの量の証拠がある一方で、それがいかにして起こっているのかという仕組みに関しては、いまだ公に認められた説明は見つかってない。また、エレノアの考えによれば、仮にテレパシーの仕組みを説明するとすれば、必然的に次のふたつのいずれかになる。ひとつはテレパシーを物理的な過程、すなわち光や電磁誘導、あるいは引力などのような物理的媒体を介した「脳と脳のあいだの交信」とする考えかた。これはすでに見たように、ＳＰＲのなかでもウィリアム・バレットのような物理学者が、採用してきた説明のモデルである。もうひとつは、テレパシーを精神と精神のあいだの直接的な交信とみなし、その作用が物理的な作用とはいっさい関係のない過程で生じるものとする考えかた。そう述べたうえで、エレノアは後者を説明のモデルとして採用する。

　このエレノアの選択した説明のモデルが成り立つための前提には、肉体とは別に実体として精神が存在することが含まれる。したがってエレノアの考えでは、仮に後者の説明のモデルが認められるのであれば、「肉体とは離れた精神の存在を科学的に証明する」ことにもなり得る。また、精神が非物質的な実体として存在すれば、「肉体が死んだときも、精神が存在し続ける可能性」を示唆することになる。そして「死者の存在、および生者と交信する彼らの力を証明できれば、生者間のテレパシーが非物理的な過程であること」が認められることにもなる。[66]

　さらにエレノアによれば、死者とミディアムとのあいだのテレパシーを仮定する場合、パイパー夫人の現象の不可解な点に対して、より有効な説明が可能になる。たとえばトランス状態のパイパー夫人の人格が、本物の霊だと判断するには適さない事例——本物の霊なら知っているはずの質問に答えられなかったり、その答えが支離滅裂だったりする場合など——に対するホジソンの説明は、霊界に行った直後に起こる霊の混乱、また霊が人間の器官を用いるときのむずかしさなどさまざまな原因を仮定する必要があった。

一方、死者からのテレパシーによる交信を仮定することで、エレノアはそれらの問題に対して次のような説明を提示した。まず、交霊会の参加者（生前の死者と関係のあった人）自身は気づいていないものの、その当人の閾下では死者の精神とテレパシー的な交信がおこなわれている。他方でトランス状態のパイパー夫人は、その参加者からテレパシー的に情報を受け取る。そしてパイパー夫人は話すなり書くなりして、その情報を参加者に返す。こう考えると、トランス状態のパイパー夫人が告げる情報の不完全さや誤り、支離滅裂さなどは説明できる。なぜなら、参加者がテレパシーで死者の精神から受け取っている内容は、参加者自身が以前に知っていた記憶のなかの死者に関する観念や情報によって、無意識的に脚色される可能性がある（これは『生者の幻』でガーニーが、自然発生的なテレパシー現象に対して用いていたのと同様の説明である）。それゆえ、結果的にパイパー夫人が受け取れる情報は、その参加者の閾下で歪められた不完全な内容となってしまう。そしてさらに、パイパー夫人自身が閾下に記憶している以前の交霊会で知った情報によって、受け取られた内容が混じり合い、歪められてしまうこともしばしば起こり得る。また、こうしたエレノアの考えにおいては、パイパー夫人のトランス状態のなかで現れてくる人格は本物の霊とはみなされない。したがって、先ほどのような過程で獲得した情報を語ったり、書いたりしているのは、あくまでパイパー夫人の閾下の第二人格だということになる[67]。

このエレノアの論は、世紀の転換点においてSPRが提出した調査結果とそれに対する諸見解を、まさに総括していた。ただし念のために言っておくと、こうしたエレノアの説明が、SPRから最終的な結論として完全な同意を得られたわけではない。また、一九〇〇年のシジウィックの死や、その翌年のマイヤーズの死とともに、サイキカル・リサーチ自体が終わりを迎えたわけでもない。ホジソン、エレノア、ポドモア、ロッジ、バレットらの残された人々、そして新たな世代の研究者たちにより、依然としてパイパー夫人を中心としながらも、新たなトランス・ミディアムたちへの調査も続行されていく。[68]

『魂の世俗化——現代英国におけるサイキカル・リサーチ（*The Secularization of the Soul: Psychical Research in Modern Britain*）』の著者ジョン・チェルローは、世紀の替わり目から一九二〇年代に至るまでのサイキカル・リサーチの歴史を振り返って「マイヤーズ時代」と呼んでいる。[69]だが、さらに言うなら、マイヤーズの生み出した「テレパシー」や「閾下自己」「超常」などの諸概念は、その時代のサイキカル・リサーチの内部での専門用語にとどまることなく、次第に一般の人々にも知られるほど広く世界に浸透していった。もちろん、現時点の結果から言えば、それらは今日の主流にある学究的世界では受け入れられていない。とはいえ、とりわけ伝統的な宗教の教義を頭から信じられなくなっている人々、言い換えるなら、知ることなく信じることができなくなっている人々が、自然科学によって拒否された不可知の領域へふと何かのきっかけで関心を向けたとき、マイヤーズならびにＳＰＲが問い続けた問題が、その思考の背後に避けがたく再浮上してくるのではないだろうか。

あとがき

信じていることを主張する場合、表向きの論拠の背後に、それを信じたいという動機が隠されていることはまちがいない。そしてその動機には、それを信じることが、その人の不安や恐れを解消するか、あるいは自分の生きかたや価値観を正当化するかどうかといった、いわば実利的な目的がひそんでいるはずだ。

このことは当然、私自身にも当てはまる。十九世紀後半のスピリチュアリズムをめぐる多様な論争の資料を読み続けた本書の執筆中、当事者たちの主張の背後にある動機をつねに考えさせられただけでなく、同時に私も自分自身の信じていることの背後にある前提をたびたび省みざるを得なかった。そうしたなか、あらためてこう自問せずにはいられなくなった。

いつから私はこの種のことに懐疑的になったのか?

幼いころを振り返ってみても、私自身は死後の世界などの話に興味を持った覚えはない。ただし、霊の存在を信じていなかったわけではなく、怪談を聞かされたあと、あるいは多くの子供たちを震え上がらせた一九七四年の映画『エクソシスト』を観たあと、夜の暗闇が怖くなった記憶もある。おそらく小学生のどこかまでは、その種の話を怖がっていたはずだが、中学生のころにはほぼ関心を失っていた。その過程で何が起こったのだろうか。

このことと直接関係があるかどうかは定かではないが、ひとつ思い出せるのは、小学生のころから映画を頻繁に観るようになり、『スター・ウォーズ』(一九七八年)や『マッドマックス2』(一九八一年)などに夢中になったことだ。その結果、未知への関心は前者の作品の舞台となった宇宙に向かい、恐怖の対象は後者の作品が描く核戦争後の荒廃した世界へと移っていき、非物質的な霊や悪魔のことを自然と考えなくなってしまったようだ。一方で、思春期のあいだ、霊や死後の世界を信じたくなるようなできごとを体験することがなかったせいか、いわゆる「スピリチュアル」なもの全般を必要としない世界観や常識が自分のなかに形成され、その結果、それらと相容れないものに対する懐疑の姿勢が生まれてしまったのだろう。

こうして振り返ってみると、現在の私が懐疑的であるのは、私が意識的に意図してそうなったのではなく、特定の時代と場所、それにともなう環境下で偶然に生まれ育ったゆえに、いつの間にかそうなったとしか言いようがない。だとすると、こうも言えるのではないか。もし私がたまたま別の時代や場所に生まれ、別の人生を歩み、別の体験をしていたら、「スピリチュアル」なものを受け入れていた可能性もあると。

あたり前のことを述べているだけに思われるかもしれないが、こうした見かたは少なくとも本書を執筆しているあいだの私自身にとって、つねに自戒をうながす指針となった。というのも、スピリチュアリズムをめぐる過去の記録を読みながら、「なぜこの人たちは、そんなありもしないことを信じられるのか?」とつい思ってしまうこともあった。その際、ともすれば「こんなことを信じるなんて、なんと愚かで騙されやすい人なのか」という侮蔑的な感情がわいてこないともかぎらない。もちろん、これは逆の立場でも同じことが言える。信じている人の心のなかでは、「なぜ信じないのか、なんと愚かで次元の低い物質主義者たちなのか」と懐疑主義者たちを見下す思いが生じることもあるだろう。だが、先ほどの観点から言えば、そもそも特定の宗教的ないしは形而上的な事柄を信じるかどうかで、その人が愚かか否かを判断するのも人格に優劣をつけるのもまちがっている。

本書を書き終えたいまも、私は霊的な現象を信じる気持ちにはなってはいない。だが、執筆中、SPRがおこなったパイパー夫人に対する当時の調査記録を調べていくうちに、閾下の未知の能力が存在する可能性を示唆する事例——とりわけパイパー夫人のミディアムシップの事例(第10、11章参照)——を前にして、正直に言えば、大いに困惑してしまった。
ただ、こう言うと、超常現象批判派の方々から「やはりおまえも軽信者ではないか」と見られてしまいそうだ。そこで誤解のないように言うが、「スピリチュアル」や「オカルト」に対する懐疑派からの大抵の意見には、たしかに私も同意している。それでも、パイパー夫人の調査結果に対しては、単なる詐欺だとみなす見解に同意できないと言わざるを得ない。

この点を明確にするために、超常現象に対する懐疑論者としても高名な数学者マーティン・ガードナー（一九一四－二〇一〇）の「ウィリアム・ジェイムズとパイパー夫人」[1]と題した論考を例にしてみよう。

ガードナーはパイパー夫人の事例を疑う理由として、事前の情報入手、共謀、いわゆる「コールド・リーディング」（相手の反応の観察による推論）などが使われていた可能性を示唆している。また、パイパー夫人のメッセージがまるで当たっていない事例やフィニュイのような人格に関する疑わしい点なども否定材料として用いている。しかしながら、本書の第11章で見たように、それらはパイパー夫人に対する完全な否定とはなり得ない。というのも、そもそもSPRは、ガードナーが否定材料として用いている失敗例や疑わしい点を認めたうえで、それでもなおかつ説明できない謎が残っていたがゆえに調査を継続した。また、ガードナーはパイパー夫人の成功した事例を検討する場合、暴露された他のミディアムの例に話をずらすのみで、実際にパイパー夫人が同様の手口を使っていたことを示す説得力のある証拠ないしは論拠を提示しているわけではない。

私はガードナーによる超常現象に対する他の数々の批判を読んで彼の慧眼《けいがん》を大いに尊敬しているが、パイパー夫人の件にかぎっては、当時の実際の記録を読んだあと、その謎を解決しているとはとうてい思えなくなった。したがって、少なくとも私にとっては、パイパー夫人の件はいまだ未解決ファイルに分類しておきたい事例のひとつとなっている。

最後に、「はじめに」で述べた一九六〇年代のカウンターカルチャーや一九七〇年代から一九八〇年代にかけてのニューエイジ・ムーヴメントの源流に、十九世紀後半のスピリチュアリズム・ムーヴメントがあると私がみなしている理由を少し述べておきたい。

まずスピリチュアリズムは、宗教であるというよりも、「スピリチュアルだが宗教的ではない（spiritual but not religious）」という言いかたがふさわしいようにも思われる。この言いかたは、何らかの宗教組織に入ることなく、スピリチュアリティを探求する人々やその様態を指すため、ここ二〇年ほどのあいだで宗教社会学関連の本でときおり使われるようになった。[2] 実際、スピリチュアリズム・ムーヴメントは、たとえ外部から見て宗教的な社会現象であるように見えたとしても、その内側に目を向けると、伝統的な宗教のような組織化や制度化が確立されていなかったという意味では宗教とは言いがたい（もちろん、ここには「宗教（religion）」という語の定義をめぐる問題が関係してくるが）。

しかしながら、研究者たちのあいだで宗教社会学的観点から「スピリチュアルだが宗教的ではない」と呼ばれるようになった現象そのもののはじまりについては、多くの論者によって一九七〇年代の英語圏に位置づけられている。また、それに影響を与えたのは、伝統的な宗教の権威主義を嫌い、個人主義的で神秘的な体験を重視する一九六〇年代の「新ロマン主義」のムーヴメントだったとされている。[3]

この一九六〇年代の「新ロマン主義」とは、歴史家セオドア・ローザックが、十八世紀後半から十九世紀初頭のロマン主義と一九六〇年代のカウンターカルチャーにおけるスピリチュアリティに共通する点があることから、後者をそう定義したことに由来している。[4]

よく言われるように、感情や直感を重視するロマン主義が十七世紀後半から十八世紀にかけての啓蒙思想への反動、反近代の動きだとするなら、たしかに十九世紀後半のスピリチュアリズムは反啓蒙的でも反近代的でもなく、むしろ啓蒙主義の延長として近代化の過程で生まれてきた（それは本書の随所で見てきたように、当時のスピリチュアリストたちが科学的用語を好み、霊の実在を訴える際にも、確たる証拠が存在することを強調したことからも明らかである）。つまり、スピリチュアリズムはロマン主義や新ロマン主義とは本質的に相容れない。

だが、「スピリチュアリズムの時代」以後の二十世紀初頭から一九七〇年代のニューエイジ・ムーヴメントに至るまでの過程は、ロマン主義の傾向を持って生まれた近代のエソテリシズムやオカルティズムが東洋思想を吸収しながら変容していくという流れだけではなかった。むしろ一方では、科学の発展にともなう新たな概念や宇宙観も積極的に取り入れられていった。本来相容れないはずのそれら諸要素を統合していこうとしたニューエイジャーたちは、自分たち特有の「スピリチュアル」な世界観や実践を説明し正当化する際、相対性理論における「時空連続体」や量子力学における「粒子と波動の二重性」や「不確定性原理」などといった言葉さえ積極的に借用するようになった。では、形而上的な世界観に科学の概念を結びつけようとした人々を、さらに過去へとさかのぼってみるとどうか。そう、もはや言うまでもなく、「電気」や「磁気」といった不可視の物理的な作用を表す言葉を使って霊的な現象を説明しようとした十九世紀後半のスピリチュアリストたちに行き着くことになるだろう。

こうして見てくると、今日の「スピリチュアルだが宗教的ではない」という現象の源流に、近代ロマン主義と並んで、啓蒙主義の延長線上に生まれたスピリチュアリズムが位置づけられることはまちがいない。

＊

本書の誕生に必要不可欠だった方々への謝意を述べておきたい。

これまで朝日カルチャーセンター、ＮＨＫカルチャー、よみうりカルチャー、産経学園などさまざまな場所で占いやスピリチュアリズムの講座にいらしてくださった占いやスピリチュアル好きのすべての方々に、まずは感謝の言葉をお伝えしたい。受講者の方々のさまざまな話が、「スピリチュアル」なものへの私の視野の狭さを広げるきっかけとなった。

本書を執筆しはじめたころ、別の本の共著者として仕事をしていたジューン澁澤氏には、第1章の草稿を読んでいただいた。そのときのジューン澁澤氏の助言が、本書の方向性を定めるきっかけとなった。ここで感謝の思いを伝えておきたい。

該博な校正者・酒井清一氏には、言い尽くせないほどの多大なるご助力をいただいた。プロフェッショナルなお仕事ぶりに感服すると同時に、至らぬ私の未熟な原稿に膨大な時間と労力をかけていただいたことに、深い感謝の思いを明記しておきたい。

本書の装幀を松田行正氏にしていただけたことは、何よりも大きな喜びのひとつだった。松田氏の手がけられた数々の本に若いころから魅了されてきた私としては、本当に身に余る光栄である。こうしてとてつもなく美しい本に仕上げてくださった松田氏には、この場を借りて心からのお礼を申し上げるとともに心服の念を伝えたい。

編集者の和泉仁士氏とは、二〇〇九年六月四日にはじめて新宿・京王プラザホテルのカフェ「樹林」でお会いして以来の長いお付き合いになった。その間の和泉氏の寛大さ、思いやり、細やかな気遣いには、ただただ感謝している。深いお礼の思いをここに述べておきたい。

人生のうちのしばらくのあいだ、自身の興味の赴くまま「スピリチュアリズムの時代」の資料を渉猟し、霊たちに翻弄された人々の言葉に耳を傾け、その当時に思いを馳せながら本を書くことに専心していた日々は、いま振り返ってみてもこのうえなく幸せだった。その結果でこのようなかたちになった（しかもこれほどまでに分厚くなってしまった）書籍の出版を寛大にも引き受けてくださった紀伊國屋書店出版部の方々にも、この場を借りて心からの感謝とお礼を記しておく。

二〇二五年一月　伊泉龍一

図8.4 ibid., p. 202.

図8.5 M. A. (Oxon) (1882) *Direct Writing by Supernormal Means: A Record of Evidence for Spirit-Action, in the Manner Before Called "Psychography"*, Third Edition, London: Office of "Light", p. 15.

図8.6 Hamilton, Trevor (2009) *Immortal Longings: FWH Myers and the Victorian Search for Life After Death*. Exeter: Imprint Academic, p. 198.

図8.7 Zöllner, Johan Carl Friedrich (1880) *Transcendental Physics: An Account of Experimental Investigation from the Scientific Treatises of Johann Carl Friedrich Zöllner*, trans. Charles Carleton Massey. London: W. H. Harrison, p. 15.

図8.8 ibid., p. 7.

図8.9 ibid., p. 7.

図8.10 Bishop (1876) The Greatest Humbug Yet. How Professor Crook's "Gifted and Wonderful" Medium, Annie Eva Fay, Performs Her Tricks. *The Daily Graphic*, April 12, p. 342.

図8.11 Beard, George M. (1892) *The Study of Trance, Muscle-Reading and Allied Nervous Phenomena in Europe and America, with a Letter on the Moral Character of Trance Subjects, and a Defence of Dr. Charcot*. New York, Front Page.

図8.12 Hamilton, Trevor (2009) *Immortal Longings: FWH Myers and the Victorian Search for Life After Death*. Exeter: Imprint Academic, p. 110.

図8.13 ibid., p. 110.

図8.14 ibid., p. 110.

図8.15 Anon. (1897) *The "Two Worlds" Portrait Album of Spiritual Mediums, Workers, and Celebrities: with Brief Biographical Sketches*. Manchester: Printed for the "Two Worlds" Pub. Co. by the Labour Press Society, p. 56.

図9.1 Barrett, William F., Edmund Gurney and Frederic Myers (1882) Second Report on Thought-Transference. *Proceedings of the Society for Psychical Research* 1, p. 81.

図9.2 ibid., pp. 81, 84, 85, 87, 89, 91, 93, 95, 97.

図9.3 Farmer, John S. (1866) *'Twixt Two Worlds: A Narrative of the Life and Work of William Eglinton*. London: The Psychological Press, p. 188.

図9.4 ibid., p. 133.

図9.5 Baird, Alex T. (1949) *Richard Hodgson: The Story of a Psychical Researcher and His Times*. London: Psychic Press Limited, Front Page.

図9.6 Wikimedia Commons: Eleanor Sidgwick by Sir James Jebusa Shannon.

図9.7 James, William (1986) *Essays in Psychical Research (The Works of William James)*. General Editor by Frederick Burkhardt, Introduction by Robert A. McDermott. Cambridge, Massachusetts and London: Harvard University Press, Front Page.

図9.8 Newcomb, Simon (1903) *The Reminiscences of an Astronomer*. Boston and New York: Houghton, Mifflin and Company, Front Page.

図10.1 Bell, Clark (1902) *Spiritism, Hypnotism and Telepathy as Involved in the Case of Mrs. Leonora E. Piper and the Society of Psychical Research*. New York: Medico-Legal Journal, p. 141.

図11.1 Pease, Edward R. (1916) *The History of the Fabian Society: Secretary for Twenty-five Years With Twelve Illustrations*. New York: E.P. Dutton & Company Publishers.

図11.2 Carrington, Hereward (1909) *Eusapia Palladino and Her Phenomena*. London: T. Werner Laurie Cliford's Inn, Front Page.

図11.3 Lodge, Oliver J. (1894) Appendix I. To Professor Lodge's Paper. *Journal of the Sociery for Psychical Research* 6, p. 347.

図11.4 ibid., 347.

図11.5 ibid., 350.

Cassell & Company, Ltd in 1890.

図5.8 Wikimedia Commons: John Tyndall, Irish Physicist, in Mid-Career, New York Public Library Archives.

図5.9 Williams, Henry Smith (1904) *A History of Science Volume V. Aspects of Recent Science Illustrated.* New York and London: Harper & Brothers, p. 106.

図5.10 Medhurst, R. G. (1972) *Crookes and the Spirit World: A Collection of Writings by or Concerning the Work of Sir William Crookes, O.M., F.R.S., in the Field of Psychical Research.* General Introduciton by K. M. Goldney, Edited by M. R. Barrington. London: Souvenir Press, p. 26.

図5.11 ibid., p. 27.

図5.12 ibid., p. 29.

図5.13 ibid., p. 44.

図5.14 Wikimedia Commons: William Carpenter (29 October 1813–10 November 1885)

図6.1 Moses, William Stainton (M. A., Oxon.) (1898) *Spirit Teachings.* London: London Spiritualist Alliance, Ltd., Front Page.

図6.2 Myers, Frederic W. H. (1893) The Experiences of W. Stainton Moses I, *Proceedings of the Society for Psychical Research* 9, p. 285.

図6.3 Fournier D'Albe, Edmund Edward (1908) *New Light on Immortality.* London and New York: Longmans, Green and Co., p. 250.

図6.4 ibid., p. 222.

図6.5 Tromp, Marlene (2006) *Altered States: Sex, Nation, Drugs, and Self-Transformation in Victorian Spiritualism.* Albany: State University of New York, p. 96.

図6.6 Wiley, Barry H. (2005) *The Indescribable Phenomenon: The Life and Mysteries of Anna Eva Fay.* Seattle: Hermetic Press, Inc., p. 238.

図7.1 White, Herbert (1909) *H. P. Blavatsky: An Outline of Her Life.* London: Lotus Journal, p. 48.

図7.2 Olcott, Henry Steel (1875) *People From the Other World.* Hartford: American Publishing Company, p. 19.

図7.3 ibid., p. 200.

図7.4 Cranston, Sylvia (1993)*HPB: The Extraordinary Life and Influence of Helena Blavatsky, Founder of the Modern Theosophical Movement.* New York: G. P. Putnum's Sons, Front Page.

図7.5 Olcott, Henry Steel (1875) *People From the Other World.* Hartford: American Publishing Company, p. 311.

図7.6 ibid., p. 322.

図7.7 ibid., p. 329.

図7.8 ibid., p. 357.

図7.9 Beard, George M. (1874) The Eddy Mediums. A Scientific Study of their So-Called Materializations. The Alleged Phenomena Minutely Analyzed. *The Daily Graphic*, November 9, p. 57.

図7.10 Wikimedia Commons: Robert Dale Owen (1801-1877), American Utopian Socialist and Politician. English Daguerreotype, circa 1840s. Daguerreotype Portrait of Robert Dale Owen (1801-1877).

図7.11 Child, H. T. (1874) Katie King. *The Daily Graphic*, November 16, p. 115.

図7.12 Sisson, Marina Cesar (2001) Helena Blavatsky and the Enigma of John King.

図7.13 Britten, Emma Hardinge (1884) *Nineteenth Century Miracles; or, Spirits and Their Work in Every Country of the Earth: A Complete Historical Compendium of the Great Movement Known as "Modern Spiritualism."* New York: Lovell & Co., Front Page.

図8.1 Anon. (1876) The Dr. Slade Number of "The Medium." *The Medium and DayBreak*, October 6, no. 340, vol. VII.

図8.2 Zöllner, Johan Carl Friedrich (1880) *Transcendental Physics: An Account of Experimental Investigation from the Scientific Treatises of Johann Carl Friedrich Zöllner*, trans. Charles Carleton Massey. London: W. H. Harrison, p. 193.

図8.3 ibid., p. 201.

図3.5 Newton, Alonzo Eliot, ed. (1857) *The Educator: Being Suggestions, Theoretical and Practical, Designed to Promote Man-Culture and Integral Reform with a View to the Ultimate Establishment of a Divine Social State on Earth.* Boston: Office of Practical Spiritualists, p. 40.

図3.6 Davis, Andrew Jackson (1853) *The Present Age and Inner Life: Ancient and Modern Spirit Mysteries Classified and Explained.* New York: Partridge & Brittan, p. 86.

図3.7 Hewitt, Simon Crosby (1856) To Robert Owen and Others, Members of the Congress to be Assembled in London, England, 14th May 1856, to Discuss Principles and Measures for the Reformation of the World. *Robert Owen's Millennial Gazette, Explanatory of the Principles and Practices by which, in Peace, with Truth, Honesty, and Simplicity, the New Existence of Man upon the Earth May be Easily and Speedily Commenced,* No. 6, July 1, p. 5.

図3.8 ibid., p.7.

図3.9 ibid., p.9.

図3.10 Miller, Ernest C. (1966) Utopian Communities in Warren County, Pennsylvania. *Western Pennsylvania Historical Magazine* 49, Number 4, October, p. 303.

図3.11 Wikipedia Commons: Cora L. V. Scott.

図4.1 Everett, J. (1853) *A Book for Skeptics: Being Communications from Angels, Written with Their Own Hands: Also, Oral Communications, Spoken by Angels through a Trumpet and Written Down as They Were Delivered in the Presence of Many Witnesses: Also, a Representation and Explanation of the Celestial Spheres, as Given by the Spirits at J. Koons' Spirit Room, in Dover, Athens County, Ohio.* Boston: Osgood & Blake, Printers, Front Page.

図4.2 Caveney, Mike and Jim Steinmeyer (2009) *Magic 1400s–1950s.* Edited by Noel Daniel, Introduction by Ricky Jay. Köln: Taschen, p. 290.

図4.3 Anon. (1864) The Davenport Brothers. *The Spiritual Magazine*, vol. V, no. 11, November, p. 490.

図4.4 Caveney, Mike and Jim Steinmeyer (2009) *Magic 1400s–1950s.* Edited by Noel Daniel, Introduction by Ricky Jay. Köln: Taschen, p. 190.

図4.5 ibid., p. 234.

図4.6 Houdini, Harry (1924) *A Magician among the Spirits.* New York and London: Harper & Brothers, p. 27.

図4.7 Bartlett, George C. (1891) *The Salem Seer, Reminiscences of Charles H. Foster.* New York: United States Book Company, Front Page.

図4.8 Lamont, Peter (2005) *The First Psychic: The Peculiar Mystery of a Notorious Victorian Wizard.* London: Little, Brown, Front Page.

図4.9 Douglas, James (1903) *Robert Browning.* London: Hodder and Stoughton, p. 5.

図4.10 ibid., p.4.

図4.11 Guppy, Samuel (1863) *Mary Jane; or, Spiritualism Chemically Explained with Spirit Drawings. Also Essays by, and Ideas (Perhaps Erroneous) of, "A Child at School."* London: John King & Co., Front Page.

図5.1 Anon. (1897) *The "Two Worlds" Portrait Album of Spiritual Mediums, Workers, and Celebrities, with Brief Biographical Sketches.* Manchester: Printed for the "Two Worlds" Publishing Co. Limited, by the Labour Press Society Limited, Front Page.

図5.2 Winter, Alison (1998) *Mesmerized: Powers of Mind in Victorian Britain.* Chicago and London: The University of Chicago Press, p. 291.

図5.3 Smith, Edgar Fahs (1917) *The Life of Robert Hare: An American Chemist (1781-1858).* Philadelphia and London: J. B. Lippincott Company, Front Page.

図5.4 Hare, Robert (1855) *Experimental Investigation of the Spirit Manifestations, Demonstrating the Existence of Spirits and Their Communion with Mortals. Doctrine of the Spirit World Respecting Heaven, Hell, Morality, and God. Also, the Influence of Scripture on the Morals of Christians.* New York: Partridge and Brittan, Front Page Plate I.

図5.5 ibid., Front Page Plate II.

図5.6 ibid., Front Page Plate III.

図5.7 Wikimedia Commons: Thomas Henry Huxley (1825-1895) by Daniel Downey (1829-1881), published by

図1.1 Davis, Andrew Jackson (1867) *The Magic Staff; an Autobiography of Andrew Jackson Davis*. Boston: Bela Marsh, Front Page.

図1.2 Wikimedia Commons: Portrait of F. A. Mesmer.

図1.3 Anonymous French Cartoon, Mr. Mesmer's Tub, 1780s. Courtesy Wellcome Library, London; http://www.cabinetmagazine.org/issues/21/turner.php

図1.4 Townshend, Chauncy Hare (1843) *Facts in Mesmerism, with Reasons for a Dispassionate Inquiry into it*. New York: Harper and Brothers.

図1.5 Tomlinson, Stephen (2005) *Head Masters: Phrenology, Secular Education, and Nineteenth-Century Social Thought*. Tuscaloosa: The University of Alabama Press, p. 207.

図1.6 Collyer, Robert Hanham (1839) *Manual of Phrenology, or the Physiology of the Human Brain: Embracing a Full Description of the Phrenological Organs, Their Exact Location, and the Peculiarities of Character Produced by Their Various Degrees of Development and Combination*, Fourth Edition. Cincinnati: N. G. Burgess & Co., Front Page.

図1.7 Buchanan, Joseph Rodes (1854) *Outlines of Lectures on the Neurological System of Anthropology, as Discovered, Demonstrated and Taught in 1841 and 1842*. Cincinnati: Office of Buchanan's Journal of Man, Front Page.

図1.8 Fernald, Woodbury Melcher, ed. (1860) *Memoirs and Reminiscences of the Late Prof. George Bush: Being, for the Most Part, Voluntary Contributions from Different Friends, Who Have Kindly Consented to This Memorial of His Worth*. Boston: Otis Clapp. Front Page.

図1.9 NewChurchHistory.org; http://www.newchurchhistory.org/articles/ceg2006b/ceg2006b.php

図1.10 Davis, Andrew Jackson (1850) *The Principles of Nature, Her Divine Revelations, and A Voice to Mankind*, Third Edition. New York: S. S. Lyon, and WM. Fishbough, Front Page.

図1.11 Davis, Andrew Jackson (1867) *The Magic Staff; an Autobiography of Andrew Jackson Davis*. Boston: Bela Marsh, p. 24.

図1.12 ibid., p. 205.

図2.1 Wikimedia Commons: The Spiritualist Mediums the Fox Sisters.

図2.2 ibid.

図2.3 Stuart, Nancy Rubin (2005) *The Reluctant Spiritualist: The Life of Maggie Fox*. Orland, Austin, New York, San Diego, Toronto and London: Harcourt, Inc., p. 178.

図2.4 ibid., p.181.

図2.5 Greeley, Horace (1872) *The Autobiography of Horace Greeley, or Recollections of a Busy Life. To Which Are Added Miscellaneous Essays and Papers*. New York: E. B. Treat, Front Page.

図2.6 Packard, J. B. and J. S. Loveland (1856) *The Spirit Minstrel; A Collection of Hymns and Music, For the Use of Spiritualists, in their Circles and Public Meetings*, Second Edition. Boston: Bela Marsh, p. 87.

図2.7 ibid., p. 88.

図3.1 Capron, Eliab Wilkinson (1855) *Modern Spiritualism: Its Facts and Fanaticisms, Its Consistencies and Contradictions. with an Appendix*. Boston: Bela Marsh, New York: Partridge and Brittan, Philadelphia: Fowlers, Wells & Co., p. 166.

図3.2 ibid., p. 166.

図3.3 Davis, Andrew Jackson (1851) *The Philosophy of Spiritual Intercourse: Being an Explanation of Modern Mysteries*. New York: Fowlers and Wells, Publishers, p. 55.

図3.4 Hewitt, Simon Crosby (1852) *Messages from the Superior State: Communicated by John Murray, through John M. Spear, in the Summer of 1852; Containing Important Instructions to the Inhabitants of the Earth: Carefully Prepared for Publication, with a Sketch of the Author's Earthly Life, and a Brief Description of the Spiritual Experience of the Medium*. Boston: Bela Marsh, Front Page.

エマヌエル・スヴェーデンボルイ（1985）『天界と地獄――ラテン語原典訳』長島達也訳, アルカナ出版.
エリファス・レヴィ（2011）『大いなる神秘の鍵――エノク、アブラハム、ヘルメス・トリスメギストス、ソロモンによる』鈴木啓司訳, 人文書院.
カール・J. ガーネリ（1989）『共同体主義――フーリエ主義とアメリカ』宇賀博訳, 恒星社厚生閣.
今野喜和人（2006）『啓蒙の世紀の神秘思想――サン＝マルタンとその時代』東京大学出版会.
高橋和夫（1995）『スウェーデンボルグの思想――科学から神秘世界へ』講談社現代新書.
マーガット・H. ベイコン（1994）『フェミニズムの母たち――アメリカのクエーカー女性の物語』岩田澄江訳, 未來社.
松永俊男（1996）『ダーウィンの時代――科学と宗教』名古屋大学出版会.
吉村正和（2010）『心霊の文化史――スピリチュアルな英国近代』河出ブックス.
W. S. モーゼス（1937）『霊訓』浅野和三郎訳解, 心霊科学研究会出版部.

Spiritual Phenomena, October 15, vol. III, no. 2, pp. 27-29.
White, Christopher G. (2009) *Unsettled Minds: Psychology and the American Search for Spiritual Assurance, 1830-1940.* Berkeley, Los Angeles and London: University of California Press.
White, Ellen G. (1882) My First Vision. *Early Writings*. Washington DC: Review and Herald Publishing Association.
White, Herbert (1909) *H. P. Blavatsky: An Outline of Her Life*. London: Lotus Journal.
Wiley, Barry H. (2005) *The Indescribable Phenomenon: The Life and Mysteries of Anna Eva Fay*. Seattle: Hermetic Press, Inc.
Wilkinson, Clement John (1911) *James John Garth Wilkinson: A Memoir of His Life, with a Selection from His Letters*. London: Kegan Paul, Trench, Trübner & Co.
Wilks, S. (1859) An Evening's Observations and Experiences at a Spiritual Meeting, Sep. 18th, 1859, *The British Spiritual Telegraph Being a General Record of Spiritual Phenomena*, October 15, vol. IV, no. 10, pp. 157-159.
Willburn, Sarah A. (2006) *Possessed Victorians: Extra Spheres in Nineteenth-Century Mystical Writings*. Aldershot, England and Burlington, Vermont: Ashgate.
Williams, Gertrude Marvin (1946) *Priestess of the Occult, Madame Blavatsky*. New York: A. A. Knopf.
Williams, Henry Smith (1904) *A History of Science vol. V. Aspects of Recent Science Illustrated*. New York and London: Harper & Brothers.
Wilson, Colin (1984) *The Psychic Detectives: The Story of Psychometry and Paranormal Crime Detection*. London and Sydney: Pan Books.〔『サイキック――人体に潜む超常能力の探究と超感覚的世界』荒俣宏監修・解説、梶元靖子訳、三笠書房、1989年〕
Wilson, John (1839) *Trials of Animal Magnetism of the Brute Creation*. London: Sherwood, Gilbert, & Piper, Paternoster Row.
Winter, Alison (1998) *Mesmerized: Powers of Mind in Victorian Britain*. Chicago and London: The University of Chicago Press.
Wolff, John B. (1854) Tangible Manifestations. *The Spiritual Telegraph*, Edited by S. B. Brittan, vol. 3, pp. 267-268.
Wright, George Frederick (1893) *American Religious Leaders: Charles Grandison Finney*. Boston and New York: Houghton, Mifflin and Company.
Wyld, George (1903) *Notes on My Life*. London: Kegan, Paul, Trench, Trübner & Co.
Wyndham, Horace (1937) *Mr. Sludge, the Medium: Being the Life and Adventures of Daniel Dunglas Home, 1833-1886*. London: G. Bles.
Young, Robert M. (1990) *Mind, Brain, and Adaptation in the Nineteenth Century*. New York and Oxford: Oxford University Press.
Zöllner, Johann Carl Friedrich (1880) *Transcendental Physics: An Account of Experimental Investigation from the Scientific Treatises of Johann Carl Friedrich Zöllner*, trans. Charles Carleton Massey. London: W. H. Harrison.
有賀夏紀（1988）『アメリカ・フェミニズムの社会史』勁草書房.
稲垣直樹（2007）『フランス〈心霊科学〉考――宗教と科学のフロンティア』人文書院.
イマヌエル・スエデンボルグ（1962）『天界と地獄』柳瀬芳意訳, 静思社.

——— (1872) Ethnology and Spiritualism. *Nature*, March 7, pp. 363-364.

——— (1875) *On Miracles and Modern Spiritualism. Three Essays*. London: James Burns.

——— (1877) Psychological Curiosities of Scepticism. A Reply to Dr. Carpenter. *Fraser's Magazine*. New Series, vol. XVI, pp. 694-706.

——— (1887) Letter from Dr. Alfred R. Wallace, In Re Mrs. Ross. *The Alfred Russel Wallace Page* by Charles H. Smith, http://people.wku.edu/charles.smith/wallace/S396.htm〔2024年11月5日閲覧〕

——— (1891) Mr. S. J. Davies Experiments. *Journal of the Society for Psychical Research* 5, pp. 43-45.

——— (1896) *Miracles and Modern Spiritualism*, Revised Edition, with Chapters on Apparitions and Phantasms. London: George Redway.

——— (1905a) *My Life: A Record of Events and Opinions, vol. 1*. London and Bombay: George Bell & Sons.

——— (1905b) *My Life: A Record of Events and Opinions, vol. 2*. London: Chapman & Hall.

——— (1932) Alfred Russell Wallace to H. S. Olcott 1875. *The Theosophist: A Magazine of Brotherhood, Oriental Philosophy, Art, Literature and Occultism*, vol. LIII, May-August. Edited by Annie Besant, p. 494.

Warren, Joseph W. (1889) Report of the Committee on Mediumistic Phenomenon. *Proceedings of the American Society for Psychical Research* 1, pp. 320-322.

Warwood, Lis J. (2008) The Fox Sisters: Riddle of the Records. *Psypioneer*, vol. 4, no. 9, September.

Washington, Peter (1995) *Madame Blavatsky's Baboon: A History of the Mystics, Mediums, and Misfits Who Brought Spiritualism to America*. New York: Schocken Books. (Original Edition 1993)〔『神秘主義への扉——現代オカルティズムはどこから来たか』白幡節子・門田俊夫訳、中央公論新社、1999年〕

Waterfield, Robin (2003) *Hidden Depth: The Story of Hypnosis*. New York: Brunner-Routledge.

Watts, Anna Mary Howitt (1883) *The Pioneers of the Spiritual Reformation. Life and Works of Dr. Justinus Kerner (Adapted from the German.) William Howitt and His Work for Spiritualism. Biographical Sketches*. London: The Psychological Press Association.

Weatherly, Lionel A. and J. N. Maskelyne (1891) *The Supernatural?* Bristol: J. W. Arrowsmith, London: Simpkin, Marshall, Hamilton, Kent and Co., Ltd.

Webb, Wheaton Philips (1943) The Peddler's Protest. *New York History: Quarterly Journal of the New York State Historical Association*, vol. 24, April, pp. 228-250.

Weisberg, Barbara (2004) *Talking to the Dead: Kate and Maggie Fox and the Rise of Spiritualism*. New York: HarperCollins Publishers.

Wellman, Judith (2004) *The Road to Seneca Falls: Elizabeth Cady Stanton and the First Woman's Rights Convention*. Urbana: University of Illinois Press.

Wester, William C. (1976) The Phreno-Magnetic Society of Cincinnati — 1842. *American Journal of Clinical Hypnosis*, vol. 18, pp. 277-281.

Westfall, R. S. (1971) *Force in Newton's Physics: The Science of Dynamics in the Seventeenth Century*. London and New York: American Elsevier.

W. F. (1849) Strange Manifestations. *The Univercoelum and Spiritual Philosopher*, February 3, vol. III, no. 10, p. 155.

Whitaker, H. (1858) Proofs for Sceptics. no. II. *The British Spiritual Telegraph Being a General Record of*

uary 13.
Townshend, Chauncey Hare (1843) *Facts in Mesmerism, with Reasons for a Dispassionate Inquiry into It.* New York: Harper and Brothers.
Trethewy, A. W. (1923) *The "Controls" of Stainton Moses ("M. A. Oxon").* London: Hurst & Blackett.
Trobridge, George (1992) *Swedenborg: Life and Teaching.* New York: Swedenborg Foundation, Inc. (Original Edition 1907)〔『スェデンボルグ――その生涯、信仰、教説』柳瀬芳意訳、静思社、1984年〕
Trollope, Thomas Adolphus (1887) *What I Remember*, vol. I. London: Richard Bentley and Son.
Tromp, Marlene (2006) *Altered States: Sex, Nation, Drugs, and Self-Transformation in Victorian Spiritualism.* Albany: State University of New York.
Truesdell, John W. (1892) *The Bottom Facts Concerning the Science of Spiritualism: Derived from Careful Investigations Covering a Period of Twenty-Five Years.* New York: G.W. Dillingham.
Turner, Frank Miller (1974) *Between Science and Religion: The Reaction to Scientific Naturalism in Late Victorian England.* New Haven and London: Yale University Press.
Tylor, Edward Burnett (1871) *Primitive Culture: Researches into the Development of Mythology, Philosophy, Religion, Language, Art, and Custom, vol. I.* London: John Murray.
——— (1872) Ethnology and Spiritualism. *Nature*, February 29, p. 343.
Tyndall, John (1867) *Sound: A Course of 8 Lectures Delivered at the Royal Institution of Great Britain.* London: Longmans.
——— (1874) *Address Delivered Before the British Science Association Assembled at Belfast.* London: Longmans, Green, and Co.
——— (1905a) Apology for the Belfast Address. *Fragments of Science Part Two.* New York: P. F. Collier & Son, 1905, p. 236. (Original Edition 1874)
——— (1905b) *Fragments of Science Part One.* New York: P. F. Collier & Son.
——— (1905c) *Fragments of Science Part Two.* New York: P. F. Collier & Son.
Underhill, A. Leah (1885) *The Missing Link in Modern Spiritualism.* New York: Thomas R. Knox & Co.
University of Pennsylvania, Seybert Commission for Investigating Modern Spiritualism (1887) *Preliminary Report of the Commission Appointed by The University of Pennsylvania to Investigate Modern Spiritualism in Accordance with the Request of the Late Henry Seybert.* Philadelphia: J. B. Lippincott & Co.
Verax (1856) Evenings with Mr. Home and the Spirits. *The Spiritual Herald: A Record of Spirit Manifestations*, no. 1, vol. 1, February, pp. 5-11.
Wakley, Thomas, ed. (1838a) "Animal Magnetism"; or. "Mesmerism." Experiments Performed on Elizabeth and Jane O'Key, at the House of Mr. Wakley, Bedford-Square, in August, 1838. *The Lancet*, MDCCCXXXVII.—XXXVIII., vol. II, pp. 805-811.
——— (1838b) {UNTITLED}. *The Lancet*, MDCCCXXXVII.—XXXVIII., vol. II, pp. 834-836.
——— (1838c) {UNTITLED}. *The Lancet*, MDCCCXXXVII.—XXXVIII., vol. II, pp. 873-877.
Wallace, Alfred Russel (1866) *Scientific Aspect of the Supernatural: The Desirableness of an Experimental Enquiry by Men of Science Into the Alleged Powers of Clairvoyants and Mediums.* London: F. Farrah.
——— (1867) Postscript. *The Spiritual Magazine*, February, pp. 51-52.
——— (1869) *The Malay Archipelago: The Land of the Orang-Utan, and the Bird of Paradise. A Narrative of Travel, with Studies of Man and Nature.* New York: Harper & Brothers Publishers.

Swan, G. (1853) Visit to the Koons Family. *Buchanan's Journal of Man*, vol. 5, pp. 322-324.

Swedenborg, Emanuel (1909) *Heaven and its Wonders and Hell: From Things Heard and Seen*. New York: American Swedenborg Printing and Publishing Society. (First Published in Latin, London, 1758).

Synnestvedt, Sig (2009) Biographical Introduction. *A Compendium of the Theological Writings of Emanuel Swedenborg*. Pennsylvania: Swedenborg Foundation Publishers.

Tafel, R. L., ed. and trans. (1875) *Documents Concerning the Life and Character of Emanuel Swedenborg*. London: Swedenborg Society.

Tait, Peter Guthrie (1872) Mathematics and Physics. *Report of the British Association for the Advancement of Science; Held at Edinburgh in August 1871*. London: John Murray.

Taves, Ann (1999) *Fits, Trances, & Visions: Experiencing Religion and Explaining Experience from Wesley to James*. Princeton, New Jersey: Princeton University Press.

Taylor, Eugene (1994) *William James on Exceptional Mental States: The 1896 Lowell Lectures*. Amherst: University of Massachusetts Press.

——— (1996) *William James on Consciousness Beyond the Margin*. Princeton, New Jersey: Princeton University Press.

——— (1999) *Shadow Culture: Psychology and Spirituality in America*. Washington D. C.: Counterpoint.

Taylor, Sarah E. L. (1932) *Fox-Taylor Automatic Writing 1869-1892: Unabridged Record*. Minneapolis: Tribune-Great West Printing.

Taylor, Troy (2007) *Ghosts by Gaslight: The History & Mystery of the Spiritualists & the Ghost Hunters*. Alton, Illinois: Whitechapel Productions Press Publication.

Taylor, W. G. Langworthy (1936) *Katie Fox: Epochmaking Medium and the Making of the Fox-Taylor Record*. Boston: Bruce Humphries.

Thomas, Owen C. (2006) Spiritual but Not Religious: The Influence of the Current Romantic Movement. *Anglican Theological Review* 88 (3), pp. 397-415.

T. I. A. (1859) More Proofs for Sceptics. To the Editor of the British Spiritual Telegraph. *The British Spiritual Telegraph Being a General Record of Spiritual Phenomena*, vol. III, Supplement to no. 6, pp. 109-110.

Tingley, Katherine (1921) *Helena Petrovna Blavatsky: Foundress of the Original Theosophical Society in New York, 1875, The International Headquarters of Which Are Now at Point Loma, California*. Point Loma, California: The Woman's International Theosophical League.

Tiryakian, Edward A., ed. (1974) Toward the Sociology of Esoteric Culture. *On the Margin if the Visible: Sociology, the Esoteric and the Occult*. New York: John Wiley & Sons, pp. 257-280.

Titchener, Edward Bradford (1898) The 'Feeling of Being Stared at.' *Science: A Weekly Journal Devoted to the Advancement of Science*, vol. VIII, July-December. New York: Macmillan & Co., pp. 895-897.

Toksvig, Signe (1983) *Emanuel Swedenborg: Scientist and Mystic*. West Chester, Pennsylvania: Swedenborg Foundation Press. (Original Edition 1948)

Tolmaque, M. (1864) To the Editor of the Morning Post. *The Morning Post*, October 7, p. 3.

Tomlinson, Stephen (2005) *Head Masters: Phrenology, Secular Education, and Nineteenth-Century Social Thought*. Tuscaloosa: The University of Alabama Press.

Toohey, J. H. W. and Emma Hardinge Britten, eds. (1855) Miss E. Jay. *Christian Spiritualist*, no. 36, Jan-

Spicer, Henry (1853) *Sights and Sounds: The Mystery of the Day: Comprising and Entire History of the American "Spirit" Manifestations*. London: Thomas Bosworth.

Stanley, Michael (2003) *Emanuel Swedenborg: Essential Readings (Western Esoteric Masters Series)*. Barkeley: North Atlantic Books.

Stein, Gordon (1993) *The Sorcerer of Kings: The Case of Daniel Dunglas Home and William Crookes*. New York: Prometheus Books.

Steinmeyer, Jim (2003) *Hiding the Elephant: How Magicians Invented the Impossible and Learned to Disappear*. New York: Carol & Graff Publishers.〔『ゾウを消せ――天才マジシャンたちの黄金時代』飯泉恵美子訳、河出書房新社、2006年〕

Stephenson, C. J. (1966) Further Comments on Cromwell Varley's Electrical Test on Florence Cook. *Proceedings of the Society for Psychical Research* 54, pp. 363-419.

Stewart, Balfour (1871) Mr. Crookes on the 'Psychic Force'. *Nature*, July 27, p. 237.

——— (1882) Note on Thought-Reading. *Proceedings of the Society for Psychical Research* 1, pp. 35-42.

Stewart, Balfour and Peter Guthrie Tait (1875) *The Unseen Universe of Physical Speculations on A Future State*. London: Macmillan & Co.

Stiles, Joseph D. (1859) *Twelve Messages from the Spirit John Quincy Adams, Through Joseph D. Stiles, Medium, to Josiah Brigham*. Boston: Bela Marsh.

Stone, William L. (1837) *Letter to Doctor A. Brigham on Animal Magnetism: Being an Account of a Remarkable Interview between the Authors and Miss Loraina Brackett While in a State of Somnambulism*. New York: George Dearborn & Co.

Stout, George Frederick (1904) Mr. F. W. H. Myers on "Human Personality and Its Survival of Bodily Death." *The Hibbert Journal: A Quarterly Review of Religion, Theology, and Philosophy*, vol. II, October 1903 –July 1904, pp. 44-64.

Strutt, Robert John (1968) *Life of John William Strutt, Third Baron Rayleigh O. M.*, F. R. S. Augmented Edition. Madison: University of Wisconsin Press.

Stuart, Nancy Rubin (2005) *The Reluctant Spiritualist: The Life of Maggie Fox*. Orland, Austin, New York, San Diego, Toronto and London: Harcourt.

Stuckrad, Kocku von (2005) *Western Esotericism: A Brief History of Secret Knowledge*, Translated by Nicholas Goodrick-Clarke. London: Equinox.

Sunderland, La Roy (1843a) *The Magnet: Devoted to the Investigation of Human Physiology, Embracing Vitality, Pathetism, Psychology, Phrenopathy, Phrenology, Neurology, Physiognomy and Magnetism*. New York: The Magnet Office.

——— (1843b) *Pathetism; with Practical Instructions. Demonstrating the Falsity of the Hitherto Prevalent Assumption in Regard to ... "Mesmerism" and "Neurology," and Illustrating Those Laws which Induce Somnambulism, Second Sight, Sleep, Dreaming, Trance, and Clairvoyance, with Numerous Facts Tending to Show the Pathology of Monomania, Insanity, Witchcraft, and Various Other Mental or Nervous Phenomena*. New York: P. P. Good.

——— (1850a) Our Own Family. *Spiritual Philosopher*, vol. I, no. 5-10.

——— (1850b) Stratford, Ct. *Spiritual Philosopher*, vol. I, no. 13.

——— (1850c) Spiritual Philosopher. *Spiritual Philosopher*, vol. I, no. 1.

Research 5, pp. 283-293.
——— (1895) Eusapia Palladino. *Journal of the Society for Psychical Research* 7, pp. 148-159.
——— (1896) Eusapia Palladino. *Journal of the Society for Psychical Research* 7, pp. 230-231.
Sidgwick, Henry, Alice Johnson, Frederic W. H. Myers, Frank Podmore and Eleanor M. Sidgwick (1894) Report on the Census of Hallucinations. *Proceedings of the Society for Psychical Research* 10, pp. 25-423.
Sigstedt, Cyriel (1952) *The Swedenborg Epic: The Life and Works of Emanuel Swedenborg*. New York: Bookman Associates.
Simon, Linda, ed. (1996) *William James Remembered*. Lincoln: University of Nebraska Press.
Simon, Linda (1998/1999) *Genuine Reality: A Life of William James*. New York, San Diego and London: Harcourt Brace & Company.
Sinnett, Alfred Percy (1881) *The Occult World*. London: Trübner & Co.
——— (1922) *The Early Days of Theosophy in Europe*. London: Theosophical Publishing House.
Sisson, Marina Cesar (2001) Helena Blavatsky and the Enigma of John King. *http://blavatskyarchives.com/sisson1.htm*〔2024年11月5日閲覧〕
Sitwell, George R. and Carl Von Buch (1880) The Capture of "A Spirit." To the Editor of the Times. *The Times*, January 12, p. 11.
Skrupskelis, Ignas K. (1986) Notes. *The Works of William James: Essays in Psychical Research*. Edited by Frederick Burkhardt, Fredson Bowers and Ignas K. Strupskelis. Cambridge, Massachusetts and London: Harvard University Press, pp. 381-432.
Slade, Henry (1876) "A Spirit Medium." *The Times*, September 21, p. 3.
Smith, Edgar Fahs (1917) *The Life of Robert Hare, An American Chemist (1781-1858)*. Philadelphia and London: J. B. Lippincott & Co.
Smith, Gibson (1848) *Lectures on Clairmativeness: or Human Magnetism, with An Appendix*. New York: Searing & Prall.
Snow, Herman (1853) *Spirit-Intercourse: Containing Incidents of Personal Experience While Investigating the New Phenomena of Spirit Thought and Action, with Various Spirit Communications Through Himself as Medium*. Boston: Crosby, Nichols, and Company.
The Society for Psychical Research (1882) Objects of the Society. *Proceedings of the Society for Psychical Research* 1, 1882-1883, pp. 3-6.
——— (1889) Meetings of the Council. *Journal of the Society for Psychical Research* 4, pp. 169-170.
——— (1894a) General Meeting. *Journal of the Society for Psychical Research* 6, pp. 274-280.
——— (1894b) General Meeting. *Journal of the Society for Psychical Research* 6, pp. 336-345.
——— (1898) General Meeting. *Journal of the Society for Psychical Research* 8, pp. 214-221.
——— (2000) First Report of the Committee of the Society for Psychical Research, Appointed to Investigate the Evidence for Marvellous Phenomena Offered by Certain Members of the Theosophical Society. Online Edition, Blavatsky Study Center.
Spear, John Murray (1856) Letter from John M. Spear and Eliza J. Kenny. Melrose, Massachusetts, W. S., Oct. 16, 1856. *Robert Owen's Millennial Gazette: Explanatory of the Principles and Practices by Which, in Peace, with Truth, Honesty, and Simplicity, the New Existence of Man Upon the Earth May Be Easily and Speedily Commenced*, no. 10, January 1, pp. 20-30.

52.
Sargent, Epes (1869) *Planchette; or, the Despair of Science. Being a Full Account of Modern Spiritualism, Its Phenomena, and the Various Theories Reading It. With a Survey of French Spiritism*. Boston: Robert Brothers.
——— (1881) *The Proof Palpable of Immortality; Being an Account of the Materialization Phenomena of Modern Spiritualism with Remarks on the Relations of the Facts to Theology, Morals, and Religion*. Boston: Colby and Rich.
——— (1882) *The Scientific Basis of Spiritualism*. Boston: Colby and Rich.
Savage, Minot J. (1902) *Can Telepathy Explain?* New York: G. P. Putnam's Sons.
Schmidt, Leigh Eric (2000) *Hearing Things: Religion, Illusion, and the American Enlightenment*. Cambridge, Massachusetts and London: Harvard University Press.
Schultz, Bart (2004) *Henry Sidgwick — Eye of the Universe: An Intellectual Biography*. Cambridge, UK: Cambridge University Press.
Sconce, Jeffrey (2000) *Haunted Media: Electronic Presence from Telegraphy to Television*. Durham and London: Duke University Press.
Scripture, Edward Wheeler (1897) *The New Psychology*. London: Walter Scott.
Sexton, George (1873) *Spirit-Mediums and Conjurers: An Oration Delivered in the Cavendish Rooms, London, on Sunday Evening, June 15th, 1873*. London: J. Burns.
Sheckleton, Henry T. (1902) *"Spookland": A Record of Research and Experiment in a Much-Talked-of Realm of Mystery, with a Review and Criticism of the So-Called Spiritualistic Phenomena of Spirit Materialization, and Hints and Illustration as to the Possibility of Artificially Producing the Same*. Chicago: Clyde Publishing Co.
Sidgwick, Arthur and Eleanor Mildred Sidgwick (1906) *Henry Sidgwick: A Memoir*. London: Macmillan & Co.
Sidgwick, Eleanor Mildred (1886a) Results of a Personal Investigation into the Physical Phenomena of Spiritualism with Some Critical Remarks on the Evidence for the Genuineness of Such Phenomena. *Proceedings of the Society for Psychical Research* 4, pp. 45-74.
——— (1886b) Mr. Eglington. *Journal of the Society for Psychical Research* 2, pp. 282-334.
——— (1900) Discussion of the Trance Phenomena of Mrs. Piper. *Proceedings of the Society for Psychical Research* 15, pp. 16-38.
Sidgwick, Ethel (1938) *Mrs. Henry Sidgwick, A Memoir by Her Niece*. London: Sidgwick and Jackson.
Sidgwick, Henry (1882) Address by President at the First General Meeting. *Proceedings of the Society for Psychical Research* 1, pp. 7-12.
——— (1883) President's Address. *Proceedings of the Society for Psychical Research* 1, pp. 245-250.
——— (1888) President's Address. *Proceedings of the Society for Psychical Research* 5, pp. 271-278.
——— (1889) Ad Interim Report on the Census of Hallucinations. *Proceedings of the Society for Psychical Research* 6, pp. 183-185.
——— (1890) Address by the President, Second Address on the Census of Hallucinations. *Proceedings of the Society for Psychical Research* 6, pp. 429-435.
——— (1892) The International Congress of Experimental Psychology. *Journal of the Society for Psychical*

——— (1837b) *A Letter to Col. Wm. L. Stone of New York on the Facts Related in His Letter to Dr. Brigham, and a Plain Refutation of Durant's Exposition of Animal Magnetism, &c.* Boston: Weeks, Jordan & Co.

A Practical Magnetizer (1843) *The History and Philosophy of Animal Magnetism: With Practical Instructions for the Exercise of This Power.* Boston: J. N. Bradley & Co.

The Psychological Society of Great Britain (2009) *Proceedings of the Psychological Society of Great Britain.* General Books. (Original Edition 1879)

Reese, David Meredith (1838) *Humbugs of New-York: Being a Remonstrance Against Popular Delusion; Whether in Science, Philosophy, or Religion.* New York: John S. Taylor.

Richards, Graham (2001) The Psychological Society of Great Britain (1875-1879) and the Meanings of an Institutional Failure. *Psychology in Britain: Historical Essays and Personal Reflections.* Edited by G. C. Bunn, A. D. Lovie and G. D. Richards. Leicester: The British Psychological Society.

Richet, Charles (1895) A Propos Des Expériences Faites Avec Eusapia Paladino. *Journal of the Society for Psychical Research* 7, pp. 67-75.

Richmond, A. B. (1888) *What I Saw at Cassadaga Lake: A Review of the Seybert Commissioners' Report.* Boston: Colby & Rich, Publisher.

Ripley, George (1850) An Evening with the "Spirits." *New-York Daily Tribune*, June 8, p. 4.

Roback, A. A. (1942) *William James: His Marginalia Personality & Contribution.* Cambridge, Massachusetts: Sci-Art Publishers.

Robertson, George Croom (1890) *Dictionary of National Biography, vol. XXIII.* Edited by Leslie Stephen and Sydney Lee. New York: Macmillan & Co., pp. 356-358.

Robinson, William E. (1898) *Spirit Slate Writing and Kindred Phenomena.* New York: Scientific American Office.

Rogers, Edmund Dawson (1911) *Life and Experiences of Edmund Dawson Rogers, Spiritualist and Journalist* (Reprinted from 'Light'). London: Light.

Romanes, George J. (1881) "Thought-Reading." *Nature* 24, June 23, pp. 171- 172.

Rosenzweig, Mark R., Wayne H. Holtzman, Michel Sabourin and David Bélanger (2000) *History of the International Union of Psychological Science (IUPsyS).* Hove, East Sussex and Philadelphia, Pennsylvania: Psychology Press.

Ross, Dorothy (1972) *G. Stanley Hall: The Psychologist as prophet.* Chicago: University of Chicago Press.

Roszak, Theodore (1969) *The Making of a Counter Culture: Reflections on the Technocratic Society and Its Youthful Opposition.* New York: Doubleday.

——— (1972) *Where the Wasteland Ends: Politics and Transcendence in Postindustrial Society.* New York: Doubleday.

Royce, Josiah (1888) Hallucination of Memory and 'Telepathy.' *Mind: A Quarterly Review of Psychology and Philosophy*, vol. XIII, pp. 244-248.

Rutland Free Convention (1858) *Proceedings of the Free Convention Held at Rutland*, Vermont, June 25, 26, and 27, Boston: J. B. Yerrington & Son.

Salter, W. H. (1958) F. H. W. Myers's Posthumous Message. *Proceedings of the Society for Psychical Research* 52, pp. 1-32.

——— (1959) Our Pioneers, V: Edmund Gurney. *Journal of the Society for Psychical Research* 40, pp. 47-

Journal of the History of Medicine and Allied Sciences, XI, (3), pp. 275-287.

——— (1994) *Mesmer and Animal Magnetism: A Chapter in the History of Medicine*. Hamilton, New York: Edmonston Publishing.

Pearsall, Ronald (2004) *The Table-Rappers: The Victorians and the Occult*. Stroud, UK: Sutton Publishing. (Original Edition 1972)

Pearson, Karl (1924) *The Life, Letters and Labours of Francis Galton, vol. II*. Cambridge, UK: Cambridge University Press.

Pecor, Charles J. (1997) *The Magician on the American Stage, 1752-1874*. Washington: Emerson and West.

Peirce, C. S. (1887a) Criticism of Phantasms of the Living. *Proceedings of the American Society for the Psychical Research* 1, pp. 150-157.

——— (1887b) Mr. Peirce's Rejoinder. *Proceedings of the American Society for the Psychical Research* 1, pp. 180-215.

Perry, Ralph Barton (1976) *The Thought and Character of William James*. Nashville and London: Vanderbilt University Press. (Original Edition 1948)

Phelps, Eliakim (1850) Stratford Ct. *Spiritual Philosopher*, vol. I, no. 1, July. Boston.

Piddington, J. G. (1903) The Trance Phenomena of Mrs. Thompson. *Journal of the Society for Psychical Research* 11, pp. 74-76.

Pinkerton, Alan (1877) *The Spiritualists and the Detectives*. New York: G. W. Dillingham. (Original Edition 1876)

Piper, Alta L. (1929) *The Life and Works of Mrs. Piper*. London: Kegan Paul, Trench, Trübner & Co.

Podmore, Frank (1893) Supplement. Notices of Books. *Proceedings of the Society for Psychical Research* 9, pp. 218-225.

——— (1897) *Studies in Psychical Research*. London: Kegan Paul, Trench, Trübner & Co.

——— (1898) Discussion of Trance-Phenomena of Mrs. Piper I. *Proceeding of the Society for Psychical Research* 14, pp. 50-78.

——— (1902a) *Modern Spiritualism: A History and a Criticism, vol. I*. London: Methuen & Co.

——— (1902b) *Modern Spiritualism: A History and a Criticism, vol. II*. London: Methuen & Co.

——— (1906) *Robert Owen: A Biography, vol. II*. London: Hutchinson & Co.

——— (1909) *Mesmerism and Christian Science: A Short History of Mental Healing*. Philadelphia: George W. Jacobs & Company.

Polidoro, Massimo (2001) *Final Séance: The Strange Friendship Between Houdini and Conan Doyle*. Amherst: Prometheus Books.

Porter, Katherine H. (1972) *Through a Glass Darkly: Spiritualism in the Browning Circle*. New York: Octagon Books.

Post, Isaac (1852) *Voices from the Spirit World, Being Communications from Many Spirits. By the Hand of Issac Post, Medium*. Rochester: Charles H. McDonell.

Powers, Grant (1828) *Essays on the Influence of the Imagination on the Nervous System, Contributing to a False Hope in Religion*. Andover: Flagg and Gauld.

Poyen, Charles (1837a) *Progress of Animal Magnetism in New England: Being a Collection of Experiments Reports and Certificates, From the Most Respectable Sources*. Boston: Weeks, Jordan & Co.

Noakes, Richard (2002) 'Instruments to Lay Hold of Spirits': Technologizing the Bodies of Victorian Spiritualism. *Bodies/Machines*. Edited by Iwan Rhys Morus. Oxford: Berg, pp. 125-164.

——— (2004) The "Bridge Which is between Physical and Psychical Research": William Fletcher Barrett, Sensitive Flames, and Spiritualism. *History of Science*, vol. 42, pp. 419-464.

Noyes, John Humphrey (1870) *History of American Socialisms*. Philadelphia: J. B. Lippincott & Co.

Ochorowicz, Julian (1891) *Mental Suggestion*, Translated by J. Fitzgerald. New York: The Humboldt Publishing.

——— (1895) Réponse à M. Hodgson. *Journal of the Society for Psychical Research* 7, pp. 75-79.

Olcott, Henry Steel (1874) The World of Spirits. Astounding Wonders That Stagger belief. *The Sun*, September 5, p. 3

——— (1875a) *People from the Other World*. Hartford: American Publishing Company.

——— (1875b) Important to Spiritualists. *Spiritual Scientist: A Weekly Journal Devoted to the Science, History, Philosophy, and Teachings of Spiritualism*, April 29, p. 85.

——— (1875c) Spiritualism Rampant. Embryonic Men. The Elementary Spirits—Their Personation of Spirits with Souls—Classes of Real Appartions. *New York Tribune*, September 17, p. 3.

——— (1895) *Old Diary Leaves, the True Story of the Theosophical Society*. New York and London: G. P. Putnam's Sons.

Oppenheim, Janet (1985) *The Other World: Spiritualism and Psychical Research in England, 1850-1914*. Cambridge, London, New York, New Rochelle, Sydney and Melbourne: Cambridge University Press.〔『英国心霊主義の抬頭——ヴィクトリア・エドワード朝時代の社会精神史』和田芳久訳、工作舎、1992年〕

Owen, Alex (2004) *The Darkened Room: Women, Power, and Spiritualism in Late Victorian England*. Chicago and London: The University of Chicago Press.

Owen, Robert (1855) *The Millennium in Practice, Being the Report of the Adjourned Public Meeting of the World's Convention, Held in St. Martin's Hall, on the 30th of July, 1855, and Continuing a Supposed Examination of Mr. Owen by a Committee of Parliament*. London: J. Clayton and Son.

Owen, Robert Dale (1860) *Footfalls on the Boundary of Another World, with Narrative Illustrations*. Philadelphia: J. B. Lippincott & Co.

——— (1872) *The Debatable Land between This World and the Next, with Illustrative Narrations*. New York: G. W. Carleton & Co., Publishers, London: Trübner & Co.

——— (1874a) How I Came to Study Spiritual Phenomena. *The Atlantic Monthly*, vol. 34, Issue 205, November, pp. 578-590.

——— (1874b) Cards from Robert Dale Owen and H. T. Child, M. D. *Banner of Light*, December 12, p. 5.

——— (1875) Touching Visitants from a Higher Life. *The Atlantic Monthly*, vol. 35, Issue 207, January, pp. 57-69.

Packard, J. B. and J. S. Loveland (1856) *The Spirit Minstrel: A Collection of Hymns and Music, For the Use of Spiritualists, in their Circles and Public Meetings*, Second Edition. Boston: Bela Marsh.

Palmer, H. D. (1864) To the Editor of the Morning Post. *The Morning Post*, October 24, p. 6.

Pattie, Frank A. (1956) Mesmer's Medical Dissertation and Its Debt to Mead's De Imperio Solis ac Lunae.

——— (1895b) Reply to Mr. Page Hopps, Concerning Eusapia Palladino. *Journal of the Society for Psychical Research* 7, p. 164.
——— (1899) The Society for Psychical Research and Eusapia Palladino. *Journal of the Society for Psychical Research* 9, p. 35.
——— (1900) In Memory of Henry Sidgwick. *Proceedings of the Society for Psychical Research* 15, pp. 452-464.
——— (1903a) *Human Personality and Its Survival of Bodily Death I.* New York: Longmans, Green and Co.
——— (1903b) *Human Personality and Its Survival of Bodily Death II.* New York: Longmans, Green and Co.
——— (1904) *Fragments of Prose & Poetry.* Edited by His Wife Eveleen Myers. New York and Bombay (Mumbai): Longmans, Green and Co.
——— (1921) *Collected Poems with Autobiographical and Critical Fragments.* Edited by Eveleen Myers. London: Macmillan & Co.
Myers, Frederic W. H., Oliver J. Lodge, Walter Leaf and William James (1890) A Record of Observations of Certain Phenomena of Trance. *Proceedings of the Society for Psychical Research* 6, pp. 436-659.
Neff, Mary K. (1937) *Personal Memoirs of H. P. Blavatsky.* London: Rider.
Nelson, Geoffrey K. (1969) *Spiritualism and Society.* London: Routledge & Kegan Paul.
Newbold, William Romaine (1898) A Further Record of Observations of Certain Phenomena of Trance Part II. *Proceedings of the Society for Psychical Research* 14, pp. 6-49.
Newcomb, Simon (1884a) Psychic Force. *Science: An Illustrated Journal* 4, July-December, pp. 372-374.
——— (1884b) Can Ghosts Be Investigated? *Science*, vol. 4, no. 97, pp. 525-527.
——— (1885) The Georgia Wonder-Girl and Her lessons. *Science*, vol. 5, no. 105, pp.106-108.
——— (1886) Address of the President. *Proceedings of the American Society for Psychical Research* 1, pp. 63-86.
——— (1903) *The Reminiscences of an Astronomer.* Boston and New York: Houghton, Mifflin and Company.
Newton, Alonzo Eliot, ed. (1857) *The Educator: Being Suggestions, Theoretical and Practical, Designed to Promote Man-Culture and Integral Reform with a View to the Ultimate Establishment of a Divine Social State on Earth.* Boston: Office of Practical Spiritualists.
Nichols, Thomas Low (1864) *A Biography of the Brothers Davenport. With Some Account of the Physical and Psychical Phenomena Which Have Occurred in Their Presence, in America and Europe.* London: Saunders, Otley, and Co.
Nicholson, Helen (2000) Henry Irving and the Staging of Spiritualism. *New Theatre Quarterly* 63, vol. 16, Part 3. Cambridge, UK: Cambridge University Press, pp. 278-287.
Nickell, Joe (2001) *Real-Life X-Files: Investigating the Paranormal.* Lexington, Kentucky: University Press of Kentucky.
Nicol, Fraser (1966) The Silences of Mr. Trevor Hall. *International Journal of Parapsychology* 8, New York: Parapsychology Foundation, pp. 5-59.
——— (1972) The Founders of the S. P. R. *Proceedings of Society for Psychical Research* 55, pp. 341-367.

Moyer, Albert E. (1992) *A Scientist's Voice in American Culture: Simon Newcomb and the Rhetoric of Scientific Method*. Berkeley, Los Angeles and Oxford: University of California Press.

M. R. C. P. (1860) Facts, by Dr. ---- With a Moral by the Editor, *The Spiritual Magazine*, April, vol. I, no. 4, pp. 161-166.

Mrs. Gordon, Margaret Maria (1870) *The Home Life of Sir David Brewster*. Edinburgh: Edmonston and Douglas. (Original Edition 1869)

Munthe, Axel (1953) *The Story of Sun Michele*. New York: E. P. Dutton & Co.〔『サン・ミケーレ物語　増補版』久保文訳、紀伊國屋書店、1974年〕

Myers, Arthur T. (1889) International Congress of Experimental Psychology. *Proceedings of the Society for Psychical Research* 6, pp. 171-182.

Myers, Frederic W. H. (1884) On A Telepathic Explanation of Some So-Called Spiritualistic Phenomena. *Proceedings of the Society for Psychical Research* 2, pp. 217-237.

——— (1885a) Automatic Writing II. *Proceedings of the Society for Psychical Research* 3, pp. 1-63.

——— (1885b) Automatic Writing, or the Rationale of Planchette, *The Contemporary Review*, vol. XLVIII, January–June. London: Isbister and Company, pp. 233-249.

——— (1885c) Further Notes on the Unconscious Self. *Journal of the Society for Psychical Research* 2, pp. 122-131.

——— (1885d) Human Personality in Light of Hypnotic Suggestion. *Proceedings of the Society for Psychical Research* 4, pp. 1-24.

——— (1886a) Further Notes on the Unconscious Self II. *Journal of the Society for Psychical Research* 2, pp. 234-243.

——— (1886b) Introduction. In *Phantasms of the Living, vol. I* by E. Gurney and F. Podmore. London: Trübner & Co., pp. xxxv-lxxi.

——— (1886c) On Telepathic Hypnotism, and Its Relation to Other Forms of Hyponotic Suggestion. *Proceedings of the Society for Psychical Research* 4, pp. 127-188.

——— (1888a) The Work of Edmund Gurney in Experimental Psychology. *Proceedings of the Society for Psychical Research* 5, pp. 359-373.

——— (1888b) French Experiments on Strata of Personality. *Proceedings of the Society for Psychical Research* 5, pp. 374-397.

——— (1889a) Janet's *Psychological Automatism*. *Nineteenth Century* 26, pp. 341-343.

——— (1889b) Professor Janet's "Automatisme Psychologique." *Proceedings of Society for Psychical Research* 6, pp. 186-198.

——— (1892a) The Subliminal Consciousness. Chapter 1: General Characteristics and Subliminal Messages. *Proceedings of Society for Psychical Research* 7, pp. 298-327.

——— (1892b) William Stainton-Moses. *Proceedings of Society for Psychical Research* 8, pp. 597-600.

——— (1892c) The Subliminal Consciousness. Chapter 4: Hypermnesic Dreams. *Proceedings of Society for Psychical Research* 8, pp. 362-404.

——— (1893) The Experiences of W. Stainton Moses I, *Proceedings of the Society for Psychical Research* 9, pp. 245-353.

——— (1895a) Reply to Dr. Hodgson. *Journal of the Society for Psychical Research* 7, pp. 55-64.

Massey, C. C. (1876) "A Spirit Medium." *The Times*, September 18, p. 6.
——— (1880) Translator's Preface. In *Transcendental Physics: An Account of Experimental Investigation from the Scientific Treatises of Johann Karl Friedrich Zöllner*, by Johann Karl Friedrich Zöllner, trans. Charles Carleton Massey. London: W. H. Harrison, pp. xvii-xli.
——— (1886) The Possibilities of Mai-Observation in Relation to Evidence for the Phenomena of Spiritualism. *Proceedings of the Society for Psychical Research* 4, pp. 75-99.
Matlock, James G. (1988) Leonora or Leonore? A Note on Mrs. Piper's First Name. *Journal of the American Society for Psychical Research* 82, pp. 281-290.
Mattison, Hiram (1853) *Spirit Rapping Unveiled! An Expose of the Exposé of the Origin, History, Theology and Philosophy of Certain Alleged Communications From the Spirit World, By Means of "Spirit Rapping," "Medium Writing," "Physical Demonstrations," etc.* New York: Mason Brothers.
McCabe, Joseph (1920) *Spiritualism: A Popular History from 1847*. London: T. Fisher Unwin.
McCorristine, Shane (2010) *Spectres of the Self: Thinking about Ghost and Ghost-seeing in England, 1750-1920*. Cambridge, UK: Cambridge University Press.
McIntosh, Christopher (1972) *Eliphas Lévi and the French Occult Revival*. London: Rider and Company.
McLuhan, Robert (2010) *Randi's Prize: What Sceptics Say about the Paranormal, Why They Are Wrong & Why It Matters*. Leicester: Troubador Publishing.
Medhurst, R. G. (1972) *Crookes and the Spirit World: A Collection of Writings by or Concerning the Work of Sir William Crookes, O. M., F. R. S., in the Field of Psychical Research*. General Introduciton by K. M. Goldney, Edited by M. R. Barrington. London: Souvenir Press.
Medhurst, R. G. and K. M. Goldney (1964) William Crookes and the Physical Phenomena of Mediumship. *Proceedings of the Society for Psychical Research* 54, 1963-1966, pp. 25-156.
A Member of the First Circle (1851) *A History of the Recent Developments in Spiritual Manifestations, in the City of Philadelphia*. Philadelphia: G. S. Harris.
Miller, Ernest C. (1966) Utopian Communities in Warren County, Pennsylvania. *Western Pennsylvania Historical Magazine* 49, no. 4, October, pp. 301-317.
Mme. Home, Dunglas (1888) *D. D. Home: His Life and Mission*. London: Trübner & Co.
——— (1890) *The Gift of D. D. Home*. London: Kegan Paul, Trench, Trübner, & Co.
Modern, John Lardas (2001) *Secularism in Antebellum America with Reference to Ghosts, Protestant Subcultures, Machines, and Their Metaphors; Featuring Discussions of Mass Media, Moby-Dick, Spirituality, Phrenology, Anthropology, Sing Sing State Penitentiary, and Sex with the New Motive Power*. Chicago and London: The University of Chicago Press.
Moore, R. Laurence (1977) *In Search of White Crows: Spiritualism, Parapsychology, and American Culture*. Oxford and New York: Oxford University Press.
Moses, Arthur (2007) *Houdini Speaks Out: "I am Houdini! And You Are a Fraud!"* Philadelphia: Xlibris.
Moses, William Stainton (1886) To the Editor of the Journal of the Psychical Research. *Journal of the Psychical Research* 2, p. 488.
——— (M. A., Oxon.) (1898) *Spirit Teachings*. London: London Spiritualist Alliance, Ltd.
——— (M. A., Oxon.) (1952) *More Spirit Teachings: Through the Mediumship of William Stainton Moses*. London: Spiritualist Press.

Linton, Charles (1855) *The Healing of the Nations*. New York: Society for the Diffusion of Spiritual Knowledge.

Lippitt, Francis J. (1875) A Remarkable Picture. *Spiritual Scientist: A Weekly Journal Devoted to the Science, History, Philosophy, and Teachings of Spiritualism*, April 29, pp. 90-91.

Litchfield, Henrietta (1915) *Emma Darwin: A Century of Family Letters 1792-1896, vol. II*. New York: D. Appleton and Company.

Lodge, Oliver J. (1884) An Account of Some Experiments in Thought-Transference. *Proceedings of the Society for Psychical Research* 2, pp. 189-200.

——— (1894a) Experience of Unusual Physical Phenomena Occurring in the Presence of an Entranced Person (Eusapia Palladino). *Journal of the Society for Psychical Research* 6, pp. 306-336.

——— (1894b) Appendix I. To Professor Lodge's Paper. *Journal of the Society for Psychical Research* 6, pp. 346-357.

——— (1895) Additional Remarks by Professor Lodge. *Journal of the Society for Psychical Research* 7, pp. 64-67.

——— (1931) *Past Years: An Autobiography*. London: Hodder & Stoughton.

Lombroso, Cesare (1909) *After Death—What?: Spiritistic Phenomena and Their Interpretation*, Rendered into English by William Sloane Kennedy. Boston: Small, Maynard & Company Publishers.

The London Dialectical Society (1871) *Report of Spiritualism, of the Committee of the London Dialectical Society Together with the Evidence, Oral and Written, and A Selection from the Correspondence*. London: Longmans, Green, Reader and Dyer.

Loomis, Silas Laurence (1864) Dr. Loomis's Report. *The Spiritual Magazine*, vol. V, no. 9, September 1, pp. 418-424.

Lubenow, William C. (1998) *The Cambridge Apostles, 1820-1914: Liberalism, Imagination, and Friendship in British Intellectual and Professional Life*. Cambridge, UK: Cambridge University Press.

Luckhurst, Roger (2002a) *The Invention of Telepathy, 1870-1901*.Oxford: Oxford University Press.

——— (2002b) Passages in the Invention of the Psyche: Mind Reading in London, 1881-84. *Transactions and Encounters: Science and Culture in the Nineteenth Century*. Edited by Roger Luckhurst and Josephine McDonagh, Manchester and New York: Manchester University Press, pp. 117-150.

M. A. (Oxon) (1880) *Higher Aspects of Spiritualism*. London: E. W. Allen & Co, Boston: Colby & Rich.

——— (1882) *Direct Writing by Supernormal Means: A Record of Evidence for Spirit-Action, in the Manner before Called "Psychography,"* Third Edition. London: Office of "Light."

Mahan, Asa (1855) *Modern Mysteries, Explained and Exposed*. Boston: John P. Jewett and Company.

Marchant, James (1916a) *Alfred Russel Wallace: Letters and Reminiscences, vol. I*. London, New York, Toronto and Melbourne: Cassell and Company.

——— (1916b) *Alfred Russell Wallace: Letters and Reminiscences, vol. II*. London, New York, Toronto and Melbourne: Cassell and Company.

Marryat, Florence (1891) *There Is No Death*. New York: Lovely, Coryell & Company.

Maskelyne, Jasper (1936) *White Magic: The Story of Maskelyne*. London: Stanley Paul & Co., Ltd.

Maskelyne, John Nevil (1876) *Modern Spiritualism. A Short Account of Its Rise and Progress, With Some Exposures of So-Called Spirit Media*. London: Frederick Warne and Co.

Life. Columbia, Missouri: University of Missouri Press.
Kenyon, Frederic G. (1898) *The Letters of Elizabeth Barrett Browning Edited with Biographical Additions, vol. II.* New York and London: Macmillan & Co.
Kerr, Howard (1973) *Mediums, and Spirit-Rappers, and Roaring Radicals: Spiritualism in American Literature, 1850-1900.* Urbana, Chicago and London: University of Illinois Press.
Kjærgaard, Peter C. (2004) 'Within the Bounds of Science': Redirecting Controversies to Nature. *Culture and Science in the Nineteenth-Century Media.* Edited by Louise Henson, Geoffrey N. Cantor, Gowan Dawson, Richard Noakes, Sally Shuttleworth and Jonathan R. Topham. Burlington, Vermont: Ashgate Publishing, pp. 217-219.
Lamb, Geoffrey (1876) *Victorian Magic*. London: Lamb Routledge & K. Paul.
Lamont, Peter (2005) *The First Psychic: The Peculiar Mystery of a Notorious Victorian Wizard.* London: Little, Brown.
Lankester, Edwin Ray (1876) "A Spirit Medium." *The Times*, September 16, p. 7.
Lanska, Douglas J. and Joseph T. Lanska (2007) Franz Anton Mesmer and the Rise and Fall of Animal Magnetism: Dramatic Cures, Controversy, and Ultimately a Triumph for the Scientific Method, in Brain, Mind and Medicine: Essays. *Eighteenth-Century Neuroscience.* Harry Whitaker, C. U. M. Smith, Stanley Finger, eds. New York: Springer.
Lasen, Robin, ed. (1988) *Emanuel Swedenborg: A Continuing Vision.* New York: Swedenborg Foundation. 〔『エマヌエル・スウェーデンボルグ——持続するヴィジョン』ロビン・ラーセン編、高橋和夫監修、春秋社、1992年〕
Lavoie, Jeffrey D. (2012) *The Theosophical Society: The History of a Spiritualist Movement.* Florida: Brown Walker Press.
Laycock, Joseph (2010) God's Last, Best Gift to Mankind: Gnostic Science and the Eschaton in the Vision of John Murray Spear. *Aries: Journal for the Study of Western Esotericism* 10, Brill Academic Publishers, pp. 63-83.
Laycock, Thomas (1876) Reflex, Automatism, and Unconscious Cerebration. *Journal of Mental Science*, vol. 21, pp. 477-498.
Lehman, Amy (2009) *Victorian Woman and the Theatre of Trance: Mediums, Spiritualists and Mesmerists in Performance.* Jefferson, North Carolina and London: McFarland & Co.
Lehman, Neil B. (1973) *The Life of John Murray Spear: Spiritualism and Reform in Antebellum America.* Ph. D. Dissertation, Ohio State University.
Leopold, Richard William (1940) *Robert Dale Owen: A Biography.* Cambridge, Massachusetts: Harvard University Press.
Lewis (1848) A Report of the Mysterious Noises Heard in the House of Mr. John D. Fox, In Hydesville, Arcadia, Wayne County, Authenticated by the Certificates, and Confirmed by the Statements of the Citizens of that Place and Vicinity. Rochester: E. E. Lewis. in *PsyPioneer: An Electronic Newsletter from London,* vol. 1, no. 12, April 2005.
Lineham, Peter J. (1988) The Origins of the New Jerusalem Church in the 1780s. *Bulletin of the John Rylands Library* 70(3), Manchester: John Rylands University Library, pp. 109-122.
Lines, Richard (2012) *A History of the Swedenborg Society 1810-2010.* Lulu.com.

——— (1901) Frederic Myer's Services to Psychology. *Proceedings of the Society for Psychical Research* 17, pp. 13-23.
——— (1902) *The Varieties of Religious Experience: A Study in Human Nature Being the Gifford Lectures on Natural Religion Delivered at Edinburgh in 1901-1902*. London and Bombay (Mumbai): Longmans, Green, and Co.
——— (1903) Review of *Human Personality and Its Survival of Bodily Death*, by Frederic W. H. Myers. *Proceedings of the Society for Psychical Research* 18, pp. 22-33.
——— (1920) *Letters of William James 1*. Edited by Henry James. Boston: Atlantic Monthly Press.
——— (1960) *William James on Psychical Research*. Compiled and Edited by Gardner Murphy and Robert O. Ballou. New York: The Viking Press.
——— (1986) *The Works of William James: Essays in Psychical Research*. Edited by Frederick Burkhardt, Fredson Bowers and Ignas K. Strupkelis. Cambridge, Massachusetts and London: Harvard University Press.
——— (1995) *The Correspondence of William James, vol. 4, 1856-1877*. Edited by Ignas K. Skrupskelis and Elizabeth M. Berkeley, with the Assistance of Wilma Bradbeer. Charlottesville and London: The University Press of Virginia.
——— (1999) *The Correspondence of William James, vol. 7, 1890-1894*. Edited by Ignas K. Skrupskelis and Elizabeth M. Berkeley, with the Assistance of Wilma Bradbeer. Charlottesville and London: The University Press of Virginia.
——— (2001) *The Correspondence of William James, vol. 9, July 1899-1901*. Edited by Ignas K. Skrupskelis and Elizabeth M. Berkeley, with the Assistance of Wilma Bradbeer. Charlottesville and London: The University Press of Virginia.
Jastrow, Joseph (1901) *Fact and Fable in Psychology*. London: Macmillan & Co.
Jay, Ricky (1986) *Learned Pigs & Fire Proof Women*. New York: Warners Books, pp. 157-189.
Jebb, Caroline (1907) *Life and Letters of Sir Richard Claverhouse Jebb*. London: Cambridge University Press.
Jenkins, Elizabeth (1982) *The Shadow and the Light: A Defense of D. D. Home the Medium*. London: Hamish Hamilton.
Jinarājadāsa, Curuppmullagē (1925) *The Golden Book of the Theosophical Society: A Brief of the Society's Growth from 1875-1925*. Adyar, Madras, India: Theosophical Publishing House.
Joad, George C. (1876) A Spirit Medium. *The Times*, September 19, p. 4.
Jones, J. Enmore (1876) Dr. Slade. *The Spiritual Magazine*, October, pp. 471-472.
Jones, Lawrence J. (1928) "Presidential Address." *Proceedings of the Society for Psychical Research* 38, pp.17-48.
Kellar, Harry (1886) *A Magician's Tour: Up and Down and Round About the Earth*. Chicago: R. R. Donnelley & Sons, Publishers.
Kelly, Emily Williams (2007) F. W. H. Myers and the Empirical Study of the Mind-Body Problem. *Irreducible Mind: Toward A Psychology for the 21st Century*. Lanham, Boulder, New York, Toronto and Plymouth: Rowman & Littlefield Publishers, pp. 47-115.
Kennedy, Richard S. and Donald S. Hair (2007) *The Dramatic Imagination of Robert Browning: A Literary*

Hopkins, Albert A., ed. (1897) *Magic, Stage Illusions and Scientific Diversions*. New York: Munn & Co.

Hopps, J. Page (1895) Concerning Eusapia Palladino. *Journal of the Society for Psychical Research* 7, pp. 163-164.

Hort, Arthur Fenton (1896) *Life and Letters of Fenton John Anthony Hort, vol. I*. London: Macmillan & Co.

Houdini, Harry (1924) *A Magician among the Spirits*. New York and London: Harper & Brothers.

Hovenkamp, Herbert (1978) *Science and Religion in America, 1800-1860*. Philadelphia: University of Pennsylvania Press.

Hutchison, William R. (2005) *Transcendentalist Ministers: Church Reform in the New England Renaissance*. Boston: Yale University Press. (Original Edition 1959)

Hutton, Richard H. (1885) 'The Metaphysical Society.' A Reminiscence. *The Nineteenth Century, A Monthly Review* 18. London: Kegan Paul, Trench & Co., pp. 179-196.

Huxley, Leonard (1901) *Life and Letters of Thomas Henry Huxley, vol. I*. New York: D. Appleton and Company.

——— (1908) *Life and Letters of Thomas Henry Huxley, vol. III*. London: Macmillan and Co.

Huxley, Thomas H. (1874) On the Hypothesis that Animals are Automata, and Its History. *The Fortnightly Review* 16. London: Chapman and Hall, pp. 555-580.

——— (1898) *Science and Christian Tradition: Essays*. New York: D. Appleton and Company.

Incredulus Odi (1864) The Davenport Brothers. *London Standard*, October 3, p. 2.

Inglis, Brian (1992) *Natural and Supernatural: A History of the Paranormal from Earliest Times to 1914*, Revised Edition. Bridport: Prism Press.

Innes, A. Taylor (1887) Where Are the Letters?: A Cross-Examination of Certain Phantasms. *The Nineteenth Century* 22, pp. 174-194.

Isaacs, Ernest (1893) The Fox Sisters and American Spiritualism. *The Occult in America: New Historical Perspectives*. Edited by Howard Kerr and Charles L. Crow. Urbana and Chicago: University of Illinois Press, pp. 79-110.

Jackson Jr., Herbert (1972) *The Spirit Rappers*. New York: Doubleday & Company, Inc.

James, William (1886a) Professor Newcomb's Address before the American Society for Psychical Research. *Science: An Illustrated Journal* 7, January–July. New York: The Science Company, p. 123.

——— (1886b) Report of Committee on Mediumistic Phenomena. *Proceedings of the American Society for Psychical Research* 1, pp. 102-106.

——— (1889) Notes: The Congress of Physiological Psychology at Paris. *Mind: A Quarterly Review of Psychology and Philosophy*, vol. XIV. London and Edinburgh: Williams and Norgate, pp. 614-616.

——— (1890) A Record of Observations of Certain Phenomena of Trance Part III. *Proceedings of the Society for Psychical Research* 6, pp. 651-659.

——— (1895) Review of the "Report on the Census of Hallucinations." *Psychological Review* 2. New York and London: Macmillan & Co., pp. 69-75.

——— (1896a) Address by the President. *Proceedings of the Society for Psychical Research* 12, pp. 2-10.

——— (1896b) Psychical Research. *Psychological Review* 3. New York and London: Macmillan & Co., pp. 649-652.

chical Research 2, pp. 25-29.

Hawthorne, Julian (1884) *Nathaniel Hawthorne and His Wife: A Biography, vol. 2*. Boston and New York: Houghton, Mifflin and Company.

Haynes, Renée, (1982) *The Society for Psychical Research: 1882-1982: A History*. London and Sydney: MacDonald & Co.

Hazen, James Craig (2000) *The Village Enlightenment in America: Popular Religion and Science in the Nineteenth Century*. Urbana and Chicago: University of Illinois Press.

Hewitt, Simon Crosby (1852) *Messages from the Superior State: Communicated by John Murray, through John M. Spear, in the Summer of 1852; Containing Important Instructions to the Inhabitants of the Earth: Carefully Prepared for Publication, with a Sketch of the Author's Earthly Life, and a Brief Description of the Spiritual Experience of the Medium*. Boston: Bela Marsh.

——— (1856) To Robert Owen and Others, Members of the Congress to be Assembled in London, England, 14th May 1856, to Discuss Principles and Measures for the Reformation of the World. *Robert Owen's Millennial Gazette, Explanatory of the Principles and Practices by which, in Peace, with Truth, Honesty, and Simplicity, the New Existence of Man upon the Earth may be Easily and Speedily Commenced*, no. 6, July 1, pp. 4-11.

Heywood, William S., ed. (1896) *Autobiography of Adin Ballou. 1803-1890: Containing an Elaborate Record and Narrative of His Life from Infancy to Old Age. with Appendixes*. Lowell: The Vox Populi Press.

Hiraf (1875a) Rosicrucianism. *Spiritual Scientist: A Weekly Journal Devoted to the Science, History, Philosophy, and Teachings of Spiritualism*, July 1, p. 199.

——— (1875b) Rosicrucianism. *Spiritual Scientist: A Weekly Journal Devoted to the Science, History, Philosophy, and Teachings of Spiritualism*, July 1, pp. 212-213.

Hirsh, Helmut (1943) Mesmerism and Revolutionary America. *The American-German Review* 9.

Hodgson, Richard (1885) Account of Personal Investigations in India, and Discussion of the Authorship of the "Koot Hoomi" Letters (with Appendices). *Proceedings of the Society for Psychical Research* 3, pp. 207-400.

——— (1892a) Mr. Daveys's Imitation by Conjuring of Phenomena Sometimes Attributed to Sprit Agency. *Proceedings of the Society for Psychical Research* 8, pp. 253-310.

——— (1892b) A Record of Observation of Certain Phenomena of Trance. *Proceedings of the Society for Psychical Research* 8, pp. 1-167.

——— (1895) The Value of the Evidence for Supernormal Phenomena in the Case of Eusapia Palladino. *Journal of the Society for Psychical Research* 7, pp. 36-55.

——— (1898) A Further Record of Observations of Certain Phenomena of Trance. *Proceedings of the Society for Psychical Research* 13, pp. 284-582.

Hodgson, Richard and S. J. Davey (1886) The Possibilities of Mai-Observation and Lapse of Memory from a Practical Point of View. *Proceedings of the Society for Psychical Research* 4, pp. 381-495.

Home, Daniel Dunglas (1863) *Incidents in My Life*. New York: Carleton Publisher, London: Longmans & Co.

——— (1872) *Incidents in My Life: Second Series*. New York: Holt & Williams.

——— (1877) *Lights and Shadows of Spiritualism*. New York: G. W. Carleton & Co., Publishers.

on Thought-Transference. *Proceedings of the Society for Psychical Research* 2, pp. 1-11.

Gutierrez, Cathy (2009) *Plato's Ghost: Spiritualism in the American Renaissance*. Oxford: Oxford University Press.

Hacking, Ian (1995) *Rewriting the Soul: Multiple Personality and the Sciences of Memory*. Princeton, New Jersey: Princeton University Press.〔『記憶を書きかえる——多重人格と心のメカニズム』北沢格訳、早川書房、1998年〕

Hale, William Harlan (1950) *Horace Greeley: Voice of the People*. New York: Harper & Brothers.

Hall, G. Stanley (1887) Psychological Literature. *The American Journal of Psychology*, vol. I, Baltimore: N. Murray, pp. 128-146.

——— (1910) Introduction by Amy E. Tanner. *Studies in Spiritism*. New York and London: D. Appleton and Company.

Hall, Spencer T. (1845) *Mesmeric Experiences*. London: H. Baillière, p. 1.

Hall, Trevor H. (1964) *The Strange Case of Edmund Gurney*. London: Gerald Duckworth & Co., Ltd.

——— (1984a) *The Enigma of Daniel Home: Medium or Fraud? The Mystery of Britain's Most Famous Spiritualist Unraveled*. Buffalo: Prometheus Books.

——— (1984b) *The Medium and the Scientist: The Story of Florence Cook and William Crookes*. Buffalo: Prometheus Books.

Hamilton, Trevor (2009) *Immortal Longings: FWH Myers and the Victorian Search for Life After Death*. Exeter: Imprint Academic.

Hammer, Olav (2004) *Claiming Knowledge: Strategies of Epistemology from Theosophy to the New Age*. Leiden and Boston: Brill.

Hammond, Charles (1852) *Light from the Spirit World. The Pilgrimage of Thomas Paine, and Others, to the Seventh Circle in the Spirit World*. Rochester: D. M. Dewey.

Hanegraaff, Wouter J. (1998) *New Age Religion and Western Culture: Esotericism in the Mirror of Secular Thought*. New York: State University of New York Press.

——— (2006a) Occult/Occultism. *Dictionary of Gnosis & Western Esotericism*, Edited by Wouter J. Hanegraaff. Leiden and Boston: Brill, pp. 884-889.

——— (2006b) Esotericism. *Dictionary of Gnosis & Western Esotericism*, Edited by Wouter J. Hanegraaff. Leiden and Boston: Brill, pp. 336-340.

Hardinge, Emma (1870) *Modern American Spiritualism: A Twenty Years' Record of the Communion between Earth and the World Spirits*. New York: the Author.

Hare, Robert (1855) *Experimental Investigation of the Spirit Manifestations, [Electronic Resource] Demonstrating the Existence of Spirits and their Communion with Mortals. Doctrine of the Spirit World Respecting Heaven, Hell, Morality, and God. Also, the Influence of Scripture on the Morals of Christians*. New York: Partridge and Brittan.

Harrison, Vernon (1986) J'Accuse: An Examination of the Hodgson Report. *Journal of the Society for Psychical Research* 53, pp. 286-310.

——— (1997) *H. P. Blavatsky and the S. P. R.: An Examination of the Hodgson Report of 1885*. Pasadena: Theosophical University Press.

Haughton, G. D. (1885) On the Method of Research Pursued by the Society. *Journal of the Society for Psy-*

Boston: Redding & Co.

Gregory, William (1851) *Letters to a Candid Inquirer, on Animal Magnetism*. Philadelphia: Blanchard and Lea.

Grimes, J. Stanley (1850a) *Etherology, and the Phreno-Philosophy of Mesmerism and Magic Eloquence: Including A New Philosophy of Sleep and of Consciousness, With a Review of the Pretensions of Phreno-Magnetism, Electro-Biology, &c.* Boston and Cambridge: James Munroe and Company, London: Edward T. Whitfield.

——— (1850b) Grimes on Knockings... no. III. *New-York Daily Tribune*, July 17, p. 6.

——— (1850c) Grimes on Knockings... no. IV. *New-York Daily Tribune*, July 26, p. 2.

Guarneri, Carl J. (1991) *The Utopian Alternative: Fourierism in Nineteenth-Century America*. Ithaca and London: Cornell University Press.

Guppy, Samuel (1863) *Mary Jane; or, Spiritualism Chemically Explained with Spirit Drawings. Also Essays by, and Ideas (Perhaps Erroneous) of, "A Child at School."* London: John King & Co.

Gurney, Edmund (1884a) Letters to the Editor: Psychical Research. *Science: An Illustrated Journal* 4, July-December, pp. 509-510.

——— (1884b) The Stages of Hypnotism. *Proceedings of the Society for Psychical Research* 2, pp. 61-72.

——— (1884c) An Account of Some Experiments in Mesmerism. *Proceedings of the Society for Psychical Research* 2, pp. 201-206.

——— (1884d) The Problems of Hypnotism. *Proceedings of the Society for Psychical Research* 2, pp. 265-292.

——— (1884e) M. Richet's Recent Researches. *Proceedings of the Society for Psychical Research* 2, pp. 239-264.

——— (1885) Local Anaesthesia Induced in the Normal State by Mesmeric Passes. *Proceedings of the Society for Psychical Research* 3, pp. 453-459.

——— (1887a) Letters on Phantasms: A Reply. *The Nineteenth Century* 22, pp. 522-533.

——— (1887b) Remarks on Professor Peirce's Paper. *Proceedings of the American Society for Psychical Research* 1, pp. 157-180.

——— (1887c) Peculiarities of Certain Pose-Hypnotic States. *Proceedings of the Society for Psychical Research* 4, pp. 268-323.

——— (1888) Note Relating to Some of the Published Experiments in Thought-Transference. *Proceedings of the Society for Psychical Research* 5, p. 269.

Gurney, Edmund and Frederic W. H. Myers (1883) Transferred Impressions and Telepathy. *The Fortnightly Review*, vol. XXXIII, New Series, January-June, pp. 437-452.

Gurney, Edmund, Frederic W. H. Myers, Frank Podmore, Henry Sidgwick, J. H. Stack, Richard Hodgson and Eleanor M. Sidgwick (1885) Report of the Committee Appointed to Investigate Phenomena Connected with the Theosophical Society, *Proceedings of the Society for Psychical Research* 3, pp. 201-207.

Gurney, Edmund, Frederic W. H. Myers and Frank Podmore (1886a) *Phantasms of the Living, vol. 1*. London: Trübner &Co.

——— (1886b) *Phantasms of the Living, vol. 2*. London: Trübner &Co.

Gurney, Edmund, Frederic W. H. Myers and William F. Barrett (1884) Fourth Report of the Committee

Fournier d'Albe, Edmund Edward (1908) *New Light on Immortality*. London: Longmans, Green and Co.
——— (1923) *The Life of Sir William Crookes*. London: T. Fisher Unwin Ltd.
Freud, Sigmund (1912) A Note on the Unconscious in Psycho-Analysis. *Proceedings of the Society for Psychical Research* 26, pp. 312-318.
Fritz (1873) *Where are the Dead? Or Spiritualism Explained*. Manchester: A. Ireland & Co.
Frost, Thomas (1876) *The Lives of the Conjurors*. London: Tinsley Brothers.
Fuller, Jean Overton (1988) *Blavatsky and Her Teachers: An Investigative Biography*. London and Hague: East-West Publications.
Fuller, Robert C. (1982) *Mesmerism and the American Cure of Souls*. Philadelphia: University of Pennsylvania Press.
——— (2001) *Spiritual, But Not Religious: Understanding Unchurched America*. New York: Oxford University Press.
Gabay, Alfred J. (2005) *The Covert Enlightenment: Eighteenth-Century Counterculture and Its Aftermath*. Pennsylvania: Swedenborg Foundation Publisher.
Gardner, Martin (1996) *The Night Is Large: Collected Essays, 1938-1995*. New York: St. Martin's Press.
Garrett, Clarke (1984) Swedenborg and the Mystical Enlightenment in Late Eighteenth-Century England. *Journal of Ideas* 45, pp. 67-81.
Gauld, Alan (1968) *The Founders of Psychical Research*. New York: Schocken Books.
——— (1992) *A History of Hypnotism*. Cambridge, UK: Cambridge University Press.
Gillispie, Charles Coulston (1980) *Science and Polity in France at the End of the Old Regime*. Princeton, New Jersey: Princeton University Press.
Glass, Ian S. (2006) *Revolutionaries of the Cosmos: The Astro-Physicists*. Oxford and New York: Oxford University Press.
Godwin, Parke (1884) *A Popular View of the Doctrines of Charles Fourier*. New York: J. S. Redfield.
Goldfarb, Russell M. and Clare R. Goldfarb (1978) *Spiritualism and Nineteenth-Century Letters*. Rutherford, Madison and Teaneck: Fairleigh Dickinson University Press, London: Associated University Press.
Goldsmith, Barbara (1998) *Other Power: The Age of Suffrage, Spiritualism, and the Scandalous Victoria Woodhull*. London: Granta Books.
Gomes, Michael (1987) *The Dawning of the Theosophical Movement*. Madras and London: A Quest Book.
Goodrick-Clarke, Nicholas (2008) *The Western Esoteric Tradition: A Historical Introduction*. Oxford and New York: Oxford University Press.
Goodwin, C. James (2008) *A History of Modern Psychology*. New York: John Wiley & Sons.
Greeley, Horace (1850) The Mysterious Rappings. *New-York Daily Tribune*, August 10, p. 4.
——— (1851) Mr. C. Chauncey Barr's Three Lectures on Spiritual Knockings. *New-York Daily Tribune*, January 17, p. 6.
——— (1872) *The Autobiography of Horace Greeley or Recollections of a Busy Life to Which Are Added Miscellaneous Essays and Papers*. New York: E. B. Treat.
Gregory, Samuel (1843) *Mesmerism, or Animal Magnetism and Its Uses: with Particular Directions for Employing It in Removing Pains and Curing Diseases, in Producing Insensibility to Pain in Surgical and Dental Operations, and in the Examination of Internal Diseases: with Cases of Operations, Examinations and Cures.*

Witchcraft, the Cock-Lane Ghost, the Rochester Rappings, the Stratford Mysteries, Oracles, Astrology, Dreams, Demons, Ghosts, Spectres &c., &c. New York: Harper & Brothers.

Emerson, Ralph Wald (1894) *Nature: Addresses and Lectures*. Philadelphia: David McKay, Publisher.

——— (1895) *Lectures and Biographical Sketches*. Boston: Houghton, Mifflin and Company.

Epperson, Gordon (1997) *The Mind of Edmund Gurney*. London: Associated University Press.

Erlandson, Sven (2000) *Spiritual but Not Religious: A Call to Religious Revolution in America*. Bloomington: iUniverse.

Everett, J. (1853) *A Book for Skeptics: Being Communications from Angels, Written with Their Own Hands: Also, Oral Communications, Spoken by Angels Through a Trumpet and Written Down as They Were Delivered in the Presence of Many Witnesses: Also, a Representation and Explanation of the Celestial Spheres, as Given by the Spirits at J. Koons' Spirit Room, in Dover, Athens County, Ohio*. Boston: Osgood & Blake, Printers.

Faivre, Antoine (1987) Occultism. *Encyclopedia of Religion*. Edited by Mircea Eliade. New York: Macmillan Publishing Company, pp. 36-40.

——— (1994) *Access to Western Esotericism*. Albany: State University of New York Press.

Faraday, Michael (1991) *Experimental Researches in Chemistry and Physics*. London, New York and Philadelphia: Taylor & Francis. (Original Edition 1895)

——— (2008) *The Correspondence of Michael Faraday, vol. 5, 1855-1860*, Edited by Frank A. J. L. James. Stevenage: The Institution of Engineering and Technology.

Farmer, John S. (1886) *'Twixt Two Worlds: A Narrative of the Life and Work of William Eglinton*. London: The Psychological Press.

Fernald, Woodbury M. (1860) *Memoirs and Reminiscences of the Late Prof. George Bush: Being, for the Most Part, Voluntary Contributions from Different Friends, Who Have Kindly Consented to This Memorial of His Worth*. Boston: Otis Clapp.

Ferris, William Henry (1856) A Review of Modern Spiritualism, Part II. *The Ladies' Repository: a Monthly Periodical, Devoted to Literature, Arts, and Religion*, vol. 16, Issue 2, February. Cincinnati: Methodist Episcopal Church, pp. 88-92.

Fichman, Martin (2004) *An Elusive Victorian: The Evolution of Alfred Russel Wallace*. Chicago and London: Chicago University Press.

Fielding, Everard, W. W. Baggally and Hereward Carrington (1909) Report on Sittings with Eusapia Palladino. *Proceedings of the Society for Psychical Research* 23, pp. 306-569.

Finney, Charles G. (1835) *Lectures of Revivals of Religion*. New York: Levitt, Lord & Co.

Fishbough, William (1852) *The Macrocosm and Microcosm, of the Universe Without and the Universe Within: Being An Unfolding of the Plan of Creation and the Correspondence of Truth, Both In The World of Sense and the World Soul*. New York: Fowlers and Wells, Publishers.

Flournoy, Th. (1917) *The Philosophy of William James*. Authorized Translation by Edwin B. Holt and William James Jr. New York: Henry Holt and Company.

Forest, Derek (2000) *Hypnotism: A History*. New York: Penguin Books.

Fornell, Earl Wesley (1964) *The Unhappy Medium: Spiritualism and the Life of Margaret Fox*. Austin: University of Texas Press.

Doyle, Arthur Conan (1921) *The Wanderings of a Spiritualist*. New York: George H. Doran Company.
——— (1926a) *The History of Spiritualism, vol. I*. London, New York, Toronto and Melbourne: Cassel and Company, Ltd.
——— (1926b) *The History of Spiritualism, vol. II*. New York: George H. Doran Company.
——— (2006) *The Edge of the Unknown*. Teddington: The Echo Library. (Original Edition 1930)
Drake, Daniel (1844) *Analytical Report of a Series of Experiments in Mesmeric Somniloquism, Performed by an Association of Gentlemen: With Speculations on the Production of Its Phenomena*. Louisville: F. W. Prescott.
Du Commun, Joseph (1829) *Three Lectures of Animal Magnetism, as Delivered in New-York, at the Hall of Science, On the 26th of July, 2nd and 9th of August*, New York: Joseph Densnoues.
Duimo, Russell (1962) Utopian Theme with Variations: John Murray Spear and His Kiantone Domain. *Pennsylvania History*, vol. 29, November 2, April.
Durant, Charles Ferson (1837) *Exposition or a New Theory of Animal Magnetism with a Key to the Mysteries: Demonstrated by Experiments with the Most Celebrated Somnambulists in America*. New York: Wiley & Putnam.
During, Simon (2002) *Modern Enchantments: The Cultural Power of Secular Magic*. Cambridge, Massachusetts and London: Harvard University Press.
Dyte, D. H. (1869) The London Dialectical Society. *The British Medical Journal*, August 28, p. 256.
Earwaker, John Parsons (1871) Mr. Crookes' New Psychic Force. *The Popular Science Review: A Quarterly Miscellany of Entertaining and Instructive Articles on Scientific Subjects*, vol. X. London: Robert Hardwicke, pp. 356-365.
Edmonds, I. G. (1978) *D. D. Home: The Man Who Talked with Ghosts*. Nashville, Tennessee: Thomas Nelson.
Edmonds, John W. and George T. Dexter (1855) *Spiritualism*, 2 Volumes. New York: Partridge and Brittan.
Edmonston, William E. (1986) *The Induction of Hypnosis*. New York: A Wiley-Interscience Publication.
Eliade, Mircea (1976) *Occultism, Witchcraft, and Cultural Fashions: Essays in Comparative Religions*. Chicago and London: The University of Chicago Press.〔『オカルティズム・魔術・文化流行』楠正弘・池上良正訳、未來社〕
Ellenberger, Henry (1970) *The Discovery of the Unconscious: The History and Evolution of Dynamic Psychiatry*. New York: Basic Books.〔『無意識の発見——力動精神医学発達史』上下巻、木村敏・中井久夫監訳、弘文堂〕
Elliotson, John (1835) *Human Physiology*. London: Longman, Rees, Orme, Brown, Green & Longman.
——— (1844) Reports of Various Trials of the Clairvoyance of Alexis Didier, Last Summer, In London. *The Zoist: A Journal of Cerebral Physiology & Mesmerism, and Their Applications to Human Welfare*, vol. II, April. London: Hippolyte Baillière Publisher, pp. 477-529.
——— (1850) Mesmeric Cure of a Cow, by Miss Harriet Martineau. *The Zoist: A Journal of Cerebral Physiology & Mesmerism, and Their Applications to Human Welfare*, vol. VIII, October. London: Hippolyte Baillière Publisher, pp. 300-303.
Elliott, Charles Wyllys (1852) *Mysteries, or, Glimpses of the Supernatural: Containing Accounts of the Salem*

——— (1853) *The Present Age and Inner Life: Ancient and Modern Spirit Mysteries Classified and Explained.* New York: Partridge & Brittan, Publishers.

——— (1867/1857) *The Magic Staff; an Autobiography of Andrew Jackson Davis.* Boston: Bela Marsh.

——— (1885) *Beyond the Valley; A Sequel to "The Magic Staff": an Autobiography of Andrew Jackson Davis.* Boston: Colby & Rich, Publishers.

——— (1973) *Events In the Life of A Seer: Being Memoranda of Authentic Facts in Magnetism, Clairvoyance, Spiritualism.* Mokelumne Hill: Health Research. (Original Edition 1887)

Davis, Mary F. (1875) *Danger Signals: An Address on the Uses and Abuses of Modern Spiritualism.* New York: A. J. Davis & Co., Progressive Publishing House.

Deleuze, J. P. F. (1837) *Practical Instruction in Animal Magnetism.* trans. Thomas C. Hartshorn. Providence: B. Cranston & Co.

De Morgan, Sophia Elizabeth (1863) *From Matter to Spirit. The Result of Ten Years' Experience in Spirit Manifestations.* London: Longman, Green, Longman, Roberts & Green.

——— (1882) *Memoir of Augustus De Morgan.* London: Longmans, Green, and Co., p. 192.

DeSalvo, John (2005) *Andrew Jackson Davis: The First American Prophet and Clairvoyant (1826-1910).* Lulu.com.

Desmond, Adrian (1989) *The Politics of Evolution: Morphology, Medicine, and Reform in Radical London.* Chicago: The University of Chicago Press.

Deveney, John Patrick (1997) *Paschal Beverly Randolph: A Nineteenth-Century Black American Spiritualist, Rosicrucian, and Sex Magician.* New York: State University of New York Press.

Dewey, Dellon Marcus (1850) *History of the Strange Sounds or Rappings: Heard in Rochester and Western New York, and Usually Called the Mysterious Noises! Which are Supposed by Many to Be Communications from the Spirit World, Together with All the Explanation That Can as Yet Be Given of the Matter.* Rochester: D. M. Dewey.

Dickerson, K. D. D. (1843) *The Philosophy of Mesmerism, or Animal Magnetism. Being a Complication of Facts Ascertained by Experience, and Drawn from the Writings of the Most Celebrated Magnetizers in Europe and America.* Concord: Merrill Silsby.

Dingwall, Eric John (1962) *Very Peculiar People: Portrait Studies in the Queer, the Abnormal and the Uncanny.* New York: University Books.

Dods, John Bovee (1852a) *Six Lectures on the Philosophy of Mesmerism, Delivered in the Marlboro' Chapel, January 23-28, 1843.* Boston: William A. Hall & Co.

——— (1852b) *Philosophy of Electro-Biology, or Electrical Psychology. In a Course of Nine Lectures, With Rules for Experiments. Together With Grimes's Philosophy of Credencive Induction, and Cures Performed by the Editor.* London: H. Baillière.

——— (1886) *The Philosophy of Mesmerism and Electrical Psychology.* London: James Burns, Progressive Library.

Donkin, Horatio (1876) A Spirit Medium. *The Times*, September 16, p. 7.

——— (1882) A Note on 'Thought-Reading'. *The Nineteenth Century: A Monthly Review*, vol. XII, July-December, London: Kegan Paul, Trench, & Co., pp. 131-133.

Douglas, James (1903) *Robert Browning.* London: Hodder and Stoughton.

London: University of Virginia Press.
Crabtree, Adam (1993) *From Mesmer to Fraud: Magnetic Sleep and the Roots of Psychological Healing*. New Haven and London: Yale University Press.
——— (2007) Automatism and Secondary Centers of Consciousness. In *Irreducible Mind: Toward A Psychology for the 21st Century*. Lanham, Boulder, New York, Toronto and Plymouth: Rowman & Littlefield Publishers, pp. 301-365.
Creely, A. M. (1887) To the Editor of the Journal of the Society for Psychical Research. *Journal of the Society for Psychical Research* 3, pp. 175-176.
Cronin, Deborah K. (2006) *Kiantone: Chautauqua County's Mystical Valley*. Bloomington and Milton Keynes: AuthorHouse.
Crookes, William (1874) *Researches of the Phenomena of Spiritualism*. London: J. Burns.
Crosland, Newton (1873) *Apparitions: An Essay, Explanatory of Old Facts and a New Theory. To Which are Added, Sketches and Adventures*. London: Trübner & Co.
Cross, J. W. (1885) *George Elliot's Life as Related in Her Letters and Journals, vol. III*. New York: Harper & Brothers.
Danziger, Kurt (1997) *Naming the Mind: How Psychology Found Its Language*. London, California and New Delhi: Sage Publications.
Darnton, Robert (1968) *Mesmerism and the End of the Enlightenment in France*. Cambridge, Massachusetts and London: Harvard University Press.
Darwin, Charles (2006) *More Letters of Charles Darwin, vol. II*. Middlesex: Echo Library, p. 691.
Darwin, Francis (1887) *The Life and Letters of Charles Darwin, Including an Autobiographical Chapter, vol. III*. London: John Murray.
Davenport, Ira Erastus and William Davenport (1865) {statement}. *The Morning Post*, March 2, p 6.
Davenport, Ira Erastus, William Davenport and William Marion Fay (1864) To Dion Boucicault, Esq. *The Morning Post*, October 8.
Davenport, Reuben Briggs (1888) *The Death-Blow to Spiritualism: Being the True Story of the Fox Sisters, as Revealed by Authority of Margaret Fox Kane and Catherine Fox Jencken*. New York: G. W. Dillingham Co., Publishers.
Davies, Charles Maurice (1875) *Mystic London: or, Phases of Occult Life in the Metropolis*. London: Tinsley Brothers.
Davies, John D. (1971) *Phrenology, Fad and Science: A Nineteenth-Century American Crusade*. Lancaster: Gazelle Book Services.
Davis, Andrew Jackson (1847). *The Principles of Nature, Her Divine Revelations, and a Voice to Mankind*. New York: S. S. Lyon, and Wm. Fishbough.
——— (1850) *The Great Harmonia; Being A Philosophical Revelation of the Natural, Spiritual, and Celestial Universe. Vol I. The Physician*. Boston: Benjamin B. Mussey & Co.
——— (1851) *The Philosophy of Spiritual Intercourse: Being an Explanation of Modern Mysteries*. New York: Fowlers and Wells, Publishers.
——— (1852) *The Great Harmonia, Concerning the Seven Mental States. Vol III. The Seer*. Boston: Benjamin B. Mussey & Co.

& Co., p. 554.
Caveney, Mike and Jim Steinmeyer (2009) *Magic 1400s–1950s*. Edited by Noel Daniel, Introduction by Ricky Jay. Köln: Taschen.
Cerullo, John J. (1982) *The Secularization of the Soul: Psychical Research in Modern Britain*. Philadelphia: Institute for the Study of Human Issues.
Chapin, David (2004) *Exploring Other Worlds: Margaret Fox, Elisha Kent Kane, and The Antebellum Culture of Curiosity*. Amherst and Boston: University of Massachusetts Press.
Child, Henry T. (1874a) *Narratives of the Spirits of Sir Henry Morgan and his Daughter Annie, Usually Known as John and Katie King: Giving an Account of Their Earth Lives, and Their Experiences in Spirit Life for Nearly Two Hundred Years*. Philadelphia: Hering, Pope & Company.
——— (1874b) Katie King. *The Daily Graphic*, November 16, p. 115.
Christopher, Milbourne (1975) *Mediums, Mystics & the Occult*. New York: Thomas Y. Crowell Company.
Christopher, Milbourne and Maurine Christopher (2006) *The Illustrated History of Magic*. New York: Carroll & Graf Publishers. (Original Edition 1976)
Clifford, William Kingdon (1874) Body and Mind. *The Fortnightly Review*, vol. 16. London: Chapman and Hall, pp. 714-736.
Coggeshall, William T. (1851) *The Signs of the Times: Comprising a History of the Spirit-Rappings, in Cincinnati and Other Places; with Notes of Clairvoyant Revealments*. Cincinnati: the Author.
Coleman, Benjamin (1867) Passing Events—The Spread of Spiritualism. *The Spiritual Magazine*, November. London: James Burns, pp. 494-505.
——— (1870) The Late Sir David Brewster. *The Spiritual Magazine*, May. London: James Burns, pp. 201-206.
Collyer, Robert Hanham (1838) *Manual of Phrenology, or the Physiology of the Human Brain: Embracing A Full Description of the Phrenological Organs, Their Exact Location, and the Peculiarities of Character Produced by Their Various Degrees of Development and Combination*, Fourth edition. Cincinnati: N. G. Burgess & Co.
——— (1843) *Psychography, or the Embodiment of Thought: With an Analysis of Phreno-Magnetism, "Neurology," and Mental Hallucination, Including Rules to Govern and Produce the Magnetic State*. New York and Boston: Sun Office and Redding.
Comb, George (1834) *A System of Phrenology*. Boston: Marsh, Capen, and Lyon.
Coon, Deborah J. (1992) Testing the Limits of Sense and Science: American Experimental Psychologists Combat Spiritualism 1889-1920. *American Psychologist*, vol. 47, no. 2. American Psychological Association, pp. 143-151.
Cooper, Robert (1867) *Spiritual Experiences, Including Seven Months with the Brothers Davenport*. London: Heywood & Co.
Cox, Edward W. (1872) *Spiritualism Answered by Science: With the Proofs of A Psychic Force*. London: Longman and Co.
——— (1879) *The Mechanism of Man: An Answer to the Question, What Am I? A Popular Introduction to Mental Physiology and Psychology, vol. II*. London: Longman and Co.
Cox, Robert S. (2003) *Body and Soul: A Sympathetic History of American Spiritualism*. Charlottesville and

——— (1847) *Mesmer and Swedenborg: Or The Relation of the Developments of Mesmerism to the Doctrines and Disclosures of Swedenborg*. New York: John Allen.

Bushell, W. D, F. S. Hughes, A. P. Perceval Keep, Frank Podmore, Hensleigh Wedgwood and Edward B. Pease (1884) Second Report of the Committee on Haunted Houses, *Proceedings of the Society for Psychical Research* 2, pp. 137-151.

Byrne, Georgina (2010) *Modern Spiritualism and the Church of England, 1850-1939*. Woodbridge: The Boydell Press.

Cadwallader, Mary E. (1917) *Hydesville in History*. Chicago: The Progressive Thinker Publishing House.

Caldwell, Charles (1824) *Elements of Phrenology*. Lexington: Thomas T. Skillman.

——— (1842) *Facts in Mesmerism and Thoughts on Its Causes and Uses*. Louisville: Prentice and Weissinger.

Caldwell, Daniel (2000) *The Esoteric World of Madame Blavatsky: Insights into the Life of a Modern Sphinx*. Wheaton, Illinois and Chennai (Madras), India: Quest Books. (Original Edition 1991)

Campbell, Bruce F. (1980) *Ancient Wisdom Revived: A History of the Theosophical Movement*. Berkeley, Los Angeles and London: University of California Press.

Cantor, Geoffrey N. (1991) *Michael Faraday: Sandemanian and Scientist: A Study of Science and Religion in the Nineteenth Century*. London: Palgrave Macmillan.

Capron, Eliab Wilkinson (1850) *Letter to Margaret Smith Fox, February 10*. The Department of Rare Books, Special Collections, and Preservation (RBSCP), University of Rochester Library. https://rbscpexhibits.lib.rochester.edu/viewer/3117〔2024年11月5日閲覧〕

——— (1855) *Modern Spiritualism: Its Facts and Fanaticisms, Its Consistencies and Contradictions with an Appendix*. Boston: Beka Marsh, New York: Partridge and Brittan, Philadelphia: Fowlers, Wells & Co.

Capron, Eliab Wilkinson and Henry Danforth Barron (1850) *Singular Revelations. Explanation and History of the Mysterious Communion with Spirits, Comprehending the Rise and Progress of the Mysterious Noises in Western New-York, Generally Received as Spiritual Communications*. Second Edition, Revised and Enlarged, with Additional Proof. Auburn: Capron and Barron.

Carpenter, William Benjamin (1871) Spiritualism and Its Recent Converts. *London Quarterly Review*, vol. CXXXI. July-October. American Edition. New York: Leonard Scott Publishing Company, pp. 161-189.

——— (1877) Psychological Curiosities of Spiritualism. *Fraser's Magazine*. New Series, vol. XVI. December. London: Longmans, Green and Co., pp. 541-564.

——— (1881) Unconscious Muscular Action. *British Medical Journal: Being the Journal of the British Medical Association*, Edited by Ernest Hart, vol. I, January-June. London: The British Medical Association, p. 777.

——— (1889) *Nature and Man: Essays Scientific and Philosophical*. New York: D. Appleton and Company.

Carrington, Hereward (1909) *Eusapia Palladino and Her Phenomena*. London: T. Werner Laurie Clifford's Inn.

Carroll, Bret E. (1997) *Spiritualism in Antebellum America*. Bloomington and Indianapolis: Indiana University Press.

Cattell, James Mckeen (1896) Psychical Research. *Psychological Review*, vol. III. New York and London: Macmillan & Co., pp. 582-583.

——— (1899) Psychological Literature. *Psychological Review*, vol. VI. New York and London: Macmillan

Modern Spiritualism. New York: Partridge & Brittan, Publishers.

Britten, Emma Hardinge (1884) *Nineteenth Century Miracles; or, Spirits and Their Work in Every Country of the Earth: A Complete Historical Compendium of the Great Movement Known as "Modern Spiritualism."* New York: Lovell & Co.

Broad, C. D. (1964) Cromwell Varley's Electrical Tests with Florence Cook. *Proceedings of the Society for Psychical Research*, vol. 54, 1963-1966, pp. 158-172.

Brock, William Hodson (2005) The Radiometer and its Lessons: William Carpenter Versus William Crookes. *Science and Beliefs: From Natural Philosophy to Natural Science, 1700-1900*, Edited by David M. Knight and Matthew D. Eddy. Burlington, Vermont: Ashgate Publishing, pp. 213-229.

——— (2008) *William Crookes (1832-1919) and the Commercialization of Science*. Aldershot, England and Burlington, Vermont: Ashgate Publishing.

Brookes-Smith, Colin (1965) Cromwell Varley's Electrical Tests. *Journal of the Society for Psychical Research* 43, pp. 26-31.

Brown, Alan Willard (1947) *The Metaphysical Society: Victorian Minds in Crisis, 1869-1880.* New York: Columbia University Press.

Brown, Slater (1972) *The Heyday of Spiritualism*. New York: Pocket Books. (Original Edition 1970)

Browning, Elizabeth (1930) *Elizabeth Browning: Letters to Her Sister, 1846-1859.* Edited by Leonard Huxley. New York: E. P. Dutton & Co.

Browning, Oscar (1890) *Life of George Eliot*. London: Walter Scott.

Browning, Robert (1864) *Dramatis Personae*. London: Chapman and Hall.

Bryant, Wm., B. K. Bliss, Wm. Edwards and David A. Wells (1852) The Modern Wonder—A Manifesto. *Springfield Republican*, April 8.

Buchanan, Joseph Rodes (1850a) Spirituality—Recent Occurrences. *Buchanan's Journal of Man,* vol. 1, no.10. Cincinnati: E. Shepard and E. Morgan & Co., pp. 489-506.

——— (1850b) The Spirit World! *Buchanan's Journal of Man,* vol. 2, no. 5. Cincinnati: E. Shepard and E. Morgan & Co., pp. 129-130.

——— (1854) *Outlines of Lectures on the Neurological System of Anthropology, as Discovered, Demonstrated and Thought in 1841 and 1842*. Cincinnati: Office of Buchanan's Journal of Man.

——— (1885) *Manual of Psychometry: The Dawn of a New Civilization*. Boston: Dudley M. Holman.

Buescher, John Benedict (2004) *The Other Side of Salvation: Spiritualism and the Nineteeth-Century Religious Experience*. Boston: Skinner House Books.

——— (2006) *The Remarkable Life of John Murray Spear: Agitator for the Spirit Land.* Notre Dame, Indiana: University of Notre Dame Press.

Burr, Charles Chauncy (1851a) C. C. Burr on 'Spiritual Rappings' —The Theory of Fraud and Humbug. *New York Daily Tribune*, January 11, p. 4.

——— (1851b) Deposition of Mrs. Norman Culver, taken at Arcadia, N. Y., April 17, 1851. *New York Daily Tribune*, June 3, p. 6.

Burton, Jean (1974) *Heyday of a Wizard: Daniel Home, the Medium.* New York: Warner Paperback Library. (Original Edition 1944)

Bush, George (1846) Magnetic Marbels—Letter from Prof. Bush. *Tribune*, November 15.

Scientist: A Weekly Journal Devoted to the Science, History, Philosophy, and Teachings of Spiritualism, April 1, pp. 44-45.
——— (1950) *H. P. B. Speaks*. vol. I. Edited by Curuppmullagē Jinarājadāsa. Adyar, Madras, India: Theosophical Publishing House.
——— (1966) *H. P. Blavatsky Collected Writings, vol. I. 1874-1878*. Wheaton: Theosophical Publishing House.
——— (2003) *H. P. Blavatsky Collected Writings: The Letters of H. P. Blavatsky. vol. I. 1861-1879*. Edited by John Algeo. Wheaton, Illinois and Chennai (Madras India): Quest Books.
Blavatsky, H. P. and Eugene Rollin Corson (1929) *Some Unpublished Letters of Helena Petrovna Blavatsky, with an Introduction and Commentary*. London: Rider & Co., pp. 127-129.
Block, Marguerite Beck (1932) *The New Church in the New World: A Study of Swedenborgianism in America*. New York: Henry Holt and Company.
Blum, Deborah (2007) *Ghost Hunters: William James and the Search for Scientific Proof of Life After Death*. New York: Penguin Books.〔『幽霊を捕まえようとした科学者たち』鈴木恵訳、文春文庫、2010年〕
Boucicault, Dion (1864) Extraordinary Manifestations. *The Morning Post*. October 13, p. 6.
Braid, James (1843) *Neurypnology: or, The Rationale of Nervous Sleep, Considered in Relation with Animal Magnetism*. London: John Churchill.
——— (1846) *The Power of the Mind Over the Body: An Experimental Inquiry into the Nature and Cause of the Phenomena Attributed by Baron Reichenbach and Others to a "New Imponderable."* London: John Churchill.
Bramwell, J. Milne (1903) *Hypnotism: Its History, Practice and Theory*. London: Grant Richards.
Brandon, Ruth (1984) *The Spiritualists: The Passion for the Occult in the Nineteenth and Twentieth Centuries*. New York: Prometheus Books.
Braude, Ann (2001) *Radical Spirits: Spiritualism and Women's Rights in Nineteenth-Century America*. Bloomington and Indianapolis: Indiana University Press. (Original Edition 1989)
Braude, Stephan E. (1986) *The Limits of Influence: Psychokinesis and Philosophy of Science*. London and New York: Routledge & Kegan Paul Inc.
Brereton, Austin (1883) *Henry Irving, A Biographical Sketch*. London: David Bogue.
Bressler, Ann Lee (2001) *The Universalist Movement in America, 1770-1880*. Oxford: Oxford University Press.
Brewster, David (1832) *Letters on Natural Magic, Addressed to Sir Walter Scott, Bart*. New York: J & J. Harper.
——— (1855a) To the Editor of the Morning Advertise. *Freeman's Journal,* October 4, p. 3.
——— (1855b) Spirit Rapping. *Wells Journal*, October 20, p. 5.
Brigham, Amariah (1835) *Observations on the Influence of Religion Upon the Health and Physical Welfare of Mankind*. Boston: Marsh, Capen & Lyon.
Brittan, Samuel Byron (1853) Spiritual Manifestations. *The Shekinah*, vol. 1, New York: Partridge & Brittan, Publishers, pp. 289-301.
——— (1857) Colonel Olcott and Spiritualism. *Banner of Light*, October 9, p. 8.
Brittan, Samuel Byron and B. W. Richmond (1853) *A Discussion of the Facts and Philosophy of Ancient and*

er not identified].
Beecher, Charles (1879) *Spiritual Manifestations*. Boston: Lee and Shepard.
Bell, Clark (1902) *Spiritism, Hypnotism and Telepathy as Involved in the Case of Mrs. Leonora E. Piper and the Society of Psychical Research*. New York: Medico-Legal Journal.
Bell, Robert (1860) Stranger than Fiction. *The Cornhill Magazine*, vol. II, July–December. London: Smith, Elder and Co., pp. 211-224.
Bennett, John Hughes (1851) *The Mesmeric Mania of 1851, with A Physiological Explanation of the Phenomena Produced: A Lecture*. Edinburgh: Sutherland and Knox, London: Simpkin, Marshall, & Co.
Benson, Arthur Christopher (1890) *The Life of Edward White Benson, Sometime Archbishop of Canterbury*, vol. I. London: Macmillan & Co.
Berger, Arthur S. (1988) *Lives and Letters in American Parapsychology: A Biographical History, 1850-1987*. Jefferson and London: McFarland & Co.
Berry, Catherine (1876) *Experiences in Spiritualism: A Record of Extraordinary Phenomena. With Some Historical Fragments Relating to Semiramide, Given by the Spirit of An Egyptian Who Lived Contemporary With Her*. Second Edition Enlarged. London: James Burns, Spiritual Institution.
Besant, Annie (1923) *The Theosophist: A Magazine of Brotherhood, Oriental Philosophy, Art, Literature and Occlutism*. vol. XLIV, Part II. April—September, 1923. Adyar, Madras, India: Theosophical Publishing House.
Best, Mark A., Duncan Nuehauser and Lee Slavin (2003) *Benjamin Franklin: Verification and Validation of the Scientific Process in Healthcare as Demonstrated by the Report of the Royal Commission on Animal Magnetism & Mesmerism*. Edited by David Aron, Mark A. Best, Anne Breen.Victoria, Canada: Trafford Publishing.
Bishop (1876) The Greatest Humbug Yet. How Professor Crook's "Gifted and Wonderful" Medium, Annie Eva Fay, Performs Her Tricks. *The Daily Graphic*, April 12, p. 342.
Bjork, Daniel W. (1983) *The Compromised Scientist: William James in the Development of American Psychology*. New York: Columbia University Press.
Blackett, Edward A. (1908) *Materialized Apparitions: If Not Being from Another Life What are They*. Boston: The Gorham Press. (Original Edition 1885)
Blavatsky, H. P. (1874a) Marvellous Spirit Manifestations: A Second Ida Pfeiffer with the Eddys—Apparitions of Georgians, Persians, Kurds, Circassians, Africans, and Russians—What a Russian Lady Thinks of Dr. Beard. *The Daily Graphic*, October 30, p. 873.
——— (1874b) About Spiritualism. Mme. Blavatsky's Visit to "The Daily Graphic" Office—An Extraordinary Life—Long Journeys, Marvellous Adventures, and Wonderful Spiritualistic Experiences. *The Daily Graphic*, November 13, pp. 90-91.
——— (1874c) Mme. Blavatsky. Her Experience—Her Opinion of American Spiritualism and American Society. *Spiritual Scientist: A Weekly Journal Devoted to the Science, History, Philosophy, and Teachings of Spiritualism*, December 3, pp. 148-149.
——— (1875a) The Philadelphia "Fiasco," or Who is Who? *Banner of Light*, January 30, pp. 2-3.
——— (1875b) Who Fabricates. Some Light on the Katie King Mystery.—More Evidence—A Statement, at Last, Which Seems Consistent with Circumstances.—A Letter From Madame Blavatsky. *Spiritual*

Evidence for Survival After Death. London: Kegan Paul, Trench, Trübner & Co., New York: E. P. Dutton & Co.
——— (1924) Some Reminiscences of Fifty Years' Psychical Research. *Proceedings of the Society for Psychical Research* 34, pp. 275-297.
Barrett, William F., Edmund Gurney and Frederic W. H. Myers (1882a) Thought-Reading. *The Nineteenth Century: A Monthly Review* 11, pp. 890-900.
——— (1882b) First Report on Thought-Reading. *Proceedings of the Society for Psychical Research* 1, pp. 13-34.
——— (1882c) Second Report on Thought-Transference. *Proceedings of the Society for Psychical Research* 1, pp. 70-97.
Barrett, William F., Edmund Gurney, Frederic W. H. Myers, Henry N. Ridley, W. H. Stone, George Wyld and Frank Podmore (1883a) First Report of the Committee on Mesmerism. *Proceedings of the Society for Psychical Research* 1, pp. 217-229.
——— (1883b) Second Report of the Committee on Mesmerism, *Proceedings of the Society for Psychical Research* 1, pp. 251-262.
Barrett, William F, A. P. Percival Keep, C. C. Massey, Hensleigh Wedgwood, Frank Podmore and E. R. Pease (1882) First Report of the Committee on Haunted Houses. *Proceedings of the Society for Psychical Research* 1, pp. 101-115.
Barrett, William F., C. C. Massey, Stainton Moses, Frank Podmore, Edmund Gurney and Frederic W. H. Myers (1882) Report of the Literary Committee. *Proceedings of the Society for Psychical Research* 1, pp. 116-155.
——— (1884a) Second Report of the Literary Committee. *Proceedings of the Society for Psychical Research* 2, pp. 43-55.
——— (1884b) Third Report of the Literary Committee.—A Theory of Apparitions Part I , *Proceedings of the Society for Psychical Research* 2, pp. 109-136.
——— (1884c) Fourth Report of the Literary Committee.—A Theory of Apparitions Part II , *Proceedings of the Society for Psychical Research* 2, pp. 157-186.
Barrow, Logie (1986) *Independent Spirits: Spiritualism and English Plebeians 1850-1910*. London and New York: Routledge & Kegan Paul, pp. 4-10.
Bartlett, George C. (1891) *The Salem Seer, Reminiscences of Charles H. Foster*. New York: United States Book Company.
Barton, Ruth (1998) "Huxley, Lubbock and Half a Dozen Others": Professionals and Gentlemen in the Formation of the X Club, 1851-64. *Isis* 89, pp. 410-444.
Beard, George M. (1874a) Dr. Beard and the Eddys. *The Sun,* October 27, p. 3.
——— (1874b) The Eddy Mediums. A Scientific Study of their So-Called Materializations. The Alleged Phenomena Minutely Analyzed. *The Daily Graphic*. November 9, pp. 57-58.
——— (1877) The Physiology of Mind-Reading. *Popular Science Monthly,* vol. X, November—April, pp. 459-473.
——— (1892) *The Study of Trance, Muscle-Reading and Allied Nervous Phenomena in Europe and America, with a Letter on the Moral Character of Trance Subjects, and a Defence of Dr. Charcot*. New York: [publish-

New York Times, October, 22.
——— (1888g) Spiritualism's Downfall. Mrs. Kane, Its Founder, Publicly Confesses it to be a Fraud. *New York Herald*, October 22, p. 5.
——— (1888h) Spirit Mediums Outdone. Lively Rappings in the Academy of Music. Dr. Richmond and One of the Sisters Give Exhibitions of Their Skill Before a Remarkably Responsive Crowd-Spiritualism Formally Renounced. *New York Daily Tribune*, October 22, p. 7.
——— (1892) Medium Kate Fox Dies Suddenly. She Was One of the Notorious Fox Sisters Who Years Ago Startled the Spiritualistic World. *New York Herald*, July 3, p. 22.
——— (1893) Spirit Messages Over the Dead. Eulogies from the Other World at Margaret Fox Kane's Funeral Services. *New York Herald*, March 11, p. 5.
——— (1897) *The "Two Worlds" Portrait Album of Spiritual Mediums, Workers, and Celebrities: With Brief Biographical Sketches*. Manchester: Printed for the "Two Worlds" Pub. Co. by the Labour Press Society.
Ashburner, John (1867) *Notes and Studies of Animal Magnetism and Spiritualism with Observations upon Catarrh, Bronchitis, Rheumatism, Gout, Scrofula, and Cognate Diseases*. London: H. Billiére.
Baird, Alex T. (1949) *Richard Hodgson: The Story of a Psychical Researcher and His Times*. London: Psychic Press Limited.
Ballou, Adin (1852) *An Exposition of Views Respecting the Principal Facts, Causes and Peculiarities Involved in Spirit Manifestations; Together with Interesting Phenomenal Statements and Communications*. Boston: Bela Marsh.
——— (1896) *Autobiography of Adin Ballou, 1803-1890. Containing an Elaborate Record and Narrative of His Life from Infancy to Old Age. with Appendixes*. Completed and Edited by His Son-in-Law, William S. Heywood. Lowell, Massachusetts: The Vox Populi Press.
——— (1897) *History of the Hopedale Community, from Its Inception to Its Virtual Submergence in the Hopedale Parish*. Edited by William S. Heywood. Lowell, Massachusetts: Thompson & Hall.
Barkas, Thomas Pallister (1862) *Outlines of Ten Year's Investigations Into the Phenomena of Modern Spiritualism, Embracing Letters, Lectures, &c.* London: Frederick Pitman, Newcastle: T. P. Barkas.
Barrett, Harrison D. (1895) *Life Work of Mrs. Cora L. V. Richmond*. Chicago: Hack & Anderson.
Barrett, William F. (1867) A Note on 'Sensitive Flames'. *The London, Edinburgh, and Dublin Philosophical Magazine and Journal of Science*, vol. XXXIII, Fourth Series, January–June. London: Taylor and Francis, pp. 216-222.
——— (1875) The Phenomena of Spiritualism. *The Nonconformist*, September 15, pp. 934-937.
——— (1876) A Spirit Medium. *The Times*, September 22, p. 10.
——— (1881) Mind-Reading versus Muscle-Reading. *Nature* 24, July 7, p. 212.
——— (1882a) On Some Phenomena Associated with Abnormal Conditions of Mind. *Proceedings of the Society for Psychical Research* 1, pp. 238-244.
——— (1882b) Appendix to the Report on Thought-Reading. *Proceedings of the Society for Psychical Research* 1, pp. 47-64.
——— (1884) The Prospects of Psychical Research in America. *Journal of the Society for Psychical Research* 1, pp. 172-178.
——— (1917) *On the Threshold of the Unseen: An Examination of the Phenomena of Spiritualism and of the*

——— (1865b) The Davenports Outdone. *Sheffield and Rotherham Independent*, June 23.
——— (1865c) Extraordinary Spiritual Manifestations. *Belfast News-Letter*, August 3, p. 3.
——— (1869) *The Davenport Brothers, The World-Renowned Spiritual Mediums: Their Biography, and Adventures in Europe and America*. Boston: William White and Company.
——— (1871) Spiritualism and its Recent Converts. *The Quarterly Review*, vol. 131, July-October, 301-353.
——— (1874) Katie King. A Bursted Bubble. A Full and Complete Exposure of a Miserable Swindle. Facts from an Original Source. *Philadelphia Inquirer*, December 18, p. 1.
——— (1875a) Personal. *Spiritual Scientist: A Weekly Journal Devoted to the Science, History, Philosophy, and Teachings of Spiritualism*, June 3, Boston, pp. 150-151.
——— (1875b) Personal. *Spiritual Scientist: A Weekly Journal Devoted to the Science, History, Philosophy, and Teachings of Spiritualism*, June 10, Boston, p. 160.
——— (1876a) A Spirit Medium. *The Times*, October 3, p. 8.
——— (1876b) Spirit Medium at Bow-Street. *The Times*, October 11, p. 12.
——— (1876c) The Spiritualists at Bow Street. *Illustrated Police News*, November 14, p. 4.
——— (1876d) The Slade Prosecution. *The Times*, November 1, p. 11.
——— (1877) The Prosecution of "Dr. Slade." *The Times*, January 30, p. 12.
——— (1885) A Spiritualistic Expose I, A Chat with Mr. Maskelyne. *Pall Mall Gazette*, April 18, pp. 4-5.
——— (1886a) Personal. *The Times*, October 30, p. 9.
——— (1886b) Spookical Research. *Saturday Review of Politics, Literature, Science, and Art*, 62, pp. 648-650.
——— (1886c) Comment and Criticism. *Science: An Illustrated Journal*, 7, January-June, New York: The Science Company, pp. 89-91.
——— (1887) A Spiritualist Exposed. How a Boston Audience Captured Spirits. *The New York Times*, February 4.
——— (1888a) "God Has Not Ordered it." A Celebrated Medium Says the Spirits Never Return. Captain Kane's Widow. One of the Fox Sisters Promises an Interesting Exposure of Fraud. *New York Herald*, September 24, p. 10.
——— (1888b) Maggie's Queer Story. Spiritualists Attack Her Truth, but Here Are Proofs. Mrs. Isabella Hooker Deceived. How the Jencken Boys Were Released—Katie Gets Alms of $15,000. *New York Herald*, September 25, p. 4.
——— (1888c) Shocked Spiritualists. But They Make the Best of Mrs. Kane's Expose. Alleging Dipsomania. Leah's Husband Tells What They Have Done for Maggie and Katie. *New York Herald*, September 30, p. 9.
——— (1888d) Newton Says She Lies. The Spiritualists Much Exercised Over Margaret Fox's Revelations. "Evidences" Before Her Time. *New York Herald*, October 1, p. 5.
——— (1888e) And Katy Fox, Now. The Youngest of the Mediumistic Pioneers Will "Give the Snap Away." She Arrives from Europe. Spiritualism a Humbug from Beginning to End—Alleged Immoralities. *New York Herald*, October 10, p. 3.
——— (1888f) Done with the Big Toe. Margaret Fox Kane Shows How Spirit Rapping is Produced. *The*

Ahlstrom, Sydney E. (2004) *A Religious History of the American People*. New Haven and London: Yale University Press. (Original Edition 1972)

Albanese, Catherin L. (2007) *A Republic of Mind and Spirit: A Cultural History of American Metaphysical Religion*. New Haven and London: Yale University Press.

Allingham, William (1908). *A Diary, Edited by H. Allingham and D. Radford*. London: Macmillan & Co.

The American Society for Psychical Research (1885a) Formation of the Society. *Proceedings of the American Society for Psychical Research*, vol. 1, 1885-89, pp. 1-2.

——— (1885b) Circular no. I, Issued by the Council. *Proceedings of the American Society for Psychical Research*, vol. 1, 1885-89, pp. 3-4.

——— (1885c) List of Associates. *Proceedings of the American Society for Psychical Research*, vol. 1, 1885-89, pp. 52-54.

Anderson, John Henry (1864) To the Editor of the Morning Post. *The Morning Post*, October 7, p. 3.

Anon. (1841) Animal Magnetism. *The Times*, July 20.

——— (1850) Supernatural Knocking. *Scientific American*, vol. 5, no. 18, January 19, New York, p. 138.

——— (1851a) *Rochester Nockings! Discovery and Explanation of the Source of the Phenomena Generally Known as the Rochester Knockings*. Buffalo: George H. Derby and Co., Publishers, New York: WM. H. Graham and Co.

——— (1851b) Spiritual Instructions. *The Spirit Messenger: a Semi-Monthly Magazine Devoted to Spiritual Science, the Elucidation of Truth, and the Progress of Mind*, vol. I, January 25, Springfield: R. P. Ambler, p. 198.

——— (1852) Curious Phenomena—Spiritual Rappings—An Interesting Narrative. *Trenton State Gazette*, August 21, p. 1.

——— (1853) Spirit Rapping. *National Miscellany: A Magazine of General Literature*, vol. I, pp. 124-133.

——— (1854) The "Electrical Motor" Destoyed by a Mob. *Scientific American*, vol. 10, no. 8, November 4, p. 64.

——— (1856) The Present State of Spiritualism in England. *The Spiritual Herald: A Record of Spirit Manifestations*, July, no. 6, vol. 1, pp. 202-207.

——— (1858) A Spiritual Convention in Chautauque. *New York Daily Tribune*, September 27.

——— (1860) Modern Magic. *All the Year Round. A Weekly Journal. Conducted by Charles Dickens. With Which is Incorporated "Household Words."* vol. III., From April 14 to October 6, pp. 371-374.

——— (1864a) A Séance with Professor Anderson. *The Morning Post*, October 26, p. 5.

——— (1864b) The Brothers Davenport. *The Times*, September 30, p. 4.

——— (1864c) The Davenport Brothers. *The Spiritual Magazine*, vol. V, no. 11, November, pp. 481-517.

——— (1864d) The Davenport Brothers. *The Morning Post*, October 31, p. 3.

——— (1864e) Extraordinary Manifestations. *The Morning Post*, September 29, p. 5.

——— (1865a) The Davenport Brothers, Extraordinary "Manifestations" The "Cabinet" Smashed. *Liverpool Mercury*, February 16.

マイヤーズに対するジェイムズの高評価にもかかわらず、今日の一般的な心理学史のなかでマイヤーズの業績が言及されることはきわめて少ない。だが、実際にジェイムズに対してマイヤーズが与えた影響の大きさは疑いない。たとえば、ジェイムズを研究している現代の研究者ユージン・テイラーは次のように述べている。「マイヤーズの定式化は、実際のところ、1890年代のジェイムズの心理学と哲学の発展の中心にあった。また、それは異常心理学やサイキカル・リサーチでのジェイムズの科学的活動の認識論的な核心を形成した」。Taylor (1996), p. 79. マイヤーズが与えたジェイムズに対する影響については、ibid., pp. 61-78; Crabtree (2007), pp. 312-317を見よ。ちなみに『宗教的経験の諸相』でジェイムズは、「場を超えて存在する意識、あるいはマイヤーズ氏の用語を使うなら、閾下に存在する意識というこの発見は、宗教的伝記の多くの現象の上に光を投げかけてくれる」とも述べているが、同書の根底に据えられた彼の考えをひとことで言えば次のようなものになる。宗教家や神秘主義者たちが「神」と呼んでいる日常の自己を超越したものとの合一の体験を生じさせる心理学的過程とは、閾上の自己が〈閾下自己〉となんらかのかたちで接触することにほかならない。James (1902), p. 233.

63—Myers (1903b), p. 79. マイヤーズが死後の生存の確信を最も強めた証拠は、前述のようにトンプソン夫人のミディアムシップだが、『人間の人格と肉体の死後のその存続』にはその記録が一切含まれていない。もともとマイヤーズは、同書にトンプソン夫人の事例を含める予定だったが、死の数週間前、その意向を変えたようだ。その理由のひとつは、トンプソン夫人の交霊会の詳細を載せる紙幅がなかったこと。そのため、その複雑な事例を要約してしまうことは不十分なものとなるとマイヤーズ自身が判断したためである。もうひとつの理由としては、ホジソンがトンプソン夫人のミディアムシップに疑いを持っていたこともある。このことについてはPiddington (1903), pp. 74-76を見よ。

64—Sidgwick (1900), p. 17.

65—ibid., p, 17.

66—そうしたなか、最も不可解な現象として、連絡を取り合うことのあり得ない複数のミディアムたちのあいだで受け取られたメッセージが、相互に奇妙な関連性を持つ「相互通信(cross-correspondences)」と呼ばれる、より複雑で説明しがたいできごとも報告されるようになる。ibid., pp. 17-18.

67—ibid., pp. 37-38.

68—しかも、「相互通信」にはこの世を去ったマイヤーズやガーニー、さらには1905年に亡くなるホジソンを名乗る霊からのメッセージなども含まれてくる。相互通信の衝撃は、その後、多くの論争を誘発することとなる興味深い主題ではあるため、本書の最後に取り上げるべきかどうか迷ったものの、そこには複雑で入り組んだ問題が含まれていて、簡潔にまとめることが不可能であることと、その後の長い論争を追っていくことで本書の設定した時代範囲を超えてしまうため、今後の課題とした。相互通信について日本語で読めるものとしては、Blum (2007)の邦訳『幽霊を捕まえようとした科学者たち』のなかに、この話題に関するごく簡単な記述がある(同書では「交差通信」と訳されている)。

69—Cerullo (1982), p. 103.

【あとがき】

1—Gardner (1996), pp. 213-243に所収。

2—「スピリチュアルだが宗教的ではない」という言いかたは、とりわけ2000年刊のスヴェン・エーランソンの著作Erlandson (2000)や、2001年のロバート・C. フラーの著作Fuller (2001)以降に広まっていった。

3—Thomas (2006), pp. 397-415では、この点について詳しく論じられている。

4—Roszak (1969); Roszak (1972)を見よ。

369-379.

30—Myers (1888b), p. 374. さらに言えば、ジャネの初期の論文はマイヤーズのオートマティズム(本文で後述する)に関する心理学的な解釈の影響を受けて書かれている。アダム・クラブツリーが言うには、「マイヤーズの革新的な概念の多くは、今日でさえ、誤ってジャネに起因すると考えられている」。詳しくは、Crabtree (2007), pp. 309-310を見よ。

31—Myers (1892a), p. 301. ところで、マイヤーズの「閾下」という用語は、誤解を招くおそれがある。そもそもマイヤーズの考えにおいて、閾上自己は序列の最上位ではない。だが、「閾下」という語に含まれる「下(sub)」という響きは、実際に、そこに上下の序列を連想させてしまう。エミリー・ウィリアムズ・ケリーは、マイヤーズの「閾下」という語が不適切な選択だったのではないかと示唆し、次のように述べている。「閾下という用語と閾上という用語は、わたしたちの通常の意識的気づきのなかに特定の経験の局面を一方では入れ、他方ではそうしないという考えを伝えるためには適切である。だが、それらはマイヤーズが閾下の現象のさまざまな異なる種類に発展する精神のより複雑なモデルを伝えるためには適切ではない」。また、ケリーは、仮に閾下ではない別の適切な語があるとしたら、マイヤーズ自身が示唆している「境界の内部(intra-marginal)」と「境界の外部(extra-marginal)」、あるいは「超境界(ultramarginal)」といったあたりの言葉かもしれないと述べている。Kelly (2007), pp. 77-78, note 19.

32—Myers (1889a), p. 343.

33—Myers (1892a), p. 305. これらマイヤーズの用語法については混乱しがちだが、Kelly (2007), p. 83にきわめて明快な整理がある。

34—Myers (1903a), pp. 322-326.

35—Myers (1892a), p. 315.

36—Myers (1903a), pp. 72-73. ここでのジャクソンの神経系の発達についての説明は、次のものを参照した。Harrington (1987), pp. 210-213; Kelly (2007), pp. 76-78.

37—Myers (1903a), p. 186.

38—ibid., p. 95.

39—Myers (1889b), p. 190.

40—Myers (1903a), p. 72.

41—Myers (1885a), p. 31.

42—Myers (1903a), p. 66.

43—ibid., p. 71.

44—ibid., p. 152; Myers (1892), p. 370.

45—Myers (1903a), p. 169.

46—ibid., p. 189.

47—ibid., pp. 477-479, 543-546, 549-559.

48—ibid., pp. 575-598.

49—ibid., p. 222. マイヤーズは、トランス状態をふたつの逆の方向を持つものと考えている。一方は、オートマティスト(オートマティズムを生じる人)自身の閾下自己、ないしは別の人物の精神(それが生者であれ死者であれ)に占有されているように思われる「ポゼッション(possession)」と呼ばれる状態。もう一方で、その人の意識が肉体を離れているかのように思われる「エクスタシー(ecstasy)」と呼ばれる状態。マイヤーズによれば、後者は「あらゆる宗教に共通」する神秘主義的な体験と関連する現象である。Myers (1903b), pp. 259-260.

50—Myers (1904), pp. 17-18.

51—ibid., p. xxii.

52—Myers (1885a), p. 30n.

53—ここで述べてきたマイヤーズの複雑な精神の理論を理解するにあたって、その全体像を明快に描いている次の文献を大いに参照した。Kelly (2007).

54—当時の主要な書評の一覧は、Gauld (1986), pp. 293-294にまとめられている。

55—Stout (1904), pp. 45-46.

56—ibid., p. 47.

57—ibid., pp. 47-50.

58—James (1903), p. 22.

59—ibid., p. 30.

60—James (1901), p. 17.

61—ibid., p. 17.

62—James (1902), pp. 511-512, note 1. こうした

Myers, Lodge, Leaf, and James (1890), p. 645. 詳しくはHamilton (2009), pp. 204-206を見よ。また、そのあとマイヤーズは1893年9月に、ボストンでパイパー夫人との交霊会をおこなっている。その際にも、ふたたびアニー・マーシャルの名前がくり返し書き記されている。同月10日、3回目の交霊会のあと、マイヤーズは「墓穴の彼方の魂からの本物の発話の面前にいたこと」について、もはや疑う余地がないことをロッジに宛てた手紙で書いている。Gauld (1968), p. 323を見よ。

12—ibid., p. 322より引用。

13—Hamilton (2009), p. 285より引用。

14—このマイヤーズからジェイムズへの手紙は次の書簡集に掲載されている。James (2001), p. 66より引用。

15—ibid., p. 67より引用。

16—Jones (1928), p. 43.

17—James (1901), p. 23.

18—同書の編集者であるホジソンとジョンソンによる註記によれば、1896年の時点では、出版前にマイヤーズが亡くなった場合、同書の完成はホジソンの手にゆだねられるという取り決めがあった。Myers (1903a), p. x. なおウィリアム・ジェイムズについて研究しているユージン・テイラーは、マイヤーズが1890年代、時間を無駄に過ごし、『人間の人格と肉体の死後のその存続』を完成させることをほとんど放棄していたと述べているが、エミリー・ウィリアムズ・ケリーによれば、これは明らかな誤りである。Taylor (1994), p. 179; Taylor (1996), p. 147; Kelly (2007), p. 96, note 29. 実際、『人間の人格と肉体の死後のその存続』の編集者註記を見ると、全10章と補遺からなる同書のテキストのほぼ全体がすでに完成されていたことがわかる。それによるとマイヤーズの死の時点で、第1章から第6章、第7章の一部、第8章の全体は初校の段階にあり、第7章の残りと第10章はすでに印刷されていた。補遺はすでに書かれていたが、「多くの修正と再整理」が必要とされた。また、第9章のほぼ全体の内容は書かれていたものの、その断片をつなぎ合わせなければならなかった。

19—マイヤーズの著書の書名が、もともと『最近の研究に照らした人間の人格(*Human Personality in the Light of Recent Research*)』であったことについては、James (1902), pp. 511-512, note 1に書かれてる。エミリー・ウィリアムズ・ケリーが指摘しているように、この書名のほうが、最終的に使われた書名よりもマイヤーズの取り組みをより的確に反映しているように思われる。ケリーは次のように述べている。「それは明らかに、編集者ないしは出版社によって土壇場で変更されたものだ。マイヤーズ自身だったら承認しなかっただろう。〔中略〕たしかに死後生存の問題はマイヤーズの関心の中心だったが、それは意識の本質のより大きなコンテクストのなかでのみ適切に扱えるということに彼は気づいていた」。Kelly (2007), p. 96, note 30.

20—Myers (1903a), p. 9.

21—Tyndall (1905a), p. 236.

22—Myers (1892a), p. 305. ちなみにフロイト自身も、マイヤーズの閾下の概念が、精神分析における無意識とは異なるものであることを、彼のSPRへの寄稿「精神分析における無意識についての註記」ではっきりと主張している(1911年にフロイトはSPRの通信会員となっている)。Freud (1912). マイヤーズの閾下の概念とフロイトの無意識の概念とのちがいについては、次のものも見よ。Gauld (1968), pp. 278-283; Crabtree (2007), pp. 327-332; Hamilton (2009), pp. 190-191.

23—Myers (1884), p. 224.

24—Myers (1885a), p. 27.

25—Gurney (1887c), pp. 268-323.

26—Myers (1903a), p. 10より引用。

27—ibid., p. 11.

28—当時のフランスのヒプノティズムと多重人格の研究については、たとえば次のものを見よ。Crabtree (1993), pp. 301-306; Hacking (1995), pp. 159-182.

29—ジャネについては次のものを参照した。Crabtree (1993), pp. 307-326; Gauld (1992), pp.

74—ibid., pp. 392-393.
75—ibid., p. 394.
76—Newbold (1898), p. 36.
77—Moses (1898), p. 13.
78—ibid., p. 24.
79—Newbold (1898), p. 36.
80—ibid., p. 36.
81—ibid., p. 37.
82—ibid., p. 37.
83—インペレーターによる説明は、モーゼスの友人のスピア夫人によって記されたメモというかたちで保存されている。ここではその大量の資料から一部を抜粋して掲載しているMoses (1952), p. 1を参照した。
84—Newbold (1898), p. 38.
85—ibid., p. 38.
86—ibid., p. 39.
87—ibid., pp. 39-40.
88—ibid., p. 40.
89—ibid., p. 41.
90—Hodgson (1898), p. 408.
91—Podmore (1898), p. 50.
92—ibid., p. 51.
93—ibid., pp. 71-78.
94—The Society for Psychical Research (1898), pp. 218, 220.
95—Cattell (1899), p. 554. ここでキャッテルが書評として取り上げている本は、次の2冊である。Hopkins, ed. (1897); Robinson (1898).
96—この論は、Jastrow (1901), pp. 78-105に収録されている。引用箇所はibid., p. 104より。
97—Titchener (1898), p. 897.
98—ティチェナーとジェイムズの立場のちがいについては、Bjork (1983), pp. 73-102を見よ。
99—ちなみに、1903年に前述のキャッテルが、傑出した心理学者の順位を作るための質問を同業研究者たちにおこなったところ、その回答の結果はジェイムズが第1位だった。当時の心理学界におけるジェイムズの地位がいかに傑出していたかについては、たとえばGoodwin (2008), pp. 174-178を見よ。
100—Bjork (1983), p. 88より引用。
101—スピリチュアリズムやサイキカル・リサーチとの混同を回避しながら、いかにして新心理学が制度化されたかについては、次の論文を参照した。Coon (1992), pp. 143-151. 引用箇所はibid., p. 145より。
102—ホールはそれらが誤解だと正すことなく、寄付を受け取ったままにしている。Ross (1972), p. 170.
103—Scripture (1897), p. ix.
104—この論考はJastrow (1901), pp. 47-77に収録されている。引用箇所はibid., pp. 75, 77より。
105—Coon (1992), p. 145.
106—19世紀後半における科学としての心理学の確立のための背景に関する以下の記述は、次のものを参照した。Kelly (2007), pp. 47-59; Crabtree (2007), pp. 302-305.
107—Clifford (1874), p. 728.
108—ibid., p. 729.
109—Laycock (1876), p. 486.
110—Huxley (1874), p. 577.
111—Cerullo (1982), p. 102.

【第12章】
1—Sidgwick and Sidgwick (1906), p. 584.
2—ibid., p. 588.
3—ibid., pp. 592-593.
4—ibid., p. 598.
5—ibid., pp. 598-599.
6—Gauld (1968), pp. 332-334.
7—Munthe (1953), pp. 371-372.
8—ibid., p. 372.
9—James (2001), p. 412.
10—Myers (1885d), p. 2.
11—このことに関して、1890年の報告書では、ロッジによる次のような簡潔なコメントが残されているのみである。「これらの参加した交霊会のなかで、死んだ友人に関するいくつかのプライベートな事実が与えられた。それはパイパー夫人にとってどんな情報も獲得することが、実際に不可能であったことに関係していた」。

した結果、さらなる注意深い観察を要するものとの見解を示し、それを本物だと認めるには至っていない。Sidgwick (1886b), p. 290を見よ。
35—Hodgson (1895), pp. 36-55.
36—Myers (1895a), pp. 55-64; Lodge (1895), pp. 64-67; Richet (1895), pp. 67-75; Ochorowicz (1895), pp. 75-79.
37—Myers (1895a), p. 57.
38—ibid., p. 61.
39—Lodge (1895), p. 67.
40—Hamilton (2009), p. 218より引用。
41—ケンブリッジでの実験の記録は、Sidgwick (1895), pp. 148-159に一部のみ掲載されている。その他の記録は、SPRのアーカイヴに未出版のまま保管されている。また、Gauld (1968), pp. 234-238には、その未出版の記録を含めたケンブリッジの実験の状況が簡潔にまとめられている。ここではそれを参照した。
42—Sidgwick and Sidgwick (1906), p. 542.
43—Sidgwick (1895), pp. 151-159.
44—ibid., p. 148.
45—Hopps (1895), p. 163.
46—Myers (1895b), p. 164.
47—Sidgwick (1896), pp. 230-231. だがリシェやマイヤーズは、そのあともSPRの公式の調査とは別にエウザピアの実験を継続している。2年後の1898年、マイヤーズはふたたびパリのリシェの自宅でのエウザピアの実験に参加した結果、あらためて彼女への強い確信を深めた。Myers (1899), p. 35. さらにシジウィックの死後の1908年には、SPRの慣習に反し、ふたたびエウザピアに対してSPRが公式に調査をおこなっている。Fielding, Baggally and Carrington (1909)を見よ。その後のSPRによるエウザピアをめぐる議論については、Gauld (1968), pp. 243-245; Hamilton (2009), pp. 220-221を見よ。
48—この手紙は次のものを見よ。James (1999), pp. 550-551, 552-553.
49—James (1896a), pp. 5-6.
50—Cattell (1896), pp. 582-583.
51—ibid., p. 582.
52—James (1896b), pp. 649-650.
53—Hodgson (1898), pp. 405-406.
54—Baird (1949), p. 88.
55—Hodgson (1898), pp. 287-288.
56—ibid., pp. 291-292.
57—以前の報告書でもホジソンは、わずかに自動筆記が起こった事例について言及している。Hodgson (1892b), pp. 111-114.
58—ちなみに、ミセス・パイパーの自動筆記のさらに複雑な事態もある。1895年3月18日の交霊会では、一方の手をホジソンのアシスタントだったエドモンズ嬢の亡くなった妹の人格が支配し、もう一方の手はGP（本文ですぐあとにでてくる）の人格が支配し、それぞれ別々の事柄を筆記した。同時に、フィニュイはまったく別の話題を話し続けた。ただし、左手によって書かれたことはごくわずかだった。その理由としてホジソンは、パイパー夫人の左手自体にもともと書くための機能が養われていなかったからだと述べている。Hodgson (1898), p. 294.
59—前回の報告書においても、ホジソンとウィリアム・ジェイムズの共通の知人の霊と称する人格が現れたことはすでに見たとおりである。また、ホジソン以外の参加者の前に現れた知人の霊と称する人格の事例も前回の報告書に含まれている。Hodgson (1892b), pp. 29-34, 111-114を見よ。
60—Hodgson (1898), p. 290.
61—ibid., p. 295.
62—ibid., p. 297.
63—ibid., pp. 297-298.
64—ibid., pp. 300-301.
65—ibid., pp. 320-322.
66—ibid., p. 361.
67—ibid., p. 362.
68—ibid., p. 366.
69—ibid., pp. 366-367.
70—ibid., p. 371.
71—ibid., pp. 371-372.
72—ibid., pp. 375-376.
73—ibid., p. 390.

9—ibid., p. 278.

10—シジウィックも、Z氏とモーゼスのあいだにある異なる点を次のようにふたつ指摘している。Z氏の場合は、自分の現象を「宗教的あるいは哲学的結論への有力な基礎」としてみなされることを望んでいるわけではなく、また「科学的調査」への強い関心もまったく示していないこと。また、Z氏は「自分自身の名前」で記事が出版されることをつねに拒んでいること。ibid., p. 278.

11—ibid., p. 278.「マクスウェルの魔」とは、熱力学の第2法則に反する状況を想定するために、スコットランドの物理学者ジェイムズ・クラーク・マクスウェルが提唱した思考実験である。ここでマイヤーズが述べているのは、マクスウェルの魔と同じことを霊たちができるのであれば、一見不可能に思える交霊会の物理現象も不可能なことではないということだ。マクスウェルの魔は単なる思考実験なので、それを根拠として持ち出すマイヤーズの説明にはなんら説得力があるわけではない。

12—ibid., p. 278.

13—ibid., p. 280.

14—Schultz (2004), p. 693より引用。

15—エウザピアの幼少時代に関しては、はっきりわからないことも多く、彼女の伝記的な情報を記載している当時の複数の文献のあいだにも、少々矛盾した記述が見られる。ここでは最もよくまとまっていると思われる次のものを参照した。Dingwall (1962), pp. 178-181. また、エウザピア本人から直接、聞き取りをした内容も含めた次の文献のなかの伝記も見よ。Carrington (1909), pp. 19-27.

16—Dingwall (1962), pp. 180-181. ちなみにエウザピアの交霊会の現象も、ジョン・キングの霊と関連している。1872年に出会ったジョヴァンニ・ダミアーニというナポリの裕福な紳士と、そのイギリス人の妻との交霊会でジョン・キングの霊が現れるようになったことが、エウザピアのミディアムとしての初期の活動を大きく飛躍させるきっかけとなった。はじめてエウザピアの交霊会に訪れたダミアーニ夫人は、彼女にジョン・キングの霊のことを伝えた。ダミアーニ夫人がはじめてエウザピアに会ったときに語ったところによると、ジョン・キングの霊がナポリにエウザピアという名前の力強いミディアムがいて、彼女を通じてみずからを顕現させ、さまざまな現象を引き起こすつもりでいると別の交霊会で述べていたという。実際、それは本当になった。これ以降、エウザピアの交霊会ではさまざまな現象を引き起こしているのがジョン・キングの霊だと主張されるようになった。Carrington (1909), pp. 24-25.

17—Lombroso (1909), p. 39.

18—ibid., pp. 43-45.

19—ibid., pp. 49-50.

20—これらについては、Podmore (1893), p. 220を見よ。

21—ibid., pp. 224-225より引用。

22—ibid., p. 224.

23—1893年から1894年にかけて各地でおこなわれたエウザピアの実験結果については、Carrington (1909), pp. 33-38を見よ。

24—Lodge (1931), pp. 293-294.

25—この4回の実験の記録は、Lodge (1894b), pp. 346-357を参照。

26—Lodge (1894a), p. 307.

27—Schultz (2004), pp. 693-694より引用。

28—Lodge (1894a), pp. 307-308.

29—The Society for Psychical Research (1894b), p. 336.

30—ibid., p. 339.

31—ibid., p. 345.

32—ibid., p. 345.

33—Hamilton (2009), p. 215より引用。

34—Gauld (1968), p. 233より引用。ここでホジソンは、「わたしの記憶によれば、彼〔ロッジ〕はエグリントンに感銘を受けていたからです（まちがっていなければ）」と述べているが、このホジソンの記憶は明らかにまちがっている。エグリントン問題の際、ロッジはガーニーとともにエグリントンのスレート・ライティングを観察態となり、フィニィ医師が現れて医学的な診断を下したが、いずれも明らかにまちがっていた。また、ホジソンによれば、コークのフィニィ医師には、声、言葉、身振りなどの点で、パイパー夫人のフィニュイを思わせるものは何もなかった。ibid., p. 47.
101—ibid., pp. 50-51.
102—ibid., p. 57.
103—ibid., p. 57.
104—ibid., pp. 57-58.
105—ibid., p. 58.
106—Sidgwick, Johnson, Myers, Podmore and Sidgwick (1894), pp. 31-32.
107—ibid., p. 34.
108—ibid., p. 33.
109—Sidgwick (1889), pp. 183-185.
110—Sidgwick (1890), pp. 429-430.
111—Sidgwick, Johnson, Myers, Podmore and Sidgwick (1894), p. 35.
112—Sidgwick and Sidgwick (1906), p. 513.
113—ibid., p. 516.
114—ibid., pp. 516-518.
115—Sidgwick (1892), p. 283.
116—Sidgwick, Johnson, Myers, Podmore and Sidgwick (1894), p. 39.
117—実際の確率計算についてはibid., pp. 245-247を見よ。
118—ibid., pp. 247-248.
119—James (1895), p. 75.
120—アラン・ゴールドはSPRの歴史を書くにあたって、今回の幻覚統計調査の結果を次のように評している。「もちろん、実施された統計調査による手法は時代遅れであり、今日では条件を満たすものとしてみなされることはないだろう。それにもかかわらず、それは量的に無視できないほどの規模の研究であり、また統計調査委員会によって導かれた結論に対して、そのデータは正当ではないと指摘することは容易ではない。疑いなく『幻覚統計調査報告書』は、その批判をする人々のほうへ責務を投じた。死と危機の幻姿のあいだに相関関係があることを支持するための根拠の提出は、もはやサイキカル・リサーチャーたちだけに負わせておけばいいものではなくなった。これに異議を唱える人であれば誰もが、その証拠を取りのぞくのに十分なほどに精巧な論理を見つけ出す責務を負わねばならなくなった」。Gauld (1968), p. 184. また、ここでは取り上げなかったが、幻覚統計調査に対する当時の心理学者からの批判も存在する。McCorristine (2010), pp. 202-209を見よ。
121—Stuart (2005), p. 307より引用。仮に告白が偽りだったとして、なぜマギーは偽りの告白をしたのか？　マギー自身が言うには、1888年にロンドンにいたとき、カトリックの大司教ヘンリー・エドワード・マニングから「悪の不道徳な仕業」である交霊会をやめるようにと言われたこと、またお金を必要としていたことからだった。ibid., pp. 307-308. また、この告白の撤回はニュートン夫妻へマギーのほうから申し出たものだったようだ。ibid., pp. 303-304.
122—ibid., p. 309.
123—Cadwallader (1917), p. 57.
124—Weisberg (2004), p. 258. テイラー夫妻とケイトの晩年の交霊会については、サラ・テイラーによって記録されている。Taylor (1932).
125—Anon. (1892), p. 22.
126—Weisberg (2004), p. 257.
127—Anon. (1893), p. 5.

【第11章】

1—Myers (1892b), pp. 597-600.
2—マイヤーズによれば、モーゼスの物理ミディアムとしての能力は、徐々に弱まりながら1881年までに消滅し、自動筆記も1883年には最後となっている。Myers (1893), p. 250.
3—ibid., p. 247.
4—ibid., p. 252.
5—ibid., p. 252.
6—The Society for Psychical Research (1894a), p. 274.
7—ibid., p. 274.
8—ibid., pp. 275-277.

に掲載されている。
66—Hodgson (1892b), p. 1.
67—ibid., pp. 60-61.
68—この時期のホジソンとパイパー夫人の交霊会の詳細は、ibid., pp. 61-67を見よ。
69—この手紙は、Baird (1949), pp. 97-101より。
70—ホジソンによるセッティングのもと、パイパー夫人の交霊会に参加した人たちの証言は、Hodgson (1892b), pp. 67-166を見よ。
71—Hodgson (1898), p. 285.
72—Piper (1929), pp. 62-63.
73—Hodgson (1898), p. 285.
74—Myers, Lodge, Leaf and James (1890), pp. 438-439, 444.
75—ibid., p. 439.
76—ロッジが採用した予防策について詳しくは、ibid., pp. 446-447を参照。
77—ibid., p. 440.
78—ibid., p. 621.
79—ibid., p. 440.
80—ibid., p. 451.
81—ibid., p. 459.
82—ibid., pp. 451-452.
83—Lodge (1884).
84—Myers, Lodge, Leaf and James (1890), pp. 452-453.
85—ibid., pp. 647-650.
86—ibid., p. 442.
87—ibid., p. 558.
88—ibid., p. 559.
89—ibid., pp. 561-563.
90—ibid., p. 564.
91—ibid., p. 564.
92—The Society of Psychical Research (1889), pp. 169-170.
93—Baird (1849), p. 45.
94—Hodgson (1892b), pp. 4-5.
95—ibid., pp. 6-7.
96—ibid., pp. 10-15.
97—ibid., pp. 9-10.
98—ibid., p. 22.
99—ibid., p. 23. また、ホジソンは同論文の結論部において、こうしたフィニュイが物体から情報を読み取る力を持っている可能性に触れながら、「サイコメトリー(psychometry)」という用語を使っている。ibid., p. 56. このサイコメトリーという語とその意味は、ホジソン自身も述べているように第1章で見たフレノメスメリスト、ジョセフ・ローズ・ブキャナンによって1842年に作られた。
100—ibid., p. 50.すでにフィニュイは1889年12月26日にイギリスでおこなわれた交霊会の際にも、ロッジにみずからの経歴の詳細を語っている。だが、そこではみずからの名前を、ホジソンに告げたJean Phinuit Sclivilleとは微妙に異なるJean Phinuit Schlevilleと告げている。このことについては、Myers, Lodge, Leaf and James (1890), p. 520を見よ。パイパー夫人のフィニュイとJ. R. コークのフィニィ医師は、状況的にもその名前からしても、明らかに同一の存在だと思われる。また、ミセス・パイパーがJ. R. コークのもとを訪れミディアムシップを発現するようになったころからの状況を知っている彼女の夫の父ジェイムズ・M. パイパーに、ホジソンがアシスタントのルーシー・エドマンズを通じて尋ねたところ、フィニュイはそのスペルがちがったとしても、まちがいなくコークを支配する霊と同一だと述べている。また、ジェイムズ・M. パイパーによれば、当初フィニュイ自身も、コークに関することを語っていたと述べている。Hodgson (1892b), pp. 46-47. 一方で、ホジソンがフィニュイにコークとの関係を尋ねたところ、それを否定する答えが返ってきている。ibid., pp. 49-50. また、ホジソンのアシスタントがJ. R. コークのもとを訪れ、「フィニィ医師」のことを尋ねて得たプロファイルは、フィニュイとはまったく異なっていた。「フィニィ医師」の本名はAlbert G. Finnettという名のフランス人で、「怪我や歯の治療もおこなった理髪師」として少し医学を学んだ人物とされている。ibid., p. 47. さらに、ホジソンがJ. R. コークを友人とともに名前を告げずに訪問した際、コークはトランス状

15—委員会の調査方法にハザードがいかに不満を持っていたかは、Doyle (1926a), pp. 332-336を見よ。
16—ibid., pp. 336-337より引用。
17—Richmond (1888), pp. 7-8.
18—Anon. (1888a), p. 10.
19—Anon. (1888b), p. 4.
20—Anon. (1888c), p. 9.
21—Davenport (1888), p. 70より引用。
22—Anon. (1888d), p. 5.
23—Anon. (1888e), p. 3.
24—Davenport (1888), p. vii.
25—この日の模様は、翌日10月22日の『ニューヨーク・タイムズ』『ニューヨーク・ヘラルド』『ニューヨーク・デイリー・トリビューン』などに掲載されている。以下のマギーの告白はこれら3紙を参考にした。Anon. (1888f); Anon. (1888g); Anon. (1888h).
26—Anon. (1888g), p. 5.
27—Anon. (1888h), p. 7.
28—Anon. (1888g), p. 5.
29—ibid., p. 5.
30—ibid., p. 5.
31—ibid., p. 5.
32—Davenport (1888), p. v.
33—Stuart (2005), p. 302より引用。
34—Sitwell and Buch (1880), p. 11.
35—James (1920), p. 248.
36—この2通のジェイムズの手紙は、James (1960), pp. 65-66に掲載されている。
37—実際の募集の文面は、次のものに掲載されている。James (1986), pp. 10-11.
38—Roback (1942), p. 98より引用。
39—Blackett (1908).
40—この手紙は、James (1986), p. 455より。
41—この『バナー・オブ・ライト』誌へのジェイムズの寄稿は、James (1986), pp. 29-31に掲載されているものを参照した。
42—Anon. (1887).
43—『バナー・オブ・ライト』誌でのブラケットのジェイムズへの批判は、James (1986), pp. 403-404から引用。
44—Wallace (1887).
45—Simon, ed. (1996), p. 32.
46—Warren (1889), pp. 321-322.
47—James (1890), p. 651; Piper (1929), p. 29.
48—James (1890), p. 652.
49—ibid., p. 652.
50—James (1886b), p. 103.
51—ibid., p. 104.
52—ibid., pp. 104-105.
53—Savage (1902), p. 74.
54—ibid., p. 75.
55—ibid., pp. 75-76.
56—しばしばLeonoreと綴られていることもあるが、正確にはLeonoraである。Matlock (1988), pp. 281-290を見よ。
57—ここでのミセス・パイパーの略歴は、彼女の娘アルタ・L. パイパーによって書かれた伝記Piper (1929)の記述をもとにした。
58—ibid., pp. 12-13.
59—Skrupskelis (1986), p. 399を見よ。
60—パイパー夫人がコークのもとを訪れたときのことは、リチャード・ホジソンがパイパー夫人に手紙で質問したことに対する返答として受け取った1890年9月23日の手紙の内容をもとにした。Hodgson (1892b), pp. 46-50.
61—Piper (1929), p. 17.
62—作品が残っていないのは、長い年月の過程で散逸したわけではなく、1887年にホジソンがパイパー夫人を調査しはじめた時点ですでに失われていた。Hodgson (1892b), p. 46.
63—Berger (1988), p. 16より引用。
64—ホジソンの伝記的情報は次のものを参照した。Baird (1949); Berger (1988), pp. 11-33. ホジソンから友人ジェイムズ・T. ハケットへの手紙は、ibid., p. 16から引用。
65—ホジソンがASPR再建のためにアメリカに呼ばれたこと、またボストン到着後の状況などについては、彼が友人ハケットに宛てた1887年10月16日、および同年11月14日の手紙に記されている。これらの手紙は、Baird (1949), pp. 92-97

診療所で、わたし自身、代表的な実験を目撃した。また、わたし自身(ガーニー氏とA. T. マイヤーズ博士の手助けによって)、記録されている代表的な被験者の実例に関して実験する機会を得た」。Myers (1885d), p. 6.
173—Myers (1886c), p. 127.
174—その理由として、マイヤーズは遠距離でのメスメライズに関する説明における流体論の持つ次のような非合理な点を指摘している。メスメリストたちは「目や指から発散する流出物が、石の壁を透過し、ほかの人間たちの干渉する影響で満たされた街路を越えて作用するという仮定の困難さを、無視してきた」。ibid., p. 127.
175—ibid., p. 138-139.
176—メスメリズムおよびヒプノティズムから、フロイトの精神分析に至る歴史的な流れのなかで、ジャネの果たした役割については、Ellenberger (1970), pp. 331-409に詳しい。その本のなかでエレンベルガー(仏語ではエランベルジェ)は、ジャネを「19世紀の力動精神医学に取って代わることをめざした新しい力動精神医学体系を打ち立てた最初の人物である」とし、その仕事を、のちのフロイト、アドラー、ユングにとっての「発想の大きな源泉のひとつ」だとも述べている。ibid., p. 331. また、SPRのヒプノティズム研究自体、イギリスにおけるその分野の先駆的な業績として高く評価されるべきものだという意見もある。イギリスの初期のヒプノティズムの歴史を書くなかでジョン・M. ブラムウェルは、SPRのヒプノティズム研究を「〔ジェイムズ・〕ブレイドの時代以来、正確で広範囲におよぶ科学的研究においてヒプノティズムを主題化する最初の試み」だったとも評している。Bramwell (1903), p.34. アダム・クラブツリーも、「マイヤーズのそれとともに彼(ガーニー)のメスメリズムとヒプノティズムの研究は、今日でさえ参考にするに十分な価値がある研究資料である」と述べている。Crabtree (1993), p. 273.
177—同書は、1891年にアメリカで英語訳が出版されている。Ochorowitz (1891).
178—国際生理学的心理学会議の概要については、Rosenweig, Holtzman, Sabourin and Bélanger (2000), pp. 17-21を見よ。また、以下の会議の議論はアーサー・T. マイヤーズの報告を見よ。Myers (1889).
179—ibid., p. 172.
180—ibid., pp. 172-173.
181—この実験については、Gurney (1884c), pp. 201-206; Gurney (1885), pp. 453-459を参照。
182—Myers (1889), pp. 176-177.
183—James (1889), pp. 614-615.
184—同寄稿はJames (1986a), pp. 24-28に掲載されている。引用箇所はp. 27より。

【第10章】

1—Mme. Home (1888), p. 229.
2—University of Pennsylvania, Seybert Commission for Investigating Modern Spiritualism (1887), pp. 3-5.
3—ibid., p. 5.
4—実際に掲載された広告の文章は、ibid., p. 90を参照。
5—ミディアム選出の際に委員会が直面した困難については、ibid., pp. 13-16を参照。また、調査にあたって求められた条件を記したキーラーからの手紙はibid., p. 91を見よ。
6—ibid., p. 22.
7—ミセス・パターソンの調査についての詳細は、ibid., pp. 6-7, 16-18, 27-29, 31-33, 49-51を参照。
8—スレイドの調査についての詳細は、ibid., pp. 7-13, 51-77を参照。
9—ibid., pp. 19-20.
10—ibid., p. 21
11—ibid., p. 114.
12—キーラーの調査についてはibid., pp. 82-87を、ロザメルとパウエルの調査についてはibid., pp. 87-90を、モード・E. ロード夫人の調査についてはibid., pp. 79-82を参照。
13—マーガレッタ(マギー)の調査の詳細は、ibid., pp. 33-49を参照。引用箇所はibid., p. 21より。
14—ibid., p. 22.

はパースの批判に対するガーニーからの返答、そしてそれに対するパースからの再批判も掲載されている。Gurney (1887b); Peirce (1887b).

134—確率の計算の詳細については、Gurney, Myers and Podmore (1886b), pp. 1-28を見よ。

135—Peirce (1887a), pp. 156-157.

136—Royce (1888), p. 244-245.

137—ibid., pp. 245, 249.

138—ibid., pp. 246-247.

139—Hall (1887), pp. 143-144.

140—Gurney (1887b), p. 179.『生者の幻』への当時の批判については次も参照。Gauld (1986), pp. 171-174; McCorristine (2010), pp. 162-172.

141—Gurney, Myers and Podmore (1886a), p. 29.

142—Gurney (1888), p. 269.

143—ibid., p. 270.

144—Oppenheim (1985), pp. 359-360より引用。

145—ibid., p. 360より引用。

146—Creely (1887), p. 175.

147—ibid., p. 175. A. M. クリーリーによる言い分にも一理ある。というのも、バレット、ガーニー、マイヤーズによる1882年の思考伝達委員会の報告書にも、「その現象の現実性についてのわたしたちの確信は、クリーリー家の誰ひとりとして選ばれた対象を知り得なかったときの実験にもとづくものだ」と述べられているからだ。Barrett, Gurney and Myers (1882c), p. 71.

148—Creely (1887), p. 176.

149—ガーニーの死を、クロロフォルムの誤った過剰摂取による事故死ではなく、自殺とみなす考えもある。Hall (1964)は、それを強く主張している。また、それに反する意見としては、Gauld (1968), pp. 177-182; Epperson (1997), pp. 137-153; Nicol (1866), pp. 5-59を参照。

150—James (1920), pp. 279-280.

151—Sidgwick and Sidgwick (1906), p. 493.

152—Sidgwick (1888), p. 272.

153—ibid., pp. 273, 276.

154—ibid., pp. 276-277.

155—ibid., pp. 277-278.

156—Gauld (1992), p. 390.

157—ここで述べたヒプノティズムのフランスへの流入からシャルコーに至るまでの過程は、Gauld (1992), pp. 287-288, 306-315を見よ。

158—第2世代のメスメリストについては、第2章の註20を見よ。

159—ここで述べたリエボーからベルネームに至るまでの過程は、Gauld (1992), pp. 319-327を見よ。ちなみに、ナンシー学派はナンシー大学に所属しているヒプノティズムの研究者集団を指すのではなく、ベルネームのもとを訪れ、その原理と方法を継承した人々を含めるための緩やかな広い意味で用いられている。ibid., p. 324.

160—Barrett, Gurney, Myers, Ridley, Stone, Wyld and Podmore (1883a), p. 220.

161—ibid., pp. 220, 229.

162—ibid., p. 224.

163—ibid., p. 229.

164—Luckhurst (2002a), p. 103.

165—Barrett (1882b), p. 62.

166—ティンダルによる音叉の実験、および感応炎についての講義は1867年に出版されている。Tyndall (1867). また、バレットの感応炎の論文は、Barrett (1867), pp. 216-222を見よ。バレットが用いた思考伝達のための物理学的モデルは、突飛なものではなく、ヴィクトリア時代の科学者たちによる遠隔の相互作用の研究との関連で見られるべきである。詳しくは、Luckhurst (2002a), pp. 75-92; Noakes (2004)を見よ。

167—Barrett, Gurney, Myers, Ridley, Stone, Wyld and Podmore (1883b), p. 257.

168—Gurney, Myers and Barrett (1884), p. 10.

169—Gurney (1884b); Gurney (1884c); Gurney (1884d).

170—Gurney (1884e), p. 239.

171—19世紀後半のイギリスでの生理学的心理学の優勢については、第10章であらためて述べる。

172—そこでマイヤーズは次のように述べている。「シャルコー博士、フェレ博士〔当時、シャルコーの助手〕、ベルネーム博士、リエボー博士の好意によって、パリのサルペトリエール、ナンシーの市民病院、リエボー博士のプライベートな

かではない。

82—実験的テレパシーと自然発生的テレパシーによる幻覚のあいだにあるちがいについてのガーニー自身による説明は、ibid., p. 536を参照。

83—ibid., p. 537.

84—ibid., pp. 539-540.

85—Gurney, Myers and Podmore (1886b), p. 26.

86—Gurney, Myers and Podmore (1886a), p. 230.

87—『生者の幻』については、次のものも見よ。Gauld (1968), pp. 153-185; Hamilton (2009), pp. 138-148; McCorristine (2010), pp. 139-162.

88—Anon. (1886a), p. 9.

89—Gurney, Myers and Podmore (1886a), p. 115.

90—Innes (1887), pp. 174-194.

91—Gurney (1887a), p. 523.

92—ibid., p. 524.

93—ibid., p. 525.

94—Anon. (1886b), pp. 648, 650.

95—このジェイムズによる書評は、James (1986), pp. 24-28に掲載されているものを参照した。引用箇所はibid., p. 24より。

96—この手紙は、Epperson (1997), pp. 49-50に掲載されている。

97—その他のメンバーの顔触れは、以下のとおりである。批評家レスリー・スティーヴン、翌年からオックスフォード大学の法学教授となるフレデリック・ポロック、アリストテレス協会初代会長で哲学者のシャドワース・ホジソン、法学者で歴史家のフレデリック・ウィリアム・メートランド、ユニヴァーシティ・カレッジ・ロンドンの哲学教授ジェイムズ・サリー、のちにユニヴァーシティ・カレッジ・ロンドンの哲学教授となるカーヴス・リード。

98—Perry (1976), p. 155より引用。

99—Epperson (1997), p. 157.

100—Epperson (1997), pp. 48-49.

101—この書評は、James (1960), pp. 19-23に転載されている。引用箇所はibid., p. 23より。

102—James (1995), p. 496.

103—ジェイムズのガーニーとの出会いを含め、彼の初期のスピリチュアリズムやサイキカル・リサーチへの姿勢については次も参照。Simon (1998/ 1999), pp. 140-141, 189-193.

104—以下については、バレット自身の報告を見よ。Barrett (1884), pp. 172-178.

105—ibid., p. 176.

106—The American Society for Psychical Research (1885b), p. 3.

107—9月23日の最初の予備会議からASPR発足に至るまでのいきさつは、The American Society for Psychical Research (1885a), pp. 1-2を見よ。

108—The American Society for Psychical Research (1885c), pp. 52-54.

109—この手紙は、James (1920), pp. 249-250.

110—Newcomb (1884a), pp. 372-373.

111—Barrett, Keep, Massey, Wedgwood, Podmore and Pease (1882); Bushell, Hughes, Keep, Podmore, Wedgwood and Pease (1884).

112—Bushell, Hughes, Keep, Podmore, Wedgwood and Pease (1884), p. 137.

113—Newcomb (1884a), p. 373.

114—ibid., p. 373.

115—Gurney (1884a), pp. 509-510.

116—Newcomb (1884b), pp. 525-527.

117—Hall (1910), p. xv.

118—Newcomb (1885), p.108.

119—Newcomb (1903), p. 416.

120—Newcomb (1886), p. 63.

121—ibid., pp. 64-65.

122—ibid., p. 71.

123—ibid., p. 73.

124—ibid., p. 74.

125—ibid., p. 76.

126—ibid., pp. 76-77.

127—ibid., p. 78.

128—ibid., p. 78.

129—ibid., p. 79. ニューカムによるSPRへの批判は、Moyer (1992), pp. 166-182も見よ。

130—Anon. (1886c), p. 89.

131—James (1886a), p. 123.

132—Moyer (1992), p. 181より引用。

133—Peirce (1887a), pp. 150-157. また、同誌に

のもので最も徹底した批判は、神智学協会の関係者からではなく、SPRのメンバーからの次のものがある。Harrison (1986); Harrison (1997). また、ホジソンの報告書への批判をめぐる錯綜した議論をバランスの取れた見地から総括しているものとして、Berger (1988), pp. 18-20が参考になる。

45—ブラヴァツキー夫人との共謀以外にもエグリントンのミディアムシップには、過去の疑わしい事例がある。Sidgwick (1886), pp. 282-334を見よ。

46—Sidgwick (1886b), p. 332.

47—ibid., p. 332.

48—ibid., p. 332.

49—このホジソンの報告はibid., pp. 287-290に掲載されている。引用箇所はibid., p.289より。

50—ibid., p.289.

51—Massey (1886), pp. 75-99.

52—Cerullo (1982), p. 82.

53—Hodgson and Davey (1887), p. 411からの引用。ケラーは第4章で述べたように、ダヴェンポート兄弟のアシスタントを務めたのちに、アメリカで大成功を収めるマジシャンである。

54—ibid., pp. 406-407. この技をエグリントンが実際に使っている事例はFarmer (1866), pp. 52-54にある。

55—Hodgson and Davey (1887), p. 407.

56—デイヴィーによるこうした疑似交霊会に参加した人々の報告は、ibid., pp. 408-487を見よ。

57—ibid., p. 487.

58—疑似交霊会のあいだに観察者がいかに注意をそらされ、まちがった認識を作っているかについては、次のものを見よ。ibid., pp. 487-495; Hodgson (1892a), pp. 253-310.

59—Gauld (1968), p. 207.

60—Wallace (1891), p. 43.

61—コナン・ドイルがマジシャンのハリー・フーディーニについて同様のことを述べたのは、第4章で見たとおりである。

62—Sidgwick (1938), p. 99.

63—Moses (1886), p. 488.

64—Gauld (1968), p. 204では、大量脱退が起こったと述べられているが、実際にはSPRからの正式な脱退はモーゼスを含め6名ほどのエグリントン支持者だったようだ。このことについてはNicol (1972), p. 357を見よ。

65—Cerullo (1982), p. 92.

66—Sidgwick and Sidgwick (1906), p. 460.

67—ガーニーの伝記的情報は、以下のものを参照した。Robertson (1890), pp.356-358; Salter (1959), pp. 47-52; Hall (1964); Gauld (1968), pp. 154-185; Epperson (1997).

68—Browning (1890), p. 116.

69—ガーニーがスピリチュアリズムの調査にけっして積極的ではなかったことは、マイヤーズの発言のなかに表れている。Myers (1888a), p. 364を見よ。

70—Epperson (1997), p. 53より引用。

71—Barrett, Massey, Moses, Podmore, Gurney and Myers (1882), p. 118を見よ。

72—Barrett, Massey, Moses, Podmore, Gurney and Myers (1884a), p. 44.

73—シジウィックの判断は、マイヤーズには不満だったようだ。このことに関してシジウィックは、1885年1月4日の日記に書いている。Gauld (1868), p. 161を見よ。

74—Myers (1886b), p. xxxv.

75—フレイザー・ニコルがカウントしたところによれば、『生者の幻』に含まれている事例のうち、インタビュアーの名前が記されているのが185、そしてその内訳は、ガーニーが105、ポドモアが30、シジウィックが14、マイヤーズが5となっている。Nicol (1972), p. 354.

76—Epperson (1997), p. 85より引用。

77—Gurney, Myers and Podmore (1886a), p. 188.

78—ibid., p. 186.

79—Myers (1886b), pp. lxv-lxvi.

80—ibid., p. lxii.

81—Gurney, Myers and Podmore (1886a), pp. 265-266. なお、ここで「妹夫婦の家」と訳した箇所の原文は「my brother-in-law's and sisters' house」と書かれており、姉なのか妹なのかは定

telepathy、telepatheticといった用語を、あなたはどう思われますか？」Hamilton (2009), p.121を見よ。
10―Barrett, Massey, Moses, Podmore, Gurney and Myers (1884b), p. 134.
11―Barrett, Massey, Moses, Podmore, Gurney and Myers (1884c), p. 183.
12―Barrett, Massey, Moses, Podmore, Gurney and Myers (1884a), p. 45.
13―Gurney and Myers (1883), p. 439.
14―Barrett, Massey, Moses, Podmore, Gurney and Myers (1884c), p. 183.
15―Sidgwick (1883), pp. 245-246.
16―Myers (1884), pp. 217-237.
17―Myers (1885b), p. 249.
18―Cerullo (1982), p. 73.
19―Luckhurst (2002a), p. 71より引用。なお、ジョン・チェルローは、この匿名の寄稿を書いた人物をステイントン・モーゼスではないかと推定している。Cerullo (1982), p.75. また、霊の介入を棚上げしたマイヤーズに対して、SPRの機関誌内でもローデン・ノエルによる批判とそれに対するマイヤーズの応酬が見られる。Myers (1885c), pp. 122-131; Myers (1886a), pp. 234-243.
20―エグリントンには次の伝記がある。Farmer (1886). なお、ここでのエグリントンの出生年はibid., p. 1に従ったが、別の文献では1858年と書かれている場合もある。たとえば、次のウェブサイトの記事を見よ。My Search for William Eglinton: A Biographical Curiosity, Chasing Down Emma, https://ehbritten.blogspot.com/2012/12/my-search-for-william-eglinton.html (2024年10月27日閲覧)
21―Farmer (1886), p. 15より引用。なお「エジプシャン・ホール」とはロンドンのピカデリーに1812年に造られた博物館だが、当時、マスケリンとクックがマジックショーの舞台として使っていた。
22―ibid., p. 14.
23―Marryat (1891), p. 124.
24―このT. L. ニコルズの体験を記した手紙は、Sargent (1882), pp. 357-359に掲載されている。引用箇所はibid., p. 358より。
25―ibid., p. 359.
26―Farmer (1886), p. 116.
27―ウェッジウッドの報告は、ibid., p. 116に掲載されている。
28―このときの交霊会の報告は、ibid., pp. 133-134に掲載されている。
29―Haughton (1885), p. 26.
30―ibid., pp. 25-26, 29.
31―イギリスへの神智学協会の進出については、Sinnett (1922), pp. 7-20を見よ。
32―ジョージ・ワイルドと神智学協会との関係については、本人自身の回想録で詳述されている。Wyld (1903), pp. 71-74.
33―マイヤーズと神智学の関係については、Hamilton (2009), pp. 129-133を見よ。
34―Gurney, Myers, Podmore, Sidgwick, Stack, Hodgson and Sidgwick (1885), p. 201.
35―Podmore (1897), p. 186.
36―Sinnett (1881).
37―Podmore (1897), pp. 186-187.
38―Sidgwick and Sidgwick (1906), p. 385.
39―ibid., p. 385.
40―SPRのアーカイヴ内に保存されている当時の一般公開されていなかった内部の報告書は、Blavatsky Study Centerによるオンラインエディションとしてサイト上で確認できる。The Society for Psychical Research (2000).
41―Gurney, Myers, Podmore, Sidgwick, Stack, Hodgson and Sidgwick (1885), p. 207.
42―ibid., pp. 203-204.
43―Hodgson (1885), p. 210.
44―Myers (1886b), p. xviii. ホジソンの報告書に対して、神智学協会の関係者から強い反論の声があがったことは言うまでもない。だが、ホジソンへの批判はその当時にとどまるものではない。100年以上経ったあとも、その調査の問題点を指摘し、それを無効だと訴える批判論が、なおぶり返されている。たとえば、比較的最近

100—Hamilton (2009), p. 92より引用。
101—Sidgwick (1886a), p. 48. なお、この調査に加わったメンバーの名前が言及されていないため、シジウィックとマイヤーズが参加していたかどうかは不明。また、シジウィック・グループによるアンナの調査をめぐる状況については、次のものを見よ。Gauld (1968), pp. 104-106, 137-145; Wiley (2005), pp. 218-220; Hamilton (2009), pp. 91-94.
102—Sidgwick and Sidgwick (1906), p. 294.
103—キャサリン・E. ウッドとアニー・フェアラムについてはOwen (2004), pp. 56-59を参照。
104—詳しくはTromp (2006), pp. 103-108を見よ。
105—この交霊会の報告は、Gauld (1986), pp. 109-110に掲載されているものを参照した。
106—Sidgwick and Sidgwick (1906), p. 296.
107—以上のシジウィック・グループによるキャサリンとアニーの調査報告は、Sidgwick (1886), pp. 48-52を見よ。
108—たとえば、シジウィックの7月18日の手紙を見よ。Sidgwick and Sidgwick (1906), pp. 298-299.
109—Gauld (1986), p. 114より引用。
110—Sidgwick (1886), pp. 52-54. こうしたシジウィック・グループによる交霊会の調査を見ていくと、なぜそんなにまどろっこしい手法を取っているのかが不思議に思えるかもしれない。言ってしまえば、キャサリンとアニーが本物かどうかを調べるためなら、物質化した霊を取り押さえ、その正体を見極めればよいだけのことだ。だが、そういうやりかたはシジウィック・グループの立場に反するものだった。というのも、彼らがめざしたのは、開かれた態度での調査だった。暴露を目的としたやりかたで調査をすることは、最初から詐欺だという先入観や偏見を前提としてしまう。したがって、調査対象に対して公正であろうとすれば、シジウィック・グループが取った手法のように、可能なかぎり詐欺の可能性をなくすための条件を整えたうえで、現象が起こり得るかどうかを粘り強く観察していくかたちを取るしかない。
111—ibid., pp. 56-59.
112—ibid., pp. 54-56, 60-62.
113—Myers (1921), p. 6.
114—マイヤーズのアニー・マーシャルへの愛、そして彼女の死については次のものを見よ。Salter (1958); Gauld (1968), pp. 116-124; Hamilton (2009), pp. 39-46.
115—マイヤーズによるフランスのミディアムとの交霊会の体験は、Gauld (1968), pp. 130-132を参照。
116—Sidgwick and Sidgwick (1906), p. 336.
117—ibid., p. 358.
118—当時の形而上学協会を伝えるものとしては、メンバーのリチャード・ホルト・ハットンによるHutton (1885), pp. 179-196およびBrown (1947)も見よ。
119—Gauld (1968), p. 140.
120—Luckhurst (2002a), pp. 50-56では、社会的ネットワークのなかでの位置づけという観点から、コックスの英国心理学協会とSPRの対比が論じられている。
121—Sidgwick (1882), p. 8.
122—ibid., p. 9.
123—ibid., p. 12.

【第9章】
1—Barrett, Gurney and Myers (1882a), pp. 895, 899.
2—Donkin (1882), pp. 131-132.
3—Barrett, Gurney and Myers (1882b), p. 35.
4—Barrett, Gurney and Myers (1882c), p. 82.
5—ibid., p. 79.
6—ibid., p. 80.
7—ibid., p. 82.
8—ibid., pp. 78-79.
9—Barrett, Massey, Moses, Podmore, Gurney and Myers (1882), p. 147.「テレパシー」という語の発案者は、おそらくマイヤーズである。1882年2月11日のヘンリー・シジウィックへの手紙で、マイヤーズは次のように書いている。「わたしがいましがた考案した telaesthesia や telaesthetic、

アリズムに開眼した。それ以来、本職のジャーナリズムのかたわらスピリチュアリストとして精力的な活動をしていた人物だった。これらについてはロジャーズの自伝を見よ。Rogers (1911).
69—Nicol (1972), pp. 343-344.
70—Barrett (1924), p. 281.
71—ibid., pp. 280-281.
72—シジウィックが1855年にケンブリッジ大学に入学するまでの生い立ちについては、Sidgwick and Sidgwick (1906), pp. 1-15を見よ。シジウィックについては、次のすぐれた評伝もある。Schultz (2004). また、Gauld (1968), pp. 47-57; Turner (1974), pp. 38-67も見よ。
73—Sidgwick and Sidgwick (1906), p. 43. ゴースト・ソサエティの設立については、設立の中心人物エドワード・ホワイト・ベンソンの息子による伝記のなかに簡潔な言及がある。Benson (1890), p. 98. また、設立メンバーのひとりフェントン・ジョン・アンソニー・ホートの当時の書簡にも、それについての言及がある。Hort (1896), pp. 171-172, 211, 219-220.
74—Sidgwick and Sidgwick (1906), p. 31. 使徒会については次のものを見よ。Lubenow (1998).
75—Sidgwick and Sidgwick (1906), p. 39.
76—ibid., p. 40.
77—ちなみに、シュトラウスの『イエスの生涯(*Das Leben Jesu*)』とフォイエルバッハの『キリスト教の本質』の英訳は、アンドルー・ジャクソン・デイヴィスの『自然の原理』イギリス版を1847年に刊行したロンドンの出版社ジョン・チャップマンから出ている。
78—ibid., pp. 36-37.
79—ibid., pp. 123-124.
80—ibid., p. 198.
81—ibid., p. 199.
82—ibid., p. 53.
83—ibid., p. 55.
84—ibid., pp. 93-94.
85—これらの手紙は、ibid., pp.104-106に掲載されている。カウルとおこなった自動筆記の実験結果の記録は残っていないが、20年後にシジウィックがマイヤーズに語ったその内容は、Myers (1885a), pp. 25-27に掲載されている。
86—Sidgwick and Sidgwick (1906), p. 171.
87—本書第5章「サイキック・フォースの発見」の節を見よ。
88—マイヤーズの経歴に関しては、彼の評伝Hamilton (2009)を参照した。また、Turner (1974), pp. 104-133; Gauld (1968), pp. 89-104にもマイヤーズの経歴が詳述されている。
89—Hamilton (2009), p. 26.
90—Myers (1921), p. 7.
91—Sidgwick and Sidgwick (1906), p. 196.
92—Myers (1921), p. 12.
93—ibid., pp. 14-15.
94—ibid., p. 16.
95—Myers (1900), p. 454.
96—Myers (1921), p. 14. このときのミディアムは、おそらく第6章で言及したチャールズ・ウィリアムズだったと思われる。Gauld (1968), p. 103, note 3を見よ。ところで、マイヤーズがそこに真実の光を垣間見たはずの交霊会でのできごとは、彼のまわりの人々からはそう見られていなかった。当時のマイヤーズの友人であり、のちにケンブリッジのギリシア語の教授となる古典学者リチャード・C. ジェッブは、同年11月25日の手紙に、「彼〔マイヤーズ〕は目下、スピリチュアリズムに興味を持っています」と書いている。ジェッブはマイヤーズとともに「人生ではじめての交霊会に参加」したものの、霊から告げられたふたつのメッセージは両方ともまちがっていて、馬鹿げたいかさまのようにしか思われなかった。「純然たる詐欺」——それがジェッブの結論だった。Jebb (1907), pp. 165-166.
97—また同手紙のなかでシジウィックは、「ジョン・キング」についても言及し、「彼はいつも暗闇でやって来て、行き当たりばったりで語る」と疑いを述べている。Sidgwick and Sidgwick (1906), pp. 284-285.
98—Myers (1904), pp. 223-224.
99—Sidgwick and Sidgwick (1906), p. 288.

章と第28章に登場する。Pinkerton (1889).
46—Bishop (1876), p. 342.
47—ビショップによるアンナへの攻撃について詳しくは、Wiley (2005), pp, 205-211を見よ。
48—このエピソードは、Wiley (2005), pp, 218-220を見よ。
49—Jay (1986), p. 141.
50—詳しくはBeard (1892), pp. 13-16を見よ。
51—Beard (1877), p. 460.
52—ibid., pp. 465-466. ただしビアードにとって、その実験結果には「知られている生理学の法則から予測することのできない」ことがひとつだけ残されていた。それはマインド・リーダーが情報を獲得するときに、しばしば発揮するその「迅速さ」と「正確さ」だった。その事実は「不随意の活力に関する生理学への新しい肯定的な追加」ともなるものであり、「健康と病気のなかでの精神と肉体の相互作用に関する主題全般について大きな示唆」を与えるものだとビアードは述べ、生理学へのさらなる研究課題を提議している。ibid., p. 472.
53—ロンドンの科学者たちによるビショップへの調査に関しては次のものも見よ。Luckhurst (2002a), p. 64; Luckhurst (2002b), p. 118.
54—Carpenter (1881), p. 777.
55—実験のための会合は2度開催され、1回目の5月28日は主催者であるロバートソンはもとより、ロマーニズ、フランシス・ゴルトン、作家レスリー・スティーヴン、哲学者アルフレッド・シジウィックが参加。さらに2回目の6月11日では、スティーヴン、シジウィックは参加せず、その代わりにエドウィン・レイ・ランカスターが出席している。Romanes (1881), p. 172. なお、アルフレッド・シジウィックは、のちのサイキカル・リサーチ協会の初代会長となる哲学者ヘンリー・シジウィックのいとこである。
56—ロマーニズからダーウィンへのこの手紙は、現在、紛失しているが、アルフレッド・ラッセル・ウォレスが1887年3月にカナダのキングストンを訪れたときに、その原稿を目にしている。そして、ウォレスはその手紙でロマーニズが主張していた内容に関して問いかける手紙をロマーニズに送っている。そのときロマーニズとのあいだで交わされた手紙を、ウォレスは自伝に掲載している。Wallace (1905b), pp. 317-326. またこのふたりの手紙のやり取りでは、第6章で見たダーウィン家の交霊会でミディアムを務めたチャールズ・ウィリアムズに関する議論も闘わされている。結局のところ、ロマーニズのスピリチュアリズムへの態度は、それに惹かれつつも、けっして拭い去ることのできない不信感とのあいだでつねに揺れていたようである。ロマーニズのスピリチュアリズムへの関与については、Oppenheim (1985), pp. 278-292に詳しい。また、Turner (1974), pp. 134-163も見よ。
57—Romanes (1881), p. 172.
58—ビショップのデモンストレーションが、いかに伝統的なマジックとは異なる新たな領域を開いたものであるかについては、During (2002), pp.162-163を見よ。また、ヴィクトリア時代のマインド・リーダーについてはWiley (2012)を見よ。同書では、マインド・リーディングとバレットの思考伝達実験との関わりについても詳しい記述がある。
59—Barrett (1881), p. 212.
60—ibid., p. 212.
61—ibid., p. 212.
62—バルフォア・スチュワートによるクリーリー家の子供たちの実験結果は、Stewart (1882), pp. 35-42.
63—Rogers (1911), p. 46.
64—サイキカル・リサーチ協会の発足については次のものを見よ。Gauld (1968), pp. 137-138; Renée (1982), pp. 4-6; Nicol (1972), pp. 341-367.
65—The Society of Psychical Research (1882), p. 3.
66—ibid., pp. 3-4.
67—ibid., p. 4.
68—ロジャーズは1840年代からスウェーデンボルグ主義とメスメリズムに感化され、さらに1869年には交霊会を体験することでスピリチュ

19—Anon. (1876c), p. 4.
20—Anon. (1876d), p. 11.
21—Anon. (1877), p.12. このスレイドをめぐる裁判については次のものも見よ。Podmore (1902b), pp. 81-97; Luckhurst (2002a), pp. 44-47.
22—Zöllner (1880), pp. 34, 38-40, 53-54.
23—ibid., pp. 13-14, 17-18, 191-196.
24—ibid., p. xlv.
25—ibid., pp. 2, 5-8.
26—ibid., pp. 10-11.
27—ツェルナーはすでに天文学者として、惑星からの光の反射率を測定する機器の発明のほか、感覚のイリュージョンの先駆的研究（たとえば、平行線に斜線が引かれることで、それらが平行に見えなくなるような「錯視」と呼ばれる現象の発見者）でも知られていた。
28—ツェルナー以外の参加者たちがこの実験をどのように考えたかについては、第10章で取り上げる。
29—Massey (1880), pp. xxxv-xxxvi.
30—ibid., pp. xxxvi-xxxviii.
31—反スピリチュアリズムの立場の人々による本では、スレイドのスレート・ライティングは容易にそのトリックを見破れるほどの低レベルだったと描かれることが多い。だが、当時の記録を読むとそうではなかったことがわかる。むしろスレイドのパフォーマンスは、仮に奇術として見ても、かなりの高水準だった。たとえば、スレイドの真偽を見極めることを要請されたドイツの奇術師ザムエル・ベラチニは、交霊会に参加後、そのトリックをまったく見破れなかったことを公表している。「明るい光」のもと、「テーブルを含む彼のまわりのごくささいなところまでの観察と調査」を自分でおこなったにもかかわらず、「奇術を明示するもの、あるいは機械的装置を用いることによって引き起こされている」ことの証拠を「ほんのわずかの兆しですら発見できなかった」。そして「その環境と状況のもとでおこなわれたその実験の説明」は、奇術としてみなすことは「絶対に不可能である」。そうした旨をベラチニは、1877年12月6日付の王立最高裁判所の公式文書で述べている。このベラチニの陳述は、Zöllner (1880), pp.259-261に転載されている。また、スレイドの裁判に参加し、スレート・ライティングを模倣してみせた奇術師のジョン・マスケリンですら、その技を熟練させるまで「数週間の熱心な練習」を要したとのちに述べている。Weatherly and Maskelyne (1891), p. 194.
32—Barrett (1924), pp.281-282.
33—第5章で触れたように、ウィルソンはイギリスにおけるメスメリズム流入の最初期である1830年代に動物をメスメライズする研究をはじめた人物だった。
34—Barrett (1924), p. 282; Barrett (1882a), pp. 240-243.
35—Barrett (1924), p. 283.
36—このクルックスからバレットへの手紙は、D'Albe (1923), p. 199に掲載されている。
37—この時期のバレットのスピリチュアリズムへの見解については、Noakes (2004), pp. 435-436を見よ。
38—Barrett (1917), p. 38.
39—ibid., pp. 38-40.
40—ibid., pp. 41-42.
41—Barrett (1924), p. 283.
42—Barrett (1875), pp. 934-937. バレットのこの時期の思考の転換について詳しくは、Noakes (2004), pp.436-437も見よ。
43—Barrett (1876), p. 10.
44—Barrett (1881), p. 212.
45—ビショップの経歴については、Jay (1986), pp. 157-189を参照した。また、ビショップの初期のキャリアにおけるアンナ・エヴァ・フェイとの関わりについて、Wiley (2005), pp, 198-200に詳しい。ちなみに、アメリカで最初の探偵事務所ピンカートン探偵社を設立したアラン・ピンカートンが1877年に出版した、「事実にもとづく」と称された小説『スピリチュアリストと探偵』に登場するエヴァリン・グレイとW. スターリング・ビスチョフは、明らかにアンナとビショップをもとにしている。ふたりは同書の第26

51—Lippitt (1875), pp. 90-91.
52—Olcott (1895), pp. 17-18
53—ibid., p. 18.
54—ブラヴァツキーとベタネリーの結婚を取り巻く状況については、Williams (1946), pp. 92-93; Gomes (1987), pp. 73-74を見よ。
55—この手紙はBlavatsky (2003), pp. 75-77より。怪我をした日のことをブラヴァツキー夫人は、同年2月9日の別の手紙で「10日ほど前」と述べている。ibid., p. 66. また、オルコットはブラヴァツキー夫人の脚の怪我の原因を「前年の冬、歩道の敷石舗装の上での転倒による片膝の打撲」だと述べている。Olcott (1895), p. 57.
56—Blavatsky (1966), p. lvi.
57—ブラヴァツキー夫人の病状は、1875年6月3日と6月10日の『スピリチュアル・サイエンティスト』紙に掲載されている。Anon. (1875a), p. 151; Anon. (1875b), p. 166.
58—Blavatsky (1950), pp. 93-94.
59—この手紙のロシア語によるオリジナル版は失われているが、英訳がBlavatsky (2003), pp. 192-193に掲載されている。
60—Olcott (1895), p. 18.
61—Hiraf (1875a), p. 199; Hiraf (1875b), pp. 212-213. この5人の名前をHirafとなる順に列挙しておく。Frederick W. Hinrichs, William M. Ivins, James C. Rovinson, Charles Frederick Adams, William E. S. Fales. イヴィンズをはじめとする共同執筆者たちとその動機については、Blavatsky (1966), pp. 95-100を見よ。
62—このブラヴァツキーの寄稿はBlavatsky (1966), pp. 101-118に転載されているものを参照した。
63—ibid., p. 113.
64—Olcott (1875c), p. 3.
65—Brittan (1875), p. 8.
66—Davis (1875), pp. iii-iv.
67—Olcott (1895), p. 114.
68—ibid., pp. 115-117.
69—ibid., pp. 114, 118.
70—Britten (1884), p. 296.
71—Olcott (1895), p. 121.
72—ibid., p. 132.
73—ibid., p. 135.
74—Campbell (1980), p. 27.
75—Olcott (1895), pp. 135-136.
76—Blavatsky (2003), p. 220より引用。
77—この講演はDavis (1885), pp. 129-134に掲載されている。引用箇所はibid., pp. 130-131.
78—ibid., pp. 142-143, 145.

【第8章】

1—Olcott (1895), p. 84.
2—Jones (1876), pp. 471-472.
3—Massey (1886), p. 81.
4—このコックスの交霊会の報告は、M. A. (Oxon) (1882), pp. 25-27に掲載されている。
5—ibid., pp. 14-17.
6—Luckhurst (2002a), p. 123より引用。
7—この論文の内容は、第4章で見たメスメリズムからヒプノティズムへと向かった流れを考えると、時代を逆行している。ヒプノティズムを提唱したジェイムズ・ブレイドは、メスメリズムに関連する現象を生理学的な過程にもとづかせることで「動物磁気」や「電気」などの流体の存在を不要とした。しかしバレットの「神経エネルギー」の仮説は、メスメリズムをふたたび物理学的モデルに基づかせようとしていた。
8—この論文は、1876年9月22日の『スピリチュアル・ニュースペーパー』にも掲載された。その後、改訂版がBarrett (1882a), pp. 238-244に掲載されている。
9—Marchant (1916b), pp. 195-196, 438を見よ。
10—Lankester (1876), p. 7.
11—ibid., p. 7.
12—Donkin (1876), p. 7.
13—Massey (1876), p. 6.
14—Joad (1876), p. 4.
15—Slade (1876), p. 3.
16—Barrett (1876), p. 10.
17—Anon. (1876a), p. 8.
18—Anon. (1876b), p. 12.

ったのかもしれないが、であればなぜ『デイリー・グラフィック』のインタビューでブラヴァツキー夫人はそう語ったのか。ブラヴァツキー夫人がスピリチュアリストとしての権威を高めるため、当時最も有名なミディアムとの関係を仄めかす話を捏造したのか？　のちにヒュームは知り合いのスピリチュアリストに宛ててブラヴァツキー夫人を中傷する内容の手紙を送り、ブラヴァツキー夫人もヒュームを信頼の置けないミディアムとして攻撃することになる。双方のあいだに、なぜ強い憎悪が生じたのか、その理由は定かではない。これらについて詳しくは、Gomes (1987), pp. 93-96; Lavoie (2012), pp. 35-37を見よ。

22—Olcott (1895), p. 10.

23—ibid., p. 10.

24—たとえば、次の記事を見よ。Child (1874), p. 115.

25—Owen (1860), p. xiii. オーウェンのスピリチュアリズムへの関与については、1874年11月の『アトランティック・マンスリー』誌の「いかにしてわたしは霊的現象を研究するようになったのか」と題した彼自身の寄稿Owen (1874a), pp. 578-590および、彼の伝記Leopold (1940), pp. 321-339を見よ。

26—Owen (1872), pp. 282-283, 391-393.

27—Owen (1875), p. 58.

28—ibid., p. 58. オーウェンが体験したホームズ夫妻による全身物質化については、次のものも見よ。Gomes (1987), pp. 48-49; Lehman (2009), pp. 160-167.

29—Gomes (1987), p. 48より引用。

30—ibid., p. 52より引用。

31—1874年12月16日の『バナー・オブ・ライト』誌に掲載。Owen (1874b), p. 5.

32—Leopold (1940), p. 404.

33—Anon. (1874).

34—Olcott (1875a), pp. 426-427.

35—Gomes (1987), p. 56より引用。

36—Olcott (1875a), pp. 464.

37—ibid., pp. 477-478.

38—ibid., p. 477.

39—ブラヴァツキー本人も、今回の件に関する見解を1875年1月30日の『バナー・オブ・ライト』誌と4月1日の『スピリチュアル・サイエンティスト』紙で述べている。Blavatsky (1875a), pp. 2-3; Blavatsky (1875b), pp. 44-45.

40—ウォレスからオルコットへのこの手紙は、Wallace (1932), p. 494に掲載されている。

41—Gomes (1987), p. 81より引用。

42—ibid., p. 60より引用。

43—ブラヴァツキーからコーソンへの手紙は、Blavatsky and Corson (1929), pp. 127-129に掲載されている。

44—ibid., pp. 128-129. アラン・カルデックは、フランスで最も有名なスピリチュアリストになったイポリット＝レオン＝ドゥニザール・リヴァイユのこと（Spiritualistはフランス語ではSpiritist）。フラマリオンとエドモンズ判事については、それぞれ第7章の註15、第3章の註81を見よ。

45—ibid., p. 129.

46—この手紙は、Jinarājadāsa (1925), pp. 12-14にオリジナルの複写が掲載されている。この手紙が受け取られたのがいつなのか、はっきりとした日付は定かではない。ただし、3月下旬のオルコットへの手紙で、ブラヴァツキー夫人は「チュイティット・ベイによってあなた宛てに送られる手紙を、数時間のあいだ、わたしは適切にも、あえて引き止めました」と書いている。このことからすると、おそらく3月末のどこかで送られたものだと思われる。Blavatsky (2003), p. 104. ちなみにWashington (1995), p. 47では3月3日となっているが、その日付の根拠は明示されていない。

47—Blavatsky (2003), pp. 104-106.

48—Olcott (1895), p. 19.

49—このことは、1875年6月25日、オルコットが受け取ったセラピスからの手紙によって指示された。Besant (1923), p. 139.

50—このオルコットからリピットへの手紙はBlavatsky (2003), pp. 78-80に掲載されている。

ムのなかの「サブカテゴリー」としつつも、世俗化が進んだ19世紀におけるポスト啓蒙主義的なエソテリシズムの新たな発展のかたちとしてみなすべきだという意見を述べている。Hanegraaff (1998), p. 422-423を見よ。本書での定義は、ハーネグラーフのものにやや近い。だが、オカルティズムを19世紀におけるエソテリシズムの発展の形態だとするハーネグラーフは、近代のスピリチュアリズムもオカルティズムのひとつとみなしている。Hanegraaff (1998), p. 422. わたし自身は、近代のスピリチュアリズムをオカルティズムに含めるべきではないと考えている。それはこれまで本書で見てきたように、スピリチュアリズムはオカルティズムとは異なり、その思想的源泉をけっしてエソテリシズムに求めることはないからである。スピリチュアリストたちは、通常の科学とは異なる知のありかたを求めるのではなく、むしろつねにその真理は科学によって証明されるもの、あるいはされるべきだと主張し続けている。さらに本章の終盤で明らかになるが、むしろ当時のスピリチュアリストたちはエソテリックなものを拒絶している。一方、一般的にオカルティストは、みずからの真理を科学的証明にゆだねることなく、公にされることのないエソテリックな知の絶対的権威を強く主張する。

6—Olcott (1895), p. 2.

7—Olcott (1874), p. 3.

8—Olcott (1875a), p. 164.

9—Olcott (1895), p. 1.

10—ibid., pp. 298, 310, 313, 320, 328.

11—ブラヴァツキー夫人の経歴については多くの文献に記されているが、ここではとりわけ次のものを参照した。Fuller (1988); Caldwell (2000); Blavatsky (1966), pp. xxv-xlviii. Neff (1937)は、さまざまな当時の資料をもとに、ニューヨークに来る以前のブラヴァツキー夫人の旅の跡を推測している。

12—Olcott (1875a), p. 355.

13—ibid., pp. 357, 359.

14—Beard (1874a), p. 3.

15—カミーユ・フラマリオンは、スピリチュアリズムの研究に傾倒したフランスの天文学者。本書はアメリカとイギリスのスピリチュアリズムのみを扱っているため、フランスでのその展開については触れていない。フラマリオンを含むフランスでのスピリチュアリズムについては、日本語の文献で稲垣 (2007)がある。

16—Blavatsky (1874a), p. 873.

17—Beard (1874b), pp. 57-58.

18—Blavatsky (1874b), pp. 2-3.

19—このエルブリッジ・ブラウンからブラヴァツキーへの手紙は、Blavatsky (1966), pp. 45-46に転載されている。

20—Blavatsky (1874c), p. 149.

21—この時期のブラヴァツキー夫人の発言で少々気になることがある。前述の11月13日付『デイリー・グラフィック』紙に掲載されたインタビューで、彼女自身がスピリチュアリストになったきっかけを、1858年のパリでダニエル・ダングラス・ヒュームと知り合いになり、彼が自分を「スピリチュアリズムに改宗させた」と述べ、また彼の空中浮遊も見たことがあるとも述べている。Blavatsky (1874b), p. 90. だが、マイケル・ゴメスの指摘によれば、一方のダニエル・ダングラス・ヒュームは、1884年3月22日の『宗教＝哲学ジャーナル』誌で、1858年にブラヴァツキーと会ったことも彼女を見たこともないと述べている。また、ブラヴァツキー自身も1877年に英国スピリチュアリスト協会に贈呈された1874年11月19日付の『スピリチュアル・サイエンティスト』紙（この号には前述の『デイリー・グラフィック』紙のブラヴァツキー夫人のインタビューが転載されている）で、「ヒュームがわたしをスピリチュアリズムに回心させた」という箇所にアンダーラインを引き、「わたしは生涯で一度も、D. D. ヒュームにも彼の妻にも会ったことはない。わたしはこれまでの人生で30分間ですら、彼と同じ町にいたことはない」と書き込んでいる。Gomes (1987), p. 217, note 92を見よ。これらから判断すれば、ブラヴァツキー夫人とヒュームは実際には出会っていなか

pp. 49-50.

127—The Psychological Society of Great Britain (2009), pp. 8-11.

128—Luckhurst (2002a), p. 50.

129—The Psychological Society of Great Britain (2009), pp. 2-3.

130—Cox (1879). また、同書の補遺では、当時最先端だったフランスのヒプノティズムに関するジャン＝マルタン・シャルコーの神経学による実験についても報告されている。ibid., pp. 553-554. シャルコーとフランスのヒプノティズムについては、本書第9章で述べる。

131—この手紙は、Medhurst (1972), p. 239に掲載されている。

132—この手紙は、ibid., pp. 237-238に掲載されている。なおエリファス・レヴィは1861年の著書『大いなる神秘の鍵(*La clef des grands mystères*)』で、ダニエル・ダングラス・ヒュームがパリを訪れたことに言及している。レヴィ自身はヒュームのミディアムシップを直接目撃したわけではなく、「最も信頼できる筋から聞いた」と本人は述べている。レヴィによれば、ヒュームは自分と会うことを恐れ、避けていたとし、次のように述べている。「幻術師が学問の真の精通者を前にして覚えるこの種の恐怖は、オカルティズムの歴史において何も目新しいことではない」。ただし、レヴィはヒュームが引き起こすさまざまな現象を単なる詐欺だとは考えていない。レヴィはそのいくつかの現象をヒュームによる参加者に対する「催眠術」とし、いくつかの現象は「普遍的生命流体」「磁気を帯びた電気」によるものだと説明している。エリファス・レヴィ (2011), pp. 157-162, 200-201, 214, 233, 235を見よ。レヴィのスピリチュアリズムに対する見方については、McIntosh (1972), pp. 125-128も見よ。クルックスのオカルティズムへの傾倒については、Brock (2008), pp. 327-344を見よ。

【第7章】

1——こうした状況は英語圏でも同様である。Hanegraaff (2006a), p. 888を見よ。

2——レヴィ以前のoccultismeの使用については、Hanegraaff (1998); 384-385; Hanegraaff (2006a), pp. 337, 887を見よ。

3——Hanegraaff (1998), pp. 384-385; Hanegraaff (2006b), pp. 336-337.

4——Faivre (1994), pp. 7, 10-15. ただし、エソテリシズムが自立した領域として存在することを前提としたフェーヴルによる定義に対しては、「知の社会学」的な分析からの批判もある。Stuckrad (2005), pp. 9-10; Goodrick-Clarke (2008), p. 12を見よ。

5——実際の「オカルティズム」と「エソテリシズム」というふたつの語の用例を見るとわかるが、それらはしばしば混同され、ときにはほぼ同義語であるかのように無差別に使われていることが少なくない。さらに厄介なことにも、それはこの分野の部外者だけでなく、その実践者や信奉者たち、すなわち当事者自身においてもそうである。その混乱に対して、1970年代ごろから研究者のあいだで、このふたつの言葉の使用法の区別を明確に定義しようとする試みもある。その代表的なものに、社会学者エドワード・A. ティリアキアンが提出した「エソテリシズムは理論面、そしてオカルティズムはその実践面を指す」という明快な定義がある。Tiryakian (1974), p. 265. ティリアキアンの線引きは、前述のアントワーヌ・フェーヴルやミルチャ・エリアーデなどによっても受け容れられてはいる——たとえば、エリアーデが編集した『宗教事典』のフェーヴルによって書かれた「オカルティズム」の項目を見よ。Faivre (1987), pp. 36-40. だが、より最近の研究者たちからは批判も提出され、同意を得られているわけではない。というのも、そもそもエリアーデやフェーヴルによってエソテリシズムと分類されているものにも実践的側面があるし、逆にオカルティズムと分類されているものにも理論的側面がある。ティリアキアンの定義に対する批判については、Hanegraaff (1998), p. 422; Hammer (2004), p. 6を見よ。それに対して、宗教学者ヴァウテル・ハーネグラーフは、オカルティズムをエソテリシズス自身によるそれぞれの報告を参照した。エドワード・コックスの報告はCox (1879), pp. 446-450. クルックスの報告は、1875年3月12日付の『スピリチュアリスト』誌に掲載された。ここでは Medhurst and Goldney (1964), pp. 95-100に転載されているものを参照した。

96—ここでコックスが「ミディアム」という言葉を使わずに、「サイキック(psychic)」と呼んでいるのは、コックスはこの現象に関して、それを詐欺ではなく「本物」だと認めているものの、その原因として、亡くなった霊の介入を認めていないからだ。コックスは次のように述べている。「その媒体がなんであれ、それはたしかに死者の霊ではない。それは疑いなくわたしたちが目にして、話した、生きているサイキックによるものだ(あるいは彼女の分身)。もしそれが霊《スピリット》であれば、それは生きている人のスピリットであり、死者のではない」。Cox (1879), p. 450.

97—ibid., p. 449.

98—ibid., p. 499.

99—この実験に対するアンナが用いた可能性のあるトリックに関しては、その後、現代に至るまでさまざまな推測がなされている。たとえば以下のものを見よ。Podmore (1902b), pp. 158-159; Houdini (1924), p. 204n; Brookes-Smith (1965), pp. 26-31; Wiley (2005), pp. 157-179; Stein (1993), pp. 64-67; Christopher (1975).

100—アンナ・エヴァ・フェイについては、彼女の伝記Wiley (2005)を参照した。

101—ヘンリー・メルヴィル・フェイについては、ibid., pp. 85-110を参照した。

102—Houdini (1924), pp. 204-205.

103—ウォルター・フランクリン・プリンスによるこのインタビューは、1933年のボストン・サイキカル・リサーチ協会の機関誌に掲載されている。ここではWiley (2005), pp. 136-137に転載されているものから引用した。

104—Polidoro (2001), p. 177.

105—Wiley (2005), pp. 299-300.

106—ibid., pp. 309-310より引用。

107—Pearson (1924), p. 65.

108—ibid., p. 65.

109—ibid., p. 66.

110—この時期のヒュームについては、Mme. Home (1888), pp. 206-213; Lamont (2005), pp. 222-224を見よ。

111—このホームズからヒュームへの手紙は、Medhurst and Goldney (1964), pp. 57-58に掲載されている。

112—このクルックスからヒュームへの手紙は、Home (1877), pp. 224-225に掲載されている。

113—このホールからヒュームへの手紙は、Home (1878), p. 221に掲載されている。

114—Home (1877), pp. 217-218.

115—ibid., pp. 414-415.

116—ibid., p. 218.

117—Carpenter (1877), pp. 541-564. ヒュームの『スピリチュアリズムの光と影』へのカーペンターによる反応については、Lamont (2005), pp. 244-246も見よ。

118—Wallace (1877), p. 695, note 1.

119—このクルックス夫人からヒュームへの手紙は、Medhurst and Goldney (1964), pp. 121-122に掲載されている。

120—Mme. Home, p. 396から引用。

121—このクルックスからヒュームへの手紙は、Medhurst and Goldney (1964), p. 115に掲載されている。

122—Sidgwick and Sidgwick (1906), p. 290.

123—コックスの英国心理学協会については次のものを見よ。Richards (2001), pp. 33-53. サイキカル現象の研究の歴史を扱った著書や論文のなかでも、コックスの心理学、および英国心理学協会の意義について言及されることが少ない。だが、より最近の研究者によって、コックスの心理学の重要性に対する見直しも提議されている。たとえば、Luckhurst (2002a), pp. 47-51を見よ。

124—当時のイギリスの心理学の状況については、Richards (2001), pp. 33-34を参照した。

125—ibid., p. 41.

126—ibid., pp. 41, 52, note 28; Luckhurst (2002a),

ウォレスの次の著書に記されている。Wallace (1905b), pp. 328-329.
57—この手紙はKarl (1924), p. 63より。
58—この日の交霊会についてはクルックスによるメモもある。Medhurst (1972), pp. 207-209.
59—この手紙はibid., p. 64より。
60—以下のダーウィン家の交霊会については、Luckhurst (2002), pp. 37-38を参照した。
61—Cross (1885), p. 111.
62—Podmore (1902b), p. 80より引用。フランク・ポドモアやジョセフ・マッケーブのような懐疑的な論者は、この光の文字について、交霊会の終わりにかすかに燐の臭いを感じたという報告からして、単に「ふつうの黄燐マッチ」が用いられただけではないかとあっさり切り捨てている。ibid., (1902b), pp, 80-81; McCabe (1920), p. 56.
63—Podmore (1902b), pp. 81-82より引用。
64—Luckhurst (2002a), p. 37より引用。
65—Litchfield (1915), pp. 216-217.
66—Darwin (1887), p. 187.
67—Huxley (1901), p. 453.
68—ibid., pp. 453-454.
69—ibid., p. 455.
70—Darwin (1887), p. 187.
71—フランク・ハーンの暴露については、Medhurst and Goldney (1964), p. 50を参照。
72—ウィリアムズの暴露については、Podmore (1902b), p. 111を参照。
73—この手紙はMedhurst and Goldney (1964), pp. 58-59に掲載されている。
74—Wallace (1875), pp. 132-137.
75—Podmore (1902b), p. 96.
76—フローレンスはホームズ夫妻とも共同の交霊会を催している。たとえば、Fritz (1873), pp. 57-60を見よ。
77—Medhurst and Goldney (1964), p. 58.
78—ホームズ夫人の暴露の模様については、Brandon (1984), pp. 106-107を参照。
79—Medhurst and Goldney (1964), pp. 58-59.
80—メアリー・ロジーナ・シャワーズの略歴と初期の交霊会については、Podmore (1902b), pp. 99-102を参照。
81—Hall (1984b), p. 39.
82—Marryat (1891), p. 110.
83—ibid., pp. 108-109.
84—ibid., p. 110.
85—ibid., p. 110.
86—エドワード・コックスによるシャワーズの暴露の報告は、Hall (1984b), pp. 76-78に掲載されている。引用箇所はibid., pp. 77-78より。
87—ibid., p. 76.
88—ブラックバーンによるシャワーズの擁護は、Medhurst and Goldney (1964), pp. 110-112に掲載されている。引用箇所はibid., p. 112より。
89—Strutt (1968), p. 65. さらに同手紙でレーリー卿は、アーサー・バルフォアとともにジェンケン夫妻の家でミセス・ジェンケン（ケイト・フォックスの結婚後の名前）のラップ音による霊との交信を体験したが、そこでの質問に対する答えはすべてまちがっていたと述べられている。
90—このクルックスからダニエル・ダングラス・ヒュームへの手紙は、Medhurst and Goldney (1964), pp. 113-114に掲載されている。
91—このコックスからヒュームへの手紙は、Home (1877), pp. 326-329に掲載されている。引用箇所は、ibid., p. 328にある。このコックスの手紙では、そのふたりのミディアムが誰かは明記されていないものの、状況から考えてそのトリックを明かしたミディアムをメアリー・シャワーズだとみなしてまちがいないだろう。一方で「トリックの指導を求めた」ミディアムが誰かについては、前述のクルックスの手紙に記されていた「フェイ夫人」だと考えられる。フェイ夫人（アンナ・エヴァ・フェイ）については、本書で後述されるように、クルックスによって調査されたミディアムのひとりである。
92—Sargent (1881), pp. 104-105より引用。
93—Owen (2004), pp. 54-55.
94—以下の当時のアンナのパフォーマンスは、Christopher (1975), p. 170を参照した。
95—この実験については、コックスとクルックのオドを実験によって確証したと信じ、通常の電気や磁気とは異なる「未知の力」の存在を、その原因として想定した。ヴァーリーによると、実験を通して、彼の妻はライヘンバッハの感受性の強い被験者のように、「磁石、鉱物、クリスタル、人間から一様に発している同様の光」をしばしば見たと述べている。さらに、その後はダニエル・ダングラス・ヒュームやケイト・フォックスの交霊会に参加しながら、次第にスピリチュアリズムへの確信を深めていった。こうしたヴァーリーのメスメリズムとの関わりからスピリチュアリズムに向かっていく過程については、ロンドン弁証法協会への本人自身の寄稿で述べられている。The London Dialectical Society (1871), pp. 157-172.

37—1874年3月20日付の『スピリチュアリスト』誌へのヴァーリーの実験結果の寄稿は、Stephenson (1966), pp. 364-371に転載されているものを参照した。ヴァーリーの実験についての評価にはさまざまな意見がある。たとえば次のものを見よ。Podmore (1902b), pp. 156-157; D'Albe (1923), pp. 232-234; Houdini (1924), p. 204n.; Brookes-Smith (1964), pp. 26-31; Broad (1965), pp. 158-172; Stephenson (1966), pp. 363-419; Hall (1984b), pp. 47-53.

38—この『スピリチュアリスト』誌へのクルックスの寄稿は、Medhurst (1972), pp. 132-136に転載されているものを参照した。

39—ibid., pp. 135-136.

40—この『スピリチュアリスト』誌へのクルックスの寄稿は、ibid., pp. 137-141に転載されているものを参照した。

41—ibid., p. 139. 残念なことにも、クルックスの撮影したケイティ・キングのオリジナルの写真は、彼の死後、破棄されている。このことについてはHall (1984b), p. 40, note 3を見よ。

42—ibid., p. 140.

43—実際、クルックスによるフローレンスの実験に参加したチャールズ・モーリス・デイヴィーズは、共謀の可能性として使用人の少女に疑いを投げかけている。Davies (1875), p. 318.

44—Medhurst (1972), p. 138.

45—ibid., p. 141.

46—ibid., p. 139. なお、クルックスがケイティと恋人関係にあった可能性を示唆する意見もある。Hall (1984b), pp. 172-173; Brandon (1984), pp. 123-124. だが、その証拠がはっきりとしていないことから、それに反対する意見もある。Medhurst and Goldney (1964), p. 57.

47—ibid., pp. 138-139.

48—ibid., p. 140.

49—ibid., pp. 140-141.

50—Glass (2006), p. 136. このときクルックスは、ティンダルとのあいだで交わされたスピリチュアリズムに関する会話を、12月6日の日記に次のように記している。「ティンダルはわたしが進めていくつもりなのかどうかを尋ねてきた。彼がその主題について話すことを明らかに求めているように思われたので、そうだと答え、わたしはできるかぎり熱意を込めて自分が見た現象を、ただし物理的な動きだけに限定して彼に語った。最初、彼は冷やかした調子でやり過ごそうとしたが、まもなくハギンズがやって来た。この団結は彼にとってあまりにも強烈だったようだ。彼はこれらのことを自分の目でぜひとも確かめたいと言った」。このクルックスの日記は、D'Albe (1923), pp. 141-142に掲載されている。

51—クルックスの研究の二重性が同一の動機にもとづいていることに関しては、次のものを見よ。Oppenheim (1985), pp. 352-354; Luckhurst (2002a), pp. 35-36; Brock (2005), pp. 213-229.

52—このクルックスの日記は、D'Albe (1923), pp. 170-171に掲載されている。

53—このクルックスからボートレロウへの手紙は、ibid., pp. 196-198に掲載されている。

54—Darwin (2006), p. 691.

55—Marchant (1916a), pp. 243-244.

56—ウェッジウッドもハクスビーという男性ミディアムが出現させた「アブドゥラ (Abdullah)」と名乗る東インド人の霊の物質化を目撃している。ウェッジウッドの参加した交霊会の模様は、たヘンリー・チャイルド著の『ジョンとケイティ・キングとして一般に知られているヘンリー・モーガン卿と彼の娘アニーの霊の物語――彼らの地上での生活と200年におよぶ霊としての生活のなかでの体験の伝えられた記録』では、モーガンの霊、すなわちジョン・キングが、当時のスピリチュアリストによってどのような存在にとらえられていたのかを最も詳細に伝えている。Child (1874a). だが、この本のなかでのジョン・キングが語っている物語と、実際の知られている歴史上のモーガンについての情報とのあいだには食いちがう点がいくつかある。たとえば、こちらのヴァージョンでのジョン・キングは、1659年にロンドンでケイティ・ランバートという名前の女性と結婚したと述べているが、歴史上の記録ではジャマイカのポートロイヤルの副総督の娘と結婚している。また、こちらのヴァージョンでのジョン・キングには、ケイティ・キングことアニー・モーガンという娘がいるが、歴史上の記録では子供はいない。すなわち、ケイティ・キングは通常の史実のうえでは存在しない。また、ジョン・キングの語るストーリーは、こうした地上を生きていた時代だけでなく、1688年に肉体を離れ、霊界の住人となってからの活躍にまでおよぶ。ジョン・キングによると、霊になった彼は、地上のさまざまなできごとに人知れず大きな影響を与えている。たとえば1690年ごろのセーレムの有名な魔女裁判は、彼の引き起こした超自然的なできごとが原因だった。また、独立戦争から合衆国成立までのアメリカ革命にも影響を与え、イギリスの拘束から独立するための戦争をフランクリンらとともに計画した。また、クーンズ家における霊の楽団の騒ぎを煽動したのも自分だったとジョン・キングは述べている。また、ジョン・キングの娘のケイティは、まさに天使のように幼い子供が理想化された姿として物語のなかで描かれている。たとえば、ジョン・キングは娘の汚れのない美点を絶賛しながら次のように述べている。「あなたがたは神や人間をより高次へと導く偉大な霊の力について語るかもしれない。だが、純粋で無垢な子供の愛に匹敵するほどの力をわたしはほかに知らない」。ibid., p. 23. そしてケイティ自身も、自分の聖なる目的は物質化と啓示を通して、霊的進化へと人間を誘うことにあると述べている。ジョン・キングとモーガンの違いについては、Lehman (2009), pp. 152-156も見よ。

26―この『スピリチュアリスト』誌への寄稿は、D'Albe (1908), pp. 220-233に転載されているものを参照した。

27―ibid., p. 221.

28―ibid., p. 224.

29―『ソーシャル・レヴュー』誌へのジョージ・フレイザーによる寄稿は、Fritz (1873), pp. 65-67に転載されているものを参照した。

30―Davies (1875), pp. 310-311. また、ケイティの顔とフローレンスの顔の類似性をはじめ、「霊の顔」の疑惑に対して提出された当時のほかのさまざまな意見についてはHall (1984b), pp. 14-21を見よ。

31―キャサリン・ベリーの1873年3月28日付の『ミディアム・アンド・デイブレイク』誌への寄稿は、彼女自身の著書Berry (1876), pp. 116-119に掲載されているものを参照した。引用箇所はibid., p. 116.

32―この一件については、Podmore (1902), p. 103; Hall (1984b), pp. 27-31; Owen (2004), pp. 66-67を参照した。

33―Hall (1984b), pp. 31-32.

34―この『スピリチュアリスト』へのクルックスの寄稿は、Medhurst (1972), pp. 130-133に転載されているものを参照した。引用箇所はibid., p. 130.

35―ibid., pp. 131-132.

36―もともとメスメリズムに傾倒していたヴァーリーは、彼自身「ヒーリング・パワー」があり、ほぼ絶望的な健康状態にあった妻をメスメライズし、回復へ導いたという。スピリチュアリズムへの関心を持ったのも早く、1850年ごろには、ラップ音やテーブル・ターニングの原因を電気によって説明しようとする当時流行した考えを却下している。そして、ライヘンバッハ

2—この時期にモーゼスが訪れたミディアムとして、ロッティ・ファウラーとチャールズ・ウィリアムズがいる。ファウラーのミディアムシップについては、たとえばFritz (1873), pp. 166-172に記録がある。チャールズ・ウィリアムズについては、本章と次章でのちに触れる。また、1872年の春から徐々にモーゼスがミディアムシップを目覚めさせるまでの過程は、スピア夫人による簡潔な記録がある。その記録は、Myers (1893), pp. 283-284に掲載されている。

3—Moses (1898), pp. xii-xviii.

4—Myers (1893), pp. 284-286.

5—ibid., p. 261.

6—ibid., pp. 294-295.

7—モーゼスが引き起こした初期の物理現象に対しては懐疑的な見解もある。たとえば、Podmore (1902b), pp. 280-281を参照。

8—モーゼスを支配していた霊については、Trethewy (1923), pp. 21-23を見よ。

9—Moses (1898), p. 11.

10—ibid., pp. 20-21.

11—Gauld (1968), p. 78.

12—M. A. (Oxon) (1880), p. 14.

13—キリスト教とスピリチュアリズムの関係、およびスピリチュアリズムが代替宗教としての役割を期待されたことについては、次のものを見よ。Oppenheim (1985), pp. 59-110; Byrne (2010).

14—ケイトのリヴァモアとの交霊会での全身物質化については、Owen (1872), pp. 482-501; Sargent (1869), pp. 56-79にリヴァモア自身の日記からの引用を含んだ記述がある。また、Weisberg (2004), pp. 199-203も見よ。

15—Owen (1872), p. 484.

16—ibid., pp. 485-486.

17—ibid., p. 486.

18—Sargent (1869), p. 59.

19—Owen (1872), p. 488.

20—ibid., p. 489.

21—ibid., pp. 490-491.

22—Sargent (1869), p. 71.

23—このの5の1871年にイギリスに渡ったケイトがクルックスの実験に参加したことは前述したが、その際はこの新たなレパートリーである全身物質化をおこなった記録はない。

24—フローレンスの初期におけるミディアムシップの発達について詳しくは、Hall (1984b), pp. 1-32; Owen (2004), pp. 42-51を見よ。基本的にフローレンスの交霊会は、ダニエル・ダングラス・ヒュームのように無料で開催されていた。代わりに彼女の生活を支えていたのは、1870年に設立されたスピリチュアリストの団体である「スピリチュアリズム調査のためのドーストン・アソシエーション」のメンバー、チャールズ・ブラックバーンからの金銭的援助だった。また、ブラックバーンは『スピリチュアリスト』誌を出版するための出資者でもあったため、同誌のコラム欄は、つねにフローレンスの驚くべきミディアムシップの話題で飾られていた。フローレンスの名がイギリスのスピリチュアリストのあいだで広く知れ渡るようになっていったのは、このブラックバーンや『スピリチュアリスト』の後ろ盾があったからこそである。それに対して、ライバル誌の『スピリチュアル・マガジン』からは、「スピリチュアリスト」という雑誌名を「ミス・フローレンス・クック・ジャーナル」にでも変えるべきではないかと皮肉られるほどだった。Hall (1984b), p. 8.

25—1870年代半ばのミディアムたちのあいだでは、ジョン・キングの正体は17世紀に活躍した実在の海賊ヘンリー・オーウェン・モーガンの霊だとされ、その身元についての共通了解が形成されていった。ちなみに現実の歴史の記録によると、1635年ウェールズ生まれのヘンリー・オーウェン・モーガンは、1660年代から1670年代にかけてスペイン船への海賊行為で富をなし、1674年にはイギリス領ジャマイカの副総督、さらに1688年の死までの数年間は同地の総督を務めた人物である。こうした歴史上の人物としてのモーガンは、1670年代前半は野蛮な海賊行為をはたらいていたと見られている。Lehman (2009), p. 157を見よ。また、1874年に刊行され

129—Wallace (1872), pp. 363-364. タイラーとウォレスのあいだの対立について詳しくは次のものを見よ。Kjærgaard (2004), pp. 217-219.
130—このクルックスの『クォータリー・ジャーナル・オブ・サイエンス』誌への寄稿は、Medhurst (1972), pp. 34-60に転載されているものを参照した。
131—ibid., p. 34.
132—ibid., pp. 35-36.
133—ibid., p. 36.
134—ibid., p. 36.
135—ibid., p. 37.
136—Anon. (1871), p. 328.
137—ibid., p. 343.
138—ibid., pp. 345-346.
139—『クォータリー・ジャーナル・オブ・サイエンス』誌へのこのクルックスの寄稿は、Medhurst (1972), pp. 61-92に転載されているものを参照した。
140—ibid., p. 63. クルックスは、この会話については正確な言葉ではなく、「あらまし」だと述べている。
141—ibid., pp. 73-74.
142—ibid., p. 64.
143—ibid., p. 65.
144—Earwaker (1871). p. 358.
145— Cox (1872), pp. viii, ix. 第2版の序文より。
146—このクルックスの『クォータリー・ジャーナル・オブ・サイエンス』誌への寄稿は、Medhurst (1972), pp. 106-129に転載されているものを参照した。
147—ケイトの結婚については次のものを見よ。Jackson Jr.(1972), pp. 183-184; Weisberg (2004), pp. 222-224.
148—Medhurst (1972), pp. 112-113.
149—ibid., pp. 111-118.
150—ibid., pp. 109-110.
151—ibid., pp. 127-128.
152—ibid., p. 129. ここでクルックスが述べている「心理学協会」は、のちにエドワード・コックスが設立する「英国心理学協会（Psychological Society of Great Britain）」のこと。同協会については次章で述べる。
153—フローレンス・クックの年齢は、クルックスの記録では15歳と記されている。だが、ゴードン・スタインによると、フローレンス・クックの出生の記録は1856年6月3日であることから、1873年のその時点ではすでに17歳となっていた。Stein (1993), p. 29.『スピリチュアリスト』誌へのこのクルックスの寄稿は Medhurst (1972), pp. 132-136に転載されているものを参照した。
154—ibid., p. 133. 本章、および次章でも引き続き見ていくクルックスとスピリチュアリズムとの関わりについては多くの文献で論じられているが、ここではとくに次のものを参照した。D'Albe (1923), pp. 174-239; Medhurst and Goldney (1964), pp. 25-156; Hall (1984a), pp. 53-81; Hall (1984b), pp. 33-53, 88-108; Oppenheim (1985), pp. 338-354; Braude (1986), pp. 85-108; Stein (1993), pp. 51-56, 93-98; Luckhurst (2002a), pp. 32-36; Noakes (2002), pp. 140-148; Lamont (2005), pp. 200-220; Brock (2008), pp. 119-152.

【第6章】

1——モーゼスの経歴に関する情報源としては、まず1883年に刊行されたモーゼスの著書『霊の教え』の1894年以降のメモリアル・エディションに追加された、カールトン・テンプルマン・スピアが書いた伝記がある。Moses (1898), pp. v-xxii. また、Myers (1893), pp. 245-353には、モーゼスの経歴とともに、モーゼスの生前に未発表だった覚書やモーゼスの親しい友人たちの証言などが含まれている。モーゼスの『霊の教え』は古くから邦訳が刊行されているため、この時代のミディアムとしては日本で最も知名度の高いひとりである。1937年刊、浅野和三郎訳解『霊訓』霊科学研究会出版部。1985年刊、近藤千雄訳『霊訓』国書刊行会。1987年刊、近藤千雄訳『インペレーターの霊訓：続「霊訓」』潮文社。1988年刊、桑原啓善訳『霊訓　続』土屋書店。

95—ibid., pp. 3-5.
96—ibid., pp. 5-6.
97—この委員会の報告書に関して、ウォレスがのちに述べていることによれば、委員会の33人のメンバーのうち、最初からその現象が現実のものだと信じていたのは8人、さらに「霊の理論」を受け容れていたのはたったの4人だった。だが、分科会での調査のあいだに、きわめて懐疑的だった人のうちの少なくとも12人が物理的現象の多くを現実のものだと確信するようになった。また、元懐疑論者のうちの少なくとも3人がそのあとも委員会と別に調査し、やがてスピリチュアリストになった。Wallace (1875), pp. 184-185.
98—The London Dialectical Society (1871), p. 9. この第一分科会の結論は「物体とのあいだにどんな接触あるいは物理的連係もなしに」と述べられている（個々の実験の記録においても何度もそれが強調されている）が、これはもちろん前述したファラデーによるテーブル・ターニングの実験結果に対しての反証を意識してのことである。
99—ibid., p. 46.
100—ibid., p. 50. こうした委員会による個々の報告書を見ていくと、委員会のまとめとして提出された肯定的な結論とは異なり、否定的な結果に至ったものがあることもわかる。
101—ibid., pp. 47-50.
102—また、エドマンズとブラッドローは、先ほど引用した委員会の報告書のまとめに対して明らかな不同意を申し立てている。委員会に宛てたエドマンズからの異議はibid., pp. 50-80に、また、ブラッドローからの異議はibid., p. 279に掲載されている。
103—Mme. Home (1888), pp. 276-277.
104—ibid., p.277.
105—このクルックスからティンダルへの手紙はMedhurst (1972), pp. 232-234より。
106—この寄稿はibid., pp. 15-21に掲載されているものを参照した。
107—ibid., p. 15.
108—De Morgan (1863), pp. xli-xliii, 19-20.
109—ibid., pp. v-vi.
110—Medhurst (1972), p. 16.
111—ibid., p. 16.
112—ibid., p. 16.
113—このド・モルガンの『アセニーアム』誌への寄稿は、De Morgan (1882), p. 192に転載されているものを参照した。
114—Wallace (1875), p. 50.
115—このクルックスの『クォータリー・ジャーナル・オブ・サイエンス』誌への寄稿は、Medhurst (1972), pp. 22-31に転載されているものを参照した。
116—エドワード・ウィリアム・コックスは前述のロンドン弁証法協会の委員会のひとりでもあった。ちなみに、第4章で述べたダニエル・ダングラス・ヒュームがロンドンに滞在したコックス・ホテルのオーナーのウィリアム・コックスとはまったくの別人である。
117—ibid., p. 25.
118—ibid., p. 27.
119—ibid., p. 28.
120—ibid., p. 22.
121—コックスからクルックスへの手紙はibid., pp. 32-33に掲載されている。
122—ハギンズからクルックスへの手紙はibid., p. 31に掲載されている。
123—ストークスからの辞退の手紙は、1871年10月1日の『クォータリー・ジャーナル・オブ・サイエンス』誌へのクルックスの寄稿「サイキック・フォースへの追加実験」に掲載されている。ここでは ibid., p. 41-42に転載されている同論文を参照した。
124—ibid., p. 43.
125—ibid., p. 45. こうしてストークスの疑いに対して返答されたものの、最終的にクルックスの論文は英国王立協会に受理されることはなかった。
126—Stewart (1871), p. 237.
127—Tylor (1871), p. 142.
128—Tylor (1872), p. 343.

は、それぞれFaraday (2008), pp. 221-223, 228-229に掲載されている。

63—サンデマン派の教えがいかにファラデーの思想や科学に対する姿勢に大きな影響を与えていたかについては、Cantor (1991)を見よ。

64—イギリスの科学が地質学の進歩とともに宗教と分離していく状況については、松永(1996)を見よ。

65—Turner (1974), p. 12.

66—Tyndall (1874), p. 61.

67—Stewart and Tait (1875), pp. vii-viii.

68—Tait (1872), pp. 4-5.

69—Wallace (1905a), pp. 87-88.

70—ibid., pp. 227-228.

71—ibid., p. 228.

72—ウォレスの「精神」に対する考えかたは、すでに述べた彼のフレノメスメリズムへの傾倒と関係していることはまちがいない。たしかにフレノメスメリズムは、なんらかの流体の仮定、および頭蓋の形状という原理的には計測可能な基盤があると示して見せる点では経験的で物質主義的な科学の装いを持っている。だが、一方で、それらは「精神」を単に脳の随伴現象とみなすのではなく、「精神」をそれとは独立したものと解釈する余地を残していた。

73—1868年にウォレスが書いたが、掲載されなかった『ペル・メル・ガゼット』への寄稿。Turner (1974), p. 88より引用。

74—Wallace (1896), pp. 115-116.

75—ibid., p. 116.

76—ibid., p. 116.

77—ibid., pp. 116-117.

78—ibid., pp. 117-118.

79—ibid., pp. 120-121.

80—ibid., p. 124.

81—Marchant (1916a), p. 55.

82—Wallace (1869), p. 597.

83—ibid., pp. 597-598.

84—Wallace (1896), p. 221.

85—ibid., p. 224.

86—ibid., pp. vii, 228.

87—ibid., pp. 228-229.

88—当時のスピリチュアリストたちの科学好みについては、たとえば次のものを見よ。Oppenheim (1985), pp. 199-203.

89—ウォレスとスピリチュアリズムの関わりについては次のものも見よ。Turner (1974), pp. 68-103; Oppenheim (1985), pp. 296-325; Fichman (2004), pp. 139-210.

90—The London Dialectical Society (1871), p. vi.

91—引用はDyte (1869)より。

92—ハクスリーからの辞退の手紙はibid., pp. 229-230に掲載されている。また、同手紙のなかでハクスリーは、自分自身が調査する機会を得た「スピリチュアリズム」に関する唯一のケースは「粗雑な詐欺」以上のものではなかったとも述べている。すでにハクスリーは、1850年代初頭にマリア・B. ヘイデンが渡英した際、弟ジョージの家で開催された交霊会に一度参加している。Huxley (1901), p. 451を見よ。ルイスからの辞退の手紙もThe London Dialectical Society (1871), p. 230に掲載されている。ちなみに、ルイスはすでにマリア・B. ヘイデンの交霊会に参加し、そのときの体験を1853年3月12日の『リーダー』誌に寄稿している。ヘイデンの交霊会に参加する前のルイスは、ミディアムが質問者のようすを見ながら求めている答えを与えているにすぎないと考えていた。そこでルイスは「ハムレットの父の幽霊は7つの鼻を持っていたか?」のような馬鹿げた質問に対して馬鹿げた答えを返してくるように、わざとそうさせる態度を取った。その結果、霊との会話はきわめて馬鹿ばかしい会話になった。Podmore (1902b), p. 5を見よ。

93—The London Dialectical Society (1871), pp. 1-2.

94—ibid., pp. 2-3. 実際に集められた証言のなかには、これらに加えて「トランス・スピーキング」「ヒーリング」「自動筆記」「閉ざされた部屋に花や果物が出現する」「空中での声」「クリスタルやガラスのなかのヴィジョン」「人体の伸長」などに関する報告も含まれている。ibid., p. 5.

なるのは、「ミディアムがそこで詐欺をはたらく可能性」を防ぐための「周到で油断のない観察をもって施行されたわけではなかった」ことだ。「ヘアがその不可欠さを認識し、あるいはトリックに対して警戒するためのあらゆる手順をとっていたという形跡はない」。それゆえそこには「科学的調査と呼ぶに値するものは何もなかった」とポドモアは結論づけている。Podmore (1902b), pp. 234-235. ロバート・ヘアとスピリチュアリズムの関わりについては、Hazen (2000), pp. 65-112; Cox (2003), pp. 146-151, 155-161; Gutierrez (2009), pp. 56-61も見よ。

50—この両者の手紙はいずれもウォレスの書簡集Marchant (1916b), pp. 187-188に収められている。

51—たとえば、「無神論(atheism)」VS「有神論(theism)」および「汎神論(pantheism)」、「唯物論(materialism)」VS「観念論(idealism)」のように、対立するどちらの立場もそもそも証明することのできない単なる「信条」でしかない場合、それらを無前提に受け入れることを拒否し、どちらにも与することのない態度を取ることをハクスリーは「不可知論」と呼んだ。彼自身が言うには、あくまでそれはデイヴィッド・ヒュームやイマニュエル・カントらの知的立場に沿った立場だった。Huxley (1898), pp. 237-238を見よ。

52—ヴィクトリア時代後期の科学と宗教の関係を論じるなかで、フランク・ミラー・ターナーは不可知論について次のようにまとめている。「第一に不可知論は、実際上の科学的研究において、ある種の形而上的な残余物を消し去るための手段となった。これは心理学においてとくに当てはまる。そこではその分野を実証科学へと変えていきたいと思っていた人々を『魂(soul)』のような形而上的な用語が悩ませていた。〔中略〕確かめようのない形而上的な虚構が消えたあとではじめて、意味のある真実の答えられる問いの提示が可能になった〔中略〕。第二に〔中略〕不可知論(agnosticism)自体が知の理論以上に文化的立場をよりはっきりと表している。宇宙が物質的か霊的か、あるいは神によって支配されているかどうかを決めるための十分な知識が人間には欠けていると主張することによって、不可知論はそのような問いについての答えに頼る文化、および文化的価値観を拒否した。不確かなもの、あるいは答えることのできない問いと彼らがみなしたことに対してのあり得ない答えの上に形作られた文化を彼らは拒否した。これらの問いと答えは、新たな自然〔科学的自然主義が想定した自然〕のなかにいかなる場所も持たなかった。そこでは客観的方法の『慎重な検証』に従う問題と知識だけが考慮することを許された」。Turner (1974), pp. 21-22.

53—Xクラブについては次のものを参照した。Barton (1998), pp. 410-444; Luckhurst (2002a), pp. 13-14.

54—この寄稿はTyndall (1905b), pp. 467-475に掲載されているものを参照した。

55—ibid., pp. 467-468.

56—ibid., p. 469.

57—ibid., p. 469.

58—ibid., p. 470.

59—ibid., pp. 471-473.

60—このティンダルの報告に対して、その日の交霊会のホストだったニュートン・クロスランドは1873年に出版した著書で異議をはさんでいる。そこでクロスランドは、「最初の場合、概してそうであるように、その結果は不十分で満足できるものではなかった」とその日の交霊会の失敗を認めつつも、ティンダルが書いたことは「彼の訪問の不正確な報告」だったと述べている。さらにクロスランドは「わたしは彼の記述への反論を送ったが、もちろんわたしの手紙に注意が払われることはまったくなかった」とも述べている。Crosland (1873), p. 24. しかしこの「反論」がどのようなもので、ティンダルの「報告」のどこが「不正確」かについて具体的なことは、クロスランド自身がそこでは何も述べていない。

61—Tyndall (1905b), pp. 474-475.

62—ここでのクラークとファラデー双方の手紙

その一方でその現象はたしかに本物であるとして、説明のためにメスメリズムの流体やオド、「神経電気」などの媒体を用いる論のふたつに分かれた。だが、いずれの立場においても、その原因を霊の仕業だとみなすことについて反対する点では一致していた。Podmore (1902b), pp. 11-12; Crabtree (1993), pp. 248-249を見よ。

31—Mahan (1855), pp. iv-vii.

32—この、ブレイドがラフォンテーヌの実演を最初に目撃したときのようすとその後の調査については、マンチェスターのオーウェンズ大学で自然史教授を務めるウィリアム・クロフォード・ウィリアムソンによる報告がBramwell (1903), pp. 465-467に掲載されている。また、ジェイムズ・ブレイドについて詳しくは次のものを見よ。Gauld (1992), pp. 279-288; Crabtree (1993), pp. 155-162; Forest (2000), pp. 193-212.

33—Braid (1843), p. 17.

34—ibid., pp. 12-13.

35—ibid., pp. 27-28.

36—ibid., p. 32.

37—Braid (1846).

38—ファラデーの『タイムズ』紙への寄稿は、Faraday (1991), pp. 382-385に転載されているものを参照した。

39—Faraday (1991), p. 382.

40—カーペンターの同講演は、Carpenter (1889), pp. 169-172に掲載されているものを参照した。引用箇所はibid., p. 172. カーペンターの観念運動作用によるテーブル・ターニングの説明については次のものも見よ。Crabtree (1993), pp. 255-256; Winter (1998), pp. 287-290.

41—このファラデーの実験は、1853年7月2日の『アセニーアム』誌に掲載された。ここではFaraday (1991), p. 385-391に転載されているものを参照した。

42—この手紙はHare (1855), pp. 36-37に掲載されている。引用箇所はp. 37より。

43—同寄稿のなかでヘアは次のように述べている。「テーブルのまわりに座るのが、6人ないし8人、あるいはそれが何人であろうと、電流を作り出すことは絶対に不可能だというのがわたしの意見である。もっと言えば、仮に適切な装置によって電流が作り出され、それがどんなに強力であっても、それがテーブル・ターニングを生み出すことは不可能だとわたしは確信している。〔中略〕仮にこれまで電気装置の力が作り出したすべての力がひとつの電流として集められたとしても、かくのごとくテーブルを動かしたり、別なやりかたで影響をおよぼすための力となることはない」。この寄稿は、ibid., pp. 35-36に転載されている。

44—ibid., pp. 40-41.

45—ibid., p. 49. ヘンリー・C. ゴードンのミディアムシップについては、Brittan and Richmond (1853)に当時のいくつかの報告が含まれている。また、ゴードンには、ダニエル・ダングラス・ヒュームと同様にみずからを空中浮遊させた報告も残っている。また、ゴードンは第3章の最初で触れたフェルプス家で、霊によって書き記された文字の解読もおこなっている。Capron (1855), p. 154を見よ。

46—Hare (1855), p. 133.

47—そこに出席していた科学者たちから、スピリチュアリズムという論題そのものが歓迎されたわけではなかった。それにもかかわらず、ヘアの発表が許されたのは、「単に彼の年齢に対する敬意と科学者としての名声」のゆえだった。実際のところ、協会がのちに出版した議事録からはヘアの記事が削除された。ヘアの伝記Smith (1917), p. 482を見よ。

48—Hare (1855), p. 16.

49—フランク・ポドモアはヘアの実験を次のように評している。「たとえわれわれがヘア教授の能力に最大限の信頼を持っていたとしても、最も厳しい予防措置をもって実行されることのないこの種の実験がなんら重要なものをもたらさないことは明らかだ」。ここでポドモアが述べている「最も厳しい予防措置」というのは、もちろんミディアムによる介入を防ぐための措置である。ポドモアが言うには、ヘアの実験装置自体は「不適切な装置ではなかった」。だが問題とていた。実際、エリオットソンの主要な研究結果は先端的な治療方法の発見に到達した。枯草熱(こそうねつ。花粉症の旧称)の原因としての花粉の発見、甲状腺腫のヨード処理、シアン化水素とキニーネなどのいくつかの医薬品の適正な使用方法の提唱など。また、フランスのルネ・ラエネックが1819年に発明した聴診器をイギリスで最初に使用したのもエリオットソンだった。こうしたエリオットソンの新しいものへの関心は生理学の分野にまでおよび、ドイツの解剖学者で生理学者のヨハン・フリードリヒ・ブルーメンバッハの著書の英訳『生理学の原理(*Institutions of Physiology*)』を1817年に出版し、さらに1824年には「ロンドン・フレノロジカル協会」の初代会長に就任する。生理学にも関心を持ったエリオットソンにとって、フレノロジーが示唆した脳機能の局在論への興味は、きわめて自然なことだった。1830年代のロンドンにおける科学と医学をめぐる伝統派と改革派の対立に関しては、次のものを見よ。Winter (1998), pp. 33-40; Desmond (1989), pp. 101-151.

16—Anon. (1841), p. 5.

17—ラフォンテーヌについては次のものを見よ。Gauld (1992), pp. 203-204; Winter (1998), pp. 112-113.

18—スペンサー・ホールについては次のものを見よ。Winter (1998), pp. 130-135; Gauld(1992), pp. 204-205.

19—Gauld (1992), p. 205.

20—この手紙は、『ゾイスト』誌のエリオットソンによる論文に収録されている。Elliotson (1850), pp. 300-303. 引用はibid., p. 302より。マーティノーのメスメリズムとの関わりは次のものも見よ。Willburn (2006), pp. 81-84.

21—Wilson (1839), p. 8.

22—ライヘンバッハのオドについては次のものを参照した。Podmore (1902a), pp.117-119; Podmore (1909), pp. 156-160; Gauld (1998), pp. 228-231; Winter (1998), pp. 277-281.

23—Gregory (1851), p. xv. グレゴリーは同書でodをodyle(オディール)と訳している。当時オドに注目したのは、グレゴリーのようなメスメリズム支持者だけではなかった。むしろメスメリズムに敵対する科学者においても、その発見は話題になった。ちょうどマイケル・ファラデーがいわゆる「光の電磁波説」の着想を発表したのは、ライヘンバッハの論の6か月後のことだった。すなわち、かつて別々のものと考えられていた光と磁気、さらには電気や熱、その他の化学作用などの自然の諸力のあいだにある相互関係について熱心に研究を進めていた科学者のなかには、オドがそれらに対する手がかりを与える発見、あるいはそれらを統一する未知の媒体である可能性を考える者もいた。詳しくはWinter (1998), p. 280を見よ。

24—Elliotson (1844), p. 478.

25—アレクシー・ディディエについては、次のものを見よ。Podmore (1902a); 143-148; Podmore (1909), pp. 172-174; Gauld (1992), pp. 235-239; Winter (1998), pp. 143-145.

26—Podmore (1909), p. 4.

27—Bennett (1851), p. 5.

28—テーブル・ターニングの広まりについて詳しくは、次のものを見よ。Podmore (1902b), pp. 3-21; Winter (1998), pp. 262-266.

29—Pearsall (1972), p.29.

30—たとえば、1853年5月5日の『ナショナル・ミセレニー』誌の記事は、テーブル・ターニングについて「とても興味深く、現時点では説明できない」と延べ、その原因として「磁気」「電気」「ガルヴァーニ電流」「ライヘンバッハのオディール(odyle)」とのつながりを示唆している。Anon. (1853), p. 132. 不可視の媒体による当時のテーブル・ターニングに対する説明について詳しくは次のものを見よ。Podmore (1902b), pp. 10-11; Crabtree (1993), pp. 245-252. ところで、ジョン・エリオットソンをはじめとするメスメリストたちのテーブル・ターニングに対する反応はどうだったのか。『ゾイスト』誌でも、1853年から1855年までのあいだ、テーブル・ターニングについての多くの記事や論評が掲載された。そこではそれを単なる欺瞞とみなす論、

【第5章】

1──Wallace (1905a), pp. 231-232.

2──ibid., p. 235.

3──ibid., pp. 233-234.

4──Wallace (1896), p. x.

5──ibid., pp. 131-132.

6──ibid., p. 12. ウェストケンタッキー大学のサイエンス・ライブラリアン内のチャールズ・H. スミスによる「Alfred Russel Wallace」http://people.wku.edu/charles.smith/wallace/S118A.htm も見よ。

7──Britten (1884), p. 125.

8──アメリカと同様にイギリスでも18世紀末の段階ですでにメスメリズムは伝来している。まず、1784年のフランス王立科学アカデミーの委員会によるメスメリズムの調査結果の一部の英訳が、同年の『ジェントルマンズ・マガジン』に掲載され、さらに翌年には全訳が『ベンジャミン・フランクリン博士と他の委員たち(*Dr. Benjamin Franklin and other Commissioners*)』と題され出版されている。また、ちょうど同じころ、イギリスでの最初のメスメリストたちの活動もはじまっている。パリの「哲学的調和協会」のメンバーだったジョン・ベルがイギリスに帰国し、1785年ごろからロンドン、ダブリン、ブリストル、チェルトナム、グロスター、ウースター、ウルバーハンプトンなどを巡回しながら講演をおこなった。さらに1787年、J. B. ド・メノーデュがフランスから渡英し、パリの調和協会をモデルとした学校を作り、メスメリズムの指導をはじめた。だが、こうしたイギリスでのメスメリズム最初期における広がりは、1790年をピークに減衰していく。なぜならメスメリズムの本拠地フランスが、革命の動乱によってその活動を停止させるにともない、イギリスのメスメリズムも活気を失っていったからだ。イギリスでのメスメリズムの再活性化は、ジャン=フィリップ・フランソワ・ドゥルーズ、ファリア神父、アレクサンドル・ベルトランなどのフランスの新世代メスメリストたちが登場するあとのこととなる。イギリスにおけるこの時期のメスメリズムの受容に関して詳しくは次のものを見よ。Podmore (1909), pp. 122-126; Gauld (1992), pp. 197-199; Forest (2000), pp. 125-132.

9──チェネヴィックスについては、Podmore (1909), pp. 124-125; Gauld (1992), pp. 198-199; Forest (2000), pp. 130-132を見よ。

10──Elliotson (1835), pp. 684-685. デュポテについては、Gauld (1992), pp. 199-200; Winter (1998), pp. 42-49; Forest (2000), pp. 138-140を見よ。

11──エリオットソンについては、Podmore (1909), pp. 126-134; Gauld (1992), pp. 199-203; Winter (1998), pp. 73-78; Forest (2000), pp. 136-168を見よ。

12──このときの実験については1838年9月1日の『ランセット』誌に掲載された。Wakley (1838a); Forest (2000), pp. 154-157も見よ。

13──Wakley (1838b), p. 835.

14──Wakley (1838c), p. 877.

15──1830年代のイギリスにおけるメスメリズムは、新たな科学として正当な地位を獲得する可能性があった。とくに、当時の医学の伝統的権威と改革派が対立するなか、エリオットソンのような後者の人々によって、メスメリズムは新たな科学として受け入れられた。アリソン・ウィンターは、ヴィクトリア時代のメスメリズムを詳細に論じた著書で次のように述べている。「それ〔メスメリズム〕が到着したとき、それは単なる奇妙で不可解な現象ではなかった。それは目を見張る機械的動作と夢や夢遊病の現象のあいだ、さらに機械論哲学者の関心と刷新的な医療をめざす医学の改革派たちの切望から来る熱意のあいだの調停を図るものだった」。Winter (1998), p. 40. エリオットソンが1831年から医学教授を務めるユニヴァーシティ・カレッジ・ロンドンは、医学にかぎらず、人間の肉体と精神を理解するためのさまざまな領域の刺激的で先端的な知識の集結先でもあった。そこでエリオットソンは、時代遅れの治療法を過去のものにすべく、フランスやドイツから新たな薬品や診断方法を取り入れた大胆な医学の刷新に乗り出しある。わたしはその実際の手紙を読み、失望し落胆したことを告白する」。Doyle (1921), p. 164.

92—Home (1863), p. 86. ヒュームのフィレンツェ滞在期間については、Lamont (2005), pp. 74-90を見よ。

93—ヒュームの自伝では次のように述べられている。その申し出を受諾したまさにその日、「霊たちはわたしに向けて語った。わたしの力が1年間離れていくだろうと。これは1856年2月10日の夜のことだった」。Home (1863), p. 98.

94—このときのことをヒュームは自伝において次のように述べている。「時計が12時を告げたとき、〔中略〕わたしの部屋に大きなラップ音が鳴り、わたしの眉間の上に穏やかに手が置かれ、『喜びなさい、ダニエル。あなたはすぐに良くなるでしょう!』と声が言った」。ibid., p. 95.

95—Mme. Home (1888), p. 43.

96—この時期のヒュームの活躍については、たとえば次のものを見よ。Home (1863), pp. 96-129; Home (1888), pp. 57-125; Lamont (2005), pp. 74-104.

97—1850年代のイギリスにおけるスピリチュアリズムの定期刊行物の状況については、Podmore (1902b), pp. 23-24; Gauld (1968), p. 69を参照した。

98—Anon. (1856), p. 207.

99—『ブリティッシュ・スピリチュアル・テレグラフ』でのメアリー・マーシャルの交霊会の報告を見ると、ラップ音、テーブルの移動や浮遊、楽器の演奏、霊の手の出現といった、すでにアメリカのミディアムたちがおこなっていたのと同様のパフォーマンスを彼女が発揮するようになっている。メアリー・マーシャルのミディアムシップについては次のものを見よ。Whitaker (1858), pp. 27-29; T. I. A. (1859), pp. 109-110; Wilks (1859), pp. 157-159. ただし、翌年の1860年7月28日の『オール・ザ・イヤー・ラウンド』誌では、メアリー・マーシャルの交霊会に参加した編集者は、そこで起こる現象をマーシャルの指や足で作り出されたトリックによるものとし、彼女のパフォーマンスを「退屈で恥知らずの詐欺」だと述べている。Anon. (1860), p. 373.

100—Bell (1860), pp. 211-224. 空中浮遊の場面は、ibid., pp. 222-223を参照。

101—M. R. C. P. (1860), pp. 161-166.

102—Podmore (1902b), p. 52. また、1860年代の「アメリカン・インヴェイジョン」についての詳細はibid., pp. 47-62を見よ。

103—デイヴィッド・リッチモンドによるキースリーへのスピリチュアリズムの伝道とそのあとについての詳細は、Barrow (1986), pp. 4-10を見よ。

104—Nelson (1969), p. 273.

105—Gauld (1968), p. 74.

106—Podmore (1902b), p. 164.

107—詳しくは、ibid., pp. 163-164を見よ。

108—ここでの記述は、Podmore (1902b), pp. 63-64に依拠している。

109—タイトルの「メアリー・ジェーン」というのは、ガッピー夫人の要求によりテーブルを動かしたり、絵を描いたりする見知らぬ存在に対して彼が付けた名前である。また、ガッピーによると「メアリー・ジェーン」は「オーディリックな蒸気」が一時的に凝集することで作られた存在で、それは考え、感じ、知覚し、さらにテーブルや椅子を動かすこともできる(「オーディリック」については第5章を参照)。そればかりか、そのオーディリック凝集体は、「電気的」な力を持ち、そのため厚い壁の向こうや閉じられた本を見透かすことでもできるし、「全思考圏(general thought-atmosphere)」と呼ばれる領域とのつながりによって高度な思想や哲学や深い知識などを示すことさえ可能だとガッピーは述べている。Guppy (1863), pp. 351-354.

110—Wallace (1875), pp. 163-164.

111—Wallace (1867), p. 52.

112—Coleman (1867), pp. 495-496.

113—Wallace (1875), p. 204.

にイギリスに滞在していた1857年12月、子供たちがはしかにかかったときの主治医を務めている。Wilkinson (1911), p. 294. その際にウィルキンソンは、ヒュームの交霊会で目撃したことをホーソーンに向けて語っている。のちにホーソーンは、そのことに関して次のような自問をノートに記している。「これらのことをわたしが信じるのかって？　たしかに、ウィルキンソンのような教養ある賢明な男の真面目な言葉や冷静な観察を、いかにして疑うことができようか。だがもう一度問う。わたしはそれを本当に信じているのか？　もちろん信じてはいない。なぜなら、天国と地獄とか、この世とあの世などという概念を認められないのだ」。Hawthorne (1884), p. 150.

75—Coleman (1870), p. 206.

76—Doyle (1926a), pp. 197, 206. この一件を超常現象一般に対する科学者の密かな不公正と偏見を示す例とみなし、批判的に扱っているブライアン・イングリスは次のように述べている。「彼は自分がヒュームに当惑させられているのを認めることが、威信を傷つける結果になると気がついたにちがいない。さらに悪いことにも、それは彼がスピリチュアリズムを援助し、協力している疑いを受けることになる。また、そうなると彼の〔科学者としての〕将来の見通しを台無しにしてしまうかもしれない。そこで彼はヒュームを中傷することを選んだ。4年後、彼はそのおかげで、死ぬまでとどまり続けるエディンバラ大学の学長のポストに任命される結果を得たのである」。Inglis (1992), p. 229.

77—同手紙はKenyon (1898), pp. 195-198に掲載されている。引用箇所はp. 196.

78—Browning (1930), p. 221.

79—Browning (1864), pp. 171, 206.

80—Doyle (1926), p. 206.

81—Goldfarb and Goldfarb (1978), pp. 169-175では、スラッジ氏のモデルが誰であったかが詳細に論じられているが、そこでヒュームが「スラッジ氏」であると確かな証拠があるわけではないということ、さらにボストンからやって来たソフィア・エクリーというミディアムをモデルにした可能性も指摘されている。

82—この手紙は、Brandon (1984), pp. 59-61に掲載されているものを参照した。

83—Browning (1930), p. 220.

84—ヒュームの交霊会に参加する前のブラウニング夫妻のスピリチュアリズムに対する態度のちがいについては、Kennedy and Hair (2007), pp. 240-243を見よ。また、本書では扱わなかったが、ブラウニング夫妻を中心としたヴィクトリア時代の文学者たちのスピリチュアリズムとの関係については、次のものに詳しく論じられている。Porter (1972).

85—Home (1872), p. 106.

86—Browning (1930), p. 219.

87—Home (1872), pp. 107-108.

88—Allingham (1908), pp. 101-102.

89—ブラウニングの手紙の文章はBrandon (1984), p. 62より引用した。ルース・ブランドンは、ブラウニングとヒュームの双方の主張を比較したうえで、最終的にブラウニングの肩を持ち、次のように述べている。「それゆえブラウニングは自分自身を抑制することを余儀なくされた。そして見え透いた戯言と思われたことと向き合いながらも、彼は礼儀正しく振る舞ったのだ」。ibid., p. 62.

90—Burton (1974), p. 27.

91—フィレンツェでのヒュームは、当地の社交界の有名人となるにつれ、「兄弟のように親しかった」はずのライマーの息子との関係は疎遠になっていったようである。コナン・ドイルが1921年に出版した『あるスピリチュアリストの遍歴』には、その前年にオーストラリアで会ったライマーの孫のベンディゴ・ライマーから、ヒュームのライマー家に宛てた昔の手紙を読ませてもらい、その内容に大きなショックを受けたようすが記されている。ドイルは次のように述べている。「より責められるべきは、彼が自分の味方の手紙に対して無礼に応答し、また彼のためにその家族がおこなったすべてのことに対して、まったく感謝の気持ちを示さなかった件でンリー・ゴードンが、「目に見えない力によって椅子から持ち上げられ」、目撃者であるレーンの「頭のすぐ上」を通り過ぎ、天井に頭を打ちつけながらも「応接室のあいだの出入り口を通り」、さらに「バックルームのさらに端まで」運ばれていったと報告されている。Hare (1855), p. 291. だがあとにも先にも、ヒュームほどみごとに空中浮遊をくり返し披露できたミディアムはほかにいない。

65—Home (1863), p. 94.

66—ピーター・ラモントによるヒュームの伝記では、オーウェンがヒュームの到着後2週間以内に交霊会に参加し、そのすぐあと、オーウェンは交霊会でのできごとを友人やかつての仲間に伝えたとされている(ラモントの伝記では、この件についてのソースが明示されていない)。Lamont (2005), p. 44. しかしわたしの調べたかぎりでは、オーウェンがヒュームの交霊会に実際に参加したかどうかについては定かではない。ヒュームの自伝Home (1863)でもそのことはまったく触れられておらず、スピリチュアリズムの歴史を書いているフランク・ポドモアによるオーウェンの伝記Podmore (1906)でもオーウェンとスピリチュアリズムとの関わりについて1章が割かれ、詳細に記されているが、オーウェンがヘイデンの交霊会に参加したことやP. B. ランドルフとの交流については触れられているものの、ヒュームの交霊会に参加したことは書かれていない。また、ヒュームの妻による伝記では、オーウェンとヒュームの関係について次のようにのみ書かれている。「ヒュームがコックス・ホテルにいたとき、ほとんど死を目前にした老人のロバート・オーウェンがそこにいた。オーウェンが彼の息子へ宛てた手紙には、若い知人〔ヒューム〕が彼に示した温かい思いやりのことが綴られている」。Mme. Home (1888), p. 67.

67—ブルースターが参加した交霊会の正確な日付は不明である。この1855年6月は、ブルースターが交霊会でのできごとを記した日記にあった日付である。この日記は次のものに掲載されている。Mrs. Gordon (1870), pp. 257-258.

68—Brewster (1832).

69—この1855年10月3日の『モーニング・アドバタイザー』紙へのブルースターの寄稿は、翌日の『フリーマンズ・ジャーナル』紙に掲載されたものを参照した。Brewster (1855a), p. 3.

70—この1855年10月12日の『モーニング・アドバタイザー』紙へのブルースターの寄稿は、同月20日の『ウェルズ・ジャーナル』紙に掲載されたものを参照した。Brewster (1855b), p. 5.

71—Britten (1884), p. 139より引用。

72—ブルースターの日記が公になったのちに出版されたヒュームの2冊目の自伝では、これらのあいだに存在する矛盾を明らかにするべく、両者のテキストの全文が並べて比較されている。Home (1872), pp. 48-51.

73—この手紙はibid., p. 141に掲載されている。トロロープはのちに出版した自伝においても、ヒュームの交霊会で床からテーブルが空中に持ち上がったのをブルースターとともに目撃した際のことを回顧し、次のように書いている。「われわれの頭はテーブルの下のすぐ近くにあり、床の上に『四つん這い』になりながら、わたしはデイヴィッド卿に言った。『このテーブルが持ち上げられていることを、なんらかの方法で説明するなどまったくもって不可能だとは思わないか?』。彼は答えた。『たしかにそうだ!』」。また、トロロープは次のようにも記している。ブルースターはこの交霊会で「驚くべきものを見たのを否定することで決着をつけた」が、「わたしが述べたことが彼の言動の本当のところである」。Trollope (1887), pp. 376-377.

74—『モーニング・アドバタイザー』へのウィルキンソンの寄稿は、Verax (1856), pp. 5-11に転載されているものを参照した。引用箇所はibid., p. 10より。ちなみに、ウィルキンソンによるスウェーデンボルグの英訳は、スウェーデンボルグ主義者ヘンリー・ジェイムズ(心理学者ウィリアム・ジェイムズと作家ヘンリー・ジェイムズの父)によって、アメリカにも紹介された。また、ホメオパシーの医師でもあったウィルキンソンは、作家ナサニエル・ホーソーンが家族とともに、わたしの子供よ。神はあなたとともにおられます。ですから、誰があなたを妨げられるというのですか？　善行に努めること、誠実で、真に愛することに努めなさい。そうすればあなたは成功するでしょう。わたしの子供よ。あなたは光輝ある使命を持っています——あなたは異端者を納得させ、病を癒やし、涙に濡れた悲しみを慰めることになるでしょう」。ibid., p. 8. また、翌年の7月半ば、ヒュームはブルックリンで、かつて若き日のアンドルー・ジャクソン・デイヴィスに入れ込んだスウェーデンボルグ主義者ジョージ・ブッシュとも出会っている。ヒュームの交霊会に参加したブッシュは、そこで伝えられた少年時代の同級生の霊からのメッセージに強く心を動かされた。また、ブッシュはヒュームの未来の可能性を強く感じたようで、その翌日ヒュームに、自分のもとにとどまってニュー・チャーチの聖職者になるべく勉強することを勧めている。高名なスウェーデンボルグ主義者からの申し出だったにもかかわらず、ヒュームは辞退した。ヒュームの自伝によれば、彼の前に母の霊が現れ、次のように反対したからである。「わたしの息子よ、この種の提案を受け入れてはなりません。あなたの使命は聖職者の説教よりも大きなものなのです」。ibid., pp. 16-17.

61——この交霊会の報告が掲載された1852年4月8日の『スプリングフィールド・リパブリカン』紙には、参加者4名の署名のなかに「Wm. Bryant」とあるため、それが『ニューヨーク・イブニング・ポスト』紙の編集者で詩人としても有名なウィリアム・カレン・ブライアントだと、のちのヒュームのいくつかの伝記にしばしば書かれている。だが、それが実際にブライアントであるかどうかについては疑問が残る。というのも、スレイター・ブラウンが指摘しているように、この交霊会についてはヒュームの自伝Home (1863), pp. 44-46でも紹介されているが、そこにはブライアントが参加していたことの言及がない。通常、ヒュームの自伝では、交霊会に有名な人物が参加した場合はそのことが誇示されている（実際、この交霊会にはデイヴィッド・A. ウェルズが参加していたため、ヒュームの自伝では参加者のなかには「ハーバード大学の助教授のひとり」が含まれると述べられている）。こうしたことからすると、仮にそれがブライアントだったとすれば、それについて必ず言及するはずだと考えるほうが自然である。この点についてはBrown (1972), pp. 247-248を見よ。

62——Bryant, Bliss, Edwards and Wells (1852), p. 2. なお、テーブルを動かす力がとても強かったことを示す例として、同年2月28日に同じくルーファス・エルマーの家でおこなわれた交霊会では、体重の合計が388キログラムになる5人の男がテーブルの上に立ち上がって乗ったにもかかわらず、そのテーブルは10〜20センチメートルの距離をくり返し動いたことが報告されている。Brittan (1853), p. 291.

63——ニューヨーク・カンファレンスの会合でのハロックによるこの報告は、次の文献に掲載されている。Spicer (1853), pp. 314-320.

64——Anon. (1852), p. 1. みずからを空中浮遊させるパフォーマンスはヒュームを有名にした交霊会のレパートリーではあるが、彼よりも先に報告されている同様の現象もいくつか存在する。たとえば1851年、ロードアイランド州プロビデンスのミディアム、アンナ・A. ウィルバーが交霊会の最中に「目撃者たちのいる前で、なんらかの目に見えない力によって、ベッドから明らかに引き上げられた！」とイライアブ・キャプロンはCapron (1855), p. 250に書いている。1852年3月には、ヒュームの交霊会を開催したウォード・チェイニーの家で、彼の妻が空中浮遊をしたようすが次のように報告されている。「ミセス・チェイニーの右手は、徐々に、そして着々と上がっていき——上へ、上へ——より高く、より高く——椅子から彼女を引き離すと思われるまで。さらに上方へと彼女は上がっていった。床と天井のあいだの空間に吊り下げられるまで」。Snow (1853), p. 65. また、1852年にフィラデルフィアのアイザック・レーンの家でおこなわれた交霊会において、ミディアムのへ

55—実際に、スピリチュアリズムに敵意を持つ人々、あるいは懐疑家は、フォスターのパフォーマンスがトリックであるとの疑いを持ち続けていたものの、そのトリックの現場を発見したと称する当時の発言はほとんど見られない。フォスターのトリックを暴いたものとして、しばしばのちの懐疑主義者によって言及される当時の主張としては、1872年にニューヨークでのフォスターの交霊会に参加し、そのパフォーマンスを注意深く観察したジョン・W.トルーズデルの見解がある。トルーズデルによると、常習的な喫煙者だったフォスターが、風の吹いている屋外で火を点けるようなしぐさで火を点けていたことから、その際にテーブル上の小粒をこっそり手に取り、手の内側でその紙に書かれていることを読んでいたのではないかと疑っている。Truesdell (1883), pp. 137-138.

56—Sexton (1873), pp. 25-26. 同講演でセクストンは、ダヴェンポート兄弟を擁護すべく、マスケリンとクックのトリックの暴露もおこなっている。

57—Wilson (1984), p. 73.

58—ヒュームの伝記は数多く存在する。Burton (1944); Wyndham (1937); Edmands (1978); Jenkins (1982); Lamont (2005). これらのなかでもLamont (2005)は、最も包括的でバランスの取れた記述であり、大いに参考になった。また、ヒュームの聖人伝的な内容ではあるが、ヒューム夫人による2冊の伝記Mme. Home (1888); Mme. Home (1890)がある。また、ヒューム本人による2冊の自伝Home (1863); Home (1872)もある。

59—ミドル・ネームの「ダングラス」は、スコットランドの貴族の家系であることを偽るためのヒュームによる詐称だと考えられる。このことについては、Hall (1984a), pp. 18-19; Lamont (2005), p. 279, note 2を見よ。また、通常Homeの日本語表記は「ホーム」となるが、本人はそれをHume（ヒューム）と発音していた（綴りはHomeのままである）。それに従って、本書では「ホーム」ではなく「ヒューム」と表記することにした。ちなみに、本人が「ヒューム」と発音していたことの理由について、彼の妻による伝記では次のように述べられている。「ヒュームはいつも彼の名前を『Home』と書いていたが、彼はその名前の古代スコットランドの発音である『Hume』を保持していた」。Mme. Home (1888), p. 31. 実際、こうした綴りと発音のちがいから、当時の新聞で彼の名前が記される際、初期のころはしばしばHumeと誤って綴られることがあった。なお、スコットランド貴族ダグラス＝ヒューム家（Douglas-Home）の人物については、現代人でも一般に「ヒューム」と発音し、日本でもそう表記している（1963年からイギリス首相を務めたアレック・ダグラス＝ヒュームなど）。

60—自伝によると、ヒュームがミディアムシップに目覚めた最初の体験は次のようなものだったとされている。ある夜、幼いころに離れて暮らすようになった母の幻影が、ヒュームの寝室に現れた。そして母の幻影は彼に言った。「ダン、12時よ」。次の日、それがちょうど彼の母の亡くなったまさにその正確な時間であることがわかった。その数か月後のある夜、ヒュームはベッドを3度叩く大きな音を聞いた。そのときのことを彼は次のように回想している。「まるでそれはハンマーによって打ちつけられたかのようだった。最初に思い浮かんだのは、誰かが部屋のなかに隠れていて、自分を驚かせようとしているにちがいないということだった」。さらに眠れぬ夜を過ごした次の日の朝食のテーブルについたとき、ふたたび激しいラップ音が鳴り響いた。ヒュームによれば、「わたしたちの耳は、テーブル全体にわたるラップ音のシャワーによって攻撃された」。こうしてフォックス姉妹と同じく、ヒュームのまわりではラップ音がはじまるようになったばかりか、テーブルや椅子などの家具も動きまわるようになった。Home (1863), pp. 5-7. その後、ヒュームがミディアムとしての道を本格的に歩みはじめるのは、亡くなった母から次のようなメッセージを受け取って以降のことである。「ダニエル、恐れないよう

者に対してそのときのできごとを語っているが、それによると偶然にキャビネットに光が差し込んだとされている。Anon. (1885), p. 4. また、これらのソースの記述が矛盾している以上に奇妙なのは、当時の新聞記事にこのできごとを伝えているものが存在しないことである（少なくともわたしの調べたかぎりでは）。仮に前者の伝記に書かれているように、実際にステージ上のマスケリンが観衆に向かってダヴェンポート兄弟の詐欺を告知し、その技を再現すると公言したのであれば、その模様は参加者の寄稿などのかたちでいち早く新聞に掲載されたはずだ。そこから考えると、マスケリンの伝記に書かれているダヴェンポート兄弟の失態は、もしかすると捏造なのではないかと疑いを投げかけたくなる。いずれにしても、マスケリンとクックが、ダヴェンポート兄弟の交霊会に刺激を受けて以降、それを模倣する技を磨いて、プロフェッショナルのマジシャンとしてデビューを果たしたことは事実である。

39—Anon. (1865b), p. 3. マスケリンとクックが、ダヴェンポート兄弟の技を模倣し、手品によって再現できることを示しても、熱心なスピリチュアリストには効果がなかった。逆にスピリチュアリストのベンジャミン・コールマンは、マスケリンとクックのことを「奇術の技に熟練」しているだけでなく、彼ら自身も「非常に力のあるミディアム」だと述べている。Maskelyne (1875), p. 67.

40—ヘンリー・アーヴィングらによるダヴェンポート兄弟のパフォーマンスの模倣については、次の文献に詳しい。Brereton (1883), pp. 34, 381-385; Nicholson (2000), pp. 278-287.

41—この時期のダヴェンポート兄弟の活躍については、Cooper (1867), pp. 114-214; Anon. (1869), pp. 402-426を見よ。

42—Anon. (1869), p. 426より引用。

43—このころのダヴェンポート兄弟とハリー・ケラーの関係についてはKellar (1886), pp. 20-22を見よ。

44—フーディーニとアイラ・ダヴェンポートの会談はHoudini (1924), pp. 18-37からで引用はibid., p. 20より。実際のところ、ダヴェンポート兄弟のパフォーマンスのレベルはマジシャンにとってすらなかなか高度なものだったようだ。ダヴェンポート兄弟のトリックを見抜いたと豪語し、そのパフォーマンスを模倣したマスケリンですら、1885年4月18日の『ペル・メル・ガゼット』で、ステージで最初に実演する前、6週間練習していたが、最初はダヴェンポート兄弟に匹敵する速さでそれをおこなうことができなかったと告白している。Anon. (1885), p. 4.

45—Houdini (1924), p. 26.

46—この手紙はibid., p. 27より。ところで、この晩年のアイラの告白にある「それらのあいだで落ちつけようとした」という部分については、真実だとは言いがたい。前述の1868年10月の『バナー・オブ・ライト』における声明を思い出せばわかるように、ダヴェンポート兄弟はけっして両者のあいだに落ちつけようとしたのではなく、手品であることを否定し、みずからミディアムであることを装う主張をしていた。現代の超常現象の懐疑的研究者ジョー・ニッケルは、アイラのこの告白について次のように述べている。「老齢期、自分たちの不正直さについてのアイラの良心の呵責が、フーディーニに秘密を告白することによって、おそらくいくらかの罪滅ぼしをするようにうながしたのと同時に、最も好ましい見方で自分たちの行為を伝えようとしたのだろう」。Nickell (2001), pp. 26-27.

47—Doyle (1926), pp. 234-235.

48—Doyle (2006), pp. 20-21.

49—Sargent (1869), pp. 111-113.

50—Bartlett (1891), p. 4.

51—Doyle (1926), pp. 30-31.

52—たとえば、フォスターの交霊会に関して詳しく述べられているものとして、次の文献がある。Barkas (1862), pp. 111-143; Owen (1872), pp. 386-390, 443-447; Ashburner (1867), pp. 320-327; Watts (1883), pp. 275-277.

53—Ballou (1896), pp. 431-432.

54—Anon. (1865c), p. 3.

掲載された、ダヴェンポート兄弟の挑戦に対するふたりのマジシャンの返答は次のものを見よ。Tolmaque (1864), p. 3; Anderson (1864), p. 3.

31—なお、このブーシコーの自宅での交霊会には、科学者マイケル・ファラデーも招待を受けたが辞退している。ファラデーによる辞退の手紙は、Anon. (1864b), p. 505に掲載されている。次章で見るように、1850年代はじめのイギリスにスピリチュアリズムが進出してきた際に、ファラデーはそれを否定する論文を発表している。

32—Boucicault (1864), p. 6.

33—Palmer (1864), p. 6.

34—Anon. (1864a), p. 5.

35—Anon. (1864c), p. 3.

36—Anon. (1865a), p. 6.

37—Davenport and Davenport (1865), p. 6.

38—マジックの歴史に関する複数の書籍によれば、マスケリンとクックは、同年3月7日、チェルトナムのタウン・ホールで開催された交霊会に参加し、ダヴェンポート兄弟のトリックを見破り、そのあと3か月ほど練習を重ね、同様のパフォーマンスを披露するようになったとしばしば書かれている。たとえば、Lamb (1976), pp. 75-76; Steinmeyer (2003), pp. 95-96; Christopher and Christopher (2006), pp. 155-156を見よ。だが、このマスケリンとクックがダヴェンポート兄弟のトリックを見破ったというエピソードには奇妙な点がある。そもそもマジックの歴史家たちによるこのエピソードの記述のソースは、マスケリンの孫でマジシャンとしても知られるジャスパー・マスケリンによって書かれた伝記Maskelyne (1936), p. 21-24や、マスケリン自身の著書Maskelyne (1876), p. 66にあるが、それぞれのエピソードを読み比べると明らかに矛盾する記述がある。まず前者のほうでは、マスケリン本人から直接聞いた話として、そのときのできごとが語られている。それによると、ステージ上で間近に観察することを許された観客のなかにマスケリンとクックは入ることができた。そしてショーがはじまったあとに起こったできごとを、マスケリンはジャスパーに次のように語ったという。「わたしはステージの傍らに座り熱心に注視していた。また、わたしたちの奇術クラブの別のメンバーの助けで計画したちょっとした奇襲が訪れるのを待っていた。わたしはワードローブ〔霊のキャビネットのこと〕の中央が開かれるだろうと判断したとき、足で床を叩いた。その合図でわたしの友人が、ワードローブのドアが開き、楽器がそこから飛び出しはじめるのとまさに同時に、午後の太陽の光線が入るよう窓のひとつのブラインドを、ほんの少し脇に寄せられるよう準備していた。わたしは、その光のなかでアイラ・ダヴェンポートが、ワードローブの外へ楽器を放り投げているのをはっきりと見た。彼は窓のほうに驚きの目を向け、ものすごい素早さで肩をくねらせながらベンチへ飛び戻った——そしてわたしが詐欺を指摘しようと急いだとき、明かりが灯され、ふたりの兄弟はそれぞれの場所に座っていた。ロープは実際に肉体に食い込むほどかなりきつく結ばれていて、彼らを束縛したままだった。このあいだじゅうヤマネコのごとく、わたしたちを見ていたファーガソン博士は、わたしが語りはじめるより早く詰め寄ってきた。この件を彼と個人的に話し合うまで何も言わないようにと囁きかけてきたのだが、わたしは拒絶した」。このあと、マスケリンは観客に向かって、詐欺を発見したことをはっきりと告げた。さらに、3か月以内にこの同じ場所で、霊の助けを借りずにダヴェンポート兄弟のパフォーマンスを再現することを公言したとジャスパーは書いている。一方で、マスケリン自身の著書には、そのときの同じできごとが、次のように簡潔に書かれている。「わたしは観客の代表に選ばれた。そして光を遮断するために窓にかけられていたカーテンの不慮の落下によって、わたしは結び目の問題への鍵を得た」。すなわち、孫のジャスパーによる伝記では、意図的に光を招き入れるためブラインドの隙間を開けたとされているのに対し、本人の著書では偶然にカーテンが落下したことになっている。また、1885年4月18日の『ペル・メル・ガゼット』紙で、マスケリンは記

生きていたが、その生涯、スピリチュアリストであり続けた。だが、彼のミディアムとしての活動は、1850年代の終わりから1860年代のはじめにはリタイアしたと思われる(少なくとも、1860年代に入ってからは、スピリチュアリストの定期刊行物のどこにもクーンズ家の新たな交霊会の報告は見られなくなる)。クーンズ家のその後については、Taylor (2007), pp. 56-57を見よ。ちなみに、クーンズ家の交霊会が金銭的な目的ではなかったことを強調し、彼らの交霊会を擁護するスピリチュアリスト側の見解としては、エマ・ハーディングの書いたスピリチュアリズムの歴史のなかで見られる。Hardinge (1870), pp. 332-333. なおハーディングの同書には、クーンズ家とティッピー家の交霊会に関する当時の新聞や雑誌などに掲載された多数の報告が転載されている。ibid., pp. 307-333.

10—ダヴェンポート兄弟については、彼らが活躍していたその時代に出版された次のふたつの伝記がある。Nichols (1864); Anon. (1869). 著者名が記載されていないが、後者の著者は前章で触れたジョン・マレー・スピアのグループにいたパスカル・ベヴァリー・ランドルフである(第3章の註65も見よ)。ランドルフが著者であることについてはDeveney (1997), p. 179を、またダヴェンポート兄弟については次のものも見よ。Podmore (1902b), pp. 55-60; Brown (1972), pp. 198-214; Taylor (2007), pp. 58-64.

11—Anon. (1869), pp. 18-23. 引用箇所はibid., p. 23より。

12—ibid., p. 31.

13—空中浮遊のできごとを含め、初期のダヴェンポート兄弟に起こったさまざまな現象については、Nichols (1864), pp. 14-20; Anon. (1869), pp. 24-35を参照。

14—初期のダヴェンポート兄弟の交霊会には、スウェーデンボルグ主義者ベンジャミン・フィスク・バレットやスピリチュアリストの定期刊行物『エイジ・オブ・プログレス』の編集者スティーヴン・アルブロの報告がある。それらについて詳しくはNichols (1864), pp. 58-68; Anon. (1869), pp. 85-95, 155-163を見よ。

15—ここではAnon. (1869), pp. 163-168に転載されている記事を参照した。

16—ibid., p. 167.

17—ibid., p. 168.

18—ルーミスによる報告は、1864月9月1日の『スピリチュアル・マガジン』に転載されている。Loomis (1864), pp. 418-424. ちなみに、ルーミスはスピリチュアリズムの信奉者ではまったくない。ルーミスは1850年の時点ですでに、フォックス姉妹からはじまるロチェスターでのラップ音について、ダムに流れ落ちる水のぶつかる音による振動が原因だとして霊の介在を否定している。Anon. (1850), p. 138を見よ。

19—Loomis (1864), p. 424.

20—Nichols (1864), pp. 210-211; Anon. (1869), pp. 346-347, 353.

21—Anon. (1864c), p. 482.

22—Anon. (1864b), p. 4.

23—当時のロンドンのメディアによるダヴェンポート兄弟に関する記事は、ここで触れた以外にも多数ある。Anon. (1864c), pp. 481-517を見よ。

24—Anon. (1864b), p. 4.

25—Anon. (1864e), p. 5.

26—Incredulus Odi (1864), p. 2.

27—スピリチュアリズムを暴露するアンダーソンのショーの模様については、次のものを見よ。Frost (1876), p. 252; Pecor (1977), pp. 186-197. アンダーソン自身については、Lamont (2005), pp. 54-73に詳しい。

28—ibid., pp. 61-62より引用。もちろんアンダーソンの機械装置は、フォックス姉妹のラップ音の説明にはなっていない。フォックス姉妹の交霊会を思い出せばわかるように、彼女たちがそのような機械装置を用意し、隣室にアシスタントを用意したとはどうしても考えづらい。

29—この手紙は、1864年10月8日の『モーニング・ポスト』紙に掲載されている。Davenport, Davenport and Fay (1864), p. 6.

30—10月7日と8日の『モーニング・ポスト』に

81—ジョージ・T. デクスター、チャールズ・リントン、ジョセフ・D. スタイルズによる自動筆記は、それぞれ次のかたちで出版されている。Edmonds and Dexter (1855); Linton (1855); Stiles (1859). ちなみに、ジョージ・T. デクスターによる自動筆記を出版したのはニューヨーク州最高裁判所裁判官のジョン・ワース・エドモンズであり、チャールズ・リントンによる自動筆記を出版したのはニューヨーク州選出の上院議員とウィスコンシン準州の第3代知事を努めたナサニエル・P. タルマッジである。しかもエドモンズは、スピリチュアリズムに傾倒したのち、自分自身でも霊界を「見る」ようになった。こうしたエドモンズやタルマッジの例を見るとわかるが、1850年代のアメリカでは、社会的地位の高い人物もスピリチュアリズムの強い支持者となっていった。

82—以下に述べる当時の演壇での女性のスピーチの権利とトランス・ミディアムの関係については、Braude, (2001), pp. 82-116での分析に多くを負っている。

83—Toohey and Britten, eds. (1855), p. 2.

84—このリジー・ドーテンの主張は、1860年2月11日の『バナー・オブ・ライト』誌での記者の報告による。Miss Lizzie Doten (1860), p. 4.

85—Lehman (2009), p. 120より引用。コーラ・L. V. ハッチは、コーラ・L. V. リッチモンドの名でより知られているが、それは彼女の4度目の結婚後の名前である。ハッチは最初の結婚相手ベンジャミン・フランクリン・ハッチの名字で、コーラの出生の名前は、コーラ・L. V. スコットである。また、結婚相手の変化に応じて、ダニエルズ、タッパン、リッチモンドと変化している。本書では扱わなかったが、トランス・ミディアムとして大きな成功を収めたコーラの人生については、1895年に書かれたコーラの伝記Barrett (1895)に詳しく描かれている。この著者のハリソン・D. バレットは、コーラおよび元ユニテリアンの牧師ジェイムズ・M. ピーブルズらとともに、1893年にシカゴでスピリチュアリストのための教会連合NSAC (National Spiritualist Association of Churches)を設立した人物である。そのため、バレットによるコーラの生涯は聖人伝を意図した色合いが濃い。よりバランスの取れた観点からコーラについて論じたものとしては、Lehman (2009), pp. 115-141がある。

【第4章】

1—クーンズがミディアムシップに目覚めるまでのことについては、ニューヨーク州シラキュースの新聞『セラフス・アドボケイト』の編集者ケサイア・プレスコットへ送った本人による手紙に書かれている。この手紙は、Everett (1853), pp. 21-25に掲載されている。

2—1855年6月19日のクーンズ家の交霊会を記したジョン・ゲイジからロバート・ヘアへの手紙。これはHare (1855), pp. 297-301に掲載されている。なお、ヘアはスピリチュアリズムを調査した科学者として第5章に登場する。

3—チャールズ・パートリッジによるクーンズ家の交霊会の報告は、ibid., pp.302-307に掲載されている。

4—ibid., pp. 304-305.

5—G. スワンが体験したクーンズ家の交霊会は『ブキャナンの人間のジャーナル』誌への寄稿で報告されている。Swan (1853), p. 323.

6—Hare (1855), pp. 305-307.

7—1853年11月5日と日付のあるジョン・B. ウルフによる『スピリチュアル・テレグラフ』紙への寄稿。Wolff (1854), pp. 267-268を見よ。

8—Everett (1853).

9—クーンズ家とティッピー家での交霊会は料金を一切徴収していない。そのため、彼らが交霊会で人々を騙し続けていたのだと仮定した場合、金銭的利益をその動機に求めることはむずかしい。では、いったい何を目的としてのことだったのか。単に世間から注目を集めるためだったのか？　あるいは単に人を騙す楽しみのためなのか？　それについては定かではない。また、その後のクーンズ家について述べておくと、ジョナサン・クーンズとともに交霊会で中心的な役割を果たした長男のネイハムは1921年まで

Buescher (2006), pp. 136-140を参照。
61—すぐあとで見るように、ランドルフの農場は、「魂融合テレグラフ」と呼ばれるプロジェクトの実現のために塔を建造しようと計画された丘の近くであり、「電気的性質」が強い場所と考えられていた。
62—Hardinge (1870), pp. 228-229に転載されている記事からの引用。
63—Anon. (1854), p. 64.
64—引用文、および「魂融合テレグラフ」については、Buescher (2006), pp. 105-109より。この計画は結局、塔の建設のための金銭的援助が得られず、実現に至っていない。
65—オーウェンのスピリチュアリズムへの回心について詳しくは、Podmore (1906), pp. 605-614; Podmore (1902b), pp. 18-19を見よ。オーウェンおよび社会改革とスピリチュアリズムの関係については、吉村 (2010), pp. 616-691にも簡潔にまとめられている。またヘイデン以外にも、1855年春には医師のスピリチュアリスト、パスカル・ベヴァリー・ランドルフがスピアによる霊からのメッセージを携えて、オーウェンのもとを訪れている。ちなみに、ランドルフはのちにスピリチュアリズムから距離を取り、オカルティストに転身し、アメリカでの性魔術のパイオニアとして、その名を知られるようになる人物である。あくまで本書は、その主題をスピリチュアリズムに置いているため、ランドルフからはじまるアメリカでのオカルティズムの動きを追うことは断念した。ランドルフとアメリカのオカルティズムについては、Deveney (1997)を見よ。ただしスピリチュアリズムとオカルティズムのあいだの微妙な関係については、第7章で神智学協会の設立者たちが、いかにしてスピリチュアリストからオカルティストに転向していったかを見ていく際に、あらためて述べる。
66—Podmore (1906), p. 606.
67—Owen (1855), p. 18.
68—もともとこの地は、ペンシルベニア州との境にあるニューヨーク州キャロルの近くに、ジョン・チェイスという人物が購入した土地の鉱泉からヒーリングの力を持つ水が湧き出る場所として、1853年ごろからスピリチュアリストたちのあいだで知られるようになった場所だった。この水の効能がスピリチュアリストのあいだで信じられるようになったいきさつとスピアのグループがその土地を購入するまでについて詳しくは、Lehman (1973), pp. 155-168; Cronin (2006), pp. 48-54, 64-65, 88-96を見よ。
69—Spear (1856), p. 23.
70—Hewitt (1856), pp. 4-11.
71—ibid., p. 4.
72—ハーモニア共同体について詳しくは、Duino (1962), pp. 140-150; Miller (1966), pp. 301-317; Lehman (1973), pp. 206-246; Buescher (2006), pp. 166-171; Cronin (2006), pp. 97-118を見よ。
73—Anon. (1858), p. 6.
74—アディン・バルーおよびホープデール共同体については、バルーの自伝とバルー本人によって書かれたホープデール共同体の歴史に詳しく書かれている。Heywood, ed. (1896); Ballou (1897).『プラクティカル・クリスチャン』紙に掲載されたアディン・オーガスタスの霊からのメッセージは、Ballou (1852), pp. 204-227に転載されている。
75—Braude (2001), p. 217, note 25.
76—コープ山共同体について詳しくは次のものを見よ。Capron (1855), pp. 117-131; Hardinge (1870), pp. 207-217; Noyes (1870), pp. 568-576; Caroll (1997), pp. 162-176.
77—Noyes (1870), p. 570より引用。
78—分離派クエーカーとスピリチュアリズムの関係について詳しくは、Braude (2001), pp. 64-69を見よ。
79—Rutland Free Convention (1858), p. 9.
80—ibid., pp. 147-148. もちろん、参加したすべてのリフォーマーがスピリチュアリズムに同意を示していたわけではなく、コンベンションのなかでスピリチュアリズムに関する話題が論じられることへの異議もあった。このことについては、Braude (2001), pp. 71-72を見よ。

(2000), pp. 22-58で詳しく論じられている。

31—Newton, ed. (1857), p. 240. 以上のようなニュートンの記述をもとに、その機械の姿を再現した絵も描かれている。The God Machine, http://greyfalcon.us/God%20machine.htm ; Modern (2001), pp. 300を見よ。

32—Newton, ed. (1857), pp. 240-241.

33—ジョン・マレー・スピアの経歴、および彼のプロジェクトについての詳細は、当時の関係者によって書かれたNewton, ed. (1857), pp. 9-38および、スピアの伝記 Lehman (1973); Buescher (2006)をおもに参照した。また、次の文献も見よ。Brown (1972), pp. 178-189; Buescher (2004), pp. 170-194; Laycock (2010), pp. 63-83.

34—Hewitt (1852), p. 26.

35—1869年4月15日、ロンドン弁証法協会の会合でスピアが語った交霊会の体験から。The London Dialectical Society (1871), p. 136. ロンドン弁証法協会については次章で取り上げる。

36—このときのスピアの体験については、Hewitt (1852), pp. 27-32に記されている。引用文はibid., p. 28より。文章中に出てくる「ベッツィ」は、1831年にスピアが結婚した妻の名前である。また、このときのスピアの体験については、Capron (1855), pp. 218-219; Ballou (1853), pp. 203-214; Lehman (1973), pp. 108-110; Buescher (2006), pp. 73-74も見よ。

37—スピアの治療のエピソードは、Hewitt (1852), pp. 29-32を参照。ちなみに、のちにスピア自身が述べているこのできごとの記述は、細部においてやや異なる。スピア自身の説明は以下のとおりである。「わたしは指示されたようにアビントンに行きました。わたしが書いた名前を持つ人をそこで見つけました。そしてさらに、彼は病気で、10日間、ほとんど眠っていませんでした。わたしの手は彼のほうに動かされました。わたしは彼を指さしましたが、彼には触れませんでした。〔彼の〕痛みはすべて彼の体の組織からなくなりました。そして彼はすぐに静かな眠りに沈みました」。The London Dialectical Society (1871), p. 136.

38—Hewitt (1852), pp. 27-32; Ballou (1852), pp. 203-214.

39—このエピソードについては、引用文も含めてBuescher (2006), pp. 75-76より。

40—The London Dialectical Society (1871), pp. 136-137.

41—このエピソードは、Ballou (1852), pp. 209-211; Hewitt (1852), pp. 37-38を参照。引用文はBallou (1852), p. 209より。

42—Hewitt (1852), p. 48.

43—ibid., p. 48.

44—ibid., pp. 104-105.

45—Hewitt (1852).

46—Newton, ed. (1857), pp. 28-29, 41-43.

47—ibid., p. 42.

48—ibid., pp. 43-47.

49—「新動力」の建造から完成に至るまでの状況はibid., pp. 238-257より。次のものも見よ。Hardinge (1870), pp. 217-229; Lehman (1973), pp. 169-205; Buescher (2006), pp. 96-135.

50—Hewitt (1852), p. 126.

51—詳しくはDavis (1853), pp. 110-171を見よ。

52—Newton, ed. (1857), p. 242.

53—ibid., p. 242.

54—ibid., pp. 244-245.

55—この女性の名前は、当事者たちの記録のなかでは伏せられているが、おそらくニュートンの妻サラではないかと考えられる。それに関しては、Buescher (2006), p.322, n. 10を見よ。

56—Capron (1855), pp. 220-224に転載されている記事からの引用。

57—Newton, ed. (1857), pp. 247.

58—Hardinge (1870), p. 222に転載されている記事からの引用。

59—ibid., p. 223に転載されている記事からの引用。「新動力」に対しては、アンドルー・ジャクソン・デイヴィスやアディン・バルーといったスピアの友人のスピリチュアリストでさえ、否定的なコメントを残している。それらについては、Lehman (1973), pp. 181-199を見よ。

60—この時期のスピアたちの状況については、

その他、Podmore (1902a), pp. 194-201; Brown (1972), pp. 141-157も見よ。

5——Capron (1855), pp. 132-136.

6——ibid., pp. 136-151. 引用文は、A. S. ヘイワードという人物による『トランスクリプト』紙への寄稿に含まれているフェルプスの証言。このヘイワードの寄稿は、Hardinge (1884), pp. 459-460に転載されている。

7——オースティン・フェルプスの証言は、次のものに掲載されている。Beecher (1879), pp. 18-24. 引用文はibid., pp. 22-23より。

8——引用元では*New Haven Journal and Courier*となっているが、同紙の当時における実際の名称『モーニング・ジャーナル・アンド・クーリエ(*Morning Journal and Courier*)』に修正した。同記事は、Elliott (1852), pp. 183-187に転載されている。引用文はibid., p. 184より。

9——ibid., p. 176.

10——Capron (1855), p. 152.

11——ibid., p. 151.

12——Sunderland (1850b), p. 100.

13——Elliott (1852), p. 177.

14——Capron (1855), p. 165.

15——ibid., p. 166.

16——ibid., p. 167.

17——このことについてキャプロンは、「人はあるとき力のあるミディアムとなり、そのあとで力を失うことがある」ことを証しているように思われると述べている。ibid., p. 171.

18——Davis (1851), pp. 48-49.

19——ibid., p. 49. 霊を目に見えないものとしながらも、非物質的なものとみなさず、物質的なものであるとするデイヴィスの考えは、ここで本人自身が明言しているわけではないが、霊(あるいは精神)と身体の二元論のなかで生じてくる哲学的問題——いかにして非物質的な精神が物質である肉体に作用をおよぼすのか——を回避できる。この問題に関しては、生理学や心理学との関連で、霊現象の説明を試みた19世紀末の研究について述べる本書12章で論じる。

20——ibid., pp. 50-51.

21——ibid., pp. 52-53.

22——ibid., pp. 55-56.

23——ibid., pp. 26-27.

24——19世紀前半の科学の普及については、Hazen (2000), pp. 8-14を参照した。

25——Capron and Barron (1850), p. 31.

26——Hovenkamp (1978), p. 49.

27——アンテベラム期におけるベーコン主義の普及について詳しくは、Hazen (2000), pp. 8-14を見よ。

28——Weisberg (2004), p. 94より引用。

29——Dewey (1850), p. 22.

30——Weisberg (2004), p. 102. 霊からの情報の伝達をテレグラフという地上でのコミュニケーションの革命的進歩に重ね合わせて言及した最初の人物は、メソジスト派の牧師A. H. ジャーヴィスである。彼はイライアブ・キャプロン宛ての1849年4月10日の手紙に「神のテレグラフは、モールスのものに明らかに勝る」と綴っている。それによればジャーヴィスは、ロックポートから来たピッカードという彼の友人とともに、霊との交信を試みた。そのときに現れたピッカードの母の霊からのメッセージは、「あなたの息子が死んだ」というものだった。それを聞いたピッカードは急いで家路につくため馬車駅に向かった。その夜、ジャーヴィスは(霊からのものではなく通常の)テレグラフを受け取った。そこには次のように記されていた。「ピッカード氏に伝えてほしい——もしあなたが彼を見つけたなら——彼の子供が今朝死んだことを」。すなわち、モールスの発明したテレグラフよりも早く、ジャーヴィスは霊からのテレグラフによって、その悲しい知らせを受け取ったわけである。そこで彼は、「神のテレグラフは、モールスのものに明らかに勝る」という言葉をキャプロンへの手紙に書いた。詳しくはCapron (1855), pp. 67-69を参照。霊との交信とテレグラフのアナロジーについては、Taves (1999), p. 172-177も見よ。スピリチュアリストたちによる霊の交信の理論に、テレグラフのような新たなテクノロジーの発明が与えた影響については、Sconce

(1851), p. 6.
70—Brown (1972), p. 159.
71—Braude (2001), p. 20.
72—ニューヨーク・サークルについては、Hardinge (1870), pp. 82-83; Carroll (1997), pp. 121-122を参照した。
73—フィラデルフィアのサークルについては、当時のメンバーによる記録がある。A Member of the First Circle (1851). また、次のものも見よ。Capron (1855), pp. 251-269; Hardinge (1870), pp. 273-277; Carroll (1997), pp. 122-123.
74—この時期のスピリチュアル・サークルの数についてはCarroll (1997), pp. 124-125より。
75—以下で述べる交霊会の宗教的機能と儀式化についての分析は、ブレット・キャロルの論に負っている。Carroll (1997), pp. 125-140. また、同書でキャロルは、交霊会は信仰復興運動と似たような宗教的機能を持ちながらも、信仰復興に代わって個人の霊的体験と宗教的感情を再活性化させる役割を持っていたことを前提に、1840年代から1850年代における信仰復興の衰退と、こうした宗教的機能を担うようになった交霊会の流行とのあいだにある相関関係も指摘している。詳しくはibid., pp. 127-129を見よ。
76—ibid., p. 129.
77—Davis (1851), p. 96.
78—ibid., pp. 98-99.
79—Anon. (1851b), p. 198.
80—Packard and Loveland (1856), pp. 87-88.
81—これについてはCarroll (1997), p. 135; Braude (2001), pp. 23-24も見よ。女性性とミディアムの役割については次章であらためて述べる。
82—19世紀アメリカの男女の性役割については、有賀 (1989), pp. 36-42を参照した。引用箇所はp. 36より。
83—ibid., pp. 40, 42.
84—Braude (2001), p. 83.
85—Moore (1977), pp. 105-106.
86—ミディアムという語については、以下のものに詳しい説明がある。Taves (1999), pp. 177-180.
87—Davis (1851), p. 97.
88—Davis (1853), p. 130.
89—こうしたミディアムの名称を見ただけでは、少々わかりづらいと思われるが、これらの個々の解説をするとかなり長くなるのと、本書の以後の展開には重要でないため、ここでは省略する。詳しくはibid., pp. 128-206を見よ。
90—Capron (1855), p. 99.
91—Ferris (1856), p. 92.
92—以下の内容は、引用文も含めて次のものを参照した。Buescher (2004), pp. 94-95.
93—ibid., p. 96より引用。
94—Mattison (1853), pp. 172-173.
95—ibid., p. 175.
96—ibid., p. 174.

【第3章】

1—Davis (1847), pp. 675-676.
2—W. F. (1849), p. 155.
3—フォックス姉妹がデイヴィスの自宅に招待されたことについては、1850年2月10日のイライアブ・キャプロンから姉妹の母マーガレットに宛てた手紙に記されている。Capron (1850). ただしそのあと、キャプロンとフォックス姉妹が実際にデイヴィスの自宅を訪ねることになったのかは定かではない。
4—このフェルプス家の一連のできごとについては、サンダーランドによって出版されたアメリカで最初のスピリチュアリズムの定期刊行物『スピリチュアル・フィロソファー』の第1号において、当事者のエリアキム・フェルプスの寄稿Phelps (1850), p. 15が紹介されて以降、たびたびその記事が掲載されている（pp. 41, 56, 67, 70, 73, 87, 89, 99, 126）。また、隣人たちの手紙による証言などを集めてできごとの詳細をまとめたものとして、次のものがある。Elliott (1852), pp. 171-211. また、Capron (1855), pp. 132-171では、フェルプスからの聞き取りを含め、できごとの全体が詳しくまとめられている。

ローレンス・ムーアは、デイヴィスとフォックス姉妹のちがいを次のように述べている。「彼女たちが居合わせることで起こった印象深いラップ音は、そのムーヴメントのなかで、経験的テストと客観的検証に重きを置くことを助長した。しかし印象深いことがデイヴィスのトランスの発言中に見られたとしても、霊とのコミュニケーションとして、それらの信憑性をテストするための明白な方法はなかった。対照的に、フォックス姉妹の守護霊たちは、調査に携わる観衆によって提出されたテスト質問に対して応答することが可能だった」。Moore (1977), p. 15. したがって、デイヴィスとは異なり、ブロードの言う3つ目の要素を満たすことを求められるフォックス姉妹には、このあとも、度重なる試験や調査が迫られるのは不可避だった。

49—1849年10月5日付のロチェスターの『デイリー・アドバタイザー』紙に掲載されたこの実演会の告知は、次のものに転載されている。Jackson Jr. (1972), pp. 47-48.

50—Buescher (2004), p. 99.

51—1851年1月11日に『ニューヨーク・デイリー・トリビューン』紙に掲載されたチョーンシー・バーの寄稿より。Burr (1851a), p. 4. また、バーによるフォックス姉妹への批判については次のものも見よ。Capron (1855), pp. 416-424; Hardinge (1870), pp. 69-70; Jackson Jr. (1972), pp. 89-91; Chapin (2004), pp. 93-94; Weisberg (2004), p. 123; Buescher (2004), pp. 98-101.

52—つま先を使って音を出すことでラップ音を真似たのは、バーが最初ではない。キャプロンによれば、「ポッツ医師」が、コリンシアン・ホールで1850年の冬に講演をおこなっている。Capron (1855), p. 393.

53—Greeley (1851), p. 6.

54—『コマーシャル・アドバタイザー』紙におけるバッファロー大学の医学教授たちの論は、Anon. (1851a), pp. 6-8; Capron (1855), pp. 310-313; Hardinge (1870), pp. 153-154に転載されている。

55—このリアとマギーからのメディアへの応答は、Anon. (1851a), p. 9に転載されている。

56—ibid., pp. 9-17.

57—この『コマーシャル・アドバタイザー』でのリアからの反論を含め、この件をめぐる当時の関係者たちによる新聞への寄稿は、Capron (1855), pp. 309-334に転載されている。また、次のものも見よ。Jackson Jr. (1972), pp. 91-104; Chapin (2004), pp. 95-96; Weisberg (2004), pp. 123-125.

58—Burr (1851b), p. 6. また、この件に関しては次のものも見よ。Capron (1855), pp. 419-424; Jackson Jr. (1872), pp. 111-114; Weisberg (2004), pp. 128-129.

59—Capron (1855), p. 423. ちなみに、ここでキャプロンはオランダ人ないしは使用人自体を雇ったことがないと述べているが、そこには見落とされている事実がある。バーバラ・ワイスバーグの指摘によると、フォックス姉妹の交霊会がおこなわれたロチェスターのポスト家には、オランダ人の使用人がいたという事実がある。Weisberg (2004), p. 129.

60—Hardinge (1870), p. 72.

61—Brown (1972), p. 158.

62—Capron (1855), pp. 106-107.

63—Capron and Barron (1850), p. 40.

64—Capron (1855), p. 113.

65—Post (1852), p. iii. ポストの自動筆記については、Jackson Jr. (1972), pp. 115-118も見よ。

66—ハモンドについては次のものも見よ。Podmore (1902a), pp. 269-271; Buescher (2004), pp. 85-89.

67—Coggeshall (1851), pp. 26-38には、シンシナティでのブッシュネルの交霊会の詳細が記録されている。ちなみに、それによると前章で見たフレノメスメリストのジョセフ・ローズ・ブキャナンが、9月26日にブッシュネルを磁化している。

68—Sunderland (1850c), pp. 68-69.

69—この手紙は、1851年1月11日の『ニューヨーク・デイリー・トリビューン』紙でのグリーリーの書いた記事に引用されている。Greeley

95-101を参照。

37—オールバニーでの状況については、Underhill (1885), pp. 116-121; Weisberg (2004), pp. 104-105を参照。

38—トロイでの状況については、Underhill (1885), pp. 121-122を見よ。また、ニューヨークに到着してからの状況については、Underhill (1885), pp. 128-130; Chapin (2004), pp. 82-88を見よ。デイヴィッド・チェーピンが述べているように、マス・ムーヴメント（大衆運動）としてのスピリチュアリズムのはじまりとして位置づけられるべきなのは、1849年3月31日のハイズビルでのできごとの時点よりもむしろ、このニューヨークに進出し、メディアを通じてさらに大きくその存在を知られるようになった、1850年6月からとみなすべきだろう。ibid., p. 87.

39—Ripley (1850), p. 4. そのほかに、Capron (1855), pp. 172-175; Hardinge (1870), pp. 63-65; Jackson Jr. (1972), pp. 77-80; Weisberg (2004), pp. 110-111; Chapin (2004), pp. 75-78も見よ。

40—Greeley (1850), p. 4. そのほかに、Capron (1855), pp. 172-175; Hardinge (1870), p. 72; Jackson Jr. (1972), pp. 76, 84-87も見よ。

41—このことについては、Chapin (2004), p. 92; Weisberg (2004), pp. 108-119, 116-117も見よ。ちなみに、フォックス姉妹がニューヨーク市へやって来る前の年、グリーリー夫妻は当時5歳だった愛する息子ピッキーをコレラで亡くしている。ピッキーの死後、妻のメアリーは夫に対して、スピリチュアリズムをもっと詳しく学ぶようせきたてていた。フォックス姉妹の交霊会に参加後、メアリーは完全にスピリチュアリズムに傾倒していく。詳しくは、Goldsmith (1998), pp. 55-63を見よ。

42—Grimes (1850b), p. 6.

43—Grimes (1850c), p. 2. グライムズによるフォックス姉妹への批判は、Jackson Jr. (1972), p. 73; Chapin (2004), pp. 93-94も見よ。

44—この時期の新聞がどのようにフォックス姉妹の霊との交信を報じていたかについて、詳しくは次のものを見よ。Chapin (2004), pp. 83-92.

45—ibid., p. 87より引用。

46—Underhill (1885), p. 220. また、Weisberg (2004), p. 114-115も見よ。グリーリーとマーガレット・フラーの間柄については次のものに詳しい。Greeley (1872), pp. 169-191; Hale (1950), pp. 108-126.

47—ジェニー・リンドのこの交霊会参加については、グリーリーの自伝 Greeley (1872), p. 237で簡潔に述べられている。また、Weisberg (2004), p. 117も見よ。

48—アン・ブロードは、当時の人々がスピリチュアリズムに傾いていった理由として、次のような3つの要素があったと分析している。ひとつ目は「死別した愛する人とのコミュニケーションを通して悲しみを乗り越えようとする願い」。ふたつ目は「よりリベラルな神学への好みによるカルヴィニズムや福音主義の拒否」。3つ目は「魂の不滅の経験的証拠のための欲求」である。Braude (2001), pp. 33-34. このブロードの3点から見てみると、前章で見たアンドルー・ジャクソン・デイヴィスの『自然の原理』は、ふたつ目の要求には応じているものの、ひとつ目と3つ目を満たすものではない。デイヴィスの講演には霊の顕現がともなわず、そこには「霊界の真実とはかくかくしかじかのものである」という彼の語り以外に何もない。したがって、それが真実かどうかを見極めるための決定的な証拠をなんら提示していないし、それを検証するための術もない。一方で、フォックス姉妹のラップ音は、それ自体でひとつ目の要素を満たす。また、3つ目の要素も、その音の出所、あるいは物体の移動にトリックはないかを調査したり、また霊たちがラップ音を通して語る答えが合っているかどうかを試すために用意された質問をクリアしたりすることで、それを満足させることが可能である。だが、ふたつ目に関して言えば、参加者が質問したことにラップ音で答えられるだけで、デイヴィスのように、詳細な霊界のようすや霊的哲学を告げることはできない。

12—ibid., p. 24.
13—Chapin (2004), p. 38より引用。
14—Lewis (1848), p. 33.
15—当時、さまざまな新聞によって報じられたこのできごとについての記事は、Jackson Jr. (1972), pp. 13-20を見よ。
16—ちなみに、フォックス家の前の賃借人マイケル・ウィークマンも、その家で18か月間、原因がわからない音を聞いたと述べている。Capron (1855), pp. 34-37. ただし、これはフォックス家でのできごとの前ではなく、そのあと1年以上経った1848年4月11日になってからの証言である。
17—Underhill (1885), p. 33.
18—リアの自伝 ibid., pp. 32-37は、ロチェスターの彼女の家と次に引っ越した家ですぐに起こった現象について描写した当時の唯一の記録である。しかし前述のように、できごとを客観的に記述したソースとしては信用の置けるものではない。したがって、ここでリアが語っているできごとは、のちにリアによって捏造されている可能性がある。
19—ibid., pp. 37-38. ここでは省略したが、ほかにもこの当時に起こったとされる数々の不可解な霊現象が、リアの自伝では述べられている。ibid., pp. 38-46を見よ。
20—このクラークから兄への手紙は、ニューヨーク州ウェストフォードのルイス・ホームズによって発見され、1943年4月の『ニューヨーク・ヒストリー』誌で、ホイートン・フィリップス・ウェブによって「行商人の主張」というタイトルで掲載された。Webb (1943), pp. 228-250. また、クラークの体験談については次のものも見よ。Jackson Jr. (1972), pp. 25-32; Chapin (2004), pp. 44-45; Weisberg (2004), pp. 49-53.
21—ベイコン(1994), p. 119.
22—ここでのポスト夫妻とフォックス姉妹の交霊会、およびクエーカーの人々のあいだでのその広がりについては、Braude (2001), pp. 10-16; Weisberg (2004), pp. 59-66を参照した。クエーカーの分裂、および以下で述べるロチェスターでポスト夫妻が中心となっていた当時のリフォーム・ムーヴメントについては、Wellman (2004), pp. 99-120を参照した。
23—女性の権利および奴隷制廃止運動とスピリチュアリズムとの関わりについて詳しくは、Braude (2001), pp. 57-61を見よ。
24—ちなみに、前章で触れた医師ジョージ・キャプロン（磁気睡眠下で超感覚的能力を発揮したローレイナ・ブラケットを磁化したメスメリスト）は、イライアブ・W. キャプロンの親戚である。
25—このキャプロンによる調査は、Capron (1855), pp. 75-76を参照した。
26—キャプロンの自宅に滞在中のケイトの交霊会については、ibid., pp. 100-106を参照。
27—ibid., p. 105.
28—Jackson Jr. (1972), p. 48より引用。
29—以下のコリンシアン・ホールでのフォックス姉妹の交霊会については、Capron (1855), pp. 90-98; Hardinge (1870), pp. 42-47; Underhill (1885), pp. 57-73; Jackson Jr. (1972), pp. 47-57; Chapin (2004), pp.46-51; Weisberg (2004), pp. 78-86を参照した。
30—Jackson Jr. (1972), p. 50より引用。
31—Underhill (1885), p. 67.
32—リアは自伝のなかで、調査のときウィットルシーが次のように語ったと述べている。「さあ、恐れないで。わたしはあなたがたの友人ですよ。これらの事柄が真実であることを知っていますよ。わたしは『デイヴィスの啓示』を読んで、霊たちが交信できることを確信しています。あなたがたは、公正な調査を受けるべきです」Underhill (1885), p. 67.
33—Capron (1855), p. 94より引用。
34—当時の新聞の報道については、Jackson Jr. (1972), pp. 51-57 を見よ。
35—Capron (1855), p. 98.
36—リアの自伝によれば、最初にお金を受け取ったのは1849年11月28日である。また、この当時のフォックス姉妹の状況については、Underhill (1885), pp. 100-103; Weisberg (2004), pp.

nal.htmに転載されたものを参照した。以下で示したページ数は、オリジナルのテキストのものではなく、この転載されているテキストのページ数である。また、フォックス姉妹に関する二次資料としては、類書のなかで最も包括的な記述となるWeisberg (2004); Rubin (2005) および当時の時代背景と重ね合わせながらうまく整理されているChapin (2004), pp. 31-53をおもに参照した。また、当時の新聞や雑誌などでの言及を多数引用して書かれたフォックス姉妹の伝記については、Jackson Jr. (1972) および、簡潔な記述ながらも、細かな参考文献がつけられているIsaacs (1983), pp. 79-110も参考になった。その他フォックス家のできごとを扱っているものとして、Podmore (1902a), pp. 179-191; Fornell (1964); Brown (1972), pp. 111-140; Brandon (1984), pp.1-41; Kerr (1972), pp. 3-21も参照した。ただし、Fornell (1964)の記述は、スピリチュアリストたちがのちに付け加えていった逸話もそのまま含めて再構成された物語となっているため、すべて事実として受け止めることはできない。また、このあとで登場するフォックス家の長女リアの自伝Underhill (1885)もあるが、これは当事者たちの主張を知るうえで役には立つものの、自分たちを擁護する立場から書かれていることに加え、その他のものと照らし合わせると、できごとの記述自体にしばしば脚色がなされていることが窺えるため、読む際には注意が必要である。また、ハイズビルに引っ越してきたときのふたりの少女の年齢に関しては、さまざまな異なる記録がある。ここではひとまず、Weisberg (2004)で採用されている年齢に従った。これはニューヨーク州ブルックリンのサイプレスヒルズにある彼女たちの共同の墓碑に刻まれている日付をもとにしている。Weisberg (2004), p. 280, note 3. ただし、母のマーガレットが当時受けた取材では、マギーを「15歳」、ケイトを「12歳ごろ」と答えている。Lewis (1848), p. 4. そのため、ここで採用した「14歳」と「10歳」については異論があることも断っておく。ちなみに、スピリチュアリストによって書かれた本のなかで、フォックス家のできごとに言及されるときは、ふたりの少女の幼さを強調することで彼女たちの純粋さや無垢さをアピールされることが多く、その際、しばしば彼女たちの年齢は、より若いものとして記される傾向がある。たとえばOwen (1860), p. 285では、マギーが「12歳」、ケイトが「9歳」とされている。また、のちの1868年に母マーガレットが当時の子供の年齢に関して、マギーを「10歳」、ケイトを「7歳」であると訂正している。これについてはHardinge (1870), p. 562を見よ。フォックス姉妹の年齢についての詳細な議論については、Warwood (2008), pp. 186-197も見よ。

3——Lewis (1848), p. 3.

4——ibid., pp. 3-4. このラップ音による霊との最初の交信の状況について書かれたスピリチュアリズムの多くの本では、最初にケイトが「悪魔さん(Mr. Splitfoot)、わたしがしたのと同じようにして」と述べたと記されているが、ルイスによってまとめられた当時の最初の報告書には含まれていない。これはのちの1888年に出版されるフォックス姉妹の長女リアの自伝で付け加えられた記述である。その該当箇所はUnderhill (1885), p. 7より。ちなみにMr. Splitfootとは、一般的に悪魔に対するユーモアを込めた呼びかたである。

5——Lewis (1848), p. 4.

6——ibid., p. 8.

7——デュースラーが尋ねたその名前のところはMr.------として伏せられている。だが、取材者のE. E. ルイスは記事の最後で、ジョン・C. ベルであることを明かしている。もちろん、これはベル本人から名誉棄損で訴えられる可能性を考慮してのことと推測されるが、ルイスは、ベルの人柄が「誠実であり正直であり、殺人を犯すことなど不可能だ」と証言する人々による誓願を併載している。ibid., p. 32.

8——ibid., pp. 5, 7-9.

9——ibid., p. 11.

10——ibid., pp. 22-23.

11——ibid., pp. 19-20.

113—デイヴィス『自然の原理』12刷の巻末に掲載された「証言」からの引用。

114—ブッシュのデイヴィスに対する態度の変化については、伝記Fernald, ed. (1860), pp. 17-18および次のものを見よ。Podmore (1902a), pp. 170-171, note 2; Gabay (2005), pp. 226-228; Block (1932), pp. 136-137.

115—この手紙はFernald, ed. (1860), p. 227に掲載されている。

116—Smith (1848), pp. 33-34.

117—Davis (1850), p. 5. ただし、1852年に出版されたデイヴィスの『偉大なる調和』第3巻において、デイヴィスは『クレアマティヴネスに関する講義』で述べられていたような、その当時の自分の能力が完璧だとの主張を撤回し、いまだ不完全なものであり誤りもあったと弁明している。Davis (1852), pp. 210-211.

118—Mattison (1853), p. 122. 上記の議論については、Podmore (1902a), p. 167, note 1を参照した。

119—Gabay (2005), pp. 226-227を見よ。

120—ここで述べた霊との交信に関するスウェーデンボルグ自身の考えについては、Carroll (1997), p. 23. また、同書でブレット・キャロルは次のように述べている。「貴族社会出身のスウェーデンボルグ」は、「霊との交信と宗教の権威に関して、明らかに非民主主義的な意向を断固として抱えていた」。ibid., p. 23.

121—Schmidt (2000), p. 229より引用。

122—スウェーデンボルグの権威をめぐる問題について詳しくは次のものを見よ。ibid., (2000), pp. 221-230.

123—デイヴィスをめぐるユニヴァーサリストたちの反応についての以下の論述は、Buescher (2004), pp. 29-74に全面的に負っている。

124—ブリタンはデイヴィスに出会う前から、メスメリズム、および磁化にともなう透視も含めたさまざまな能力について研究し、それによる霊界との交信の可能性を確信していた。ブリタンによって磁化されたセマンサ・ビアーズ・メトラーという女性も、すでにメスメリズムによるクレアヴォヤント（透視者）としてその力を大いに発揮していた。とくに彼女を有名にしたのは、霊からの指示によって調合した薬だった。「ミセス・メトラーのよく知られた赤痢治療の飲料」「ミセス・メトラーの気つけシロップ」「ミセス・メトラーのコレラの万能薬」などといったメール・オーダーの広告によって、彼女の霊的な薬はニューイングランド中で有名になっていた。またブリタン自身も、1864年のアルバニー滞在中、12日間にわたって熱でうなされた最中の臨死体験をきっかけに、死者の霊や高次の霊的ガイドとコンタクトを取れるようになっていた。ブリタンについては、Buescher (2004), pp. 30-33; Hardinge (1870), pp. 61-62を参照。

125—Davis (1847), pp. 342, 410, 414.

126—Buescher (2004), pp. 39, 40, 68より引用。

127—ibid., pp. 40-41より引用。

128—ibid., p. 69より引用。

129—ibid., pp. 56-57より引用。

130—ibid., pp. 56-67を見よ。

【第2章】

1——現在ハイズビル（Hydesville）は、アーケーディア（Arcadia）の一部とされており、その地名自体はもはや地図上に存在しない。

2——ここで述べるフォックス家で起こった最初のできごとは、スピリチュアリズムの歴史に触れた文献のなかでは、そのはじまりとして必ず紹介されるエピソードである。これまで日本で出版されたスピリチュアリズムに関する文献でも何度も紹介されてきているが、それらの記述の多くには、のちの熱心なスピリチュアリストたちによって付け加えられた逸話（当初の時点では存在していなかった逸話）が紛れ込んでいたり、あるいは逆に事態を極端に単純化した反スピリチュアリストによる批判だけに依拠していたりするため、細部において一致していない点が多々見られる。まずここでは、事件直後、フォックス家を調査したジャーナリストが、当事者たちの証言をまとめた記事Lewis (1848)を参照した。なおこの記事は、*Psypioneer Journal*, http://www.woodlandway.org/Psypioneer_Jour

106—Podmore (1909), pp. 164-165, 168.

107—Davis (1867), pp. 186, 304. だが、このデイヴィス自身の主張には疑わしさが残る。というのも、1842年から1845年のあいだ、デイヴィスと親しくしていた当時のポキプシーのユニヴァーサリスト教会の牧師A. B. バートレットの証言によると、デイヴィスは本好きで、とくに物議を醸す宗教的作品を好んで借りては熟読していたという。Davis (1847), pp. ix-x. ただし、デイヴィス自身は、そのことを自伝のなかで否定し、それらの本をバートレット牧師から借りたのは、友人のために借りたのであり、自分自身はまったく読んでいないとも述べている。Davis (1867), p. 199.

108—以下の議論の多くは、Podmore (1902a), pp. 161-168; Brown (1874), p. 97を参照した。

109—『創造の自然史の痕跡』は、のちに作者がイギリスの出版業者ロバート・チェンバーズであることがわかる。

110—Davis (1867), pp. 322-323.

111—しかも、ブッシュの前述の本でも指摘されているように、いくつかの箇所では、「ほとんど逐語的」に同一である。Bush (1847), pp. 184-201.

112—テイラー・ルイスによる批判、およびここでの議論はBrown (1972), pp. 101-102を参照した。仮にオリジナルテキストを書いた人物がいるとしよう。そうすると最有力候補としてすぐに浮かんでくるのは、デイヴィスの啓示の筆記者を務めたウィリアム・フィッシュバウである。というのも、フィッシュバウが1852年(『自然の原理』出版の5年後)に出版した『大宇宙と小宇宙(*The Macrocosm and Microcosm*)』には、前述のチェンバーズによる『創造の自然史の痕跡』をはじめとし、明らかにデイヴィスの啓示に含まれていた宇宙論、地質学、天文学などの分野をカバーする内容が盛り込まれている。Fishbough (1852)を見よ。しかしデイヴィスの啓示には、ユニヴァーサリストの牧師としてのフィッシュバウがけっして受け入れることのできないはずの教義——とくにデイヴィスによる聖書の権威の否定、キリスト教の教義への独特の解釈、そして何よりも聖職者自体への攻撃など——が含まれている。フィッシュバウが作者である可能性については、Brown (1972), pp. 102-104を参照した。また、超自然的な源泉を除外したうえで、デイヴィスのその作品の成立を説明する別の可能性としては、ピュイゼギュールによる磁気睡眠の発見当初から認められてきた被験者の知的能力や記憶力の向上が考えられるかもしれない。たとえば、スレイター・ブラウンの指摘に従うなら、催眠下の「記憶増進(hypermnesia)」によって、デイヴィスは「彼がわずかに読んだ新聞、彼がふと耳にはさんだ議論の断片、彼が単にぱらぱらとめくって読んだ本の一節」などの埋没し忘れられていた記憶がよみがえってきたのかもしれない。だとしたら、ノーマルな意識の状態のなかでは、それらの知識をけっして思い出すことのできないデイヴィス自身が、それを超自然的な源泉から来たものと考えたとしても不思議ではない。詳しくはibid., pp. 105-107を見よ。また、催眠の研究については、本書のあとの章で見ていく。さらにデイヴィスの本の内容に関しての問題は、のちに出版される彼の本において、明らかに前述のサンダーランド著『パセティズム』(1847年)でパセティズムという語についての説明があることや、そのほかの本からの逐語的盗作と思われる箇所が見受けられるという点もある。ときには頁の半分ほどがそうなっている場合すらある。しかも、それらは彼の信奉者の著作からも、彼の敵対者の著作からのものも見られる。なぜ明らかに批判を招くような逐語的盗作がおこなわれたのか？　もしかするとそれは、磁気睡眠(今日の言いかたでは催眠)の状態に関連して見られる無意識の並外れた記憶力によって、デイヴィス本人が意図せずして、それを講演したとも考えられる。デイヴィスの著書とそのほかの本の逐語的類似性を示しているさまざまな箇所を含め、この件についての指摘は次のものを見よ。Podmore (1902a), p. 168; Podmore (1909), p. 230.

ヴィスの自伝を参照した。Davis (1867). その他、次のものも参照した。DeSalvo (2005), pp. 1-22. また、デイヴィスの略歴からその後の活動に至るまでを簡潔にまとめた次の文献は、概要を理解するために参考になった。Brown (1972), pp. 84-110.

79—Davis (1867), p. 36.

80—デイヴィスの自伝には、ポキプシーに引っ越す原因となったエピソードが記されている。1838年、11歳のとき、デイヴィスは近所の農園で雇われて働くようになる。そしてその年のある日、トウモロコシ畑で働いていたデイヴィスは、甘く不思議な音楽を聴く。「それはわたしの上の空間から出てきているようだった。そしてそれは、秋風の溜息のような哀愁を帯びていた」。そのときのことをデイヴィスはこう述べている。「喜びと驚きの入り混じった思いで混乱し立ちすくみ」ながらも、それに耳を傾けていると、「神秘的なメロディ」とともに、メッセージを受け取った。それは「ポキプシーへ」行けというものだった。デイヴィスは両親を説得し、その年の終わりにポキプシーに引っ越した。Davis (1867), p. 165.

81—エーテロロジーについてのグライムズ自身による説明は、Grimes (1850a), pp. 2-38. エーテロロジーについてのより簡潔な解説としては次のものを見よ。Crabtree (1993), pp. 227-228.

82—Dods (1886), pp. 191-192.

83—Davis (1867), pp. 201-202.

84—ibid., p. 210.

85—Smith (1848), p. 37. ギブソン・スミスは、ジョン・ボヴィー・ドッズから電気心理学を学んでいる。また、スミス自身もデイヴィスと似た透視能力を発揮するようになる。次の文献では、スミスと初期のデイヴィスの関係が詳しく書かれている。Buescher (2004), pp. 20-24. また、ギブソン・スミスの本のタイトルとなっているClairmativenessという語は、磁気的状態の高度な段階を表すデイヴィスによる造語である。Smith (1848), p. 34. ただし、のちにデイヴィスは自伝で、それをまちがったスペルであり、本当の綴りはClairlativenessであると正している。Davis (1867), p. 276.

86—Davis (1847), p. xiii.

87—Davis (1867), pp. 255-256.

88—このエピソードについては、Buescher (2004), p. 34を見よ。

89—デイヴィス自身によって語られているこのときの体験記はとても長いため大幅に省略した。詳しくはDavis (1867), pp. 227-245を見よ。

90—ibid., p. xviii.

91—ibid., pp. ix-x.

92—ibid., pp. 35-37.

93—ibid., pp. xvii-xviii.

94—Bush (1846).

95—Moore (1977), p. 11より引用。ブッシュについては、伝記を含むFernald, ed. (1860) および次のものも見よ。Crabtree (1993), pp. 229-231; Gabay (2005), pp. 193-195.

96—いずれもデイヴィス『自然の原理』12刷の巻末に掲載された「証言」からの引用。Guarneri (1991), p. 349も見よ。

97—ブリズベーンについては、ガーネリ (1989), pp. 19-34を参照。引用はAlbanese (2007), p. 174より。

98—ガーネリ (1989), p.30.

99—Godwin (1844), p. 106.

100—ブルック・ファームとフーリエ主義の関係、そして完全主義については、ガーネリ (1989), pp. 54-112を参照した。また、Noyes (1870), pp. 529-536も見よ。

101—Noyes (1870), pp. 546-547より引用。

102—Ahlstrom (2004), p. 485.

103—Noyes (1870), p. 550.

104—Davis (1847), pp. 121-122.

105—デイヴィスの信奉者たちからは、『自然の原理』の第2部で、海王星と冥王星が実際に天文学で発見される前に、その存在を告知されていたと語られている。だが、それも懐疑派の見解では、単なる「まぐれ当たり」としか見られていない。たとえば海王星について、Podmore (1909), pp. 162-163を見よ。

pp. 252-259, 269-312. 宗教体験と精神病とメスメリズムの関連についての当時の見解について、より詳しくは次のものを見よ。Taves (1999), pp. 121-124.
64—White (1882), p. 21. ホワイトのヴィジョンとメスメリズムについては、さらにTaves (1999), pp. 161-165も見よ。
65—Bush (1847), p. 127.
66—スウェーデンボルグについての文献はかなり多いが、ここではスウェーデンボルグの伝記として、次のものをおもに参照した。Toksvig (1983); Trobridge (1992); Sigstedt (1952); Synnestvedt (2009). また、スウェーデンボルグの略伝も含むLasen (1988)は日本語訳も出版されている。現代的な観点からのスウェーデンボルグ研究の成果も数多く収録された同書は、美しい図版も豊富で、じつにすばらしい書物になっている。この本の日本語版監修者・高橋和夫による、スウェーデンボルグの生涯と思想を簡潔にまとめた日本語文献、高橋 (1995)も参考になる。同様の点では、Stanley (2003)もとても参考になる。
67—Tafel (1875), p. 36.
68—ibid., p. 36. これは、厳密に言えばスウェーデンボルグ本人の言葉ではなく、彼の友人のカール・ロブサムが、スウェーデンボルグから直接聞いた言葉として語ったものである。
69—Swedenborg (1909), pp. 283-284. ここではスウェーデンボルグの『天界と地獄』について英訳版のSwedenborg (1909)を参照したが、英語版からの日本語訳、およびオリジナルのラテン語からの日本語訳として、それぞれ次の文献もある。スエデンボルグ、柳瀬芳意訳 (1962), スヴェーデンボルイ、長嶋達也訳 (1985).
70—Swedenborg (1909), p. 257.
71—ibid., p. 357.
72—ibid., p. 378.
73—誤解のないように説明しておくと、このイギリスで結成された神知学協会は、本書の第7章に後出するブラヴァツキー夫人とオルコットによって1875年にアメリカで結成される神智学協会とは、まったく別の組織である。英語では同じ協会名だが、前者の訳語を「神知学協会」として、後者をこれまでの邦語文献での慣例に倣って「神智学協会」とした。イギリスでの初期のスウェーデンボルグ主義の影響について詳しくは、以下のものを見よ。Garrett (1984), pp. 67-81; Lineham (1988), pp. 110-122; Gabay (2005), pp. 9-10, 62-66; Lines (2012), pp. 1-42.
74—この1784年は、奇しくもラファイエット侯爵がメスメリズムを持ち込もうとしたのと同じ年である。
75—アメリカでの最初期のニュー・チャーチのはじまりとその広がりについては、次のものを見よ。Block (1932), pp. 73-82; Gabay (2005), pp. 148-152.
76—詳しくは、Block (1932), pp. 88-89を見よ。なお、ストックホルムのスウェーデンボルグ協会「聖書解釈と博愛の協会」では、すでにメスメリズムとスウェーデンボルグの思想が結びつけられて解釈されていた。1789年6月19日には、「聖書解釈と博愛の協会」から、ストラスブールのメスメリストの協会「結ばれた友たちの調和協会」へ手紙が送られている。そこには、スウェーデンボルグ主義の観点から見た磁気治療に対する解釈が書かれていた。ストックホルムの協会の考えによれば、病気とは患者の体のなかに侵入した悪霊のせいであり、仮に磁化された人に、痛みをともなう発作が起こるということは悪霊がいまだ存在していることの証で、病気から回復するというのは悪霊を遠ざける良い霊のおかげである。しかも、良い霊は患者の肉体に憑依した際に、その人の口を通じて言葉を話すこともある。すなわち、彼らにとって磁気睡眠とは良い霊の侵入を許し、みずからの肉体を明け渡すことを可能にさせるための方法であることを意味していた。詳しくは、Block (1932), p. 53; Gabay (2005), pp. 84-93; Crabtree (1993), pp. 69-72を見よ。
77—この時期のアメリカのスウェーデンボルグ主義者によるメスメリズムへの反応については、Gabay (2005), pp. 197-200を見よ。
78—デイヴィスの略歴については、おもにデイの事物までもが、その神経オーラを受け取っていく。そのため、人間はつねに神経オーラによって、自分のまわりにある事物に自分の痕跡を残している。したがって、サイコメトリーとは、神経オーラによってその人間が事物に残していった痕跡を、そこから感受する能力のことである。ブキャナンのサイコメトリーについては、Buchanan (1885)を参照。

46—Sunderland (1843a), p. 1.

47—ibid., p. 57.

48—Sunderland (1843b), p. 101.

49—Sunderland (1843a), p. 269. サンダーランドについては次のものも参照した。Taves (1999), pp. 131, 141-148; Crabtree (1993), pp. 224-226; Gauld (1992), pp. 288-290; Albanese (2007), pp. 199-202.

50—Buchanan (1850b), p. 129.

51—Emerson (1894), p. 126.

52—ibid., p. 7.

53—エマソンやトランセンデンタリズムが、19世紀半ばのアメリカのカルヴィニズムから離れ、霊性を求めた人々におよぼした影響についても論じるべきことは多いと思われるが、本書の主題の範囲を超えてしまうため割愛した。たとえば、Hutchison (2005); Albanese (2007), pp. 160-176; Taylor (1999), pp. 61-94を見よ。

54—A Practical Magnetizer (1843), p. 19.

55—これは1839年から1840年にかけてボストンでおこなわれた一連の講演のなかでのエマソンの言葉である。その内容は、次のものに掲載されている。Emerson (1895). pp. 14-15.

56—Dods (1886), p. 76.

57—ibid., p. 29.

58—Dods (1852), pp. 186-189. ドッズについては次のものも参照した。Gauld (1992), pp. 186-189; Crabtree (1993), pp. 222-223; Fuller (1982), pp. 67-68, 85-89. また、ドッズの電気心理学やメスメリズムに対しての一般的なユニヴァーサリストの反応については、Buescher (2004), pp. 3-19; Bressler (2001), pp. 105-107を参照。

59—Fuller (1982), p. 76.

60—Finney (1835), p. 12.

61—Fuller (1982), pp. 76-77.

62—Wright (1893), p. 152より引用。

63—Powers (1828), pp. 23-24. こうしたパワーズの見解は、すでに見た1784年のフランスでのメスメリズムの審査委員会が出した結論をもとにしている。Crabtree (1993), pp. 216-217; Taves (1999) , pp. 133-134も見よ。なお、メスメリズムと宗教体験の共通性に対する言及としては、ラファイエット侯爵による見解がある。前述のように、ラファイエットはメスメリズムを伝道するため、1784年にフランスからアメリカに渡っているが、その際に、ニューヨーク州アルバニー付近のシェーカー教徒（1747年にキリスト教クエーカー派から分派した清貧を旨とする集団）たちの集会所を訪れている。そこでラファイエットは、シェーカー教徒たちのトランス状態とメスメリズムの患者に起こる発作の類似性に注目し、彼らの宗教体験が動物磁気の作用と関係しているのではないかと述べている（シェーカー教の信徒たちは、体を震わせ——「シェーカー」という名の由来—— 一種の集団トランス状態になり、しばしば宗教的ヴィジョンなどを経験することでも知られていた）。このことについては、Hirsch (1943), pp. 13-14を見よ。また、当時の精神病患者の収容施設の医師たちからは、野外ミーティングでの熱狂的な宗教体験が、いかに神経系や脳に悪影響を与えるかを指摘する声もあった。たとえば、ニューヨーク州の精神病院の監督者である医師のアマライア・ブリガムも、1835年の著書『人類の健康と物質的繁栄における宗教の影響についての意見』で、パワーズとまったく同様に、野外集会での信徒たちのトランス状態を「想像力」と「共感的模倣」に帰する見解を立てている。ブリガムはそこで、およそ次のような警告を発している。熱狂のなか、脳と神経の混乱が生じ、その結果、誤って超自然的と考えられてしまうような諸現象を引き起こすが、それらは人々を精神病、脳卒中、癲癇、神経痛性チックなどに導くことにもなりかねない危険性がある。Brigham (1835),

へのリースの批判は、1837年に出版されたチャールズ・ファーソン・ドゥラントの『説明、あるいは神秘への鍵を握る動物磁気の新たな理論』における説明に従っている。Durant (1837), pp. 159-172. ただしドゥラントは、ブラケットが発揮したとされる超感覚的能力に対しては懐疑的であったものの、メスメリズム自体の反対者ではない。彼自身は、動物磁気がメスメリストの脳と目から患者の脳と目に伝達されると考えるメスメリストである。ドゥラントについては、Edmonston (1986), pp. 108-110を見よ。また、ポワイアンはドゥラントの批判に対して、ストーンを擁護するため、1837年に次の本を出版している。Poyan (1837b).

28—Deleuze (1837).

29—Gauld (1992), p. 181.

30—『ヒプノティズムの歴史』の著者アラン・ゴールドは、ポワイアンをはじめとする1840年代以前にアメリカで活動したメスメリストたちを「開拓者(pioneers)」と呼んでいる。また、それを引き継ぐかたちで、その後のおおよそ10年間、さらに「新たな科学」を大衆に伝えることに尽力したメスメリストたちを「伝道者(missionaries)」と呼んでいる。ここではゴールドのこの呼びかたを用いた。Gauld (1993), p. 180-189.

31—Crabtree (1993), p. 224.

32—Gauld (1992), p. 183.

33—コールドウェルについては、Edmonston (1986), pp. 105-106を見よ。

34—Collyer (1843); Dickerson (1843); Gregory (1843); Dods (1843); Sunderland (1843b).

35—一方で、メスメリズムに対しての医師たちからの批判は少ない。アラン・ゴールドによれば、ルイビル医学研究所教授のダニエル・ドレイクからの批判が、この時期の唯一のものである。Gauld (1992), p. 184; Drake (1844).

36—Gregory (1843), p. 10.

37—フレノロジー(phrenology)という語自体は、直訳すれば、phrenoが「精神」を意味するため「精神学」となる。だがこれまで日本ではフレノロジーを「骨相学」と訳してきた。もちろん「骨相学」という訳語は、意訳としてみればけっしてまちがいではないだろうが、骨相学という語を用いると、その語感から、日本ではある種の占いのようなものと誤解されてしまうおそれがある(たとえば手から運命を読み解く手相術のように、骨からその人の運命を読み解くものといったように)。そのため本書では、あえてフレノロジーとそのまま片仮名で表記することにした。ちなみに、フレノロジーの創始者であるフランツ・ヨーゼフ・ガル自身は、もともと頭蓋検査(Cranioscopy)という語を使っていた。

38—Young (1990), pp. 101-196; White (1909), p. 22を見よ。

39—フレノロジーの歴史に関しては、Davies (1971), pp. 3-21; Tomlinson (2005). また、吉村 (2010), pp. 40-64では、骨相学(フレノロジー)とは何か、そしてその簡潔な歴史がわかりやすくまとめられている。

40—シンシナティ・フレノ＝マグネティック協会についてはWester (1976), pp. 277-281を参照。

41—Collyer (1838); Caldwell (1824).

42—Buchanan (1854), p. 261.

43—ibid., p. 40. ブキャナンについては次のものも参照した。Crabtree (1993), pp. 226-227; Fuller (1982), pp. 53-54, 65-67; Albanese (2007), pp. 203-204.

44—Buchanan (1850a), p. 489.

45—神経オーラについてのブキャナン自身の解説はBuchanan (1854), pp. 191-196を参照。ちなみにブキャナンは「サイコメトリー(psychometry)」という語の発案者でもある(現代の映画や漫画などでも、サイコメトリーはしばしば登場するが、そこでは特別な能力を持っていると称される人物が、あるものを手にした瞬間、ビビッと来て、その元の持ち主に関する情報がたちまちわかってしまうというようなかたちで描かれている)。ブキャナンはサイコメトリーを神経オーラの概念と関係づけ、およそ次のようなものとして考えている。神経オーラは目に見えない微細なもので、人間の体から放射されている。そして人間だけでなく、人間のまわりにある外界ルの磁気睡眠が大きく広まっていくなか、メスメルはその発見の重要性をけっして公に認めることはなかったばかりか、著書のなかでピュイゼギュールの名に言及することすらなかった。ちなみに、磁気睡眠をピュイゼギュールの「発見」と述べてきたが、実際のところは、その以前からメスメル自身、治療中に磁気睡眠に陥る患者を目撃していたことも事実である。ただ、メスメルの場合、ピュイゼギュールとは異なり、その重要性を認めることができず、無視していた。したがって、ピュイゼギュールの磁気睡眠の「発見」とは、その現象自体の「発見」ではなく、その現象の持つ重要性を「発見」したと述べるほうが、より正確だとも言える。これらについては、Crabtree (1993), pp. 63-65を見よ。

16—磁気睡眠の発見に注目したメスメリストたちは、ピュイゼギュールと同様に、磁気睡眠中の患者が示すさまざまな不思議な現象を報告している。そのなかには超常的とも言うべき現象の報告も多数含まれている。詳しくはCrabtree (1993), pp. 54-63; Gauld (1992), pp. 53-64; Forest (2000), pp. 110-124を見よ。

17—サン＝マルタンの思想については、日本語文献として、今野(2006)がある。また、当時のフランスのフリーメーソンとメスメリズムとの関係については、Gabay (2005), pp. 45-51; Darnton (1968), pp. 66-80を見よ。

18—リヨンの調和協会については次のものを参照した。Crabtree (1993), pp. 68-72; Gauld (1992), pp. 64-67.

19—1780年代には、ドイツをはじめスイスおよびオーストリア＝ハンガリー帝国の一部のドイツ語圏にもメスメリズムは広まっていく。詳しくはGauld (1992), pp. 75-94を見よ。本書では詳しく触れないが、ドイツでのメスメリズムとロマン主義および神秘主義との結びつきは、本章の冒頭で触れたデイヴィスの現象との関連において、とても興味深いものがある。この話題については、Crabtree (1993); Gauld (1992), pp. 141-160; Ellenberger (1970), pp. 77-81; Podmore (1902a), pp. 92-110を見よ。

20—とくにピュイゼギュールの弟子ジャン＝フィリップ・フランソワ・ドゥルーズ、そしてメスメリズムから催眠への移行期の重要な位置にいるファリア神父、アレクサンドル・ベルトランなどの新たな世代のメスメリストたちの残した業績は、のちに催眠と呼ばれるようになる現象への前駆的な研究としても価値がある。それについては、次のものを見よ。Crabtree (1993); Gauld (1992), pp. 111-122, 273-279; Podmore (1909), pp. 82-102; Forest (2000), pp. 84-109.

21—ポワイアンのアメリカでの活動については、本人自身の著書Poyan (1837a)で詳しく述べられている。また、ポワイアンについては次のものも参照した。A Practical Magnetizer (1843), pp. 6-7; Fuller (1982), pp. 17-22; Gauld (1992), pp. 180-181.

22—Poyan (1837a), p. 35.

23—ラファイエットによるアメリカへのメスメリズムの伝道については、次のものを参照した。Hirsch (1943), pp. 11-14; Crabtree (1993), pp. 213-215.

24—デュ・コミュンは1829年7月26日の講演で、1815年にアメリカに来て、ふたりの医者を含む12人から成る動物磁気の協会を設立したとも述べている。Du Commun (1829), pp. 19-20. また、1835年には、ニューハンプシャー州ハノーバーで『マグネット』と題されたアメリカで最初の動物磁気に関する定期刊行物が出版されたが、続いたのは1年ほどである。これについてはCrabtree (1993), p. 218, note 3を見よ。

25—これらについて詳しくは、Poyan (1837a)を見よ。

26—ローレイナ・ブラケットの磁化とそれにともなう現象についての詳細は、Stone (1837), pp. 15-49を参照。また、ストーンについては次のものも見よ。Gauld (1992), pp. 180-183; Fuller (1982), pp. 23-24.

27—Reese (1838), p. 35. 同書でリースは、前述のストーンやキャプロンを確信させたブラケットの能力についても、強い異議を唱えている。ibid., pp. 36-45. また、同書でのブラケットの件

7——当然のことながら、当時のパリの医学界では、メスメルの治療法を詐欺だとみなす批判もあった。詳しくはCrabtree (1993), pp. 18-22を見よ。

8——この当時、デスロンとメスメルは不仲だった。メスメルが1782年にベルギーのスパに拠点を移し、デスロンがパリで独立してメスメリズムによる治療をはじめて以降、ふたりのあいだには亀裂が入っていた。メスメルは、自分に代わってパリで人気を博したデスロンが気に食わなかったようだ。だが、デスロンは動物磁気自体に関しては、けっして信念を失うことはなかった。したがって今回の調査は、メスメルの名の下ではなく、自分の名で要請したものだった。デスロンとメスメルとの関係については、Crabtree (1993), pp. 16-18, 22-23を見よ。

9——委員会の報告書は1785年に英訳もされている。ここではBest, Nuehauser and Slavin (2003)に掲載されているものを参照した。調査結果はLanska (2007), pp. 308-313によくまとめられている。また、次のものも見よ。Crabtree (1993), pp. 23-29; Gauld (1992), pp. 26-29; Podmore (1909), pp. 41-62.

10——委員会の調査結果に対するメスメリストからの反論については、Crabtree (1993), pp. 29-32; Gauld (1992), pp. 34-36を見よ。

11——ピュイゼギュールは、広大な土地を所有するフランスの名門貴族の長男であり、ビュザンシー村には彼の祖先が残した莫大な財産と広大な屋敷を持っていた。磁気睡眠に陥ったヴィクトルの家族は、数世代にわたってピュイゼギュール家に仕える使用人だった。また、ピュイゼギュールはパリの普遍調和協会で磁気治療を学んだ、メスメル直系の門下生だった。ただし、ピュイゼギュールは当初、磁気治療に懐疑的で、それに関心を持つようになったきっかけは、彼のふたりの弟の影響である。とくに、次男アントワーヌ＝イヤサントは、パリの一級の医者からも見放されていた喘息を、メスメルにみごとに治療してもらった経験がある。それによっていち早くメスメルの信奉者になったアントワーヌ＝イヤサントは、ピュイゼギュールを説得し、普遍調和協会の門をくぐらせた。そして1784年、ピュイゼギュールはそこで学んだ教えを実践するべく、ソワッソン市近郊のビュザンシー村で、近所の人々を相手に磁気治療を開始した。ピュイゼギュールと、以下で述べる磁気睡眠については、次のものを参照した。Crabtree (1993), pp. 38-53; Gauld (1992), p. 39; Ellenberger (1970), pp. 70-74; Podmore (1909), pp. 63-77; Forest (2000), pp. 70-83.

12——催眠に関する現代の本を読んだことがある人であれば、ピュイゼギュールが磁気睡眠と呼んだ患者の状態は、単に催眠状態に置かれた人によく見られるものであり、そこになんら驚くべきものはないと思われるかもしれない。だが、ピュイゼギュールの時代は、催眠という概念が誕生する前である。実際、催眠の研究については本書でものちに触れるが、ピュイゼギュールからはじまる磁気睡眠を中心としたメスメリズムが19世紀半ばになって生理学的な観点から再解釈されることではじまっていく。

13——ピュイゼギュールの報告のなかに含まれている磁気睡眠中の患者の超常的な能力は、十分に統制された条件下での実験によって確認されているものではないため、それが本物かどうかを論じることは不可能である。このあとすぐ本章で見ていくが、ピュイゼギュール以降のメスメリストたちも磁気睡眠中に患者が示す超常的な能力を報告するが、同様の理由で、それらも真偽を論じることはできない。本章では、それらが本物の超常的な現象だったということを主張しているのではなく、メスメリストたちがそれらの現象をどのように考え、どのように説明していったかを述べているにすぎない。

14——Crabtree (1993), p. 52より引用。

15——ピュイゼギュールは、こうしたメスメルと異なる考えをいだきながらも、彼に対して挑戦的な態度を示していくようになったわけではない。むしろ、つねに師の業績を称賛し、自分自身の発見のルーツをそこに帰していた。逆に、メスメルのほうは頑なだった。ピュイゼギュー

【第1章】

1――メスメルについては膨大な文献が存在するが、ここではとりわけ以下のものを参照した。Crabtree (1993), pp. 3-11; Gauld (1992), pp. 1-17; Pattie (1994); Gillispie (1980), pp. 261-289; Lanska (2007), pp. 301-307; Podmore (1909), pp. 1-40; Waterfield (2003), pp. 64-104; Ellenberger (1970), pp. 57-69; Forest (2000), pp. 1-69.

2――現代の物理学が想定する場の理論のようなものが存在しなかったメスメルの時代において、惑星同士のあいだで作用する引力を伝達する媒体としての普遍的流体を想定すること自体は、けっして突飛な考えかたではなかった。むしろ、物体同士のあいだの力の伝達を近接作用のみに認めるデカルト的な機械論を前提とすれば、そもそも宇宙空間の離れた惑星同士が引き合うためには、おたがいの力を伝達するためのなんらかの媒体を想定することは自然な考えだった。そもそも万有引力の提唱者であるニュートン自身も、『光学』第2版(1717年)において、空間は空虚ではなく、「エーテル的な媒体」で満たされているというアイデアを述べている。詳しくはWestfall (1971), p. 394を見よ。また、ニュートンの友人の医師リチャード・ミードによる1704年の『人間の体における太陽と月の影響とそこから起こる病気について(*De Imperio Solis ac Lunae in Corpora Humana et Morbis inde Oriundis*)』から、メスメルが普遍的流体のアイデアを持ってきたことは明らかだ。このことについてはPattie (1956)を見よ。すなわち、当時におけるメスメルの普遍的流体の考えは、けっして非科学的なオカルト的概念を意味してはいなかった。

3――Crabtree (1993), p. 6より引用。

4――そもそも病人の治療に磁石を用いるアイデア自体は、16世紀のスイス出身の医師パラケルススをはじめ、メスメルより前の時代にすでに用いられていた。メスメルに先行する磁石を用いたさまざまな治療のアイデアについては、Podmore (1909), pp. 28-40を見よ。また、メスメルの同時代人のウィーン大学天文学教授マクシミリアン・ヘルは、磁石による痛みの除去を成功させることで、個々の病気に対して、それに効能を発揮するそれぞれの磁石の形状があるとも主張していた。メスメル自身、ヘルの治療についてはすでに耳にしていた。また、彼が治療に用いた磁石は、実際にヘルから入手したものだった。したがって、彼が新たな治療法の開祖となり得たのは、磁石そのものを重要な要素とはみなさず、それを単に動物磁気を伝達し、その流れを作り出すひとつの補助的な装置にすぎないものとみなしたところにあった。詳しくはCrabtree (1993), pp. 4-7を見よ。

5――メスメルの治療法が、今日の常識的な人々の見方からするとじつに奇妙なものにしか思えないとしても、実際に治療を受けた人々のあいだにおいて、まちがいなく効果があると感じられていたことは、当時の彼の人気からわかる。なお、メスメリズムが当時のパリの社会でどのようなものとして受け入れられたかについては、Darnton (1968)に詳しく述べられている。また、メスメリズムの治療の持つ本質的な意味を問うことは、それ自体きわめて興味深い主題だが、ここで扱うと本書の主題から逸れてしまうので別の機会に譲りたい。したがってここでは、あくまでメスメリズムのその後の展開に焦点を合わせる。

6――普遍調和協会の設立をメスメルに積極的にうながしたのは、動物磁気の治療を受けて信奉者となった法律家ニコラ・ベルガスと銀行家ギヨーム・コルヌマンだった。だが、協会の設立後、わずか3年目の1785年にメスメルとベルガスの関係には亀裂が入り、ふたつのグループに分裂する。詳しくはCrabtree (1993), pp. 33-37; Lanska (2007), p. 307を見よ。

【わ】

【や】

【ら】

【ま】

【な】

【は】

【た】

【さ】

【か】

スピリチュアリズムの時代　1847-1903

【著者】
伊泉龍一（いずみ・りゅういち）

占い・精神世界研究家。翻訳家。著書に『タロット大全――歴史から図像まで』（紀伊國屋書店）などがある。訳書に、ポール・ガンビーノ『死を祀るコレクション――モダン・ゴシックという生き方、その住まい』（グラフィック社）、ピーター・ビーバガル『シーズン・オブ・ザ・ウィッチ――いかにしてオカルトはロックンロールを救ったのか？』、ロバート・C.コトレル『60sカウンターカルチャー――セックス・ドラッグ・ロックンロール』（以上、駒草出版）、ショーン・レヴィ『レディ・ステディ・ゴー！――60sスウィンギン・ロンドン』、ドン・ラティン『ハーバード・サイケデリック・クラブ――ティモシー・リアリー、ラム・ダス、ヒューストン・スミス、アンドルー・ワイルは、いかにして50年代に終止符を打ち、新たな時代を先導したのか？』、『至福を追い求めて――60年代のスピリチュアルな理想が現代の私たちの生き方をいかに形作っているか』（以上、フォーテュナ）ほか多数。音楽・映画・文化史・インテリアなどに関する訳書もある。

2025年3月21日　第1刷発行

著者　伊泉龍一

発行所　株式会社紀伊國屋書店
東京都新宿区新宿3-17-7
出版部（編集）電話　03-6910-0508
ホールセール部（営業）電話　03-6910-0519
〒153-8504　東京都目黒区下目黒3-7-10

装幀　松田行正＋杉本聖士

組版　日向麻梨子（オフィスヒューガ）

校正・校閲　酒井清一

印刷・製本　シナノパブリッシングプレス

ISBN 978-4-314-01207-2 C0022
Printed in Japan by Kinokuniya Company Ltd.

定価は外装に表示してあります